www.ingramcontent.com/pod-product-compliance
Lightning Source LLC
LaVergne TN
LVHW050837051026
849532LV00006BA/1996

پاکستان نامہ

(پاکستان کی سماجی اور ثقافتی زندگی کا آئینہ)

بقلم

فیروز اشرف

کتاب دار

نام کتاب	:	پاکستان نامہ
شاعر	:	فیروز اشرف
اشاعت	:	۲۰۱۲ء
سرورق	:	محمد ریحان (۹۹۲۰۲۰۴۳۳۵)
پتہ	:	اے.ون، ابا اپارٹمنٹ، مقابل بوستان ہوٹل، سوامی وویکانند روڈ، جوگیشوری (ویسٹ) ممبئی - ۴۰۰۱۰۲ موبائل: ۰۲۲-۲۶۷۹۱۴۱۶، ۰۹۳۲۳۲۸۴۸۸۹
ناشر	:	کتاب دار، جلال منزل، ٹیمکر اسٹریٹ، ممبئی۔ ۸

ISBN : 978-81-924229-0-9

PAKISTAN NAMA

By Firoz Ashraf

Year of Publication : 2012

Cover Design : Mohd. Rehan (9920 204335)

Address : A-1, Abba Apartment, Opp. Bostan Hotel, S.V. Road,
Jogeshwar(w), Mumbai - 400 102.
Tel : 022-2679 1416. Mob.: 09323 284889

Publisher : KITAB DAAR, 108/110, Jalal Manzil, Gr. Floor,
Temkar Street, Mumabi - 400 008,
Tel : 23411854 / 9869321477 / 9320113631

انتساب

ان لاکھوں

معصوم لوگوں

کے نام

جو برِّ صغیر کی تقسیم کی

سیاست کا

شکار رہیں

فہرست

سید فیروز اشرف: تعارف

۲۳ جولائی ۱۹۴۳ء کو ہزاری باغ (پہلے بہار، اب جھارکھنڈ) میں آنکھیں کھولنے والے سید فیروز کچھوچھہ گاؤں یوپی کے عظیم چشتیہ صوفی حضرت مخدوم جہانگیر سمنانی کے خانوادے سے ہیں۔ مخدوم صاحب کی پانچویں پائدان کے ایک بزرگ صوفی سید شاہ مخدوم درویش اشرف بیتھو گاؤں (گیا، بہار) میں آباد ہوئے۔ ان کے خانوادے سے فیروز اشرف کے پردادا سید عبد الحافظ اشرف نے ہزاری باغ میں مختار (وکیل) کا کام شروع کیا۔ آپ کے بیٹے سید محمد شاکر اشرف، فیروز اشرف کے دادا بزرگوار ہیں۔ جنھوں نے رام گڈھ اسٹیٹ میں صوفیانہ ڈھنگ سے تحصیلداری کی۔ آپ سودیشی آندولن اور مہاتما گاندھی کے عقیدت مندوں میں تھے۔ فیروز اشرف کے والد سید عبد الباری اشرف ان کے بڑے بیٹے تھے جو بہار گورنمنٹ کے محکمہ محصولات میں سپرنٹنڈنٹ اور لکھنے پڑھنے کے شوقین تھے۔

فیروز اشرف کے نانا بزرگوار سید حافظ رسول توقیر بیتھوی جانے مانے نعتیہ شاعر تھے۔ والدہ صفورہ خاتون ان سیدانیوں میں تھیں جو آخری سانس پر گاؤں کی مسجد دیکھنے کی تمنا کرتی تھیں۔

مجموعی طور پر سید فیروز اشرف کا خاندان اعتدال پسند صوفیانہ اور اہلِ علم تھا۔ یہاں کسی بھی طرح کی تنگ نظری نہیں تھی اور یہی سب کچھ فیروز اشرف کو وراثت میں ملا۔

۱۹۶۵ء میں سینٹ کالمباز کالج ہزاری باغ سے بی۔ ایس۔ سی کے بعد ممبئی کے مشہور تعلیمی

ادارے بھارتیہ ودیا بھون میں بغرض جرنلزم میں ڈپلوما کورس آئے اور یہیں کے ہو کر رہ گئے۔۔
عارفہ سرور سے شادی کی جو ممبئی میونسپل کارپوریشن سے ایک اعلیٰ عہدے سے سبکدوش ہوئیں۔ بیٹا سید فیروز حسن اشرف ایڈٹ نیٹ میں سینیر جرنلسٹ ہے۔ وزیر اعظم جناب منموہن سنگھ کے ہمراہ کئی ممالک کے دورے پر جا چکا ہے۔ ممبئی کے اخبار 'انڈیا ابروڈ' کے لیے نیویارک میں بھی رہ چکا ہے۔ بیٹی فرحانہ کا انگریزی میں ایک ناول بنام 'مائی سوئل مائی سوئل' (My Soil My Soil) ابھی حال میں شائع ہوا ہے۔

آپ نے ۱۹۶۵ء سے ۱۹۹۳ء تک انڈین آئل میں نوکری اور اس کے ساتھ پٹرولیم کوئین میں اہم ذمہ داری نبھائی۔

۱۹۶۵ء سے ہی نوکری کے ساتھ ساتھ ہندی، اردو، انگریزی اور مراٹھی کے اخبارات و رسائل میں تقریباً ہر موضوع پر قلم آزمائی کی جس کا سلسلہ آج بھی جاری ہے۔

یوم مئی، گلوبلائزیشن، فرقہ وارانہ فسادات اور دوسرے کئی مسائل پر ڈاکومینٹریز کی اسکرپٹ، مشہور سیریل سُرابھی کا دس سال تک اینکر اسکرپٹ لکھا۔ نروان نام کا ایک ڈرامہ لکھا اور اسٹیج کیا۔ آکاشوانی اور وودھ بھارتی سے کئی فیچر، ٹاک اور انٹرویو نشر کیا۔

گزشتہ ۳۰ سال سے مشہور این۔ جی۔ او۔ وکاس ادھین کیندر اور دوسرے کئی اداروں سے وابستہ۔ مہاراشٹر راجیہ یو کرانہ کے نائب صدر (مشہور گاندھی وادی ڈاکٹر کمار سیت رشی صدر ہیں)۔ کمیونٹی ڈیولپمنٹ ٹرسٹ کے چیئرمین، ٹرسٹ شرڈی (جہاں سائیں بابا کی سمادھی ہے) کے نزدیک پنتمبا (Pantamba) گاؤں میں آشا کیندر کا ایک مشنری اسپتال چلاتا ہے، جہاں روزانہ سو سے زیادہ لقوا کے مریضوں کا علاج ہوتا ہے۔

ممبئی کی غریب بستیوں مین ۹۸۔۱۹۹۷ء سے طالبات وطلباء کے لیے فری کوچنگ کلاس کا اہتمام، جہاں سے اب تک تقریباً ۲۰۰ سے زیادہ لڑکے لڑکیاں ایس۔ ایس۔ سی۔ اور ۵۰۔ ۴۰ نے گریجویشن کیا ہے۔ ان کی تعلیم کے لیے ہر طرح کی سہولت دی جاتی ہے۔

مذکورہ تعلیمی کاوش پر بی بی سی لندن نے ۱۵ منٹ کا خصوصی فیچر براڈ کاسٹ کیا۔ ہمارے

میڈیا نے بھی فیروز اشرف کے تعلیمی پروگرام کو کور کیا ہے۔اس سلسلے میں بین الاقوامی ادارے یونیسیف اور ایک جاپانی ادارے نے بچون کے نشو ونما پر لڑکیوں میں ایک ورکشاپ انعقاد کیا جہاں انڈیا کی جانب سے شریک ہوئے۔

ممبئی ورلڈ سوشل فورم کے اہم رکنی فورم کراچی ایشیائی میلے میں شرکت۔

کولمبو میں سارک مما لک کے این جی اوز فیڈریشن میں شرکت:

ملک کے مختلف مقامات پر ہونے والے ورکشاپ اور سیمینار میں شرکت۔

ممبئی یونیورسٹی کے شعبہ اردو میں صحافت کورس کے پوسٹ گریجویٹ ڈپلوما کے لیے اعزازی لکچرر۔راجستھان سیوا سنگھ کے ہندی صحافت کورس میں بھی اعزازی کلچر۔

مہاراشٹر راجیہ اردو اکادمی (۱۹۸۰ئ) اور مہاراشٹر راجیہ ہندی اکادمی (۲۰۰۸ئ) سے صحافت اور قومی ایکتا کے لیے اعزاز۔اس کے علاوہ دوسرے کئی اداروں سے اعزاز۔

عمر کیتقاضوں کے باوجود موصوف صحافت اور سماجی خدمات کے لیے ہمیشہ اور ہر وقت دل وجان سے تیار۔

راکیش شرما

سابق اڈیٹر ہندی بلٹز

پاکستان کاایک بڑاکولاج

صحافی فیروز اشرف نے ایک کہنہ مشق مصور کی طرح پاکستان کے ایک بڑے کولاج کی تخلیق ایک ۲۵ سال لمبے چوڑے کینوس پر کی ہے، جسے پاکستان نامہ کا عنوان دیا ہے۔ اِس کولاج کو دیکھ کر ہم اپنے سب سے قریبی پڑوسی ملک کی بیرونی اور اندرونی حالات، خیالات، خواہشات، مجبوریاں، لڑکھڑاہٹوں اور اُڑانوں کا سرسری دستاویزی جائزہ لے سکتے ہیں۔ وہاں کے کلچر، تہذیب وتمدن، مذہب، سیاست، زراعت، صنعت، زبان وادب کی حقیقی تصویر ہمارے سامنے آجاتی ہے۔

بھائی فیروز اشرف گزشتہ ۴۰۔۳۵ سال سے ہفتہ وار دھرم یگ اور روزنامہ نو بھارت ٹائمز میں مسلسل پاکستان سے متعلق تبصرے کرتے آئے ہیں، جن کی بنیاد وہاں کے میڈیا سے حاصل معلومات ہیں۔ میں نے تقریباً ہر ہفتہ اُنہیں پڑھا ہے۔ لیکن اب جو اُن کا مشاہدہ کیا تو ذہن پر ایک الگ ہی اثر پڑا۔ ان تبصروں اور جائزوں کے داخلی تانے بانے کو محسوس کر کے ان کی حقیقت اور وسعت کا احساس ہوا ہے اس لیے میں نے اِسے ایک کولاج کا نام دیا ہے۔

ایک انوکھی بات یہ ہے کہ اپنے پڑوسی ملک کی یہ تصویر دیکھ کر مجھے اس میں اپنے دیش کی جھلک ہی ملی ہے۔ شکل وشباہت اور رنگ ایک جیسے نظر آئے ہیں۔ دہشت گردی، مذہبی جنون، ہٹ دھرمی، انتشار، نا اُمیدی اور اُمید جو وہاں ہے یہا بھی ہے۔ دونوں ممالک کی سیاست نے جھوٹ، بے شرمی کو اپنا ہتھیار بنالی ہے۔ اگر کوئی فرق ہے تو صرف اِتنا کہ یہاں چُناؤ ہو جاتے

ہیں اور وہاں کے لوگ زیادہ تر چُناؤ کے لیے ترستے ہیں، لیکن ہمارے چُناؤ کا جو نقشہ آج ہمارے سامنے ابھر کر آرہا ہے وہ مجھے خوفزدہ کر دیتا ہے۔

بہر حال، فیروز اشرف نے ان چھوٹے چھوٹے مضامین میں پاکستان کی جو کتھا لکھی ہے، اُس میں اپنی طرف سے بڑھا چڑھا کر کچھ نہیں لکھا ہے۔ لیکن لکھنے کے انداز سے اندازہ ہوتا ہے کہ اُن کا منشا اندر ہی اندر کچھ اور بھی تھا۔ وہ چاہتے تھے کہ تقسیم کی ٹریجڈی نے دونوں جانب کے لوگوں کو جو درد دیا ہے ہم اسے تسلیم کرتے ہوئے اس سے اُبھر کر آگے کی سوچیں اور آپسی بھائی چارہ کے اُن ریشوں کو زندہ سلامت رکھیں، جو نظر نہیں آتے، لیکن ہمارے وجود کو بدستور ایک لڑی میں پروئے ہوئے ہیں۔ بسنت پنچمی کا میلہ اب ہمارے یہاں اُس قدر جوش و خروش سے نہیں منایا جاتا، جتنے جوش و خروش سے پاکستان میں منایا جاتا ہے۔ آج بھی وہاں اُس دِن بسنتی کپڑے پہنے جاتے ہیں اور آسمان نیلی پیلی پتنگوں سے بھر جاتا ہے۔ وہاں گیتا سمیلن بھی ہوتے ہیں۔ علامہ اقبال اور قائداعظم محمد علی جناح پر بحث مباحثے چلتے رہتے ہیں۔ ہندوستانی شاستریہ سنگیت میں سے سنسکرت الفاظ کو نکالنے کی کوشش ناکام ہو جاتی ہے۔ حبیب جالب جیسا عوامی شاعر بھی وہاں تھا جس نے تانا شاہی کو للکارا تھا۔ وہاں رامائن اور مہا بھارت کی چرچا بھی ہوتی ہے۔ ہندوستانی فلموں اور ٹیلی وژن کو دلچسپی سے دیکھا جاتا ہے۔ ایسے کئی موضوعات کے متعلق فیروز اشرف نے اپنی اس کتاب میں پاکستانی میڈیا کے حوالے سے لکھا ہے۔

اس کتاب کو پڑھ کر مجھے محسوس ہوا ہے کہ ہندوستانی اور پاکستانی عوام کے دُکھ دُکھ ساجھے ہیں۔ اگر ہم نفرت کرنے کے بجائے ایک دوسرے کے جذبات کو سمجھنے کی کوشش کریں تو اپنی تکلیف کو کم کر سکتے ہیں۔ اگر ایسا ہو جائے تو فیروز اشرف کا وہ مقصد پورا ہو جائے گا جسے محسوس کر اُنھوں نے سلسلہ لکھنا شروع کیا۔ اُنھوں نے صدق دِل اور ایمانداری سے کئی مختلف موضوعات کو اُٹھایا ہے اور اُن کی جانکاری دی ہے۔ کہیں کہیں اپنے تبصروں سے جانکاریوں اور معلومات کو معنی خیز بھی بنایا ہے۔ مثلاً

''شیخ ایاز عوام کے شاعر ہیں۔ ان کی تازہ نظم ''لطیف اور خسرو'' میں اِس برّ اعظم کی

مشترکہ تہذیب وتمدن کی جھلک دکھائی دیتی ہے۔آج جب شاعری الفاظ کے جدید کنزومر بازار کے جال میں اُلجھ گئی ہے۔شیخ ایاز کی شاعری اُسے صحیح سمت میں لے جانے کی کامیاب کوشش ہے۔"

ایک اور مثال دیکھئے:

"جسٹس دوراب پٹیل پاکستان کے اُن تین چار ہزار پارسیوں میں سے ہیں جو پُرسکون طریقے سے شان وشوکت سے رہتے ہیں۔تعلیم کے علاوہ تجارت اور نوکری میں بھی اکثریت سے برابری کا مقابلہ کرتے ہیں۔بلکہ یہ احساس شاید اُنہیں آگے بڑھنے کی ہمّت بھی دیتا ہے۔"

ایسے تبصروں سے کتاب کی معنویت بڑھی ہے۔میرے خیال میں بھائی فیروز اشرف کو بھارت میں پاکستان کے حالات اور معاملات کا ایکسپرٹ مان لینا چاہیے۔ایسے سنجیدہ،عمدہ اور بھائی چارے کے جذبے کی تخلیق کے لیے میں اُنہیں مبارکباد دیتا ہوں۔

وید راہی

نوٹ: وید راہی ہندی، اُردو اور ڈوگری کے کہنہ مشق مشہور ادیب ہیں۔ساہتیہ اکادمی اور دوسرے کئی دیگر اعزازات سے نوازے گئے وید راہی کا فلموں اور ٹیلی ویژن سے بھی تعلق ہے۔

پاکستان کی سماجی اور کلچرل زندگی کا ایک آئینہ

اُس روز جب فیروز نے بتایا کہ نو بھارت ٹائمز میں شائع ہونے والے اُن کے کالم ’پاکستان نامہ‘ کے پچیس سال پُورے ہو گئے ہیں تو ایک لمحے کے لیے میں چونک گیا تھا۔ اس کی پہلی وجہ تو یہ تھی کہ پچیس سال کیسے گزر گئے، پتہ ہی نہیں چلا اور دوسری وجہ یہ کہ پچیس سال تک ایک کالم چلتا رہا۔ مجھے لگتا ہے کہ یہ دوسری وجہ زیادہ اہم ہے۔ اِتنے لمبے عرصہ تک کسی کا اس طرح لکھتے رہنا بھی اہم ہے اور مسلسل پچیس سال تک قارئین تک اُس کالم سے جڑے رہنا بھی۔ یقیناً یہ ایک اہم واقعہ ہے، جس کی طرف دھیان جانا چاہیے تھا۔ دھیان نہیں گیا، یہ ایک افسوسناک بات ہے۔

مجھے یاد ہے ’’نو بھارت ٹائمز میں جب یہ کالم شروع ہوا تھا اس کے پیچھے اپنے ملک کینز دیکی پڑوسی ملک کی ادبی ثقافتی مذاکرات سے رشتہ بنائے رکھنے کا ارادہ تھا۔ اس وقت میں نے فیروز سے کہا تھا کہ پاکستان کی سیاست میں میری خاصی دلچسپی نہیں ہے۔ میں اپنے قارئین کو اُس مشترکہ تہذیب و تمدن سے جوڑنا چاہتا ہوں جو بھارت اور پاکستان کی بھی مشترکہ وراثت ہے۔ میرا یہ ماننا تھا اور میں آج بھی یہ مانتا ہوں کہ تقسیم کے باوجود یہ دونوں مملک ایک دوسرے سے کٹ کر نہیں رہ سکتے ہیں۔ دونوں کی بقا اور ترقی کے لیے یہ بھی ضروری ہے کہ وہ اچھے پڑوسی بنے رہیں۔

میری پیدائش ساہیوال میں ہوئی تھی جو اب پاکستان میں ہے۔ میں نے زندگی کے ابتدائی چار پانچ سال جہاں گزارے وہ کوئٹہ بھی پاکستان میں ہے۔ ہوسکتا ہے کہ پاکستان کے بارے میں میری سوچ کی یہی وجہ ہو۔ مجھے یاد ہے ایک بار فیروز اشرف پاکستان گئے تھے۔ کوئٹہ سے

انھوں نے میرے لیے پتھر کا ایک ٹکڑا لایا تھا۔ اُس پتھر نے مجھے اندر ہی اندر رُلا دیا تھا۔ میرے آنسوؤں کے پیچھے میرا ماضی تھا۔ میرا بچپن تھا۔ یہ حقیقت ہے، لیکن حقیقت یہ بھی ہے کہ دونوں ممالک کا ماضی ہی دونوں کو جوڑتا ہے۔ اُسے گزرا ہوا کل کہہ کر ہم اس کی جانب پشت تو کر سکتے ہیں لیکن یہ سچ تو اپنی جگہ بنا رہے گا کہ جس کی جانب ہم نے پیٹھ کی ہے اس کا وجود تو ہے۔

بہار (اب جھارکھنڈ) میں پیدا فیروز اشرف جیسے کسی شخص کو یہ وجود پاکستان سے جوڑتا ہے۔ اِسی جڑاؤ سے پیدا ہوتا ہے ایک دوسرے کو سمجھتے رہنے کا احساس۔ شاید اس جڑاؤ نے مجھے بھی حوصلہ دلایا تھا اپنے اخبار میں نو بھارت ٹائمز میں یہ کالم لکھوانے کے لیے اور فیروز کو اسے لگاتار لکھتے رہنے کے پیچھے بھی شاید ایسا ہی جڑاؤ کام کر رہا تھا۔ اس کالم کا چوتھائی صدی تک جاری رہنا اس بات کا بھی ثبوت ہے کہ قارئین بھی اس سے جڑے رہے اور اِسے پسند کرتے رہے۔

بہر حال فیروز اشرف کا کالم شروع ہوگیا۔ وہ بہت محنت اور شدت سے اس کے لیے مواد اکٹھا کرتے تھے۔ اس زمانے میں پاکستانی اخبارات اور رسائل کی دستیابی بھی آسان نہیں تھی۔ لیکن وہ اس مسئلے کا حل نکالتے رہے۔ میری خواہش تھی کہ فیروز اشرف ادب، کلچر اور جدید سماجی رُجحانات تک ہی محدود رہیں پر وہ وقت کے ساتھ بھی جڑے رہنا چاہتے تھے، پاکستانی سیاست بھی کب اس کالم کا جگہ بنی، اس کا پتہ نہیں چلا۔ پھر دیکھتے ہی دیکھتے وقت گزرتا گیا اور ہمارے فیروز اشرف پاکستانی معاملات کے ماہر بن گئے اور ہندی، مراٹھی اور اردو کے کئی اخباروں اور رسائل میں پاکستان کے متعلق ان کے مضامین شائع ہونے لگے۔ انھیں تو یہ سب اچھا لگتا ہی ہوگا، لیکن میں بھی خوش ہوتا رہا، یہ سوچ کر کہ پاکستان کے بارے میں ہندی کے قارئین کو تازہ ترین جانکاری دینے اور ایک مشترکہ کلچر کو بڑھاوا دینے کے اس کام میں کہیں نہ کہیں میرا بھی رول تھا۔ مجھے اعتراف ہے کہ یہ خیال اپنی پیٹھ تھپتھپانے والا معاملہ ہے، پھر بھی۔!

فیروز کو ہندی صحافت سے جوڑنے کا کام دھرم یگ نے کیا تھا۔ پھر وہ اس کے بعد وہ نو بھارت ٹائمز میں لکھنے لگے۔ پھر الگ الگ اخبارات و رسائل میں بھی۔ اسی درمیان اُن کی تحریر میں نکھار آتا گیا اور اُن کا انداز بیان بھی پختہ ہوتا گیا لیکن اُن کی تحریر کے متعلق، اس سے

کہیں زیادہ اہم بات یہ ہے کہ پاکستان نامہ لکھنے کے پیچھے ایک مثبت فکر لگاتار جھانکتی ہوئی دکھائی دیتی ہے جو جوڑنے میں یقین کرتی ہے۔ فیروز اشرف پیشے سے صحافی نہیں ہیں لیکن پیشے ور صحافی بھی ان سے مثبت فکر وسوچ کا سبق سیکھ سکتے ہیں۔

پچیس سال سے لگاتار شائع ہو رہے ہفتہ وار کالم میں سے چند ایک کا انتخاب آسان کام نہیں ہے۔ اپنی تحریر سے کچھ لگاؤ بھی ہوتا ہے۔ اِس لیے میں سمجھ سکتا ہوں کہ ڈھیروں ''پاکستان نامہ'' کو اس مجموعے میں شامل نہ کرنے کا مصنف کو کتنا تکلیف دہ ہوا ہوگا۔ پھر بھی یہ کہنا چاہوں گا کہ جو مضامین اس کتاب میں شامل کئے گئے ہیں وہ پاکستان کے سماجی اور تمدنی زندگی کا ایک آئینہ ہیں۔ آپ چاہیں تو اسے آپ ایک کھڑکی سے بھی تشبیہ دے سکتے ہیں۔ جس سے جھانک کر ہم اپنے پڑوس سے جڑ سکتے ہیں۔ جھانک کر دیکھئے ذرا، آپ کو بھی ضرور اچھا لگے گا، اور فیروز، تمھارے لیے صرف یہی کہنا چاہتا ہوں۔ اللہ کرے زورِ قلم اور زیادہ۔ یہی کہا کرتے ہو نا تم میری حوصلہ افزائی کے لیے بھی۔

وشوناتھ سچدیو

☆ جانے مانے ہندی کے جرنلسٹ، شاعر وشوناتھ سچدیو روزنامہ نو بھارت ٹائمز (بمبئی) اور دھرم یگ کے ایڈیٹر رہے ہیں۔ فی الحال آپ نونیٹ ڈائجسٹ کے ایڈیٹر ہیں۔

ایک آزاد صحافی کا قلمی سفر
جس کا آغاز 1965 میں ہوا

یہ ہماری خوش قسمتی تھی کہ 66-1965 میں جب ہم بھارتیہ وِدّیا بھون، ممبئی میں جرنلزم (صحافت) کی تعلیم حاصل کررہے تھے تو اُس وقت سے لے کرآج تک ہمیں حوصلہ افزائی اور صحیح رہنمائی کرنے والے اڈیٹروں کا تعاون ملتا رہا۔اس کا نتیجہ ہوا کہ میری جائے پیدائش ہزاری باغ (پہلے بہار، اب جھارکھنڈ) کے ہفتہ وار چھوٹانا گپور ایکسپریس (اڈیٹر: بھیابرج موہن) سے لے کر دھرم یُگ (ڈاکٹر دھرم ویر بھارتی، گنیش منتری، وشوناتھ سچدیو)، ساپتا ہک ہندوستان (شیلا جھنجھنوالاSheela Jhunjhunwala)،اردو بلٹزUrdu Blitz(حسن کمال، محمود ایوبی)، نو بھارت ٹائمز (وشواناتھ سچدیو، شچیندر ترپاٹھی)، ہمارا مہا نگر (دویجیندر تواری Dwijaendra Tivari)، وشو پرہاریVishwa Prahari(سدھانشو شیکھرSudhansu Shekhar)،رانچی ایکسپریس (بلبیر دت)، پیپلز سماچار (اوم پرکاش سنگھ)، اردو صحافت (حسن کمال، ساجد رشید)، مراٹھی آج دنا نک (کپیل پاٹل Kapil patil)، پیپلز سماچار (بھوپال)، اور دیش بندھو (رائے پور) میٹرو بازار (راکیش شرما)، سریتا، مُکتا (وشوناتھ نندجی)، انگریزی میں دی انڈپینڈنٹ، دی ڈیلی (ممبئی) وغیرہ میں گزشتہ پینتالیس (45) سال سے ہمارا لکھنا جاری رہا اور ہے۔

زیرِ نظر کتاب ’’پاکستان نامہ‘‘ ہماری اُسی کاوش کا ایک سلسلہ ہے جو دھرم یگ میں (79-1978) بنام پاک نامہ اور نو بھارت ٹائمز میں 1985 سے پاکستان نامہ لگاتار ہفتہ وار شائع ہوتا رہا ہے۔ اپنے کئی دوستوں، ہمدردوں اور قارئین کی فرمائش پر ہم نے اس پچیس سال کے کالم کے چند منتخب کالم کو کتابی صورت دے رہے ہیں، تاکہ یہ بطور دستاویز بھی محفوظ

رہے۔اس میں شک نہیں کہ اس کالم کے لگا تار شائع ہونے میں ہمارے محبّی وشوناتھ سچدیو کی حوصلہ افزائی اور رہنمائی بیحد مددگار ثابت ہوئی۔شروع میں چیف اڈیٹر راجندر ماتھر اور سریندر پرتاپ سنگھ نے بھی اِسے نو بھارت ٹائمز کے دلّی اڈیشن میں جگہ دی تھی۔

ممبئی میں ہمارے صحافتی گاڈ فادر ڈاکٹر دھرم ویر بھارتی(Dharmvir Bharti) نے پاکنامہ میں ہم سے ڈھیروں مضامین لکھوائے۔سچ تو یہ ہے کہ اُنھوں نے ہی ہمیں پاکستان کے متعلق لکھنے کی ترغیب دلائی۔ 1978 میں اُنھوں نے ہم سے کہا تھا کہ پاکستان کے متعلق ہمارے یہاں بیحد غلط فہمی ہے۔اُس کے سماجی،معاشرتی،تمدنی،ادبی اور تواریخی مواد ہمارا ہی حصّہ ہیں۔ان پر قلم اٹھانا چاہیے۔

ایمرجنسی کے بعد وہ زمانہ تھا ہندی جرنلزم کے بدلتے ہوئے تیکھے اور ایک جدید تیور کا۔شاید پاک نامہ اور پھر پاکستان نامہ اُس تبدیلی کا ایک چھوٹا سا حصہ ہے۔ہندی جرنلزم میں ایک نئے آن بان کے ساتھ ایک نئی نسل داخل ہو رہی تھی۔ہمارے جیسے آزاد قلمکار نے اس بدلتے ہوئے دور میں ہندی جرنلزم کے لیے پاکستان جیسا ایک متنازع موضوع منتخب کیا تھا۔ہندی کے قارئین کے لیے ایک جدید اور اَن دیکھے پاکستان کی تلاش تھی۔اِس موضوع پر کام کانے کے لیے ڈاکٹر صاحب نے ہماری بھرپور مدد کی۔یہاں تک کہ ان دنوں بھی مہنگی قیمت پر دستیاب پاکستانی اخبارات و رسائل کے لیے اُنھوں نے بمبئی ٹائمز انتظامیہ سے پیسے دلائے۔اِس طرح میرے پاس پاکستانی رسائل و اخبارات کے ڈھیر لگ گئے۔آج بھی ان کے کچھ پرانے شمارے اور کترنیں ہمارے پاس محفوظ ہیں۔ڈاکٹر صاحب کا اُردو کے جانے مانے علی سردار جعفری،مجروح سلطانپوری،کیفی اعظمی،عصمت چغتائی،سلمہ صدیقی،کرشن چندر، ڈاکٹر معصوم رضا راہی وغیرہ سے دوستانہ تھا۔ان لوگوں کے پاکستانی ادباء وشعراء سے رابطے تھے، جو کبھی کبھار ممبئی آتے رہتے تھے۔اُن میں سے کئی کے ڈاکٹر صاحب سے بھی مراسم تھے اور اُنہیں پاکستان کی جانکاری ملا کرتی تھی۔1988 میں جب ہم پہلی بار پاکستان گئے تھے تو آپ نے پاکستان کی مشہور ہستی زاہدہ حنا اور رئیس امروہوی کو اپنا سلام بھیجا تھا۔اِسی طرح اپنی تعلقات کی بنا پر ڈاکٹر صاحب نے ایک مرتبہ ہمیں سرحدی گاندھی خان عبدالغفار خاں کے بیٹے خان عبدالولی خان سے بمبئی میں ایک خصوصی انٹرویو کا اہتمام کرایا تھا۔کل ملا کر ہمیں یہ لکھنے میں ذرا بھی

ہچکچاہٹ نہیں کہ اگر ہمیں ڈاکٹر دھرم ویر بھارتی کی سرپرستی حاصل نہیں ہوئی ہوتی تو نہ تو پاک نامہ اور نہ پھر پاکستان نامہ کی شروعات ہوئی ہوتی۔

اور اب پاکستان نامہ

1983 میں رام منوہر ترپاٹھی صاحب نے نو بھارت ٹائمز میں اُردو اخباروں سے کالم لکھنے کی فرمائش کی 1985 میں ان کے جانے کے بعد سُریندر پرتاپ سنگھ چند دِنوں کے لیے بمبئی آئے اور کچھ ہٹ کر لکھنے کی بات اُٹھائی۔ ہم نے اُس وقت نو بھارت ٹائمز کے کالم انچارج وشو ناتھ سچدیو سے مشورہ کیا اور ہفتہ وار کالم بنام پاکستان نامہ لکھنا شروع کیا۔ میرے پاس پاکستان کے متعلق ڈھیروں جانکاری تھی۔ دقت یہ تھی کہ پاک نامہ کے مقابلے میں یہاں صرف ہزار بارہ سو الفاظ میں زیادہ سے زیادہ دلچسپ کالم کیسے لکھا جائے۔ پھر بھی جب سب سے پہلا کالم 6 مارچ 1985 کو شائع ہوا۔ اس سے قبل ہی سریندر دلی چلے گئے اور وشوناتھ سچدیو نے نو بھارت ٹائمز ممبئی کی ادارت سنبھالی۔ ان کی رہنمائی میں کالم چلا ہی نہیں، اِتنی رفتار سے دوڑا کہ آج وہ ۲۵ سال سے بھی آگے نکل گیا۔

سن 2005 میں جب شچیندر ترپاٹھی نے وشوناتھ کی جگہ نو بھارت ٹائمز کی ادارت سنبھالی تو ان کے مشورے پر کالم کے اخیر میں چلتے چلتے کے تحت ایک جوک شروع ہوا جسے بعد میں ایک معصوم پٹھان، صمد خاں کے نام سے منسوب کیا جو بیحد مقبول ہوا۔

کالم کی مقبولیت دیکھ کر اردو کے تیز طرار اڈیٹر ساجد رشید نے اُردو ٹائمز میں کچھ دنوں کے لیے اسے روز نامہ اُردو ٹائمز میں بھی جگہ دی۔ بعد ازاں جب اُردو بلٹز کے اختر احسن نے اُردو ٹائمز جوائن کیا تو ایک بار پھر کالم شروع ہوا۔ لیکن سن 2000 کے بعد اردو ٹائمز کے نئے اڈیٹر نے کالم بند کر دیا۔ ہم نے اُردو کے دوسرے اخبارات میں بھی رجوع نہیں کیا اور نہ کسی نے اسے شائع کرنے کی ضرورت محسوس کی۔ البتہ مراٹھی شامنامے آج دنانک میں کپل پاٹل نے پاکستان نامہ کو لگاتار 1990 سے 1995 تک شائع کیا۔ اس کے علاوہ رانچی ایکسپریس میں جناب بلبیر دت، پیپلز اخبار میں اوم پرکاش نے اور رائے پور میں دیش بندھو میں بھی کالم شائع

ہوتا رہا ہے۔قابل غور ہے کہ کالم کو دلچسپ اور قبل مطالعہ بنانے کے ہر ممکن کوشش سے اسے قارئین واڈیٹرس کا بھرپور تعاون ملا۔امید ہے کتاب پڑھ کر آپ کو اس کا اندازہ بھی ہوگا۔

اس طرح پتہ نہیں چلا کہ 6 مارچ 1985 کو ممبئی کے نو بھارت ٹائمز میں شائع میرا کالم بنام پاکستان نامہ نے 25 سال سے زیادہ کا سفر طے کیا۔اس درمیان بحیرہ عرب میں بے شمار پانی بہا۔جب کالم شروع ہوا تو پاکستان میں جنرل ضیاء الحق کی فوجی حکومت تھی۔اُس کے بعد یکے بعد دیگر دو مرتبہ بے نظیر، دو مرتبہ نواز شریف اور پھر لمبے عرصہ (2000 سے 2008 تک) تک جنرل پرویز مشرف کی حکومت تھی۔اس کے بعد سن 2008 سے اِن الفاظ کے لکھے جانے تک پیپلز پارٹی کی جمہوی حکومت ہے۔

سن 1988 اور پھر سن 2006 میں ہمیں پاکستان جانے کا موقع ملا۔اس درمیان پاکستان اور پاکستانیوں کو اور بھی زیادہ نزدیک سے دیکھنے، جاننے، سُننے کو ملا۔ پاکستان میں سوائے چند معمولی تبدیلیوں کے ہمیں تو ایسا محسوس نہیں ہوا کہ ہم ایک ُغیر ملک، میں ہیں۔ڈھیروں ویسا ہی ہے جیسا ہمارے یہاں!

گزشتہ 25 سال میں ہم نے تقریباً بارہ سو((1200 پاکستان نامہ لکھا۔اُنہیں سنبھال کر رکھنا دشوار ہی نہیں ناممکن بھی تھا۔میرے پاس اس کے علاوہ بھی دوسرے کئی مضامین تھے۔انھیں رکھنے کے لیے وسائل کی کمی ہے۔میرا کوئی الگ سے آفس نہیں، اسٹاف نہیں، جگہ کی سخت قلت، ویسے بھی ہندی، اردو کی قلمکاری سے اتنی آمدنی نہیں کہ اپنی اس ''دولت'' کو سنبھال کر رکھا جا سکے۔ممبئی میں 1992 کے افراتفری اور ملاڈ سے نقل مکانی کر کے جوگیشوری (موجودہ رہائش) آنا ہوا تو ڈھیروں کتابیں، اخبارات، رسائل، کترن وغیرہ ضائع ہو گئے۔یہاں الگ سے ایک کھولی میں کمرہ کرائے پر لے کر بچا کھچا اثاثہ رکھا تو اس میں سے کئی بارش اور دیمک کی نذر ہوئے۔اس طرح میری زندگی کا بیش قیمتی ُقلم دھن، برباد ہوتا گیا۔پھر بھی جو بچا تھا اس کو اکٹھا کر کے اس کتاب میں شامل کیا۔مضامین کے انتخاب کے لیے ہمارے دوست جانے مانے شاعر اوراڈیٹر راکیش شرما کا تعاون حاصل ہوا۔ویسے کئی دیگر اب جو بھی ہے آپ کے سامنے ہے۔

ہمیں اس بات کا بھی فخر ہے کہ پاکستان نامہ کے قارئین ہر جگہ ملتے ہیں اور ہمارے صمد خاں بھی جیتے جاگتے کریکٹر بن گئے ہیں۔

چلتے چلتے ہم اپنی شریک حیات محترمہ عارفہ سرور کا خصوصی طور پر ذکر کرنا چاہیں گے جن کے تعاون سے بھی ہمارا کالم بلا ناغہ ہر ہفتے ڈیٹ لائن (Date Line) کے قبل نو بھارت ٹائمز کے اڈیٹر کی میز تک سن 2003 تک پہنچتا رہا۔ آپ کا دفتر ٹائمز بلڈنگ کے پڑوس میں ممبئی میونسپل کارپوریشن میں تھا۔ 2003 تک بارش، طوفان، ٹرانسپورٹ کا مسئلہ اور نہ جانے کیسی کیسی مشکلات کا سامنا کرتے ہوئے بھی آپ نے کالم کو نو بھارت ٹائمز میں پہنچانے کی ذمہ داری بخوبی نبھائی۔ اس کے بعد تو فیکس، ای میل، کوریر وغیرہ آئے۔ لیکن 25 سال قبل یہ سہولتیں کہاں تھیں۔ ظاہر ہے کسی بھی لکھنے والے کے لیے ضروری ہے کہ اس کی تحریر اڈیٹر تک پہنچے۔ ہمارے ساتھ یہ سہولیت تھی۔

مسودے پر ایک نظر ڈالنے کے لیے ہم اپنے بزرگوار، بڑے بھائی اور اردو، ہندی، ڈوگری کے جانے مانے ادیب و شاعر و قلمکار جناب وید راہی کے مشکور ہیں، جنھوں نے اپنے قیمتی مشوروں سے ہمیں نوازا اور اپنے خیالات کا بھی اظہار کیا۔

ہم اپنے دوست، صحافی، شاعر اور جانے مانے دانشور جناب وشوناتھ سچدیو کے بھی مشکور ہیں جنھوں نے نہ صرف کالم کے لیے رہنمائی کے بلکہ اس کتاب کے لیے بھی دو لفظ عنایت فرمائے۔

ممبئی یونیورسٹی، شعبہ صحافت کے ہمارے عزیز طالبعلم نادر کا خصوصی شکریہ جنھوں نے ہندی پاکستان نامہ کو اردو میں ترجمہ کیا۔

اردو میں اس کتاب کی طباعت و اشاعت کے لیے دلی کے ہونہار اور نوجوان عالم جناب وارث مظہری اور ہمارے مرحوم دوست ساجد رشید کے صاحبزادے شاداب رشید کا زبردست تعاون شامل ہے۔

ہم اپنے اڈیٹر شاعر دوست راکیش شرما اور ان کی محترمہ کے خصوصی شکرگزار ہیں جنھوں نے ہندی اڈیشن کے لیے ہماری رہنمائی کی۔

فیروز اشرف

پاک میں سات سال سات مہینے بعد آخر کفر ٹوٹا

(پہلا کالم)

ہمارے پاکستانی دوستوں کو سات سال سات مہینے اور بیس دن بعد وہ مبارک موقعہ نصیب ہوا جب اُنھوں نے بیلٹ پیپر کی شکل دیکھی۔ 'کیونکر' اور 'کیسے' کی دیوار پھاند کر آخر ۲۵ فروری آہی گیا۔اس روز پاکستان کے ساڑھے تین کروڑ ووٹر کی اُمید برآئی۔ چلیئے قصہ ختم! اب تو قومی اسمبلی کے ساتھ ساتھ علاقائی اسمبلیوں کے انتخابات ختم ہو گئے۔لندن میں بیٹھیں بے نظیر اور پاکستانی جیلوں میں قید ایم آر ڈی کے لیڈران دیکھتے ہی رہ گئے۔ پاکستانی عوام نے محدود پیمانے پر ہی سہی مگر اپنے جمہوری حق کا استعمال کر ڈالا۔مبارک۔

پاکستان کے انتخابات کے بارےمیں یوں تو آپ کی نظروں سے کئی تجزیے اور تبصرے گذرے ہوں گے پر آئیے دیکھتے ہیں خود پاکستانی اخبار اس کے بارے میں کیا لکھتے ہیں۔

سرکاری اخبار ''پاکستان ٹائمز'' نے ضیاء الحق کے اسلامی نظام کا راگ الاپتے ہوئے لکھا ہے کہ ''ووٹر کے سامنے ایک ہی مسئلہ تھا کہ پاکستان کو اسلامی ملک کیسے بنایا جائے۔اس الیکشن کے ذریعے انھوں نے ثابت کر دیا ہے کہ وہ پاکستان میں اسلامی حکومت کا قیام ہی چاہتے ہیں۔لیکن اس کے برعکس پاکستان کے بائیں بازو کا اخبار ''مسلم'' لکھتا ہے کہ الیکشن کے نتائج ضیاء الحق کو اس بات کا اشارہ کر رہے ہیں کہ مارشل لاء جلد سے جلد اُٹھایا جائے۔اس کے علاوہ اخبار لکھتا ہے کہ سیاسی آزادی اور ۱۹۷۳ کے آئین کو دوبارہ نافذ کیا جائے۔

'ڈان' نے لکھا ہے کہ جتنی تعداد میں لوگوں نے ووٹ ڈالے اُس سے یہ ثابت ہوتا ہے کہ لوگ سیاسی سرگرمیوں میں تیزی چاہتے ہیں۔اس کے علاوہ پاکستانی عوام اپنی نمائندہ حکومت

بنانے اور چلانے کی صلاحیت رکھتے ہیں۔آگے 'ڈان' نے بھی 'مسلم' کی طرح الیکشن کے بعد سیاسی آزادی اور ۱۹۷۳ کے آئین کی بحالی پر ضیاء الحق سے اصرار کیا ہے۔

کم از کم اس الیکشن کے بعد پاکستانی اخبارات نے اپنے اندر اتنا حوصلہ تو دکھایا، ورنہ اس سے پہلے زیادہ تر اخبارات سنسر شپ کے شکنجے میں جکڑے رہے ہیں۔آگے آگے دیکھئے ہوتا ہے کیا؟

آئیے اب اس الیکشن سے متعلق ایک اور موضوع پر منظر ڈالیں۔یہ تو سبھی جانتے ہیں کہ فوجی حکمراں نے اس الیکشن میں جلسے جلوس پر پابندی لگا رکھی تھی۔آخر میں پاکستانی جمعیت خدمتگارانِ نظامِ اسلامی نامی ایک تنظیم نے صدر صاحب سے اپیل کی کہ کراچی کے صفاری پارک کے ایک حصے کو لندن کے ہائڈ پارک کی طرح بنا دیا جائے تاکہ امیدوار ایک کونے میں ہی دل کی بھڑاس نکال سکے۔

پاکستان کے مقبول عام اخبار ''جنگ'' میں اس مانگ پر معروف کالم نویس عبدالقادر حسن لکھتے ہیں ''کوئی بھی پاکستانی جس شہر کا رہنے والا ہے وہ اپنے شہر میں ایک گوشۂ آزادی دیکھنا چاہتا ہے۔ہماری آدھی سے زیادہ پاکستانی زندگی بنیادی حقوق سے محرومی میں گزر رہی ہے۔ ذہنی آزادی ایک خواب بنی ہوئی ہے۔حسن صاحب آگے لکھتے ہیں ''تقریر کی آزادی کو اس طرح ذہن سے نکال دیا گیا ہے کہ اب تو ہمارے شہروں کی روایتی جلسہ گاہیں بھی ختم ہوگئی ہیں۔جہاں کبھی ہمارے سیاسی لیڈر دلوں کی دُنیا میں دھوم مچاتے تھے۔جہاں زندہ باد مردہ باد کے نعرے گونجا کرتے تھے اور جہاں قوم کی قسمت کے فیصلے ہوا کرتے تھے۔لاہور کا موچی دروازہ اب صرف گزرے ہوئے دنوں کا مزار ہے۔ہمارے دوسرے شہروں کی جلسہ گاہیں بھی اب یادوں کے قبرستان ہیں۔ہماری سیاسی تہذیب کی یہ نشانیاں غیر جمہوری حکومتیں کھا چکی ہیں۔اور آج ہم اتنے بڑے ملک میں صرف ایک کنارے کی تلاش میں ہیں جہاں کوئی اپنے دل کی بات کسی ڈر کے بغیر کہہ اور سُن سکے۔

لندن کے ہائڈ پارک کی بات دہراتے ہوئے ''جنگ'] کا کالم نویس آگے لکھتا ہے ''ہائڈ پارک کا یہ ''اسپیکرز کارنر'' زمین کا ایک ایسا ٹکڑا ہے جہاں پہنچ کر انسان آزادی کی انتہا تک پہنچ

جاتا ہے۔ دُنیا بھر کے لوگ زمین کے اس ٹکڑے کو رشک کی نظروں سے دیکھتے ہیں۔ اور سبھی کا دل چکا تا ہے کہ اُن کے وطن میں بھی کہیں ایک ایسا گوشہ ہو جہاں کوئی انسان اپنے جیسے انسانوں کی لگائی گئی پابندیوں سے آزاد ہو کر اپنے دل کی بات زبان پر لا سکے۔

ذرا آگے ملاحظہ ہو''لاہور میں اور ملک کے دوسرے شہروں میں بھی کچھ ریستوراں ایسے ہیں جہاں کی بات چیت سُن کر محسوس ہوتا ہے کہ لندن کے ہائڈ پارک کا نمونہ نہ سہی لیکن اُس سے ملتا جلتا ایک گوشہ یہاں بھی موجود ہے۔ لاہور کا ایک ریستوراں آزادانہ بات چیت کے لیے مشہور ہے۔ یہاں کی بات چیت پر آج تک کسی کی پکڑ نہیں ہوئی۔ لیکن یہ ضرور ہے کہ یہاں کی رپورٹ خفیہ ایجنسیوں کے نمائندے اوپر تک پہنچاتے ہیں۔ سُنا ہے کہ ایک بار بھٹّو صاحب نے یہاں کی رپورٹ دیکھی تو کہا کہ 'یہ رپورٹ کس پاگل خانے کی ہے؟' آج بھی یہاں کی باقاعدہ رپورٹ کی جاتی ہے لیکن حاکم اس رپورٹ کو سزا کا سبب نہیں بناتے بلکہ معلوم ہوتا ہے کہ وہ اسے عام لوگوں کی رائے سے واقفیت کا ذریعہ سمجھتے ہیں۔

اس کالم کا آخری پیراگراف غور کرنے لائق ہے۔ حسن صاحب لکھتے ہیں''جیسا کہ اپیل کی جاتی ہے اور خواہش ظاہر کی جاتی ہے اگر حکومت ملک کے کسی گوشے کو آزاد کر دے تو یہی گوشہ جلسۂ عام بن جائے۔ ہائڈ پارک کی طرح زیادہ تر تفریح پہنچانے والا سامان نہ رہے بلکہ سیاسی اپوزیشن کا اڈہ بن جائے۔ اس لیے کسی کو یہ اپیل منظور ہونے کی اُمید نہیں ہے۔ حکومت سے درخواست ہے کہ ان چائے خانوں کی گپ شپ پر ناراض نہ ہو اور اپنے بڑپّن پر قائم رہے۔ یہاں وہ پریشان حال لوگ بیٹھتے ہیں جو صرف گرجتے ہیں۔

آئیے ہم، آپ اور سبھی جمہوریت پسند دُعا کریں کہ نئی پاکستانی اسمبلی جلسے جلوس پر سے پابندی ہٹانے کی کوشش کرے تاکہ پاکستانی سیاسی جماعتوں کی آوازیں جمہوریت کی بحالی کے لیے زور زور سے گرجیں۔

6.3.1985

☆☆☆

ہیروئن کی اسمگلنگ، پاک سے امریکہ براہِ ہندوستان

پچھلے ہفتے ہند پاک متحدہ کمیشن کی میٹنگ میں اس بات پر اتفاق ظاہر کیا گیا کہ دونوں ممالک منشیات کی اسمگلنگ مِل کر روکیں۔ اس سے اتنا تو پتہ چل گیا کہ دونوں ممالک کے درمیاں منشیات اور نشیلی اشیاء کی اسمگلنگ ہو رہی ہے۔ ان نشیلی اشیاء میں سب سے زیادہ مقدار میں ہیروئن کی اسمگلنگ پاکستان میں ہوتی ہے۔

افغانستان میں روسی افواج کے حملے کے بعد پاکستان میں ہیروئن کا کاروبار زوروں سے پھل پھول رہا ہے۔ دیکھتے ہی دیکھتے یوروپی ممالک کے علاوہ امریکہ میں بھی پاکستانی ہیروئن پہنچنے لگی۔ ایک اندازے کے مطابق امریکہ میں ہیروئن اسمگلنگ کا ستّر فی صد حصہ پاکستان پہنچتا ہے۔ اس اسمگلنگ میں پیشہ ور اسمگلروں کے علاوہ طلبائ، ڈاکٹر و انجینئر سبھی شامل ہیں۔ امریکہ جانے والے پاکستانیوں کی ایک بڑی تعداد ہیروئن لے جانا چاہتی ہے۔ یہاں تک یحییٰ خاں کے زمانے کی مشہور جنرل رانی بھی پچھلے دنوں امریکہ میں ہیروئن کی اسمگلنگ کے الزام میں گرفتار کی گئی تھیں۔ در اصل بین الاقوامی بازار میں ایک کیلو ہیروئن کی قیمت ایک کروڑ روپیہ ہے۔ ذرا سا خطرہ اُٹھا کر راتوں رات امیر بن جانے کا شوق بھلا کسے نہیں ہوگا؟ خود صدر ضیاء الحق نے بھی اس بات کو قبول کیا ہے کہ ہیروئن کی بڑھتی ہوئی قیمت کے سبب ہی زیادہ تر لوگ اس کی اسمگلنگ کرنا چاہتے ہیں۔

جب امریکن حکومت کے لیے پاکستانی ہیروئن سر درد سے بڑھ کر سنگین بین الاقوامی مسئلہ بننے لگی تو پاکستانی حکومت پر دباؤ بڑھنے لگا کہ اسے روکا جائے۔ اس کے لیے امریکہ سے سینیٹروں، ایف بی آئی کے ایجنٹوں اور ماہر سماجیات کے قافلے لاؤ لشکر سمیت پاکستان پہنچنے لگے۔ پاکستان میں تو ہر چیز درآمد ہوتی ہے۔ پھر بھلا ہیروئن کی اسمگلنگ کے مشورے کیوں نہ درآمد ہوتے؟ اسی بہانے ماہرین پاکستان اور افغانستان کی سرحدیں بھی ناپ آئے۔ دو سال پہلے رائے دی گئی کہ جن خطوں میں افیون کی کاشت ہوتی ہے وہاں کسانوں کو دوسری اشیاء اُگانے پر آمادہ کیا جائے۔ لیکن اس کا کیا کیا جائے کہ جن پہاڑی، پٹھانی اور سرحدی علاقوں کے کسانوں کو دیگر فصلوں سے

ایک ایکڑ پر پانچ ہزار روپے کی آمدنی ہوتی تھی وہیں افیون کی کاشت سے اُنھیں فی ایکڑ بیس ہزار روپے ملنے لگے۔ پانچ ہزار روپوں سے بیس ہزار روپے کمانے کا ہُنر سکھایا افغان پناہ گزینوں نے۔ ورنہ پتھر میں پہاڑیوں اور خوفناک دروں میں بندوقیں چلاتے پٹھانوں میں اتنی سمجھ کہاں تھی؟ اُنھیں تو صدیوں سے چلے آرہے خاندانی جھگڑوں سے ہی فرصت نہیں تھی۔ افغان پناہ گزین اسلام کی دُہائی دے کر پاکستان میں آئے تھے۔ یہاں آکر پاکستانی پٹھانوں کو افیون چٹانے لگے۔ افغانیوں کے لیے تُرکی اور ایران کی سرحدیں ہی بند ہو چکی تھیں۔ پاکستان سے اُنھیں بہشت کا راستہ مل گیا۔ کراچی ایئر پورٹ سے ہیروئن کی بھاری مقدار یوروپ اور امریکہ بھیجی جانے لگی۔

اس سال مارچ میں لندن کے 'سنڈے ٹائمز' کے سائمن فریمین نے پاکستان کا دورہ کر کے ہیروئن کی تجارت کے بارے میں جو کچا چٹھا کھولا تو قوم کی گردن جھک گئی۔ فریمین نے تو پشاور کے آس پاس ہیروئن بنانے کی لیبارٹری کی بھی سیر کی۔ پاکستان سے ہیروئن کی اسمگلنگ کے معاملے میں مذکورہ نامہ نگار نے پولیس، کسٹم اور ایئر پورٹ کے سیکیوریٹی افسران تک کو گھسیٹا۔ اُس نے تو اسمگلروں کے نام و پتے اور ٹیلی فون نمبر تک بتائے۔ پاکستانی حکمرانوں کے لیے ہیروئن کی اسمگلنگ ہی مسئلہ نہیں ہے۔ مصیبت تو یہ ہے کہ خود پاکستان میں ہیروئن نوشی کا مرض تیزی سے بڑھ رہا ہے۔ اس مرض میں دورتیں، بچے، بوڑھے جوان سبھی شامل ہیں۔ حالت یہ ہے کہ کراچی کے سہراب گوٹھ بازار میں بچوں کو لے کر جانے سے منع کیا جاتا ہے۔ وہ ایک کپڑا مارکیٹ ہے، ماں باپ کپڑے دیکھتے ہیں اور بچے بازار کی گلیوں میں چرس کے دم مارنے چلے جاتے ہیں۔ اور تو اور پاکستان کے اخبارات میں کھلے عام ہیروئن کے نشے سے چھٹکارا پانے کے اشتہارات دکھائی پڑتے ہیں۔ کچھ منچلوں نے ان اسپتالوں اور دواخانوں کو ہی ہیروئن نوشی کا اڈہ بنالیا ہے۔ اندر سے کچھ، باہر سے کچھ۔ خیر یہ پاکستان کا اپنا معاملہ ہے۔ ہمیں تو دیکھنا یہ ہے کہ ہمارے یہاں بھی اس طرح کی نشہ خوری بڑھتی جارہی ہے۔

عالمی رائے اور خاص کر امریکہ کے دباؤ کی وجہ سے پچھلے دنوں کراچی ایئر پورٹ اور بندرگاہ

پر حفاظت کے سخت انتظامات کیے گئے۔تب اسمگلروں نے ہند پاک کے میلوں لمبے سرحدی علاقے کا استعمال شروع کر دیا۔اب پاکستانی ہیروئن اور چرس ہندوستانی سرحد سے ہو کر بیرون ممالک جاتی ہے۔ایسے کئی معاملات ہمارے یہاں پکڑے گئے ہیں۔ان حالات میں لازمی ہے کہ دونوں ملکوں کے سیکیوریٹی افسران مزید مستعد رہیں اس لیے متحدہ کمیشن کے ذریعے منشیات کی اسمگلنگ پر پابندی کے اقدامات کی ستائش کی جانی چاہیے۔

11.7.1985

☆☆☆

ادب پر فوج کا دباؤ:
صدر ریاست نے تین طرح کے پاکستانی قلمکار شمار کئے

گزشتہ دنوں راولپنڈی میں صدر ضیاء الحق نے قلمکاروں کے ایک سرکاری جلسے میں تین طرح کے پاکستانی قلمکاروں کے نام گنوائے۔اُن کے مطابق اول درجے کے مصنف اسلام سے متاثر ہو کر لکھتے ہیں۔اُن کی ایک مخصوص اسلامی شناخت ہے۔دوسرے درجے کے مصنف یوں تو پاکستانی ہی ہیں لیکن وہ خود کو ترقی پسند کہتے ہیں۔وہ آزادیٔ اظہار اور سماجی انصاف کی باتیں کرتے ہیں۔وہ اسلامی اصولوں کو جارحیت سمجھتے ہیں۔صدر صاحب کے مطابق پاکستانی مصنفوں کا تیسرا گروہ اپنے موضوعات کے لیے بیرون ممالک کی طرف تاکتا ہے۔اُن کا قبلہ کہیں اور ہے۔ضیاء الحق کہتے ہیں اگرچہ اُن کی تعداد بہت کم ہے پھر بھی اُن کی آواز کا شور بہت سُنائی دیتا ہے۔اُنھوں نے پاکستان اور اسلام مخالف تشہیر میں کوئی کسر نہیں اُٹھا رکھی ہے۔اس گروہ میں کچھ غصے والے مرد و خواتین ہیں جنھیں پاکستان میں سرف ظلم اور اندھیرا ہی دکھائی دیتا ہے۔اپنے ادب کے ذریعے یہ لوگوں میں مایوسی پھیلاتے ہیں۔

صدر ضیاء الحق نے ایسے غصیلے اور مایوس کُن ادیبوں سے لوگوں کو ہوشیار رہنے کی صلاح دی۔

انھوں نے آگے کہا کہ ایسے ادیب یا تو سرکاری نوکریوں میں رہے ہیں یا پھر سرکاری رعایتیں حاصل کرتے رہے ہیں۔اسی کانفرنس میں اُردو اور دیگر زبانوں کے ادیبوں کو انعامات دئے گئے۔صدر صاحب نے مصنفوں کی امداد کے لیے دس لاکھ روپے کا خصوصی عطیہ دیا۔ابھی بھی اس کانفرنس کی تفصیلی رپورٹ باقی ہے لیکن صدر صاحب نے جن تین طرح کے مصنفوں کا ذکر کیا ہے ان کی تصویریں ہمارے سامنے ہیں۔ان میں پہلی قسم جن مصنفوں کی ہے وہ پچھلے پچاس ساٹھ برس سے (بلکہ اُس سے بھی زیادہ) پاکستان کو اسلام سے وابستہ کرکے اُس کی مخصوص پہچان بنانے میں مصروف ہیں۔اس سلسلے میں انھیں کتنی کامیابی ملی ہے یہ ایک افسوس ناک اور مضحکہ خیز واقعہ ہے۔لگ بھگ چودہ سو برس کے ہندوستانی اسلام کی گنگا کو ۳۷ سال کے پاکستان کی طرف کیسے موڑا جاسکتا ہے؟ یہ ایک مخصوص بحث کا موضوع ہے۔لیکن پاکستان کو چودہ سو سال کے ہندوستانی اسلام سے کاٹ کر ایک الگ تاریخ مرتب کرنے والے پاکستانی قلمکاروں پر ماتم کرنے کا دل ضرور ہوتا ہے۔پاکستان کے اخبار، رسائل اور دیگر کئی اشاعتوں میں وہاں کے کٹھ ملّا تاریخ داں اور صحافی ان دنوں اسی کوشش میں لگے رہتے ہیں۔اب تو ان میں کئی ریٹائرڈ آئی سی ایس اور فوجی افسران بھی شامل ہوگئی ہیں۔اپنے اپنے طور پر یہ سبھی ایک اسلامی پاکستان کی تاریخ اور ادب کی تخلیق میں لگے ہوئے ہیں۔

صدر ضیاء الحق نے دوسرے اور تیسرے درجے کے جن مصنفوں اور شاعروں کا ذکر کیا ہے ان کے نام بھی سطح سے اوپر ہی ہیں۔جوش ملیح آبادی، فیض احمد فیض (اب مرحوم) احمد ندیم قاسمی، شوکت صدیقی، سبط حسن، حمد فراز، فہمیدہ ریاض، جمیل الدین عالی، کشور ناہید وغیرہ اسی طبقے میں شمار ہوتے ہیں جن کا ذکر صدر صاحب نے کیا ہے۔یہ سبھی لوگ ہندوستان کے علاوہ دیگر مما لک میں بھی مقبول ہیں۔اب یہ الگ بات ہے کہ ہندوستانی ترقی پسند ادیبوں کی طرح پاکستانی ترقی پسند ادیبوں کی ایک جماعت بھی وقتِ ضرورت اقتدار کے جوتے چٹخارتی رہے۔لیکن مجموعی طور پر ان کے ادب میں جو دم خم ہے اس کی اہمیت سے انکار نہیں کیا جاسکتا۔بات یہ ہے کہ اب پاکستانی ترقی پسند ادیبوں کا طبقہ بھی بوڑھا ہوتا جارہا ہے۔ساٹھ کی دہائی کے بعد وہاں

بھی جدیدیوں کا ایک بڑھ گروہ پیدا ہوا۔لیکن دھیرے دھیرے وہ اپنی موت مرتا گیا۔اب انقلابی ورومانی اور ترقی پسند ادیب کراچی کے کافی ہاؤس میں بحث مباحثے کر کے ہی اپنا وقت گزار دیتے ہیں۔ویسے بھی ادب کو مادہ پرست سماج نگلتا جارہا ہے۔اچھی کتابوں،ادبی رسائل اور اس طرح کے مواد کے خریدار مفقود ہوتے جارہے ہیں۔بے چارے ادیب قرض لے لے کر اپنی کتاب چھپواتے ہیں اور جھولیوں میں بھر بھر کر ہمارے کناٹ پیلس کے کافی ہاؤس میں دوستوں میں تقسیم کر دیتے ہیں۔کبھی کبھار چھوٹی موٹی نشست بھی ہوجایا کرتی ہے۔

پاکستان میں اب مقبول ادب کے نام پر رنگ برنگی اور چمکدار میگزین اور ڈائجسٹ کا دور چل نکلا ہے۔ان میں جاسوسی کہانیوں سے لے کر ہماری پھولن دیوی کے قصے لگاتار کئی قسطوں میں چھپتے ہیں۔ڈائجسٹوں کے سیلاب نے پچھلی دو دہائیوں میں وہاں سینکڑوں مترجم پیدا کر دیے ہیں۔یہ مترجم رات دن طرح طرح کی انگریزی کہانی قصوں کے ترجمے کرتے رہتے ہیں۔ان سے نہ اسلام کو خطرہ ہے نہ پاکستان کو۔نہ جانے صدر ضیاء الحق نے ایسے مصنفوں کی بات نہیں اُٹھائی؟ ایک مادہ پرست سماج میں اصلی خطرہ ایسے ہی مادہ پرست قلمکاروں سے ہے۔ ورنہ کیا پورے برصغیر میں حالیہ ترقی پسند انقلابی اور رومانی ادیبوں سے اقتدار کو خطرہ ہے؟

18.7.1985

☆☆☆

پاکستانی خواتین کھیل میں ایک لڑائی لڑ رہی ہیں

پاکستانی خواتین ہاکی ٹیم کے معاملے میں ایک بار پھر گرما گرم بحث جاری ہے۔لیکن اس بحث سے الگ خواتین مسلسل ہاکی کھیلے جارہی ہیں۔یہ الگ بات ہے کہ شلوار اور جمپر میں کھیلتی ہیں مگر کھیلتی ضرور ہیں۔بحث کا موضوع یہ ہے کہ خواتین ٹیم کو بیرون ممالک بھیجا جانا چاہیے یا نہیں۔قومی اسمبلی میں جماعتِ اسلامی کے رُکن مولانا گوہر رحمن نے جنوبی کوریا بھیجی جانے والی ٹیم پر سخت اعتراض کیا ہے۔انھوں نے حدیث شریف کا حوالہ دیتے ہوئے کہا کہ اگر کوئی

عورت ایک دن کے لیے بھی کسی غیر مرد کے ساتھ سفر کرے تو اُس کا نکاح ٹوٹ جاتا ہے۔ ان کی بات پر اسمبلی کی خواتین ممبروں نے واک آؤٹ کیا۔ کچھ مردوں نے بھی اُن کا ساتھ دیا۔ مولانا کو اُن عورتوں کے غلام مردوں پر بڑا غصہ آیا۔

بعد میں ایک دوسرے رُکن پروفیسر حارث نے حدیث شریف کی کتابیں چھان ڈالیں لیکن مولانا کی بات انھیں نہیں ملی۔ اس بات پر پروفیسر صاحب نے ایک مضمون لکھا۔ مولانا بغلیں جھانکنے لگے۔ انھوں نے انکار کیا کہ نکاح ٹوٹنے کی بات نہیں کی۔ ادھر خواتین ممبران کا کہنا تھا کہ قومی اسمبلی میں وہ غیر مردوں کے ساتھ ہیں تو کیا ان کا نکاح ٹوٹ گیا ہے؟ اس پر ایک اور رُکن نثار محمد خاں نے فیصلہ سنایا کہ عورتوں کو اسمبلی میں چہرہ ڈھانپ کر بیٹھنا چاہیے۔ کسے نے ایران کی مثال دی کہ وہاں ملاؤں کی حکومت ہے پھر بھی وہاں عورتیں وہرہ نہیں ڈھانپتی ہیں۔ اس پر نثار صاحب کو غصہ آگیا۔ وہ بولے پاکستان میں رہتا ہوں ایران کی بات نہیں کروں گا۔

بہرحال خواتین کی ہاکی ٹیم کے جنوبی کوریا جانے کے بارے میں جماعت اسلامی نے سخت مخالفت کی۔ اس معاملے پر پاکستانی علماء کی سخت مخالفت جاری ہے۔ اُدھر پاکستانی اسمبلی کی خاتون اراکین اور خواتین کی تنظیمیں بیرون ممالک میں ہاکی کھیلنے پر بضد ہیں۔ ان کا یہ بھی کہنا ہے کہ اگر عورتوں کے کھیلوں میں حصہ لینے پر مردوں کو اعتراض ہے تو مردوں کو فٹ بال اور کرکٹ کھیلنے کی اجازت مذہب نے کہاں دی ہے؟ دوسرا معاملہ وہ یہ اُٹھا رہی ہیں کہ کیا غیر مردوں کے ساتھ سفر کرنے پر صرف عورتوں کا نکاح ٹوٹتا ہے؟ مرد بھی تو خدا کا بندہ ہے۔ اس کا نکاح کیوں نہیں ٹوٹتا؟ غیر مسلم ممالک میں یہ روک ٹوک کس طرح لگائی جائے گی؟

بحث و مباحثہ کے اس دور میں اخبار ''جنگ'' نے ۲۴ جولائی ۱۹۳۵ کے شمارے میں علامہ اقبال کا ایک خط چھاپا ہے۔ شاعرِ اعظم اقبالؔ نے اپنے خط میں لکھا ''برقعہ جو ہمارے یہاں رائج ہے اس کا ذکر کہیں قرآن میں نہیں ہے البتہ حجاب یعنی چادر کا ذکر ہے میری والدہ ہمیشہ چادر پہنتی تھیں اور برقعے کو شریعت کے خلاف سمجھتی تھیں۔

سچ تو یہ ہے کہ پاکستان میں متوسط طبقے کے گھرانوں کی عورتیں جدیدیت کی لڑائی میں بہت آگے ہیں۔ ہندوستانی متوسط طبقے کی عورتوں کی طرح ان کی ایک بڑی تعداد دفتروں، کالجوں اور

کئی مقامات پر نوکری کرتی ہیں۔ انھیں مُلاؤں کی فکر نہیں ہے۔ دلی میں ہونے والے ایشیاڈ کے وقت جب پاکستانی خواتین کھلاڑیوں کو نہیں بھیجا گیا تو سارے پاکستان میں خواتین تنظیموں نے اس کی سخت مخالفت کی تھی۔ لاہور خاتون مظاہرین پر پولیس کو آنسو گیس اور لاٹھیاں بھی چلانی پڑی تھیں۔ ہمارے یہاں پاکستانی خواتین کے بارے میں ایک بڑی غلط فہمی ہے۔ یہ بات ضرور ہے کہ نچلے متوسط طبقے اور گاؤں کی عورتیں بڑی تعداد میں سماجی اور مذہبی رسومات کا شکار ہوتی ہیں اب یہ تو کسی بھی سرمایہ دارانہ اور جاگیر دارانہ نظام والے ملک کی عورتوں کا مقدر ہے آخر پاکستان اس سے کیسے مستثنیٰ رہ سکتا ہے؟ پھر بھی متوسط طبقے کی عورتوں نی کافی حد تک پاکستان میں سماجی برابری حاصل کی ہے۔ خاتون ہاکی ٹیم کو بیرون ملک بھیجنے کا سرکاری فیصلہ ان کی جیت ہے۔

ضیاء الحق کی حکومت پر بھی شروع سے عورتوں کی حالت میں بہتری لانے کا دباؤ تھا۔ دو برس پہلے انھوں نے بیگم زادی سرفراز کی قیادت میں پاکستانی خواتین کی حالت اور اس میں بہتری لانے کے اقدامات معلوم کرنے کے لیے ایک کمیشن مقرر کیا تھا۔ کمیشن نے ابھی ابھی صدر صاحب کو اپنی رپورٹ پیش کی ہے۔ ابھی اس رپورٹ کی تفصیلی معلومات سامنے نہیں آئی ہے۔ لیکن پاکستان میں اس رپورٹ کے بعد عورتوں کی حالت میں بہتری کے امکانات ہیں۔ یاد رہے خود بیگم ضیاء الحق بھی پردہ نہیں کرتیں۔

1.8.1985

☆☆☆

ایشور اللہ تیرے نام

پچھلے مہینے پھر سے ایک بار پاکستانی اخبارات نے ہائے توبہ مچا رکھی ہے۔ یہ ہنگامہ ہے مشہور اداکار محمد علی اور ان کی بیوی زیبا کے معاملے پر۔

خبروں میں بات آچکی ہے کہ پچھلے دنوں انھوں نے ہمارے مسٹر بھارت یعنی منوج کمار کی فلم کلرک کی شوٹنگ میں حصہ لیا۔ فلم میں دونوں میاں بیوی کے نام رام اور سیتا ہیں۔ پاکستانی

اخبار نوائے وقت کے مطابق اداکار محمد علی اور ان کی بیوی اداکار اور ہدایت کار منوج کمار کی فلم 'کلرک' میں رام اور سیتا کے ہندو کردار ادا کر رہے ہیں۔ دونوں مسلمان آرٹسٹوں نے فلم کے مہورت شارٹ پر کرتن بھی ادا کیے۔ انھوں نے مہاتما گاندھی کی تصویر کے سامنے ہاتھ جوڑے۔

''نوائے وقت'' آگے لکھتا ہے بمبئی پہنچنے پر مہورت اور محمد علی کی آمد کے حوالے سے شانتارام اسٹوڈیو کو ہندوستانی پرچم اور ترنگی جھنڈیوں سے سجایا گیا تھا۔ مہورت پر منوج کمار نے پہلی بار بڑی تعداد میں اخبار والوں، دانشوروں، سرمایہ داروں اور غیر فلمی مہمانوں کو بلایا تھا تاکہ انھیں پاکستانی آرٹسٹوں کا ہندوانہ طریقے کا مہورت شاٹ دکھا سکیں۔

شاٹ کے شروع ہونے پر محمد علی سیٹ پر لٹکی مہاتما گاندھی کی تصویر کی طرف بڑھے اور ہاتھ جوڑ کر کرتن ادا کیے ''رگھوپتی راگھو راجا رام'' جس کے جواب میں پاس کھڑی زیبا نے کہا ''ایشور اللہ تیرے نام''۔ زیبا نے پوچھا ''رام تم کیسے ہو گئے ہو؟'' محمد علی نے جواب دیا ''تمہارا رام اچھا ہو گیا ہے اور بھگوان کے بعد اس کا سہرا میرے چھوٹے بھائی بھارت کے سر پر ہے۔''

اخبار نے آگے لکھا ہے کہ ''منوج کمار نے فلم میں اپنا نام بھارت رکھا ہے۔ محمد علی نے فلم میں یہ ڈائیلاگ بھی ادا کیا ''ایشور ایک ہے نام انیک'' منوج کمار نے محمد علی کا اپنا بھائی بنا کر رام کے روپ میں پیش کیا؛'' نوائے وقت اپنے قارئین کو یاد دلاتے ہوئے لکھتا ہے ''یاد رہے کہ منوج کمار اس سے پہلے پاکستان کے خلاف کہانیوں پر فلم تیار کرتے رہے ہیں۔ فلم 'اپکار' اور 'پورب اور پچھم' میں پاکستانی پرچم کی بے حُرمتی کر چکے ہیں۔ اور انھیں اد طرح کے سین پر حکومت ہند نے ٹیکس معاف کر کے انعام دیا۔ فلمی حلقوں (پاکستانی) نے محمد علی اور زیبا کے کردار اور بھجن کرتن کی ادائیگی کو ناپسندیدگی کی نظر سے دیکھا ہے۔ ان کا کہنا ہے کہ اس طرح کے کردار قبول کرنا نہ صرف وطن کی محبت کے جذبے کے خلاف ہے بلکہ مذہب کے اعتبار سے بھی قابل اعتراض ہے۔

''ایشور ایک ہے اور نام انیک'' کا ڈائیلاگ کسی مسلان آرٹسٹ کے منہ سے اس لیے اچھا نہیں لگتا کہ مسلمان کا ایک خدا پر ایمان ہے جس کا کوئی شریک نہیں۔ جبکہ ہندو عقیدے کے تحت ایشور ایک نہیں کئی ایک ہیں۔'' اسی کے ساتھ نوائے وقت نے اس بات کی طرف بھی اشارہ

کیا ہے کہ جب تک دونوں ملکوں کے درمیان کوئی ایسا قرار نہیں ہے کہ ایک دوسرے کے آرٹسٹ اِدھر اُدھر اپنے فن کا مظاہرہ کریں، محمد علی اور زیبا کو صدر ضیاء الحق نے منوج کمار کی فلم میں کام کرنے کی خصوصی اجازت دی ہے۔

نوائے وقت کی اس رپورٹ پر محمد علی نے سخت مذمت کی ہے۔ پچھلے ہفتے اُنھوں نے پاکستان کے ایک دوسرے مقبول عام اخبار 'جنگ' کو ایک بیان دیتے ہوئے کہا ''جب اسلامی نقطۂ نظر سے یہ بات طے ہے کہ خدا کے ننانوے نام ہیں تو پھر انھیں میں سے ایک نام کو ہندی میں کہنے پر کیوں اعتراض کیا گیا؟ انھوں نے اپنے اوپر لگائے گئے الزامات کا جواب دیتے ہوئے کہا ہے کہ کسی ہندی فلم میں کام کرنے پر ہندی ہی بولنا ہوگا، کسی کو اس بات کا حق نہیں ہے کہ وہ ہم سے یہ کہے کہ ہم کس فلم میں کام کریں اور کس فلم میں نہ کریں۔ محمد علی نے ان پر الزام لگانے والوں کو یاد دلایا کہ انھوں نے خود کئی پاکستانی فلموں میں ہندو کردار ادا کیے ہیں۔ اس وقت کسی نے اُن پر اعتراض نہیں کیا۔

مہاتما گاندھی کی تصویر پر انھوں نے کہا'' مہاتما گاندھی کی تصویر کے ساتھ شوٹنگ میں کیا عیب ہے؟ کوئی اپنے میزبان سے یہ نہیں کہہ سکتا کہ پہلے تصویر اُتارو پھر شوٹنگ کرو'' رام کے رول کے بارے میں انھوں نے کہا کہ'' وہ فلم کا صرف ایک کردار ہے جبکہ کئی پاکستانی فلموں کے آرٹسٹوں کے نام ہندوؤں جیسے ہیں (جیسے سنتوش کمار، رانگینی، سنگیتا وغیرہ) اور تقریباً ہر تیسری فلم میں کوئی ہندو یا سکھ کردار ہیرو کے طور پر پیش کیا جاتا ہے۔

اس سے پہلے محمد علی نے کراچی کے اخبار جنگ کو بتایا کہ'' ہندوستانی فلم میں کام کر کے دونوں میاں بیوی دو ملکوں کے بیچ دوستی کا ہاتھ مضبوط کرنا چاہتے ہیں۔'' وہ منوج کمار سے محنتانے کے طور پر ایک پیسہ بھی نہیں لے رہے ہیں۔ ہم محمد علی اور زیبا کے جذبات کی قدر کرتے ہیں۔

26.9.85

☆☆☆

پاکستان میں گیتا کانفرنس

۹ر اکتوبر کے 'جنگ' کی ایک خبر کے مطابق جیکب آباد (سندھ) میں آٹھویں گیتا کانفرنس کا انعقاد کیا گیا۔ کانفرنس کا انعقاد نوجوان ہندو ویلفیئر ایسوسی ایشن جیکب آباد نے کیا تھا۔ اس موقع پر کچھ سنسکرت کے عالموں کے علاوہ نواب شاہ کے ڈاکٹر یشپال شدمار گر پار کر کے، پروفیسر گرام لال جوشی، کراچی کے پروفیسر ارجن داس پربھوسدن کوئٹہ کے گردھاری لال بھاٹیہ، شیدارکوٹ کے رام گوپی کرشن اور شکارپور (سندھ) کے بھگت ہری نند، شنکر لال بھگت،، پنجو رام اور پروفیسر جیٹھ آنند نے گیتا درشن پر تقریر کی۔ خبر کے مطابق اس سے قبل بھی اس طرح کی گیتا کانفرنس کئی اور مقامات پر ہو چکے ہیں۔

پاکستانی اخبارات میں کبھی کبھی ہندوؤں کے اہم تہوار ہولی، دیوالی، رامنومی اور جنم اشٹمی وغیرہ کی تقریبات کے بارے میں خبریں پڑھنے کو مل جاتی ہیں۔ ویسے عام طور پر پاکستانی ہندوؤں کے بارے میں زیادہ معلومات نہیں ملتی۔ ہوسکتا ہے کہ اُن کی تعداد انتہائی قلیل ہونے کے سبب پاکستان کی کل زندگی میں اُن کا ہونا نہ ہونے کے برابر ہو۔ یہ بھی ممکن ہے کہ اپنی چاروں طرف انتہا پسند مسلم سماج میں گھرا ہندو سماج سمٹا اور سہما رہتا ہو۔ اُس نے اپنے آپ کو اتنا محدود کرلیا ہو کہ اکثریت مسلم سماج میں اس کا وجود ہی نظر نہ آتا ہو۔ کچھ اور آگے بڑھیں تو خود اکثریتی مسلم سماج کو ہی وہاں کتنی اور کس طرح کی آزادی حاصل ہے جو اقلیتیں ہندوؤں کو بھی ملے۔ جہاں ایک زمانے سے فوج کی حکمرانی ہو جلسے جلوس پر پابندی ہو وہاں اقلیتوں کی بات کون کرے؟

پاکستانی ہندو امن پسند پاکستانی شہری ہیں۔ ان کے مندروں اور عبادت گاہوں کو تحفظ فراہم کیا جاتا ہے۔ قومی اور علاقائی اسمبلیوں میں انھیں محفوظ مقام حاصل ہے۔ کبھی کبھی سرحدی علاقے کے پاکستانی ہندوؤں پر مظالم کی خبریں بھی ملتی ہیں۔ لیکن پاکستان میں بسے ہندوؤں کے بارے میں بہت زیادہ معلومات حاصل نہیں ہوتیں۔ ہم نے برسوں سے پاکستانیمعاملات پر

نظریں جمائے رکھی ہیں مگر ہمیں بھی پاکستانی ہندوؤں کے بارے میں کوئی خاص معلومات حاصل نہیں ہوتیں۔

ستیش آنند (پاکستانی فلموں کے ایک بڑی تقسیم کار[Sistributer]) اور انیل دلپت (کرکٹ کھلاڑی) سے ساری ہندو برادری کے بارے میں کچھ بھی اندازہ نہیں لگایا جا سکتا۔ پاکستان کی سندھ اور پنجاب ریاستوں میں ہی ہندو بستے ہیں۔ اخبارات سے ہی گیتا کانفرنس جیسی خبریں حاصل ہوتی ہیں۔

ہندوؤں کے بعد پاکستان کا دوسرا اقلیتی طبقہ ہے عیسائیوں کا۔لیکن ہمارے یہاں کی طرح اُن کے پادریوں کو گاؤں گاؤں تبلیغ کے لیے بائبل لے کر گھومنے کی اجازت نہیں ہی۔ نئے مقامات پر وہ گرجا گھر بھی نہیں بنا سکتے ہیں۔ ان کی مشنریوں اور دیگر مقامات پر لوگوں کی کڑی نگاہیں ہوتی ہیں۔ کراچی کے ایک پادری کے مطابق ضیاء الحق حکومت میں پاکستان میں عیسائیوں پر مزید پابندیاں عائد کی گئی ہیں۔ ان کی مشنریوں کے ذریعے چلائے جا رہے اسپتال اور کونونیٹ اسکول ہی ان کے لیے ڈھال کا کام کر رہے ہیں۔ کراچی میں تھوڑے بہت پارسی بھی ہیں۔ اپنے آپ میں پاکستانی پارسی بھی ایک بند سماج ہے۔ ساری آبادی ایک ہی مقام پر رہتی ہے۔ انھیں کسی سے لینا دینا نہیں رہتا۔ یاد رہے پاکستان کے بانی محمد علی جناح کی بیوی ایک پارسی خاتون تھیں۔

دو سال قبل پاکستان میں ایک اور اقلیتی طبقے کا ظہور ہوا۔ وہ ہے احمدیہ قادیانی مسلمان۔ انھیں پاکستان میں ایک آرڈی نینس کے ذریعے مذہبِ اسلام سے خارج کر دیا گیا ہے۔ انھیں مسجدوں میں اذان دینے کی ممانعت ہے۔ وہ کھلے عام اپنے خیالات کا اظہار نہیں کر سکتے ہیں۔ یوں تو پاکستان میں شروع سے ہی اُنھیں نفرت کی نظر سے دیکھا جا تا رہا ہے۔ لیکن پچھلے دو برس سے وہاں ان کا جینا حرام ہے۔ قادیانیوں کی ایک بڑی تعداد پنجاب کے ربوہ نامی علاقے میں ہے۔ اس کے علاوہ وہ پورے پاکستان میں بھی پھیلے ہوئے ہیں۔ ایک زمانے میں قادیانیوں کی طوطی بولتی تھی۔ فوج سے لے کر انتظامیہ تک میں اُن کی خاصی تعداد تھی۔ اب آر

ڈی نینس کے بعد انھیں چُن چُن کر اہم عہدوں سے ہٹایا جا رہا ہے۔ خبر ہے کہ قادیانی جنوبی امریکہ میں اپنی ایک کالونی بنانے میں مصروف ہیں۔

سِکھ کچھ گردواروں کو چھوڑ کر پاکستان میں کہیں نہیں ہیں۔ اسی طرح بودھ اور یہودی بھی پاکستان میں کہیں بھی نہیں ہیں۔ پاکستان میں شیعہ مسلک کے ماننے والے مسلمانوں کی خاصی تعداد ہے۔ باقی سارے پاکستان میں سُنّی مسلمان ہیں۔ مذہبی اقلیتوں کے لیے علیحدہ وزارت ہے جو ان کی حفاظت وغیرہ کا خیال رکھتی ہے۔ لیکن مجموعی طور پر مذہبی اقلیتوں کے بارے میں کوئی زیادہ معلومات نہیں ملتی ہے۔

24.10.1985

☆☆☆

راجیو گاندھی کا پاکستان میں استقبال ہے

وزیر اعظم راجیو گاندھی کے استقبال کے لیے پاکستان آنکھیں بچھائے بیٹھا ہے۔ خبر گرم ہے کہ آئندہ فروری میں وہ اسلام آباد جانے والے ہیں۔ ابھی ابھی کے دورۂ عمان کے دوران ضیاء الحق اور راجیو گاندھی ایک دوسرے سے اور بھی قریب آئے۔ وہ ان کی چوتھی ملاقات تھی۔ مسز اندرا گاندھی کے جنازے میں شرکت کرنے کے لیے ضیاء صاحب گزشتہ دنوں دلّی تشریف لائے تھے۔ پھر دونوں کی ملاقات ماسکو میں ہوئی۔ تیسری بار دونوں پچھلے مہینے ماسکو میں ملے۔ ان تینوں ملاقاتوں کے بعد بھی دونوں ملکوں کے درمیان خوشگوار تعلقات قائم نہیں ہو سکے ہیں۔ کھینچا تانی و شک وشبہ کا ماحول قائم رہا۔ لے دے کر معاملہ ایٹم بم پر ختم ہو جاتا۔

عالمی سیاست میں اِدھر ریگن اور گورباچیف کی چوٹی کانفرنس کے بعد عالمی امن کا ایک نیا ماحول تیار ہوا ہے۔ لیکن اس سے پہلے ہی راجیو گاندھی نے وزیر اعظم بنتے ہی تمام پڑوسی ممالک سے ہمدردی اور دوستی کے تعلقات قائم رکھنے کی کوششیں تیز کر دی تھیں۔ بنگلہ دیش، بھوٹان، سری لنکا میں یا تو وہ خود گئے یا انھوں نے اپنے خارجہ سیکریٹریوں کو بھیجا۔ خارجہ سیکریٹری پاکستان بھی

گئے تھے۔ پاکستانی وزیر بھی دلّی آئے۔لیکن اب تک دونوں ملکوں کے درمیان دوستانہ رشتہ نہیں قائم ہوسکا تھا۔البتہ پچھلے دنوں عمان میں دونوں کی ملاقات نے ایک بار پھر دوستی اور ہمدردی کے چراغ جلائے ہیں۔راجیو گاندھی کا اسلام آباد دورہ اسی خیر سگالی کے سلسلے کی ایک کڑی ثابت ہوگا۔ ہماری نیک خواہشات! اس سے پہلے ۱۹۶۰ میں پنڈت نہرو ایک دن کے دورے پر پاکستان جاچکے ہیں۔

پاکستانی حکمرانوں اور پریس نے ہندوستانی حکمرانوں خصوصاً کانگریس کو ہمیشہ کوسا پیٹا ہے۔ اُن کی نظر میں کانگریس بنیوں اور برہمنوں کی ایک فرقہ پرست جماعت رہی ہے۔آزادی سے پہلے پاکستان کے بانیوں کا ہندوستانی لیڈروں کے بارے میں یہی رویہ تھا۔اب بھی کہیں کہیں پاکستان میں وہی نظریہ قائم ہے۔کئی تاریخی واقعات کے سبب ہمارے پہلے وزیر اعظم پنڈت جواہر لال نہرو پاکستانیوں کو ناپسند تھے۔ پنڈت جی کی روادار، جمہوریت پسند اور سیکولر شبیہ وہاں کبھی نہیں اُبھری۔مسئلہ کشمیر پر پاکستانی حکمران اُنہیں آخری دم تک کوستے رہے۔ پنڈت جی کے بعد خاموش طبیعت لال بہادر شاستری قد و قامت کو دیکھتے ہوئے لمبے چوڑے پٹھان ایوب خان نے اُنھیں گھٹنے ٹیک دینے والا وزیر اعظم سمجھا،لیکن ۱۹۶۵ میں ہمارے شاستری جی نے خاں صاحب کو لوہے کے چنے چبوا دئے۔ایوب خاں لال قلعے پر پاکستانی جھنڈا لہرانے کا خواب دیکھتے ہوئے اس دارِ فانی سے کوچ کر چکے ہیں۔خدا انھیں جنت نصیب کرے۔اس کے بعد آئیں مسز اندرا گاندھی۔ یہی وہ ہستی ہے جس کے نام سے بڑے بڑے پاکستانی سورما کانپ اُٹھے۔بنگلہ دیش کے قیام کے بعد مسز گاندھی اپنے آخری ایام تک پاکستانی حکمرانوں کی آنکھوں میں کھٹکتی رہیں۔وہ پاکستان کی دشمن نمبر ایک سمجھی جاتی تھیں۔

حقیقت میں مسز گاندھی خود بھی پاکستان کے فوجی حکمرانوں کو پسند نہیں کرتی تھیں۔لیکن وہ کٹر ہندوستان مخالف بھٹو تک کی ہمدرد رہیں۔انھوں نے بھٹو صاحب کو پھانسی دئے جانے کی مذمت کی تھی۔اس کے علاوہ پاکستان کی فن کاروں، شاعروں اور ادیبوں کی بھی قدرداں تھیں۔ ۱۹۸۰ کے بعد ان کے دورِ اقتدار میں سیاسی پناہ گزینوں کو ہندوستان میں پناہ ملتی رہی۔ افغانستان پر روسی فوجی دباؤ کے نام پر جب پاکستانی فوجی حکومت نے اپنے یہاں جدید امریکی

ہتھیاروں کی مقابلہ آرائی شروع کی تو مسز گاندھی اُن سے ہوشیار رہنے لگیں۔اس کے بعد پنجاب کے معاملے میں پاکستان کی انتہا پسندوں سے ہمدردی اور امداد نے بھی انھیں فکر مند کیا۔وہ بار بار بیرونی خطرے کے خدشات ظاہر کرتی رہین۔ ان کے اسی بیان پر پاکستان میں بھی تبصرے ہوتے تھے۔عام پاکستانیوں کو ایسا لگتا تھا کہ ہندوستان پاکستان پر چڑھ بیٹھے گا۔

جنتا پارٹی اور اس کے وزیر اعظم مرار جی دیسائی پاکستانی حکمرانوں اور عوام میں بہت مقبول تھے۔ پاکستان اب تک سابق وزیر خارجہ اٹل بہاری واجپئی کو دعائیں دیتے ہیں جنھوں نے دونوں ممالک کے بچھڑے ہوئے خاندان کے افراد کو آنے جانے کی سہولت فراہم کی۔ورنہ اندرا گاندھی کے اقتدار کے پہلے دور میں یہ سلسلہ بند ہو چکا تھا۔اب بھی جنتا پارٹی کے کئی لیڈران کو پاکستان میں سر آنکھوں پر بٹھایا جاتا ہے۔شاید اس لیے بھی کہ یہ لوگ مسز گاندھی کے مخالف تھے۔البتہ ہندوستانی کمیونسٹوں کو پاکستان میں لوگ پسند نہیں کرتے ہیں۔اقتدار کی باگ ڈور سنبھالنے کے بعد راجیو گاندھی کو بھی شروع میں مسز گاندھی کے نقشِ قدم پر چلنے والا سمجھا گیا تھا، لیکن دھیرے دھیرے اب ان کی اپنی ایک پہچان بن رہی ہے۔ پاکستان جانے سے پہلے وہ دلی اور ڈھاکہ میں ضیاء الحق سے ملیں گے۔تب تک ان کی مکمل شبیہ ضیاء صاحب کے سامنے آجائے گی۔لیکن خود ہمارے یہاں ایک جمہوریت پسند ضیاء الحق کی شبیہ کیا سامنے آئے گی۔

28.11.85

☆☆☆

اب کاروباری رشتے استوار ہونے چاہیے

ہند۔پاک تعلقات کے معاملے میں سال ۱۹۸۵ ایک یادگار مانا جائے گا۔'ہاں'،'نہ'، 'اعتبار'،'بے اعتباری'اور'پہلے آپ۔ پہلے آپ' کے مرحلوں سے گزرتے ہوئے بہت حد تک دونوں ملکوں کے لیڈران نے اپنی سیاسی سوجھ بوجھ کا مظاہرہ کرتے ہوئے بگڑے رشتوں کا استوار کرنے کی کوشش کی ہے۔سیاسی مسائل تو خیر حل کر لیے گئے۔اب باری ہے آپسی

مفادات کے لیے معاشی اشتراک کی۔

اس معاملے میں دونوں ملکوں کے وزیر مالیات پچھلے سال مل چکے ہیں۔ اگلی کچھ ہی دنوں میں پاکستان کے وزیر مالیات ڈاکٹر محبوب الحق دوبارہ تفصیلی گفتگو کے لیے نئی دلی آرہے ہیں۔ اُمید ہے کہ اُن کی آمد سے دونوں ملکوں کے کاروباری رشتے مستقبل میں مضبوط ہوں گے۔ اپنے پچھلے دورے میں ڈاکٹر حق نے جو تجاویز پیش کی تھیں ان میں (۱) ایک دوسرے کے یہاں فری ٹریڈ زون (آزاد کاروباری علاقے) میں صنعتیں قائم کی جائیں۔(۲) دوسرے ٹیکس کے رواج پر دوبارہ غور ہو۔(۳) وزراء اور سرکاری افسران آپس میں گفت و شنید کرتے رہیں۔ ہندوستان ان کی ان تجاویز پر غور کر رہا ہے۔

پاکستانی ذرائع کے مطابق اس وقت پاکستان اور ہندوستان کے درمیان پانچ کروڑ ڈالر کا سالانہ کاروبار ہو رہا ہے۔ اندازہ ہے کہ آئندہ سال یہ دس کروڑ ڈالر کا ہو جائے گا۔ ہندوستان کو پاکستان کا الیکٹرانک کیلکولیٹر اور کمپیوٹر کا سامان بنانے والی صنعت کی امداد پیش کی ہے۔ اس وقت دونوں ملکوں کے درمیان محدود پیمانے پر کاروبار ہوتا ہے۔ پاکستان ہندوستان کی چائے وعمارتی لکڑی۔ پان۔ چھالیہ۔ ادرک۔ مسالے، فولادی چادر، کیلکولیٹر مشین۔ وال بیئرنگ، ڈائی، لفٹ۔ ڈپلی کیٹنگ مشین، کچا لوہا وغیرہ منگوانا چاہتا ہے۔

ہندوستان پاکستان سے چپسن، چمڑے کا سامان، سبزیاں اور کچھ دیگر صارف اشیاء منگوانا چاہتا ہے۔ ۸۵-۱۹۸۴ میں پاکستان نے چائے اور کچا لوہا وغیرہ درآمد کروایا جبکہ ہندوستان نے پاکستان سے کھاد، کپاس اور سوکھی کھجور وغیرہ منگوائی۔ پاکستان کو ہندوستان سے سب سے زیادہ خوف اس بات کا ہے کہ کہیں بہت زیادہ ہندوستانی مال کی درآمد اس کی گھریلو پیداوار کو متاثر نہ کرے۔

تقسیم کے فوراً بعد دونوں ملکوں کے درمیان تجارتی تعلقات قائم ہو چکے تھے۔ بہت سی اشیا پاکستان کو بھیجی جاتی تھیں۔ پاکستانی ذرائع کے مطابق ۱۹۴۹ میں ہندوستان نے پاکستانی سکے کے ایلومینیم پر دباؤ ڈالا تھا۔ پاکستان کو وہ بالکل پسند نہیں تھا۔ اس لئے ہندوستان نے پاکستان سے کپاس اور پٹ سن خریدنا بند کر دیا۔ اس پر پاکستان نے بھی ہندوستان سے درآمد کم کر دی۔

ستمبر ۱۹۴۹ میں دونوں ملکوں کے بیچ جو کاروبار 11.3 کروڑ روپے کا تھا وہ مارچ ۱۹۵۰ تک صرف 6.5 کروڑ روپیہ ہی رہ گیا۔ دھیرے دھیرے وہ بھی گھٹتا گیا۔ ۱۹۷۵ میں دونوں ملکوں کے درمیان سرکاری سطح پر کاروبار شروع ہوا۔

پچھلے مہینے ۱۸ فروری کو ایک ہندوستانی خاتون صنعت کاروں کا وفد پاکستان کے دورے پر گیا ہوا تھا۔ وہاں انھوں نے پاکستانی خاتون صنعت کاروں کے علاوہ صدر جنرل محمد ضیاء الحق سے بھی بات چیت کی۔ پاکستانی خاتون صنعت کاروں کا خیال ہے کہ ہندوستان سے پاکستان کو تجارت کرنے میں کئی سہولیات ہیں۔ انھیں ہندوستان میں سستا سامان ملے گا۔

مجموعی طور پر پاکستانیوں کو اس بات کا خوف ہے کہ اگر دونوں ملکوں کے تجارتی دروازے کھول دئے گئے تو ہندوستان پاکستانی معیشت پر حاوی ہو جائے گا۔ لیکن ان کے اس خوف کو وزیر مالیات ڈاکٹر محبوب الحق ان الفاظ میں دور کرتے ہیں " ہندستان کے ساتھ تجارت سے پاکستانی صنعتوں کو کوئی نقصان نہیں پہنچے گا۔ یہ کہنا ٹھیک نہیں ہے کہ ہندوستانی سامان کے سیلاب کے لیے دروازی کھول دئے جائیں گے۔ صرف اُن اشیاء کی تجارت کی جائے گی جو ہند پاک دونوں کے لیے سودمند ہوں گی۔ اس سلسلے میں ہندوستانی حکام کو ۱۴۵ اشیاء کی فہرست پیش بھی کی گئی ہے۔ جبکہ ہندوستانی حکام اپنی فہرست تیار کر رہے ہیں۔ پاکستان درآمد کی پالیسی کو نرم نہیں کرے گا، ہند پاک کے درمیان تجارت پر ڈیوٹی (ٹیکس) لگایا جائے گا۔

دونوں ملکوں کے درآمد اور برآمد معاملات کی بات چیت میں اب تک اخبارات رسائل و کتابوں کی کاروبار پر پتہ نہیں کیوں خاموشی اختیار کی گئی ہے۔ اب بھی دونوں ملکوں کے درمیان اخبارات و رسائل کا لین دین بہت آسان نہیں ہے۔ اُمید کی جانی چاہیے کہ دونوں ملکوں کے حکام اس جانب جلد اور خصوصی توجہ دیں گے۔

9.1.1986

☆☆☆

لاہور میں بسنت پنچمی کی شان

ہند و پاک میں بہت سی یکسانیت ہیں۔ رنگ، لباس، غذا، زبان، تہذیب، موسیقی، آرٹ، ادب وغیرہ میں تو یکسانیت ہے ہی۔ ہمارے موسم بھی ایک جیسے ہیں۔ برسات کی کالی گھٹائیں کراچی اور ممبئی کے آسمانوں پر ایک ساتھ منڈراتی ہیں۔ لو کے تھپیڑے ساتھ ساتھ لاہور اور دلّی کی گلیوں میں چلتے ہیں۔ شملہ اور مری میں ایک ساتھ برف گرتی ہے۔ اسی طرح موسموں کا بادشاہ بسنت بھی ایک ساتھ ہی ہندوستان اور پاکستان کی فضاؤں میں رنگ بھرتا ہے۔ بسنت میں ہمارے یہاں خصوصی طور پر شمال اور سمال مغرب میں میلے کا سماں ہوتا ہے۔ بسنت پنچمی ہمارا ایک تہوار ہے۔ سردی بسنت پنچمی کے ساتھ ہی رخصت ہو جاتی ہے۔ سارا ماحول بسنتی رنگ میں رنگ جاتا ہے۔

پاکستانی پنجاب میں بھی بسنت پنچمی کو خصوصی اہمیت حاصل ہے۔ اس تہوار کا مرکز ہے لاہور۔ اور پاکستان میں لاہور کا مطلب ہے رنگ اور روشنی کی دُنیا۔ ویسے بھی رنگ اور روشنی کی دُنیا کو فلمی دُنیا کہتے ہیں۔ بسنت کا تہوار لاہور کی فلمی دُنیا کو ایک زندگی عطا کرتا ہے۔ پچھلے دنوں لاہور کی فلمی دُنیا میں بسنت پنچمی دھوم دھام سے منائی گئی۔ پاکستانی بسنت پنچمی میں پتنگ بازی کا کھیل بہت انوکھا ہے۔ اس روز یوں تو سارے پاکستان میں پتنگ بازی ہوئی لیکن فلمی دنیا کی پتنگ بازی کا انداز نرالا تھا۔ اُس میں کھیل بھی تھا اور گھٹن کے موحول سے نکلنے کی پھڑپھڑاہٹ بھی۔

اس موقع پر پنجابی فلموں کے مقبول فن کار مصطفی قریشی نے پتنگ بازی کرتے ہوئے کہا ''حالانکہ مارشل لاء کے اٹھنے کا اعلان ہو چکا ہے اور سیاسی وشہری آزادی کو بحال کرنے کی باتیں ہو رہی ہیں۔ گھٹن ختم ہونے کے چرچے ہیں لیکن جہاں تک فلمی دُنیا کا سوال ہے، فلمی پروڈیوسر، ڈائرکٹر اور ایکٹر مارشل لا کے زمانے میں نافذ کیے گئے کڑے سینسر کے شکنجے میں اب تک جکڑے ہوئے ہیں۔ یہاں اب بھی مارشل لا کے زمانے کی گھٹن موجود ہے۔ فلمی دُنیا کو اب بھی کوئی آزادی حاصل نہیں ہوئی ہے۔ پتنگیں اُڑا کر ہم اپنی جد و جہد اور آزادی کی اُڑان کو تسلی

دے رہے ہیں۔" مصطفی قریشی نے آگے کہا" میں بسنت کے موقع پر اس لیے پتنگ اُڑا رہا ہوں کہ بطور فنکار مجھے بھی تو آزادی حاصل ہوگی کہ میں اپنی صلاحیتوں کو منوا سکوں گا۔" مصطفی قریشی اپنے بیوی بچوں کے ساتھ دن بھر گھر کی چھت سے پتنگ اُڑاتے رہے۔

مسرت نظیر مصطفی قریشی کی پڑوسن ہیں۔ ایک زمانے کی مشہور ہیروئن مسرت نے ابھی ابھی ایک فلم کی ہدایت دی ہے۔ اُن کا کہنا تھا کہ مصطفی قریشی اچھے پتنگ باز نہیں ہیں۔ وہ دھڑا دھڑ اپنی پتنگیں کٹوائے جا رہے ہیں۔ مسرت نظیر نے اُس روز درجنوں پتنگیں کاٹیں۔

بسنت کا سب سے زیادہ ہنگامہ شاہ نواز اور اور ایور نیو اسٹوڈیو میں تھا۔ نور جہاں کے سابق شوہر شوکت رضوی نے کئی دیگر فلمسازوں کے ہمراہ پتنگ بازی کا مقابلہ منعقد کیا تھا۔ ایور نیو اسٹوڈیو میں سب سے بڑا مقابلہ فلم پروڈیوسرز ایسوسی ایشن کے نائب صدر ملک احمد اور فلم ڈسٹری بیوٹرز ایسوسی ایشن کے صدر شیخ نظیر حسین کی ٹیموں کے درمیان ہوا۔ اس دوران فلم ساز چودھری محمود اسماعیل نے بسنت پنچمی کا شکریہ ادا کیا۔ جس کی وجہ سے بکھری ہوئی پاکستانی فلمی دُنیا یکجا ہو جاتی ہے۔ پنجابی فلموں کی ہیروئن انجمن اور کئی دوسری اداکاراؤں نے اس روز پورے بسنتی لباس میں بسنت کا تیوہار منایا۔ انجمن نے کہا کہ بسنت کے دن ہم فنکاروں کی بھی تفریح ہو جاتی ہے۔ بسنت کے بارے میں ایک دوسری ہیروئن سنگیتا کا کہنا ہے کہ" یہ ہماری زندگی اور تہذیب کا ایک حصہ بن گیا ہے۔ لیکن اس بار لاہور میں رات کا بھی خوب پتنگ بازی ہوئی۔" اس کے بارے میں بزرگ ادیب احمد ندیم قاسمی نے ایک کالم میں اپنا تجزیہ لکھا۔

احمد ندیم قاسمی لکھتے ہیں" بسنت کی رات کو نو بجے رات جب میں گھر پہنچا تو کچھ دیر بعد پورے محلے کے شور نے مجھے چونکا دیا۔ گلی میں آیا تو دیکھا کہ آسمان روشن ہے ہر طرف گولے پھٹ رہے ہیں۔ پتہ چلا کہ بسنت کا تیوہار منا رہے ہیں۔ پتنگ بازی کے شوقینوں نے چھتوں پر فلڈ لائٹ لگا رکھی ہے۔ جدھر پتنگ جاتی ہے اُدھر فلڈ لائٹ جاتی ہے۔ پتنگ کٹنے پر گولے چھوڑے جا رہے ہیں اور اس طرح رات میں بسنت پر جوش طریقے سے منایا گیا۔"

7.3.1986

☆☆☆

ترقی پسندوں کا سفر جاری ہے

۶ مارچ سے ۹ مارچ تک کراچی میں پاکستانی انجمن ترقی پسند مصنفین کی پچاسویں سالگرہ دھوم دھام سے منائی گئی۔ اس سے اس بات کا بھی پتہ چلتا ہے کہ مارشل لا اور دوسری کئی آمرانہ طاقتوں کے باوجود وہاں ترقی پسند مصنفین اور شعراء صحیح سلامت ہیں۔ یہ ایک دوسری بات ہے کہ اُن کی تخلیقات میں کسی حد تک ترقی پسندی موجود ہے۔ ترقی پسندی رہے نہ رہے پاکستان میں ترقی پسند ادیب اب تک موجود ہیں۔ غور طلب بات یہ بھی ہے کہ اب خود پاکستان کے قیام کو ۳۸ سال ہوئے ہیں تو یہ پچاس سالہ جلسہ کہاں سے ہوگیا؟ دراصل پاکستانی انجمن اپریل ۱۹۳۶ میں عظیم ناول نگار منشی پریم چند کی صدارت میں تشکیل دی گئی انجمن کا ہی ایک اٹوٹ حصہ ہے۔ ڈاکٹر ملک راج آنند، سجاد ظہیر، ڈاکٹر جیوتی گھوش، ڈاکٹر ایس سنہا اور ڈاکٹر محمد دین تاثیر کے دستخط سے انجمن کا مینی فیسٹو لندن میں تیار کیا گیا تھا۔ اس وقت اس کا مقصد تھا مختلف زبانوں سے رابطہ، آزادیٔ اظہار کے لیے جدوجہد اور ایسے ادب کی تخلیق جس سے سماج میں مساوات اور برابری آئے۔

۱۹۳۶ میں ترقی پسند مصنفین کے پہلے اجلاس کی صدارت کرتے ہوئے منشی پریم چند نے کہا تھا کہ پیدائشی طور پر کوئی بھی تخلیق کار ترقی پسند ہوتا ہے۔ اس کے بعد انجمن کی سرگرمیاں بڑھتی گئیں۔ ادیبوں اور شاعروں کی ایک پوری نسل ترقی پسند تحریک سے متاثر ہوئی۔ بعد میں بمبئی، اسلام آباد، دلّی، لاہور، کراچی وغیرہ میں انجمن کے جلسے ہوتے رہے۔ لیکن افسوس نہ انجمن کی کوششوں سے ملک کی تقسیم رُک سکی نہ ہی برصغیر میں سماجی مساوات قائم ہوسکی۔ البتہ ہمارے یہاں کے علاوہ خود پاکستان میں بھی کئی ترقی پسند ادیبوں نے اقتدار کی خوشامد شروع کر دی۔ اب بھی انجمن ہے، اُس کے کچھ بانی ہیں اور مینی فیسٹو ہے۔ بے انصافی ہے، نفرت ہے اور وہ سب کچھ ہے جس سے لڑنے کا انجمن نے اعلان کیا تھا۔

تقسیم کے بعد انجمن کے بھی ہندوستانی اور پاکستانی ٹکڑے ہو گئے۔ ۱۹۴۹ میں ایک بار پھر دونوں ملکوں کے ترقی پسند ادیب بھوپال میں یکجا ہائے۔ ترقی پسندی کے بکھرے ہوئے ٹکڑوں

کو جمع کرنے کی کوشش کی گئی۔ کرشن چندر نے اُس وقت بحیثیت صدر کہا تھا کہ 'ہمارا ادب لاشوں کا ادب نہیں ہوسکتا ہے۔ اسے زندگی کے ساتھ چلنا ہے اور زندگی آسمانوں پر نہیں زمین کے سینے پر چپک کر کھسکتی ہے۔'' اس کے بعد دونوں ملکوں کے ادیبوں اور شاعروں کی میٹنگ نہیں ہوئی۔ البتہ سجاد ظہیر نے ایک اور ہاتھ آگے بڑھا کر ایفرو ایشیائی مصنفین کے انجمن کی بنیاد ڈالی۔ آج کل اس کا بھی کچھ اتا پتا نہیں ہے۔

انجمن ترقی پسند مصنفین نے شروع کے دنوں میں پاکستان میں اچھا رنگ جمایا۔ نومبر ۱۹۴۹ میں لاہور میں انجمن کی پہلی میٹنگ ہوئی۔ اس میں اردو، پنجابی، سندھی اور پشتو زبان کے ادیبوں اور شاعروں کی ایک بڑی تعداد نے شرکت کی تھی۔ پاکستانی ادب کے مستقبل وغیرہ پر بحث ہوئی۔ لیکن بدلتی ہوئی پاکستانی سیاست اور ۱۹۵۴ میں راولپنڈی سازش کیس (جس میں فیض اور دیگر ادیبوں پر پاکستانی حکومت کا تختہ پلٹنے کی سازش کا الزام تھا) کے بعد پاکستانی ترقی پسند ٹوٹ سے گئے تھے۔ اب پھر بکھرے ہوئے تنکوں کو اکٹھا کرنے کی کوشش کی گئی ہے۔

پاکستانی ترقی پسندوں کے پچاس سالہ جلسے میں شرکت کرنے کے لیے ہندوستان سے ڈاکٹر قمر رئیس، شارب ردولوی، اصغر علی انجینئر اور غلام ربانی تاباں شریک ہوئے۔ تحریک کے بانی ڈاکٹر ملک راج آنند کو جلسے کی صدارت کرنی تھی۔ لیکن عین موقع پر انھیں، سردار جعفری، عصمت چغتائی، مجروح سلطان پوری اور ہدایت اللہ انژاری کا پاکستانی حکمراں سے ویزا نہیں دیا۔ اس پر انجمن میں بھی لے دے ہوئی۔

ڈاکٹر ملک راج آنند کی غیر حاضری میں بزرگ پاکستانی شاعر اور نقاد مجنوں گورکھپوری نے جلسے کی صدارت کی۔ آپ بھی شروع سے انجمن کے ساتھ ہیں۔ سارے پاکستان سے آئے ہوئے پانچ سو ترقی پسند مصنفوں کو صحافی و ادیب شوکت صدیقی ('خدا کی بستی' کے خالق) نے استقبال کیا۔ تین دن کے اس کانفرنس میں ادب اور سیاست پر خوب بحث ہوئی۔ ڈرامے ہوئے، مشاعرہ ہوا۔ پنجابی، اردو، پشتو، سندھی اور گجراتی قلمکاروں، شاعروں اور نقادوں نے درجنوں مقالے پڑھے۔ لگ بھگ سبھی زبانوں کی کہانیاں پڑھی گئیں۔ ہندوستان کے اقبال مجید اور ڈاکٹر جوگیندر پال نے اپنی کہانیاں سنائیں۔ اصغر علی انجینئر نے ان کی کہانیوں پر اپنا تبصرہ پیش کیا۔ پاکستان کے

تخلیق کاروں نے پاکستانی سماج پر بھرپور چھینٹاکشی کی۔آخر میں شوکت صدیقی نے کہا کہ یہ کانفرنس آگے بڑھنے کی شروعات ہے۔ پاکستانی تخلیق کار ظلم کے خلاف اپنی جد و جہد جاری رکھیں گے۔

27.3.1986

☆☆☆

سرحدی گاندھی اور جی ایم سید کا مقدمہ

بے نظیر کے طوفانی دورے نے کئی دوسری اہم خبروں کو پیچھے چھوڑ دیا ہے۔ان میں ایک اہم ترین خبر ہے کہ بزرگ ترین لیڈر خان عبدالغفار خان اور جی ایم سید پر سندھ پولیس کے ذریعے بغاوت اور وطن سے غداری کے الزام میں مقدمہ۔ان کے علاوہ تقریباً دو ہزار لوگوں کا اس مقدمے میں گھسیٹا گیا ہے۔ بادشاہ خان اور سید صاحب کے علاوہ جن دیگر لوگوں پر پاکستان کی دفعہ ۱۵۲(ک)اور ۱۲۴(ک) کے تحت مقدمہ دائر کیا گیا ہے اُن میں ممتاز علی بھٹو، میر علی، احمد تالپور، حمیدہ کھوڑے، نواب جونا گڑھ کے بیٹے ذوالفقار مندی، روشن رفیو مشہور گلو کارہ زرینہ، بلوچ قربان، نصرت وغیرہ شامل ہیں۔لیکن ابھی تک کسی کو بھی گرفتار نہیں کیا گیا ہے۔

یہ سارا ہنگامہ پچھلے ایک مہینے سے چل رہا ہے۔سندھ کے بزرگ لیڈر جی ایم سید کی بیاسی ویں سالگرہ دارو ضلع میں واقع ان کے گاؤں سن میں ۱۷ مارچ کو منائی جانے والی تھی۔اس موقع پر خصوصی طور سے بادشاہ خان مدعو تھے۔ویسے تو بادشاہ خان بہت کم صوبہ سرحد سے باہر جاتے ہیں لیکن برسوں بعد انھوں نے جی ایم سید کا فی دعوت انھوں نے قبول کی۔ ۱۴ مارچ کو پشاور سے خیبر میل کے ذریعے جب وہ کراچی کے لیے روانہ ہوئے تو ریلوے اسٹیشن پر ان چاہنے والوں نے انھیں گھیر لیا۔ملتان ریلوے اسٹیشن پر ایک بھرے مجمع کو مخاطب کرتے ہوئے انھوں نے فوجی اقتدار پر سخت نکتہ چینی کی۔انھوں نے یہ بھی واضح کیا کہ ان کے مخالفین جن میں پنجاب کے زمیندار اور سندھ کے وڈیرے شامل ہیں ان کے خلاف غلط تشہیر کر رہے

ہیں کہ وہ پنجاب کے خلاف ہیں ۔انھوں نے پنجابیوں کی وطن پرستی کی تعریف کی ۔

خیبر میل سے کراچی پہنچنے پر بادشاہ خاں کا شاندار استقبال کیا گیا۔خبروں کے مطابق مجمع نے ''بادشاہ خان زندہ باد'' ''پاکستان توڑ دو'' کے بھی نعرے لگائے ۔بعد میں جب ان سے ''پاکستان توڑ دس'' کے نعرے سے متعلق پوچھا گیا تو انھوں نے کہا کہ 'پاکستان توڑ دو' کے نعرے انھوں نے نہیں سُنے ۔جب لوگوں نے ان سے کہا کہ یہ خبر اخبار میں آئی ہے تو 'نوائے وقت' کے مطابق انھوں نے کہا کہ ''جتنا جھوٹ پاکستان کے اخبار لکھتے ہیں اتنا جھوٹ دنیا بھر میں اور کوئی نہیں لکھتا۔''

خبروں کے مطابق کراچی سے جی ایم سید کے گاؤں سن جاتے ہوئے بھی جئے سندھ، سندھ۔بلوچستان سرحد پر بادشاہ خان کے حامیوں نے پاکستان مخالف نعرے لگائے ۔جی ایم سید نے عبدالغفار خان کو ان کے گاؤں سن میں ایک سپاس نامہ پیش کیا۔اس میں کہا گیا کہ'' آج آپ ساری دنیا میں مہاتما گاندھی کے سچے جانشین ہیں ۔اور لوگ آپ کو محبت اور عقیدت سے سرحدی گاندے کہتے ہیں ۔آپ ہندوستان اور افغانستان میں وہ حیثیت رکھتے ہیں کہ ان کی مظلوم قوم کو آزادی کے لیے جگا سکتے ہیں ۔اگر فلسطین اور جنوبی افریقہ کے لیے آواز اٹھا سکتے ہیں تو ہمارے لیے کیوں آواز بلند نہیں کر سکتے ؟

'اخبار جہاں' کی ایک رپورٹ کے مطابق اُس سپاس نامے میں جی ایم سید نے کہا ''پاکستان کی ۳۹ سالہ تاریخ میں سندھ کی جغرافیائی سرحدوں کو کم کیا گیا۔سندھ کو جو دنیا کی تاریخ میں پانچ ہزار برسوں سے ایک ملک کی حیثیت سے رہا ہے۔غلامی کی زنجیروں میں جکڑ کر اس کے حقوق کو چھین کر ایک بڑے اور استعمال کرنے والے صوبے (اشارہ پنجاب کی طرف ہے) کے ما تحت کر دیا گیا۔اشوک، وکرمادتیہ اور اکبر نے برصغیر کو متحد کرنے کے لیے جو جدو جہد کی تھی اسے انگریزوں نے ٹکڑے کر کے تاریخ کے خلاف فیصلہ دی ۔اور آج کے ڈھانچے میں شری کرشن، گوتم بدھ، کبیر، شاہ عنایت، معین الدین اجمیری، شاہ لطیف بھٹائی، رحمن بابا، غلام فیر داور گرو نانک کی اتحاد کی ساری کوششوں کو مسترد کیا جا رہا ہے۔

اس کے بعد اپنی تقریر میں جی ایم سید نے رپورٹ کے مطابق کھل کر کہا کہ وہ پاکستان کو نہیں مانتے ہیں اور سندھ کو ایک الگ ذات اور ملک سمجھتے ہیں۔ انھوں نے اپنی منزل سندھ، پختونستان، بلوچستان کی آزادی کو قرار دیا۔ خان عبدالغفار خان نے کہا کہ تین مظلوم صوبے پاکستان کو نہیں مانتے ہیں۔ انھوں نے جلسے میں آئے لوگوں سے پوچھا کہ وہ اسے مانتے ہیں؟' اس پر لوگ دیر تک ''پاکستان توڑ دو'' کے نعرے لگاتے رہے۔

اس کے بعد جیسے پاکستانی اخباروں میں کھلبلی مچ گئی۔ سرحدی گاندھی اور جی ایم سید کی خدمت کی جا رہی ہے۔ کئی مقامات پر ان کے خلاف جلسے جلوس کی بھی خبریں ملیں۔ ایف آر ڈی سے لے کر مرکزی وزراء تک نے ان پر غصہ اُتارا ہے۔ ویسے بھی شروع سے پاکستان میں جی ایم سید اور بادشاہ خان کو اچھی نگاہ سے نہیں دیکھا جاتا ہے۔ نتیجتاً ان دونوں سمیت دو ہزار لوگوں پر وطن سے غداری کا مقدمہ دائر کر دیا گیا۔ دیکھنا ہے کہ بے نظیر کے طوفانی دورے میں یہ مقدمے کیا رنگ لاتے ہیں۔

17.4.1986

☆☆☆

اسلامی پاکستان بدعنوانی ختم نہیں کر سکا

پچھلے ہفتے پاکستان کے کئی اخباروں میں رشوت خوری اور بدعنوانی کے خلاف بڑے بڑے سرکاری اشتہارات شائع کیے گئے۔ یہ اشتہارات مرکزی حکومت کی اُس منتظم محکمے کی طرف سے شائع کروائے گئے ہیں جسے وزیر اعظم محمد علی جونیجو نے بدعنوانی کو ختم کرنے کے لیے قائم کیا ہے۔ اشتہار میں عوام سے آٹھ سوال پوچھے گئے ہیں۔ ان میں سب سے پہلا سوال یہ ہے کہ آپ کی نظر میں کون سے سرکاری محکمے میں سب سے زیادہ بدعنوانی ہے۔ عوام سے آگے پوچھا گیا ہے کہ لوگ رشوت کیوں دیتے ہیں؟ کیا بغیر رشوت دیے کام نہیں ہوتا ہے؟ کیا لوگ ناجائز کام کروانا چاہتے ہیں؟ یا رشوت دینے کی عادت پڑ گئی ہے؟ ایک اور سوال میں عوام سے پوچھا گیا

ہے کہ لوگ رشوت کیوں لیتے ہیں؟ اس کے تحت جو موضوعات اُٹھائے گئے ہیں اس میں پوچھا گیا ہے کہ سرکاری نوکر کیا عیش کرنے کے لیے رشوت لیتے ہیں؟ یا پھر اُن کی تنخواہ کم ہوتی ہے؟ یہ رشوت لینے والوں کو سخت سزا نہیں ملتی ہے۔

پولیس، مذہبی رہنما، رکن اسمبلی، عدالتوں یہاں تک کہ تعلیمی اداروں کے بارے میں بھی پوچھا گیا ہے کہ کیا یہ سبھی رشوت خوری کے اڈّے ہیں؟ جو شخص رشوت خوری اور بدعنوانی کے خلاف اپنی رائے ظاہر کرنا چاہتا ہے وہ الگ سے بھی اپنی رائے لکھ کر دے سکتا ہے۔

پاکستان میں جس اعلیٰ پیمانے پر ان سوالات کی تشہیر کی جا رہی ہے اور جس طرح عوام سے براہ راست سوالات پوچھے گئے ہیں اس سے اتنا تو ضرور پتہ چلتا ہے کہ پاکستان میں رشوت خوری اور بدعنوانی بڑے پیمانے پر ہے۔ بات سچ ہے۔ شروع کے دنوں میں چاروں طرف گڑبڑ تھی۔ علاقائی انتظامیہ ناکام ہو چکا تھا۔ سرکاری دفتر، تعلیمی ادارے، بینک اور عدالت وغیرہ تیتر بتر تھیں۔ سرکاری اہلکاروں پر کسی کا کنٹرول نہیں تھا۔ پہلے سے پاکستان میں بڑے سرکاری افسر خود کوئی فیصلہ کرنے کی حالت میں نہیں تھے۔ بہت سے پناہ گزین سرکاری افسروں کی سمجھ میں کچھ نہیں آتا تھا کہ وہ کیا کریں۔ ادھر برسرِ اقتدار پارٹی مسلم لیگ کو بھی حکومت کا تجربہ نہیں تھا۔ چاروں طرف لوگ اپنی ڈفلیاں بجا رہے تھے۔

ایسی حالت میں عوام کی دُرگت کو اچھی طرح سمجھ جا سکتا ہے۔ قدم قدم پر چھوٹے موٹے کام کروانے کے لیے بھی کئی طرح کی مشکلات کھڑی ہو رہی تھیں۔ ظاہر ہے یہی ساری صورتحال رشوت خوری کو جنم دیتی ہیں۔ پاکستان میں بھی وہی ہوا۔ دھیرے دھیرے نوکرشاہی کا مضبوط ہاتھ ساری انتظامیہ پر اپنا قبضہ جمانے لگا۔ ایک ٹھوس قوت ارادی والی تجربہ کار سیاسی نظام کے فقدان کی وجہ سے ہر جگہ نوکرشاہی کی طوطی بولنے لگی۔ بڑے پیمانے پر لائسنس، پرمٹ کوٹہ اور ٹھیکہ دینے کے لیے اعلیٰ افسران، دفتر کے بابوؤں کی جیب گرم کی جانے لگی۔ بڑے پیمانے پر رشوت خوری اور بدعنوانی پھیلنے لگی۔

لیاقت علی خاں کے قتل کے بعد سے سیاسی عدم استحکام کا ماحول بننے لگ تھا۔ اس کے بعد

۱۹۵۸ سے فوجی حکومتوں اور مارشل لا کا طویل سلسلہ چل پڑا۔ ۱۹۵۸ میں ایوب خاں نے اقتدار سنبھالتے ہی نوکرشاہوں پر اپنی پکڑ مضبوط کی۔ دھڑادھڑ کئی سرکاری افسران پکڑے گئے۔ ان پر مقدمہ چلا فوجی حکومت کی ستائش ہوئی۔ لوگوں نے ایوب خاں کی حکومت کے لیے تالیاں بجائیں۔ لیکن یہ تعریفیں کچھ دنوں کے لیے ہی تھیں۔ جیسے جیسے فوجی افسروں کا عوام سے رابطہ ہوتا گیا۔ ویسے ویسے انھیں بھی رشوت کی عادت پڑنے لگی۔ اب سرکاری افسروں کے ساتھ ساتھ فوجی افسروں کو بھی ٹھیکے، پرمٹ اور لائسنس کے مزے ملنے لگے۔ حد تو یہ ہے کہ خود ایوب خاں کے صاحبزادے گوہر ایوب کو بدعنوانی کے کئی معاملات میں پایا گیا۔

یحییٰ خاں کے دور میں بھی فوجی افسروں اور ان کے رشتے داروں نے دل کھول کر اقتدار کا بے جا استعمال کیا۔ خود یحییٰ خاں کے بارے میں لوگ جانتے ہیں کہ اسلام آباد میں انھوں نے کس طرح اپنے بنگلے کی تعمیر میں سرکاری پیسے کا غلط استعمال کیا۔ ان کی دیگر رنگینیاں بھی لوگوں کو معلوم ہیں۔ ان کے دورِ اقتدار میں رشوت خوری اپنے عروج پر تھی۔ مرحوم بھٹو بھی برسوں سے پاکستان میں بدعنوانی اور رشوت کے دیمک کو ختم نہیں کرسکے۔ ضیاء الحق خود تو ایک ایماندار حاکم کے طور پر پہچانے جاتے ہیں۔ لیکن ان کے دور میں بھی رشوت خوری اور بدعنوانی بند نہیں ہوسکی۔ اس کا سب سے بڑا ثبوت ہے کھلے عام اس بیماری کے خلاف بڑے بڑے اشتہارات۔ اسی کے ساتھ فی الحال اینٹی کرپشن اور دوسرے محکموں کو بھی مضبوط بنایا جارہا ہے۔ پچھلے دنوں ہمارے یہاں کئی صنعت کاروں اور سرکاری افسروں کے یہاں پڑنے والے چھاپوں کو پاکستان میں خوب تعریف ہوئی۔ دیکھنا ہے کہ ضیاء الحق کس طرح پاکستان سے رشوت خوری اور بدعنوانی کو ختم کرتے ہیں۔ افسوس اسلام کی دُہائی دینے کے بعد بھی پاکستان میں رشوت خوری قائم ہے۔

25.4.1986

☆☆☆

ویدومہابھارت اور پاکستان

پاکستانی دانشوروں میں ہندو دیومالائی کہانیوں سے متعلق خصوصی رغبت ہے۔اُن کا یہ جھکاؤ غزلوں، نظموں اور کہانیوں میں دکھائی دیتا ہے۔مہابھارت اور رامائن کے کئی کردار اور واقعات ادب میں علامتوں کے طور پر استعمال ہوتے ہیں۔دوہوں کے شاعر صہبا اور جمیل الدین عالی نے تو بھگوان رام کے بن باس، کرشن کی شرارتوں اور شیش ناگ وغیرہ کو جی بھر کے اپنے دوہوں میں استعمال کیا ہے۔ایک پاکستانی نقاد نے ایک بار اردو کے مشہور نقاد اختر حسین رائے پوری کے ایک جملے کو تاریخی قرار دیا۔ڈاکٹر اختر حسین رائے پوری نے لکھا تھا ہندوستان کی دو کتابیں عظیم المرتبت ہیں۔ایک ُویدمقدس' اور دوسری ُدیوانِ غالب'۔

ویدوں کے بارے میں نقاد علی سفیان آفاقی لکھتے ہیں۔''ویدوں کے بارے میں مسلمان بہت کم جانتے ہیں۔پاکستان بننے سے پہلے جب مسلمان اور ہندو صدیوں تک ایک ہی ملک میں بہت ساری ملی جلی رسموں کے ساتھ زندگی گزارتے رہے، اس وقت بھی وید مقدس یا ہندو دیومالا کے بارے میں مسلمانوں کی معلومات نہ ہونے کے برابر تھی۔اسے آپ مذہبی عقیدہ کہیں یا مذہبی تعصب۔مگر یہ ایک حقیقت ہے۔دوسری طرف یہ بھی حقیقت ہے کہ صدیوں تک مسلمانوں کے ساتھ رہنے کے باوجود اجتماعی طور پر کبھی اسلام کے بارے میں جاننے کی کوشش نہیں کی۔

پچھلے دنوں پاکستان میں عبدالعزیز خالد نے''مہابھارت کتھن مالا'' کے نام سے اردو میں ایک بہت اچھی کتاب لکھی ہے۔خالد صاحب نے مہابھارت کا گہرا مطالعہ کرنے کے بعد اپنی ''مہابھارت کتھن مالا' میں یہ بتانے کی کوشش کی ہے کہ انسان ماں باپ، بہن بھائی اور عزیز واقارب کی جدائی میں غم اُٹھاتا ہے۔ایک نقاد کی نظر میں مہابھارت کا خلاصہ یہ ہے کہ سُکھ دُکھ، زندگی اور جسم سبھی مٹ جانے والے ہیں۔صرف مذہب اور زندگی ہی سلامت رہنے والے ہیں۔''مہابھارت کتھن مالا'' کے مصنف نے اپنی کتاب کو انسان کے سُکھ دُکھ کی کہانی اور زندگی

کی فلسفے کو روشنی بتایا ہے۔کتاب کا تعارف وہ ایک شعر سے کرواتے ہیں:

ہندو پاکستان کے اس مشترک ماضی کے نام
جس میں پوشیدہ ہے ایک مستقبل نو کا پیام

کتاب کے پہلے باب کی پہلی سطر یہ ہے''جیسے سب دریا سمندر میں گرتے ہیں ویسے ہی سب جاندار موت کی مُنہ میں سما جاتے ہیں۔'' علی سفیان آفاقی نے''جنگ'' میں اس عبارت کی تشریح یوں بیان کی ہے کہ''دوسرے الفاظ میں یہ اُن قرآنی الفاظ کی جھلک ہے کہ ہر جاندار کو ایک دن موت کا مزہ چکھنا ہے۔'' آگے آفاقی''مہا بھارت کتھن مالا'' کے بارے میں لکھتے ہیں کہ''اس کتاب کے پڑھنے سے ایک بار پھر یہ بات صاف ہو جاتی ہے کہ دنیا کے زیادہ تر مذہب اور مذہبی کتابیں انسان کی بھلائی اور اُسے راستہ دکھانے کے لئے آئی ہیں۔''

''مہا بھارت کتھن مالا'' کے ذریعے پاکستان کے اردو پڑھنے والوں کو جو اطلاعات دی گئی ہیں ان کا ایک نمونہ پیش ہے جس کا تذکرہ 'جنگ' میں آفاقی صاحب نے بھی کیا ہے۔اس میں اُردو میں ہندی کے الفاظ کا استعمال بھی ملاحظہ ہو:

''چاروں یگ جب ہزار بار بیت چکتے ہیں تب برہما کا ایک دن ہوتا ہے۔ہزار بار پھر بیتنے کے بعد برہما کی ایک رات ہوتی ہے۔ایک کلپ میں چار کروڑ بتیس لاکھ برس ہوتے ہیں۔اس حساب سے برہما کا ایک دن انسان کے چار عرب بتیس کروڑ سال کے برابر ہوتا ہے۔''

پاکستانی''مہا بھارت کتھن مالا'' میں کل یگ کے بارے میں کچھ پیشین گوئیاں یوں کی گئی ہیں'' کہتے ہیں کہ کلیگ کے انت میں سات یا آٹھ سال کے لڑکے باپ بن جائیں گے اور چھ سات ورش کی لڑکیاں گربھ وتی ہو جائیں گی۔سولہ سال کی عمر میں مردوں کے بال پکنے لگیں گے۔مرد اپنی عورتوں کے غلام بن جائیں گے۔استری پتی کی سیوا نہیں کرے گی۔جوان ورِدھ ہو جائیں گے اور بوڑھوں کا سوا بھاؤ جوانوں جیسا ہو جائے گا۔کوئی کسی کی بات نہیں سُنے گا'' وغیرہ وغیرہ۔

ہم جہاں پاکستانی''مہا بھارت کتھن مالا'' جیسی کتابوں کا استقبال کرتے ہیں وہیں اس

بات پر بھی زور دیں گے کہ ویسی کتابیں ہمارے یہاں ہندی میں بھی ہوں جب تک دونوں طرف کی پرانی نسل زندہ ہے تب تک ملی جلی تہذیب اور تمدن کی معلومات حاصل رہے گی۔ اُس کے بعد نوجوان نسل تو بالکل ہی ایک دوسرے سے انجان بنی رہے گی۔ آنے والے کل کا یہی ایک بڑا المیہ ہوگا۔

19.5.1986

☆☆☆

فیملی پلاننگ کی مہم زور پکڑ رہی ہے

بچے دو ہی اچھے، ماں باپ اور دو بچے۔ سب خوشحال سب اچھے!! مشکلات سے نجات کا ایک ہی راستہ، چھوٹا خاندان!! پاکستان کے اخباروں میں فیملی پلاننگ سے متعلق اس طرح کے اشتہارات برابر دکھائی دیتے ہیں۔ ان نعروں کے علاوہ خوشحال میاں بیوی کے ساتھ دو تندرست بچوں کی تصویر بھی دکھائی دیتی ہے۔ ان اشتہارات کے ساتھ فیملی پلاننگ کے محکمے کی طرف سے شادی شدہ جوڑوں کو مفت صلاح مشورے کے لیے خصوصی کیمپوں میں بھی مدعو کیا جاتا ہے۔

آج کل جس رفتار سے دو ہی بچوں کی مہم پاکستان میں چلائی جارہی ہے اس سے اتنا تو ضرور معلوم ہوتا ہے کہ اسلامی پاکستان نے فیملی پلاننگ کی ضرورت کو محسوس کرلیا ہے۔ ورنہ کھلے عام اخبارات میں اس طرح کے اشتہارات کا ایک اسلامی ملک میں شور بھی نہیں کیا جاسکتا ہے۔ اب تو حال یہ ہے کہ افسروں اور وزیروں کے علاوہ قومی اسمبلی کے اراکین بھی کھلے عام عوامی جلسوں میں چھوٹے خاندان کی وکالت کررہے ہیں۔

پچھلے ہفتے کئی شہروں میں فیملے پلاننگ پر سیمنار اور جلسے ہوئے۔ ملتان میں قامی اسمبلے کے رکن رانا شوکت حیات نے پاکستان میں بڑھتے ہوئی آبادی پر ایک سیمینار میں زور دیتے ہوئے کہا کہ آبادی میں بے تحاشہ اضافے کی وجہ سے ملک کو مشکلوں کا سامنا کرنا پڑ رہا ہے۔ انھوں نے اس مسئلے کو پورے پاکستان کا مسئلہ بتایا۔ پنجاب کے دوسرے شہر راجن پور کے

ایک جلسے میں قامی اسمبلی کی رُکن مسز درشہوار مزاری نے بھی بڑھتی ہوئی آبادی کو روکنے کی وکالت کی۔ انھوں نے پاکستانی عورتوں کو اس میں تعاون کرنے کی اپیل کی۔ دیگر مقررین نے بھی چھوٹے خاندان کی ضرورت پر زور دیا۔ یوں تو کراچی لاہور اسلام آباد اور دوسرے بڑے شہروں میں اس طرح کے سیمینار وغیرہ ہوتے ہی رہتے ہیں لیکن چھوٹے شہروں اور قصبوں میں بھی اب فیملی پلاننگ پر بات ہونے لگی ہے۔

پاکستان میں فیملی پلاننگ کی یہ مہم اب زور پکڑتے جارہی ہے۔ دس پندرہ برس پہلے اس معاملے پر مُنہ کھولنا خطرے کو دعوت دینا تھا۔ مذہبی رہنما اور مولوی صاحبان فوراً کفر کا فتویٰ لگا دیتے تھے۔ لیکن کچھ نڈر تنظیموں اور ہمت والیوں نے کھلے عام ان سے لوہا لیا۔ انھوں نے چھوٹے خاندان کی ضرورت پر برابر زور دیا۔ دھیرے دھیرے کچھ تو بین الاقوامی تنظیموں کی شہ کچھ خود پاکستان کی معاشی حالت، بڑھتی ہوئی مہنگائی، بے کاری اور مکانوں کی قلت وغیرہ مسائل نے چھوٹے خاندان کی ضرورت کا احساس دلایا۔

اس معاملے میں فیملی پلاننگ کی زبردست حامی ڈاکٹر عطیہ عنایت اللہ کے ادارے نے بھی بڑی حوصلہ مندی سے کام کیا ہے۔ پچھلے پندرہ برس سے ڈاکٹر عطیہ کا ادارہ مولویوں سے ٹکّر لے رہا ہے۔ وہ کھلے عام کہتی ہیں کہ اسلام مذہب فیملی پلاننگ کا حامی ہے۔ اس کے لیے لوگوں کو مولویوں کے بہکاوے میں نہیں آنا چاہیے۔ خود انھوں نے فیملی پلاننگ پر یوروپ، امریکہ اور پاکستان میں بھی لمبی چوڑی ڈگری لی ہے۔ ۱۹۸۱ میں انھوں نے اس عنوان پر ایک بڑے پروگرام کا خاکہ تیار کیا۔ ان کے پروگرام میں چھوٹے خاندان کے ساتھ ماں بچے کی صحت اور سماجی تعلیم کا پروگرام بھی شامل تھا۔

ڈاکٹر عطیہ کے پروگرام سے صدر پاکستان جنرل محمد ضیاء الحق بھی متاثر ہوئے۔ ۱۹۸۳ میں صدر صاحب نے انھیں اپنا خصوصی مشیر مقرر کیا۔ بعد میں جب پاکستانی عورتوں کی حالت معلوم کرنے کے لیے ایک کمیشن مقرر کیا گیا تو ان کی ڈھیر ساری پریشانیاں سامنے آئیں۔ ڈھیر سارے اعداد وشمار وسروے اور مطالعے کے بعد نتیجہ نکلا کہ عورتیں بہت پسماندہ ہیں۔ انھیں

او پر اٹھائے بغیر ملک کی ترقی ممکن نہیں ہے۔چھوٹا خاندان اسی کے بعد کی شروعات ہے۔

ڈاکٹر عطیہ کا المیہ یہ ہے کہ انھیں دیگر خواتین تنظیموں کی حمایت بھی حاصل نہیں ہے۔ کچھ ادارے انھیں حکومت کی حمایتی سمجھتی ہیں۔لیکن سچ تو یہ ہے کہ انھوں نے حکومت کی پالیسیوں پر بھی وقتاً فوقتاً تنقید کی ہے۔انھیں قومی اسمبلی کی خاتون اراکین سے بھی مدد نہیں ملتی ہے۔اس طرح ڈاکٹر عطیہ اونچی آواز ضرور ہیں مگر اکیلی آواز ہیں۔ان کا کہنا ہے کہ ملک میں عورتوں کو ان کا جائز حق دلانے کے لیے سیاسی اُمنگ کی بھی ضرورت ہے۔ پاکستانی عورتوں میں اسی سیاسی اُمنگ کی کمی ہے۔اب بے نظیر کے آجانے سے اُمید کی جانی چاہیے کہ سیاسی میدان میں عورتیں قدم رکھیں گی جس سے چھوٹے خاندان جیسی مہم میں اور بھی تیزی آئے گی۔

26.5.1986

☆☆☆

پاکستانی ہیروئن ہندوستان لائی جارہی ہیں

ایک بار پھر بڑے پیمانے پر پاکستان سے ہمارے یہاں ہیروئن اور دیگر اشیاء کی اسمگلنگ شروع ہوگئی ہے۔تازہ اطلاعات کے مطابق ۳۱ مئی کو کسٹم افسران نے کچھ پاکستانی اسمگلروں کو بمبئی میں گرفتار کیا جو ہیروئن اور کچھ دیگر اشیاء کی اسمگلنگ کر رہے تھے۔پچھلے دنوں دلی میں بھی ایک پاکستانی شہری کو ہیروئن کی اسمگلنگ کے معاملے میں گرفتار کیا گیا تھا۔سچ تو یہ ہے کہ پچھلے کئی مہینوں سے پاکستانی ہیروئن کی ہندوستان میں اسمگلنگ کی وارداتوں میں اضافہ ہوا ہے۔اس کی روک تھام کے لیے دونوں ملکوں کے بیچ سمجھوتا بھی ہوا تھا۔لیکن اس سے کچھ بھی فائدہ نہیں ہوا۔جب جب دونوں ملکوں کے درمیان کھوکھراپار کا راستہ کھلے گا تو نہ جانے ہیروئن کی اسمگلنگ کتنی بڑھے گی۔اس میں کوئی دورائے نہیں کہ ہندوستان پاکستانی ہیروئن کا بازار بنتا جارہا ہے۔ اس خوف سے پریشان ہونا لازمی ہے۔

پاکستان سے ہیروئن کی اسمگلنگ یوروپ اور امریکہ کو ہوتی تھی۔اُس کے لیے زیادہ تر کراچی

بندرگاہ کا استعمال ہوتا تھا۔ دیگر اشیاء کی برآمد کے نام پر ہیروئن بھجی جاتی تھی۔ ۱۹۷۸ میں بڑے پیمانے پر افغان پناہ گزینوں کی آمد کے بعد سے پاکستان میں یہ منافع بخش کاروبار پھلنے پھولنے لگا۔ اس سے پہلے یہ دھندہ ترکی اور ایران کے راستے سے ہوتا تھا لیکن ایرانی انقلاب اور ترکی کی سختی کے سبب اسمگلروں نے پاکستانی راستے کا استعمال شروع کی۔ شروع میں پاکستانی افسران نے اس پر دھیان نہیں دیا۔ لیکن جیسے جیسے اس بات کے ثبوت ملنے لگے کہ یوروپ اور امریکہ میں پکڑی جانے والی ہیروئن زیادہ تر پاکستان سے بھیجی جاتی ہے تو افسران ہوشیار ہو گئے۔ پاکستان سے برآمد کی جانے والی اشیاء کی کڑی نگرانی کی جانے لگی۔

جب پاکستان سے یوروپ اور امریکہ میں ہیروئن بھیجنے کی شروعات ہوئی تو اسمگلروں نے ہندوستان کے راستے یہ کاروبار شروع کیا۔ کہا جاتا ہے کہ بمبئی اس نکاسی کا خصوصی مرکز ہے۔ بمبئی کے علاوہ دلی سے بھی پاکستانی ہیروئن کی اسمگلنگ ہوتی ہے۔ اس لیے ان دونوں مقامات پر پاکستانی ہیروئن اور اسمگلروں کی دھڑ پکڑ فطری ہے۔ ہیروئن کی اسمگلنگ نے خود پاکستانی حکومت کی ناک میں دم کر رکھا ہے۔ حالت یہ ہے کہ خود پاکستانی ان نشیلی ادویات کے عادی ہوتے جارہے ہیں۔ اس میں نوجوان لڑکے لڑکیوں سے لے کر عام لوگوں اور عورتیں بوڑھے بھی شامل ہیں۔ کراچی کے علاوہ دیگر کئی مقامات پر ہیروئن، چرس وغیرہ کھلے عام بیچی جاتی ہے۔

پچھلے مہینے جنرل ضیاء الحق نے خود اپنی ایک تقریر میں قبول کیا کہ کل پاکستانی آبادی کا گیارہ فی صد نشہ خوری میں ڈوبا ہوا ہے۔ اب تک اس لعنت کو سمجھنے کے سارے ذرائع بے کار ثابت ہوئے ہیں۔ اب تو یہ حال ہے کہ ہیروئن بنانے کے لیے کھلے عام کئی مقامات پر پوست کی کھیتی ہوتی ہے۔ شروع میں پاکستان اور افغانستان کی سرحد کے کچھ علاقوں میں ہی پوست کی کھیتی ہوا کرتی تھی۔ اس میں منافع بہت ہوتا تھا۔ اسے روکنے کی کئی کوششیں کی گئیں۔ کاشت کاروں کو دوسری فصلیں اُگانے کی ترغیب دی گئی۔ لیکن جب ایک ایکڑ پوست کی کھیتی سے ۱۰ ہزار روپے کی آمدنی ہو تو بھلا اُسی زمین پر گیہوں اُگا کر دو تین ہزار روپے کمانے میں کیا تک ہے۔ اس لیے پہلے تو صرف چند مقامات پر ہی پوست کی کھیتی ہوتی تھی۔ اب یہ کئی علاقوں میں بے خوف

اُگائی جانے لگی۔

مارچ کے پہلے ہفتے میں افسران کو پتہ چلا کہ پشاور کے قریب گرون علاقے میں قبائلی کسانوں نے پوست کی کاشت کی ہے۔اسے برباد کرنے کے لیے ہتھیار بند پولیس کے کئی دستے بھیجے گئے۔قبائلی پٹھان کسانوں نے بھی ہتھیار اُٹھا لیے۔دونوں طرف سے گولیاں چلیں۔ زبردست خوں ریزی ہوئی۔ پولیس اہلکاروں کے ساتھ ساتھ درجنوں قبائلی بھی مارے گئے۔ چونکہ معاملہ سرحد کا تھا اس لیے ولی خاں اور ان کی بیگم قبائلی کسانوں کی حمایت میں آگے آئے۔ان کا کہنا تھا کہ اب تک اس علاقے میں پاکستانی حکومت نے کچھ نہیں کیا ہے تو قبائلی اور کیا کریں گے؟ اس کے بعد پوست کا معاملہ تو دب گیا لیکن ولی خاں کی دخل اندازی کا معاملہ اُبھر آیا۔اب بھی سارے سرحد میں پوست کی کھیتی سرعام ہو رہی ہے۔ کچھ بھی ہو لیکن اُس پوست سے بنی ہیروئن ہندوستان کیں آئے؟ ہمارے لیے یہی فکر کی بات ہے۔

5.6.1986

☆☆☆

سبھی قیدی شاعر نہیں ہوتے

جن دنوں تہاڑ جیل سے شوبھراج بھاگا تھا۔اسی وقت سکھر، کوئٹہ اور کچھ دیگر جیلوں سے بھی قیدی نکل بھاگے تھے۔سکھر جیل پر پندرہ لوگوں نے حملہ کر کے پھانسی کے ۳۴ قیدیوں کو آزاد کروالیا۔آج تک ان کا سراغ نہیں مل سکا ہے۔ دیگر جیلوں سے بھاگنے والوں میں ڈاکو و اسمگلر اور خطرناک مجرم تھے۔ پاکستانی جیلوں سے اس طرح مجرموں کا فرار ہونا کوئی نئی بات نہیں ہے۔ برطانوی حکومت کی قائم کردہ پاکستانی جیل بدعنوانی و رشوت خوری اور بدانتظامی کے لیے مشہور ہے۔لاہور کے ایک سابق جیل آئی جی کے بارے میں سبھی جانتے ہیں کہ وہ شراب اور جوئے کے رسیا تھے۔اپنی بیگم کے ساتھ وہ نشے میں دھت لاہور کے کاسموکلب میں پڑے رہتے تھے۔ چونکہ ان کے سر پر وزیروں اور حاکموں کا سایہ تھا اس لیے کوئی بھی انکا بال بیکا نہیں کر سکا۔

اسی طرح پاکستانی جیل افسران کے قصّے مشہور ہیں۔

گزشتہ دنوں ''نوائے وقت'' نے پاکستانی جیلوں کا ایک اہم سروے کیا۔ سروے کے ذریعے معلوم ہوا کہ جب حوالاتی پہلے دن جیل جاتا ہے تو اسے گنتی کرنے والے صاحب کو نذرانہ دینا ہوتا ہے۔ اگر اس نے ایسا نہیں کیا تو اسے بڑے بدمعاشوں کے بیرک میں بھیج دیا جاتا ہے۔ ان بدمعاشوں کے بیرک میں حوالاتی کی حیثیت ایک نوکر جیسی ہوتی ہے۔ وہ بدمعاش قیدیوں کا غلام ہوتا ہے۔ جیل میں اسی قیدی کی دھاک ہوتی ہے جو بڑے سے برے جرم کی سزا کاٹ رہا ہو۔ اس سے جیل کا عملہ بھی ڈرتا ہے۔

پاکستانی جیلوں میں ملاقات کے نام پر رشوت لینا عام بات ہے۔ ملاقاتیوں کی پہلے تلاشی لی جاتی ہے۔ اگر آپ کو بغیر تلاشی کے قیدی سے ملنا ہو تو آپ رشوت دے کر بغیر تلاشی کے قیدی سے مل سکتے ہیں۔ اس طرح قیدیوں کو باہر سے ہر طرح کے سامان پہنچ جاتے ہیں۔ کچھ قیدیوں کا کھانا جیل سپرنٹنڈنٹ کی منظوری کے بعد باہر سے آسکتا ہے۔ نچلے افسران کھانے کی جانچ کرتے ہیں۔ لیکن اچھی خاصی رقم بھینٹ چڑھانے پر بغیر جانچ کے ہی کھانے کا ڈبہ یا ٹوکری اندر پہنچ جاتی ہے۔ ''نوائے وقت'' کے مطابق کھانے کی ٹوکری کے ذریعے ہتھیار و نقدی اور نشیلی اشیاء تک اندر پہنچ جاتی ہیں۔

سروے کے مطابق اگر کسی بڑے زمیندار یا رئیس آدمی کو سزا ملتی ہے تو جیل میں فوراً ہی اس کے لیے گھریلو سہولت کی ساری چیزیں پہنچا دی جاتی ہیں۔ وہ مالدار قیدی کبھی کبھار سیر و تفریح کے لیے جیل سے باہر بھی جا سکتا ہے۔ ان کی بیویاں بھی آسانی سے اندر آسکتی ہیں یہاں تک کہ ان کے عیش کے لیے باہر کی عورتیں بھی مہیا کی جاتی ہیں۔ رئیس قیدیوں کی آمد سے جیل میں خوشی کی لہر دوڑ جاتی ہے۔

''نوائے وقت'' کے مطابق قیدی اگر پیسے دے تو اپنا پنکھا لگوالے اور اس پنکھے کی ہوا بھی انھیں کو لگنے دے جو اسے منظور ہیں۔ لیکن رہا ہونے کے بعد وہ پنکھا اس قیدی کا نہیں بلکہ وارڈ آفیسر کا ہو جاتا ہے۔ اگر ان پنکھوں کو نہیں نکالا جائے تو سبھی بیرکوں میں پنکھے ہو جائیں۔

پاکستانی جیلوں میں خواتین قیدی بھی ہوتی ہیں۔ ایک اسلامی ملک میں خواتین کے لیے علیحدہ جیل ہونی چاہیے تھی لیکن ایسا نہیں ہے۔ بلکہ ان خاتون قیدیوں کی دیکھ بھال کے لیے

بھی وہی رشوت خور افسران ہیں جو مردوں کے لیے ہیں۔ نوائے وقت اپنے سروے میں لکھتا ہے "خاتون قیدیوں کے ساتھ جیل میں کیا سلوک کیا جاتا ہے اس کا اندازہ اس خبر سے لگایا جا سکتا ہے کہ ایک قیدی عورت جیل میں حاملہ ہوگئی۔ جیل میں ہی بچہ ہوگیا اور وہ عورت بچے سمیت جیل میں ہے۔

ہمارے یہاں کی طرح پاکستان میں بھی انگریزوں کا بنایا ہوا جیل مینول رائج ہے۔ ہمارے یہاں تو اصلاح کے لیے کئی کمیشن مقرر ہوئے۔ کچھ اصلاحات ہوئیں بھی۔ لیکن پاکستانی جیلوں میں وہی برٹش جیل مینول چل رہا ہے۔ اس میں کسی طرح کی ترمیم نہیں ہوئی ہے۔ شاید اسی لیے سیاسی قیدیوں پر طرح طرح کے ظلم ڈھائے جاتے ہیں۔ یہاں تک کہ مرحوم ذوالفقار علی بھٹو پر بھی جیل میں بے حد ستم ڈھائے گئے۔ راولپنڈی سازش کیس میں بھی مرحوم فیض احمد فیض پر جیل کے دنوں میں ظلم کے پہاڑ توڑے گئے۔ اس کا ثبوت اُن کی وہ نظمیں ہیں جو انھوں نے جیل میں لکھی تھیں۔ افسوس سبھی قیدی شاعر نہیں ہوتے۔

17.7.1986

☆☆☆

قبائلی سردار کابل جارہے ہیں

ایک خبر کے مطابق ۶ اکتوبر کو صوبہ سرحد کے خیبر علاقے کے بزرگ سردار ولی خان کوکارخیل پاکستانی حکومت سے روٹھ کر اپنے آٹھ سو ساتھیوں کے ساتھ افغانستان چلے گئے۔ افغان سرحد پر ان کا عظیم الشان استقبال ہوا۔ حکومت کے دو وزیر اور جلال آباد (افغانستان) کے گورنر خود انھیں لینے آئے۔ کئی توپوں کی انھیں سلامی دی گئی۔ سردار کوکارخیل کا پاکستان سے کھلے عام چلے جانا پاکستانی حکومت کے لیے جہاں افسوس اور شرمندگی کی بات تھی وہیں افغانستان حکومت کے لیے یہ ایک طرح کی اخلاقی اور سیاسی جیت تھی۔ سرحد میں سردار کا اپنا ایک خاص دبدبہ اور رُعب ہے۔ غور طلب بات یہ ہے کہ وہ اعلان کر کے کھلے عام افغانستان گئے۔ پاکستانی فوج کی ہمت نہیں ہوئی کہ اُن کا راستہ روکے۔ ورنہ سرحد خون سے رنگ جاتا۔

پاکستانی سیاست میں صوبہ سرحد کا خاص مقام رہا ہے۔ آزادی سے لے کر اب تک یہ صوبہ بادشاہ خان اور ان کے بیٹے ولی خان کے کے سبب جانا جاتا رہا۔ بادشاہ خان کی وجہ سے ۱۹۴۷ تک کانگریس کا وہاں بول بالا تھا۔ ۴۷ میں استصواب رائے کے نام پر مسلم لیگ نے ایک طرح سے زبردستی حکومت بنا کر بادشاہ خان اور ان کے ہمدردوں کو جیلوں میں بند کر دیا۔ بادشاہ خاں کو آج بھی کانگریس سے شکایت ہے کہ انھوں نے ہمیں چھوڑ دیا۔ پھر مسلم لیگ کی حکومت بھی ختم ہوگئی۔ پاکستان میں فوجی حکومتوں کا سلسلہ چل پڑا۔ صوبہ سرحد کے مسائل کو نظرانداز کیا جاتا رہا۔ اب تک نہ وہاں سڑکیں ہیں نہ تعلیم کا انتظام ہے نہ کل کارخانے ہیں۔ لوگ اب بھی سرداروں اور قبیلوں کی بندوقوں کے سائے میں جیتے ہیں۔

کچھ پھلوں اور میووں کو چھوڑ کر دوسری کسی طرح کی فصل نہیں ہوتی ہے۔ وہ تو بھلا ہو ایران کا جہاں اسلامی حکومت قائم ہوگئی اور ترکی کا اور افغانستان کا جہاں لال فوجیوں نے اڈہ جما لیا۔ اس کے ساتھ ہی ان ملکوں سے پوست کی کاشت ختم ہوگئی۔ ۷۹-۱۹۷۸ سے پوست کی فصل کا کام سرحد کے کئی علاقوں میں شروع ہوا۔ دیکھتے ہی دیکھتے پشاور سے خیبر تک بنجر زمینوں پر پوست کی فصل لہلہانے لگی۔ جگہ جگہ ہیروئن بنانے کی تجربہ گاہیں قائم ہونے لگیں۔ اب تک یہ علاقہ ہیروئن کی اسمگلنگ کا اہم مقام بن چکا ہے۔ سچ تو یہ ہے کہ سرحد میں نہ تو ضیاء صاحب کی اسلامی حکومت کی جھلک نظر آتی ہے نہ ہی ولی خان کے پختونستان تحریک کا اثر دکھائی دیتا ہے۔ وہاں چلتی ہے نڈر، اکھڑ اور طبیعت سے آزاد جرگوں اور سرداروں کی۔ ہر قبیلے کی اپنی حکومت ہوتی ہے۔ ان قبیلوں کی وفاداریاں اور دوستی دشمنی بھی وقت اور ضرورت کے مطابق بدلتی رہتی ہے۔ پاکستانی حکومت کی سرحد پشاور اور اس کے آس پاس تک ہی محدود ہے۔ اس کا ثبوت ہے سردار ولی خان کورکا خیل کا افغانستان کو کوچ کرنا۔ ان کی اس کارروائی سے پاکستانی حکومت کے ہوش اُڑ گئے ہیں۔ اب وہ دوسرے قبیلوں کو منانے میں لگی ہوئی ہے۔ ہوسکتا ہے کہ اس کے بدلے سرحد میں اس بار سینکڑوں ایکڑ زمین پر اگائی گئی پوست کی فصل کو کاٹنے کی اجازت مل جائے۔ اس سال مارچ کے مہینے گودن علاقے میں قبائیلیوں نے مرکزی ریزرو پولیس فورس کے دستے کو پوست کی فصل برباد کر کے لوہے کے چنے چبوائے

تھے۔ دونوں طرف سے جم کر گولی باری ہوئی تھی۔

سردار ولی خان کوکارخیل کا تعلق خیبر علاقے سے ہے۔ اس علاقے میں وہ ایک بااثر سردار ہیں۔ ان کے جرگے یا قبیلے کا تعلق بفرق کارمل قبیلے سے ہے۔ ۱۰ مارچ ۱۹۸۵ کو اُسی وقت کے سرحد گورنر لیفٹیننٹ جنرل (سابق) فضل حق نے ہیروئن کے اسمگلروں کی سرکوبی کے نام پر انکے اور ان کے ساتھیوں کے گھروں پر زبردست حملے کیے۔ سینکڑوں گھر دوکان تباہ کیئے گئے۔ ان پر بلڈوزر چلائے گئے۔ گورنر کے ایک رشتے دار کو ایک دوسرے قبائلی علاقے میں مار دیا گیا تھا۔ اس کا بدلہ لیا گیا۔ کئی قبائلیوں کو بھون ڈالا گیا۔ سردار ولی خان ان سے ہمدردی جتانے گئے تھے۔ بس یہاں سے گورنر فضل حق ولی خان کے دشمن ہو گئے۔ سردار خیبر کے آزاد علاقے میں چلے گئے۔ وہ بھی پاکستانی سرحد میں ہے لیکن حکومت کی وہاں کچھ بھی نہیں چلتی ہے۔

۱۰ مارچ کے بعد کارمل حکومت نے لوئی جرگے کا ایک بڑا جلسہ کابل میں منعقد کیا۔ اس میں افغانستان کے علاوہ سرحد کے بھی کئی قبیلوں کے سرداروں کو دعوت دی گئی۔ کوکارخیل نے اپنے بیٹے عطاء اللہ خان کو بھیجا۔ کابل میں انھیں جدید روسی رائفل کلاشنکوف اور دوسرے ہتھیار تحفے میں دئے گئے۔ واپسی پر دوسرے قبیلے والوں نے اور بعد میں حکومت نے بھی کابل سے لائے گئے ہتھیاروں کی مانگ کی۔ سرحد کے پٹھانوں کو ہتھیار جان سے بھی زیادہ پیارا ہوتا ہے۔ اس لیے کارخیل خان کے بیٹے نے ہتھیار دینے سے انکار کر دیا۔ تناؤ بڑھتا گیا۔ بعد میں انھیں ایک کسی طرح انکے بیٹے کو آزاد کر دیا گیا۔ اب وہ اغوا کاروں پر حکومت سے کارروائی کی مانگ کرنے لگے۔ اس طرح حکومت سے ان کے مراسم بگڑتے گئے۔ ان کے قبیلے کے لوگ اور بھی پاکستانی مظالم کے خلاف بین الاقوامی اسٹیج سے آواز اٹھانا چاہتے ہیں۔ افسوس تو یہ ہے کہ ان قبائلی علاقوں کی خبر باہری دنیا کو بہت کم ملتی ہے۔ ولی خان جیسے معروف لیڈر کا بھی ان قبیلوں کے مسائل سے کوئی لینا دینا نہیں ہوتا۔ اب ولی خان کوکارخیل کے سرحد پار چلے جانے سے سرحد کے سیاسی حالات میں شاید کوئی تبدیلی آئے۔

30.10.1986

☆☆☆

سالگرہ روزِ ماتم میں بدل گئی

پاکستان کے بانی محمد علی جناح کی سالگرہ ۲۵ دسمبر کو بڑی دھوم دھام سے منائی جاتی ہے۔جناح صاحب کی پیدائش کراچی میں ہوئی تھی۔لیکن اس سال ۲۵ دسمبر کا کراچی ماتم کدہ بنا ہوا ہے۔سرکاری رپورٹ کے مطابق ۱۸۲ مہاجر پٹھان فساد میں مارے جا چکے ہیں۔لیکن غیر سرکاری ذرائع کے مطابق یہ تعداد ایک ہزار تک ہے۔زخمیوں کی تعداد کا تو کہنا ہی کیا؟ ۱۴ دسمبر کی صبح کو اورنگی ٹاؤن میں مہاجروں پر جو ظلم ہوا اس نے چنگیز اور ہٹلر کو بھی پیچھے چھوڑ دیا۔

وہ سب کسی جنگی فلم کا سماں تھا۔کاروں ٹرکوں اور اسٹیشن ویگنوں میں ہتھیار بند پٹھان اورنگی میں آتے ہیں۔گلیوں اور راستوں کی ناکہ بندی کرتے ہیں۔اس کے بعد ہر کسی پر اندھا دھند فائرنگ کرتے ہیں جو لوگ گھروں میں گھس کر پناہ لیتے ہیں اُن پر پیٹرول چھڑک کر آگ لگا دی جاتی ہے۔بھاگنے والوں کو پکڑ پکڑ کر آگ کے شعلوں میں پھینک دیا جاتا ہے۔پولیس اور فوج آتے آتے بہت کچھ ختم ہو چکا تھا۔صرف لاشیں اور کراہتے ہوئے زخمی ہی بچے تھے۔ادھر ہتھیار بند پٹھانوں نے اورنگی کے قریب پہاڑیوں پر مورچے سنبھال لیے تھے۔ایک رپورٹ کے مطابق ان پہاڑیوں پر مشین گن اور توپیں بھی لگائی گئی تھیں۔بعد میں فوج نے ہیلی کاپٹر سے ان کے مورچے کو توڑا۔جبکہ یہ سب بیروت جیسا ہی ہوا لیکن بیروت میں کمزور حکومت ہے۔یہاں تو باضابطہ جدید ہتھیاروں سے لیس ایک منظم فوج ،جمہوری حکومت اور اچھی خاصی سرکار موجود ہے۔پھر یہ خونی کھیل کیوں؟ یہ سب کیسے ہوگیا؟ کراچی بیروت کیسے ہوگیا؟

۱۴ دسمبر کو خونی ہولی کی داستان کی شروعات یوں تو ۸۰-۱۹۷۹ سے ہی ہوگئی تھی لیکن اس دن کا ہنگامہ سہراب گوٹھ پر ہونے والی فوجی کارروائی سے ہوا۔جمعہ ۱۲ دسمبر کو سہراب گوٹھ میں کرفیو لگا دیا گیا۔فوج نے پاکستان کو دیگر علاقوں سے ملنے والی سُپر ہائی وے کی ٹریفک کے لیے بند کر دیا۔فوج نے چار میل کے علاقے کو گھیرے میں لے کر کسی کو بھی دیکھتے ہی گولی مار دینے کا اعلان کیا۔اسی کے ساتھ اورنگی میں بھی بڑے پیمانے پر پولیس کارروائی شروع کی گئی۔

یہ کارروائی صحراب گوٹھ میں بہت بڑے پیمانے پر ہونے والی ہیروئن دوسری نشیلی اشیاء اور جدید خطرناک ہتھیاروں کی اسمگلنگ کے خلاف تھی۔

جس طرح بنگلہ دیش اردو داں پاکستانی پناہ گزین ۱۹۷۱ کے بعد لاکھوں کی تعداد میں کراچی شہر سے دور اورنگی میں آباد ہوئے اُسی طرح ۱۹۷۹ کے بعد افغان پناہ گزینوں نے بھی سہراب گوٹھ میں کہنا شروع کر دیا۔اس علاقے میں پہلے سے ہی سرحدی اور بلوچی پٹھان تھے۔افغان پٹھانوں کی وجہ سے انکی تعداد بڑھ گئی لیکن مہاجروں کی طرح پٹھان برادری نہ تو تعلیم یافتہ تھی اور نہ ہی دفتری کامکاج کے لیے چست اس لیے انھوں نے ٹرانسپورٹ،بندرگاہ پر مال ڈھونے اور افغان پناہ گزینوں کے آنے کے بعد کھلے عام ہیروئن اور ہتھیاروں کی اسمگلنگ کا کام شروع کر دیا۔ پانچ چھ سال میں یہ کاروبار اتنا پھلا پھولا کہ اس نے مہاجروں اور پٹھانوں کے درمیان رشتوں میں دراڑ پیدا کر دی۔دونوں کے بیچ مقابلہ آرائی شروع ہوگئی۔مہاجر خود کو پاکستان کا بانی سمجھتے ہیں۔پڑھے لکھے ہونے کی وجہ سے وہ پٹھانوں کو اُجڈ اور گنوار سمجھتے ہیں۔

اس دوران فوجی حکومت کی وجہ سے دونوں طبقوں میں سیاسی اور سماجی دوری بھی بڑھتی گئی۔ عموماً سیاست الگ الگ طبقوں کو ایک کڑی میں باندھتی ہے۔سیاسی ورکر اور لیڈر سماجی رشتوں کو جوڑنے کا کام بھی کرتے ہیں۔فوجی حکومت میں اس چیز کی کمی تھی۔مجموعی طور پر پٹھانوں اور مہاجروں کے درمیان آپسی سمجھوتے کی کڑیاں ندارد تھیں۔ پانچ چھ برس میں یہ دوریاں پہلے چنگاری پھر شعلہ بن گئیں۔اپریل ۱۹۸۵ میں ایک مہاجر لڑکی ایک پٹھان ڈرائیور کے بس سے کچل کر مرگئی۔اس واقعہ سے مہاجر بھڑک اُٹھے۔پٹھانوں پر حملے شروع ہو گئے۔پھر تو جیسے دونوں جانب سے ایک خونی دور کی شروعات ہوگئی۔پاکستان میں کسی نے بھی اس مسئلے پر دھیان نہیں دیا۔اس کے بعد ۳۱ اکتوبر کو مہاجروں کے ایک جلوس پر پٹھانوں نے گولی چلائی۔جم کر لڑائی ہوئی۔اس کے بعد ہی پٹھانوں اڈے سے سہراب گوٹھ کو توڑنے کی آواز بلند ہوئی۔ ۱۳ اکتوبر کو مرنے والے مہاجروں کا چالیسواں منانے پر ۱۰ اکتوبر کو پھر دونوں گروہوں میں جھڑپ ہوئی۔پھر ۱۴ اکتوبر کو سہراب گوٹھ کا اورنگی میں پٹھانوں نے جم کر بدلا لیا۔مہاجروں پر اتنا بڑا

ہتھیار بند حملہ پہلے کبھی نہیں ہوا تھا۔ یہاں تک کہ جنرل ضیاء الحق اور وزیر اعظم محمد جونیجو کی موجودگی میں بھی خون خرابہ ہوتا رہا۔ اسپتالوں میں ضیاء الحق کے خلاف ڈاکٹروں نے نعرے لگائے۔ اب اپوزیشن پارٹیاں بھی بے نظیر کی قیادت میں اس قتل عام کے خلاف آواز اُٹھا رہی ہیں۔ جونیجو حکومت کی کابینہ نے اس واقعے پر اپنا استعفیٰ دیا ہے۔ اب تک کے حالات کا کچھ بھروسہ نہیں۔ کبھی کبھی ایسے حالات میں حکومت ختم ہو جاتی ہے۔ لوگوں کو اُنکے اصلی دشمن کا پتہ چل جاتا ہے۔ یعنی حکومت۔ جناح صاحب شاید اس ہنگامی پاکستان کا تصور بھی نہیں کر سکتے تھے۔ ایسے ماتم بھرے ماحول میں ان کی سالگرہ روزِ ماتم ہو کر رہ گیا ہے۔

25.12.1986

☆☆☆

اسلامی دنیا میں پاکستان کی حیثیت

کویت میں ۱۴ جنوری سے پانچویں اسلامی کانفرنس ہونے جا رہی ہے۔ ایک بار پھر وزیر اعظم محمد علی جونیجو کو ان کی حیثیت بتا کر صدر ضیاء الحق اس کانفرنس میں شریک ہوں گے۔ اس سے پہلے انھوں نے اپنے وزیر خارجہ صاحب زادہ یعقوب خاں کو سعودی عرب اور ایران بھیجا ہے۔ کہا جا رہا ہے کہ پاکستان اس کانفرنس میں ایک اہم کردار ادا کرے گا۔ اس سے یہ سمجھنا غلطی ہوگی کہ پاکستان کو اسلامی دنیا میں کوئی اہم مقام حاصل ہے۔ اسلامی برادری کے نام پر ہونے والی اس کانفرنس میں پاکستان سے کئی زیادہ دولتمند اور اسلامی ممالک موجود ہیں۔ اس کے علاوہ اس وقت خود پاکستان میں اسلام کے نام پر مہاجروں اور پٹھانوں میں خوں ریزی ہیروئن کی تجارت اور دوسرے کئی غیر اسلامی کام ہو رہے ہیں جو کہ اسلامی دنیا سے پوشیدہ نہیں ہے۔ ویسے بھی پاکستان کی حقیقت اسلامی دنیا کو معلوم ہے۔ خود ساری اسلامی برادری میں بھی بھلا کون سے سُرخاب کے پر لگے ہوئے ہیں؟

پہلی اسلامی کانفرنس 1969 میں رباط میں ہوئی تھی۔ ہندوستان کی طرف سے فخرالدین علی احمد

کو وہاں بھجا گیا تھا۔ پاکستان نے اس وقت ہنگامہ کھڑا کیا کہ ہندوستان اسلامی ملک نہیں ہے۔ آخر میں ہندوستان کو ایک مشاہد کا درجہ دیا گیا۔ اس وقت اسرائیل کے ذریعے مسجد اقصیٰ کی توڑ پھوڑ اہم موضوع تھا۔ بعد میں مرحوم بھٹو کو یہ ایک اچھا پلیٹ فارم مل گیا۔ دوسری کانفرنس ۱۹۷۴ میں لاہور میں ہوئی۔ بھٹو مرحوم نے اپنی ہوشیاری سے لیبیا کے قذافی سے مل کر اسلامی بم کا نعرہ لگایا۔ ان کا کہنا تھا کہ اگر دولت مند عرب ممالک پاکستان کو مزید امداد دیں تو پاکستان بھی ایٹم بم بنا سکتا ہے۔ اس کے بعد ہی پاکستان پر ایٹم بم بنانے کا بھوت سوار ہوا۔ سعودی عرب اور لیبیا نے پاکستان کی بھرپور مدد کی۔ یہ الگ بات ہے کہ پاکستانی ایٹم بم خود بھٹو صاحب کی پھانسی کا بھی سبب بنا۔ اتنا ضرور ہوا کہ بھٹو مرحوم کا مشن چلتا رہا اور اسلامی کانفرنس بھی قائم رہی۔ البتہ اس اسٹیج پر پاکستان کا دبدبہ کم ہوگیا، یہاں تک کہ طائف (سعوسی عرب) کی چوتھی کانفرنس میں ڈھنگ سے پاکستان کو پوچھا تک نہیں گیا۔ اس کی حیثیت ایک غریب اور ضرورت مند ملک سے زیادہ نہیں رہی۔ ہاں اتنا ضرور ہوا کہ پاکستان کو اسلامی دنیا میں سائنس اور جدید ٹکنالوجی کمیٹی کا سربراہ مقرر کیا گیا۔ اس کے علاوہ پاکستان کے شفیع الدین پیرزادہ اس کے سیکریٹری ہیں۔ اتنا ہونے پر بھی اسلامی کانفرنس کی کوئی شبیہ نہیں ہے۔ وہ نہ تو ایران۔ عراق جنگ ختم کرواسکی ہے، نہ افغان پناہ گزینوں کو واپس بھجواسکی ہے اور نہ ہی فلسطین کے مسئلے کو حل کرسکی ہے۔ ان سب بڑے بڑے مسائل کے سامنے آخر پاکستان کے ذریعے وقتاً فوقتاً اُٹھائے جانے والے مسئلۂ کشمیر کی کیا حیثیت ہے؟

اس بار پاکستان نے اپنی طرف سے اعلان کیا ہے کہ اسلامی کانفرنس میں وہ کشمیر کی بات نہیں اُٹھائے گا۔ اس کی سب سے بڑی وجہ ہے درجنوں اسلامی ممالک سے ہندوستان کی گہری دوستی۔ غور کرنے پر پتہ چلے گا کہ ہندوستان کے اسلامی دُنیا سے جتنے بہتر اور خوشگوار تعلقات ہیں خود پاکستان کے ویسے تعلقات نہیں ہیں۔ اس بات کو پاکستان اچھی طرح جانتا ہے۔ اسے اسلامی دُنیا کی اس بے رُخی پر تکلیف ہوتی ہے اور کئی اسکیم پر اسلامی ممالک ہندوستان کی طرف دیکھتے ہیں۔ یاسر عرفات ہوں، قذافی، صدام حسین ہوں ہو شاہ حسین سبھی کو پاکستان سے زیادہ ہندوستان پر بھروسہ ہے۔ فلسطینی بھلا یہ کیسے بھلا سکتے ہیں کہ اُردن میں انھیں ضیاء الحق کی نگرانی میں انکی کیمپوں

پر گولیاں برسائی گئی تھیں۔اس طرح سچ پوچھا جائے تو اسلامی دُنیا میں ہندوستان کا ہی پلّہ بھاری ہے۔ پھر بھی نام نہاد آزاد کشمیر کے صدر سردار محمد عبدالقیوم خاں ہندوستان کو اسلامی دنیا کا خطرناک دشمن سمجھتے ہیں۔

سردار عبدالقیوم نے ایک ٹیلی گرام بھیج کر کانفرنس کے سیکریٹری سید شفیع الدین پیرزادہ سے درخواست کی ہے کہ ایجنڈے میں مسئلہ کشمیر کو بھی شامل کیا جائے۔انھوں نے مسئلہ کشمیر کو اسلامی دُنیا کا مسئلہ بتایا ہے۔اگر سچ مچ کشمیر کا مسئلہ اسلامی دُنیا کا مسئلہ ہے تو پھر پاکستان میں مہاجر پٹھان جنگ، ایران عراق کی لڑائی، لبنان کے شیعہ سنی فساد وغیرہ کس دُنیا کے مسائل ہیں؟ خود پاکستان سب سے پہلے بنگلہ دیش میں پھنسے تین لاکھ بہاریوں کو پناہ دے دے۔ پھر کوئی دوسری بات اُٹھائے۔قیوم صاحب سے زیادہ صدر ضیاء الحق اس بات کو جانتے ہیں۔اس لیے کہا گیا ہے کہ اسلامی کانفرنس میں پاکستان کشمیر کا مسئلہ نہیں چھیڑے گا۔

21.01.1987

☆☆☆

میرا دیس تیرا دیس سندھو دیس

سندھ میں میلوں، تماشوں، تہواروں، عرس اور سماجی تقریبات کی ہمیشہ دھوم رہی ہے یہاں پر بدلتے ہوئے موسم کے ساتھ رنگ برنگے میلے لگتے ہیں۔ یہاں عربی چاند کے ہر مہینے سے لے کر وکرمی سنبت کے مہینے میں بھی ہنگامے ہوتے ہیں۔ یہاں ساون، بھادوں، چیت، کارتک، ویشاکھ ژرف مہینوں کے نہیں رنگوں کے بھی نام ہیں۔ پیر فقیروں اور سنتوں کی اس سرزمین پر ان کے سالانہ عرس کے موقعوں پر لوگ اونٹوں، خچروں، بیل گاڑیوں اور دریاؤں کو ناؤ کے ذریعے پار کر کے مزاروں اور قبروں پر کھنچے چلے آتے ہیں۔سندھ شاہ ماہر قلندر کی زمین ہے۔ یہاں شاہ عبداللطیف بھٹائی پیدا ہوئے تے۔سچل سرمست، شاہ عنایت اور بھورے لال جیسی ہستیوں نے سندھ کے باشندوں کو بھکتی کی روایت سے جوڑا۔ان کے

اقوال یہاں کے عوامی گیتوں اور ادب میں آج تک موجود ہیں۔ اسی روایت کو سندھ کے عوام اب بھی نبھا رہے ہیں۔

آج بھی یہاں پیروں کا بول بالا ہے۔ لیکن عربی کے قمری مہینوں اور وکرمی سنبت کے مہینوں سے علیحدہ انگریزی سال کے ۱۸ جنوری کو بھی سندھ میں ایک میلہ لگا کرتا ہے یہ میلہ صرف روحانی میلہ نہیں بلکہ سماجی اور سیاسی میلہ بھی ہے۔ اس میلے میں سندھو دیش کی بات ہوتی ہے۔ جیسے سندھ کے نعرے لگتے ہیں ''تیرا میرا سندھو دیس'' کے نعرے لگتے ہیں۔ ہر سال کی طرح اس سال بھی ۱۷ جنوری کو 'سندھو دیس' کا یہ میلہ سندھ کے ایک قصبے سن میں لگا۔ موقعہ تھا بزرگ ترین سندھی لیڈر جی ایم سید کی یوم پیدائش کا۔

'نوائے وقت' اور 'جنگ' کی خصوصی رپورٹ کے مطابق جی ایم سید کی ۸۴ ویں سالگرہ کسی بڑے پیر یا بادشاہ کی سالگرہ سے کم نہیں تھی۔ Indus Highway پر واقع اس بزرگ رہنما کے گاؤں سن کو ان کی تصویروں اور سندھو دیش کے جھنڈوں سے بھرپور سجایا گیا۔ گاؤں کے چاروں طرف ہتھیاروں سے لیس ان کے گارڈ پہرہ دے رہے تھے۔ مکانوں کی دیواروں پر سندھو دیش کے نعرے لکھے ہوئے تھے۔ 'جنگ' کے نامہ نگار کے مطابق ''راستے پر چلنے والے تانگوں، سوزکی، سائیکلوں، موٹر سائیکلوں اور دوسری گاڑیوں پر 'جئے سندھ' تحریک کے جھنڈے لہرا رہے تھے۔ سڑکوں پر بے حد بھیڑ تھی۔ میلہ بے جوڑ تھا۔ ہوٹلوں میں سندھی گیتوں کے ریکارڈ بج رہے تھے۔ شہر کے کئی مکانوں پر 'مہمانوں کے ٹھہرنے کا انتظام' لکھا ہوا تھا۔ پتہ چلا کہ لوگوں نے باہر سے آنے والے مہمانوں کے لیے اپنے گھر خالی کر دئے ہیں۔ کئی جگہوں پر سندھ کے الگ الگ تحریکوں کے استقبالیہ گیٹ اور بینر لگے ہوئے تھے۔

۱۶ جنوری کو جئے سندھ کے مختلف شعبوں کے الیکشن ہوئے۔ جی ایم سید کی سیاسی زندگی کئی طرح کے تضادات سے بھری ہوئی ہے۔ ۱۹۲۵ میں انھوں نے لوکل بورڈ کراچی کی رُکنیت سے اپنی زندگی کا آغاز کیا۔ اس کے بعد انھوں نے خلافت تحریک کانگریس، جمعت الہند، خاکسار پارٹی، سندھ ہاری پارٹی، اور مسلم لیگ میں کام کیا۔ ایک وقت انھوں نے ہندو مسلمانوں کو

ساتھ لے کر اتحاد پارٹی بھی بنائی تھی۔ پھر پاکستان کے لیے کام کیا۔ ۱۹۴۶ میں جناح صاحب سے ان کی کہا سنی ہوگئی۔ اس کے بعد انھوں نے متحدہ ہندوستان کے کنفیڈریشن کی بھی کوشش کی۔ آخر میں پاکستان بننے کے بعد الگ سندھو دیش کی مانگ کرتے رہے۔ ان کے 'جیئے سندھ' تحریک کا ابھی خاصا اثر ہے حالانکہ وہ اب بھی نظر بند ہیں۔ لیکن حکومت کو کھلے عام اان پر کارروائی کرنے کی ہمت نہیں ہوتی۔

۱۷ جنوری کو انھوں نے اپنے جنم دن پر ۸۴ پاؤنڈ کے دو کیک کاٹے۔ ۵۰ فٹ لمبے اور ۲۵ فٹ چوڑے اسٹیج پر سندھ اور پاکستان کے دوسرے علاقوں سے آئے ہوئے کئی لیڈران کی موجودگی میں اپنی تقریر میں انھوں نے اپنی کوششوں کا ذکر کیا جب وہ ہندو ویدانت اور مسلم صوفی خیالات کو ایک ساتھ بلا کر آزادی کی لڑائی لڑ رہے تھے۔ انھوں نے کہا کہ اس سارے قطعۂ اراضی کو کرشن، گوتم، مہاویر، گرونانک، کبیر، خواجہ معین الدین چشتی، بابا فرید، سچل سرمست اور شاہ لطیف کی تعلیمات کی ضرورت ہے۔

''جنگ'' کے مطابق انھوں نے کہا ''میں سمجھتا ہوں کہ ہندوستان اور مشرقِ وسطیٰ (جہاں سے روحانیت کی شروعات ہوئی) کو آگے بڑھ کر دونوں بڑی طاقتوں کو لڑائی سے روک کر متحد کروا سکتا ہے۔ اس موقع پر یوں تو نعرے بازی کی ممانعت تھی۔ پھر بھی لوگوں نے نعرے لگائے۔ جس میں ''میرا دیش، تیرا دیش سندھو دیس'' بہت مقبول ہوا۔ اس جشن کی صدارت بادشاہ خاں کرنے والے تھے۔ لیکن حکومت نے ان پر روک لگا دی، کہنے کی ضرورت نہیں کہ جی ایم سید کی سالگرہ پر پاکستان میں کیسی کیسی باتیں ہوئی ہوں گی، جی ایم سید کے خلاف باتیں سال بھر تک چلتی رہیں گی۔ تب تک ان کی ۸۵ ویں سالگرہ آجائے گی۔

5.2.1987

☆☆☆

کرکٹ کے مخصوص اور عقلمند شائق

جارج برناڈ شا نے کرکٹ کے بارےمیں کہا تھا کہ یہ ۲۲ بے وقوفوں کے ذریعے کھیلا جانے والا کھیل ہے جسے ۲۳ ہزار شائقین دیکھتے ہیں۔لیکن حالیہ ہندو پاک ٹیسٹ سیریز کے تیسرے میچ کا ایک خصوصی شائق دنیا کا انتہائی عقلمند شائق ہوگا۔کرکٹ کا وہ عقلمند شائق ہوگا پاکستان کے صدر محمد ضیاء الحق۔ ۲۱ فروری کو آپ ہندوستان تشریف لا رہے ہیں۔آپ کی آمد کا مقصد ہے جے پور میں ہندو پاک کے مابین کرکٹ ٹیسٹ کا نظارہ۔

صدر پاکستان کھیلوں میں خصوصی دلچسپی رکھتے ہیں۔گزشتہ دنوں انھوں نے اعلان کیا تھا کہ ریٹائرڈ ہونے کے بعد وہ گولف کھیلیں گے۔پھر ایسا ہوا کہ اس مہینے کے پہلے ہفتے میں اچانک آپ راولپنڈی گولف کلب پہنچ گئے۔آپ نے وہاں دن بھر گولف کھیلا۔کچھ لوگوں کو لگا کہ شاید اب وہ ریٹائر ہونے والے ہیں۔لیکن جاننے والے جانتے ہیں کہ جنرل ضیاء الحق ہر قدم پھونک پھونک کر رکھتے ہیں راولپنڈی میں گولف کھیلنے کا یہ بھی مطلب تھا کہ ملک میں سب کچھ ٹھیک ہے۔

چلانے والے ابھی بھی شور مچا رہے ہیں کہ پاکستان کو ہندوستان سے ہوشیار رہنا چاہیے۔لہٰذا کچھ حلقوں میں ان کے ہندوستان آنے پر ناراضگی بھی ہے۔ یہاں یہ بات بھی غور طلب ہے کہ ان کی ہندوستان آمد میں خود ہمارے وزیر اعظم راجیو گاندھی کا بھی بڑھ ہاتھ ہے۔جب ضیاء الحق صاحب نے ہندوستانی کرکٹ حکام سے میچ دیکھنے کی خواہش ظاہر کی تب کرکٹ حکام کو انھیں دعوت نامہ دینے سے پہلے وزیر اعظم سے اجازت لینی پڑی۔اس طرح یہ ہمارے وزیر اعظم کا بڑپن ہے کہ تناؤ کے ماحول میں بھی انھیں یہاں آنے کی دعوت دی:

دعائیں:۔

اب دیکھنا ہے کہ جئے پور ٹیسٹ میں صدر ضیاء الحق کی موجودگی میں پاکستانی ٹیم اپنے کھیل کا کیسا مظاہرہ کرتی ہے۔اس وقت پوری پاکستانی قوم اپنی ٹیم کی کامیابی کے لیے دعائیں مانگ رہی ہے۔

خود کپتان عمران خان نے ہندوستان آنے سے قبل کہا تھا کہ ہندوستان میں ہندوستانی ٹیم کو

ہرانا مشکل ہے لیکن ان کی سب سے بڑی خواہش ہے کہ وہ ہندوستان کو اسی کی سرزمین پر ہرائیں۔ اب تک کسی بھی پاکستانی ٹیم کی یہ خواہش پوری نہیں ہوسکی ہے۔ امید ہے اس بار بھی عمرانخان کی حسرت ان کے دل میں ہی رہے گی۔ آگے کا حال خدا جانے۔ بہت ممکن ہے کہ جنرل صاحب کی آمد سے کھلاڑیوں کا حوصلہ بلند ہو۔ لیکن ان کی موجودگی کا اُلٹا اثر بھی ہوسکتا ہے۔ ویسے جنرل ضیاء الحق کرکٹ میچ دیکھنے کے بہانے راجیو گاندھی سے ہندو پاک رشتوں کی بحالی پر بھی گفتگو کریں گے۔ ظاہر ہے دونوں میں یہ ساری باتیں ہوں گی۔

سوال یہ ہے کہ کیا واقعی پاکستان سنجیدگی سے ہندوستان کی دوستی چاہتا ہے؟ ابھی تک یہی دیکھا گیا ہے کہ اس کے قول و فعل میں بہت تضاد ہے۔ پچھلے دنوں کے سرحدی تناؤ کے دوران پاکستانی ذرائع ابلاغ جس ڈھنگ سے ہندوستان مخالف تشہیر میں لگے ہوئے تھے۔ اسے دیکھتے ہوئے یہ اندازہ لگانا مشکل ہے کہ وہ دل سے ہندوستان کی دوستی کا خواہش مند ہے۔

اب جبکہ دونوں ملکوں کے سیکریٹری اس بات کا قرارنامہ تیار کر چکے ہیں کہ اب آپس میں لڑائی نہیں ہوگی تو ضروری یہ تھا کہ آنے والے دنوں میں مزید امن کی گنجائش ہو وہ آپسی رشتے استوار ہوں، کاروباری تعلقات بڑھیں اور کھلے دل سے دونوں ایک دوسرے پر اعتبار کریں۔ افسوس! پاکستان میں ایسا نہیں ہو رہا ہے۔ ہر روز پاکستانی اخبار ہندوستان کی فوجی طاقت کا تذکرہ کر رہے ہیں رہ رہ کر پچھلی لڑائیوں کو یاد کیا جا رہا ہے۔

ضیاء کا بیان:۔

اسی سلسلے میں خود جنرل ضیاء الحق نے اسلامی کانفرنس سے لوٹ کر کہا تھا کہ انھیں اسلامی مما لک نے ہندوستانی خطرے کے معاملے میں مدد کا وعدہ کیا ہے۔

انھیں ہندوستان کے دوست مصر کے صدر حسنی مبارک سے وزیراعظم راجیو گاندھی تک سے کہلوایا کہ ہندوستان کسی بھی صورت میں پاکستان سے جنگ نہیں کرے گا۔ اب جبکہ وہ خود کرکٹ کا میچ دیکھنا ہندوستان آنے والے تھے تو پھر اس سارے ڈرامے کی کیا ضرورت تھی؟ دراصل وہ ساری دنیا کو یہ بتانا چاہتے ہیں کہ پاکستان ایک امن پسند ملک ہے۔ کرکٹ ڈپلومیسی بھی ان کی اسی

سیاست کا حصہ ہے۔

جنرل صاحب ہمارے ملک میں آئیں ان کا استقبال ہے۔ہندوستان مہمان نوازی میں کسی سے کم نہیں ہے۔لیکن اسی کے ساتھ وہ اپنی آمد با معنی بنانا چاہتے ہیں تو انھیں ہندوستان مخالف عناصر کو شہ دینا بند کرنا ہوگا۔بھارت کی دھونس کا ذکر کر کے جدید امریکی اسلحوں اور ایٹم بم کی باتیں چھوڑنی ہوں گی۔دقت یہی ہے کہ وہ کرکٹ میچ دیکھیں گے اور ہندوستان مخالف باتیں بھی کریں گے۔پھر بھی ہم ایک عقلمند کرکٹ شائق سے یہ امید کرتے ہیں کہ وہ سیاسی میدان میں بھی پڑوسی ملک سے سچے اور ایماندارانہ رشتے قائم کریں۔

19.2.1987

☆☆☆

اردو کے خلاف سازش جاری ہے

اردو کے آشیانے پر بجلی گر رہی ہے۔سرکاری طور پر اسے دفتروں اور اسکولوں میں نافذ کرنے میں ہچکچاہٹ ہے۔اردو کے شیدائیوں میں اداسی چھائی ہوئی ہے۔ پاکستان کو بنانے میں اردو کا بڑا ہاتھ تھا۔کہا جاتا تھا کہ آزاد اور متحد ہندوستان میں اسے ختم کر دیا جائے گا۔ پاکستان بنے گا تو اسے اس کا صحیح مقام ملے گا۔لیکن دیکھنے والوں نے دیکھ لیا۔جناح صاحب نے جب ڈھاکہ میں اعلان کیا کہ اردو پاکستان کی قومی زبان ہوگی تو بنگالی مسلمانوں نے اس کی سخت مخالفت کی۔بعد میں اردو اور بنگلہ بولنے والوں کے درمیان وہ بھیانک تصادم ہوا کہ پاکستان کے دو ٹکڑے ہو گئے۔جناح صاحب کے بعد پھر کسی میں اتنی ہمت نہیں ہوئی کہ ڈنکے کی چوٹ پر پاکستان میں اردو کو نافذ کرتا۔ویسے ہر حکومت نے یہ ضرور کیا کہ اردو ہی پاکستان کی واحد قومی زبان ہے۔لیکن کسی نے اس کے لیے ٹھوس قدم نہیں اُٹھایا۔شاید حکمرانوں کو معلوم تھا کہ بنگالیوں کے بعد سندھی پنجابی و بلوچی زبانوں کی شیدائیوں سے بھی نپٹنا ہوگا۔اردو کے سوال پر کراچی اور

حیدرآباد (سندھ) میں بھی فسادات ہوئے۔ البتہ بھٹو صاحب دور کی کوڑی لائے۔

۱۹۷۲ کے آئین میں یہ طے کیا گیا کہ ۱۹۸۸ پاکستان کے لیے اردو کا سال ہوگا اس کے بعد ۱۹۸۹ میں میٹرک کے امتحان اردو میں ہوں گے۔ اس کے لیے ۱۹۷۹ میں اس بات کا انتظام کیا گیا کہ پہلے درجے سے ہی بچوں کو اردو میں تعلیم دی جائے۔ اس طرح ۱۹۸۹ تک پاکستانی بچے میٹرک کا امتحان اردو میں دے سکیں گے۔ ہمارے یہاں کی طرح پاکستان میں بھی ایک شاطر طبقہ موجود ہے۔ انگریزی لکھنے پڑھنے والا طبقہ۔ اس طبقے نے ۱۹۷۹ میں پہلے درجے سے اردو میں تعلیم کے ساتھ ساتھ کئی پبلک کانونیٹ فوجی چھاونیوں کے اسکولوں اور دوسرے کئی اداروں کو انگریزی کے ذریعے تعلیم دینے کی سفارش جاری رکھی۔ یعنی تم بھی خوش، ہم بھی خوش۔ یہاں تک کہ ۱۹۷۳ میں جب کئی اسکولوں کو Nationalization کیا گیا تب بھی انگریزی اسکولوں کو Nationalization سے الگ رکھا گیا۔ مزے کی بات تو یہ ہے کہ فوج اور دیگر اعلیٰ ملازمتوں کے علاوہ پاکستان کی سول سروس کے لیے بھی صرف انگریزی کو منظوری دی گئی۔ اردو کو ان امتحانات میں منظور نہیں کیا گیا۔ اب بھی اعلیٰ نوکریوں میں کسی کو اردو میں لکھنے کا اختیار نہیں ہے۔ ہمارے یہاں بھی بڑی مشکلوں کے بعد آئی اے ایس کے امتحانات ہندی میں ہونے لگے ہیں۔

اسی طرح اعلیٰ نوکرشاہوں اور فوجی افسروں نے انگریزی کے اثر کو کسی نہ کسی طرح باقی رکھا۔ اب جبکہ ۱۹۸۹ کے میٹرک امتحانات کا وقت قریب آرہا ہے تب کئی مضامین کی اردو میں کتابیں ہی دستیاب نہیں ہیں۔ اب اردو دانوں کا کہنا ہے کہ اسی طرح افسروں اور اعلیٰ طبقے کی ٹولی ملک میں حکومت کرنے والوں کو اور حکم بجالانے والے یعنی عوام کو اردو کے ذریعے منقسم کر رہی ہے۔ بات صاف ہے بنا انگریزی جانے نہ وہاں کوئی اونچی نوکری کا امیدوار ہو سکتا ہے اور نہ ہی کوئی دوسری پڑھائی پڑھ سکتا ہے۔ ہمارے یہاں کی طرح ہر حال میں اچھی نوکری کے لیے انگریزی جاننا ضروری ہے۔

اُدھر قومی اسمبلی میں پچھلے مہینے جب ایک رُکن نے جب اردو کو سرکاری زبان بنانے کی

بات اٹھائی تو دوسرے کئی اراکین نے اس کی مخالفت کی۔ پنجاب کے سردار آصف علی نے کہا کہ ان کی مادری زبان پنجابی ہے۔ وہ یہ جاننا چاہتے ہیں کہ حکومت اس کی ترقی کے لیے کیا کر رہی ہے۔ ایک دوسرے رُکن میر ظفر اللہ خاں نے سوال اُٹھایا کہ اردو کس طرح پاکستان کی قومی زبان بن سکتی ہے؟ اُن کی حمایت میں سابق وزیر سید ظفر علی شاہ بولے کہ اُردو پاکستان کی قومی زبان نہیں ہو سکتی ہے۔ بیگم عابدہ حسین نے بھی اسی طرح کا سوال اٹھایا انھوں نے کہا کہ دوسری زبان والوں کے لیے اردو سیکھنا اتنا ہی مشکل ہے جتنا کہ اردو والوں کے لیے دیگر زبانوں کا سیکھنا۔ انھوں نے کہا کہ ۹۰ فیصد بچے اپنی مادری زبان میں تعلیم حاصل کرتے ہیں۔ اردو دانوں کا کہنا ہے کہ ۱۹۷۳ کے آئین میں شاف طور سے درج ہے کہ ۱۹۸۸ میں اردو ملک کی سرکاری زبان ہوگی۔ سوال یہ بھی ہے کہ خود ۱۹۷۳ کا آئین ہی کہاں نافذ ہے؟ پھر ھی حکومت کی طرف سے کہا گیا کہ اردو کو سرکاری زبان بنانے کے لیے دو کمیٹیاں بنائی گئی ہیں جنکی رپورٹ کا انتظار ہے۔ سچ تو یہ ہے کہ اردو پاکستان میں سب سے زیادہ بولی، پڑھی اور سمجھی جاتی ہے۔ غیر سرکاری طور پر یہاں اردو میں بہت کام ہوتا ہے۔ عام بول چال میں لوگ اردو کا ہی استعمال کرتے ہیں۔ کھلے طور پر لوگ اردو کی مخالفت نہیں کرتے ہیں۔ لیکن جب بھی اسے سرکاری زبان بنانے کا سوال اٹھتا ہے دوسری زبانوں کے لوگ بھڑک جاتے ہیں۔ انھیں اردو کے لادے جانے کا ڈر ہوتا ہے۔ بات یہاں تک بڑھ جاتی ہے کہ کچھ لوگ اسے ہندوستانی زبان کہنے لگتے ہیں۔

اب ۱۹۸۸ کے آتے آتے جانے کیا گل کھلے۔ ادھر بے چارے اردو کے حمایتیوں کا حال یہ ہے کہ پچھلے دنوں کراچی کے کچھ شاعروں نے سخت فسادات اور کرفیو کے باوجود ایک مشاعرہ کر ڈالا۔ چھپ چھپا کر شعراء حضرات مشاعرے میں تو پہنچ گئے لیکن واپسی پر کئی شاعروں کو پولیس نے پکڑ کر مرغا بنا دیا۔ شاعر وہ بھی اردو کے پاکستانی شاعر زبان کے لیے سب کچھ بننے کو تیار ہیں۔

12.3.1987

☆☆☆

پاکستانی آرٹ کی دنیا ویرانی کا شکار

پچھلے مہینے پاکستان کے مشہور فنکار صادقین کا انتقال ہوگیا۔ ان کی موت سے پاکستانی آرٹ کی دُنیا کا وہ سلسلہ تھم گیا جس کی شروعات عبدالرحمن چغتائی، شاکر علی اور انور جلال جیسے فن کاروں نے کی تھی۔ حالانکہ ان کی عمر (۵۷) زیادہ نہیں تھی لیکن ان کا فن ایک بزرگ، درویش صفت صوفی کا تعارف کرواتا تھا۔ ان کی زندگی میں اور پھر مرنے کے بعد بھی پاکستان میں یہ بحث جاری ہے کہ ان کا رجحان مذہب کی طرف تھا یا پھر وہ ایک انقلابی فنکار تھے۔ دراصل صادقین کے فن پاروں میں ایک ساتھ سارے رجحان پائے جاتے ہیں۔ پھر ایک ایسا ملک جہاں الگ الگ زمانے میں الگ الگ طور سے آمرانہ حکومتیں آتی جاتی رہیں، کسی بھی فنکار کے فن میں متضاد اظہار رائے کا ہونا فطری ہے۔ پاکستان میں یہ بات فیض احمد فیض کے ساتھ ہوئی۔ جوش ملیح آبادی بھی اس کش مکش کا شکار رہے۔ پھر صادقین کی صنف ایسی تھی جو بہت ہی گہرے احساس کو اجاگر کرتی تھی۔

صادقین کے فن میں پاکستانی سماج کی بھرپور جھلک ملتی ہے۔ بادشاہ کے تاج میں مکڑی کی جالی، انسانوں کے کٹے ہوئے سر، سانپ اور بچھو وغیرہ اس درد کو ظاہر کرتے ہیں جس سے پاکستانی سماج کا ہی نہیں دنیا کا بھی سامنا ہوتا رہتا ہے۔ پھر بھی اُنکی آرٹ میں انسان ایک فاتح کے روپ میں ابھرتا ہے۔ ان کی یہی خوبی انھیں پُراُمید رکھتی ہے۔ ترقی پسند شاعر حبیب جالب نے ان کی موتت کے بعد انھیں آمرانہ نظام کا مخالف قرار دیا۔ مزے کی بات تو یہ ہے کہ ایک طرف جہاں انھیں ایک سیاسی فنکار کہا گیا وہیں دوسری طرف سچا مسلمان بھی سمجھا گیا۔ ''جنگ'' کے ایڈیٹر میر خلیل الرحمن نے ایک تعزیتی جلسے میں ان کی عربی خطاطی کے بارے میں کہا کہ ''جو لوگ عربی نہیں سمجھتے ہیں انھیں صادقین نے اپنی خطاطی سے یہ سمجھا دیا کہ فلاں آیت میں کیا ہے۔ یہ کام بڑے بڑے مولانا بھی نہیں کر سکے۔ کلام پاک کی ایک سورہ کو انھوں نے اپنی کیلی گرافی میں ڈھال کر ایک انوکھا کام کیا۔

صادقین نے غالب اور اقبال کی کلام کو بھی اپنے فن کا حصہ بنایا۔ وہ خود بھی ایک اچھے شاعر تھے۔ ان کی شاعری میں رُباعی کو خاص اہمیت حاصل ہے۔ اردو میں آج کل رُباعیاں بہت ہی

کم لکھی جاتی ہیں ۔اس طرح فنکار صادقین کے ساتھ رُباعی کا ایک شاعر بھی چل بسا۔مصور اور شاعر کا دلکش سنگم تھے صادقین ۔ ۱۹۶۱ میں اسٹیٹ بینک آف پاکستان کی عمارت میں انھوں نے پہلا بڑا میورل بنا کر پاکستانی فن کی دنیا میں اپنا لوہا منوایا۔اس کے بعد انھوں نے منگلا ڈیم پر دوسرا بڑا میورل بنایا۔ پاکستان کے علاوہ اسلامی دنیا میں بھی صادقین کی مصوری وکیلی گرافی اور میورل بہت مشہور تھی۔ان کے بارے میں مشہور ہے کہ ایک عرب شیخ نے ان کی کچھ تصاویر کے عوض ایک بہت بڑی رقم دینی چاہی جسے انھوں نے ٹھکرادیا۔دراصل صادقین ایک مدمست، پھکڑ زندگی جینے کے عادی تھے۔ان کی تصاویر کی مانگ تھی۔ پیسے بھی انھیں خوب ملتے تھے۔لیکن انھوں نے اپنے پاس کچھ نہیں رکھا۔سب کچھ رشتے داروں اور ضرورت مندوں میں بانٹ دیا۔انھوں نے شادی بھی نہیں کی تھی۔ہنس کر کہا کرتے تھے کہ خدانے ان کے لیے بیوی بنائی ہی نہیں۔

ہندوستان میں بھی صادقین کو سرآنکھوں پر بٹھایا جاتا تھا۔ویسے ان کی پیدائش ۱۹۳۰ میں امروہہ میں ہوئی تھی۔ ۱۹۵۲ میں وہ پاکستان چلے گئے۔اس کے بعد بھی ان کا یہاں آنا جانا لگا رہتا۔پچھلے سات آٹھ برس میں وہ کئی بار ہمارے سرکاری مہمان بن کر آئے۔ یہاں انھوں نے دلی،علی گڑھ،بنارس اور حیدرآباد میں تصاویر بنائی۔جب ان سے پوچھا جاتا کہ اگر وہ پاکستان کے سفیر بن کر آئیں گے تو کیا کریں گے؟ ہنس کر کہتے ''دونوں ملکوں کے بیچ صرف شاعری اور مصوری کے چرچے ہوتے۔'' کاش !ایسا ہوسکتا۔

صادقین کی موت سے پاکستان میں فن مصوری کی دنیا سچ مچ یتیم ہوگئی ہے۔وہ ماسٹر پینٹر تھے۔نئی نسل آسانی سے ان کا مقام حاصل نہیں کرسکتی۔اسے ابھی ایک لمبا سفر طے کرنا ہے۔اس نے پورے پاکستانی سماج کو کینواس پر نہیں اتارا ہے۔ابھی تک وہ لینڈ اسکیپ، پیڑوں اور پھولوں کے بیچ ہی پھنسا ہوا ہے۔اس کے فن میں پختگی نہیں آئی ہے۔لاہور کے الحمرا آرٹ گیلری اور کراچی کے کمرشیل آرٹ گیلری میں ان کی فنکاری کے نمونوں کو دیکھ کر یہ اندازہ لگانا مشکل ہے کہ صادقین بھی اسی ملک کے آرٹسٹ تھے۔

19.7.1987

☆☆☆

کیا پاکستان میں تین عیدیں ہوں گی؟

ابھی رمضان کے چاند پر بحث چل ہی رہی تھی کہ عید کا تنازعہ سامنے آگیا۔ پاکستان اسلامی جماعت کے صدر محمود اسلم راہی نے ایک بیان میں کہا ہے کہ اس بار پاکستان میں تین عید ہوں گی۔ مولویوں کے اختلافات کی وجہ سے عید میں گڑبڑ ہونے کا خدشہ ہے۔ انھوں نے مذہبی معاملوں کے مرکزی وزیر حاجی سیف اللہ سے اپیل کی ہے کہ وہ مختلف مکتب فکر کے علماء کو بلا کر عید کا معاملہ سُلجھائیں۔ ایسے میں وقت پر مولویوں کو اپنی اہمیت بتانے کا موقع ملتا ہے اس لیے اس بات کی امید کم ہے کہ وہ عید کے لیے یکجا ہوں گے۔ اس کی وجہ سے سب سے زیادہ پریشانی غریبوں کو ہوگی۔ آخری رمضان تک بال بچوں کے لیے کپڑے لتے بنوانے کی بھاگ دوڑ میں وہ پس جاتے ہیں۔ امیروں کی تو روز ہی عید ہوتی ہے۔

رمضان مہینے میں پورے پاکستان کا نقشہ بدل جاتا ہے۔ مسجدوں میں روشنی کی جاتی ہے۔ لوگوں کی بہت بڑی تعداد رات گئے تراویح کی نماز ادا کرتی ہے۔ سحری تک بازار کھلے رہتے ہیں۔ ہوٹل اور ریستوراں بھی سحری تک کھلے رہتے ہیں۔ اسپیشل رمضان آرڈی نینس کے تحت مسلمانوں کو کھلے عام کھانے پینے کی پابندی رہتی ہے۔ پکڑے جانے پر سزا ہوتی ہے۔ کچھ لوگ اس تاک میں رہتے ہیں کہ کسی کو کھاتے پیتے دیکھ کر پولیس کو خبر کریں۔ دفتروں میں تین بجے تک ہی کام ہوتا ہے۔ سینما شو کا وقت بدل دیا جاتا ہے۔ شام کا شو رات کے دس بجے شروع ہوتا ہے۔ البتہ چپکے چپکے ویڈیو پارلا والے اپنا کاروبار چلاتے ہی رہتے ہیں۔ اخباروں میں اُنکے دھر پکڑ کی خبریں چھپتی رہتی ہیں۔ سینما گھروں اور ویڈیو کی دوکانوں کو بند کرانے کے لیے مولوی صاحبان برابر اپیل کرتے رہتے ہیں۔ لیکن ان کی اپیل پر حکومت دھیان نہیں دیتی ہے۔

رمضان مہینوں میں افطار پارٹیوں کی بھی دھوم ہوتی ہے۔ سیاسی جماعتیں، بزنس مین، سرکاری عہدے دار، فوجی افسر اور وزراء اس معاملے میں ایک دوسرے پر سبقت لے جانے کی کوشش کرتے ہیں۔ (ہمارے یہاں دلی میں بھی یہ سلسلہ چل پڑا ہے) ان افطار پارٹیوں

میں ایک سے ایک گلچھرے اُڑتے ہیں۔افسروں کی تبادلے وتجارتی سودے، سیاسی فیصلے اور دوسرے کئی معاملے افطار پارٹیوں میں طے ہوتے ہیں۔خبروں کے مطابق سب سے زیادہ ہنگامہ پیوپلس پارٹی میں ہوتا ہے۔ چھوٹے بڑے سبھی ورکر بے نظیر کی نظروں کے سامنے رہنا چاہتے ہیں۔بس مِس صاحب کو ایک نظر دیکھا لیں۔یہی وہ موقع ہوتا ہے جب پارٹی ورکر بے نظیر تک پہنچ سکتے ہیں۔اس لیے جن افطار پارٹیوں میں بے نظیر ہوتی ہیں وہاں دھینگا مشتی ہوتی ہے۔دیگر سیاسی پارٹیاں بھی افطار پارٹی دیتی ہیں۔

صدر ضیاء الحق کی طرف سے دی جانے والی افطار پارٹی بھی شاندار ہوتی ہے۔وہاں سے دعوت نامہ پانے کے لیے مقابلہ آرائی ہوتی ہے۔صدر صاحب الگ الگ مما لک سے وابستہ لوگوں کو بلاتے ہیں۔اسی طرح اور بھی وزراء کی پارٹیاں ہوتی ہیں۔لاہور کی فلمی دنیا میں بھی فلمی ہستیوں کے ذریعے افطار پارٹی دی جاتی ہے۔وہاں بھی مار کھائے ہوئے فلمساز و ہدایت کار اور اداکار کامیاب فلمسازوں اور ستاروں کے آگے پیچھے گھومتے ہیں۔اخبارات میں ان پارٹیوں میں ہونے والی واقعات کو نمک مرچ لگا کر چھاپا جاتا ہے۔اب یہ صحافیوں پر منحصر ہے کہ وہ ان افطار پارٹیوں سے چٹپٹی اور مسالے دار خبریں لے آئیں۔ ویسے رمضان کے مہینے میں پاکستانی صحافیوں کے مزے ہوتے ہیں۔چھوٹا بڑا ہر صحافی درجن بھر دعوت نامے لے کر گھومتا ہے۔اس کے لیے طے کرنا مشکل ہوتا ہے کہاں جائے۔

اس بار سندھ کے وزیر اعلیٰ سید غوث شاہ کے ذریعے دی جانے والی افطار پارٹی کے خوب چرچے ہیں۔انھوں نے گزشتہ دنوں کراچی کے فسادات میں مارے جانے والے لوگوں کی بیواؤں اور بچوں کو چیف منسٹر ہاؤس میں دعوت دی۔ پارٹی کے بعد انھوں نے لگ بھگ سبھی کی فریاد سنی۔افسروں کو حکم دیا کہ فوراً انھیں ہر طرح کی امداد دی جائے۔سندھ کے وزیر اعلیٰ کے اس نیک کام کی خوب ستائش کی گئی۔کچھ لوگ اس بات کی بھی امید کر رہے ہیں کہ کم از کم رمضان میں وزراء افسران اور دولتمند حضرات غریبوں کے کچھ کام کر جائیں۔ویسے غریب پاکستانیوں کا رمضان مہینے میں برا حال ہے۔

حکومت ہر سال اعلان کرتی ہے کہ رمضان مہینے میں کسی بھی چیز کی قیمت نہیں بڑھنے دی

جائے گی لیکن وہ صرف اعلان ہی ہوتا ہے۔ امضان مہینے میں کھانے پینے کی چیزوں سے لے کر کپڑے جوتے برتن وغیرہ سبھی چیزوں کی قیمتیں آسمان چھونے لگتی ہیں۔ کھانے پینے کی چیزوں کو منافع خور بازار سے غائب کر دیتے ہیں بعد میں انھیں بڑھے ہوئے داموں پر بیچا جاتا ہے۔ ایوب خان کے زمانے میں ایک بار منافع خوروں پر سختی کی گئی تھی۔ بعد میں سب کچھ ویسا ہی چل رہا ہے۔ امضان ہو یا دیوالی منافع خور اپنی عادت چھوڑنے والے نہیں ہیں۔ پھر بھی لوگ برصغیر میں اپنی تہواروں کو اچھے ڈھنگ سے منانے کی کوشش کرتے ہیں۔ پاکستانی بھی دھوم دھام سے عید مناتے ہیں۔ انھیں عید کی خوشیاں مبارک ہوں۔

15.5.1987

☆☆☆

سیکولر ہندوستان کی تصویر ظاہر ہونی چاہیے

پریس ٹرسٹ آف انڈیا کی خبر (۳۰ مئی) کے مطابق حیدر آباد (سندھ) میں کچھ ہتھیار بند لوگوں نے تین مندروں اور ہندوؤں کے دو ویڈیو شاپ اور ایک گھر کو نقصان پہنچایا۔ پچھلے ہفتے کراچی میں ہندوستانی قونصلٹ آفس پر بھی بم پھینکا گیا۔ اسی طرح خبر میں یہ بھی بتایا گیا کہ ۲۹ مئی کو اسلام آباد میں ایک بھیڑ بھرے شاپنگ سینٹر میں ہندوستانی سفارت خانے کی گاڑی کو بھی نقصان پہنچایا گیا۔ ان واقعات کی کڑیاں ایک ہی جگہ جا کر ملتی ہیں۔ میرٹھ اور دلی کے فرقہ وارانہ فسادات۔

پچھلے سال بھی جب ہمارے یہاں بابری مسجد کے معاملے پر کچھ ہنگامے ہوئے تو حیدر آباد سندھ کے کچھ مندروں کو نقصان پہنچایا گیا تھا۔ شاید لوگوں کو پتہ نہ ہو پر اکثر ایسا ہوتا ہے کہ جب بھی ہمارے یہاں ہونے والے ہندو مسلم فسادات کی خبر پاکستان پہنچتی ہے وہاں بھی مٹھی بھر ہندوؤں کے گھروں پر خطرہ منڈرانے لگتا ہے۔ وہ سہم جاتے ہیں۔

دقت تو یہ ہے کہ پاکستانی اقلیتوں کے بارے میں زیادہ خبریں نہیں ملتی ہیں۔ پھر دنگے فساد

کی تو بات ہی اور ہی ہے۔ حکومت ان کے تحفظ کی بات ضرور کرتی ہے۔لیکن جو حکومت خود مہاجروں، پٹھانوں اور سندھیوں کی حفاظت نہیں کر سکتی ہے وہ اقلیتوں کو کہاں تک تحفظ فراہم کرے گی۔ البتہ قونصلٹ اور سفارت خانے کی بات دوسری ہے۔ جینوا کنونشن کے مطابق ہر سفارت خانے کو تحفظ کی ضمانت دی جاتی ہے۔ ہمارے یہاں خود پاکستانی سفارت خانے نے میرٹھ میں آئے پاکستانی شہریوں کے بارے میں وزارت خارجہ سے پوچھ تاچھ کی۔لیکن ہمارے سفارت خانے نے کراچی قونصلٹ پر بم پھینکے جانے پر کم از کم ناراضگی بھی ظاہر کی یا نہیں یہ ہمیں معلوم نہیں۔ ویسے ہمارا وزارت خارجہ کتنا چست ہے یہ کہنے کی ضرورت نہیں۔

ہماری وزارت خارجہ نہ جانے اس بات پر کتنی گہری نظر رکھتی ہے لیکن پاکستانی معاملات پر نظر رکھنے والے اچھی طرح جانتے ہیں کہ فرقہ وارانہ فسادات کی خبروں کو پاکستانی اخبارات کس طرح شائع کرتے ہیں۔ یہ صحیح ہے کہ ہندوستان میں بھیانک فسادات ہوتے ہیں جان مال کا بھاری نقصان ہوتا ہے۔ کافی حد تک ہمارا غیر جانبدار اور بے خوف میڈیا تصویر کو صحیح رُخ سے پیش کرتا ہے۔ فرقہ پرست اور فسادی عناصر کو بے نقاب کیا جاتا ہے۔ اس کے علاوہ سیکولر اور ترقی پسند طاقتیں بھی کچھ نہ کچھ آواز اُٹھاتی ہیں بھلی ہی ان کی آواز کمزور ہو۔لیکن خوش قسمتی سے ہمارے یہاں ایک غیر جانبدار، سیکولر اور ترقی پسند طبقہ آج بھی موجود ہے۔

افسوس کہ پاکستانی اخبارات میں ان کے بارے میں کبھی کچھ نہیں لکھا جاتا۔ اکثریت ہندوؤں کا ایک بڑا روادار، سیکولر اور انسانیت نواز طبقہ پاکستانی اخبارات میں جگہ نہیں حاصل کر پاتا ہے۔ اس کے برخلاف فسادات کے وقت اور عام دنوں میں بھی کچھ ایسا ماحول بنایا جاتا ہے جسے پڑھ کر ہندوستان کا سیکولرزم، روادار اور ترقی پسند شبیہ کو نقصان پہنچاتا ہے۔ یہ الگ بات ہے کہ اس ترقی پسند ہندوستان کی امیج کو واقعی کچھ لوگ خراب کرنے کی کوشش میں لگے ہوئے ہیں۔

پاکستانی اخبارات میں سیکولر ہندوستان کا مذاق اڑایا جاتا ہے۔ میرٹھ، احمد آباد اور دیگر مقامات کے فسادات سے لے کر کئی چھوٹی چھوٹی باتوں کو اچھال کر ایک دوسرے ہندوستان کی تصویر پیش کی جاتی ہے۔ مجموعی طور پر پاکستانی اخبارات کو دیکھ کر یہ اندازہ لگانا مشکل نہیں ہے کہ

یہاں اقلیتوں کو تحفظ فراہم نہیں ہے۔ شاید اس کا نتیجہ ہے کہ ہر فرقہ وارانہ فسادات کے وقت پاکستانی اقلیتوں کو بھی خطرے کا سامنا کرنا پڑتا ہے۔ یہ ایک طرح سے بدلے کی کارروائی ہے۔

اگر ہمارے یہاں فسادیوں سے سختی سے نمٹا جائے، فسادات پر جلد سے جلد قابو پایا جائے، رواداری سیکولر طاقتوں کے کارناموں کو خبروں میں اہمیت دیجائے تو اس کا ایک معقول اثر ہوسکتا ہے۔ اس سلسلے میں ہمارے سفارت خانے کی بھی ذمے داری بڑھ جاتی ہے۔ ویسے پاکستان میں ہمارا سفارت خانہ اور کراچی میں ہندوستانی قونصلٹ بہت مقبول ہے۔ کچھ نازک وقت میں وہ اور بھی اہم کردار ادا کرسکتے ہیں۔

ان سارے اعتماد اور اعتماد کے تانے بانے کے بیچ جب پاکستانی شہری ہندوستان آتے ہیں تب ہمارے یہاں کے عام لوگ کھلے دل سے ان کا استقبال کرتے ہیں۔ وہ یہاں کے کھلے ماحول، بے باک اخبارات، مورچے، جلوس وغیرہ کو دیکھ کر کافی متاثر ہوتے ہیں۔ انھیں یہاں آکر ہی پتہ چلتا ہے کہ رام نارائن اور محمد سلیم میں کوئی خاص فرق نہیں ہوتا ہے۔ انھیں یہ بھی پتہ چلتا ہے کہ اب تک ان کے اخباروں میں ہندوستان کے بارے میں زیادہ تر جو چھپتا رہا ہے وہ کتنا بے بنیاد ہے۔

اسی سلسلے میں ایک خاص خبر کا ہم تذکرہ کرنا چاہیں گے دسمبر مہینے میں جب پٹھانوں نے مہاجروں پر کراچی میں خونی حملہ کیا۔ تب زخمی ہونے والوں میں ایک بوڑھی مہاجر خاتون بھی تھی۔ اسپتال میں اس نے ایک لیڈر سے پوچھا ''انڈیا والے ہمیں کب بچانے آئیں گے؟'' اس سوال نے لیڈر صاحب کو سکتے میں ڈال دیا۔ ضرورت ہے کہ پاکستان میں ایک ایسے ہی بچانے والے ہندوستان کی شبیہ ظاہر ہو۔ اس کے لیے سب سے پہلے خود ہمارے یہاں کے فسادات سے سختی سے نپٹنا ہوگا۔ ہمیں کسی بھی طرح بیرونِ ممالک میں خصوصاً پڑوسی ملک میں ایک سیکولر، روادار اور ترقی پسند ہندوستان کی اصلی اور سچی تصویر دکھانی ہوگی۔

5.6.1987

☆☆☆

اب ساڑی پر مصیبت آئی ہے

اب ساڑی پر مصیبت آئی ہوئی ہے۔ اخباروں میں زبردست بحث چل رہی ہے کہ پاکستانی عورتوں کو ساڑی پہننا چاہیے یا نہیں؟ یہ ایک اسلامی پوشاک ہے یا غیر اسلامی؟ کچھ خواتین نے ساڑی پر پابندی لگانے کے سول پر پینٹ اور کوٹ پر بھی انگلی اٹھائی ہے۔ ان کا کہنا ہے کہ اگر ساڑی غیر اسلامی پوشاک ہے تو پینٹ اور کوٹ بھی غیر اسلامی ہے۔ لیکن جہاں ساڑی کی مخالفت میں آواز اٹھ رہی ہے وہیں اس کی حمایت میں بھی لوگ ہیں۔

وقتاً فوقتاً پاکستانی سماج میں بحث و مباحثے کی لہریں اُٹھتی رہتی ہیں۔ فلموں سے لے کر عورتوں کے نوکری کرنے تک پر گرما گرم بحث چلتی ہے۔ سات آٹھ سال قبل بھی ساڑی پر بحث چلی تھی۔ اس وقت بھی اسے غیر اسلامی اور ہندوانہ پوشاک کہا گیا تھا۔ لیکن پاکستانی عورتیں بھی جلالی ہیں۔ جس تیزی سے کٹر پنتھی ان پر بندشیں لگانا چاہتے ہیں اس سے زیادہ سختی سے وہ اس کا مقابلہ کرتی ہیں۔

سات آٹھ سال پہلے بھی جب ساڑی پر پابندی کی آواز اٹھی تھی تو عورتوں کی انجمنوں نے ڈٹ کر اس کا مقابلہ کیا تھا۔ نتیجتاً آج بھی پاکستانی محفلوں اور گھروں میں ساڑی پہنی جاتی ہے۔ بلکہ اب تو پاکستانی ساڑی باندھنے کے طریقے میں بھی تبدیلی لائی گئی ہے۔ پاکستانی ساڑی میں اب پاجامے کی طرح نیفے کا استعمال ہوتا ہے۔ اس اے ساڑی کھوسنے کا ڈھنگ بدل گیا ہے۔ ساڑی پہننے میں سہولت ہوگئی ہے۔

فی الحال ساڑی پر جو بحث جاری ہے اس کا تعلق ہمارے پنجاب سے ہے۔ جب کچھ سکھوں نے پنجاب کے کچھ علاقوں میں ساڑی پر پابندی لگانے کی مانگ اٹھائی تو اس کا اثر سرحد کے اس پار پڑا۔ جیسے ہی 'نوائے وقت' میں یہ خبر چھپی قارئین نے بھی ساڑی پر پابندی لگانے کی مانگ شروع کر دی۔ ایک قاری نے اسے ہندوؤں کی پوشاک بتایا۔ اس کے جواب میں ایک خاتون قاری نے ساڑی کو تہہ بند اور دوپٹے کا ملا جلا روپ بتاتے ہوئے اسے

عورتوں کا بہترین لباس قرار دیا۔ساڑی اور بلاوز سے ایک ساتھ ہی سارا جسم ڈھک جاتا ہے۔

فراسلہ نگار خاتون نے سوال اٹھایا کہ جب مرد مغربی لباس (کوٹ پینٹ) پہن سکتے ہیں تو پھر عورتیں ساڑی کیوں نہیں پہن سکتیں؟ ایک اور قاری نے مسلمانوں کے ٹائی باندھنے پر بھی اعتراض جتایا ہے۔لیکن لاہور کی ایک فیشن ڈیزائنر (یاد رہے لاہور آزادی سے پہلے فیشن میں سب سے آگے سمجھا جاتا تھا) مس سحر کے مطابق پاکستانی عورتوں میں اس وقت دھوتی شلوار بہت ہی مقبول ہو رہا ہے۔ویسے بھی سارے پاکستان میں زیادہ تر عورتیں اور مرد شلوار قمیض ہی پہنتے ہیں۔ یہ پاکستان کا قومی لباس ہے۔ پاکستانی سڑکوں، بازاروں، گھروں اور دفتروں میں چھوٹے بڑے، امیر غریب، شلوار قمیض میں ہی نظر آتے ہیں۔لیکن ساڑی بھی شوق سے پہنی جاتی ہے۔لیکن چونکہ ساڑی بنیادی طور پر ہندوستانی لباس ہے، اس لیے بھی اس کی مخالفت بطور فیشن کی جاتی ہے۔

دوسری طرف پاکستانی عورتوں کا غصّہ جماعتِ اسلامی کے میاں طفیل پر بھی اتر رہا ہے۔ میاں صاحب نے شمع پبلی کیشن (دلّی) کی سعدیہ بانو کو ایک انٹرویو میں عورتوں کے بارے میں کچھ قابل اعتراض باتیں کہی ہیں۔ دفتروں میں کام کرنے والی عورتوں کے بارے میں انھوں نے کہا ہے کہ مردوں کی دلبستگی کا سامان ہیں۔نوجوان لڑکیاں دفتر کے مردوں کے لیے تفریح ہیں۔جب وہ ۴۰ سال کی ہو جاتی ہیں تو انھیں کوئی نہیں پوچھتا۔انھوں نے آگے کہا کہ عورتوں نے اپنی ضرورتیں بڑھا لی ہیں۔ اگر وہ گھروں میں بیٹھیں تو انھیں کام کرنے کی ضرورت نہیں ہوگی۔لیکن اپنی ضرورت کو بڑھا کر وہ نوکری کرتی ہیں۔اس کے علاوہ شوہروں، بھائیوں اور باپ کو رشوت لینے پر مجبور کرتی ہیں۔ایک اور سوال کے جواب میں میاں صاحب نے کہا کہ عورتیں زیادہ تر مصیبتوں کی جڑ ہوتی ہیں۔انھوں نے شاہ بانو کے معاملے میں حکومتِ ہند کی تعریف کی۔

میاں طفیل نے بے نظیر کو ایک اداکارہ کہا۔ان کے مطابق کسی بھی اداکارہ کو دیکھنے کے لیے بھیڑ جمع ہو جاتی ہے۔ جیاے ہی یہ انٹرویو چھپ کر پاکستان پہنچا، پورے پاکستان میں ہنگامہ مچ گیا۔چانکہ معاملہ بے نظیر کا تھا اس لیے عورتوں کی انجمن کے علاوہ پیوپلس پارٹی کے

ورکروں نے بھی جماعت اسلامی کے میاں طفیل کی مخالفت شروع کر دی ۔ جماعتِ اسلامی والوں نے جواب میں انٹرویو کو ہی جھٹلانا شروع کر دیا۔لیکن وہ اس سچائی کا کیا کریں گے کہ انٹرویو ٹیپ کیا گیا ہے۔

ایک بات تو طے ہے کہ پاکستان میں جب بھی عورتوں کے خلاف کچھ کہا جاتا ہے تو عورتیں اس کا بھرپور جواب دیتی ہیں ۔جلسے جلوس نکالتی ہیں ۔ مظاہرے کرتی ہیں ۔ یہاں تک کہ لاٹھیاں بھی کھاتی ہیں ۔ہماری دعا ہے کہ ان کی یہ بیداری قائم رہے ۔

2.7.1987

☆☆☆

قائداعظم کا آخری دن

۱۱ ستمبر ۱۹۴۸ ۔کراچی ایئر پورٹ کے پاس ماری پور روڈ ۔شام کے چار بجے ہیں ۔سڑک کے دونوں طرف اور اس کے بعد کھلے میدان میں ہزاروں پناہ گزینوں نے ڈیرہ ڈالا ہوا ہے ۔کبھی کبھار کوئی کار یا ٹرک سڑک سے گزر جاتی ہے ۔لیکن نہ تو پناہ گزینوں کا اور نہ ہی گزرنے والوں کا دھیان اس بگڑے ہوئے ایمبولنس کی طرف جاتا ہے جس کا ڈرائیور انجن ٹھیک کرنے میں لگا ہوا ہے ۔اُس بگڑے ہوئے ایمبولنس میں مریض اپنی زندگی کا آخری سانس لے رہا تھا وہ تھے پاکستان کا بانی قائداعظم محمد علی جناح ۔ یہ وہی جناح تھے جنھوں نے اپنی حکمت عملی سے ہندوستان کے دو ٹکڑے کروا کر پاکستان کو جنم دیا تھا۔قسمت کے کھیل نرالے ہوتے ہیں ۔جناح صاحب کے ایک اشارے پر لاکھوں لوگوں نے اپنا سب کچھ قربان کر دیا تھا۔ وہی جناح صاحب ۱۱ ستمبر ۱۹۴۸ کی ایک سرد شام کو ایک بگڑی ہوئی ایمبولنس میں لیٹے ہوئے تھے ۔ان کی بہن فاطمہ جناح اپنا رومال ہلا ہلا کر ان کے چہرے سے مکھیاں بھگا رہی تھیں ۔گورنر جنرل کی نئی کیڈلاک کار میں پیچھے بیٹھے ہوئے ڈاکٹر کرنل الٰہی بخش اور ڈاکٹر مستری (Mistry) جھنجھلائے ہوئے تھے ۔ڈرائیور نے انھیں یقین دلایا تھا کہ ایمبولنس دس منٹ میں ٹھیک ہو جائے گی ۔اُدھر

فاطمہ جناح بھی پریشان تھیں۔گھنٹہ بھر گزر جانے کے بعد بھی گاڑی ٹھیک ہونے کا نام نہیں لے رہی تھی۔انھیں کار میں بھی نہیں لایا جاسکتا تھا۔آخر میں ملٹری سیکریٹری اور ڈاکٹر مستری دوسری ایمبولنس لے کر آئے۔تب انھیں ۴ بجے تک گورنر جنرل ہاؤس پہنچایا گیا۔

ایک زمانے تک پاکستان میں یہ بحث چلتی رہے کہ قائد اعظم کو اس طرح بالکل معمولی انداز میں ایئر پورٹ سے کیوں لایا گیا؟ وزیر اعظم اور دیگر وزراء سندھ کے وزیر اعلیٰ، گورنر، سرکاری افسران، پولیس والے اور مسلم لیگ کے ورکر کہاں غائب ہو گئے تھے؟ قائد اعظم کو بے بسی کے عالم میں کیوں چھوڑ دیا گیا تھا؟ تقریباً ایک سال پہلے ہی (اگست ۱۹۴۷) اسی ایئر پورٹ اور اسی ماری پور روڈ پر لاکھوں لوگوں نے اپنے قائد کا زبردست استقبال کیا تھا۔ ایک سال کے اندر ہی وہ افسوس ناک حالت کیوں ہوگئی کہ ایک بگڑی ہوئی ایمبولنس انھیں ایئر پورٹ سے گورنر ہاؤس لے جا رہی تھی؟ اب بھی ان کے یوم وفات پر پاکستان میں یہ سوال اُٹھایا جاتا ہے۔

یوں تو قائد اعظم محمد علی جناح کے اس تکلیف دہ سفر کے بارے میں بہت کچھ لکھا گیا ہے لیکن ایک چشم دید گواہ ابھی بھی موجود ہے۔وہ ہے تحریک استقلال کے صدر ریٹائرڈ ایئر مارشل اصغر خاں۔ایک ملاقات میں اصغر خاں نے بتایا ''ان دنوں ماری پور روڈ پر میری ڈیوٹی ہوتی تھی۔جس روز یہ واقعہ پیش آیا میں اس روز ماری پور سے شہر جا رہا تھا۔سڑک سنسان تھی۔فضا میں مچھلیوں کی بو تھی۔میں ٹھیک اس جگہ پہنچا تو دیکھا کہ ایک ایمبولنس کھڑی ہے۔پیچھے کی طرف میں فاطمہ جناح بیٹھی تھیں۔میں نے انھیں پہچان لیا۔مجھے معلوم تھا کہ وہ اپنے بھائی کی تیمارداری کے سلسلے میں زیارت گئی ہوئی تھیں۔جب میں نے انھیں اس طرح ایمبولنس میں بیٹھا دیکھا تب مجھے فکر ہوئی۔میں نے ایمبولنس کے قریب گاڑی روکنی چاہی لیکن فاطمہ جناح نے ہاتھ کے اشارے سے آگے بڑھ جانے کو کہا۔میں پچاس گز آگے جا کے اپنی گاڑی روک دی۔قائد اعظم کو ماری پور کے اڈے سے لانے والی ایمبولنس خراب ہو چکی تھی اور ڈرائیور دوسری ایمبولنس لانے کے لیے گیا ہوا تھا۔آدھے گھنٹے بعد دوسری ایمبولنس آئی۔قائد اعظم کو اسٹریچر سے دوسری ایمبولنس میں لایا گیا۔میں ایمبولنس

کے قریب جانا چاہتا تھا مگر فاطمہ جناح ہاتھ کے اشارے سے منع کر دیتی تھیں۔ پھر ہم نے دو تین گھنٹے کے بعد قائد اعظم کی موت کی خبر سنی۔

جناح صاحب کے آخری دنوں کی داستان کو امریکہ کے اینٹلی والپرٹ نے اپنی مشہور کتاب "Jinnah of Pakistan" میں بہت تفصیل سے لکھا ہے۔ وہ ایک زمانے سے بیمار چلے آرہے تھے۔ لیکن اپنی بیماری کے بارے میں کسی کو کچھ نہیں بتاتے تھے۔ یہاں تک کہ انکی چوبیس گھنٹے دیکھ ریکھ کرنے والی بہن مس فاطمہ جناح کو بھی ان کی بیماری کا کچھ پتہ نہ تھا۔ انھیں اکثر بخار ہو جاتا تھا۔ کچھ آرام کرنے کے بعد ٹھیک ہو جاتے تھے۔ بمبئ کے ڈاکٹر دمہ بتاتے تھے۔ کچھ ڈاکٹروں نے انھیں دل کا مریض بھی بتایا تھا۔ بعد میں انھیں لگتا تھا کہ پیٹ کی شکایت ہے۔ لیکن ڈاکٹر کرنل الٰہی بخش کو انکے آخری ایام میں پتہ چلا کہ انھیں ایک ساتھ ٹی بی، پھیپھڑوں کا کینسر، اور نمونیہ ہے۔ جولائی ۱۹۴۸ سے ہی انھیں علاج اور آرام کے لیے کوئٹہ کے پاس آٹھ ہزار فٹ کی اونچائی پر زیارت نام کے ہل اسٹیشن پر لے جایا گیا۔ تب تک بہت دیر ہو چکی تھی۔ بعد میں انکے دوست اور امریکہ میں پاکستان کے سفیر اصفہانی نے امریکی ڈاکٹروں کو بھی لانا چاہا۔ ۹ ستمبر تک جب حالات بگڑنے لگے تو پھر انھیں کراچی لانے کا فیصلہ کیا گیا۔ اس دن یعنی ۱۱ ستمبر کو ایئر پورٹ سے گورنر ہاؤس تک لے جانے والے ایمبولنس کی خرابی اور ہوائی سفر نے انھیں خوب تھکا دیا تھا۔ اسی روز رات کے دس بجے ان کا انتقال ہو گیا۔ قائد اعظم کی بیماری کے بارے میں معلوم ہونے پر بہت بعد میں ماؤنٹ بیٹن نے کہا تھا کہ اگر وہ جانتے کہ انھیں جان لیوا بیماریاں ہیں تو ملک کی تقسیم کو روکنے کی کوشش کرتے۔ پھر بھی یہ سوال بنا ہوا ہے کہ آخری گھڑی میں اس عظیم مریض کے ساتھ حکومت اور لوگوں نے اتنی لاپرواہی کیوں برتی؟

10.9.1987

☆☆☆

روٹھے ساون کو منانے کی کوشش

اس سال لاہور والوں نے بارش کے انتظار میں ساری برسات گزاری۔لیکن بقول شاعر 'ان کو نہ آنا تھا وہ نہ آئے کبھی'۔حالانکہ محکمۂ موسمیات نے موسلا دھار بارش کی پیش گوئی کی تھی۔ پھر بھی بادل روٹھ گئے۔اس سال بادل تو ہم ہندوستانیوں سے بھی روٹھے ہوئے تھے۔ اُمڈتے گھمڑتے بارش کی بوندوں کو اپنی بانہوں میں سمیٹے بادل نہ جانے کہاں غائب ہو گئے۔کسانوں کا تو برا حال تھا ہی۔شاعروں اور ادیبوں کو بھی ساون بھادوں کے سوکھنے اداس کر دیا۔

پاکستان کی مشہور شاعرہ کشور ناہید نے اس روٹھے ہوئے ساون کو منانے کے لیے لاہور میں ساونی رنگ کی ایک تقریب کا انعقاد کر ڈالا۔اس تقریب میں شاعر،ادیب،سیاست داں،فنکار اور گلوکار سبھی شریک ہوئے۔اسی کے ساتھ انھوں نے یہ شرط بھی لگا دی تھی کہ مرد اُجلے کرتوں اور عورتیں دھانی رنگ کے دوپٹوں میں آئیں۔اب جناب لاہور کے ایک طبقے میں اس بات پر بحث چھڑ گئی کہ دھانی رنگ کون سا ہوتا ہے؟ شاید ہمارے یہاں بھی خاص کر پتھریلی بمبئی میں بہت سارے لوگوں کو دھانی رنگ کا پتہ نہ ہو۔ظاہر ہے اس کے لیے دھانی کی معلومات ہونی چاہیے۔اب جنھوں نے دھان ہی نہ دیکھا ہو انھیں دھان کا کیا پتہ؟ کشور ناہید زندگی کے رنگوں کو نزدیک سے دیکھنے والی شاعرہ ہیں۔اس لیے انھیں دھانی رنگ کا پتہ ہے۔لیکن ان کی دعوت میں آنے والوں کا پتہ نہ تھا۔کچھ لوگوں نے آسمان کی سرخی کو تو کچھ نے پیلے رنگ کو دھانی سمجھ۔ عورتوں نے گہرے ہرے رنگ کو ہی دھانی سمجھا۔البتہ کچھ لوگوں نے ضرور دھانی رنگ کا ہی استعمال کیا۔

لاہور کے زیدی ہاؤس میں روٹھے ساون کو منانے کی مشور ناہید نے بھرپور کوشش کی ۔ہرے بھرے لان کو ایک کنارے اُجلے موتیے کے پھولوں سے لدے جھولے لگائے گئے تھے۔چھوٹے سے تالاب میں بطخیں تیر رہی تھیں۔تالاب کے بیچ جھرنا جل ترنگ کا سماں

پیدا کر رہا تھا۔ ایک کنارے موروں کے جھنڈ تھے۔ مور جب مستی میں ناچتے اور آوازیں نکالتے تو برکھا رُت کی یاد تازہ ہو جاتی۔ اس موقعے پر عورتوں کو موتیے کے گجرے پہنائے گئے۔ پھر اُس سوکھے ساون کی لاہوری شام میں لاہور کی ہی شیلا نے ٹھمری اور کجری شروع کی۔ ان کا یہ گیت بہت پسند کیا گیا:

سیاں کے آئے کہار رے
انبوہ تلے ڈولا رکھ دو

اس کے بعد استاد حامد علی خان نے...... 'اُمڈ اُمڈ من گرجے بادل' گا کر ساون کا سماں باندھ دیا۔ روبینہ قریشی نے...... 'کرواں پولے روز، اب کے ساون تو سجن آجا'' سنایا۔ ارشاد علی خاں نے اُستاد برکت علی خاں کا مشہور گیت ''باغوں میں پڑے جھولے'' سنایا۔ آخر میں اُستاد غلام حسین عرف پاکستان کے کتھک مہاراج نے کتھک ناچ پیش کیا۔

افسوس! کتھک ناچ دھیرے دھیرے پاکستان سے ختم ہوتا جا رہا ہے۔ لاہور آرٹس کاونسل میں مہاراج ایک زمانے میں کتھک کی تعلیم دیا کرتے تھے۔ بعد میں اسے بند کرا دیا گیا۔ اس کے بعد اے مہاراج شوقین لوگوں کا کتھک سکھاتے ہیں۔ مہاراج کے بعد پاکستان میں کتھک کا مستقبل تاریک ہو جائے گا۔ کشور ناہید کے پروگرام میں مہاراج کی شاگرد یاسمین حسن نے راگ ملہار میں خوبصورت رقص پیس کیا۔ ان کی دوسری دو شاگردہ ثانیہ عباس اور نادیہ شمس نے بھی کتھک ناچ کا پروگرام پیش کیا۔ کشور ناہید کا ساون کو منانے کا پروگرام بہت کامیاب رہا۔ لاہور میں اس کے خوب چرچے ہوئے۔ پھر بھی روٹھے ساورن نے کوئی داد نہیں دی۔ وہ اب تک روٹھا ہوا ہے۔ لاہور اور پنجاب والے گرمی سے پریشان ہیں۔ کسان اللہ میاں کو یاد کر رہے ہیں۔ دعائیں مانگ رہے ہیں۔ اتنا کچھ ہونے پر بھی پاکستانی بادل ہندوستانی بادلوں کی طرح روٹھے ہوئے ہیں۔

اِدھر کلاسیکی رقص کے سلسلے میں ایک نوجوان نام اُبھر کر سامنے آرہا ہے۔ یہ شیما کرمانی کا نام ہے۔ کراچی میں انھوں نے استاد گھن شیام سے کلاسیکی رقص کی چھ سال تعلیم حاصل کی اور بعد میں

اُن کے ہی ادارے میں ڈانس سکھانے لگی۔انھوں نے کئی بیلے ڈانس بھی کیے۔انھوں نے بعد میں ہندوستان آکر لیلا سیمتی اور ہندوستانی آرٹ سینٹر میں اُڑیا ڈانس سیکھا۔کراچی اور پاکستان کے کئی علاقوں میں اُنھوں نے اپنے فن کا مظاہرہ کیا۔ان کے شوہر خالد احمد بھی بانسری بجانے میں ماہر ہیں۔پچھلے دنوں اس جوڑے نے پاکستان ٹیلی ویژن کے ایک ڈرامے میں کام کر کے اپنی صلاحیتوں کے جوہر دکھائے۔وہ ڈرامے بھی کرتے ہیں۔وجئے تندولکر کا ایک ڈرامہ ابھی حال ہی میں انھوں نے اسٹیج کیا۔اگر ایسے فن کار سامنے آئیں تو دونوں ملکوں کو قریب آنے کا اور بھی موقع ملے گا۔ویسے ہمارا سفارت خانہ بھی کئی طرح کے کلاسیکی گلوکاری اور رقص سے متعلق پروگرام منعقد کرتا ہے۔

17.9.1987

☆☆☆

افغان پناہ گزیں مزے کر رہے ہیں

یہ ایک عجیب بات ہے۔بنگلہ دیش میں پھنسے ۳ لاکھ بہاری (پاکستانی) پناہ گزیں کی تو پاکستان کو فکر نہیں ہے لیکن ۳۰ لاکھ افغان پناہ گزینوں کو وہ سر آنکھوں پر بٹھائے ہوئے ہے۔اسی کو اپنوں پہ ستم اور غیروں سے پیار کہتے ہیں۔دراصل سارا معاملہ نفع نقصان کا ہے۔افغان پناہ گزینوں کی مدد کے بہانے دُنیا بھر سے اُسے دودھ کے ڈبوں سے لے کر گولہ بارود تک مل رہا ہے۔بھلا بہاری پناہ گزینوں کو واپس لانے کے بعد کیا ملے گا؟ اُلٹا وہ مصیبت بن جائیں گے۔دوسری طرف افغان دودھ دینے والی گائے ہیں۔اس لیے جب بھی افغان پناہ گزینوں کی واپسی پر بات چیت ہوتی ہے پاکستان کچھ نہ کچھ رُکاوٹ پیدا کر دیتا ہے۔معاملہ وہیں کا وہیں رہ جاتا ہے۔دوسری طرف افغانی بھی اب اپنے ملک واپس جانا نہیں چاہتے ہیں۔پاکستان میں انھوں نے اپنا مستقل گھر بنا لیا ہے۔بلکہ گھروں سے زیادہ آرام انھیں مل رہا ہے۔خود صوبہ سرحد کے لوگ ان کی واپسی نہیں چاہتے ہیں۔

پچھلے مہینے نوائے وقت کے ایک نامہ نگار نے پشاور کے افغان پناہ گزینوں کے کیمپ کا دورہ کیا وہ لکھتا ہے کہ جب سرحد اور پشاور کے پاکستانی باشندے روزانہ ہونے والے دھماکوں سے اتنا نہیں ڈرتے ہیں جتنا کہ وہ انکی واپسی کی خبر سے ڈر جاتے ہیں۔افغانی بہت اطمینان کی زندگی گزار رہے ہیں۔ پشاور کے لوگوں کے ان سے تجارتی تعلقات ہو گئے ہیں۔انکی واپسی پر ڈھیروں کام دھندے بند ہو جائیں گے۔افغانی روسی ہیلی کاپٹر کے ڈھانچے،ٹوٹی پھوٹی جیپوں کے ڈھانچے، بموں کے خول اور اسی طرح کے دوسرے سامان پشاور کے بازاروں میں لا کر بیچتے ہیں۔اس طرح کے ۱۳۵ سٹور پشاور میں بڑے پیمانے پر کام کر رہے ہیں۔ چھوٹے موٹے کارخانے دار اور ہتھیار بنانے والے کاریگروں میں ان کی بڑی مانگ ہے۔ ان دوکانوں کو ہمارے یہاں کباڑی کی دوکان کہا جاسکتا ہے۔

پشاور میں افغان پناہ گزینوں کی آمد کے بعد مکان بنانے کے لیے زمین کی قیمت بہت بڑھ گئی ہے۔ مکانوں کے کرائے بھی بہت بڑھ گئے ہیں۔ پشاور والوں نے اس طرح زمین بیچ کر اور کرائے پر مکان دے کر بہت کمایا ہے۔ پشاور کے چھوٹے موٹے دکانداروں نے بھی جس طرح چاہا اپنا سامان بیچا ہے۔غریب سے غریب پشاوری پٹھان اب پیسوں میں کھیل رہا ہے۔ یہاں تک کہ سرحد کے دوسرے علاقوں سے بھی پٹھان مزدوروں کو پشاور میں منہ مانگی مزدوری مل رہی ہے۔ افغانی کئی طرح کے دھندے کر رہے ہیں۔ٹرانسپورٹ پر تو نہ صرف پشاور بلکہ کراچی میں بھی ان کا قبضہ ہو گیا ہے۔اسی سے منسلک ہے افیون اور ہیروئن کا کاروبار۔ افغانیوں کے آنے کے بعد تو سرحد میں یہ کاروبار خوب پھل پھول گیا ہے۔ افغان مجاہدوں کو دئے جانے والے ہتھیار تو کھلے عام بازاروں میں بکتے ہی ہیں۔اس طرح تیس لاکھ افغان پناہ گزین نہ صرف پاکستانی حکومت بلکہ سرحد والوں کے لیے بھی عطیہ ثابت ہوئے ہیں۔بھلا ان کی واپسی میں کس کی دلچسپی ہو سکتی ہے؟

لاہور کی فلمی دنیا نے بھی افغان پناہ گزینوں کی موجودگی کا بھرپور فائدہ اٹھایا۔ پہلے جہاں سال بھر میں صرف ایک یا دو پشتو فلمیں بنتی تھیں اب ہر مہینے ایک پشتو فلم ریلیز ہوتی ہے۔پشتو اور افغانی زبان (دری، فارسی) میں زیادہ فرق نہیں ہے۔ پھر پیسوں کی وجہ سے پشتو شائقین

کی نئی پیڑھی سینما گھروں میں جانے لگی ہے۔سرحد کے سینما گھروں میں ہاؤس فل کا بورڈ نظر آتا ہے۔ پچھلے دس برسوں میں لگ بھگ سو پشتو فلمیں ریلیز ہوئیں۔ بدرِ منیر، یاسمین خان، نعمت سرحدی، وحیدہ ضان، آصف خان، سویرا، ثریا خان، جمیل بابر، سردار خان، زاہدہ ممتاز، کبنا خدک، افغان پناہ گزینوں کی آمد کے بعد ہی فلمی دنیا کے آسمان میں ستارے بن کر چمکے ہیں۔ یہ الگ بات ہے کہ دھڑا دھڑ بننے والی پشتو فلمیں بھونڈی اور بے ڈھب پاکستانی پنجابی فلموں کی ہی نقل ہوتی ہیں۔ بلکہ 'نوائے وقت' کے مطابق ''سنسر کے بعد اور سنسر کے پہلے بھی دے دلا کر ان میں 'بہت کچھ' بھر دیا جاتا ہے۔'' اس بہت کچھ کی وجہ سے پشتو فلمیں پنجابی اور اردو فلم شائقین میں بھی مقبول ہوتی ہیں۔

سب سے بڑی بات تو یہ ہے کہ افغانوں کی تہذیب و رسم و رواج اور زبان بھی سرحدی پٹھانوں سے ملتی جلتی ہے۔ مذہب تو ایک ہے ہی۔ پھر جب معاشی طور پر بھی وہ ایک دوسرے کی ضرورت ہوں تو ان کی موجودگی سے کوئی فرق نہیں پڑتا۔ دونوں کا بھلا ہو رہا ہے۔اب اگر دو چار بم پھوٹے یا پھر دھماکے بھی ہوں تو کیا حرج ہے؟ سب سے بڑی بات تو یہ ہے کہ آج نہیں تو کل یہ افغانی سرحد میں ولی خان کی طاقت کو بھی کمزور کر سکتے ہیں۔ ولی خان کی روسی دوستی مشہور ہے اور افغانی پناہ گزین روس کے پکے دشمن ہیں۔اس لیے ان کی موجودگی سے پاکستان کو کیا خطرہ ہے؟

19.11.1987

☆☆☆

اقبال پر کیچڑ اچھالا جارہا ہے

'سارے جہاں سے اچھا ہندوستاں ہمارا' کے خالق عظیم شاعر اقبال کا نام کسی تعارف کا محتاج نہیں ہے۔ پاکستان میں بھی اُن کا خاص مقام ہے۔ بلکہ وہاں تو قائداعظم محمد علی جناح کے نام کے ساتھ اقبال کا بھی نام لیا جاتا ہے۔کہا جاتا ہے کہ پاکستان کی بنیاد ۱۹۳۰ میں اسلام آباد مسلم

لیگ کے اجلاس میں انھوں نے ہی ڈالی تھی۔ ویسے بھی اپنی شاعری کی وجہ سے ان کا الگ مقام ہے۔

لیکن آج کل اقبال ایک اور وجہ سے پاکستان میں بحث کا موضوع بنے ہوئے ہیں۔ ناروے میں پاک مقبوضہ کشمیر کے صدر سردار عبدالقیوم خاں نے ایک تقریر میں اقبال کے تعلق سے ایسی ویسی کوئی بات کی۔ جس سے اقبال کے شیدائی آگ بگولہ ہو رہے ہیں۔ یہاں تک کیا جا رہا ہے کہ ان کی پاکستان آمد پر پابندی لگا دی جائے۔ حالانکہ انھوں نے یہ تقریر پچھلے سال اگست میں کی تھی۔ لیکن وہ ابھی ابھی پاکستانی اخبارات میں شائع ہوئی ہے۔

ناروے میں مقیم پاکستانیوں نے جشنِ آزادی کے لیے پاکستان سے اقبال کے بیٹے ریٹائرڈ چیف جسٹس ڈاکٹر جاوید اقبال اور سردار صاحب کو تقریر کے لیے بلوایا تھا۔ ڈاکٹر جاوید اقبال نے پاکستان کے بارے میں اقبال کے جو خیالات پیش کیے سردار عبدالقیوم خاں نے نہ صرف ان کی تقریر بلکہ خود اقبال کے بخیے اُدھیڑ دیے۔

ڈاکٹر جاوید اقبال کا ماننا تھا کہ اقبال اس لیے ایک اسلامی ریاست چاہتے تھے کہ مسلمانوں کی روٹی کا مسئلہ حل ہو جائے۔ اس کے علاوہ اقبال کے ساتھ محمد علی جناح بھی ایک سیکولر مسلم ریاست بنانا چاہتے تھے۔ جہاں ہر مذہب کے ماننے والوں کے ساتھ برابر کا سلوک کیا جاتا۔ ان کے سامنے صدیوں سے چلی آ رہی مسلم حکومتوں کا روایتی نقشہ نہیں تھا۔ انھوں نے کہا کہ اقبال انسانی قدروں کو نئی اسلامی ریاست میں اعلیٰ مقام دلانا چاہتے ہیں۔ اُن کے الفاظ میں ''اقبال کے نزدیک جو جدید اسلامی ریاست ہے۔ وہ صرف آئیڈیل سیکولر اسٹیٹ ہی ہو سکتی ہے۔

جسٹس جاوید اقبال نے آگے کہا کہ اقبال اور جناح کمیونزم، سوشلزم اور سرمایہ دارانہ نظام کے خلاف ایک مشترکہ معاشی نظام قائم کرنا چاہتے تھے تاکہ ہر کسی کو روحانی اور معاشی سُکھ حاصل ہو سکے۔ انھوں نے پاکستانیوں کو ماضی کی طرف نہیں بلکہ مستقبل کی طرف دیکھنے کا مشورہ دیا۔ یہ ہم نے چند الفاظ میں اہم باتیں پیش کی ہیں۔ مجموعی طور پر انھوں نے کہا کہ جناح اور اقبال پاکستان کو جدید، سیکولر اور آزاد خیال ملک بنانا چاہتے تھے۔

سردار عبدالقیوم خاں کو جاوید اقبال کی بات اتنی بری لگی کہ انھوں نے سیدھے اقبال پر ذاتی حملہ شروع کر دیا۔ انھوں نے کہا کہ روٹی کے لیے پاکستان نہیں بنا بلکہ ایک اسلامی ریاست کے لیے بنا ہے۔ اسی طرح سیکولر ریاست کا خیال بھی غلط ہے۔ انھوں نے یہ بھی کہا کہ خدا نے اقبال کی شاعری سے لوگوں کو راستہ دکھانے کا اثر ختم کر دیا۔ اقبال کو اپنی شاعری پر شرمندگی تھی۔ سردار صاحب نے فرمایا ''میں نے ڈاکٹر کے دوستوں کو ان کی مجلس میں بیٹھنے والوں کو دیکھا ہے کہ وہ گمراہی کی باتیں کرتے اور روزے نہیں رکھتے تھے۔'' آگے وہ اقبال کے بارے میں اس طرح بولے ''ڈاکٹر روزے نہیں رکھتا تھا۔ ڈاکٹر کہتا تھا میں نماز شمار نہیں پڑھتا، ذرا ملاحظہ کیجیے نمازِ شمار......!'' جاوید اقبال کی بھی انھوں نے آگے کی طرف دیکھنے کے لیے سرزنش کی۔

اس کے بعد یوں ہوا کہ ''نوائے وقت'' اخبار والوں نے دونوں کی تقریر کا ویڈیو کیسٹ مولانا عبدالستار نیازی سینئر ممتاز احمد خاں اور مشہور صحافی زیڈ اے سُلری کو دکھایا۔ ان صاحبان نے عبد القیوم خاں کی خوب سرزنش کی۔ بعد میں 'نوائے وقت' نے دونوں کی تقریر کو ۱۴ دسمبر کے شمارے میں جوں کا توں شائع کر دیا۔ پھر کیا تھا۔ سردار صاحب کے خلاف اقبال کے شیدائیوں میں غصے کی لہر دوڑ گئی۔ انھیں سخت برا بھلا کہا جانے لگا۔ لاہور اسلام آباد اور کراچی میں سردار کے خلاف قرارداد منظور ہونے لگی۔ اقبال کے شیدائی کسی بھی قیمت پر سردار صاحب کو بخشنے والے نہیں ہیں۔

سردار صاحب نے اس ہنگامے کو اُن کی حکومت کے خلاف سازش کہا۔ گزشتہ دنوں پاک مقبوضہ کشمیر کے میونسپل الیکشن میں مخالف پارٹیوں نے برسر اقتدار جماعت مسلم کانفرنس پر دھاندلی کرنے کا الزام لگایا۔ سردار اپنی بات پر صفائی پیش کر رہے ہیں۔ 'نوائے وقت' کی دیکھا دیکھی 'جنگ' نے سردار صاحب کو اپنی ایک میٹنگ میں صفائی دینے کے لیے کراچی بلایا۔ ۸ جنوری کے جنگ میں ان کی لمبی چوڑی صفائی چھپی ہے۔ لیکن اقبال کی شیدائی آسانی سے ماننے والے نہیں ہیں۔ ابھی بھی سردار عبدالقیوم خاں پر لفظی حملے جاری ہیں۔ دیکھیں آگے کیا ہوتا ہے۔

22.01.1988

☆☆☆

تمس ۔ تقسیم کا درد باقی ہے

'بنیاد' کی طرح 'تمس' نے بھی پاکستانیوں کو متوجہ کیا ہے ۔ لاہور فیصل آباد راولپنڈی اور کراچی وغیرہ میں لوگوں نے تمس کو دھیان سے دیکھا۔ دراصل گووند نہلانی نے ایک ایسے موضوع کا انتخاب کیا تھا جس کا براہِ راست تعلق پاکستان سے بھی تھا۔ 'تمس' صرف کھاتے پیتے گھرانوں کے اُجڑنے اور دوبارہ بسنے کی کہانی نہیں ہے۔ بلکہ اس کے ذریعے یہ بتانے کی کوشش کی گئی ہے کہ بے جا مفاد کے لیے چند موقعہ پرست کس طرح حیوانیت کا کھیل کھیلتے ہیں۔ ہمارے یہاں کی طرح پاکستان میں بھی لوگ اس حیوانی دور سے گزر چکے ہیں۔ دونوں ملکوں کی ایک نسل نے تقسیم کے درد کو اپنے سینے پر جھیلا ہے۔ آج بھی وہ نسل سلامت ہے۔ اس لیے تمس کا پاکستانیوں کو متاثر کرنا سمجھ میں آتا ہے۔

'تمس' سیریل کے علاوہ پاکستانی اخبارات میں ہمارے یہاں اس کے خلاف ہونے والے مظاہروں کو بھی خصوصی جگہ دی گئی۔ خبروں میں بتایا گیا کہ انتہا پسند تنظیموں نے کس طرح ہمارے ٹی وی اسٹیشنوں پر احتجاجی مظاہرے کیے۔ ''نوائے وقت'' نے یہ بھی لکھا کہ کس طرح ہندوستانی دستور کے سیکولر کردار کو دھیرے دھیرے بدلنے کی کوشش کی جاتی رہی ہے۔ اِدھر کچھ دنوں سے فرقہ وارانہ تناؤ کے معاملے میں پاکستانی اخبارات ہندوستان پر آوازکس رہے ہیں۔ 'تمس' کے خلاف مظاہرے سے انھیں ایک اور موقعہ مل گیا ہے۔

جس طرح ہمارے یہاں تقسیم کے بارے میں بہت کم فلمیں یا ٹی وی سیریل بنی ہیں اسی طرح پاکستان میں بھی اس موضوع پر زیادہ کام نہیں ہوا ہے۔ حالانکہ تقسیم پر پاکستانی ادب میں بہت کچھ لکھا گیا ہے۔ اردو کے مشہور ناول نگار نسیم حجازی نے برسوں پہلے اس موضوع پر ایک فلم ''خاک اور خان'' لکھی تھی۔ اسے پاکستان کی سرکاری فلم کارپوریشن کی مدد سے بنائی گئی تھی۔ مگر وہ ضرورت سے زیادہ ہندوستان مخالف تھی۔ مخالفت کے بعد اسے بہت کانٹ چھانٹ کر ریلیز کیا گیا تھا۔ اس کے بعد پھر کسی فلمساز نے ملک کی تقسیم پر فلم نہیں بنائی۔

پچھلے سال کراچی ٹیلی ویژن نے افغان پناہ گزینوں پر نوّے منٹ کی ''پناہ'' نامی ایک ٹیلی فلم بنائی۔ یہ ایک افغان عورت کی کہانی ہے۔ اس کا شوہر اور بچے مارے جاتے ہیں۔ اسے ایک مجاہد سہارا دیتا ہے۔ اس کے بچے کی عمر کا ایک لڑکا بھی بھٹکتا ہوا ان کے پاس آجاتا ہے۔ غزنی، ہرات اور دوسرے کئی افغان ٹھکانوں پر دشمن حملے کرتا ہے۔ اس عورت اور بوڑھے مجاہد کے پاس پناہ لینے کے لیے ایک اور خاندان آتا ہے۔ ان کے پاس کھانے پینے تک کی کمی ہے۔ لیکن اُمید ہے کہ وہ دشمن کو اپنے ملک سے نکال کر ہی دم لیں گے۔ مجاہدین ایک ایک کر کے مارے جاتے ہیں۔ پھر بھی وہ عورت اپنی پناہ میں آئی ایک اور عورت کے بچے کو گود میں لیے اس بھٹکے ہوئے بچے کی تلاش میں پناہ گزین کیمپ سے اپنے وطن افغانستان آتی ہے۔ وہ پُر اُمید ہے کہ اُس کے ملک میں امن ہو جائے گا اور وہ واپس اپنے وطن میں رہ سکے گی۔ پناہ اپنی مٹی سے اُکھڑے ہوئے لوگوں کی دردبھری داستان ہے۔ حالانکہ 'تمس' سے اس کا کوئی مقابلہ نہیں ہے۔ پھر بھی پناہ گزینوں کے موضوع پر ایک کامیاب کوشش ہے۔

جہاں تک اخبارات کا سوال ہے تو آج بھی پاکستانی اخبارات میں تقسیم کے وقت کی ڈھیروں داستانیں شائع کی جاتی ہیں۔ لکھنے والے درد کے اُن بھولے ہوئے المیے کو جی بھر کے اُجاگر کرتے ہیں۔ خاص موقعوں پر تو یہ اور بھی زیادہ ہوتا ہے۔ ظاہر ہے ان میں ایک طرف کا ہی بیان ہوتا ہے۔ تصویر کے دوسرے رُخ کا کہیں بھی پتہ نہیں ہوتا۔ سمجھ میں نہیں آتا ہے کہ ماضی کی تلخ یادوں کو پاکستانی اخبار کب تک کریدتے رہیں گے۔ ہمارے یہاں تو لوگ ایک تمس کے قصے سے ہی بپھر اُٹھے۔ پاکستانی اخبارات میں وہ افسوس ناک قصے بات بات پر دُہرائے جاتے ہیں۔ ایسا لگتا ہے کہ پاکستانی ماضی کی یادوں کے سہارے ہی جینا چاہتے ہیں۔ البتہ ہمارے یہاں اس کے برعکس ملک کی تقسیم کے قصے کو اس قدر نہیں دُہرایا جاتا ہے۔ 'تمس' اپنے آپ میں ضرور استثنیٰ ہے۔ ایک اور استثنیٰ تھی 'گرم ہوا'۔ اسے بھی پاکستانیوں نے خوب پسند کیا۔

تقسیم کے درد کو سمجھنے کے لیے اُس زمانے میں تخلیق کیے گئے ادب کو بھی دیکھنا ہوگا۔ چھوٹے بڑے کئی ادیبوں نے اس عظیم سانحہ پر آنسوؤں میں قلم بھگو کر تخلیقات قلمبند کی تھیں۔

ہمارے یہاں ہندی، بنگلہ، پنجابی اور اردو میں تقسیم ہند پر کئی کہانیاں، ناول اور نظمیں لکھی گئیں۔ بھیشم ساہنی کا ''تمس'' اُسکی ایک کڑی ہے۔ اُن سے پہلے اس موضوع پر موہن راکیش، کرشن چندر، رامانند ساگر، راجندر سنگھ بیدی، بھگوتی چرن ورما، قرۃ العین حیدر، خواجہ احمد عباس، رضیہ سجاد ظہیر، کرتار سنگھ دُگل وغیرہ نے ہندی، اردو میں بے مثال، دل کو چھو لینے والی تخلیقات پیش کیں۔ اسی طرح پاکستان میں سعادت حسن منٹو، انتظار حسین، احمد ندیم قاسمی، ممتاز مفتی، قدرت اللہ شہاب، عزیر احمد، اور حسین عبداللہ وغیرہ نے بھی کئی دل سوز کہانیاں اور ناول لکھے۔ تقسیم کے دور کے درد کی ادبی تخلیقات کو یکجا کرنے کی ضرورت ہے۔ اُسے دہرانے سے گریز کیا جائے۔ ہمارے یہاں کے ساتھ ساتھ پاکستان میں بھی اِس بات کو سمجھنا ہوتا۔ شاید اُس کے بعد فرقہ وارانہ فسادات سے پیدا ہونے والے 'تمس' سے نکلنے میں مدد ملے۔

15.2.88

☆☆☆

افغان پناہ گزینوں کی واپسی کے بعد

افغانستان سے روسی فوجوں کی واپسی کے اعلان نے پاکستانی حکمرانوں کو دوراہے پر کھڑا کر دیا ہے۔ اُن کا یہ اعلان ۳۰ لاکھ پناہ گزینوں کے لیے راحت کا پیغام ہے۔ وہ اپنے وطن واپس چلے جائیں گے۔ لیکن اُس کے بعد پاکستان کا کیا ہوگا؟ پچھلے دس برس سے افغانستان پاکستان کے لیے حُکم کا اِکّا تھا۔ یاد رہے ٹھیک دس سال پہلے یعنی ۱۹۷۷ میں جنرل محمد ضیاء الحق نے بھٹو کی جمہوری حکومت کو ختم کر کے۔ اپنی فرضی حکومت کی بنیاد ڈالی تھی۔ سال بھر کے اندر ہی روس نے افغانستان میں فوجیں بھیجیں اور لاکھوں افغانیوں نے پاکستان میں پناہ لی۔ اس کے بعد اچانک یورپی ممالک اور امریکہ نے پناہ گزینوں کی مدد کے نام پر بڑے پیمانے پر پاکستان کی معاشی اور فوجی مدد کرنی شروع کر دی۔ ''لال بھیڑیوں'' سے اسلامی بھائیوں کو

بچانے کے لیے سعودی عرب اور دوسرے اسلامی ممالک نے بھی جی بھر کے پاکستان کی مدد کی۔ یہاں تک کہ حج کے موقعے پر بھی طیاروں میں بھر بھر کر قربانی کا گوشت پناہ گزینوں کے کیمپوں میں پہنچا دیا گیا۔

بے چارے تیس لاکھ پناہ گزینوں کا جو حال ہوا سو ہوا لیکن ان میں سے کچھ کی ضرور چاندی ہو گئی۔ پڑھے لکھے زمین دار اور سرداروں کے بال بچے یورپ امریکہ میں بس گئے۔ عام حالات میں ایسا نہیں کر پاتے۔ کچھ پڑھے لکھے فارغ البال خاندانوں کو بھی یورپ میں بسنے کا اچھا موقع مل گیا۔ خود بادشاہ ظاہر شاہ بھی روم میں شاہی ٹھاٹ سے زندگی گزار رہے ہیں۔ لاکھ دو لاکھ شیعہ افغانیوں نے آقائے خمینی کی زمین ایران میں پناہ لی۔ انھیں اُن کے امام کی سرزمین ملی۔ کھاتے پیتے افغانیوں کو صوبہ سرحد میں ایک نئی خوشحال زندگی گزارنے کا مفت موقع ہاتھ آ گیا۔ چالاک لوگوں نے اِدھر اُدھر ہاتھ پیر مار کر ٹرانسپورٹ اور پھلوں کا کاروبار شروع کر دیا۔ پشاور سے پھیلتے پھیلتے کچھ لوگ بلوچستان، پنجاب اور کراچی تک میں جم گئے۔

انھوں نے کوٹھی اور بنگلے تک بنوا لیے۔ مقامی آبادی نے شروع شروع میں اسلامی بھائی چارگی کے نام پر انھیں ہاتھوں ہاتھ لیا۔ بعد میں نہ صرف سماجی بلکہ معاشی مسائل بھی پیدا ہونے لگے۔ کچھ زیادہ حوصلہ مند اور نڈر افغانی صوبہ سرحد میں پٹھانوں کو افیون کی کھیتی میں مدد کرنے لگے۔ ہوتے ہوتے یہ کاروبار اتنا پھیلا کہ ۷۸۔۱۹۷۷ میں ہیروئن کے سارے پاکستان میں ۵۰۔۶۰ نشہ خور مریض ہوتے تھے۔ آج ان کی تعداد بڑھ کر ۲۰ لاکھ ہو گئی ہے۔ پاکستانی دانشور، سماجی کارکن اور ڈاکٹر جانتے ہیں کہ یہ افغانیوں کا پاکستانیوں کو تحفہ ہے۔ اسلام کے نام پر خاموش رہ جانا پڑا۔ مذہب کے نام پر بہت کچھ برداشت کرنا پڑتا ہے۔

پاکستانیوں کو افغانی پناہ گزینوں کا سب سے بڑا تحفہ بلا بم کی شکل میں، ساگ بھاجی کی منڈیوں سے لے کر بسوں تک میں پچھلے تین چار برس میں پاکستان کے ہر حصے میں پٹاخوں کی مانند بم پھوٹے۔ ۸۳۔۱۹۸۲ میں ۱۶۸ بم پھوٹے۔ ۱۹۷۸ میں ۲۸۶ بم پھوٹے دھماکے ہوئے۔ جان مال کا بے حد نقصان ہوا۔ پکڑے جانے والوں میں بھی زیادہ تعداد پاکستانیوں کی ہی تھی۔ کہا جانے لگا کہ پناہ گزینوں کے دشمن کابل سرکار کے ایجنٹ یہ دھماکے

کروا رہے ہیں۔ دھماکوں کے ساتھ ساتھ افغان پناہ گزینوں کی آمد کے بعد سے ہی پاکستان میں پٹھانوں اور مہاجرین کے بیچ زبردست خونی دنگے ہوئے۔ پٹھان حملہ آوروں نے مہاجروں کی بستیوں پر بارش کی مانند گولیاں چلائیں۔ راز کھلا تو معلوم ہوا کہ سارے ہتھیار افغانی مجاہدوں کو روسی فوجیوں سے لڑنے کے لیے دیئے گئے تھے۔ وہی ہتھیار ہمارے پنجاب کے انتہا پسندوں کے بھی ہاتھ لگے۔

افغان پناہ گزینوں نے سب سے زیادہ جنرل محمد ضیاء الحق کی مدد کی۔ روسی خطرے کا اندیشہ دکھا کر انھوں نے سات آٹھ سال تک مارشل لا قائم رکھا۔ پاکستانی اس بھرم میں رہے کہ 'لال بھیڑیوں' سے بچنے کے لیے فوج کو ہی اقتدار میں رہنا چاہیے۔ جمہوری حکومت روسیوں کا مقابلہ نہیں کر سکے گی۔ اس لیے سوائے ایک دو تحریکوں کو چھوڑ کر ضیاء مخالف بڑی مہم نہیں ہوئی۔ کہنے والے غلط نہیں کہتے ہیں کہ افغنستا میں روسی فوج کی موجودگی نے پاکستانی جمہوریت کا گلا دبا دیا۔ مجموعی طور پر یہ کہنا غلط نہیں ہے کہ افغانی پناہ گزین جنرل صاحب کے لیے عطیہ ثابت ہوئے۔

اب پاکستان کی گھبراہٹ سمجھ میں آتی ہے۔ پناہ گزینوں کی واپسی کے بعد امریکی یوروپی اور اسلامی ممالک سے ملنے والی بھاری امداد میں تخفیف ہو جائے گی۔ اس سے خود فوجی اور سول افسروں کو بھی نقصان ہوگا۔ بھلے ہی جنرل صاحب ایماندار ہیں۔ لیکن ان کے حوارین نے بیرونی امداد کے مال میں جی بھر کے ہیرا پھیری کی ہے۔ ممکن ہے کہ اب افیون کی کھیتی اور ہیروئن کی اسمگلنگ پر بھی اثر پڑے۔ پولیس اور کسٹم والوں کو اس سے تکلیف ہوگی۔ ہتھیار فروشی کا دھندہ بھی مندہ پڑے گا۔ ہوسکتا ہے کہ ملک کے اندر ایک بار پھر سیاسی جماعتوں کے ذریعے ۱۹۷۳ کے دستور کی بنیاد پر الیکشن کی مانگ اٹھے۔ لے دے کر انکے سامنے ایک ہی راستہ ہے۔ وہی پرانا ہندوستانی حملے کا۔ روسی فوجوں کی واپسی کے بعد پاکستان میں یہی راگ الاپا جائے گا۔

25.2.1988

☆☆☆

کراچی میں ہندوستانی قونصلٹ کی تعریف

خوشی کی بات ہے کہ کراچی میں ہندوستانی قونصلٹ کے کام کی ُجنگ' جیسے اخبار نے بھی گزشتہ دنوں ستائش کی۔ ہمارے قونصلٹ نے ۱۳ فروری کو صرف ایک دن میں گیارہ سو ویزا جاری کیے۔ ویزا جاری کرنے کا اپنے آپ میں یہ بڑا ریکارڈ ہے۔ اس سے نہ صرف ہمارے قونصلٹ کے افسران اور دیگر کارکنان بلکہ اپنی حکومت کی شبیہ بھی اُجاگر ہوتی ہے۔ ُجنگ' کے مطابق ہندوستانی قونصلٹ نے ۱۳ فروری کو جوخصوصی طور پر ویزا جاری کرنے کا انتظام کیا۔ اخبار کے نامہ نگاروں کو ہندوستانی کاؤنسلر مسٹر بی۔ ایل شرما نے بتایا کہ اجمیر شریف کے عرس اور شادیوں کے سلسلے میں ان دنوں ہندوستان جانے کے خواہش مند لوگوں کی تعداد بہت زیادہ ہوگئی ہے۔ لیکن پاکستان کے عوام کے ساتھ بھائی چارگی کے جذبات کو مدنظر رکھتے ہوئے قونصلٹ کے عملے نے دن رات ایک کر کے لوگوں کو ویزا جاری کیا ہے۔

اخبار ُجنگ' کے مطابق ہندوستانی ویزا اسیکشن میں پاکستانی پاسپورٹوں کا ڈھیر لگا ہوا ہے۔ چھٹیوں اور زائد اوقات کی قربانی دے کر زیادہ سے زیادہ ویزا دینے کی کوشش کی جارہی ہے۔ ویزا حاصل کرنے کے لیے قطاروں میں کھڑے کچھ لوگوں نے شکایت کی ہے کہ ویزا فارم چونکہ انگریزی میں ہوتا ہے اور مقررہ وقت کے دوران کاونٹر پر نہیں ملتا ہے اس لیے مجبوری میں اسے حاصل کرنے اور بھروانے کے لیے قونصلٹ کے باہر ایجنٹوں سے رابطہ کرنا پڑتا ہے۔ لوگوں نے صلاح دی ہے کہ فارم پر سوالنامہ انگریزی کے ساتھ ساتھ اردو میں بھی ہو۔ اس طرح انگریزی نہ جاننے والا شخص دلالوں کی مدد کے بغیر فارم بھرے گا۔ ُجنگ' کا نامہ نگار آگے لکھتا ہے کچھ لوگوں نے یہ مانگ کی ہے کہ قونصلٹ کے باہر کے حصے کو دلالوں سے پاک کیا جائے۔ ان لوگوں نے کہا کہ ویزا حاصل کرنے کا کام تو مشکل نہیں ہے لیکن اس سے پہلے فارم بھرنے کا مرحلہ مشکل ہے۔ پولس کے اہلکار اور ان کے ایجنٹ مختلف طریقوں سے لوگوں کو پریشان کرتے ہیں۔ اور انھیں اتنا مایوس کر دیتے ہیں کہ مجبور ہو

کرا یجنٹ کے پاس جانا پڑتا ہے۔

ہندوستانی افسران اور اہلکاروں کی تعریف کرتے ہوئے لوگوں نے 'جنگ' کے نامہ نگار کو بتایا' قونصلٹ اپنی حد تک ویزا کے لیے آنے والے لوگوں کی سہولت کا خیال رکھتا ہے۔خواتین کے شعبے میں کچھ خواتین نے شکایت کی کہ خواتین کے شعبے کو زیادہ آسان سمجھتے ہوئے ایجنٹ ناجائز طریقوں سے لوگوں کو چور دروازے سے گھسا دیتے ہیں جس کی وجہ سے لائن میں کھڑی عورتوں کا حق مارا جاتا ہے'۔انھوں نے کہا کہ یہاں نگرانی کی سخت ضرورت ہے۔

اخبار 'جنگ' کی رپورٹ سے جہاں ہمارے قونصلٹ کی عمدہ کارکردگی کا پتہ چلتا ہے وہیں مقامی پولس اور دلالوں کی دادا گیری کا حال بھی معلوم ہوتا ہے۔ پولس اور دلالوں کا معاملہ پاکستان کا اپنا معاملہ ہے۔ اسے وہ جانے لیکن ذرا ہمارے یہاں بھی پاکستان جانے کے خواہشمند لوگوں کا حال سُنیے۔سب سے پہلے یہ جان لینا ضرور ہے کہ دونوں ملکوں میں صرف وہی لوگ سفر کرسکتے ہیں جن کے رشتے دار ایک دوسرے ملک میں ہیں۔ یہ سہولیت برسوں پہلے نہرو، لیاقت پیکٹ میں دی گئی تھی۔ ۱۹۶۵ سے ۱۹۷۸ تک یہ سلسلہ بند ہوگیا تھا۔جنتا حکومت میں اٹل بہاری واجپئی نے بہت کوششوں کے بعد بچھڑے ہوئے رشتے داروں کو ملوانے کا کام شروع کروایا۔مہاجر پاکستانی آج بھی اس کام کے لیے اٹل بہاری واجپئی کو دعائیں دیتے ہیں۔جنتا حکومت میں ہی طے ہوا تھا کہ ہندوستان اسلام آباد میں سفارت خانہ اور کراچی میں قونصلٹ کھولے گا۔اسی طرح یہ بھی طے ہوا تھا کہ پاکستان بھی نئی دلی میں سفارت خانہ اور ممبئی میں قونصلٹ آفس کھولے گا۔ہندوستان نے اپنا وعدہ پورا کیا یعنی اسلام آباد اور کراچی میں سفارت خانہ کے دفتر کھولے۔لیکن آج دس برس کے بعد بھی پاکستان اپنے وعدے پر قائم نہیں ہے۔ اس سے چار صوبوں کے پاکستان کو تو فائدہ ہوا لیکن ۲۳ صوبوں والے ہندوستان کو فائدہ نہیں ہوا ہے۔ ہندوستان آنے کے لیے لوگ اسلام آباد اور کراچی سے ویزا لیتے ہیں۔لیکن یہاں ہندوستان کو کسی کونے سے اپنے رشتہ داروں سے ملنے والوں کو دلی کا سفر کرنا پڑتا ہے۔اس طرح حیدرآباد، لکھنؤ، کلکتہ، پٹنہ، بھوپال اور بمبئی سے پاکستان جانے والوں کو کتنی مشکلات پیش آتی

ہیں اس کا اندازہ لگانا مشکل ہے۔

۸۱۔۱۹۸۰ میں پاکستان محکمۂ خارجہ کے ایک افسر قونصلٹ کھولنے کے ارادے سے بمبئی آئے تھے۔ انھوں نے ضد پکڑلی کہ وہ ملبار ہل میں واقع ''جناح ہاؤس'' میں ہی قونصلٹ آفس کھولیں گے۔ اس وقت برطانوی ہائی کمیشن کے ایک عہدے دار وہاں رہتے تھے۔ کئی اور دوسری وجوہات کی بنا پر ''جناح ہاؤس'' پاکستانی سفارت خانے کو دینا ممکن نہیں تھا۔ حکومت ہند نے انھیں دوسری جگہ بتائی۔ لیکن زیادہ کرائے کا بہانہ کر کے معاملہ التوا میں چلا گیا۔ اب دو دو، تین تین مہینے پر محض دو تین دنوں کے لیے پاکستانی سفارت خانہ بمبئی آتا ہے اور ایک دن میں صرف ۵۰۰ ویزا جاری کر کے دلی واپس چلا جاتا ہے۔ اِدھر پانچ مہینے سے پاکستانی ویزا آفس بمبئی نہیں آیا ہے۔ سوال یہ ہے کہ جب ہماری وزارت خارجہ کراچی میں ویزا جاری کرنے کے لیے دائمی طور پر قونصلٹ آفس کھول سکتا ہے تو پاکستان بمبئی اور کلکتہ میں کیوں نہیں اپنا قونصلٹ آفس کھولتا ہے؟ اس کے علاوہ عارضی پاکستانی ویزا آفس کم سے کم ایک دن میں ایک ہزار ویزا تو جاری کرے۔ فی الحال ویزا آفس مہینے میں دو دن بھی بمبئی، لکھنؤ، کلکتہ، حیدر آباد وغیرہ جائے تو بہت ہے۔

10.3.1988

☆☆☆

مردہ پرستی جاری ہے

پچھلے مہینے مشہور شاعر جوش ملیح آبادی کی چھٹی برسی اسلام آباد، راولپنڈی، لاہور اور کراچی وغیرہ میں دھوم دھام سے منائی گئی۔ خون گرم کر دینے والی شاعری کی بنا پر ان کی زندگی میں ہی انھیں شاعرِ انقلاب کا خطاب دیا گیا تھا۔ جنگ آزادی کے جلسوں میں آپ کی شاعری سُنائی جاتی۔ ان میں ایک اور خوبی تھی وہ دہریے تھے، ترقی پسند تھے۔ لکھنؤ کے قریب ملیح آباد کے ایک بڑے زمیندار تھے۔ لیکن زمین دارانہ نظام کے سخت خلاف تھے۔ سوشلزم کی طرف انکا

رجحان تھا۔آزادی کی لڑائی میں کانگریسیوں اور کمیونسٹوں کے بہت قریب تھے۔مسلم لیگ سی انھیں بیر تھا۔ پاکستان سے انھیں چڑھ تھی۔ایسے تھے شاعرِ انقلاب جوش ملیح آبادی۔ پنڈت جواہر لال نہرو ان کے بہت بڑے عقیدت مند تھے۔

آزادی کے بعد خاص طور سے آنجہانی پنڈت جی نے اُنہیں سرکاری اردو رسالہ 'آج کل' کا ایڈیٹر بنایا۔اچھی تنخواہ، کار، بنگلہ، سب کچھ دیا گیا۔زندگی بھر شاعری کرنے والے جوش نوکری کیا کرتے؟بس نوکری کے بہانے ایک طرح سے سرکار نے ان کی معاشی ذمہ داری سنبھالی تھی۔ آج بھی شاعروں، قلمکاروں اور موسیقاروں کو ہمارے یہاں کسی نہ کسی طرح عزت دی جاتی ہے۔ اس میں کچھ برائی بھی نہیں ہے۔جوش صاحب کو سرکاری ایڈیٹر بنے رہنے پر کسی کو اعتراض نہیں تھا۔

پھر ایک روز شاعر انقلاب کی زندگی میں سچ مچ ہی انقلاب آگیا۔اچانک انھیں محسوس ہونے لگا کہ سیکولر ہندوستان میں ان کے بچوں کا مستقبل محفوظ نہیں ہے۔انھوں نے فیصلہ کیا کہ وہ پاکستان چلے جائیں گے۔اپنے فیصلے کا مرحوم پنڈت جی سے بھی ذکر کیا۔ پنڈت جی نے یہاں تک صلاح دی کہ وہ چاہیں تو بچوں کو بھیج دیں مگر خود نہ جائیں۔جوش صاحب نہیں مانے۔اس طرح سیکولرزم، ترقی پسندی اور انقلاب کا حامی ایک زبردست شاعر اپنے قدردانوں کو چھوڑ کر بچوں کے مستقبل کے لیے پاکستان چلا گیا۔وہ ۵۴۔ ۱۹۵۳ کا زمانہ تھا۔جوش کی یہ کہانی معلوم ہونے کے بعد ہی ہماری آگے کی کہانی شروع ہوتی ہے۔

دراصل جوش صاحب کچھ پاکستانی افسران کے بہکاوے میں آگئے۔کہا جاتا ہے کہ ان کے بچوں نے بھی اُن پر دباؤ ڈالنا شروع کر دیا تھا۔ان سے کہا گیا کہ وہ ہندوستان میں اپنی زندگی برباد کر رہے ہیں۔ان کی شاعرانہ زندگی کا یہاں کچھ استعمال نہیں ہے۔ پاکستان میں اردو پر بہت کام ہونے والا ہے۔انھیں اس کی ساری ذمہ داری دی جائے گی۔کافی پیسہ ملے گا۔اس کے علاوہ وعدہ کیا گیا کہ انھیں سنیما ہال بنانے کے لیے پلاٹ دئے جائیں گے۔گویا ایک اور حسین زندگی کے خواب دکھائے گئے جوش صاحب کو۔

پاکستان جانے کے بعد جو درگت بنی جوش صاحب کی اس کی لمبی اور افسوس ناک کہانی ہے۔ نہ انھیں بنگلہ ملا نہ سینما ہال کا پلاٹ دیا گیا۔ اردو اکادمی میں ان سے بھرپور کام ضرور لیا گیا۔ لیکن جب اس کی پہلی پاکستانی کانفرنس ہوئی تو انھیں بلایا تک نہیں گیا۔ ہوا یوں کہ اپنی بے باک شاعری، منہ پھٹ عادت، بڑے سے بڑے افسر اور سیاست داں کو وہ کہنے سننے سے باز نہیں آتے۔ اس کے علاوہ مذہب پرستوں نے بھی ان پر دھاوا بول دیا۔ غرض یہ کہ ان کی حالت پتلی ہونے لگی۔ جہاں ہندوستان میں پنڈت نہرو جیسے لوگ ان کی ناز برداری کیا کرتے تھے۔ وہیں پاکستان میں معمولی لوگ بھی انھیں دھتکارنے لگے۔ نتیجہ یہ ہوا کہ جوش صاحب سخت ذہنی پریشانیوں کا شکار ہو گئے۔ ۱۹۶۵ میں ہندوستان کے ایک مشاعرے میں آنے پر انھوں نے جی بھر کے پاکستان کے خلاف اپنے دل کی بھڑاس نکالی۔ واپسی پر ان پہ قہر ٹوٹ پڑا۔ غرض یہ کہ پاکستان جانے کے بعد جوش ملیح آبادی جن حالات کا شکار ہوئے وہ بہت دردناک ہیں۔ اپنی سوانح حیات ''یادوں کی برات'' میں بھی انھوں نے اپنی کربناک زندگی کو قلمبند کیا ہے۔ چھ سال پہلے ۱۹۸۲ میں ان کی موت ہوئی۔

اب مرنے کے بعد اچانک پاکستان میں انکی قدر بڑھ گئی۔ ہم ہند پاک کے لوگ سچ مچ مردہ پرست ہیں۔ جوش کی شاندار چھٹی برسی اس کا زندہ ثبوت ہے۔ یہاں تک کہ مرکزی وزیر محبوب الحق نے بھی دل کھول کر ان کی تعریف کی۔ سابق وزیر برائے ذرائع ابلاغ اور جوش یادگار کمیٹی کے صدر مولانا کوثر نیازی انھیں ایک سچا اسلامی شاعر بنانے پر تُل گئے۔ انھوں نے ثابت کیا کہ جوش کی شاعری میں خدا سے انکار نہیں ہے۔ کچھ مقررین نے اس پر بھی افسوس کیا کہ ان کی میت میں صرف ۷۰۔۶۰ لوگ ہی تھے۔ مردہ پرستوں کی اس محفل میں لوگوں نے افسوس ظاہر کیا کہ جیتے جی پاکستان میں جوش صاحب کی قدر نہیں ہوئی۔ پاکستان ٹی وی کے ضیاء جالندھری نے بتایا کہ جیتے جی جوش پاکستان ٹی وی پر ممنوع رہے۔ مرنے سے پہلے انھوں نے پاکستان ریڈیو کو اس شرط پر ایک انٹرویو دیا تھا کہ ان کے بعد اسے براڈ کاسٹ کیا جائے گا۔ لیکن لوگوں نے اسے فوراً براڈ کاسٹ کر دیا۔ اس کا بھی سخت نوٹس لیا گیا۔ جوش صاحب نے اس انٹرویو میں جی بھر کے کچھ لوگوں کو برا بھلا کہا تھا۔

مزے کی بات یہ ہے کہ یہ سب اس وقت ہوا جب خود ضیاء جالندھری ریڈیو ٹی وی کے سب کچھ تھے۔ اب وہی جناب ضیاء صاحب جوش صاحب کے ساتھ کی گئی ناانصافیوں کا رونا رو رہے ہیں۔

تقسیم کے بعد جوش صاحب کی طرح کئی دانشور، شاعر، فنکار، قلمکار پاکستان گئے۔ انمیں سے زیادہ تر کا بھرم ٹوٹ گیا جوش صاحب اکیلے نہیں ہیں۔ اطمینان کی بات یہی ہے کہ کم از کم مرنے کے بعد ان کی خوبیوں کو یاد تو کیا گیا۔ مردہ پرستوں کی بستی میں ایسا ہی ہوتا ہے۔ جوش کے بعد اب فیض کے ساتھ بھی یہی ہو رہا ہے۔ مردہ پرستی جاری ہے۔

7.4.1988

☆☆☆

عظیم شومین کا غم وہاں بھی ہے

راج کپور کی موت کی خبر پاکستان میں بجلی کی طرح پہنچ گئی۔ وہاں بھی ان کے شیدائیوں کی بڑی تعداد ہے۔ ''برسات''، ''آگ''، ''آوارہ''، ''شری ۴۲۰'' وغیرہ کے کیسٹ تو کب سے پہنچ چکے ہیں۔ آڈیو کیسٹ کے ذریعے بھی ان کی فلموں کے گیت خیبر سے کراچی تک بجتے ہیں۔ عام لوگ انھیں سرِ راہ گنگناتے ہیں۔ خاص لوگ محفلوں میں گاتے ہیں۔ کچھ لوگوں کو اس بات پر بھی ناز تھا کہ دلیپ کمار کی طرح راج کپور کا بھی وطن پشاور ہے۔ تقریباً ایک ہی وقت میں دونوں کی پیدائش ہوئی۔ پشاور میں حال کے سفر میں دلیپ کمار نے اپنے مکان کے ساتھ کپور خاندان کا بھی گھر دیکھا۔ برصغیر کے دو عظیم فنکاروں کا گھر پشاور کے قصہ خوانی بازار کے محلے خداداد میں ہے۔

اس لیے بھی سرحد پار ان کی موت کا غم منانا فطری تھا۔ اپنی جائے پیدائش پشاور جانے کی تمنا تو وہ آئندہ فلم ''حنا'' کے ذریعے پورا کرنا چاہتے تھے۔ ''نوائے وقت'' کی ایک خبر کے مطابق چار سال پہلے صدر محمد ضیاء الحق کی ہندوستان آمد پر راج کپور نے ایک ملاقات میں صدر صاحب کو بتایا تھا کہ ان کا تعلق پشاور سے ہے۔ وہ اپنے بچپن کے دوستوں سے ملاقات کرنے کے لیے پشاور آنا چاہتے ہیں اس پر صدر صاحب نے انھیں پشاور آنے کی دعوت دی۔ ویسے بھی پاکستانی

صدر ہمارے چنندہ صحافیوں کے علاوہ بمبئی فلمی دنیا کے اداکاروں سے دوستی کرنے کے خواہشمند نظر آتے ہیں۔ پچھلے دنوں یہ سلسلہ زیادہ ہی بڑھ گیا تھا۔ تو پھر وہ تو راجکپور تھے۔ ان کا کیا کہنا؟ ''نوائے وقت'' کے مطابق واپسی پر محکمۂ ثقافت نے پاکستانی فلمسازوں اور دوسرے فلمی اداروں کو ایک مکتوب روانہ کر کے جاننا چاہا کہ وہ راج کپور کا کس طرح استقبال کرنا چاہیں گے؟ اس خبر نے لاہور کی فلمی دنیا میں ہلچل مچادی۔ فلمی اداروں کے جلسے ہوئے۔ چھوٹی سی پاکستانی فلمی دنیا ڈرنے لگی۔ ان کا ماننا تھا کہ ہندوستانی اخباروں میں یہ خبر چھپ رہی ہے کہ راج کپور اپنی فلم ''حنا'' کی شوٹنگ کرنے پاکستان جا رہے ہیں۔ اس لیے راج کپور کے پاکستان دورے سے پاکستانی فلمی دنیا کو نقصان پہنچے گا۔

''حنا'' کی پاکستان میں شوٹنگ کے خلاف بائیس فلمی اداکار، فلمساز، ہدایت کار ایک ساتھ اسلام آباد پہنچے۔ انھوں نے حکومت کا صاف صاف بتایا کہ 'حنا' کی شوٹنگ سے پاکستانی فلموں کو نقصان ہوگا۔ حکومت جس طرح بھی چاہے پشاور میں ان کے دوستوں سے ملنے کی دعوت دے۔ ان کا استقبال کرے لیکن فلمی دنیا کی طرف سے راج کپور کے لیے کچھ بھی نہیں کیا جائے گا۔ راج کپور کو ان ساری باتوں کا علم تھا۔ حکومت پاکستان بھی شرمندہ تھی۔ ان کی آمد سے بات کا بتنگڑ نہ بن جائے۔ اس لیے حکومت پاکستان اور راج کپور دونوں خاموش رہے۔ لیکن راج کپور، راج کپور تھے۔ بعد میں تحریری طور پر تو نہیں لیکن خبروں کے مطابق زبانی طور پر انھیں پاکستان میں 'حنا' کی شوٹنگ کی اجازت مل گئی تھی۔ راج صاحب پشاور کے علاوہ اسلام آباد سے آگے مری کی برفیلی وادیوں میں 'حنا' کی شوٹنگ کرنا چاہتے تھے۔ ہمارا عظیم شومین 'حنا' میں کسی پاکستانی لڑکی کو رول دینا چاہتا تھا۔ یہاں تک کہ فلم کے مکالموں کے لیے مشہور پاکستانی ٹی وی ڈرامہ نگار حسینہ معین سے بھی انھوں نے رابطہ قائم کیا تھا۔ حسینہ معین فروری مہینے میں راج صاحب سے اس سلسلے میں مل کر بھی گئی تھیں۔

راج صاحب کی فلم 'حنا' پر یوں تو تین چار برس سے ہنگامہ مچا ہوا ہے۔ لیکن اِدھر حال ہی میں وہ اور زیادہ مشہور ہو رہے تھے۔ ہندوستان کے علاوہ پاکستان میں بھی یہ خبر گرم تھی کہ 'حنا' کے لیے انھوں نے مشہور ٹی وی اداکارہ شہناز شیخ سے انھوں نے معاہدہ کیا ہے۔ شہناز شیخ نے اب تک

خود کسی پاکستانی فلم میں کام نہیں کیا ہے۔

شارجہ کرکٹ میچ کے دوران پاکستانی صحافی اسد جعفری نے راج صاحب سے حقیقت معلوم کی۔ وہاں راج صاحب کو ان کے دوست عبدالرحمن بخاطر نے خصوصی طور پر مدعو کیا تھا۔ شہناز بھی اپنے شوہر کے ساتھ آئی تھیں۔

افسوس بات آگے نہیں بڑھ سکی۔ اس سے زیادہ افسوس کی بات یہ ہے کہ ہمارا اعظیم شومین سلامت نہیں رہا۔ ورنہ وہ 'حنا' کی شوٹنگ بھی پاکستان میں کرتا اور شہناز شیخ کو بھی کاسٹ کرتا۔ جس دوستی کے پل کو سیاست داں نہیں جوڑ پائے اسے راج کپور ہی جوڑتے۔ اس کا غم پاکستانیوں کو بھی ہے۔

9.6.1988

☆☆☆

ہندوستانی کتابوں کی مانگ بہت ہے پر رسائی نہیں

پچھلے دنوں لاہور میں ہندوستانی کتابوں کے دلدادہ نجم سیٹھی نے مشہور الحمراء ہال میں ہندوستانی کتابوں کی ایک نمائش منعقد کی۔ ایک رپورٹ کیمطابق نمائش میں ہر طرح کی کتابیں تھیں۔ لاہور والوں نے انہندوستانی کتابوں میں بہت گہری دلچسپی دکھائی۔ دیکھتے ہی دیکھتے ڈھیروں کتابیں فروخت ہوگئیں۔ انمیں ہر طرح کی کتابیں تھیں۔ ویسے بھی لاہور کتابوں کے دلدادہ لوگوں کا شہر ہے۔ پہلے بھی اور اب بھی وہاں کئی اشاعت گھر ہیں۔ لیکن ہندوستانی کتابوں کی نمائش ایک بڑی بات ہے۔

افسوس کی بات ہے کہ دس سال پہلے جب دونوں ملکوں کے تعلقات استوار ہوئے اور ایک دوسرے کے یہاں آنے جانے کا سلسلہ شروع ہوا تو کتابیں ہی وہ شے تھیں جن کا بڑے پیمانے پر تبادلہ نہیں ہوا۔ ایک دوسرے کے وہاں شاعر، قوال، گلوکار، فلمی اداکار، تاجر، اور کھلاڑی آتے جاتے رہے۔ لیکن بے چاری کتابیں نہیں آئیں۔ حالانکہ بے زبان کتابیں بہت کچھ

معلومات دے سکتی ہیں۔کم ازکم سائنس، تکنیک اور ایسی ہی کتابوں کا تبادلہ ہو سکتا ہے۔

بہت چھوٹے پیمانے پر دونوں ملکوں کے کچھ اخبار اور رسائل آتے جاتے ہیں لیکن ان پر ڈاک خرچ وغیرہ اتنا آتا ہے کہ عام آدمی کے لیے خریدنا ممکن نہیں ہے۔اخبارات پر پوسٹ کا ہی خرچ پانچ سے دس روپے آتا ہے۔پچھلے سال جولائی سے پوسٹل دم دونوں ملکوں میں اچانک بہت بڑھ گئے ہیں۔اس سلسلے میں ایک دو میٹنگوں کی خبریں پڑھنے کو ملیں لیکن نتیجہ کچھ بھی نکلتا ہوا دکھائی نہیں دیا۔ہمارے یہاں کچھ پاکستانی اخبار چار پانچ روپے میں بکتے ہیں۔پوست سے منگوانے پر ایک اخبار پر پانچ روپے سے لے کر دس روپے تک کا ٹکٹ لگانا پڑتا ہے۔اس طرح تعلقات استوار کرنے کے لیے بڑی بڑی باتیں تو کی جاتی ہیں لیکن عام اطلاعات کے لیے چھوٹی باتوں کا ذکر نہیں ہوتا ہے۔

ایک طرف تو کتابوں، اخبارات اور رسائل کا یہ حال ہے۔دوسری طرف دونوں ملکوں کے پڑھنے والے شوقین ایک دوسرے کے یہاں اخباروں، رسالوں اور کتابوں پر موقع ملتے ہی ٹوٹ پڑتے ہیں۔ایک دوسرے کے یہاں آنے جانے والے جھولیاں بھر بھر کر کتابیں لے جاتے ہیں اور لاتے ہیں۔ویسے عام پاکستانی قاری ہمارے فلمی رسائل کے دیوانے ہوتے ہیں۔یہاں سے واپسی پر وہ فلمی رسائل کے پرانے شمارے بھی لے جاتے ہیں۔یہی حال ادبی کتابوں کا بھی ہے۔دقت کی بات یہ ہے کہ ادب کے شیدائی پاکستانی صرف اردو انگریزی، پنجابی اور سندھی کے ذریعے ہی ہمارے ہندوستان کو جان سکتا ہے۔پاکستان میں ہندی کی عام معلومات نہ ہونا (خاص طور پر رسم الخط) ضرور افسوسناک بات ہے۔

لاہور میں ہندوستانی کتابوں کی نمائش کا عام لوگوں نے بڑھ چڑھ کر استقبال کیا لیکن پاکستانی پبلشر ایسوسی ایشن کے صدر ملک سعید نے ناک بھوں چڑھائی۔۶ جولائی کو ایک پریس کانفرنس میں انھوں نے رونا رویا کہ ہندوستانی کتابوں کی درآمد سے پاکستانی تہذیب کو نقصان پہنچے گا۔اس کے علاوہ وہاں کتابوں کی اشاعت پر بھی اس کا اثر پڑے گا۔بہت سے لوگ بے کار ہو جائیں گے۔اخبار 'ڈان' کے ایک کالم نگار نے تہذیب کے متاثر ہونے کی بات پر انھیں کھری کھوٹی سنائی۔

ڈان کے کالم نگار نے لکھا (۸ جولائی) ''ہندوستانی کتابوں کے درآمد سے پاکستان کا طباعتی

کاروبار تو متاثر ہوسکتا ہے لیکن یہ بات سمجھ میں نہیں آتی ہے کہ آرٹ، سائنس، ادب اور تکنیک پر ہندوستانی کتابیں کس طرح پاکستانی تہذیب کو متاثر کریں گی۔ میرے خیال سے میں نے جو ہندوستانی کتابیں دیکھیں اس کے مقابلے میں امریکی کتابیں ہماری تہذیب کے لیے زیادہ خطرناک ہیں رویندرناتھ ٹیگور کی کتابیں ہمیں مزید مہذب بنائیں گی۔

دراصل پاکستانی کتابیں بہت مہنگی ہوتی ہیں۔ ان کے مقابلے میں ہندوستانی کتابیں سستی ہوتی ہیں الحمراء ہال کی نمائش میں زیادہ تر ہندوستانی کتابیں ۵۰۔۴۰ روپے میں دستیاب تھیں جبکہ 'ڈان' کے مطابق پاکستان میں اس قیمت پر کتابیں نہیں ملتی ہیں۔ پھر بھی کتاب اور علم کے شیدائی ہر حال میں اپنی ذہنی پیاس بجھانے کے لیے ایک دوسرے کی کتابیں ضرور پڑھنا چاہیں گے۔ ضرورت ہے ان کی دستیابی کی۔ کیا دونوں ملکوں کی حکومتیں اس معاملے میں کسی قرار نامے پر دستخط کریں گی؟

15.7.1988

☆☆☆

کیا تار کے کھمبے جھنجھنائیں گے؟

الیکشن کمیشن کے صدر جسٹس ایس اے نصرت نے ۱۶ نومبر کو قومی اسمبلی اور ۱۹ نومبر کو صوبائی اسمبلی کے الیکشن کا اعلان کر کے سارے اندیشوں اور شک کو ختم کر دیا ہے۔ اب سیاسی جماعتوں کی بنیاد پر انتخابات ہوں گے۔ الیکشن کمیشن نے پچھلے ۶۳۵ درخواستوں پر بھی غور کیا جن میں کئی سیٹوں کی حد بندی پر اعتراض کیا گیا تھا۔ اس میں لاڑکانہ سے بیگم بے نظیر کا اعتراض نامہ بھی تھا۔

لیکن کچھ حلقوں میں اب بھی آواز اٹھائی جا رہی ہے کہ ایک غیر جمہوری حکومت کی موجودگی میں الیکشن کس طرح غیر جانب دار ہوں گے؟ اس سلسلے میں سیاستدانوں کی ٹولی سرکاری افسروں پر بھی شک کر رہی ہے۔ ان کا سوچنا ہے کہ نوکر شاہی الیکشن میں موجودہ غیر جمہوری حکومت کا ساتھ

دے گی۔یعنی فدا محمد گروپ (سرکاری مسلم لیگ) بازی مار لے جائے گی۔جماعتِ اسلامی کے صدر قاضی حسین احمد کی مانگ ہے کہ موجودہ سرکاری وزیر الیکشن میں حصہ نہ لیں یہی بات پاکستانی ڈیموکریٹک پارٹی کے نواب زادہ نصر اللہ بھی کہہ رہے ہیں۔ریٹائر ایئر مارشل نور خاں کہتے ہیں کہ پچھلے گیارہ سال سے جو لوگ حکومت کر رہے ہیں وہ کسی بھی طرح چمٹے رہنا چاہیں گے۔ان میں فوج کے اعلیٰ افسر، نوکر شاہ، بڑے صنعت کار اور دوسرے کئی لوگ ہیں۔ یہ لوگ الیکشن میں دھاندلی کرا سکتے ہیں۔

خان ولی خان کے بھی ایسے ہی خیالات ہیں۔خاں صاحب شروع ہی سے عارضی حکومت کو ہٹانے کی مانگ کر رہے ہیں۔ان کا کہنا ہے کہ غیر جانب دارانہ انتخابات کے لیے ضروری ہے کہ مرکز اور صوبوں کے سبھی وزیر استعفیٰ دیں۔جس دن فوج نے فیصلہ سنایا کہ وہ غیر جانبدارانہ الیکشن میں رخنہ نہیں ڈالے گی اسی دن سبھی وزیروں کو بھی شرافت سے ہٹ جانا چاہیے تھا۔اس کے لیے نگراں صدر سبھی جماعتوں سے رائے لیں۔جب تک غیر قانونی وزیر حکومت میں ہیں، صاف ستھرے الیکشن کیسے ہوں گے؟ اسی طرح بے نظیر بھٹو نے بھی الیکشن کے وقت وزیروں کے عہدوں پر فائز رہنے کے خلاف آواز اٹھائی ہے۔البتہ انھوں نے فوجی چیف اور نگراں صدر کے بیان پر اطمینان ظاہر کیا۔

کارگزار کابینہ کے الیکشن تک قائم رہنے کی بھی دلیل دی جا رہی ہے۔ایک بزرگ مسلم لیگی لیڈر نواب یامین خاں نے ایک اخبار کو بتایا کہ صدر غلام اسحٰق خاں الیکشن کے دوران کابینہ کو نہیں توڑیں گے۔اس طرح ایک صفر پیدا ہو جائے گا۔بھٹو کے زمانے میں بھی جب الیکشن ہوئے تھے تو مرکز اور صوبوں میں ان کی حکومت قائم تھی۔اسی طرح ایوب خان اور یحییٰ خان کے زمانے میں بھی الیکشن کے وقت کابینہ موجود تھی۔اس کے علاوہ ہندوستان، برطانیہ، فرانس، امریکہ، جرمنی وغیرہ میں بھی الیکشن کے وقت حکومت موجود رہتی ہے۔الیکشن کی نتائج کے بعد ہی کابینہ استعفیٰ دیتی ہے۔

’اخبارِ جہاں‘ نے نام مخفی رکھنے کا وعدہ کر کے اسلام آباد کے کچھ اونچے سرکاری عہدے داروں کی سیاستدانوں اور الیکشن کے غیر جانبدارانہ ہونے کا ایک سروے کیا۔ایک بڑے افسر

نے کہا کہ سرکاری قانون کے مطابق سرکاری افسر نہ تو الیکشن پر رائے زنی کر سکتے ہیں اور نہ ہی حصہ لے سکتے ہیں لیکن زیادہ تر افسروں نے منتخب عوامی نمائندوں کی مذمت کی۔ان کا کہنا ہے کہ سیاست داں اپنی ہر تقریر میں سرکاری افسران پر لگام کسنے کی بات کرتے ہیں۔لیکن خود بے لگام گھوڑے جیسی جرکتیں کرتے ہیں۔یہی لوگ عوام کے حق پر ڈاکہ ڈالتے ہیں۔

ایک افسر نے اخبار کے نمائندے سے پوچھا کہ کیا انھوں نے اسمبلی میں اراکین کو موٹی موٹی فائیلوں کے ساتھ اندر جاتے نہیں دیکھا ہے؟ اسمبلی کے اندر ہی قومی رہنما وزیروں سے سیمنٹ پرمٹ، گھی پرمٹ، کاروں کی ایجنسی، پلاٹ الاٹ منٹ، گیس کنکشن وغیرہ پر دستخط لیتے ہیں۔یہ سارے ناجائز کام ہیں۔کئی اراکین افسران کو قانون توڑنے پر بھی مجبور کرتے ہیں۔ایک افسر نے بتایا کہ کسی رکن کے بیٹے کی کار کی ایکسائز ڈیوٹی معاف کرنے کی خود وزیر مالیات نے سفارش کی۔جب انھیں بتایا گیا کہ یہ کام صوبے کے ایکسائز محکمے کا ہے تو وزیر خزانہ نے کہا ''کیا فرق پڑتا ہے۔ایکسائز تو ایکسائز ہوتا ہے۔''اخبارِ جہاں'' نے اس طرح کے کئی حصے چھاپے ہیں اس سے پتہ چلتا ہے کہ سرکاری افسر پر کس قدر بے جا دباؤ ہوتا ہے۔اس لیے زیادہ تر سرکاری افسروں کا خیال ہے کہ پڑھے لکھے اور سمجھ دار لوگ ہی اسمبلی میں چن کر آئیں۔

لیکن پاکستانکی طرح نہ صرف ہمارے یہاں بلکہ دیگر جمہوری ممالک میں بھی یہ ایک بڑا مسئلہ ہے کہ پڑھے لکھے اور سمجھدار لوگ کس طرح الیکشن جیت کر آپ لوگوں کی صحیح نمائندگی کریں۔اس سوال کا جواب ملنا مشکل ہے۔الیکشن کے دوران ہر طرح کے ہتھکنڈے استعمال کیے جاتے ہیں کہیں زیادہ کہیں کم۔

جہاں تک پاکستان میں غیر جانبدارانہ الیکشن کا سوال ہے۔امید کرنے چاہیے کہ اس بار غیر جانبدارانہ الیکشن ہوں گے۔اس کی ایک وجہ سیاسی جماعتوں کی بیداری ہے۔لوگوں میں بھی غیر جانبدارانہ الیکشن کے لیے بیداری ہے۔ویسے بھی ۱۹۷۷ میں لوگوں کو الیکشن کی دھاندلیوں کا اچھا خاصا تجربہ ہے۔وہ تجربہ اتنا کڑوا اور تیکھا ثابت ہوا کہ گیارہ سال تک الیکشن کا پتہ ہی نہیں تھا۔غیر جانب دارانہ الیکشن کے سلسلے میں پاکستان کے ایک سابق آئی سی ایس افسر قدرت اللہ شہاب کے تجربے بھی بڑی دلچسپ اور قابل غور ہیں۔

شہاب صاحب ۱۹۴۳ میں آئی پی ایس افسر مقرر ہوئے تھے۔ پاکستان بننے کے بعد وہ پاکستان چلے گئے۔ ریٹائر ہونے کے بعد انھوں نے اپنے افسری دور کی لمبی داستان ''شہاب نامہ'' لکھی۔ دو برس پہلے ان کی موت ہوئی۔شہاب نامہ بھی اسی وقت شائع ہوئی۔ چونکہ وہ ایک سینیئر سرکاری افسر تھے۔اس لیے حکومت کے کاروبار کو انھوں نے اندر سے بھی دیکھا تھا۔ پاکستان بننے کے شروعاتی دنوں میں جو دو چار الیکشن ہوئے شہاب صاحب نے اس کا ذکر تفصیل سے کیا ہے۔

شہاب نامہ میں انھوں نے لکھا: ''ووٹروں کو بھیڑ بکریوں کی طرح ہانک ہانک کر پیدل چھکڑوں میں یا ٹرکوں میں لاد لاد کر پولنگ بوتھ پر پہنچا دیا جاتا ہے تاکہ آزاد ملک کے آزاد شہری ان کا جمہوری حق ادا کرنے کے لیے کاغذ کی پرچیاں اس صندوقچی میں ڈال آئیں جس پر لاہور، پشاور، حیدرآباد (سندھ)، کراچی، ڈھاکہ کی مرضی کی مہر پہلے ہی لگ چکی ہے۔اگر ماحول ٹھیک ہے تو پرچیاں ڈالنے کے بعد ووٹروں کو آزاد کر کے یوں ہی چھوڑ دیا جاتا ہے۔جس طرح اور جس طرف ان کے سینگ سمائیں۔وہ تشریف لے جاسکتے ہیں۔ورنہ مقابلہ اگر سخت ہے تو ایک وقت کا کھانا اور ان کے لیڈروں کو نقد نذرانہ دے کر عزت کے ساتھ روانہ کیا جاتا ہے۔جمہوریت کے اس بھونڈے ڈھونگ سے زیادہ تر ووٹروں کو اتنا بھی پتہ نہیں ہوتا ہے کہ انھوں نے جسے ووٹ دیا ہے وہ انسان ہے یا تار کا کھمبا۔

شہاب صاحب نے آگے لکھا ہے کہ پاکستان بنتے وقت قائدِاعظم محمد علی جناح کے حکم پر کانگریس کے خلاف لوگوں نے چن چن کر ایسے تار کے کھمبوں کو ووٹ دیئے کہ پاکستان بن گیا۔ حکومت چل پڑی، حالات ٹھیک ہو گئے،لیکن تار کے وہ کھمبے اپنی جگہ جیسے کے تیسے کھڑے رہے۔ یہاں تک کہ تار اُلجھ اُلجھ کر جھنجھنا کر ٹوٹنے لگے۔بجلی کے بلب فیوز ہو گئے۔روشنی کے جگہ اندھیرا چھانے لگا اور مارشل لا کی ریت آگئی۔آگے انھوں نے ایسے کئی واقعات اور مثالیں لکھی ہیں کہ سچی جمہوریت کے طلبگاروں کو الیکشن میں پولیس غنڈوں اور افسروں کی مدد سے ہٹایا اور ہرایا گیا۔شہاب صاحب کی سچائی اور پھر ۱۹۷۷ میں بھٹو صاحب کے زمانے کے الیکشن کی دھاندلیوں کو اگر پر دہرایا گیا تو ایک بار پھر پاکستان میں جمہوریت کا بلب فیوز ہوگا۔الیکشن تک

فوج خاموشی سے تار کے کھمبے کا تماشہ دیکھے گی۔اگر یہ تار جھنجھنائے اور ٹوٹے تو ایک بار پھر مارشل لا کی ریت میں پاکستان دھسنے گا۔

14.10.1988

☆☆☆

کیا بلوچ پھر پہاڑوں پر چلے جائیں گے

کیا بلوچ پھر پہاڑوں پر چلے جائیں گے؟ آج یہ سوال پندرہ برس بعد پھر پاکستان میں گونج رہا ہے۔خود بلوچستان اس وقت سنسنی خیز افواہوں سے گھرا ہوا ہے۔ ۱۵ دسمبر کو وزیر اعلیٰ میر ظفر اللہ جمالی کے مشورے پر گورنر، ریٹائرڈ جنرل موسیٰ خان نے صوبائی اسمبلی کو تحلیل کر دیا۔لیکن ان کے اس رویے سے پاکستانی سیاست میں زلزلہ آگیا۔ایک دوسرے پر الزامات کا سلسلہ شروع ہوگیا۔نیشنل اسمبلی میں بھی مخالف گروپ نے اسے مرکزی حکامت کی سازش قرار دیتے ہوئے اجلاس کا بائیکاٹ کیا۔مخالف جماعتوں نے اسے بے نظیر حکومت کی سازش قرار دیا۔

اُدھر وزیر اعظم بے نظیر بھٹو کا کہنا ہے کہ اسمبلی تحلیل کرنے سے پہلے گورنر نے نہ تو صدر اور نہ ان سے کوئی صلاح لی، نہ ہی موسیٰ خاں ان کے ذریعے نامزد کیے گئے ہیں اور نہ ہی وزیر اعلیٰ جمالی انکی پارٹی کے ہیں۔ پھر بھی گورنر نے آئین کے مطابق یہ قدم اٹھایا ہے۔اگر اپوزیشن چاہے تو آئین کی اس شق کے خلاف عدالت کا راستہ اختیار کر سکتی ہے۔اپوزیشن کا ماننا ہے کہ سب کچھ مرکز کے اشارے پر ہوا ہے۔ ۱۴ کی رات کو گورنر موسیٰ اسلام آباد میں نو منتخب صدر غلام اسحٰق خان کی دی ہوئی پارٹی میں موجود تھے۔ٹھیک اسی کی دوسری صبح یعنی ۱۵ دسمبر کو اسمبلی تحلیل کرنے کا اعلان کیا گیا۔اب یہ کیسے ہوسکتا ہے کہ گورنر نے اس سلسلے میں کسی سے بات نہ کی ہو۔

بلوچستان اسمبلی کی کل ۴۴ سیٹوں میں سے کسی بھی جماعت کو مکمل اکثریت نہیں مل سکی۔ پیوپلس پارٹی کے مخالف اسلامی جمہوری اتحاد کو ۸، پیوپلس پارٹی کو ۴، جمعیت العلماء اسلام کو ۱۱،

پاکستان نیشنل پارٹی کو ۲، پختون اتحاد کو ۲، وطن پارٹی کو ۱، اور آزاد امیدواروں کو ۴ سیٹیں ملی ہیں۔

خواتین کی دو سیٹوں پر پیوپلس پارٹی اور بلوچستان قومی اتحاد کو نے پہلی بار نواب اکبر بگتی کی لیڈرشپ میں ۱۰ سیٹیں حاصل کیں۔ اس طرح اُمید تھی کہ اتحاد اور جمعیت العلماء اسلام ہی کچھ آزاد امیدواروں سے مل کر کابینہ بنائیں گے۔ لیکن حیرت کی بات یہ دیکھنے میں آئی کہ دوسرے صوبوں میں ایک دوسرے کے جانی دشمن اسلامی جمہوری اتحاد اور پیوپلس پارٹی نے پاکستان نیشنل پارٹی اور آزاد اُمیدواروں کے ساتھ مل کر کابینہ قائم کر لی۔ پھر بھی اسمبلی میں ان کی تعداد ۲۲ سے زیادہ نہ ہو سکی۔ اس پر بھی اسپیکر کو کاسٹنگ ووٹ دینا پڑا۔ ابھی وزیر اعلیٰ کو اسمبلی کا سامنا کرنا باقی ہی تھا کہ ایک آزاد امیدوار نے اپنی وفاداری بدل دی۔ پھر کیا تھا؟ جمالی صاحب کی کاغذ کابینہ سوکھے پتے کی طرح ڈولنے لگی۔ اپنی طرف سے انھوں نے بھی دوسرے اراکین کو چھوڑنے کی بھرپور کوشش کی لیکن ان کی کوشش بے کار گئی۔ ۱۵ دسمبر کو اسمبلی کی پہلی میٹنگ ہونے والی تھی۔ 'ہم تو ڈوبے ہیں صنم' والے محاورے کو سامنے رکھ کر انھوں نے گورنر سے اسمبلی تحلیل کرنے کی سفارش کر دی۔ فوجی گورنر موسیٰ خان نے بھی فوراً اسمبلی تحلیل کر کے دوبارہ الیکشن کا اعلان کر دیا۔ اسی دوران جماعت اور بلوچ قومی اتحاد کے لیڈروں نے بے نظیر بھٹو سے ملاقات کر کے سارے معاملے کو سامنے رکھا۔ پیوپلس پارٹی نے معاملے کی جانچ کرنے کے لیے ایک کمیٹی بنائی۔ یہ سب چل ہی رہا تھا کہ اسمبلی تحلیل ہونے کا اعلان ہوا۔

جس طرح اسمبلی تحلیل ہوئی اس سے مخالف جماعتوں کو ایک اچھا موقع ہاتھ آ گیا۔ اب سارا الزام پیوپلس پارٹی پر ہے۔ کوئٹہ اور بلوچستان میں پیوپلس پارٹی کی حکومت کے خلاف ہوا چل رہی ہے۔ خاموش اور سرد بلوچستان گرم ہو رہا ہے۔ گزری ہوئی پرانی لیکن کڑوی کہانی لوگوں کو یاد دلائی جا رہی ہے۔ کہا جا رہا ہے کہ بلوچستان پیوپلس پارٹی کو کبھی بھی چین سے بیٹھنے نہیں دے گی۔ ۷۲۔۱۹۷۱ میں بھی اس طرح کا ناٹک کھیل کر سارے بلوچستان کو روند دیا گیا تھا۔ اس وقت تو پیوپلس پارٹی کی مخالف پارٹی

جمعیت علماء اسلام کو ۲۱ سیٹوں والی اسمبلیمیں ۱۲ سٹیں حاصل ہوئی تھیں ۔ اچھی خاصی کابینہ تھی ،لیکن بھٹو صاحب وہاں پیوپلس پارٹی کی حکومت چاہتے تھے ، انھوں نے اسمبلی تحلیل کروادی ۔ جب سیاسی جماعتوں نے احتجاجی مظاہرے کیے تو انھیں دبانے کے لیے فوج کو میدان میں اتار دیا ۔ بندوق بردار بلوچی بھی آگے آئے ۔ سخت مقابلہ ہوا ۔ بعد میں ایک پوری ڈویژن فوج بلوچستان پر چڑھ دوڑی ۔ بلوچوں نے پہاڑوں پر پناہ لی ۔ ان پر طیاروں سے گولیاں برسائی گئیں ۔ بلوچستان میدانِ جنگ بن گیا تھا ۔ سینکڑوں بلوچ اس جنگ میں کام آئے تھے ۔ ابھی بھی بلوچوں کو وہ سب یاد ہے ۔ اسے لیے جب کسی نے اسمبلی تحلیل ہونے پر اپوزیشن لیڈر نواب بگتی سے پوچھا کہ کیا اب بھی بلوچ پہاڑوں پر جائیں گے؟ تو انھوں نے جواب دیا ''بلوچ پہاڑوں سے نیچے اُترے ہی نہیں ۔''

ویسے بلوچستان اور پہاڑ شاید ایک ہی نام ہے ۔ بغیر پہاڑوں کے بلوچستان سوچا بھی نہیں جاسکتا ۔ دونوں ایک دوسرے کی ضرورت ہیں ۔ ایک بلوچی جنگی نغمے کے مطابق ''پہاڑ بلوچوں کے قلعے ہیں اور ان کی چوٹیاں فوجی ساتھی ۔ بہتے ہوئے جھرنے ہماری زندگی ہیں ۔ کانٹے دار جھاڑیاں ہمارا بستر ہیں اور پتھریلی زمین ہمارا تکیہ ہے ۔'' توبا کا کر اور کوہِ سلیمان پہاڑی سلسلہ اسے افغانستان اور ایران سے جدا کرتا ہے ۔ دلیہ میں مکران کی ''مدبھومی'] سے سندھ سے جوڑتے ہی ۔ بیچ بیچ میں سمندر کی سطح سے تین ہزار فٹ سے لے کر سات ہزار فٹ کی اونچائی کے پٹھار بلوچستان کو اس برصغیر کا شاید سب سے انوکھا اور پرکشش مقام بناتے ہیں ۔ کراچی سے تقریباً چھ سو میل کی دوری پر بسا کوئٹہ بلوچستان کی راجدھانی ہے ۔ کوئٹہ کو چاروں طرف سے پہاڑوں نے گھیر رکھا ہے ۔ سارا منظر کچھ ایسا لگتا ہے جیسے کسی راجکماری کے چاروں طرف پہرے دار کھڑے ہوں ۔

آبادی کے اعتبار سے بلوچستان پاکستان کا سب سے چھوٹا صوبہ ہے ۔ اس کی کل آبادی ۴۰ لاکھ ہے ۔ کوئٹہ کی آبادی صرف ۳ لاکھ ہے ۔ لیکن رقبے کے اعتبار سے یہ پاکستان کا سب سے بڑا صوبہ ہے ۔ بلوچ ذات ایک الگ لفظ ہے ۔ جو بلوچستانی لوگوں کے لیے استعمال میں آتا ہے ۔

ویسے کہا جاتا ہے کہ بلوچوں میں سندھو وادی کا تمدن (موہن جو داڑوں) کی دراوڑ ذات، جاٹ، پٹھان اور کچھ پنجابی ہیں۔لیکن سارا علاقہ مختلف قبیلوں میں منقسم ہے۔ ان پر اب بھی سرداروں کی حکومت چلتی ہے۔ یہ سردار ایک دوسرے سے بات بات پر برسوں تک لڑتے ہیں۔ویسے مشکل پہاڑی زندگی نے بلوچیوں کو کافی سخت اور محنتی بنا دیا ہے۔ پینے کے پانی سے لے کر کھانے پینے کے سامان تک کے لیے عام بلوچیوں کا کافی مشقت کرنی پڑتی ہے۔اب یہ بھی ایک عجیب بات ہے کہ یہاں اناج کے بجائے پھل اور میوے کثرت سے ہوتے ہیں۔ سارے بلوچستان میں آپ کو سیب، ناشپاتی، بادام، پستہ، کشمش، انجیر اور خوبانی کے پیڑ اور باغ نظر آئیں گے۔ یہاں کا میوہ پوری دنیا میں جاتا ہے۔پھر بھی سارا علاقہ کافی پسماندہ ہے۔کئی جگہوں پر بلوچی اب بھی عہد آدم میں زندہ ہیں۔ دراصل صدیوں پہلے سے ہی بلوچستان، سکندر و نادر شاہ، انگریز پھر پاکستانی حکمرانوں کے ذریعے روندا جاتا رہا ہے۔ یہاں کے لوگوں نے ہمیشہ پہاڑوں پر پناہ لی ہے۔اُنہیں پنپنے کا موقعہ نہیں ملا۔آج کے حالات دیکھتے ہوئے پھر یہی سوال اُٹھتا ہے کہ کیا بلوچ پھر پہاڑوں پر جائیں گے؟

24.12.1988

☆☆☆

جمہوریت کا سال اور امن

ان سطروں کے شائع ہونے تک اسلام آباد مرگھلہ ہل کے دامن کوہ (پہاڑی کا دامن) میں برصغیر کی سیاست ایک نیا موڑ لے چکی ہوگی۔ سات ممالک کے سربراہوں اور وزراء اعظم کے بیچ ساری دنیا کی نگاہیں سیاسی اعتبار سے نوجوان ہندوستانی وزیر اعظم راجیو گاندی اور پاکستانی وزیر اعظم بے نظیر بھٹو پر لگی ہوں گی۔ ہندوستان کے لیے تو ہے ہی ۱۹۸۸ کے آخری ایام میں یہ ملاقات پاکستان کے لیے بھی کم اہم نہیں۔

ویسے سچ تو یہ ہے کہ سال ۱۹۸۸ پاکستان کو وہ سب کچھ دے گیا جو اسے اب تک حاصل نہیں

ہوتے تھے۔ یہ سال حادثات کا ہی سال رہا ہے۔ اپریل سے لے کر دسمبر تک حادثات کا سلسلہ ایک تیز رفتار فلم کی طرح لگتا ہے۔ سب کچھ اتنا تیزی سے رونما ہوا کہ پتہ ہی نہیں چلا کہ آخر یہ سب اتنی جلدی کیسے ہوگیا؟ خاص کر ۱۱ برسوں کی تاناشاہی صرف ساڑھے تین مہینوں میں رخصت ہو گئی۔ اس سے پہلے کہیں بھی اس کے مٹنے کا اشارہ تک نہیں تھا۔

۱۳ اپریل ۱۹۸۸ کو راولپنڈی کی اوجھڑی فوجی ڈپو کی تباہ کاری ضیاء شاہی کے تابوت کی پہلی کیل ثابت ہوئی۔ سینکڑوں معصوموں کی جان اس دھماکے میں گئی۔ دوسری بربادی کا کہنا میں آیا؟ اس کے بعد ہی فوج پر سے عوام کا اعتماد کم ہونے لگا۔ اس سے عام لوگوں کو یہ بھی لگنے لگا کہ افغان چھاپہ ماروں کی موجودگی خود ان کے لیے نقصان دہ ہے۔ اس کے علاوہ جینوا سمجھوتے کی شروعات بھی ہونے لگی۔ ضیاء الحق کی مرضی کے خلاف وزیر اعظم محمد خاں جونیجو نے سمجھوتے کے معاملے میں کڑا رُخ اختیار کرنا شروع کر دیا۔ وہ کسی بھی حال میں سمجھوتے کو آخری منزل تک پہنچانا چاہتے تھے۔ بعد میں انھیں برخاست کرنے کی یہ بھی ایک وجہ بنی ویسے جونیجو اوجھڑی کیمپ کے ذمہ دار افسروں کو سزا دینے کے حق میں بھی تھے۔

۲۹ مئی ۱۹۸۸ کو جونیجو کابینہ کو برخاست کر کے ضیاء الحق نے ایک اور شوشہ چھوڑا۔ اسے کے ساتھ انھوں نے اسلامی نظام کو سختی سے لاگو کرنے اور ۱۶ نومبر کو غیر جماعتی الیکشن کروانے کا اعلان کیا۔ انھیں معلوم پڑا کہ اس وقت تک ان کی کٹر مخالف بے نظیر الیکشن میں حصہ لینے کی پوزیشن میں نہیں ہوں گی۔ بے نظیر نے جماعتی الیکشن کے لیے سپریم کورٹ میں اپیل دائر کی اور فیصلہ ان کے حق میں ہوا۔ اس کے بعد پاکستانی سیاست میں ضیاء الحق کی اگلی چال کا انتظار ہونے لگا۔ لیکن ۱۸ اگست کو بساط ہی اُلٹ گئی۔

۱۸ اگست ۱۹۸۸ کو ہوائی حادثے میں ضیاء الحق اور کئی فوجی جنرلوں کی موت کے بعد ایک بار پھر بحران کی صورتحال پیدا ہوگئی۔ افواہوں کا بازار بے حد گرم رہا۔ ایک اور مارشل لا کا انتظار ہونے لگا۔ پاکستانی مارشل لا کے عادی رہے ہیں۔ لیکن اندازوں اور افواہوں کو غلط ثابت کرتے ہوئے کارگزار صدر غلام اسحٰق خاں اور نئے فوجی چیف مرزا اسلم بیگ ملک میں جماعتی الیکشن کروانے کے لیے اٹل رہے۔ بہت سے لوگوں کا یہ بھی خیال تھا کہ الیکشن کے دوران فوج

کو اطمینان تھا کہ سیاسی جماعتوں میں سر پھٹول ہوگی۔ جس کے ذریعے خود ہی فوج کو مداخلت کا موقعہ مل جائے گا۔ اس کے بجائے دہشت کا ایک اور ماحول بن گیا۔

۳۰ ستمبر کو حیدر آباد (سندھ) کے بھرے بازار میں کچھ نقاب پوشوں نے چلتی موٹر گاڑیوں سے عام شہریوں پر زبردست فائرنگ کی۔ کوئی دو سو افراد کی جان گئی۔ دیکھتے ہی دیکھتے حیدر آباد اور پھر کراچی میں فسادات شروع ہو گئے۔ مرنے والوں میں زیادہ تر مہاجر تھے۔ اس لیے مہاجر اُبل پڑے۔ سندھ کے اندرونی حصے میں بھی مہاجروں کے خلاف فساد شروع ہو گیا۔ کچھ دنوں تک ایسا لگنے لگا تھا کہ خانہ جنگی کی حالت پیدا ہوگئی ہے۔ ملک کو فوج کی ضرورت ہے۔ کچھ لوگ ہندوستان پر بھی الزامات عائد کرنے لگے۔ لیکن حالات پر قابو پالیا گیا۔ الیکشن کو ملتوی نہیں کیا گیا۔ البتہ اس فساد کے بعد مہاجر لیڈروں کو مہاجروں میں اپنی پوزیشن بنانے کا موقعہ مل گیا۔ اس کا فائدہ انھیں الیکشن کے نتائج کی صورت میں ملا۔ ان ہنگاموں کے ساتھ ساتھ الیکشن کی تیاری چلتی رہی۔

الیکشن کی تیاریوں کے دوران دو باتیں واضح طور پر سامنے آئیں۔ سیاسی جماعتیں دو الگ الگ گروپ میں منقسم ہیں۔ پیوپلس پارٹی ایک طرف تو دوسری طرف مسلم لیگ، جماعت اسلامی وغیرہ۔ مہاجر پارٹی کو چھوڑ کر باقی کوئی خاص اہم پارٹی نہیں تھی۔ پیوپلس پارٹی نے جمہوریت کی بحالی کا نعرہ لگایا تو دوسری طرف مسلم لیگ، جماعتِ اسلامی وغیرہ نے نو جماعتوں کے گروپ نے اسلامی حکومت کو بحال کرنے کے نام پر الیکشن لڑا۔

۱۶ اور ۱۹ نومبر کو قومی اور علاقائی اسمبلیوں کے الیکشن نے پاکستان میں جمہوریت کی بحالی کی سمت طے کر دی۔ اس کے بعد محترمہ بے نظیر بھٹو کا وزیر اعظم بننا جمہوری ستون کو اور مضبوط کر گیا۔ اس دوران بلوچستان اسمبلی کا تحلیل ہونا اور کراچی میں ۶ دسمبر کو ایک بار پھر نقاب پوشوں کے ذریعے مہاجروں پر گولیاں برسانے کا واقعہ پیش آیا۔

اس سارے سلسلے میں اسلام آباد میں ہونے والے سارک اجلاس اور پھر ہندوستانی وزیر اعظم کے ذریعے دائمی امن کی پیش کش ۱۹۸۸ میں پاکستان کو ایک بے حد قیمتی تحفہ ہے۔ کسی بھی ملک کی تاریخ میں ایک ہی سال میں ایک ساتھ اس طرح کے سنہری موقع کم آتے ہیں۔

پاکستان خوش قسمت ہے کہ اسے ۱۹۸۸ میں جمہوریت اور امن کی سوغات ملی۔اب دیکھنا ہے کہ پاکستانی عوام اور لیڈر اس قیمتی تحفے کو کس طرح آنے والے دنوں میں سنبھال کے رکھتے ہیں۔

31.12.1988

☆☆☆

ٹیلی ویژن کتنے رنگ بدلے گا

پاکستان سے لوٹ کر آنے والوں کا کہنا ہے کہ اب وہاں کی روزانہ زندگی بہت پرسکون ہوگئی ہے۔اب کراچی اور لاہور کی راتیں برسوں پر بعد پھر پُر رونق ہوگئی ہیں۔رات گئے تک لوگ آرام سے سڑکوں پر مٹر گشتی کرتے ہیں۔ہوٹل، چائے خانے اور پان کی دوکانیں کافی دیر تک کھلی رہتی ہیں۔جیسے اچانک ویرانے میں چپکے سے بہار آئی ہو۔

سب سے زیادہ کھلے پن کا ثبوت پاکستان ریڈیو اور ٹیلی ویژن دے رہے ہیں۔خبر نامہ اب سچ مچ میں خبریں دے رہا ہے۔کل تک لوگ باگ مذاق سے 'خبر نامہ' کو 'ضیاء نامہ' کہتے تھے۔ اب انھیں 'خبر نامہ' میں خبریں دکھائی اور سنائی دیرہی ہیں۔پاکستانی ناظرین اچانک پچھلی ہفتے بہت ساری خبروں کے ساتھ کوئٹہ میں حزب مخالف کے ذریعے ہوئی کامیاب ہڑتال کی خبر دیکھ کر چونک گئے۔ان کے گمان میں بھی نہیں تھا کہ اپوزیشن کی 'کامیاب خبریں' ٹیلی ویژن پر دکھائی جائیں گی۔ریڈیو نے بھی کوئٹہ کے 'کامیاب ہڑتال' کی خبریں دیان۔اس کے بعد کراچی میں ہوئے ٦ دسمبر کے فساد کی خبر بھی خبر نامہ میں دی گئی۔چونکہ اب تک پاکستانی اس طرح کی خبروں کو ٹی وی پر دیکھنے سننی کے عادی نہیں تھے۔اس لیے ان کا چونکنا فطری تھا۔

پیوپلس پارٹی نے اپنے الیکشن کے مینی فیسٹو میں ٹی وی اور ریڈیو کو سرکاری چنگل سے آزاد کروا کر ایک طرح کا آزاد ادارہ قائم کرنے کا اعلان کیا تھا۔اس سلسلے میں بے نظیر نے کراچی کے ایک منسٹر جاوید جبار کا وزیر نشر و اشاعت بنایا۔جاوید جبار خود ایک اشتہار کی ایجنسی چلاتے ہیں۔اس لیے انھیں ذرائع ابلاغ کا اچھا خاصہ تجربہ ہے۔حالانکہ ان کا تعلق پیوپلس پارٹی سے نہیں

تھا پھر بھی انھوں نے پارٹی کے مینی فیسٹو کے مطابق فوراً کام کرنا شروع کر دیا۔ٹی وی کے لیے نئے منیجنگ ڈائرکٹر اسلم اظہر کی تقرری اس ضمن میں پہلا قدم ہے۔اسلم اظہر نے ٹی وی پر نئے پروگرام شروع کرنے کی پہل کر دی ہے۔

پاکستانی ٹی وی ضیاء الحق کے دورِ اقتدار میں پاکستانی فلموں کی نمائش نہیں کرتا تھا۔مزے کی بات یہ ہے کہ ہفتے میں دو دو تین تین دن انگریزی فلمیں دکھائی جاتی تھیں۔نتیجہ یہ ہوا کہ پاکستانی جس قدر ہالی ووڈ کے بارے میں معلومات رکھتے ہیں اتنا ہی وہ پاکستانی فلموں سے انجان ہیں۔ہندوستانی فلموں کے کیسٹ تو گلی گلی میں دستیاب ہیں۔اس طرح انگریزی اور ہندوستانی فلموں کے اثر کی وجہ سے پاکستانی فلموں کی مقبولیت کم ہوئی۔خبر ہے کہ اب جد ہی پاکستانی فلمیں بھی ٹی وی پر دکھائی جائیں گی۔

ان سطروں کے لکھے جانے تک موصولہ خبروں کے مطابق پاکستان ٹیلی ویژن ۵ جنوری کو مرحوم ذوالفقار علی بھٹو کے سالگرہ کی تیاری کر رہا ہے۔خوش قسمتی سے ان پر بنائی گئی کئی ڈاکیومینٹری اور ویڈیو فلمیں اسلام آباد میں محفوظ ہیں۔ضیاء الحق کے دور میں افسران نے انھیں اسٹرانگ روم میں سیل بند کر دیا تھا۔بتایا جاتا ہے کہ ان فلموں میں بھٹو صاحب کے بیرونی ممالک کے مہمانوں سے ملاقات اور کئی بین الاقوامی معاملوں پر ان کے خیالات ہیں۔ افسران رات دن محنت کر کے سبھی مواد یکجا کر رہے ہیں۔اب بھلا کسے معلوم تھا کہ ضیاء الحق کے اقتدار کا خاتمہ ہو جائے گا اور پیوپلس پارٹی دوبارہ اقتدار میں آئے گی؟

امید کی جاتی ہے کہ اب پاکستانی دوسرے کسی قلمکاروں، شاعروں اور فنکاروں کو بھی چھوٹے پردے پر دیکھ سکیں گے۔ضیاء الحق کے دور میں کئی فنکاروں کا ٹی وی پر آنا جانا بند تھا۔اسی طرح ٹی وی ڈراموں اور دوسرے پروگراموں پر کئی طرح کی بندشیں تھیں۔سر پر دوپٹہ رکھنا تو سمجھ میں آتا ہے لیکن بات بات پر مذہبی پروگرام اور حکومت کی بے جا تعریف نے ٹی وی کو ایک اُکتا دینے والا میڈیم بنا دیا تھا۔حد تو یہ تھی کہ کئی ڈراموں میں 'یار' جیسے لفظ پر بھی اعتراض کیا گیا۔ مخالب کرنے کے لیے 'یار' لفظ ہمارے یہاں کی طرح پاکستان میں بھی بے جھجک استعمال ہوتا ہے۔مشہور قلمکار اشفاق احمد کا سیریل ''بند گلی'' کچھ کھلے پن کی وجہ سے بند کرا دیا گیا۔اسی طرح

خواجہ اینڈ سن نامی ایک مزاحیہ سیریل کو بھی نکتہ چینی کا شکار ہونا پڑا۔

ہمارے یہاں جن پاکستانی ڈراموں اور سیریلوں کا Craze ہے انھیں بنے ہوئے سات آٹھ سال ہو چکے ہیں۔ ان میں بھی سات آٹھ سیریلوں سے زیادہ کے نام نہیں گنوائے جا سکتے۔ دراصل پاکستانی سماج ہمارے یہاں کے ناظرین کے لیے ایک بند سماج رہا ہے۔ وہاں کے سماجی اور خاندانی رشتوں کی سمجھ ہمیں نہیں ہے۔ اس لیے جو بھی نظر آیا اس میں ایک نیا پن اور تازگی تھی۔ ماحول، اداکار، پیش کرنے کا ڈھنگ سب کچھ ہمارے لیے نیا تھا۔ ظاہر ہے اس سے ہمارے ناظرین کو ایک نئے پن کا احساس ضرور ہوا۔ اس کے علاوہ پاکستانی مقبول سیریلوں کی کہانی کا مرکزی خیال ہماری پرانی گھریلو اور سماجی فلموں جیسا ہی ہے۔ البتہ ان کے مکالمے چست اور برجستہ ہیں۔ سیٹ نئے ہیں لیکن آؤٹ ڈور لوکیشن کا کہیں بھی نظارہ نہیں ہوتا ہے۔ پاکستانی سیریل زیادہ تر اسٹوڈیو میں ہی شوٹ کیے جاتے ہیں۔ کراچی میں ہمیں پتہ چلا کہ آؤٹ ڈور کی سہولت ٹی وی کو حاصل نہیں ہیں۔ پھر ان کا بجٹ بھی محدود ہوتا ہے۔

پاکستان میں اپنی مہینے بھر کی موجودگی کے دوران ہم نے دھیان سے ٹی وی دیکھا۔ ہوائی جہاز ہائی جیکنگ پر مبنی 'فلائٹ ۳۰۳' کو چھوڑ کر کوئی بھی قابل ذکر پروگرام دیکھنے کو نہیں ملا۔ خبرنامہ تو سرکاری نامہ تھا ہے۔ پیش کش بھی نہایت ڈھیلی ڈھالی اور اوباؤ تھی۔ دوسرے سبھی پروگرام سوکھے سوکھے معلوم ہوتے ہیں یہاں تک کہ اشتہارات بھی بے جان سے لگتے ہیں۔ بیچ بیچ میں اناونسر خواتین آتی ہیں۔ ڈری ڈری سہمی سہمی۔ ان کے چہرے سے 'کچھ غلط ہو جانے کا ڈر' جھانکتا ہے۔ لاہور کے کوئز پروگرام اور طارق عزیز کے 'نیلم گھر' کی بہت شہرت سُنی تھی، کاش! وہ ہمارے کوئز پروگرام دیکھتے تو انھیں پتہ چلتا کہ اس کی نظامت کیسے ہوتی ہے۔

اس میں شک نہیں ہے کہ ہمارے ٹی وی سیریلوں کی وہاں دھاک ہے۔ یہ بات پاکستانی بھی تسلیم کرتے ہیں کہ جو بات انڈین ٹی وی میں ہے وہ ان کے وہاں نہیں ہے۔ یہ بات انکے ڈراموں کے معاملے میں نہیں بلکہ ساری ٹی وی پروگراموں کے بارے میں کہی جاتی ہے۔ وہ اس لیے کہ لوگ کراچی اور لاہور میں بوسٹر لگا کر ہمارے پروگرام دیکھتے ہیں۔ غور طلب بات ہے کہ خود پاکستانی ٹی وی پورے پاکستان میں نہیں دیکھا جا سکتا۔ ایک خبر کے مطابق ناظرین کی

ضرورت کو محسوس کرتے ہوئے حکومت جگہ جگہ بوسٹر لگانے پر غور کر رہی ہے۔نئی حکومت سے امید ہے کہ ٹی وی میں نیا خون بھی آئے گا۔وہی خون جو برسوں سے سرد ہو گیا تھا۔جمہوریت نے اسے گرمی دی ہے۔

پچھلے دنوں ہمارے یہاں سارک ممالک کے ٹی وی پروگرام کے تحت پاکستانی گھوڑے کا ناچ دکھایا گیا تھا۔فوجی حکومت کے دوران فن کاروں کے ہاتھ پیر بندھے ہوئے تھے۔اسی لیے گھوڑے ہی ناچ رہے تھے۔زمانہ بدل گیا ہے۔اب فن کار بھی اپنے جوہر دکھا سکیں گے۔ ان کے پیروں کی زنجیر کھل گئی ہے۔دیکھنا ہے ٹی وی کتنا رنگ بدلتا ہے۔

7.1.1989

☆☆☆

زندہ دلوں کا شہر لاہور

لاہور والوں کے لیے مارچ ،اپریل کا مہینہ ثقافتی تقاریب کا مہینہ ہوتا ہے۔ان دنوں موسم بھی خوشگوار ہوتا ہے۔ویسے بھی لاہوری میلے ٹھیلوں اور موج مستی والے لوگ ہیں کوئی بہانہ چاہیے۔پھر تو سارا شہر سڑکوں پہ اُتر آتا ہے۔پچھلے دنوں لاہور والوں کے لیے ہمیشہ کی طرح بسنت پنچمی چاروں طرف بسنتی رنگ بکھیر گیا۔دن رات ہنگامہ ہوتا رہا۔لوگوں نے اس بار بھی جی بھر کے پتنگیں اڑائیں۔رات گئے تک آسمان پتنگوں سے بھر گیا۔شہر کے ہر حصے میں لوگوں نے اپنے چھتوں پر فلڈ لائٹ لگا رکھی تھی۔ایک دوسرے کی پتنگ کاٹنے پر خوشی میں ہوائی فائرنگ بھی ہو رہی تھی۔خبروں کے مطابق بسنت کے موقع پر پتنگ بازی کے علاوہ لوگوں نے ایک دوسرے کے لیے دعوتوں کا بھی انتظام کیا ہوا تھا۔کھانے کا انتظام چھتوں پر تھا۔یعنی پتنگ بازی کا نظارہ کیجیے اور کھاتے بھی جائیے۔مزے کی بات یہ ہے کہ اس پتنگ بازی میں عورت ،مرد ،بچے بوڑھے ،سبھی شریک ہوتے ہیں۔سیاسی لیڈر ،سرکاری اور فوجی افسر ،فلم اسٹار ،بزنس مین ایک ساتھ ہی ایک دن پتنگ بازی کے کھیل میں شریک ہوتے

ہیں یہ لاہوری رنگ ہے۔

پاکستانی اخبارات کے مطابق اس سال راولپنڈی میں بھی بسنت کے موقعے پر جم کر پتنگ بازی ہوئی۔ چونکہ پنڈی، راجدھانی اسلام آباد سے لگا ہوا ہے۔ اس لیے یہاں کی پتنگ بازی پر سیاسی رنگ دیکھنے کو بھی ملا۔ تعجب کی بات ہے کہ اس بار پنڈی میں پہلی بار لاہور جیسی پتنگ بازی ہوئی۔ چار پانچ دن پہلے سے ہی شہر کی دیواروں پر مختلف تنظیموں کی طرف سے پتنگ بازی کے لیے پوسٹر چپکائے گئے۔ اس روز آسمان سے ہلکی ہلکی بوندا بوندی بھی شروع ہوئی۔ لیکن جیسے ہی بارش رُکی لوگ پتنگ بازی میں لگ جاتے۔ موسم بھی آنکھ مچولی کھیلتا رہا۔ لوگوں کے شوق کا امتحان لیتا رہا۔ بھلا لوگوں کے سامنے موسم کیا ہوتے ہیں؟ پنڈی میں بھی چھتوں پر روشنی کی گئی اور رات گئے تک تماشہ ہوتا رہا۔ دوسروں کی پتنگیں کاٹنے کے بعد خوشی سے ہوائی فائرنگ اور آتش بازی بھی کی گئی۔ پتنگ بازوں نے پنڈی میں اپنے سیاسی رجحان کے مطابق تیر کے نشان (پیوپلس پارٹی) اور نو ستاروں (اسلامی اتحاد) والی پتنگیں اڑائیں۔ بسنت کا یہ پنچ رنگی رنگ لاہوری ہوا کرتا تھا۔ اس نے پنڈی کو بھی اپنے رنگ میں رنگ دیا۔

پچھلے دنوں بسنت کے موسم میں لاہور میں پنجاب کے مشہور صوفی شاعر، شاہ حسن عرف مادھا لال حسین کا ۴۰۴واں سالانہ عرس دھوم دھام سے منایا گیا۔ اس کے ساتھ ہی ایک بہت بڑے میں کا انعقاد کیا گیا۔ لاہور اور پنجاب کے دوسرے علاقوں سے سینکڑوں عقیدت مند ڈھولکوں کی تھاپ پر روایتی انداز میں ناچتے گاتے جھومتے مزار پر چادر چڑھانے کے لیے آئے۔ جھومجھوم کر مستی میں ناچتے گاتے، آنے والوں میں بچے جوان بوڑھے اور عورتیں بھی تھیں۔ اس موقعے پر جگہ جگہ پنجاب کی ریت کے مطابق لنگر لگائے گئے اور قوالی وغیرہ کا بھی انتظام کیا گیا۔ شاہ حسین کے شیدائی سارے پنجاب میں ہیں۔ ویسے بھی پنجاب میں صوفی شاعروں کی لمبی قطار ملتی ہے۔ بابا فرید، بلھے شاہ، وارث شاہ وغیرہ آج بھی پنجاب کی زمین پر عام لوگوں کے ذریعے ہر موقع پر پڑھے جاتے ہیں بابا فرید کے دوہے تو گورو گرنتھ صاحب میں شامل ہیں۔ وارث شاہ کی ہیر رانجھا پنجاب کے

ذرے ذرے میں ہے۔مادھولال حسن یا حسن شاہ کا اپنا بنیادی رنگ ہے، لاہور کی محفلوں میں بھی ان صوفی شاعروں کو برابر یاد کیا جاتا ہے۔اُن پر سمینار ہوتے ہیں ریسرچ ہوتا ہے وغیرہ وغیرہ۔

لیکن لاہور پاکستان کا اور اردو کا بھی ایک اہم مرکز ہے۔کافی ہاؤس کی نوک جھونک سے لے کر کھلے میدانوں تک میں مشاعرے اور دلچسپ ادبی بحث و مباحثے ہوتے ہیں۔ درجنوں ادبی نشستیں ہوتی ہیں۔ہر ہفتے دو چار کتابوں کے اجراء کی تقریبات ہوتی ہیں۔دراصل لاہور کے ادبی گروپ میں مشہور ہوئے بغیر کوئی بھی پاکستانی ادیب صحیح معنوں میں ادیب ہونے کا دعویٰ نہیں کرسکتا۔کسی بھی حال میں لاہوری سرٹیفکیٹ ہونا ضروری ہے۔یوں تو کراچی کی بھی اپنی ادبی روایت ہے۔لیکن لاہور کی ادا نرالی ہے۔کراچی کو لوگ صنعتی اور صارف شہر مانتے ہیں۔اس کی اپنی پہچان نہیں ہے۔آج بھی پاکستانی ادب اور آرٹ میں لاہور کا خصوصی مقام ہے۔

ڈرامہ اور آرٹ کی دُنیا میں بھی لاہوری سرٹیفکیٹ کا ہونا ضروری ہے۔ہر پاکستانی فن کار کی خواہش ہوتے ہے کہ لاہور کے الحمراء ہال میں اس کا ایک پروگرام ضرور ہو۔الحمراء یعنی دانشوروں کا مرکز۔کرکٹ اور ہاکی میں بھی پنجاب اور پھر لاہور کا ہی نمبر آتا ہے۔فلمیں بھی لاہور میں ہی بنتی ہیں۔پاکستان ٹیلی ویژن کے سب سے اچھے پروگرام بھی لاہور میں ہی بنتے ہیں۔اسی طرح سماجی سطح پر لاہور کی عورتیں ہی سب سے آگے نظر آتی ہیں۔ان کے رکھ رکھاؤ اور بات چیت کے انداز سے ان کے پاکستانی ہونے کا ثبوت ملتا ہے۔اس طرح حقیقت میں لاہور کو پاکستان کا دل کہنا بہت مناسب ہوگا۔چاہے بسنت پنچمی ہو یا مویشیوں کا میلہ۔چاہے شاہ حسین کا عرس ہو یا بین الاقوامی یومِ خواتین لاہور ایک جیتا جاگتا شہر ہے۔ہمارے یہاں لاہور سے آئے ہوئے لوگ لاہور کا نام سن کر اب بھی مچل جاتے ہیں۔

22.4.1989

☆☆☆

مولوی ایک دوسرے سے اُلجھ رہے ہیں

پاکستانی علماء ایک بار پھر اپنے ملک میں ایک عورت کے وزیر اعظم بننے پر انگلیاں اٹھا رہے ہیں۔ اخباروں کی سرخیوں میں ان کا نام آرہا ہے۔ ان میں سے اکثر یہاں تک مانتے ہیں کہ تصویر کھنچوانا منع ہے۔ پھر بھی ان کی تصویر چھپ رہی ہے۔ لیکن پاکستانی جانتے ہیں کہ یہ علماء، اپوزیشن اسلامی جمہوری اتحاد پارٹی سے منسلک ہیں۔ شاید اسی لیے اب تک ان کے اجلاس میں وہ بھیڑ نظر نہیں آتی ہے جس کی انھیں امید تھی۔ پھر بھی علماء بے نظیر کے خلاف عوام کو بھڑکانے میں مصروف ہیں۔ ان کے بیانات شائع ہو رہے ہیں۔ چھوٹے بڑے سیمنار ہو رہے ہیں۔ ان سبھی کا کسی نہ کسی شعبے میں اثر ہے۔ ۲۷ مئی کو راولپنڈی اور ۲۸ مئی کو کراچی میں انکی میٹنگ ہوئی۔ میٹنگ میں فیصلہ کیا گیا کہ جب تک بے نظیر کو گدی سے نہیں اُتارا جائے گا وہ سانس نہیں لیں گے۔ وہ اس بات پر متفق ہیں کہ پاکستان جیسے اسلامی ملک میں ایک عورت کا وزیر اعظم ہونا کلنک کا ٹیکہ ہے۔ کاونسل کے علماء یہ بھی نہیں مانتے کہ الیکشن میں پاکستانی عوام کا فیصلہ بے نظیر کے حق میں تھا بلکہ اسلام اور پاکستان کو بدنام کرنے کے لیے دشمنوں کی یہ سازش ہے۔ بڑے پیمانے پر تشہیر کے بعد ۱۵ جون کو علماء کاونسل نے لاہور کے تاریخی موتی دروازہ مقام پر عوامی جلسے کا اعلان کیا۔ نواز شریف حکومت نے دل کھول کر ان کی مدد کی۔ لیکن افسوس! لوگوں کی تھوڑی ہی تعداد مولاناؤں کے بے نظیر مخالف جلسے میں گئی۔

دراصل پاکستانی عوام مذہبی جذبات بھڑکانے والے علماء اور ملاؤں سے واقف ہیں۔ عوام نے مارشل لا کے دوران غیر اسلامی فوجی حکومت کے آگے اپنے کئی علماء کو گڑگڑاتے ہوئے بھی دیکھا ہے۔ لوگوں کو یہ بھی معلوم ہے کہ بھٹو کے دور میں صوبہ سرحد کی جمعیت العلماء اسلام حکومت نے اپنے گیارہ مہینے کے دور میں کس قدر اسلامی قانون نافذ کیا۔ پارٹی کے صدر مرحوم مولانا مفتی محمود نے اسلام اور شریعت کے نام پر ہی ۱۹۷۲ کا الیکشن جیتا تھا۔ خود ضیاء حکومت میں اسلام اور شریعت کا جی بھر کر نام لیا گیا۔ علماء کی ایک بڑی تعداد ضیاء الحق کی حامی بھرتی

رہی۔اس لیے بے نظیر مخالف اسلامی کاونسل کا کیا حشر ہو گا یہ سبھی جانتے ہیں۔ کچھ لوگ اس کاونسل کو مارشل لا لادنے کی سازش سمجھ رہے ہیں۔

بے نظیر کے حق میں بھی علماء کا ایک طبقہ ہے جن میں خصوصی طور پر پنجاب کے مولانا سراج احمد دین کا نام آتا ہے۔آپ پیوپلس پارٹی کے رُکن اور وزیر اعظم کے مذہبی مشیر ہیں۔ بے نظیر آپ سے ہر نازک مذہبی معاملے میں مشورہ کرتی ہیں۔ مولانا احمد دین کے حامیوں کا جال بھی پاکستان بھر میں پھیلا ہے۔ متحدہ علماء کاونسل پر سخت نکتہ چینی کرتے ہوئے مولانا سراج احمد نے کہا کہ جو لوگ عورت کے وزیر اعظم بننے پر اعتراض کر رہے ہیں۔ انھوں نے گیارہ سال تک اسلام کے خلاف ایک ڈکٹیٹر کو کیوں برداشت کیا؟ لوگوں نے ایک عورت کو اپنی مرضی سے منتخب کیا ہے۔ ان میں ہمت تھی تو کسی مرد کو کیوں نہیں وزیر اعظم بنایا؟ مولانا سراج احمد دین کے مشورے پر ہی وزیر اعظم بننے کے بعد بے نظیر نے سعودی عرب کا دورہ کیا۔ مولانا کا یہ بھی دعویٰ ہے کہ وہ ان کے مشورے سے ہی سر پہ دوپٹہ رکھتی ہیں۔ اتنا تو طے ہے کہ پاکستانی علماء کا ایک گروپ بے نظیر کے ساتھ ہے۔ متحدہ علماء کاونسل کی ناکامی پر تحریک اسلامی کے مولانا اسرار احمد نے بھی علماء کی سرزنش کی۔ اس سے پہلے لاہور میں پیوپلس پارٹی کے حمایتی علماء کا بھی ایک سیمنار رہوا جس میں مولانا عرفان حیدر آبادی، مولانا کبیر احمدم، مفتی محمد شفیع، پیرزادہ علی احمد، مولانا تقوی، مولانا زبیر احمد وغیرہ نے حصہ لیا۔ انھوں نے متحد ہو کر اعلان کیا کہ ہیروئن بیچنے والوں کے دفاع کے لیے علماء کاونسل وزیر اعظم کے خلاف ہو رہی ہے۔ انکی تکرار سے دور وزیر اعظم بے نظیر بھٹو برطانیہ اور فرانس کے دورے پر ہیں۔ اور عوام؟ بے چارے عوام روزی روٹی کے چکر میں لگے ہوتے ہیں۔ اتنا طے ہے کہ عوام اب جذباتی مذہبی نعروں میں پھنسنے والے نہیں ہیں۔

8.7.1989

☆☆☆

انصار برنی کی حفاظت میں للیتا کماری

پچھلے تین چار برسوں سے سماجی کاموں میں انصار برنی کا نام اُبھر کر سامنے آیا ہے۔ آپ پیشے سے وکیل ہیں۔ شاید اسی سلسلے میں بے قصور لوگوں کو سزا ملنے پر یہ طے کیا ہوگا کہ ان کے لیے کچھ کیا جائے۔ مارشل لا کے زمانے میں یہ مشکل کام تھا خاص طور سے سیاسی مجرموں کے بارے میں بات کرنا بھی مشکل تھا۔ اس لیے انھوں نے غیر سیاسی مجرموں، بے سہارا عورتوں اور بچوں کے لیے کام کرنا شروع کیا۔ قانونی پیچیدگیوں میں الجھے۔ دیکھتے ہی دیکھتے انھیں صحافیوں اور کچھ دوسرے لوگوں کا ساتھ بھی ملنے لگا۔ کئی معاملات میں کچھ سرکاری عہدے داروں نے بھی ان کے کام سے ہمدردی جتائی۔ نتیجہ یہ ہوا کہ ضیاء الحق کے آخری دنوں تک انصار برنی نے سماجی کاموں میں اپنا خصوصی مقام قائم کرلیا۔

ان کا ادارہ ''پرزنرس ایڈ'' نے پاکستانی جیلوں کا دورہ کر کے غریب قیدیوں کی ایک لمبی فہرست تیار کی۔ اس فہرست میں بوڑھے، جوان، عورتیں اور بچے تک شامل تھے۔ سینکڑوں لوگ ایسے تھے جو بلا وجہ ہی جیل میں بند تھے۔ معمولی گناہوں پر لمبی سزا کاٹنے والوں کی بڑی تعداد تھی۔ کئی لوگ ایسے تھے جو ضمانت پر تو رہا ہو سکتے تھے لیکن ان کی ضمانت دینے والا کوئی نہ تھا۔ کچھ ایسے بھی تھے جن کے کاغذات گم ہو گئے تھے۔ بچوں اور عورتوں کا حال تو اور بُرا تھا۔ پاکستانی جیلوں میں انھیں کئی ایسی عورتیں ملیں جن کے لیے جیل ہی سب کچھ تھا۔ جیل میں ہی انھیں عزت کی روٹی اور حفاظت ملا کرتی تھی۔ باہر کی دنیا میں ان کا کوئی نہ تھا۔

انصار برنی کے سامنے لاہور کے پاگل خانے کا ایک تندرست قیدی اختر حسین کا معاملہ بھی آیا۔ چالیس سالہ اختر حسین پاگل خانے میں ہی پیدا ہوا تھا۔ اس کی حاملہ ماں کو پاگل پن کے الزام میں قید کیا گیا تھا۔ وہیں اس کا جنم ہوا۔ لیکن اُس بدنصیب عورت کی جلد ہی موت ہوگئی۔ حکام کو اس کے رشتے داروں کی کوئی خبر نہیں ملی۔ دھیرے دھیرے اختر حسین پاگلوں اور سیکورٹی افسران کے بیچ ہی پرورش پانے لگا۔ جب وہ بڑا ہوا تو اسے کپڑے سینے کے کام پر لگا

دیا گیا۔اس طرح اس کی زندگی کی چالیس بہاریں گزر گئیں۔پچھلے سال بہت دوڑ دھوپ کے بعد انصار برنی نے اسے آزاد کروایا۔اب وہ کراچی میں ہے اور اس کی ٹیلرنگ شاپ ہے۔

اب انصار برنی کے سامنے ایک اور پاگل عورت کا معاملہ ہے۔یہ بھی پچھلے چالیس برس سے حیدر آباد کے پاگل خانے میں ہے۔پتہ چلا کہ اس کے کچھ رشتے دار اسے علاج کرانے کے لیے چھوڑ گئے تھے۔کچھ دنوں کے علاج کے بعد وہ ٹھیک ہوگئی لیکن اسے دیکھنے یا لے جانے کے لیے کوئی نہیں آیا۔افسران کے چھان بین کی تو پتہ چلا کہ گھر والوں نے اسے پاگل خانے میں داخل کراتے وقت غلط پتہ لکھوایا تھا۔اپنے رشتہ داروں کے بارے میں جان کر وہ پھر سے پاگل ہوگئی۔

انصار برنی کے کراچی میں واقع ٹرسٹ میں پچھلے مہینے تین عورتیں بھاولپور سے لائی گئیں ہیں۔تینوں گونگی ہیں۔بھاولپور میں وہ سرکاری دارالمان میں تھیں۔ان میں سے ایک عورت دس برس سے دوسری چھ برس سے تو تیسری چار برس سے تھی۔رپورٹ کے مطابق پولیس نے تینوں کو آوارگی کے جرم میں پکڑ کر عدالت میں پیش کیا۔عدالت نے انھیں دارالامان بھیج دیا۔بعد میں نہ تو عدالت نہ ہی پولیس نے ان کے معاملے میں کوئی کاروائی کی۔نتیجہ یہ ہوا کہ تینوں سرکاری مہمان بنی رہیں۔کسی طرح ان تینوں کی داستان لاہور ہائی کورٹ کے جج منیر خان نے سنی۔انھوں نے پولیس کے ساتھ ساتھ بھاولپور عدالت کے جج کی بھی خبر لی۔دارالامان کو بھی سخت سست کہتے ہوئے انھوں نے حکم دیا کہ تینوں عورتوں کو انصار برنی ٹرسٹ کے حوالے کیا جائے۔اب تینوں عورتیں کراچی میں ہیں۔

اخبار جہاں (۱۰ جولائی) میں ایک ہندوستانی عورت للیتا کماری کی تصویر چھپی ہے۔للیتا کماری کی تصویر کے ساتھ جو رپورٹ شائع ہوئی ہے اس کے مطابق ہندوستانی نژاد للیتا کماری پچھلے گیارہ سال سے پاکستان میں جیل کی مصیبتیں جھیل کر رہا ہوئی ہیں۔اور ہندوستان جانا چاہتی ہیں۔وہ کہتی ہیں کہ انھیں ہندوستان سے کوئی یہاں (پاکستان) لایا تھا۔انھیں پولیس اور بعد میں سی آئی اے (خفیہ پولس) نے گرفتار کیا۔وہ کئی برس تک لاہور کورٹ میں قید رہیں جہاں ان پر اخبار جہاں کے مطابق مبینہ طور پر مظالم ڈھائے گئے۔جس سے وہ اپنے ہوش کھو بیٹھیں۔لاہور کے

قلعے سے اسے آدھے پاگل پن کی حالت میں دارالامان ڈیجی بھیج دیا گیا۔اب اسے کراچی لایا گیا ہے'اخبار جہاں' آگے لکھتا ہے کہ انصار برنی ٹرسٹ سے اس کے رشتہ داروں کی تلاش میں کئی خطوط ہندوستان بھیجے گئے ہیں جن کے جواب کا انتظار ہے۔

پاکستان نامہ کے قارئین سے درخواست ہے کہ اگر للیتا کماری کے رشتے داروں کے بارے میں کچھ بھی جانتے ہوں تو ایڈیٹر نو بھارت ٹائمز یا دلّی میں واقع پاکستانی سفارت خانے کو مطلع فرمائیں۔ پتہ نہیں پاکستانمیں واقع ہندوستانی سفارت خانہ (اسلام آباد) اور ہندوستانی قونصلٹ (کراچی) للیتا کماری کے بارے میں کیا رویہ اختیار کرتی ہے۔

5.8.1989

☆☆☆

یومِ ہندی پاکستان میں کب منایا جائے گا

یوم ہندی پر ہمارے یہاں کے علاوہ ماریشس کے علاوہ فجی، ملیشیا وغیرہ میں بھی کئی طرح کے پروگرام منعقد کئے جائیں گے۔شاید انمیں ہمارے قریب ترین پڑوسی نیپال، سری لنکا، برما، بنگلہ دیش اور افغانستان کا بھی نام آئے۔لیکن اس مبارک موقعے پر پاکستان کا نام کہیں بھی سنائی نہیں دے گا۔حالانکہ ہمارے سبھی پڑوسی ملکوں میں پاکستان ایک ایسا ملک ہے جہاں ہر حال میں زیادہ سے زیادہ لوگ اگر پڑھ نہیں سکتے ہیں تو کم از کم سمجھ ضرور سکتے ہیں۔ یہ صحیح ہے کہ لسانی فرق اردو کی وجہ سے کم ہے۔اس لیے بھی پاکستان میں بھی عام خیال یہی ہے کہ انڈیا میں اردو بولی اور سمجھی جاتی ہے۔اب پاکستانی ہندی کو اردو اور ہم اردو کو ہندی سمجھتے ہیں تو سمجھا کریں۔

کئی معروف ادیبوں اور شاعروں کے علاوہ پاکستان میں عام لوگوں کی ایک بڑی تعداد دیوناگری رسم الخط سے بخوبی واقف ہے۔ یہ وہ لوگ ہیں جو ۱۹۶۰ تک پاکستان گئے ہیں۔ ۱۹۴۷ میں کوچ کرنے والی نسل بھی ہندی جانتی تھی۔لاہور کراچی کوئٹہ اور پشاور میں تو پہلے سے ہی ہندی پڑھائی جاتی تھی۔ اس وقت کے ڈھاکہ یونیورسٹی میں بھی ہندی شعبہ موجود تھا۔حال ہی میں

'نوائے وقت' کی خبر کے مطابق لاہور کی مختلف پبلک لائبریریوں میں تقریباً چودہ پندرہ ہزار ہندی کی کتابیں ہیں۔ اس بات کا بھی پتہ لگانا چاہیے کہ دیوناگری رسم الخط کو سمجھنے والے کہاں کہاں ہیں۔

پچھلے سال سے گلوکاروں، شاعروں، ادیبوں اور کچھ فنکاروں کا تبادلہ ہوا ہے۔ لیکن ہماری معلومات کے مطابق ہندی ادیبوں نے پاکستان میں قدم نہیں رکھا ہے۔ اسی طرح پاکستان کے ہندی اہلِ علم ہندوستان نہیں آئے۔ پتہ نہیں عالمی ہندی کانفرنس کے منتظمین کا دھیان بھی اس طرف گیا تھا یا نہیں، یوم ہندی کے موقعے پر ہندی تنظیموں کا دھیان اس طرف چلا جائے تو بہت بڑی بات ہے۔ یہ بات سمجھ میں نہیں آتی کہ جب ہر طرح کے قلمکار، دانشور اور فنکار ایک دوسرے کے یہاں آجا سکتے ہیں تو پھر ہندی کے ادیب کیوں محروم رہیں؟ غور طلب امر یہ ہے کہ سندھی اور پنجابی کے ادیب دونوں ملکوں کا سفر کرتے رہتے ہیں۔ اس کے علاوہ اہم سوال یہ بھی ہے کہ ہندی کی ترویج اور سرحد پار اس کی شاخوں کو ڈھونڈنے کے لیے کون سے قدم اُٹھانے جا رہے ہیں۔ بڑے بڑے دعوے کرنے والی تنظیمیں پاکستان میں ہندی کے سوال پر کیوں چپ ہیں کیا صرف سرکار کو ہی قصوروار ٹھہرا کر اپنی ذمہ داریوں سے بچا جا سکتا ہے۔

اپنے پچھلے سفر کے دوران ہم نے اپنے ساتھ ''نو بھارت ٹائمز'' کی کچھ کاپیاں، کترنیں، دھرم یگ اور ہنس کے کچھ شمارے رکھ لیے تھے۔ اس کے علاوہ کچھ شعری مجموعے اور چند دوستوں کا کلام بھی ہمارے ساتھ تھا۔ پاکستان میں پڑھنے سننے کا شوق دیکھنے لائق تھا۔ کچھ لوگوں نے دھیان سے انھیں سنا، کچھ نے پڑھا، زیادہ تر لوگوں کو اس بات پر تعجب تھا کہ ہندی ادب اور شاعری میں کافی تبدیلیاں آئی ہیں۔ زبان کے معاملے میں تو اور بھی تعجب ہوا۔ ایک پوری نسل ہندی کو دیومالائی زبان میں سمجھی تھی۔ دراصل گزرے ہوئے سیاسی اور مذہبی کڑواہٹ نے ہندی کے معاملے ایک مختلف خیال پیدا کر دیا تھا۔ ہمارے پاس جو بھی مواد تھا، اسے پڑھ اور سن کر دو چار لوگ ضرور ہندی سے متعلق اپنے خیالات بدلنے پر مجبور ہوئے۔ ذاتی طور پر ہماری کوشش کا اس میں کوئی دخل نہیں ہے۔ اسے کسی ادارے کے ذریعے میں آگے بڑھایا جا سکتا ہے۔

شاعر، قلمکاروں اور صحافیوں سے بات چیت کے دوران ہم نے یہ موضوع ضرور اٹھایا کہ وہ

ہندی کے معاملے میں اپنا نظریہ بدلیں اور پاکستان میں بھی ہندی کی نشستیں منعقد کریں۔اگر یہ سلسلہ قائم ہوا تو کوئی وجہ نہیں ہے کہ ہمارے ہندی ادارے ان کی مدد نہ کریں۔فی الحال لاہوراور کراچی میں چھوٹے پیمانے پر ہندی کی پڑھائی کا انتظام ہے۔طلباء ہندی پڑھنے میں دلچسپی رکھتے ہیں۔لیکن درسی کتابوں کی سخت قلت ہے۔ہندی کتابوں کی دستیابی ایک مسئلہ ہے۔فی الحال دونوں ملکوں کے درمیان ڈاک خرچ بہت مہنگا ہے۔اگر یومِ ہندی پر ہماری ہندی تنظیمیں سرکار سے یہی مانگ کریں کہ ہندی کتابوں کو بیرون ممالک بھیجنے پرڈاک خرچ کم ہوتو ہم سمجھتے ہیں کہ وہ ایک بڑی بات ہوگی۔

ویسے پاکستان میں ہندی ضرور رائج ہے۔دوہے اور گیت لکھنے کی وہاں مقابلہ آرائی ہے۔ بلکہ کئی مشہور شاعر تو ہندی دوہوں کے سبب ہے اپنی شناخت قائم کر سکے ہیں۔اسی طرح گیت کاری بھی پاکستانی شاعری کا اہم حصہ بن گیا ہے۔جمیل الدین عالی،صہبا اختر،نگار صہبائی۔پروین شاکر اور دیگر کئی لوگوں نے پاکستان کی اردو شاعری میں ہندی کے رنگ کو بخوبی سجایا سنوارا ہے۔اس سلسلے میں وہاں اتر پردیش، مدھیہ پردیش اور بہار سے گئے مہاجر شاعروں اور قلم کاروں کا بڑا تعاون رہا ہے۔جیسا کہ ہم نے اوپر ذکر کیا پاکستان میں دیوناگری رسم الخط پڑھنے اور لکھنے والی ایک پوری نسل موجود ہے۔کوئی وجہ نہیں ہے کہ ہمارا ہندوستانی ہندی طبقہ اس سے کم ازکم لسانی اور ادبی سطح پر جذباتی تعلقات قائم نہ کرے، کیوں نہ ہمارے ہندی ادارے اگلے سال پاکستان میں یومِ ہندی منانے کا منصوبہ بنائے۔

16.9.1989

☆☆☆

مہاجر ایک دوسرے پر گولیاں برسا رہے ہیں

پاکستان کی سیاست میں ایک بہت بڑی طاقت بن کر ابھرنے والی مہاجر جماعت میں ٹوٹ پھوٹ کے آثار نظر آنے لگے ہیں۔کوئی بھی تنظیم جب اپنی عمر کی پندرہ بیس منزل پر پہنچ جاتا ہے تو

فطری طور پر اس میں گروہ بندی شروع ہو جاتی ہے۔ دراصل اس وقت تک تنظیم کئی مراحل سے گزر چکی ہوتی ہے۔ اراکین کی سوچ میں بھی ترقی ہوتی ہے۔ برسوں قربانی دینے کے بعد سمجھ بوجھ قربانی کا نفع نقصان سوچتی ہے۔ پھر جب تنظیم کا حلقہ وسیع ہوتا ہے تو طرح طرح کے لوگ بھی شامل ہو جاتے ہیں۔ جب اقتدار کی بات آتی ہے تو دائیں بائیں سے کھینچ تان بھی ہوتی ہے۔ غرض یہ کہ تنظیم میں دراڑ پڑنے لگتی ہے۔ سبھی پارٹیوں اور تنظیموں میں ایسا ہوتا آیا ہے۔ اب یہ پارٹی کے لیڈر پر منحصر ہے کہ وہ کس طرح پارٹی کے اتحاد کو قائم رکھنے میں کامیابی حاصل کرتا ہے۔ یہی سارے قصے ۲۰۔۱۵ برسوں کی کڑی محنت کے بعد ہندوستان سے پاکستان جانے والوں کی دوسری نسل میں دکھائی دے رہے ہیں۔ ۷۵۔۱۹۷۴ میں امتیازی سلوک کے شکار کچھ مہاجر نوجوانوں نے جب ایک جنگجو مہاجر تنظیم قائم کرنے کا فیصلہ کیا تو کسے پتہ تھا کہ ۱۹۸۸ اور پھر ۱۹۹۰ کے الیکشن میں مہاجر قومی محاذ (ایم کیو ایم) کے سندھ اسمبلی میں ۳۲۔۳۱ اور مرکزی اسمبلی میں ۱۵۔۱۴ اراکین پہنچ کر دونوں جگہوں پر کسی بھی دوسری بڑی جماعت کے حکومت بنانے میں اہم کردار ادا کر سکتے ہیں۔ لیکن ایسا ہوا۔ ۱۹۸۸ میں پیوپلس پارٹی اور پھر ۱۹۹۰ میں اسلامی جمہوری اتحاد کو اقتدار کے لیے ایم کیو ایم کے سامنے جھولی پھیلانی پڑی۔ اسی لیے محاذ کے لیڈر الطاف حسین کو کنگ میکر (بادشاہ گر) کا لقب ملا۔ لیکن ۱۹۹۱ کی آمد کے ساتھ ہی الطاف حسین کے کچھ پرانے ساتھیوں نے ان کے خلاف بگل بجا دیا۔ اس کے بعد تو جیسے قیامت ٹوٹ پڑی۔ باغی لیڈروں کو جان بچانا مشکل ہو رہا ہے۔ ان کے لیڈر آفاق احمد سندھ کے باہر لاہور میں چھپے ہوئے ہیں۔ لیکن ان کے دوسرے ساتھی عامر خاں، نعیم اختر اور یونس خاں وغیرہ ۱۷ جولائی سے پنجاب پولس کی قید میں ہیں۔

پارٹی کے سینئر اور مرکزی کمیٹی کے اہم رکن آفاق احمد نے الطاف حسین کے ذریعے ۱۹۹۰ کے الیکشن میں غلط لوگوں کو ٹکٹ دینے پر اعتراض جتایا۔ الیکشن کے بعد بھی جب اسلامی جمہوری اتحاد اور مہاجر قومی محاذ اور مہاجر قومی محاذ کا سندھ میں سمجھوتا ہوا تو مہاجروں کے لیے کئی رعایتیں سمجھوتوں میں تھیں۔ آفاق احمد کا کہنا ہے کہ اس کے بعد ایک بھی شرط پوری نہیں ہوئی۔ یہاں تک کہ اس سے پہلے پیوپلس پارٹی کی حکومت میں گرفتار کئی ورکروں کو بھی نہیں چھوڑا

گیا۔ بلکہ کئی طرح سے مہاجروں پر ظلم ہوتے رہے۔ دھیرے دھیرے جب الطاف حسین پر الزامات کا سلسلہ بڑھتا گیا تو انھوں نے اس سال مارچ مہینے میں سرگرم مخالفین آفاق احمد، عامر خان اور نعیم اختر کو امریکہ بھیج دیا۔ اس کے فوراً بعد تینوں کو پارٹی سے معطل کر دیا گیا۔ ادھر کراچی میں انکے حامیوں کو ڈرایا دھمکایا جانے لگا۔

حالات کی نزاکت کو دیکھتے ہوئے پارٹی کے ذریعے الزام کی صفائی پیش کرنے کے لیے ۷ا جون کو تینوں لیڈر امریکہ سے واپس کراچی آئے۔ کراچی میں انھوں نے اپنے حامیوں کے علاقے لانڈھی میں پناہ لی۔ ۱۲ جون کو انھوں نے ایک پریس کانفرنس کا انعقاد کیا۔ دیکھتے ہی دیکھتے پورے لانڈھی کو الطاف حسین کے حامیوں نے گھیر لیا۔ اس کے بعد دونوں طرف سے لگاتار ۳۶ گھنٹے تک گولیاں چلتی رہیں۔ خبروں کے مطابق سارا منظر کسی جنگ کے میدان سے کم نہ تھا۔ اس جنگ سے سارا کراچی گونجتا رہا۔ لیکن دور تک پولیس اور سیکوریٹی کا پتہ نہ تھا۔ اس دوران لانڈھی کے باشندوں پر جو گزری وہ قیامت سے کم نہ تھا۔ اس جنگ میں نہ جانے کتنے مارے گئے اور زخمی ہوئے ہفت روزہ تکبیر کے مطابق الطاف حسین کے حامیوں نے اخبارات کو یہ خبر شائع کرنے سے منع کیا تھا۔ پھر بھی دو تین اخبارات نے اس جنگ کی خبر چھاپ کر صحافت کا نام روشن کیا۔

۱۸ جون کو کراچی کے لانڈھی میں دو مہاجر گروپ میں ہوئی ۳۶ گھنٹے کی گھمسان جنگ جب ذرا تھمی تو فوج کی ایک ٹکڑی کی حفاظت میں ایک مرکزی وزیر نے باغیوں کو وہاں سے نکالا۔ اس کے بعد چھپتے چھپاتے آفاق احمد، عامر خاں وغیرہ پہلے کوئٹہ اور پھر لاہور پہنچے۔ لاہور میں پیوپلس پارٹی کے ایک ورکر نے انھیں پناہ دی۔ لیکن ۱۷ جولائی کو پنجاب پولس نے انھیں دہشت گردی کے الزام میں گرفتار کر لیا۔ کسی طرح آفاق احمد بچ نکلے۔ مشہور وکیل عاصمہ جیلانی ان کی رہائی کی کوشش کر رہی ہیں۔

اُدھر کراچی میں باغی مہاجر لیڈروں کے حامی اور اہلِ خانہ کا برا حال ہے۔ اس سلسلے میں آئے دن خون خرابہ اور مار پیٹ ہو رہی ہے۔ چونکہ الطاف حسین نے سندھ اور مرکزی حکومت کی حمایت کی اس لیے انھیں قانون اور پولیس کی حمایت بھی حاصل ہے۔ کہا جا رہا ہے کہ میاں نواز

شریف کے بارہویں ترمیم کو ایم کیو ایم نے باغیوں کو سخت سزائیں دینے کی شرط پر حمایت کی ہے۔اس طرح مہاجر اتحاد میں دراڑ کی علامتیں اُبھر کر سامنے آگئی ہیں۔ حیرانی کی بات یہ ہے کہ ایم کیو ایم کے باغی لیڈروں کو کسی بھی پارٹی کا ساتھ نہیں ملا ہے۔اس کا مطلب یہ ہوا کہ کسی بھی پارٹی کے باغی لیڈروں کا جینا حرام ہوسکتا ہے۔ یہ ایک غیر تحریر شدہ سمجھوتا ہے۔جس پر سبھی جماعتیں متفق نظر آتی ہیں۔

4.8.1991

☆☆☆

وہ انتظار تھا جس کا، یہ وہ سحر تو نہیں

یہ داغ داغ اُجالا یہ شب گزیدہ سحر
وہ انتظار تھا جس کا یہ وہ سحر تو نہیں

’صبحِ آزادی‘ نامی فیض احمد فیض کی اس مشہور نظم کا شعر اگست ۱۹۴۷ سے لے کر اگست ۱۹۹۲ تک اس برصغیر کے ہر حساس دل پر اُبھرتا رہے گا۔جس صبح کا اور جس اُجالے کا لاکھوں کروڑوں لوگوں کا انتظار تھا، آزادی کی صبح نہیں تھی۔اس صبح کو رات کے زہریلی ڈنک نے ڈس لیا تھا اور اجالے میں اس داغ کے نشان تھے۔اگست ۱۹۴۷ کو کچھ برسوں کے بعد ہی پاکستان میں اور پھر کچھ آگے ہندوستان میں بھی ایک ننگی سچائی ابھر کر سامنے آئی۔ برصغیر میں ۱۵۔اگست ۱۹۴۷ کو جس مقصد کے حصول کے لیے دو آزاد ملک وجود میں آئے،کیا ان مقصد کو حاصل کیا گیا؟

پاکستان کے قیام کے پیچھے دو قومی نظریہ تھا۔مسلم لیگ کے لیڈر محمد علی جناح اور ان کے حوارین کا ماننا تھا کہ متحدہ ہندوستان میں ہندو مسلم دو مختلف قومیں ہیں۔ دونوں کا میل کبھی نہیں ہوسکتا۔ایک سماجی ،تہذیبی اور قومی اکائی کے روپ میں دونوں ایک ملک میں نہیں رہ سکتے۔ یعنی مذہب ہی ملک کی پہچان ہے۔اسی اصول پر مبنی انھوں نے تقسیم ہند کی آواز اُٹھائی۔اور

۱۴ اگست ۱۹۴۷ کا ملک کے دو ٹکڑے ہو گئے۔ ہندوستان کے مشرقی اور مغربی علاقوں میں مسلم اکثریتی علاقوں پر پاکستان نامی ملک کی بنیاد رکھی گئی۔ یہ الگ بات ہے کہ محض دو تین برس میں ہی مذہب کے نام پر قائم کردہ پاکستان میں زبان، ثقافت اور معیشت کے معاملے میں تحریک شروع ہوئی جس کا انجام ۱۹۷۱ میں پاکستان کی ٹوٹ اور بنگلہ دیش کے قیام کی شکل میں ظاہر ہوا۔

افسوس کی بات یہ ہے کہ جس نظریہ کا بنیاد بنا کر محمد علی جناح نے ملک تقسیم کروایا تھا آج ہمارے ملک میں بھی کچھ نادان ہستیاں اُسی مذہبی نظریہ کو قومی شناخت بنانے پر تلی ہوئی ہیں۔ یعنی وہ جو غلطی جناح نے ۱۹۴۷ میں کی تھی ہندوستان میں ان دنوں اس کو دہرایا جا رہا ہے۔ کہا نہیں جاسکتا کہ تاریخ کی ایک زبردست غلطی کو دہرانے کا کیا نتیجہ نکلے گا۔ ضرورت تو اس بات کی تھی کہ مذہب کو قومیت سے الگ کر کے معاشی اور سماجی انصاف کو قومیت کی بنیاد بنایا جاتا لیکن شاید معاشی اور سماجی مساوات کی لڑائی ایک مشکل محاذ ہے۔ پھر یہ لڑائی کون لڑے گا؟ سماج کا قائد اور حساس متوسط طبقہ؟ اسے تو اپنے ہی حقوق اور مفاد سے فرصت نہیں ہے۔ وقت کے ساتھ وہ بھی ایک عظیم صارف سماج کا اٹوٹ حصہ بن گیا ہے۔ اس لیے سماجی اور معاشی طور سے پسماندہ لوگوں کی لڑائی کون لڑے؟ پھر کیوں نہ اُسے میٹھی اور سب سے سستی گولی دی جائے؟ بہت پہلے پاکستان میں اور اب ہندوستان میں بھی یہی ہو رہا ہے۔

پاکستان کے قیام عمل میں آتے ہی جاگیرداروں، زمینداروں، تاجروں، نوکرشاہوں اور متوسط طبقے کا طاقتور گروپ اپنے مفاد اور حقوق کے تحفظ میں لگ گیا۔ ان کا ساتھ دیا مولویوں اور ملاؤں نے جو حقائق سے دور ایک ہوائی قلعے کی تعمیر میں لگے ہوئے تھے۔ نتیجہ یہ ہوا کہ ملک کے لاکھوں کروڑوں بے سہارا، بے زمین کسانوں، بندھوا مزدوروں اور غریبوں کا خیال کسی کو نہیں آیا۔ البتہ وقتاً فوقتاً انھیں مذہب کی میٹھی گولیاں ضرور دی جاتی رہیں۔

۱۹۴۷ میں جناح صاحب کی موت کے بعد برسر اقتدار مسلم لیگ میں انتشار پیدا ہونے لگا۔ برسوں میں کابینہ تبدیل کی گئی۔ ۱۹۵۵ میں دستور کے مطابق الیکشن ہوئے لیکن تب تک سیاسی پارٹیاں پھوٹ کے دہانے پر تھیں۔ نتیجہ یہ ہوا کہ نوکرشاہوں کے ہاتھ سے ہوتا ہوا ۱۹۵۰ میں فوجی

ہاتھوں میں چلا گیا۔ اس کے بعد بچے کھچی سیکولر طاقتیں بھی ختم ہوگئیں۔ لگ بھگ دس سال بعد لمبے جد و جہد سے گزر کر سیاسی جماعتوں نے ایک بار پھر خود کو کھڑا کیا۔ مغرب میں پیپلز پارٹی اور مشرق میں عوامی لیگ۔ لیکن ٹریجڈی یہ تھی کہ ۱۹۷۰ کے الیکشن میں مشرقی حصے میں عوامی لیگ اور ذوالفقار علی بھٹو کی پارٹی پیپلز پارٹی مغرب میں سب سے بڑی جماعت بن کر سامنے آئیں۔ ان میں شیخ صاحب کی جماعت کا اکثریت حاصل تھی۔ لیکن اپنی علاقائی مانگوں کے سبب وہ اکثریت حاصل ہونے پر بھی وزیر اعظم نہیں بن سکتے تھے۔ آخر میں بھٹو نے اپنی پارٹی کو منظوری دلوانے کے لیے اس وقت کے فوجی صدر یحییٰ خان کو اکسا کر مجیب الرحمن پر ملک کو توڑنے کا الزام لگا کر گرفتار کروا دیا۔ اس کے بعد س وقت کے مشرقی پاکستان میں جو کچھ بھی ہوا وہ تاریخ میں ایک کالا صفحہ بن چکا ہے۔ لیکن مذہب کے نام پر قائم پاکستان اور جناح صاحب کا دو قومی نظریہ دونوں بے معنی ثابت ہوئے۔ محض ۲۴ برسوں میں پاکستان کے دو ٹکڑے ہو گئے۔

ایک چھوٹا سا رواداری خیمہ آج بھی اس بات پر زور دیتا ہے کہ جناح ایک روادار جمہوری اور ترقی پذیر پاکستان کو خواب دیکھتے تھے۔ دوسرے طرف اکثریت کٹر پنتھی جناح کو ٹھوس شریعت یعنی دھرم کی بنیاد پر پاکستان کا بانی بنانا چاہتے ہیں۔ غرض یہ کہ اس وقت اور برسوں سے پاکستانی سیاست چوں چوں کا مربّہ بنکر رہ گئی ہے۔ نہ تو وہ روادار جمہوری سمت اختیار کر سکی ہے نہ ہی وہ شریعت پر مبنی ہے۔ اعلیٰ متوسط طبقہ تو کسی طرح سماجی اور معاشی طور پر اپنی ہستی سنبھالتا رہا۔ لیکن ادنیٰ متوسط طبقہ اور اس سے بھی نیچے کا ایک بڑا طبقہ آج بھی اس سماج کے لیے ترستا ہے جس کی کرنوں سے رہنماؤں اور لیڈروں نے خوشحالی پھوٹنے کا خواب دکھایا تھا۔ سب کچھ ویسا ہی ہے۔ وہی زمین داری، ساہوکار، افسر، بابو، پولس، عدالت اور اس کے ساتھ ساتھ صدیوں سے وراثت میں ملی غریبی اور بدحالی پاکستان میں بھی بنگلہ دیش میں بھی اور ہمارے ملک میں بھی۔ اس لیے اس سال بھی اگر آزادی کی صبح یاد آجائے 'وہ انتظار تھا جس کا یہ وہ سحر تو نہیں' تو کیا کچھ غلط ہے۔

11.8.1991

☆☆☆

ثقافتی علیحدگی کا درد

کراچی کے انگریزی ''ڈان'' (۲۳ اگست) میں ''ثقافتی علیحدگی: پاکستان ایک عالم سے جدا'' کے عنوانسے محمد علی صدیقی کا ایک دلچسپ اور سنجیدہ مضمون شائع ہوا ہے۔ مضمون کے شروعات میں وہ لکھتے ہیں: ''ایک پاکستانی ہونے کے ناطے مجھے اس بات پر اکثر دُکھ ہوتا ہے کہ میں اس طرح کی دنیا یا ماحول کا نہیں ہوں جن معنوں میں کوئی اردن شہری عرب دنیا کا یا پھر کو بارسیلونا (اسپین) کا شہری خود کو پکاسو اور نیرودا سے خود کو وابستہ کرتے ہوئے خود کو میکسیکو یا چلی کا باشندہ سمجھتا ہے۔''

اس کے بعد مصنف اس بات کی صداقت ظہار کرتے ہیں کہ ایک مہذب دنیا میں کسی طرح عربی آدمی خلیج سے اٹلانٹک تک بڑھتا جاتا ہے۔ سعودی عرب کا ایک نوجوان وہاں کی گھٹن سے نکل کر شام چلا جاتا ہے۔ وہاں اس کے ماحول نے اپنا گھر بسایا ہے۔ لیکن نوجوان وہاں سے بھی اکتا کر لبنان چلا جاتا ہے۔ اس کے بعد وہ اعلیٰ تعلیم کے لیے لیبیا اور پھر نوکری کے لیے الجیریا چلا جاتا ہے۔ اسی طرح اس کی چھوٹی بہن اور دوسرے تہذیب اور زبان کی یکسانیت سے عرب دُنیا میں ایک ملک کے شہری دوسرے ملک میں آسانی سے آنا جانا کر سکتے ہیں۔ شادی بیاہ کر کے گھر بسا سکتے ہیں۔

اسی طرح مصنف نے جنوب مشرق ایشیائی ملکوں کے ASIAAN گروپ کو صرف سیاسی تنظیم نہیں بلکہ ابھرتے ہوئے ثقافتی کلب کا نام دیا ہے۔ ان ممالک (ملیشیا۔ انڈونیشیا، سنگاپور، کوریا) میں کہیں بھی ملایا، انڈونیشیائی، چینی یا پھر انگریزی کی معلومات اجنبی پن دور کر دیتی ہے۔ اس کے بعد ہی مصنف اپنے اصل مضمون پر آتے ہیں۔ کہا پاکستان کا تعلق کسی ایسی دنیا سے ہے؟ جواب میں خود لکھتے ہیں ''صاف صاف لکھوں تو، نہیں۔ تہذیبی سطح پر ہم پاکستانی الگ تھلگ ہیں۔ مسلم اتحاد پر لمبی چوڑی بات ہونے پر بھی مشرقِ وسطیٰ کے پڑوسیوں سے ہمارے فطری طور پر تہذیبی تعلقات قائم نہیں ہو سکتے ہیں۔'' اپنے اس مضمون میں مصنف

پاکستان کو انگریزی اور جدید تکنیک کے درآمد کے سبب تہذیبی طور پر مغرب سے زیادہ قریب محسوس کرتے ہیں۔اس کے بعد انھوں نے ایران اور افغانستان سے پاکستانی تہذیب کو وابستہ کرنے کی وکالت کی۔مضمون میں اس پر بھی بہت کچھ کہا گیا ہے۔

''ڈان'' کے اس مضمون سے اتنا تو صاف پتہ چلتا ہے کہ پاکستان کے دانشوروں کا اپنی تہذیبی شناخت کی بے حد فکر ہے۔ان میں ایک بے قراری ہے، بے چینی ہے۔آخر ان کی تہذیب کہاں سے شروع ہوئی؟ حقیقت میں پاکستانیوں کی تہذیبی طلب اور پہچان کی طلب پاکستان کے قیام کے بعد ہی شروع ہوئی۔سیاسی داؤ پیچ سے جب ایک عظیم اور متحدہ ملک کا اچانک ایک چھوٹا حصہ ۱۴ اگست ۱۹۴۷ کو الگ ہوگیا تو اس کی تہذیب اور تاریخ کہاں سے شروع ہوئی۔حقیقت میں پاکستانیوں کی تہذیبی طلب اور پہچان کی طلب پاکستان کے قیام کے بعد ہی شروع ہوئی۔کم از کم اس وقت تو ایک قدیم و عظیم اور قابلِ فخر تہذیب تو ان کی حصہ دار نہیں ہوسکتی تھی۔اسے تو انھوں نے برسوں ہندو تہذیب کا نام دیا ہوا تھا۔معاملہ اسی بات پر بگڑ گیا۔ اس سے پہلے شروع کے کئی برسوں تک اس بات پر بحث چلتی رہے کہ پاکستانی تہذیب کی شروعات کہاں سے کی جائے؟ کٹھ ملاؤں اور ان کے حمایتی دانشوروں نے سندھ پر محمد بن قاسم کے حملے یعنی ۷۱۲ عیسوی سے پاکستانی تہذیب کی شروعات مانی۔کچھ لوگوں کو یہ بات پسند نہیں آئی تو انھوں نے مغلیہ خاندان کے اقتدار کے بعد سے پاکستان کی تاریخ اور تہذیب کی بنیاد بنائی۔برسوں تک یہی رائے قائم رہے۔لیکن پاکستانی تاریخ داں اور محقق، ملا، موہن جوداڑوں اور ہڑپّا کی عظیم تہذیبوں کی وراثت سے آنکھیں کیسے موند سکتے تھے؟ وہ مشہور عالم قلیلہ، گندھار، مکران، چھچھ، سوات وغیرہ کے بولتے ہوئے کھنڈروں، استوپوں، سکوں، مورتیوں، برتن، زیور، اور مٹی کے کھلونوں وغیرہ کو کہاں چھپا سکتے تھے؟ عربوں سے سینکڑوں برس پہلے بلوچستان، پشاور، سندھ اور پنجاب میں آریوں، ہون، کشان، یونانی، مشاکیہ اور پارتھی وغیرہ ذاتوں کو کیسے مٹا سکتے تھے۔جن کی نشانیاں نہ صرف عجائب گھروں میں ہیں بلکہ ان کی زندہ نشانیاں لوگوں کے چہروں، بولی اور رسم و رواج تک میں بھی موجود ہیں۔اسی لیے برسوں بعد کچھ دانشوروں، تاریخ دانوں اور مفکروں نے پاکستانی تہذیب کو دنیا کی قدیم تہذیب بتانے کی مہم شروع کی۔پروفیسر عبدالحمید

دانی اور سبط حسن ایسے ہی دو مشہور عالموں نے نئے سرے سے پاکستان کی تاریخ اور تہذیب کی از سرِ نو تعمیر پر کام کرنا شروع کیا۔

پاکستانی تہذیب کی تاریخ پر ۱۹۷۷ میں سبط حسن نے اپنی مشہور کتاب ''پاکستان میں تہذیبی ترقی'' میں دو ٹوک الفاظ میں لکھا ہے ''پاکستانی ۱۴ اگست ۱۹۴۷ سے پہلے تہذیب سے انجان تھے؟ ظاہر ہے کہ ہر عقلمند آدمی اس سوال کا جواب نہ میں دے گا۔ حقیقت میں پاکستان کی تہذیب اتنی ہی پرانی ہے جتنے یہاں کے لوگ۔

سبط حسن نے وادیٔ سندھ کی تہذیب سے پاکستانی تہذیب اور ثقافت کو جوڑ کر پورے پاکستان کے معنی کو ہی سچ ثابت کرنے کی کوشش کی۔ انھوں نے موہنجو داڑوں، ہڑپّا کے بعد پاکستان میں آریہ تہذیب، تاریخ اور ثقافت کی تفصیل بیان کی ہے۔

سبط حسن نے لکھا ہے ''رامائن کے مطابق تکشیلا کی بنیاد راجا رام چندر کے سوتیلے بھائی راجا بھرت نے ڈالی تھی۔ انھوں نے اپنے ایک بیٹے ٹیکساکس ٹیکسا شیلا کی گد پر بٹھایا تھا۔ اس کے بعد سبط حسن بتاتے ہیں کہ پانڈووں کی ایک اولاد پریکشت نے ٹکسیا شیلا میں اقتدار قائم کیا۔ پریکشت کے بیٹے جنم جایا نے ناگاؤں کو شکست دے کر 'اشومیگھ' کے یگیہ کا انعقاد کیا۔ اس موقع پر کوی ویاس کی لکھی ہوئی مہابھارت کی داستان شروع سے آخر تک پڑھ کر سنائی گئی۔ وہ آگے لکھتے ہیں ''یاد رہے دنیا کی سب سے پرانی کتاب رگ وید اسی سرزمین پر لکھی گئی تھی اور اب دنیا کی سب سے لمبی اور طویل نظم بھی اسی سرزمین پر لکھی گئی۔ ان کے مطابق ''مہابھارت کا سب سے قدیم تذکرہ سنسکرت کے مشہور پنڈت پانِنی کی کتاب میں ملتا ہے جو تکشیلا کے قریب سلوتتہ کا رہنے والا تھا۔ سنسکرت کی پہلی شرح اسی نے لکھی تھی۔

آریوں، مہابھارت کے بعد سبط حسن ایرانی حملہ آوروں، بدھ ازم کی تبلیغ گندھار آرٹ یونانی حملہ وغیرہ سے ہوتے ہوئے عرب حملہ آوروں تک پہنچتے ہیں۔ اس کے بعد وہ دلی سلطانوں سے ہوتے ہوئے مغلوں، انگریزوں اور پھر پاکستان کے قیام تک پہنچتے ہیں۔ کتاب میں برصغیر پر بھکتی تحریک کے اثرات سے قائم ہونے والے تہذیبی اتحاد پر بھی روشنی ڈالی گئی ہے۔ غرض یہ کہ سبط حسن نے قدیم ہندوستان کی اس تہذیب کو پاکستان کی تہذیب سے ملانے کی کوشش کی

ہے جو ہماری بھی تہذیبی وراثت ہے۔اسی تہذیبی وراثت کی نشانیاں اوراس کی جیتی جاگتی زندہ علامتیں ہندوستان، بنگلہ دیش، نیپال، سری لنکا، افغانستان، بھوٹان، تبت اور بہت کچھ برما میں بھی دیکھنے کو ملتی ہیں۔یورپ اورامریکہ کے علاوہ عرب ممالک میں بھی ان سبھی ملکوں کے باشندے ہندی یعنی ہندوستانی کہہ کر پکارے جاتے ہیں۔بلکہ کئی پاکستانیوں کواس بات سے سخت چڑ ہوتے ہے کہ عرب دُنیا میں بھی انھیں ہندی مسلمان سمجھا جاتا ہے۔

ثقافتی علیحدگی کو محسوس کرنے والے تاریخی حقیقت سے آنکھیں موند بیٹھے ہیں۔اس پورے کرہ ارض کی تہذیب کسی ایک ذات، مذہب کے ماننے والے۔زبان بولنے والے علاقے و سیاسی سرحد وغیرہ سے جدا نہیں ہیں۔اس عظیم تہذیبی سمندر میں کئی تہذیبیں صدیوں سے ضم ہوتی رہی ہیں۔اس زمین کے عظیم حصے کا باشندہ اگر ثقافتی علیحدگی محسوس کرتا ہے تو ماتم کرنے کا دل ہوتا ہے۔

1.9.1991

☆☆☆

پاکستان میں غیر مسلم ہونا

انگریزی روزنامہ ''ڈان'' (کراچی ۱۳ ستمبر) کے ایک مضمون کا عنوان چونکا دینے والا ہے ''جب کوئی مسلمان نہیں ہوتا ہے''۔مصنف میمون حسین لکھتے ہیں ''چاہے وہ عیسائی (۵ئ ۳ فیصد) ہندو (۵ئ ۳ فی صد) قادیانی، پارسی یا دیگر (۱ فی صد) ہوں دھوکہ دہی اورخوف کا احساس غیر مسلموں میں بڑے پیمانے پر پھیل رہا ہے۔'' حسین صاحب لکھتے ہیں کہ دھیرے دھیرے الگ قاعدے قانون بنانے سے پاکستان کے تقریباً چالیس لاکھ غیر مسلم ملک کے قومی دھارے سے منقطع ہوتے جارہے ہیں۔ان کا اشارہ ملک میں مذہبی اقلیتوں کے لیے ریاستوں اورقومی اسمبلی میں آبادی کے تناسب میں الگ سے ان کے ہی نمائندے منتخب کیے جانے کے رواج سے ہے۔اس طرح وہ ملک کے اہم قانون، شریعت بل کی پہنچ سے بھی دور ہیں۔

مضمون میں جن خصوصی موضوعات پر زور دیا گیا ہے ان کے مطابق پاکستانی فوج میں کوئی بھی غیر مسلم بریگیڈیر کے عہدے سے اوپر نہیں جا سکتا ہے۔ سرکاری نوکریوں میں وہ کسی کارپوریشن کا صدر نہیں ہو سکتا ہے۔ غیر مسلموں کے لیے سپریم کورٹ میں چیف جسٹس کا عہدہ سنبھالنا ممکن نہیں ہے۔ فی الحال ایک استثنیٰ ہے) عدالتوں میں غیر مسلم کی گواہی کسی مسلم کی بہ نسبت آدھی تسلیم کی جاتی ہے۔ اسی طرح حادثات وغیرہ میں موت پر معاوضہ بھی آدھا ہوتا ہے۔ قادیانیوں کو کلمہ طیبہ پڑھنا یا اسے اپنے پاس رکھنا سخت منع ہے۔ پچھلے کچھ برس میں سیکڑوں قادیانیوں کو اس کی سزا مل چکی ہے۔ مضمون نگار نے ایک خاص اور اہم مسئلے پر بھی قلم اُٹھایا ہے اور بے حد صاف گوئی سے کام لیا ہے۔ انھوں نے لکھا ہے" اگر آپ ہندو ہوئے تو آپ کو ممکنہ جاسوس اور مادرِ وطن کا دُشمن سمجھا جاتا ہے۔"

ہندوؤں کے بارے میں پاکستانی مسلم سماج میں اور مسلمانوں کے بارے میں ہندوستانی سماج میں یہ ایک انوکھی غلط فہمی ہے۔ اس معاملے میں دونوں ملکوں میں کتنی یکسانیت ہے۔ حالانکہ دونوں ملکوں میں اوپری طور پر سماجی اور ثقافتی سطح پر ہندو مسلمانوں میں فرق کرنا بہت مشکل ہے۔ پاکستان کا ہندو سماج مقامی زبان (سندھی، پنجابی، بلوچ اور پختون) بولتا ہے۔ اس کا لباس بھی مقامی مسلمانوں سے الگ نہیں ہے۔ پھر بھی مشکل حالات میں وہ کسی مخصوص مذہب کا نام لیوا ہونے کی وجہ سے غدار ہو جاتا ہے۔

پاکستانی ہندو برادری کو سب سے زیادہ خطرہ ہندوستان میں ہندو مسلم فساد کے موقع پر ہوتا ہے۔ ہندستان میں فساد کی خبر پہنچتے ہی وہاں تناؤ شروع ہو جاتا ہے۔ خاص طور پر ہندوستان اور غیر سرکاری طور پر انسانی حقوق ادارے اس معاملے میں خاموش رہتے ہیں۔ المیہ یہ ہے کہ ہندوستان بھی نہیں چاہتا کہ یہاں ہونے والے فسادات پر کہیں سے آواز اُٹھے اسے ملک کا اندرونی معاملہ کہا جاتا ہے۔ ہندوستان ہو یا پاکستان۔ اکثریت ہو یا اقلیت کوئی بھی شہری محض تعداد کی بنا پر خود کو غیر محفوظ یا اذیت میں محسوس کرے یہ ایک شرم ناک اور افسوس ناک بات ہے۔ پھر بھی پاکستان میں (اور خود یہاں ہندوستان میں) یہ تسلیم کیا جاتا ہے کہ اقلیتوں سے ہمدردی، محبت اور بھائی چارگی کا برتاؤ کیا جاتا ہے۔ اس کا سہرا یہاں کی اکثریت آبادی کو جاتا ہے۔

جنرل ضیاء الحق نے ۱۹۸۵ نے قومی اسمبلی کے ۲۰۷ سیٹوں میں سے ۱۰ سیٹیں اقلیتوں کے لیے مقرر کی تھیں۔ ان ۱۰ سیٹوں پر اقلیتی امیدوار ہی کھڑے ہو سکتے ہیں۔ اور انھیں ووٹ دینے والے بھی اقلیت ہی ہوتے ہیں۔ اس کا نتیجہ یہ ہے کہ ان کی آواز بہت کمزور ہو جاتی ہے۔ اکثریت مسلم اراکین اقلیتوں کے مسائل میں دلچسپی نہیں لیتے ہیں۔ پھر اقلیتوں میں ایماندار، فرض شناس، اور بہتر امیدوار اکثریتی علاقوں کی نمائندگی نہیں کر سکتے۔

سب سے بڑا مسئلہ میڈیا اور ذرائع ابلاغ کا ہے۔ برسوں پاکستانی اخبار اور رسالے پڑھنے پر بھی ہم نے اس طرح کا مضمون پہلی بار دیکھا۔ پاکستانی اقلیتوں کے سماجی، ثقافتی اور دیگر معاملات پر نہ تو مضامین شائع ہوتے ہیں اور نہ ہی کوئی دوسری خبر نظر آتی ہے۔ سیاست، کاروبار، قانون، تعلیم وغیرہ میں دو چار نام پڑھنے کو ملتے ہیں، لیکن صحافی دنیا میں ایک دو پارسی ناموں کے علاوہ دیگر اقلیتی نام نہیں دکھائی دیتے۔ البتہ کراچی جرنلسٹ ایسوسی ایشن کے دفتر میں ایک بزرگ صحافی بھگوان داس جی بیٹھے ملیں گے۔ جن کی دیکھ بھال ایسوسی ایشن کرتی ہے۔ غرض یہ کہ اطلاعات اور خبروں کے اس دور میں پاکستانی اقلیت کے بارے میں معلومات نہ ملنا ایک افسوس ناک بات ہے۔

29.09.1991

☆☆☆

پاکستانی ڈراموں کے بدلتے چہرے

اس سال پاکستان کی آزادی (۱۴ اگست) کے موقع پر لاہور کا ترقی پسند ڈرامہ گروپ ''لوک رہسیہ'' کے ذریعے پیش کردہ ڈرامہ ''کرلات'' (چیخ) نے ڈراموں کے شیدائی، حساس پاکستانی، دانشور طبقہ کو جھنجوڑ کر رکھ دیا۔ کرلات کی چیخ لاہور کے گیکو انسٹی ٹیوٹ کی دیواروں کو چیر کر اخبارات اور رسائل کے صفحات کے ذریعے پورے پاکستان میں گونج رہی ہے۔ اس سے پہلے کسی کے گمان میں بھی نہیں تھا کہ بھونڈے بھدے، سطحی اور بازاری قسم کے پھوہڑ ڈراموں کے شور

میں ڈوبے ہوئے لاہور کے اسٹیج پر اچانک ایک حساس، با معنی اور فنی ڈرامہ پیش کیا جائے گا جو سنجیدہ شائقین اور نقادوں کے درمیان ہوا کے ایک خوشگوار جھونکے کی طرح پاکستان میں ڈراموں کے روشن مستقبل کی خبر دے گا۔ اسے 'کرلات' پر بحث جاری ہے۔ لیکن بحث کا موضوع ڈرامے کا تخلیقی پہلو ہی نہیں بلکہ آئینے کی طرح کمیونزم اور عیش میں ڈوبے ہوئے دولتمند طبقے کے درمیان پستی ہوئی معصوم اور غریب سماج کی سب سے پسماندہ ہستی یعنی عورت کی بے بسی اور لاچارگی کی شرمناک داستان ہے۔ ڈرامے کا مقصد صرف ظلم کی داستان بیان کرنا ہی نہیں ہے۔ بلکہ اس سے آگے اسے آسرا دینے والے ان ہاتھوں کو بھی دکھانا ہے جو کسی بھی سماج میں سکے کے دوسرے پہلو کے روپ میں رہتے ہیں۔ 'کرلات' کا یہی روشن پہلو آنے والے سماج کی ترقی پسند شبیہ کی علامت ہے۔

'کرلات' کے ہیروئن پروین ایک غریب اسکول ماسٹر کی بیٹی ہے۔ گھر کا خرچ چلانے کے لیے وہ خود یہاں وہاں بچوں کو ٹیوشن پڑھاتی ہے۔ گھر سے باہر نکلنے کے دوران وہ غنڈوں کے چنگل میں پھنس جاتی ہے۔ عصمت دری کے بعد غنڈے اسے اس کے گھر کے سامنے چھوڑ دیتے ہیں جیسا کہ دستور ہے سماج کا امیر طبقہ اور دوسرے لوگ پروین کو ہی واردات کا ذمہ دار بتاتے ہیں۔ معاملہ پولس اور عدالت تک پہنچتا ہے۔ عدالت میں پروین ہی مجرم قرار دی جاتی ہے۔ غنڈے، پولس، عدالت، مذہبی رہنما اور سماج کا امیر طبقہ سماج کی سب سے کمزور ہستی کو ہی جرم کا سزاوار ٹھہراتے ہیں۔ پروین کو بدچلنی کے الزام میں سزا ہو جاتی ہے۔ اس المناک ڈرامے کا خوشگوار کلائمیکس ہے پروین کے منگیتر کا وعدہ۔ جیل جاتی ہوئی پروین کو وہ یقین دلاتا ہے کہ اس کی سزا ختم ہونے تک وہ اس کا انتظار کرے گا۔

ناظرین کو ڈرامے کی کہانی اس لیے بھی جھنجوڑ گئی کہ مارشل لا کے دوران جب شریعت کا ڈنکا بج رہا تھا تو ان دنوں پنجاب کے ایک گاؤں میں کسی اندھی لڑکی کے مالک نے اس کے ساتھ عصمت دری کی۔ واقعہ پر سے پردہ اُٹھنے کے بعد عدالت نے لڑکی کو ہی سزا سنائی۔ اسی طرح پنجاب کے ہی ایک غریب گھر کی عورتوں کو زمین دار نے بندوق کی نال پر گاؤں میں برہنہ گھمایا۔ بعد میں زمین دار کا بال تک بیکا نہیں ہوا۔ کچھ اسی طرح کے واقعات ہمارے ملک

میں بھی ہونے لگے ہیں۔ برسوں بعد پاکستان میں اس طرح کے گھناونے واقعات کو اسٹیج پر پیش کر کے مظلوم عورتوں کے خلاف ہو رہی ناانصافی پر آواز اٹھانے کی کوشش قابل ستائش ہے۔

'لوک رہتل' کے ذریعے پیش کردہ ''کرلات'' کے مصنف لخت پاشا نے عوامی ڈراموں کے روایت کے مطابق بیچ بیچ میں ہندوستانی دیو مالائی کہانیوں کے مقبول ترین کردار نارد منی کا استعمال کر کے ڈرامے کو برصغیر کے قریب لانے کی کامیاب کوشش کی ہے۔ اپنے تیکھے اور چبھتے ہوئے مکالموں کے ذریعے نارد منی اپنے ساتھ ایک خاتون کردار 'ہونی' (تقدیر) کو سماج میں پھیلے ہوئے ظلم اور بدعنوانی کا پردہ فاش کرتے ہیں۔ غرض یہ کہ محمد وسیم کی ہدایت میں پیش کردہ ڈرامہ 'کرلات' پاکستان میں بحث کا موضوع بنا ہوا ہے۔ ڈراموں کے شیدائی امید کر رہے ہیں کہ ایک بار پھر سماجی حقائق کو اجاگر کرنے کے لیے اسٹیج کا استعمال کیا جائے گا۔

ویسے لاہور کیا پورے پاکستان میں سنجیدہ ڈراموں کا ٹھکانہ نہیں ہے۔ ڈرامہ نگار اور ڈراموں کے فن کار دنیا بھر کی مشکلات کا رونا روتے ہیں۔ ان میں شائقین کی کمی سے لے کر اچھے ڈراموں کی کمی کا بھی ذکر ہوتا ہے۔ حالانکہ پاکستانی ادب (اردو، پنجابی، پشتون، بلوچ اور سندھی) میں ایک سے بڑھ کر مصنف ہیں۔ دقت یہ ہے کہ ہمارے یہاں کی طرح پاکستان میں بھی ڈرامہ نگاری کو ادب نہیں سمجھا جاتا۔ کسی زمانے میں لاہور میں اردو کا سب سے عظیم ڈرامہ 'انارکلی' لکھا گیا تھا۔ اس کے مصنف سید امتیاز علی تاج پاکستان کے قیام کے کئی برس بعد بھی مختلف ڈرامہ اکیڈمیوں میں کام کرتے رہے۔ منٹو، احمد ندیم قاسمی، شوکت صدیقی اور کئی معروف قلمکاروں نے ڈرامے لکھے۔ الگ الگ حکومتوں میں ڈرامہ اور آرٹ اکیڈمیوں کا قیام عمل میں آیا۔ پھر بھی فنونِ لطیفہ کی اس شاخ کو ایک مضبوط بنیاد حاصل نہیں ہو سکی۔ حیرت کی بات یہ ہے کہ پنجاب اور سندھ کے میلے ٹھیلوں اور گاؤں دیہاتوں میں دیگر مواقع پر 'لوک کلا' کا رواج آج بھی قائم ہے۔ بلھے شاہ، وارث شاہ، لطیف بھٹائی اور سچل سرمست کے بھکتی بھرے تان آج بھی شوق سے سنے جاتے ہیں۔ ہیر رانجھا کی کہانیوں پر مبنی نوٹنکی سینکڑوں کا مجمع جمع کر لیتی ہیں۔ اس طرح پاکستانی سماج اپنی عوامی وراثت کی پونجی کو بچائے ہوئے ہے۔ لیکن سنجیدہ ڈرامے اور صحیح معنوں میں اسٹیج کا کہیں پتہ نہیں چلتا۔ حالانکہ کسی زمانے میں لاہور ڈراموں کا مرکز ہوا کرتا

تھا۔مشہور ڈرامہ نگار آغا حشر کاشمیری کی سرزمین لاہور میں یہ کیسا سونا پن ہے؟اس کے لیے یا تو ڈراموں کے فنکار ذمہ دار ہیں یا پھر لوگ۔

لوگوں کا کیا کہنا؟ وہ تو آج بھی اوٹ پٹانگ تھیٹر اور ڈرامے دیکھنے کے لیے لاہور، ملتان، کوئٹہ، فیصل آباد، کراچی، سور، پشاور، وغیرہ میں امڈے چلے آتے ہیں۔عمر شریف تو 'بکرا قسطوں پر' کی کامیابی کے بعد سپر اسٹار بن گئے ہیں۔اس سے پہلے بھی لاہور اور کراچی کے اسٹیجوں پر دو تین سو روپے کی ٹکٹیں بکتی تھیں۔'بڈھا گھر پہ ہے'، دوبئی چلو، چلو چلو سسرال چلیں، اب تو جانے دو، اللہ رے قسمیں، ہم تو چلے پردیس، دو بیویوں کا شوہر وغیرہ نام نہاد کامیڈی ڈراموں پر شائقین ٹوٹ پڑتے ہیں۔پچھلی ایک دہائی سے اس طرح کے اوٹ پٹانگ اور بے سر پیر کے ڈراموں کا سیلاب آیا ہوا ہے۔بدقسمتی سے ہمارے یہاں بھی ان کے کیسٹ مقبول ہیں۔لاہور میں ان سارے ڈراموں کی مقبولیت کا یہ حال ہے کہ مشہور تھیٹر الحمراء ہال کے دو تین اسٹیج تقریباً اگلے پانچ برس تک بک ہو چکے ہیں۔فی الحال وہاں نئی اسکرپٹ نہیں لی جا رہی ہے۔کچھ لوگوں کا کہنا ہے کہ الحمراء کامپلیکس پر ڈرامہ مافیا کا قبضہ ہو گیا ہے۔'الحمرائ' کو سنجیدہ فنونِ لطیفہ کے لیے چار پانچ برس پہلے بنایا گیا تھا۔دھیرے دھیرے ان پر کمرشیل تھیٹر کا قبضہ ہو گیا۔شاید اسی لیے 'کرلات' کا شو گیکو انسٹی ٹیوٹ میں ہوا۔

لاہور کے لوک رہسیہ کی طرح کراچی کے رائٹر ڈائریکٹر علی احمد بھی پچھلے کئی برس سے تن تنہا سنجیدہ اور حساس ڈراموں کے لیے وقف ہو چکے ہیں۔گزشتہ مہینے انکے ڈراموں کا دوسرا مجموعہ ''جاگتے سوتے'' ڈرامہ فن کاروں کے لیے حوصلہ افزا ثابت ہوا۔اس مجموعے کے سبھی ڈرامے کامیابی سے اسٹیج ہو چکے ہیں۔ان کے ڈراموں میں بھی پاکستانی سماج کا آئینہ نظر آتا ہے۔انھوں نے فنی اعتبار سے شائقین کو چونکا دینے والے ڈرامے دیے۔'قصہ سوتے جاگتے کا'، سونے کی دیواریں، شیشے کے آدمی، روشنی وغیرہ ڈراموں میں انھوں نے استحصال، ظلم، سماجی ناانصافی اور ایسے ہی عنوانات پر بھرپور حملے کیے۔

پاکستان ہو یا ہندوستان ڈرامہ نگاروں کے سامنے ٹیلی ویژن اور ویڈیو ایک بہت بڑا چیلنج ہے۔پاکستان میں بھی فن کار اسٹیج کو ٹی وی میں داخلے کا راستہ مانتے ہیں۔چھوٹے بڑے

قلمکاروں کی ٹولیاں بھی چھوٹے پردے پر نگاہیں جمائے بیٹھی ہیں۔ پھر وہاں ہمارے یہاں کی طرح اسٹیج کو سرکاری امداد یا تربیت کا انتظام نہیں ہے۔فن کار، قلم کار، ہدایت کار یا ٹیکنیشین کو خود ہی سب کچھ سیکھنا اور کرنا پڑتا ہے۔ اتنی ساری مجبوریوں کے باوجود اگر ایک فنی اور تعمیری ڈرامہ کرلات کا شو ہوتا ہے تو یہ ایک بڑی کامیابی ہے۔ اسی کے ساتھ یہ بھی ضروری ہے کہ شاعروں، قوالوں، فلمی اداکاروں کے علاوہ دونوں ملکوں کے ڈرامہ نگاروں کا بھی تبادلہ ہو۔ خوشی کی بات ہے کہ ہمارے حبیب تنویر، ستیہ دیو دوبے، بادل سرکار، اور القاضی وغیرہ پاکستانی دنیا میں معروف نام ہیں۔ پتہ نہیں مہینے دو مہینے میں ہونے والی سیکریٹریوں کی میٹنگ میں ڈرامہ گروپ کے دوروں کی بات کیوں نہیں ہوتی ہے۔

6.10.1991

☆☆☆

ایک شرمناک واقعہ پر عوام خاموش کیوں ہے؟

ہمارے یہاں کے اخبارات میں بھی ان دنوں بے نظیر بھٹو کی سہیلی وینا حیات کے بارےمیں لگاتار خبریں شائع ہو رہی ہیں۔ ۴۰ سالہ وینا حیات پاکستان کے بزرگ ترین سرحدی لیڈر شوکت حیات کی بیٹی ہیں۔ خبروں کے مطابق پچھلے ۲۷ نومبر کی رات پانچ پولس اہلکار کراچی میں واقع ان کے بنگلے میں گھسے اور انھیں رات بھر پریشان کیا۔ اسی دوران ان کی زبردستی آبروریزی بھی کی گئی۔ بیچ بیچ میں پولس اہلکاران سے یہ معلوم کرنے کی کوشش کرتے رہے کہ وہ کلفٹن میں بے نظیر کے بنگلے میں کیا کرتی ہیں؟ انھوں نے وینا حیات کو بتایا کہ وہ اپنی ڈیوٹی پر ہیں اور اعلیٰ عہدے داروں کے حکم کی تعمیل کر رہے ہیں۔ باتوں ہی باتوں میں انھوں نے سندھ کے وزیر اعلیٰ جام صادق علی کے مشیر عرفان اللہ ماروات کا نام لیا۔ ماروات صدرِ پاکستان غلام اسحٰق خان کے داماد ہیں۔

دوسرے دن ہی اس معاملے کی خبر پھیلنے لگی۔ بے نظیر بھٹو نے اس معاملے میں صدر غلام

اسحٰق خان اور سندھ کے وزیر اعلیٰ جابر صادق کے استعفیٰ کی مانگ شروع کر دی۔

عام پاکستانیوں کی نظر میں بینظیر کی مانگ میں دم نظر نہیں آیا۔ پچھلے مہینے بھر سے سندھ سے بڑے پیمانے پر پیوپلس پارٹی کے ورکروں کی گرفتاری کا سلسلہ جاری ہے۔ ان پر زیادہ تر دہشت گردی پھیلانے کا الزام لگایا جا رہا ہے۔ وینا کی خبر بھی شاید اسی الزام کی ہوا میں دب گئی۔ یہاں تک کہ پاکستانی اخبارات میں بھی اس واقعہ کا تذکرہ بڑے پیمانے پر نہیں ہوا۔ یہاں تک کہ 'ڈان' گروپ کے انگریزی ماہنامہ 'ہیرالڈ' میں بھی اس خبر پر آگ نہیں لگی۔ عام لوگوں کی نظر میں یہ بڑے لوگوں کی خبر رہی ہوگی۔ جس سے انھیں کچھ خاص لینا دینا نہیں ہوتا۔ پھر معاملہ بے نظیر کی سہیلی سے وابستہ تھا۔ شاید اس لیے بھی بڑے پیمانے پر کوئی تحریک نہیں چلی۔

لیکن موصولہ اطلاعات اور خبروں کے مطابق وینا حیات (کچھ اخبار فرزانہ حیات لکھ رہے ہیں) کے تازہ واقعہ نے کسی تحریک کا رخ اختیار نہیں کیا ہے۔ حالانکہ پاکستانی سماج میں آبرو ریزی ایک بڑا ہی گھناونا جرم ہے۔ اس کے لیے عام قانون کے علاوہ شریعت کے قانون کی رو سے بھی سزا دینے کا حکم ہے۔ پھر یہ بے حسی اور خاموشی کیوں؟ کیا سماج کے مختلف طبقوں کے لیے حساسیت کے پیمانے الگ ہیں۔ کیا آبرو ریزی کا لفظ کا پاکستانی سماجی لغت میں معنی بدل گیا ہے۔ ۶ دسمبر کا 'ڈان' کراچی پریس کلب میں منعقد اسی موضوع پر ایک خصوصی اجلاس کی مایوس کن تصویر پیش کرتا ہے۔ Against Rape (آبرو ریزی کے خلاف جنگ) نامی ادارے کی اجلاس میں پاکستانی انسانی حقوق کمیشن کے صدر جسٹس دوراب پٹیل کے علاوہ مشکل سے ۲۵۔۳۰ خواتین نظر آ رہی تھیں۔ حیرت کی بات یہ ہے کہ سوائے انگریزی 'ڈان' کے پاکستان سے حاصل ہونے والے کسی اردو اخبار میں اس واقعے اور اجلاس کا ذکر تک نہیں ہے۔ کراچی کے 'جنگ'، اخبار جہاں، جسارت، اور لاہور کے نوائے وقت کے صفحات پر سے یہ خبر غائب ہے۔ جیسے یہ سرے سے خبر ہی نہیں ہے۔ خواتین کی انجمن 'وار' کے علاوہ کچھ اور خواتین تنظیموں نے بھی احتجاجی پروگرام منعقد کیے تھے۔ ہمارے یہاں بھی جو خبریں اس موضوع پر چھپ رہی ہیں وہ ایجنسی رپورٹ ہیں یا پھر لندن کے اخباروں کی بنیاد پر ہیں۔

وینا (فرزانہ) حیات کے والد سردار شوکت حیات صوبہ سرحد کی معروف شخصیت ہیں۔ پاکستان تحریک میں ان کا سرگرم کردار رہا ہے۔ تعجب کی بات یہ ہے کہ صوبہ سرحد میں بھی اس واقعہ

پر کسی بڑے ردعمل کی خبر نہیں ہے۔ البتہ ان جرگے یعنی قبیلے کے کچھ لوگوں نے صدر غلام اسحٰق خاں کے داماد سے بدلہ لینے کی قسم کھائی ہے۔ پھر بھی اب تک مجرموں میں سے کسی کو بھی گرفتار نہیں کیا گیا ہے۔ وزیر اعظم نواز شریف کو اس کی خبر اس کی خبر سینگر میں ہو رہی اسلامی کانفرنس میں ملی۔ انھوں نے فوراً تین الگ الگ مرکزی ایجنسیوں کو جانچ کا حکم دیا۔

دراصل ان دنوں سندھ میں پیوپلس پر حکومت کا زبردست دباؤ ہے۔ دہشت گردی پھیلانے کے الزام میں سینکڑوں ورکر گرفتار کیے جا رہے ہیں۔ پارٹی لیڈر شپ یعنی بے نظیر بھٹو نے اپنی پچھلی پالیسیوں کی وجہ سے سندھیوں کا اعتماد کھو دیا ہے۔ جی ایم سید جیسے قومی سندھی لیڈر کی بیماری کے بعد کوئی دوسرا سندھی لیڈر ابھر کر نہیں آیا ہے۔ 'جئے سندھ' تحریک منقسم ہے۔ ایک گروپ کے نوجوان لیڈر ڈاکٹر قادر مگسی پچھلے دو برس سے جیل میں ہے۔ ایک دوسرے جوشیلے لیڈر رسول بخش پلیجو بے اثر ہیں۔ پورے پاکستانی پارٹی بننے کا دعویٰ کرنے والی پیوپلس پارٹی لیڈر کی سہیلی پر شرمناک حملے ہوئے ہیں۔ لوگوں نے اس پر سنجیدہ نوٹس نہیں لیا۔

ایک بات اور پاکستانی سیاسی جماعتوں اور سماجی اداروں میں کام کرنے والی عورتوں کی اپنی الگ تھلگ دنیا ہے۔ دراصل وہ زیادہ تر اعلیٰ یا پھر اعلیٰ متوسط طبقے سے تعلق رکھتی ہیں۔ ذہنی اور شعوری طور پر تو عوام کے ساتھ ہوتی ہیں۔ بھوک غریبی اور مایوسی کی باتیں تک سمجھتی ہیں۔ لیکن انکا طبقاتی کردار وہی ہوتا ہے۔ یہاں تک کہ پہناوا، اُٹھاوا، کھانا پینا، رہن سہن اور بات چیت کے انداز میں بھی تبدیلی نہیں ہوئی۔ اس طرح انکی شخصیت موم کی گڑیا جیسی ہوتی ہے۔ ان میں سے زیادہ تر کی حیثیت عام پاکستانیوں کی نظر میں محض بناوٹی ہوتی ہے۔ سچ کہیں تو ان کے مقابلے میں ہماری ہندوستانی خاتون سیاستداں اور سماجی کارکن کا لوگوں سے یعنی غریب، بے سہارا عوام سے زیادہ گہرا رشتہ ہوتا ہے۔ کچھ بھی ہو وینا یا فرزانہ حیات کے معاملے میں یہ بات صاف ہوتی ہے ماٹی سے جڑے گہرے رشتے کی۔ حالانکہ ان کے ساتھ جو ہوا وہ ایک دردناک اور شرمناک واقعہ ہے۔ چاہے جہاں بھی ہو۔

22.12.91

☆☆☆

صلیب پر لٹکے ہوئے عیسائی اقلیت

پچھلے ۲۳ دسمبر کو باشندگانِ لاہور نے ایک انوکھا احتجاج دیکھا۔مشہور فیصل چوک پر عیسائی لیڈر اور قومی اسمبلی میں اقلیتوں کے نمائندے جیمس سالک صلیب پر لٹکے ہوئے تھے۔کالے لبادے میں سالک کے ہاتھ پیر بندھے ہوئے تھے۔اُن کے سات آٹھ دوستوں نے اُنھیں گھیرے میں لیا ہوا تھا۔پھر دو دِن اور گزرا۔ ۲۵ دسمبر یعنی کرسمس آگیا۔مسیح کا جنم دن منانے کے بجائے سالک ویسے ہی صلیب پر ٹنگے رہے۔شام ہوتے ہوتے اُن کے چاروں طرف عیسائیوں کا ایک بڑا مجمع جمع ہوگیا۔دھیرے دھیرے مجمع صلیب پر ٹنگے اپنے لیڈر کی رہنمائی میں وزیراعلیٰ کی رہائش کی طرف بڑھنے لگا۔تب تک پولیس کی نفری وہاں پہنچ چکی تھی۔ظاہر ہے پولیس اس انوکھے مظاہرے کو روکنا چاہتی تھی۔مظاہرین آگے بڑھنا چاہتے تھے۔ٹکراؤ ہوا۔پھر وہی ہوا جو عام طور پر ایسے موقعوں پر ہوتا ہے یعنی لاٹھی چارج و آنسو گیس مار پیٹ وغیرہ۔پولیس والے جیمس سالک کو گرفتار کرنا چاہتے تھے۔انھیں بچانے کے لیے مظاہرین نے انھیں گھیرے میں لے لیا۔پھر لاٹھیوں کی بارش ہوئی۔سالک سمیت اور بھی کئی لوگ گرفتار کیے گئے۔

اس حادثے کا ایک اور افسوس ناک پہلو ''نوائے وقت'' میں سامنے آیا پوس کی لاٹھیوں سے بچنے کے لیے کئی مظاہرین نے فیصل چوک میں واقع دوکانوں میں پناہ لی۔دوکانداروں نے اُنہیں پکڑ کر مار کھانے کے لیے پوس کے حوالے کیا۔ بعد میں پوس والوں سے سفید کپڑوں میں نقلی جلوس نکال کر عیسائی مظاہرین کی شناخت کی اور پھر لوگوں کو پیٹا۔بعد میں قریب ہی سینٹ اینتھونی چرچ میں کرسمس کے موقع پر منعقدہ میلے میں شریک لوگوں کو بھی پوس نے اپنے ظلم کا شکار بنایا۔آخر میں بات عیسائی بنام پوس یا حکومت پر ختم ہوئی۔جیمس سالک اور ان کے کئی ساتھیوں کو عدالتی حراست کے بعد پندرہ دنوں کے لیے لاہور کے بدنام جیل کوٹ لکھپت میں رکھا گیا۔وہاں انھوں نے حکومت کے خلاف بھوک ہڑتال کی ہوئی ہے۔

پاکستان کے میسحائی سماج میں جیمس سالک کا اہم مقام ہے۔برسوں سے وہ اقلیتوں کے

حقوق کے لیے آواز اُٹھاتے چلے آرہے ہیں۔جنرل ضیاء الحق کے وقت جب اسلامیات کی آندھی زوروں پر تھی تو اُنھوں نے ہر ایک پاکستانی شہری کے لیے ہر طرح کے برابری کے درجے کے مانگ کی تھی۔اپنی مانگوں کی وجہ سے وہ کئی بار جیل جا چکے ہیں۔حالیہ مظاہرہ خاص طور پر پنجاب میں ہو رہے میونسپل الیکشن سے متعلق تھا۔ ۲۸ دسمبر کو الیکشن ہونے والے تھے۔سالک حکومت سے مانگ کر رہے تھے کہ کرسمس اور نئے سال کی تقریبات کی وجہ سے عیسائی طبقہ الیکشن میں حصہ نہ لے سکے گا۔اس لیے الیکشن کی تاریخ بڑھادی جائے۔بعد میں احتجاجی مظاہروں میں کچھ اور مانگیں بڑھ گئیں۔جن میں ریڈیو ٹی وی پر اقلیتوں کے تہواروں کے پروگرام پیش کرنے کی مانگ تھی۔مساوی شہری حقوق کی مانگ بھی اس مظاہرے میں شامل تھی۔کل ملا کر جیمس سالک کا صلیبی احتجاجی مظاہرہ لاہوری عیسائیوں کا مظاہرہ تھا۔جو پولس کے ظلم کا نشانہ بنا۔

عیسائی پاکستان میں سب سے بڑی اقلیت (دو فی صد) ہیں۔ان کی زیادہ تر آبادی لاہور اور کراچی میں ہے۔برطانوی دورِ حکومت میں بنائے گئے کئی خوبصورت چرچ اسپتال اور مشنری اسکول دونوں بڑے شہروں میں دیکھے جا سکتے ہیں۔ہمارے یہاں کی طرح پاکستان کے کانونیٹ اسکول اعلیٰ طبقے کی شائستگی اور سماجی حیثیت کو برقرار رکھنے میں معاون ثابت ہوتے ہیں اس لیے عام طور پر ان کی نگرانی میں جینے والے عیسائی بھی محفوظ رہتے ہیں پھر بھی عام لوگ عیسائیوں کو پسند نہیں کرتے۔عیسائی مشنریوں کو مذہب کی تبلیغ اور تبدیلی مذہب کروانے کی بالکل اجازت نہیں ہے۔گاؤں گاؤں پھیلے ہوئے مولوی صاحبان پادری صاحبان پر گہری نظر رکھتے ہیں۔اقلیتوں کے معاملے میں سب سے افسوس ناک بات ہے ان کے ساتھ امتیازی سلوک سرکاری اور نجی ذرائع سے بھی اُن کی زیادہ معلومات نہیں ملتی۔ایسے حالت میں جیمس سالک کا احتجاجی مظاہرہ اہمیت کا حامل ہے۔افسوس تو اس بات کا بھی ہے کہ پاکستانی انسانونی حقوق کے ادارے اور اُن کے ساتھ ساتھ جمہوری طاقتیں بھی خاموش ہیں۔اب تک ملی خبروں کے مطابق کسی بھی شخص یا پارٹی نے اُن کی گرفتاری کے خلاف کوئی بیان تک نہیں دیا ہے۔اگر

ہندوستان سے کوئی بھی آواز اٹھے گی تو رواج کے مطابق اُسے روایتی پاکستان مخالف سمجھا جائے گا۔
5.1.1992

☆☆☆

میر خلیل الرحمن اور اُن کا اخبار ’جنگ‘

۲۵ جنوری کو لندن میں ایک آپریشن کے بعد پاکستان کے مشہور اخبار ’جنگ‘ کے مدیر اعلیٰ اور مالک میر خلیل الرحمن کا انتقال ہوگیا۔ ان کی عمر ستّر سال تھی۔ میر صاحب کی موت کے بعد ہی پاکستان میں آزادانہ صحافت کا ایک دور ختم ہوگیا۔ کچھ بنیادی تجربات کے بعد ۱۹۴۱ میں صرف بیس اکیس برس کی عمر میں انھوں نے دلّی سے جنگ شروع کیا تھا۔ وہ دوسری عالمی جنگ کا زمانہ تھا۔ اس لیے انھوں نے اپنے اخبار کا نام بھی جنگ رکھا۔ اُن دنوں اخبار کی پانچ سو کاپیاں شائع ہوتی تھیں۔ قیمت ایک پیسہ ہوا کرتی تھی۔ میر صاحب جنگ کے ایڈیٹر، مالک، رپورٹر اور ہاکر بھی تھے۔ چھپنے کے بعد خود سائیکل سے اخبار پہنچاتے تھے۔

پاکستان بننے کے بعد میر صاحب اپنا اخباری بوریہ بستر سمیٹ کر ۱۹۴۷ میں اس وقت کی پاکستانی راجدھانی کراچی پہنچ گئے۔ افراتفری کا دور تھا وہ۔ پھر سوال ایک اردو اخبار کا تھا۔ لکھنے پڑھنے والوں میں انگریزی کا عام چلن تھا۔ اس کے علاوہ انھیں پاکستان کے دوسرے اخبارات کا بھی مقابلہ کرنا تھا۔ ان سب سے اوپر نوزائیدہ ملک پر ’’بھورے صاحبوں‘‘ جاگیرداروں، نوابوں اور سرداروں کا راج تھا۔ جمہوریت نام کی چڑیا اپنے کمزور پروں کو ناکامی سے پھڑپھڑانے کی کوشش کر رہی تھی۔ اخبارات کی آزادی دور کا خواب تھی۔ میر صاحب کو دشواریوں کی لمبی فہرست کا سامنا کرنا پڑا۔ لیکن اُن میں بلا کی ہمت تھی۔ دیکھتے ہی دیکھتے جنگ پاکستان کا سب سے بڑا اخبار بن گیا۔ چوالیس برس میں اخبار کراچی کے علاوہ لاہور اور کوئٹہ سے بھی شائع ہونے لگا ہے۔ اس کا ایک بین الاقوامی ایڈیشن لندن سے بھی چھپتا ہے۔ یورپ، امریکہ، کینڈا اور مغربی ایشیا کے اردو دانوں تک جنگ باقاعدہ پہنچتا ہے۔ ۱۹۴۱ میں دلی میں

ایک پیسے میں فروخت ہونے والا جنگ اب بمبئی میں سات روپے میں بکتا ہے۔

اُردو روزنامہ جنگ کے علاوہ میر صاحب نے کراچی سے پچیس سال پہلے 'اخبار جہاں' شروع کیا۔ اپنی کئی خصوصیات کی وجہ سے ''اخبار جہاں'' بھی پاکستان کا ایک بے حد مقبول ہفت روزہ بن گیا۔ اس کے علاوہ جنگ گروپ انگریزی شامنامہ ''ایوننگ نیوز' اور ہفت روزہ میگ (MAG) بھی شائع کرتا ہے۔ اخبارات سے جس غیر جانبداری کی امید کی جاتی ہے، جنگ اُس کسوٹی پر پورا اُترتا ہے۔ یہی وجہ ہے کہ اس اخبار نے ہر زمانے میں بدلتے ہوئے حکمرانوں کے عتاب کا سامنا کیا۔ ذوالفقار علی بھٹو نے تو میر صاحب سے ناراض ہو کر اُن کے گھر کے پانی کا نل بھی بند کروانے کی دھمکی دی تھی۔ ایوب خان اور پھر ضیاء الحق کے دور میں بھی سرکاری اشتہارات بند کیے گئے۔ پھر بھی جنگ میں پاکستان کے دائیں بائیں ہر قسم کے صحافی قلمکار، شاعر، نقاد چھپتے رہے۔ فیض احمد فیض، احمد ندیم قاسمی، شوکت صدیقی، ابن انشائ، ابراہیم جلیس، صوفی تبسم، کشور ناہید، زاہدہ حنا، مفتی محمود، اشفاق احمد، وزیر آغا، ارشاد احمد حقانی، منو بھائی، جمیل الدین عالی، رئیس امروہوی۔ ڈاکٹر جاوید اقبال، شفیع عقیل اور شیخ ایاضوغیرہ کی تخلیقات 'جنگ' میں برابر شائع ہوتی رہیں۔ میر خلیل الرحمن نے ہر نظریے کو اپنے اخبار میں چھپنے کا موقع دیکر جنگ کو چوٹی پر پہنچایا۔

۱۹۵۸ میں قائم کردہ ''آل پاکستان نیوز پیپر سوسائٹی'' نے میر صاحب کو نو بار اپنا صدر منتخب کیا۔ اخبار 'جنگ' کا سب سے اہم اور بڑا کارنامہ ہے لسانی صحافت کی ساکھ۔ دولت مشترکہ کے تیس سے بھی زائد آزاد ملکوں میں عوامی بیداری کے نام پر دو تین فی صد پڑھی جانے والی انگریزی صحافت ہی کا ہی اثر ہے۔ ہمارے یہاں بھی بیشتر انگریزی اخبارات ہی حکومت پر اپنا خاص اثر ڈالتے ہیں۔ یہ بھی سچ ہے کہ عوامی رائے کے لیے بیشتر ہندی اخبارات حلقۂ اقتدار میں بے اثر ہیں 'پریس' کا مطلب انگریزی اخبار ہی ہوتا ہے۔

اس کے برعکس پاکستان میں اردو اخبارات نے انقلابی رول ادا کیا ہے۔ درجن بھر اردو اخبار، پاکستانی سیاست کی تقدیر لکھتے ہیں۔ ''جنگ'' اور ''نوائے وقت'' شروع سے ہی ان کے قائد

رہے ہیں۔ جنگ کی خبریں، اداریہ، رپورٹ، تجزیے، خاص مضمون وغیرہ ایک طرح کا بیرومیٹر رہی ہیں۔ اس کی سیاسی پیشین گوئیاں کئی مرتبہ سچ ثابت ہوئی ہیں۔ صحیح معنوں میں اخبار جنگ پاکستان میں حکومت کا پانچواں ستون رہا ہے۔ اس کا سہرہ مکمل طور پر اس کے ایڈیٹر اور مالک مرحوم خلیل الرحمن کے سر بندھتا ہے۔ وہ اردو صحافت کو انگریزی صحافت سے بہت اونچائی پر لے گئے۔ یہی وجہ ہے کہ پاکستان میں اردو صحافی ایک مخصوص سماجی اور سیاسی حیثیت رکھتا ہے۔ کچھ یورپی ممالک کے علاوہ، واشنگٹن، مغربی ایشیا اور نئی دلی میں بھی ''جنگ'' کے اپنے خصوصی نامہ نگار ہیں۔

دلچسپ بات یہ ہے کہ پاکستانیوں کا مقبول اخبار ہونے پر بھی جنگ کو وقت بے وقت مختلف گروپ اور طبقات کے غصے کا سامنا کرنا پڑا ہے۔ میر خلیل الرحمن پنجاب کے گجرانوالہ کے باشندے تھے۔ ان کی پڑھائی لکھائی دلی میں ہوئی تھی۔ وہیں انھوں نے اپنا اخبار شروع کیا اور ۱۹۴۷ میں ہجرت کر کے پاکستان میں کراچی چلے گئے۔ اس لیے برسوں تک جنگ پر مہاجر کا ٹھپّہ لگ رہا۔ جب فیض اور احمد ندیم قاسمی وغیرہ نے انکے اخبار میں لکھنا شروع کیا تو اُنہیں ''سُرخہ'' کہا جانے لگا۔ سُرخہ یعنی کمیونسٹ (یہ الگ بات ہے کہ پاکستان کیا ہمارے یہاں بھی استعمال اور مساوات کے معاملے میں بات کرنے والے بھی سرخہ کہا جاتا ہے) جب مولانا صاحبان چھپنا شروع ہوئے تو اخبار کٹر پنتھی ہوگیا۔

ایک وقت ایسا بھی آیا جب مہاجروں نے اس کا بائیکاٹ کیا۔ کاپیاں جلائیں، ہاکروں کو مارا پیٹا، پھر پیپلس پارٹی کے ورکروں نے دفتر میں توڑ پھوڑ کی۔ مسلم لیگ والوں نے بھی جنگ کے دفتر پر گولیاں برسائیں۔ جماعتِ اسلامی کے حامی بھی اس سے بھڑے۔ پنجابیوں کو وہ پرایا لگا۔ سندھی ناراض ہوئے۔ شاید کسی اخبار کی کامیابی کی یہی ضمانت ہے وقتاً فوقتاً قارئین کے الگ الگ طبقات اُس سے ناراض ہوتے رہیں۔ پھر اُسے اپناتے بھی رہیں۔

اخبار جنگ اور اس کے مالک میر خلیل الرحمن کا واحد افسوسناک رویہ رہا ہے۔ ہندوستان کے خلاف تشویس۔ ہندوستانی حکمرانوں کو جنگ نے ہمیشہ شک کی نگاہ سے دیکھا۔ ہندوستان کی

طرف سے دوستی کا پیغام 'جنگ' میں ابھر کر نہیں آیا۔ اور ایماندارانہ کوشش کی ستائش نہیں کی گئی۔ اس سرخیوں، خبروں، تبصروں اور اداریوں سے ہندوستان مخالف اشارے ملتے ہیں۔ ویسے تو جنگ نے کئی بار بمبیا فلموں، فنکاروں اور قلمکاروں کو اچھا کوریج دیا ہے۔ لیکن جہاں دونوں ملکوں کی دوستی اور رشتوں میں سدھار جیسے حساس معاملوں کی بات آتی ہے جنگ کا ''جنگی'' چہرہ ابھرنے لگتا ہے۔ اس میں کوئی شک نہیں کہ اپنی ہستی اور پاکستانیوں کے درمیان ایک باعزت مقام حاصل کرنے کے بعد میر صاحب دونوں ملکوں کے درمیان خوشگوار تعلقات مضبوط کر سکتے تھے۔ لیکن اس سمت میں انھوں نے کچھ نہیں کیا۔ شاید یہ تجارتی مصلحت یا کاروباری مجبوری رہی ہو اور ان دنوں صحافت ایک کاروبار ہی تو ہے۔ پھر جنگ کیوں مستثنیٰ رہے۔

30.2.1992

☆☆☆

بلوچستان کا سبّی میلا

جیسے ہی برفانی ہواؤں نے اپنے پروں کو سمیٹنا شروع کیا۔ پہاڑوں کی برف پگھلنے لگی۔ وادیوں میں کپکپاتے پیڑوں پر کونپلیں پھوٹنے لگی اور سردیوں سے کانپتے لوگ مسکرا دیے وہ خوشنما موسم بسنت کی آنند کا اعلان تھا۔

بلوچستان میں بسنت کی آمد کا مطلب ہوتا ہے۔ صدیوں پرانا سبّی میلا۔ عظیم جنگجو چاکر خان کی نگری سبّی ایک ایسا مرکزی اور تاریخی شہر ہے، جہاں سے چاروں سمت کے راستے کھلتے ہیں۔ شاید اس لیے بھی فروری میں منعقدہ سبّی میلے کو اہمت حاصل ہے۔ سبّی کے بارے میں مشہور تاریخ داں ڈاکٹر اکبر احمد لکھتے ہیں: ''سبّی کی چاندنی راتوں میں جب بلوچ گیت گاتے ہیں تو ہوائیں عظیم جنگجوؤں کا نام لے کر سرگوشیاں کرتی ہوئی محسوس ہوتی ہیں۔ ان گیتوں میں جنگ کی داستانیں، ان کے ہتھیار اور جنگی چالوں کا بیان ہوتا ہے۔ بلوچستان کی تاریخ میں سبّی کے خان امیر چاکر خان اور ان کی پڑوسی ریاست کچھی کے لاشاری سردار میر گواہرام کے درمیان ہوئی

تیس سالہ جنگ نے سارے علاقے کا نقشہ ہی بدل دیا۔لیکن آج بھی چاکر خان کی بہادری کی داستان وہاں کے لوک گیتوں میں سنائی پڑتی ہیں۔ میلے کے موقع پر اُن گیتوں کا جوش اور بھی اُبھرنے لگتا ہے۔

چاکر خان اور میر گواہرام کی دُشمنی کی وجہ بنی ایک دولت مند خاتون گوہر۔گواہرام گوہر سے شادی کرنا چاہتا تھا۔گوہر کو رشتہ منظور نہیں تھا۔اس لیے اس نے چاکر خان کے پاس پناہ لی۔ پھر دونوں قبیلوں کے درمیان جنگ کا بگل بج اُٹھا اور تیس برس تک سبّی اور کچھی کی پہاڑیاں تلواروں کی جھنکار سے گونجتی رہے۔ دونوں ایک دوسرے پر حاوی ہو جاتے۔ پھر ہارا ہوا فریق پہاڑیوں میں دم لیتا۔آخر میں چاکر خان کی ہار ہوئی۔ انھوں نے ہرات کے ترک سردار سے مدد مانگی اس کے بعد گواہرام کو شکست ہوئی۔لیکن بعد میں ترکوں نے چاکر خان کو بھی نہیں بخشا۔ جان بچانے کے لیے چاکر خان کو اپنے ساتھیوں کے ساتھ پنجاب کی طرف کوچ کرنا پڑا۔ وہیں پر دیس میں ان کا خاتمہ ہوا۔

کہا جاتا ہے کہ سبی کا میلہ چاکر خان کے زمانے سے ہی شروع ہوا تھا۔ بعد میں وہ اپنے رِد قبیلے کے لوک گیتوں میں امر کر دیے گئے۔ ویسے خان چاکر نے سِبّی کی ترقی میں بھرپور حصہ لیا۔ سولہویں صدی کی اس زبردست ہلچل کے بعد برطانوی دور میں مشہور شاعر ملّا مزار نے سِبّی کے ایک شرمناک واقعے پر ایک لمبی نظم لکھ کر بلوچ قوم کو انگریزوں سے لڑنے پر اُکسایا۔

گورنر جنرل کے ایجنٹ نے اپنی رہائش سے ریلوے اسٹیشن جانے کے لیے بگھی میں گھوڑوں کے بجائے بڑے بڑے سرداروں اور امیروں کو جتوایا۔ یہ کام انھوں نے انگریز بہادر کو خوش کر کے اپنی سرداری کی حفاظت کے لیے خوشی خوشی کیا۔مری قبیلے کے سردار نے ایسی شرمناک حرکت کرنے سے انکار کر دیا۔اس کے انکار اور دوسرے بلوچ سرداروں کی گھٹیا حرکت سے متاثر ہو کر ملا مزار نے ایک لمبی قومی نظم لکھ کر سرداروں اور عام بلوچیوں کو انگریزوں سے لڑنے کا پیغام دیا۔اس طرح سبی کو ایک اور حیثیت ملی۔

روایت کے مطابق اس سال بھی سِبی میں بسنت کی آمد پر میلہ منعقد ہوا۔ میلے میں شرکت کرنے کے لیے صدر غلام اسحٰق خان کے علاوہ اسلام آباد سے کئی سرکاری ہستیاں آئیں۔ پوری سج

دھج کے ساتھ بلوچستان کابینہ بھی موجود تھی۔لیکن ان جدید شاہوں اور امیروں سے الگ غریب بلوچ عوام کی شرکت نے میلے کو حقیقت میں میلہ بنا دیا۔اس میلے کی خصوصیت ہے اس کا بلوچی رنگ۔لگ بھگ سارے بلوچ قبیلے اس میں شرکت کرتے ہیں۔ویسے دور دراز پہاڑی علاقوں اور پُر پیچ گھاٹیوں کے باشندوں کا ایک ہونے کا یہ میلہ موقع دیتا ہے۔اسی لیے لوگوں کو لبھانے کے لیے لگ بھگ سبھی سیاسی جماعتیں اپنا خیمہ لگاتی ہیں۔سبھی اپنی اپنی ڈفلی بجاتے ہیں۔ سنہرے وعدے کرتے ہیں اور پھر کوئٹہ کی حسین وادیوں کے بنگلوں میں سال بھر کے لیے گم ہو جاتے ہیں۔میلے میں آئے غریب بلوچ سیاسی مداریوں کے ایسے تماشے ہر سال دیکھتے ہیں۔

بلوچستان کے کئی علاقوں میں اب بھی پینے کا پانی میسر نہیں ہے۔عورتوں اور بچوں کو میلوں دور سے پانی لاتے ہوئے دیکھا جا سکتا ہے۔اسکول، کالج، اسپتال کا دور تک پتہ ٹھکانہ نہیں ہے۔کچھ علاقوں میں غریبی کے سبب لوگ پیڑ کی چھال تک کھانے پر مجبور ہیں۔آبادی کا ایک بڑا حصہ آج بھی خانہ بدوشی کی زندگی گزارتا ہے۔ چاروں طرف روزی روٹی کی تلاش میں خانہ بدوش اپنے خچروں اور گھوڑوں پر اِدھر اُدھر بھٹکتے ہیں۔آج تک حکومت نے اُن کی آباد کاری کا انتظام نہیں کیا ہے۔ یہ ایک افسوس ناک بات ہے کہ پاکستان کے ایک دولتمند صوبے کا یہ حال ہے۔

صوبہ بلوچستان پاکستان کا سب سے بڑا صوبہ ہے۔رقبہ کے اعتبار سے یہ سارے پاکستان کا چالیسواں حصہ ہے۔لیکن حیرت کی بات یہ ہے کہ اس کی آبادی سب سے کم یعنی صرف پچپن لاکھ کے لگ بھگ ہے۔اس کا ساحل سمندر چار سو میل لمبا ہے۔سمندری راستے سے خلیج کا عمان صرف چالیس میل پر ہے۔

اس لیے فطری طور پر ان ممالک سے بڑے پیمانے پر اسمگلنگ ہوتی ہے۔بلوچستان میں ہی پاکستان کی اکلوتی معدنی دولت چھپی ہوئی ہے۔ یہاں تیل گیس کے علاوہ کوئلہ، سنگ مرمر کرومائٹ، جپسم وغیرہ کی کانیں ہیں۔ یہاں کی رسوئی گیس پورے پاکستان کے چولھوں کو گرم رکھتی ہے۔کوئلے کی کانیں بھی برسوں پرانی ہیں۔لیکن ان کی تجدید کاری کے بارے میں سوچا نہیں گیا ہے۔ یہ ابھی پچاسوں سال پرانی حالت میں ہے۔اس لیے ان میں سے نہ تو ڈھنگ

سے کوئلہ نکلتا ہے اور نہ ہی وقتاً فوقتاً ہونے والے حادثات کو روکا جا سکتا ہے۔ لگ بھگ ساری کانوں کو حکومت نے طویل مدت کے لیے نجی ہاتھوں میں کرائے پر دیا ہے۔ بہت ہی دور دراز ہونے کی وجہ سے وہاں پہنچنا مشکل ہے۔ اس لیے کوئلہ مزدوروں کے استحصال کی بات کبھی سُنائی نہیں دیتی۔ پچھلے دنوں کی ایک خبر کے مطابق کوئلے کی کانوں میں مزدوروں کی زبردست قلت محسوس کی جا رہی ہے۔ زیادہ مزدوری اور سہولیات کے سبب لوگ دوسری جگہوں پر جا رہے ہیں۔

دور تک بلوچستان میں ترقی کا کوئی نشان نہیں ملتا ہے۔ بحر عرب سے لگے ہوئے چار سو میل لمبے سمندری ساحل پر جہاز رانی اور مچھلی کے کاروبار کو فروغ دینے کے لیے بہت کچھ کیا جا سکتا تھا۔ اسی طرح معدنی اشیاء کی باقیات کئی چھوڑے بڑے کاروبار شروع کروا سکتی تھی اور کچھ نہیں تو بلوچستان کو سیاحی مقام بنایا جا سکتا تھا۔ چاروں طرف خوبصورت پہاڑیوں اور دلکش وادیوں سے گھر بلوچستان پاکستان میں قدرت کی طرف سے خوبصورت تحفہ ہے۔ لیکن دور تک نہ تو سڑکوں کا ٹھکانہ ہے نہ ہی آنے جانے اور رہنے سہنے کی دوسری سہولیات دستیاب ہیں۔ سب سے بڑی دقت ہے سیاسی عدم استحکام۔ آج تک کسی بھی پارٹی کو چار پانچ برس تک استحکام حاصل نہیں ہوا۔ آئے دن حکومت کے گرنے کا اندیشہ لگا رہتا ہے۔ اس کی اہم وجہ ہے درجنوں قبائلی سرداروں اور امیروں کی آپسی رسہ کشی۔ سبھی ایک دوسرے کی ٹانگ کھینچنے میں لگے رہتے ہیں۔ مرکزی اسمبلی میں بھی بلوچستان کے صرف آٹھ یا نو ممبر ہی ہوتے ہیں۔ دو سو کے اوپر کے ایوان میں ان کی آواز کون سُنے؟ پھر وہ آواز اٹھائے تب تو؟

پھر بھی بلوچستان اپنے میلوں ٹھیلوں اور عوامی روایتوں کے سبب زندہ ہے۔ سیدھے سادے بلوچوں نے اپنے آباواجداد کی داستانوں کو نسل در نسل سینوں میں چھپائے رکھا ہے۔ زندہ قومیں اپنی وراثت کو اسی طرح چھپائے رکھتی ہے۔ سِبّی میلہ ان وراثتوں کو ہر سال اُجاگر کرتا رہتا ہے۔

22.3.1992

☆☆☆

پاک میں سودی مصیبت

پچھلے دنوں پاکستان کے وزیر اعظم نواز شریف کے لیے ایک نیا سر درد پیدا ہوگیا ربٰ یعنی سود کا۔اس ملک کی شرعی (مذہبی) عدالت نے بینک کاری (Banking) سے متعلق سود کو ناجائز قرار دیا ہے۔اس عدالت کا ماننا ہے کہ اسلامی سماج میں سود کی اجازت بالکل نہیں دی جا سکتی۔ یہ بات بھی طے ہے کہ ہر حال میں اسلام نے سود کو حرام قرار دیا ہے۔دقت تو یہ ہے کہ شرعی عدالت نے صرف معمولی سود کو ہی حرام نہیں کیا ہے بلکہ مختلف قسم کے اٹھائیس معاملوں اور قانون کی پہچان بھی بتائی ہے جن سے سود کو تقویت پہنچتی ہے۔دوسرے معنوں میں عدالت نے مکمل طوور پر رائج بینکنگ نظام پر ہی پابندی لگانے کی بات کی ہے۔

تین سو صفحات کے اس مذہبی فیصلے نے حکومت پاکستان کو مشکل میں ڈال دیا ہے۔سرکاری اور غیر سرکاری معاشی ادارے بوکھلا گئے ہیں۔ یہاں تک کہ کچھ بین الاقوامی معاشی اداروں نے بھی شرعی عدالت کے فیصلے پر بھویں چڑھائی ہیں اگر اس فیصلے کو عمل میں لایا گیا تو اُس کا کیا نتیجہ نکلے گا؟ بیرون مما لک سے ملے قرضہ جات اور ان پر چڑھا سود کیس ادا کیے جائیں گے؟ خود پاکستان کا اندرونی معاشی نظام کیسے ٹکے گا؟

اس نازک حالت سے نپٹنے کے لیے حکومت سپریم کورٹ میں شرعی عدالت کے فیصلے کو چیلنج کر سکتی ہے۔دستور میں اس کی اجازت بھی ہے کہ شرعی عدالتوں کے فیصلے کو سول عدالتوں میں چیلنج کیا جا سکتا ہے۔پر دقت ہے کہ نواز شریف حکومت کا مورچہ اسلامی جمہوری اتحاد پھوٹ کا شکار ہے۔

اس اتحاد کا ایل اہم حصہ جماعتِ اسلامی ہے۔کچھ دوسری مذہبی جماعتیں بھی اتحاد میں شامل ہیں۔نواز شریف کی اپنی پارٹی مسلم لیگ سود کے معاملے میں غیر جانبدار ہے۔دراصل وہ بینکنگ کے سود کو سود نہیں کاروباری منافع مانتی ہے۔لیکن جماعتِ اسلامی سمیت دوسری پارٹیاں بھی بینکنگ کو سودخوری کا کاروبار مانتے ہیں۔اس لیے انھوں نے حکومت کو وارننگ دی

ہے کہ اگر حکومت اس فیصلے کے خلاف سپریم کورٹ گئی تو وہ اتحاد سے الگ ہو جائیں گے۔

پھر تو حکومت گر جائے گی۔

اتحاد سے علیحدگی کی بات محض دھمکی بھی ہو سکتی ہے۔ کیونکہ ایسی صورت میں بے نظیر کے لیے میدان صاف ہو جائے گا۔ جماعتِ اسلامی شاید سود کو برداشت کرلے لیکن بے نظیر کے لیے اقتدار کا میدان کھلا نہیں چھوڑ سکتی۔ پھر بھی احتیاط کے طور پر نواز شریف حکومت شرعی عدالت کے فیصلے کو سپریم کورٹ میں چیلنج نہیں کر رہی ہے۔ البتہ ایک سرکاری معاشی ادارہ اس فیصلے کو چیلنج کرے گی۔ اس طرح حکومت کا مقصد بھی حاصل ہو جائے گا۔ یہ الگ بات ہے کہ اصل سوال معلق ہی رہے گا۔ یعنی بینکنگ نظام میں سودخوری جاری رہے گی۔

ایسا بھی نہیں ہے کہ سود کے معاملے میں شرعی عدالت کے فیصلے کو سب کی حمایت حاصل ہے۔ علماء اور مذہبی لیڈروں کا ایک طبقہ بینکنگ سود کے طریقے کو اسلامی قانون میں منافع کا ایک حصہ مانتا ہے۔ اس کی رائے میں اگر کسی شخص کو بینک نے قرض دیا اور اس شخص نے اُس رقم کو کاروبار میں لگ کر منافع کمایا تو بینک اس منافع کا حصہ دار ہو سکتا ہے۔

شرعی عدالت کے فیصلے کے بعد لاہور کے اخبار 'نوائے وقت' نے ۱۴ فروری کو ایک مباحثہ کا انعقاد کیا۔ اس میں حصہ لیتے ہوئے پروفیسر ساجد منیر (پنجاب یونیورسٹی میں اسلامیات کے پرنسپل) نے کہا کہ اسلام نے جو سود منع کیا ہے وہ غیر منافع بخش قرض پر ہے۔ شادی بیاہ، گھریلو خرچ یا ایسی کسی مجبوری پر لی گئی اُدھار رقم پر سود حرام ہے۔ پیداوار اور منافع کے لیے لی جانے والی رقم پر زیادہ رقم لینا ناجائز نہیں۔ پروفیسر ساجد منیر کا کہنا تھا کہ بینکنگ سروس پر بھی زائد رقم کی واپسی سود نہیں ہے۔ آخر کار مال کو ایک ہاتھ سے لینے اور دوسرے ہاتھ سے دینے کے سلسلے میں دفتری خرچ تو آئے گا ہی۔

لاہور چیمبرس آف کامرس اینڈ انڈسٹریز کے صدر میاں اشرف کا ماننا ہے کہ جا نظام چل رہا ہے اُسے ختم کرنے پر سب کچھ دھڑام سے گر جائے گا۔ دیسی لین دین کے علاوہ سارا بین الاقوامی کاروبار سود پر چلتا ہے۔ یہاں تک کہ چالیس اسلامی ممالک کا ترقیاتی بینک بھی بغیر سود کے قرض نہیں دیتا۔ یہ بینک جس کا صدر دفتر سعودی عرب کے جدہ میں ہے ۵ئ ۵ ف ءصد سود

لیتا ہے ۔میاں اشرف کے مطابق پاکستان جیسے ترقی پذیر ملک کومختلف قسم کی معاشی و تکنیکی مدد کے لیے ایک ساتھ کئی ملکوں سے قرض لینا پڑتا ہے اور اپنی سرطوں پر قرض لینا ممکن نہیں ہے ۔

عمر نعمان نامی ایک معاشی مشیر کا کہنا تھا کہ برصغیر میں انگریزوں سے پہلے مغلوں کا کاروبار بھی سود پر چلتا تھا۔کئی بادشاہ اور جاگیر دار جنگ اور مشکلات کے وقت بنیوں اور مہاجنوں سے سود پر قرض لیتے تھے ۔اورنگ زیب کی حکومت میں سود کو مٹانے کی کوشش کی گئی۔لیکن وہ تجربہ کامیاب نہیں ہوسکا۔اس لئے یہ کہنا درست نہیں کہ برصغیر میں سود کا رواج جدید بینکنگ کے ذریعہ انگریزوں نے شروع کیا۔اسے جدید سرمایہ داری سے نہیں جوڑا جاسکتا۔

پھر لاہور کے مولانا اسد گیلانی اور مولانا بشیر صدیقی اس دلیل کو ماننے کے لیے تیار نہیں تھے ۔انکے مطابق اسلام نے اپنے شروعاتی دور میں اور پھر آگے ترقی کے دور میں دنیا کے کئی حصوں میں بلاسودی کاروبار کے ہی صنعت وتجارت اور کاروبار کو فروغ دیا۔اس دور میں ترقی ہوئی ۔سعودی عرب اور بحرین میں بلاسودی بینک چل رہے ہیں ۔اس کام کے لیے آگے بھی ریسرچ ہو اور سوچ سمجھ کر طے کیا جائے کہ بغیر سود کے کیسے بینکنگ نظام چلایا جائے ۔

مباحثے میں شریک سبھی لوگ اس بات پر متفق تھے کہ سودی رواج کو ختم کرنے کے لیے قرآن شریف کی روشنی میں گفت وشنید کی جائے ۔

شرعی عدالت نے بینک کاری میں رائج سودی طریقے کو حرام اور ناجائز ضرور قرار دیا ہے لیکن اس کے بدلے میں دوسرے طریقے کو نافذ کرنے کی بات نہیں کہی ہے ۔کسی بھی موجودہ طریقے کو ہٹانے یا ختم کرنے کے ساتھ ساتھ یہ بھی طے کرنا ہوتا ہے کہ اس کے بدلے میں کیا ہو؟ پاکستان میں سود کے خلاف برسوں سے شور شرابہ ہو رہا ہے ۔لگ بھگ ہر جلسے میں مذہبی لیڈر اور علماء سود کے خلاف نعرہ بلند کرتے ہیں لیکن اس کے بدلے میں کسی دوسرے طریقے کی بات نہیں کرتے ہیں ۔

مذہبی معاملات کی تحقیق اور شریعت کے اصولوں کو وقتاً فوقتاً لاگو کرنے کے لیے حکومتِ پاکستان نے اسلامی نظریاتی کاونسل اور اسلامی ریسرچ بورڈ کا قیام کیا ہے ۔ان اداروں میں علماء کی ٹیم ہے جو طرح طرح کے مذہبی معاملات پر صحیح اور ٹھوس مذہبی صلاح مشورے حکومت کو

دیتی ہے۔ حالیہ مشکل گھڑی میں دونوں اداروں سے اُمید کی جارہی ہے کہ وہ حکومت کو صحیح صحیح ہدایت دیں۔ ان کے علاوہ بھی علماء جگہ جگہ اور مذہبی لیڈروں کی تنظیمیں جگہ جگہ کئی معاملات پر اپنے خیالات کا اظہار کرتی رہتی ہیں۔

ہر حکومت کے لیے مصیبت یہ ہے کہ وہ کس گروہ کی بات مانے؟ ہر معاملے پر الگ الگ گروہ اور طبقات کے الگ الگ خیالات ہیں۔ فیملی پلاننگ سے لے کر بینکوں میں رائج سودی طریقے تک کسی معاملے پر سب ایک رائے نہیں ہیں۔ یہاں تک کہ عید کا چاند دکھائی دینے تک کے معاملے پر بھی الگ الگ رائے ہوتی ہیں۔ اس طرح کسی بھی مسئلے پر ایک رائے نہ ہونے کی وجہ سے مسئلہ یوں ہی کھڑا رہتا ہے اور اس کا حل نہیں نکلتا۔ بینک کاری میں سود کے مسئلے پر شرعی عدالت کا فیصلہ بھی ایسا ہی ہے۔ سب سے بڑی بات یہ ہے کہ ۱۹۷۳ کے رائج دستور کے مطابق شرعی عدالت کا فیصلہ حکومت کے لیے لازمی نہیں ہے۔ شرعی عدالت کی حیثیت محض ایک مجلس شوریٰ جیسی ہے۔

سچ تو یہ ہے کہ کسی بھی دیش یا سماج کی سب سے بڑی عدالت عوام کا دربار ہے۔ عوام کے خیالات اس کی آرزوئیں اور امیدیں ہی سب سے بڑا قانون ہے۔ اسلام میں اسے اجتہاد کہا جاتا ہے۔ یہی اجتہاد یا اتفاق رائے سے تسلیم کیے گئے خیالات حقیقت میں سب سے بڑا قانون ہوتا ہے۔

6.4.1992

☆☆☆

ملکۂ ترنم نور جہاں

پاکستانیوں کو اس بات پر ناز ہے کہ مشہور ہندوستانی پلے بیک سنگر لتا منگیشکر ملکۂ ترنم نور جہاں کو اپنی بڑی بہن اور استاد مانتی ہیں۔ دراصل ملک کی تقسیم سے پہلے برصغیر میں نور جہاں کی آواز کا جادو سر چڑھ کر بول رہا تھا۔ اس دور میں لتا جی نے اپنا کیریئر شروع کیا تھا۔ ظاہر ہے کسی بھی

شعبے کے فن کار اپنے زمانے کے سینئر فن کاروں کو بزرگ اور استاد مانیں گے ہی۔اس میں دو رائے نہیں ہو سکتی۔یہی ہماری روایت بھی ہے۔اس طرح اصل میں لتا منگیشکر نے نور جہاں کو بزرگی اور احترام دے کر اپنا قد اور اونچا کیا ہے۔

بہر حال ملکۂ ترنم نور جہاں نے اس سال کے شروعات میں اپنی فن کارانہ زندگی کے پچاس سال پورے کیے۔اس کے ساتھ ہی پاکستانی فلمی دُنیا انہیں مبارکبادیاں دینے کے لیے اُمڈ پڑی۔رسائل و اخبارات میں ان کی سوانح حیات، گلوکاری اور اداکاری پر تبصرے شروع ہو گئے۔کسے پتہ تھا لاہور کی بدنام گلیوں کی ایک ننھی شہزادی ایک اسلامی ملک کی شان ہو جائے گی؟ وقت کے ساتھ ساتھ سماجی قدریں بھی بدلیں۔نفرت کی نگاہ سے دیکھی جانے والی گلیوں کی فن کارہ نے اپنے فن کے بوتے پر چار نسلوں میں عزت حاصل کی۔انھیں ان کے ملک کا بڑے سے بڑا اعزاز ملا۔آج سارے پاکستان میں 'میڈم' جیسے لفظ سے یاد کی جاتی ہیں۔اصل میں نور جہاں اُن گنی چُنی پاکستانی ہستیوں میں سے ہیں جنھیں بیرون ممالک اور ہندوستان میں سوغات کے طور پر پیش کیا جاتا ہے۔

'آواز دے کہاں ہے' جیسے بہترین نغمے کے علاوہ درجنوں سریلے گیتوں کی ملکۂ نور جہاں ۱۹۴۷ کے بعد جادو نگری بمبئی سے لاہور کوچ کر گئی۔ان دنوں گلوکاری کے ساتھ ساتھ وہ اداکاری کے آسمان پر بھی تھیں۔ان کے شوہر شوکت حسین رضوی بمبئی میں بھی معروف فلمساز و ہدایت کار تھے۔لاہور میں اُنھوں نے شاہ نور اسٹوڈیو کی بنیاد ڈالی۔افسوس فلمی صنعت ہی پاکستان کو راس نہیں آئی۔پھر بھلا فن کاروں کو جوہر دکھانے کا موقع کیسے ملتا؟ گلوکاری اور اداکاری کے میدان میں ایک ساتھ بمبئی کے آسمان میں چمکنے والے ستاروں کی روشنی لاہور میں مدھم ہوگئی۔لاہور کی شروعاتی دنوں میں ان کی اداکاری اور گلوکاری کی کوئی یادگار فلم پردے پر نہیں آئی۔اسی بیچ وہ دو بچیوں کی ماں ہوگئیں۔

شاید یہ بات غلط ہو لیکن کہا جاتا ہے کہ فلمی ستاروں کو شادی راس نہیں آتی۔نور جہاں میڈم کے ساتھ بھی ایسا ہی ہوا۔کسی زمانے میں شوکت حسین رضوی ان کے آنچل سے بندھے تھے۔بمبئی کے پرانے فلمی لوگ ان کے عشق کی داستان چٹخارے لے کر سُنایا کرتے تھے۔منٹو نے بھی نور

جہاں کے بارے میں بہت کچھ لکھا ہے۔ اودھ کے نامی گرامی خاندان کے شریف زادے شوکت حسین کی شادی کی خاندان بھر نے مخالفت کی۔ لیکن اودھی شہزادہ پنجابی کڑی کا ویر بن ہی گیا۔ یہ الگ بات ہے کہ ان کی یہ ویرتا (بہادری) زیادہ دنوں تک ٹکی نہیں رہی۔ بمبئی سے لاہور جانے کے بعد کچھ دنوں تک دونوں میں اچھی بنی رہی۔ پھر دھیرے دھیرے لڑائی جھگڑے شروع ہونے لگے۔ فلمی افواہوں (جو زیادہ تر سچ ثابت ہوتی ہیں) کے مطابق اس کی وجہ تھے اعجاز درانی۔ اعجاز سے میڈم دوسرا عشق کرنے لگیں۔ یہ عشق اتنا بڑھا کہ انھوں نے شوکت حسین کے ساجھے داری میں بنایا گیا شاہ نور اسٹوڈیو کا اپنا حق بھی چھوڑ دیا اور بدلے میں طلاق مانگی۔ دونوں بچیوں کو بھی انھوں نے اپنی پاس رکھ لیا۔

وہ ۱۹۵۸ کا زمانہ تھا۔ نور جہاں پاکستان کی نئی نسل کی اداکاروں کے سامنے پرانی تھیں۔ فلمی دنیا میں بھی بہت کچھ بدل چکا تھا۔ اس لیے نور جہاں کو بھی بالکل نئے سرے سے اپنا کیریئر شروع کرنا پڑا۔ وہ اداکاری سے سیدھے گلوکاری میں چلی آئیں۔ ''یہ زندگی ہے یا کسی کا انتظار'' ۱۹۶۰ میں فلم سلمیٰ کے اس گیت سے اُن کے آواز کی دھوم مچ گئی۔ اُس کے بعد لاہور کے ہر ریکارڈنگ اسٹوڈیو میں نور جہاں ہی نظر آتیں۔ ان کے گیت سپر ہٹ ہوتے گئے۔ خورشید انور، رشید اترے، اے حمید، نثار بزمی، وزیر علی، ناشاد، خلیل احمد اور بشیر احمد وغیرہ موسیقاروں نے اپنی ہر فلم میں نور جہاں کی آواز کو استعمال کر کے انھیں پاکستان کی مقبول ترین آواز بنا دیا۔ آج بھی 'زندگی ہے یا کسی کا انتظار'، نگاہیں ملا کر بدل جانے والے، ارے او بے مروت مجھ سے پہلی سی محبت...... وغیرہ پرانے گیت بڑے شوق سے سُنے جاتے ہیں۔

فلمی نغموں کے علاوہ نور جہاں نے اردو کے نئے پرانے مشہور شاعروں کی غزلیں بھی ریکارڈ کروائیں۔ اسی کے ساتھ انھوں نے پنجابی گیتوں کو بھی ایک نئی آواز سے روشناس کروایا۔ مشہور گیت ''لال میری پت رکھیو بھلا جھولے لالن''، دلدار صدقے لکھوار صدقے'' وغیرہ سارے پنجاب میں جھوم جھوم کے گائے جاتے ہیں۔ اس طرح انھوں نے اداکاری میں بیس سال اور گلوکاری میں تیس سال سے بھی زائد عرصے تک جلوہ دکھا کر پاکستانی فلموں میں مثال قائم کی۔ پچھلے کئی برسوں سے نور جہاں خلیجی ممالک اور یورپ امریکہ میں بھی کامیاب اسٹیج شو کر رہی ہیں۔ اتنا سب

کچھ کرنے کے ساتھ ساتھ انھوں نے اپنی مقبولیت کے وقار کو بھی بنائے رکھا۔ اسی لیے وہ سارے پاکستان میں 'میڈم' کے لقب سے پکاری جاتی ہیں۔ نیشنل ایوارڈ وغیرہ کا کہنا ہی کیا۔

لیکن میڈم نور جہاں کی ذاتی زندگی میں چین کہاں؟ تین بیٹیوں میں سے بڑی حنا اور منجھلی شازیہ کی گھریلو زندگی میں پچھلے دنوں زلزلہ آیا۔ حنا کا اس کے شوہر وحید خالد سے آئے دن جھگڑا ہوتا رہتا ہے۔ شازیہ نے بھی اپنے پہلے شوہر کیپٹن ہاشمی سے طلاق لے کر ہاکی کے سابق کھلاڑی حسن سردار سے دوسری شادی رچائی۔ حسن سردار نے بھی اپنی پہلی بیوی کو طلاق دے کر دوسری شادی کی۔ بیٹیاں انھیں بہت پیاری ہیں۔ ان کے دُکھ سے ہی وہ پریشان ہو جاتی ہیں۔ کسی زمانے میں یحییٰ خان نے بھی میڈم کو پریشان کرنا چاہا تھا۔ لیکن بات آئی گئی ہوگئی۔ قوم کی ساری ہمدردیاں میڈم نور جہاں کے ساتھ ہیں۔ اس لیے بھی کہ وہ برابر سماجی خدمت کے کاموں میں لگی رہتی ہیں۔ پچھلے دنوں انھوں نے کینسر میں مبتلا گلوکار اخلاق احمد کو اپنی طرف سے ایک لاکھ روپے دیئے۔ واقعی میڈم نہ صرف خوبصورت آواز کی ملکہ ہیں بلکہ وہ خود بھی خوبصورت ہیں اور ان کا دل بھی حساس ہے۔

برصغیر کے فن کاروں میں میڈم نور جہاں کا کوئی مقابلہ نہیں۔ آج بھی برسوں پہلے ان کا گایا گیت 'آواز دے کہاں ہے' سنائی پڑتا ہے تو اُس زمانے کی زندہ نسل جیسے سچ مچ ہی اپنے ماضی میں کھو جاتی ہے۔

11.4.1992

☆☆☆

طاہرہ سید کی آواز کا درد

چھ سات مہینے پہلے کراچی کے ایک مقبول رسالے نے طاہرہ سید کے بارے میں ایک سوال اٹھایا تھا۔ ان کے دلکش آواز کیوں خاموش ہے؟ جو آواز پاکستانی موسیقی کی دنیا میں دو دہائیوں سے غزل، ہلکے پھلکے گیتوں اور پنجابی کھنک لیے کانوں میں رس گھول رہی تھی وہ کہاں کھو

گئی؟ ہندوستانی شائقین بھی چار پانچ برس پہلے دوردرشن پر ٹیلی کاسٹ ان کی گلوکاری سے واقف ہیں۔ طاہرہ اپنی والدہ اور گزرے زمانے کے مشہور گلوکارہ ملکہ پکھراج کے ساتھ پہلی بار ہندوستان آئی تھیں۔ دلی اور بمبئی میں دونوں ماں بیٹی کے کئی کامیاب شو ہوئے تھے۔ سن پچاس کے پہلے کی ایک پوری نسل ملکہ پکھراج کے گائے ہوئے 'ابھی تو میں جوان ہوں' کی شیدائی تھی۔

بچپن سے ہی ملکہ پکھراج نے طاہرہ سید کو آواز کے سانچے میں ڈھالنا شروع کر دیا تھا۔ انھوں نے اپنی بیٹی کو استاد نزر حسین سے بھی گلوکاری کی تعلیم دلوائی۔ ۱۹۵۸ میں پہلی بار ریڈیو پر اسکولی طالبات کے ایک گلوکاری کے مقابلے نے موسیقی کے شیدائیوں کو چونکا دیا۔ اس کے بعد انھوں نے اپنی ماں کا گایا گیت ابھی تو میں جوان ہوں گا کر جیسے ملکہ پکھراج کی آواز کو ہی دوبارہ جنم دیا۔ ان دنوں فلم محبت میں گایا ان کا گیت ''یہ محفل جو آج سجی ہے'' بے حد مقبول ہوا۔ لیکن فلمی دنیا طاہرہ کو راس نہیں آئی۔ البتہ پاکستان میں نئے نئے ٹیلی ویژن پر پنجابی لوک گیت ''بھاجر پھبدی نہ مٹیا بنا'' نے انھیں ٹی وی اسٹار ضرور بنا دیا۔ اس کے بعد وہ پاکستان ٹیلی ویژن کی مقبول ترین فنکارہ بن گئیں۔ کچھ اس لیے بھی کہ آواز کے ساتھ ساتھ ان کے پرکشش چہرے سے نظریں نہیں ہٹتیں۔

گلوکاری کے ساتھ ساتھ طاہرہ سید نے اپنی تعلیم بھی جاری رکھی۔ انھوں نے وکالت کی ڈگری لینے کے بعد لاہور ہائی کورٹ کے مشہور قانون داں ایس۔ ایم ظفر کے ماتحت وکالت بھی کی۔ بعد میں انگریزی سے ایم اے بھی کیا۔ چار پانچ برس پہلے نعیم بخاری جیسے دلکش شخص سے شادی کے بعد ایسا لگا تھا کہ یہ جوڑی ٹی وی شائقین کے سامنے کچھ اور بھی بے مثال پروگرام پیش کرے گی۔ لاہور ہائی کورٹ کے مشہور وکیل ہونے کے ساتھ ساتھ نعیم بخاری بھی خود ٹیلی ویژن کا جانا مانا نام تھا۔ کئی مقبول پروگرام انکی نظامت کے محتاج تھے۔ شادی کے بعد ان کی مقبولیت کا گراف اور بھی اونچا اٹھنے لگا۔ پیشاور سے کراچی تک ہر پروگرام کے لیے نعیم بخاری کی مانگ ہوتی۔ گھٹیا سے گھٹیا پروگرام کو وہ اپنی نظامت سے کامیاب بنا دیتے۔ یہ انداز ان کے پیشے یعنی

وکالت کے لیے بھی کار آمد ثابت ہوا۔لیکن دو فن کاروں کی شادی کم ہی کامیاب ہوتی ہے۔آرٹ اور شہرت کی دنیا میں جیسے جیسے میاں بیوی میں سے کسی ایک کا قد اونچا ہونا شروع ہوتا ہے۔ دوسرے کا قد گھٹنے لگتا ہے۔شادی کے بعد طاہرہ کا قد تو نہیں گھٹا لیکن وہ گھریلو ذمہ داریوں میں سمٹ کر رہ گئیں۔ہندوستان سے واپسی کے بعد ان کی شادی ہوئی۔پھر دھیرے دھیرے گمنام ہونے لگیں۔خبروں کے متلاشی صحافیوں نے سراغ لگانے کی کوشش کی تو کچھ بھی ہاتھ نہیں آیا۔پھر وہ ایک بچے کی ماں بنی۔بعد میں خبر ملی کہ وہ اپنی بچی کو بھی موسیقی کی تعلیم دینا چاہتی تھیں۔نعیم بخاری کو یہ بات پسند نہیں آئی۔پھر یوں ہوا کہ نعیم بخاری انسے الگ ہو گئے۔لوگوں کو لگا کہ طلاق ہوگئی۔لیکن دونوں اب تک طلاق سے انکار کرتے ہیں۔نعیم بخاری کبھی کبھار اپنی بچی کو ملنے بھی جاتے ہیں۔

اس سب کے بیچ طاہرہ سید سمٹ کر رہ گئیں۔ان کی پُرکشش آواز بھی خاموش ہوگئی تھی۔خوشی کی بات ہے کہ ان کے گیتوں کا نیا کیسٹ ابھی بازار میں آیا ہے۔ ان گیتوں میں جہاں انھوں نے بسنت کی بسنتی مہک کو اجاگر کیا ہے وہیں اپنے دولھے ساجن کو بھی منانے کی کوشش کی ہے۔یہ کہنا مشکل ہے کہ ان کے دولھے ساجن مانتے ہیں کہ نہیں لیکن اتنا ضرور سچ ہے کہ طاہرہ سید کے گیت برصغیر کے فرقت میں ڈوبے ہوئے سُر ہیں۔ان پر ملک، وقت اور سرحدوں کا گمان نہیں ہوتا،یہ کسی فن کار کی کامیابی کی ضمانت ہے۔اور ایسی ہی فن کارہ کا نام طاہرہ سید ہے۔

19.4.1992

☆☆☆

کراچی مشاعرے کو ہندوستانی شاعروں نے لوٹ لیا

پچھلے دو مہینوں میں پاکستان کی ادبی فضا میں عالمی مشاعروں کی دھوم رہی۔کچھ برسوں سے مشاعروں نے دیس بدیس کی سرحدیں پھاند کر ادب برائے تفریح کی بیساکھی کو تھامے بین

الاقوامی جامہ پہن لیا ہے۔ کچھ چلتے پھرتے ہوشیار لوگوں نے لندن، کناڈا، دوبئی۔ ریاض، دلّی اور کراچی میں مشاعروں کا ٹھیکہ لے لیا ہے۔ ہماری دلی میں بھی اس طرح کا مشاعرہ عالمی اردو کانفرنس کے تحت ہو چکا ہے۔ اس سے اور کچھ ہو نہ ہو شاعروں کے ایک بڑے گروہ کو شہرت اور شاید کچھ الاونس مل جاتا ہے۔ ویسے جدید دور کے شاعر پرانے وقتوں کے شعراء کی طرح پھکڑ اور مفلس نہیں ہوتے ہیں۔ ان کے جسم پر بہترین سوٹ، کلائیوں میں قیمتی گھڑیاں اور انگلیوں میں ہیرے کی انگوٹھیاں بھی دیکھی جا سکتی ہیں۔ کچھ شاعر تو اپنے سُریلے گلے کی وجہ سے پارلیمنٹ تک میں نامزد کئے جا چکے ہیں۔ جب مکمل طرز حیات بدل چکی ہو، قدروں میں تبدیلی آچکی ہو تو پھر شاعر ہی کیوں پیچھے رہے؟ اسی لیے آج کل مشاعروں کی کھیپ عام مشاعروں میں نہیں بلکہ بین الاقوامی مشاعروں میں شرکت کرتی ہے کراچی میں اپریل مئی میں ایسا ہی ایک شاندار مشاعرہ ہوا۔ بعد میں ان بین الاقوامی شعراء کو پنجاب کے کئی شہروں میں بھی لے جایا گیا۔

۱۳۰ اپریل کے اس مشاعرہ کا انعقاد کراچی شہر کے لگ بھگ سو معزز اور معروف ہستیوں کی ایک مخصوص انجمن نے کیا۔ اُن میں چیف جسٹس، وائس چانسلر، کارپوریشن کے میئر، ممبر اسمبلی، صنعت کار، ایڈیٹر وغیرہ شامل تھے۔ فنڈ کی کمی نہیں تھی۔ اس لیے ہندوستان سے سترہ، کناڈا، ازبکستان سے ایک ایک، انگلینڈ سے چار اور پاکستان کے دیگر علاقوں سے پانچ شعراء مشاعرے میں شریک ہوئے۔ کراچی کے انیس شعراء نے حصہ لیا۔ اس طرح کل سینتالیس شاعروں نے کراچی بین الاقوامی مشاعرے میں اپنا کلام سنایا۔ ہندوستان سے مجروح سلطان پوری، خمار بارہ بنکوی، جگناتھ آزاد، شمیم جے پوری، بشیر بدر، وسیم بریلوی، پاپولر میرٹھی اور عارفہ شبنم وغیرہ جانے پہچانے نام تھے۔ 'جنگ' کے مطابق ان میں پاپولر میرٹھی نے مشاعرہ اُلٹ کر رکھ دیا اور خوب داد بٹوری۔ سامعین انھیں جانے دینے کو تیار نہ تھے اور انھیں تین بار بلا کر کلام سنایا گیا۔ ان کے علاوہ مجروح، بشیر بدر، وسیم بریلوی و خمار و حسرت اور عارفہ شبنم نے بھی خوب داد وصول کی۔ کراچی کے نیشنل اسٹیڈیم میں ہزاروں کے مجمعے نے صبح پانچ بجے تک بین الاقوامی مشاعرے کو دلچسپی سے سنا۔ نامی گرامی پاکستانی شاعروں میں محشر بدایونی، سرشار صدیقی، حمایت علی شاعر، تابش دہلوی، احمد فراز اور منیر نیازی وغیرہ نے بھی رونق بڑھائی۔ پھر بھی ہندوستانی شاعروں نے زیادہ

تعریفیں حاصل کیں۔ اس پر جنگ کے ادبی مدیر کا تبصرہ تھا کہ ''ہندوستانی شاعر اور شاعرات دونوں ہی اپنا کلام سنانے سے پہلے ہر شعر کا مفہوم سمجھاتے ہیں۔ اس کے پس منظر پر روشنی ڈالتے ہیں، پھر ان کی گلوکاری اور پڑھنے کا انداز ڈرامائی ہوتا ہے۔'' 'جنگ' کے مطابق ''کچھ برسوں میں ہمارے نئے لکھنے والوں نے بھی اس انداز کو سمیٹنے کی کوشش کی ہے۔ ہمارے یہاں (یعنی پاکستان میں) شاعری میں بنیادی چیز زندگی کے تازہ تجربوں کو، تخلیق اور داخلی اوصاف کو اور زبان میں نئے محاوروں کو ہمیشہ اہمیت دی گئی۔ اس لیے فکر اور تخلیقاتی ترقی کے دروازے کھلتے ہیں۔ لیکن اس سال ہم نے کچھ بزرگ اور نوجوان دونوں نسلوں کے ناظرین اور سامعین سے بھی سنا ہے کہ صاحب ہندوستان کی شاعری سمجھ میں آتی ہے اور پاکستانی شاعری سر پر سے گزر جاتی ہے۔'' کہنا نہ ہوگا کہ جنگ کے مبصر نے اس کے آگے کیا لکھا ہوگا۔

اب اس کا کیا کیا جائے کہ ہندوستان کی اردو شاعری پاکستانی عوام کو سمجھ میں آتی ہے مگر خود وہاں کی شاعری وہیں کے لوگوں کے ذریعے ٹھکرا دی جاتی ہے۔ اس بارے میں جنگ کے نقاد کہتے ہیں کہ ''ہندوستان میں اردو زبان اور اردو شاعری فلموں اور مشاعروں کے سبب زندہ ہے۔ تجارتی رویے کی وجہ سے زبان کا معیار گرتا جا رہا ہے۔ اور اردو فلموں کی زبان تالاب کی آخری سیڑھی تک پہنچ چکی ہے۔''

ایک دوسرے شمارے (۲۲ مئی) میں 'جنگ' کے ادبی مدیر بین الاقوامی مشاعرے کے سامعین پر اپنا بخار اتارتے ہیں ''جو شو بزنس کی سمجھ رکھتے ہیں اور سطحی زبان اور خیالات کے جاننے والے ہیں اس سلسلے میں وہ ہمارے پاپولر میرٹھی، وسیم بریلوی اور بشیر بدر کا نام لیتے ہیں۔ حالانکہ بشیر بدر وہاں کی ادبی محفلوں کی بھی شان ہیں اور وسیم بریلوی بھی۔ وسیم بریلوی کے لیے تو کراچی کے روہیل کھنڈیوں نے خصوصی نشستیں منعقد کیں لیکن ان تینوں نام کے علاوہ مشاعرے میں داد لوٹنے والے ہندوستانی شاعروں میں خمار بارہ بنکوی، غلام ربانی تاباں اور مجروح سلطان پوری بھی تھے۔ کیا ان کی زبان اور تخلیق بھی سطحی تھیں۔ مجروح صاحب کی آواز کی گھن گرج سے سارا میدان گونج اٹھتا ہے۔ ہر ادبی موقعے پر انھیں بلایا جاتا ہے۔ کہنا نہ ہوگا کہ مجروح صاحب نہ صرف ہمارے ملک کی بلکہ پورے برصغیر کی ایک عظیم

ادبی شخصیت ہیں۔ ویسے خود انھیں پاکستانی اردو سے شکایت ہے۔ ہندوستانی اُردو اور پاکستانی اردو اپنے آپ میں یہ الگ بحث کا موضوع ہے۔ پاکستانی مشاعرے سے لوٹتے ہوئے انھوں نے بگڑتی ہوئی پاکستانی اردو کی کئی مثالیں دیں۔

کل ملا کر یہ اطمینان کی بات ہے کہ بین الاقوامی پاکستانی مشاعرے میں ہمارے شعراء نے پاکستانیوں کا دل جیت لیا۔ ہمارا ادب چاہے وہ اردو شاعری ہی کیوں نہ ہو۔ عام لوگوں کے لیے ہی ہونا چاہیے جہاں تک اردو کا سوال ہے، کچھ پاکستانی دانشوروں نے اسے کراچی اور لاہور کی سرحدوں میں قید کر رکھا ہے۔ چھوٹی چھوٹی نشستوں اور مباحثوں میں بڑی بڑی باتیں کر کے اصل میں پاکستانی اردو کو عام آدمی سے دور کر دیا گیا ہے۔ ایک زمانے تک پاکستانی ادیبوں کا ایک بڑا طبقہ بھول بھلیوں میں گم ہو رہا ہے۔ تخلیق کے نام پر جو بھی ہوا اسے زبردستی جھولیوں میں بھر بھر کر کافی ہاؤس میں ہرایرے غیرے نتھو خیرے کو بانٹا گیا۔ ہندوستان کے ادبی بحرِ عظیم سے بھی ایسی ہی لہریں اٹھی تھیں مگر وہ جلد ہی مٹ گئیں اور ہندوستانی ادیبوں کو ہوش آ گیا۔ پاکستان میں اس کی مدت طویل تھی۔ اسی لیے عوامی مشاعرے کی مقبولیت کو پہچاننا مشکل ہو جاتا ہے کچھ لوگوں کے لیے۔

پاکستان میں پچھلے دو سال سے ہی مشاعروں کی روایت پھر سے شروع ہوئی ہے ورنہ کافی لمبے عرصے سے عوامی مشاعرے ختم ہوئے جا رہے تھے۔ عام شکایت ہوٹنگ کی تھی۔ اب بھلا ہوٹنگ والی شاعری کریں گے تو داد کہاں سے ملے گی؟

21.6.1992

☆☆☆

آئیے! پاکستانی سوچ پر ماتم کریں

ایک پاکستانی رسالے کے مطابق فلم آرٹسٹوں کی تنظیم ’’MAAP‘‘ صدر یوسف خان نے اسٹوڈیو کے مالکوں سے اپیل کی ہے کہ ہندوستانی ٹیلی فلم ’’ٹوبہ ٹیک سنگھ‘‘ کلیدی رول نبھانے

والے شجاعت ہاشمی کو کسی بھی اسٹوڈیو کے اندر نہ جانے دیا جائے۔فلم سازوں نے بھی ہاشمی کا بائیکاٹ کرنے کا فیصلہ کیا ہے۔شجاعت ہاشمی پر الزام ہے کہ اُنھوں نے پاکستان مخالف سعادت حسن منٹو کی کی کہانی ''ٹوبہ ٹیک سنگھ'' میں کام کیا ہے۔

شجاعت ہاشمی کوئی بہت بڑے اور مشہور اداکار نہیں ہیں۔ان کے پاس زیادہ فلمیں بھی نہیں ہیں۔'ٹوبہ ٹیک سنگھ' پچھلے دنوں دوردرشن پر ریلیز ہوئی تھی۔چونکہ اُس کی کہانی جیسا کہ کچھ پاکستانی کہتے ہیں پاکستان مخالف ہے۔اس لیے ہاشمی پھنس گئے۔'ٹوبہ ٹیک سنگھ' پڑھنے اور دیکھنے والے جانتے ہیں کہ وہ کتنی پاکستان یا ہندوستان مخالف ہے یا حقیقت میں برصغیر کی تقسیم کی مخالف ہے۔ یہ ایک بے حد لمبی بحث کا موضوع ہے لیکن منٹو کے چاہنے والے قارئین جن کی بڑی تعداد آج بھی دونوں ملکوں میں ہے جانتے ہیں کہ منٹو کی کہانیاں کیا تھیں اور خود منٹو کیا تھے۔

پاکستان میں منٹو نے کیا کیا نہ برداشت کیا۔اُنھیں بدنام کرنے کے لیے الفاظ کا ہر ہتھیار استعمال کیا گیا۔سن ۱۹۴۰ سے لے کر ۱۹۵۵ تک جب اردو ادب ایک طرف رومانی فضاؤں میں سانس لے رہا تھا تو دوسری طرف ترقی پسند ادیبوں کا ایک بڑا قافلہ آندھی کی طرح سر اُٹھا رہا تھا۔منٹو کے ساتھ ایک پوری ادبی نسل اُس دور کی پیداوار ہے جس نے اردو ادب کو آسمان کی بلندی تک پہنچایا۔کرشن چندر، خواجہ احمد عباس، راجندر سنگھ بیدی، عصمت چغتائی۔اُپندر ناتھ اشک، دیوندر ستیارتھی، احمد ندیم قاسمی، عبداللہ حسین، شوکت صدیقی۔غلام عباس، رامانند ساگر وغیرہ فن کاروں میں اور شاعروں میں علی سردار جعفری، مجروح سلطان پوری، فیض احمد فیض، ساحر لدھیانوی، ن۔م۔راشد، مخدوم، کیفی اعظمی معین حسن جذبی، غلام ربانی تاباں وغیرہ شاعری کے میدان کے سپہ سالار تھے۔

لیکن قلمکاروں اور شاعروں کی اس بھری بھیڑ میں سعادت حسن منٹو سب سے الگ تھلگ ایک انوکھے قلمکار تھے۔وہ کسی رومانی انقلاب کے دعوے دار نہیں تھے۔اُن کے کردار 'لال سویرا' کے سامعین نہیں تھے۔انھوں نے قارئین کو کوئی خواب نہیں دکھایا تھا بلکہ وہ اس وقت کے بیمار اور معذور سماج کے اندر جھانک کر اسے اس کی اصلی صورت میں پیش کرتے۔ان کی کہانیوں میں کورے جذبات نہیں بلکہ ایک ایسی کڑواہٹ بھری ہے جس سے سارا وجود تیکھا ہو

جائے۔لیکن اس کی کڑواہٹ اور تیکھے طنز میں زندگی کی چاہت سے ایسا لگتا ہے جیسے منٹو ہمیشہ سے انسانی پیار کا بھوکا ہے۔ بہت ڈوبنے پر اس کی کہانیوں میں ان گلے سڑے انسانوں کی محبت چھپی ملتی ہے۔ جنھیں عام زندگی میں سرے سے انسان ہی نہیں سمجھا جاتا۔متوسط طبقے کے عقیدوں اور ترقی پسند خیالات سے منٹو کا دور تک واسطہ نہیں تھا۔انھوں نے خود اپنے بارے میں لکھا ہے: ''وہ ان پڑھ ہے کیونکہ اس نے کبھی مارکس کو نہیں پڑھا، فرائیڈ کی کوئی کتاب اس کی نظر سے نہیں گزری۔ہیگل کا وہ صرف نام جانتا ہے۔ ہیولک ایلس کو بھی صرف نام سے جانتا ہے۔ لیکن مزے کی بات یہ ہے کہ لوگ میرا مطلب ہے کہ نقاد یہ کہتے ہیں کہ وہ ان سبھی دانشوروں سے متاثر ہے جہاں تک میں جانتا ہوں منٹو کبھی کسی دوسرے سے متاثر ہوتا ہی نہیں۔ وہ سمجھتا ہے کہ سمجھانے والے بے وقوف ہوتے ہیں۔ دنیا کو سمجھانا نہیں چاہیے۔اُسے خود سمجھنا چاہیے۔

منٹو کی ماں اس کے جج باپ کی دوسری بیوی تھی۔منٹو کے تین سوتیلے بھائی بیرون ممالک میں تھے۔امرتسر میں بچپن گزرا۔کالج کی تعلیم کے لیے علی گڑھ گئےلیکن ٹی بی کا مرض ہونے کی وجہ سے انھیں وہاں سے ہٹنا پڑا۔اس دوران دوبار انٹر میں فیل ہوئے، وہ بھی اردو میں۔والد کی موت کے بعد ماں نے ساری پونجی بہن کی شادی میں لگادی۔بہن بمبئی میں بیاہی گئی تھی لیکن بہنوئی نے بہن کو بھائی سے ملنے کی اجازت نہیں دی۔سن ۳۸۔۱۹۳۸ کے آس پاس ایک اردو ہفت روزہ کے ایڈیٹر بن کر بمبئی آئے۔اس کے بعد ہمانشو رائے سے لے کر کئی بڑے فلمسازوں سے منسلک ہوئے۔ادبی کہانیوں کے ساتھ ساتھ فلمی کہانیاں بھی لکھیں۔'مرزا غالب' ان کی لکھی مشہور کہانی ہے۔بمبئی میں ہی منٹو کی شادی ہوئی۔منٹو ان قلمکاروں میں سے ہیں جنھوں نے فلموں سے وابستہ ہونے کے باوجود شاہکار کہانیاں لکھیں۔ادیب و کہانی نویس منٹو نے ہمیشہ اپنا قد اونچا رکھا۔فلم اداکار اشوک کمار ان کے گہرے دوستوں میں تھے۔لیکن بنیادی طور پر منٹو ایک مست مولا اور بے فکر انسان تھے۔انھیں سراب کی زبردست لت تھے۔تقسیم کے بعد کچھ ایسے حالات پیش آئے جن کی وجہ سے بمبئی سے ان کا دل اوب گیا اور وہ لاہور چلے گئے۔ لاہور میں نکتہ چینوں اور کٹھ ملاؤں نے ان کا جینا حرام کر دیا۔ان پر کمیونسٹ ہونے اور فحاشی پھیلانے کا الزام لگا کر ان کی کہانیوں پر ایک کے بعد ایک پانچ مقدمے دائر کئے گئے۔

پانچویں مقدمے تک وہ نڈھال ہو چکے تھے اور عدالت میں جرمانہ بھر کر انھوں نے پیچھا چھڑایا۔ لاہور میں ان کے پاس کام نہیں تھا۔ 'کٹاری' اور 'ایک گناہ اور صدی' نام کی دو فلمیں انھوں نے لکھی۔ لیکن پیسے نہیں ملے۔ بیوی، تین بچیاں اور شراب نوشی۔ ایک وقت ایسا بھی آیا جب پانچ دس روپئے میں کہانی بیچ کر انھوں نے شراب پی۔ بعد میں وہ سستی اسپرٹ کے عادی ہو گئے جو ۱۸ جنوری ۱۹۵۵ (۴۳ سال کی عمر میں) ان کے لیے جان لیوا ثابت ہوئی۔ موت سے پہلے اشوک کمار نے اپنے پیارے دوست منٹو کو بمبئی آنے کی دعوت دی تھی مگر وہ نہیں آسکے۔

منٹو کی موت کے بعد پاکستان کے علاوہ ہندوستان میں بھی ان کی کہانیوں نے شہرت کی بلندیاں طے کیں۔ ہندی کے علاوہ انگریزی اور دیگر زبانوں میں بھی ان کی تخلیقات شائع ہوتی ہیں۔ سن ۱۹۷۰ کے بعد پاکستان میں منٹو کو پھر یاد کیا گیا۔ ان کی کتابوں کے کئی ایڈیشن چھپے۔ ان پر ٹیلی ویژن ڈرامے بنائے گئے۔ یہاں تک کہ پچھلے سال لاہور میں جانی مانی ادبی ہستیوں نے ان کی تعریف میں زمین آسمان ایک کیے۔ انتظار حسین جیسے لوگ انھیں آج بھی اردو کا عظیم فن کار سمجھتے ہیں۔ پچھلے دنوں لاہور کی ایک ادبی مجلس میں منٹو پر لمبی بحث چلی کہ آخر انھوں نے فحاشی کو کیوں اپنی کہانیوں میں جگہ دی؟ سب سے بڑا سوال یہ ہے کہ اس دور میں جب منٹو نے اپنی مبینہ 'فحش کہانیاں' لکھیں کیا سارا برصغیر، انسانیت، محبت، بھائی چارے کے جامے سے باہر نہیں آگیا تھا؟ شاید سعادت حسن منٹو اپنے آپ میں اکیلے ایسے تخلیق کار تھے جنھوں نے اپنی آنکھوں سے ایک ننگی سچ کو دل کی گہری نگاہوں سے دیکھا و محسوس کیا اور اُسے الفاظ کی شکل دی۔ 'توبہ ٹیک سنگھ' بھی ایسی ہی ایک ننگی اور کڑوی سچائی ہے۔ اسے پاکستان کے فن کاروں اور فلمسازوں کی تنظیم ہضم نہیں کر پائی تو آئیے اُن کی سوچ پر ماتم کریں۔

5.7.1992

☆☆☆

بمبئی میں پاکستانی قونصلٹ

بمبئی میں پاکستانی قونصلٹ کا معاملہ پھر ٹل گیا۔ سنا گیا ہے کہ ۱۴ اگست تک سب کچھ طے ہو جانا تھا۔ یہ دن پاکستان کا یومِ آزادی ہے۔ دلّی میں واقع ہائی کمیشن میں قونسلٹ کھولنے کی تیاری شروع ہو چکی تھی۔ یہاں تک کہ اُس کے کونسلر جنرل کا تقرر ہو چکا تھا۔ نریمن پوائنٹ پر مہاراشٹر حکومت نے جگہ کا انتظام بھی کر دیا تھا۔ لیکن ۱۹۷۶ سے زیرِ التواء معاملہ ایک بار پھر ملتوی ہو گیا۔

۱۹۷۷ میں جنتا پارٹی حکومت کی پاکستان کے معاملے میں نرم پالیسی کے سبب دونوں ملکوں کے درمیان ہمدردی کا ایک نیا دور شروع ہوا۔ اس وقت کے وزیر خارجہ اٹل بہاری واجپئی 'بند کھڑکیوں' کو کھولنے کے حامی تھے۔ نتیجہ یہ ہوا کہ پاکستان میں ان کو ہاتھوں ہاتھ لیا گیا۔ بھٹو پر قتل کے معاملے اور پھر پھانسی کے سلسلے کے بعد ویسے بھی اُس وقت جنرل ضیاء الحق کے لیے دوسری کھڑکیاں کھولنا ضروری تھا۔ دوستی کے اس ماحول میں کراچی میں ہندوستانی اور بمبئی میں پاکستانی قونصلٹ کھولنا طے پایا۔ ہندوستان نے پیش قدمی کی اور کراچی میں قونصلٹ کھل گیا۔ دیکھتے ہی دیکھتے کراچی میں بسے ہزاروں ہندوستانی نژاد مہاجروں کو ہندوستان میں آباد ان کے رشتے داروں سے ملنے کے لیے ویزا جاری کیا جانے لگا۔ ۱۹۷۸ کے بعد اُنھیں ویزا کے لیے ہندوستانی ہائی کمیشن کے آفس اسلام آباد جانے کی ضرورت نہیں پڑی۔ کراچی میں واقع ہندوستانی قونصلٹ آج بھی اتنا فراخ دل ہے کہ لوگ صبح پاسپورٹ اور فارم جمع کرواتے ہیں اور شام کو ویزا لے جاتے ہیں۔

لیکن ہندوستان سے پاکستان جانے والوں کو ویسی سہولیت نصیب نہیں۔ مسئلہ پاکستان نے کھڑا کیا۔ اس کے لیے بمبئی میں جناح کا رہائشی مکان جناح ہاؤس مانگا۔ دفتر کے لیے نہیں کاونسلر جنرل کی رہائش کے لیے۔ اس فرمائش نے جنتا پارٹی حکومت کو کش مکش میں ڈال دیا۔ اس وقت جناح ہاؤس میں برطانیہ کے ڈپٹی ہائی کمشنر کی رہائش تھی۔ ان کی لیز کی مدت ۱۹۸۲ میں ختم ہونے والی تھی۔ اس بنگلے کو محمد علی جناح نے ۱۹۱۶ مین بنوایا تھا۔ ۱۹۴۶ تک اسی بنگلے

سے پاکستان کے قیام کے منصوبوں کی نگرانی ہوتی رہی۔ ۱۹۴۷ میں جناح صاحب اسے چھوڑ کر پاکستان چلے گئے۔ ظاہر ہے جناح ہاؤس پاکستانیوں کے لیے جذباتی کشش رکھتا ہے۔ سابق وزیر اعظم مرارجی دیسائی جناح ہاؤس کو پاکستانی قونصلٹ کی رہائش کے لیے دینے کا ارادہ کر چکے تھے۔ اسی دوران الیکشن ہوئے اور مسز گاندھی کی حکومت آئی۔ ان کی حکومت میں جناح ہاؤس کا معاملہ دب گیا۔ بات چیت کا سلسلہ نئے سرے سے شروع ہوا اور ۱۹۸۳ میں پاکستانی ہائی کمیشن کے ایک افسر نے اسے حاصل کرنے کے لیے بمبئی میں ڈیرہ ڈال دیا۔ لیکن حکومتِ ہند نے پھر بھی کچھ نہیں کیا۔ کاونسلر جنرل کی رہائش کو جناح ہاؤس سے منسلک کر کے پاکستان کے شعبۂ خارجہ نے بمبئی میں قونصلٹ کھولنے کے معاملے کو التواء میں ڈال دیا ہے۔ اس دوران مغربی اور جنوبی ہندوستان کے لوگوں کو ویزا حاصل کرنے میں پریشانیاں پیش آتی رہیں۔ ان پریشانیوں کا اندازہ لگانا آسان نہیں ہے۔ اسی لیے دلی میں ویزہ حاصل کرنے کے لیے چار پانچ دنوں تک کے لیے ڈیرہ ڈنڈا جمانے کے بات سمجھ میں آتی ہے۔

رسم نبھانے کے لیے شروع میں مہینے دو مہینے کے وقفے سے پاکستانی ہائی کمیشن کا عملہ بمبئی، حیدر آباد ویزا دینے کے نام پر آتا رہا۔ اس سے پیدا شدہ افراتفری میں کسے ویزا ملتا ہوگا یہ کہنے کی ضرورت نہیں۔ اتنا تو سمجھ میں آتا ہے کہ پاک ہائی کمیشن کو نہ تو ۱۹۷۸ کے قرار کا خیال آیا اور نہ ہی اتنے بڑے ملک کے انسانیت کی بنیاد پر ویزا حاصل کرنے والوں کی سہولت کی فکر ہوئی۔ اسی ضد میں انھوں نے پورے چودہ سال گزار دیے۔ ہندوستان کی وسعت کو دیکھتے ہوئے بمبئی کیا کلکتہ اور حیدر آباد میں بھی قونصلٹ کھلنے چاہیے۔

جغرافیائی اعتبار سے چھوٹے موٹے پاکستان میں جب ہندوستان پاک شہریوں کی سہولت کے لیے اسلام آباد کے علاوہ کراچی میں بھی ویزا آفس کھول سکتا ہے تو پاکستان کو اس حساب سے ہندوستان کی چاروں سمتوں میں چار دفتر کھولنے چاہیے۔ پتہ نہیں ہمارا شعبۂ خارجہ بھی اس معاملے میں کیوں اتنے برس خاموش رہا۔

سارک ملکوں کی کئی میٹنگوں کے علاوہ دسمبر ۱۹۸۸ میں جب راجیو گاندھی اور محترمہ بینظیر بھٹو کی دوستانہ ماحول میں بات چیت ہوئی تو توقع تھی کہ اس معاملے میں پیش قدمی ہوگی۔ اس کے بعد

بھی نواز شریف حکومت سے امید تھی کہ بند گلی کا راستہ کھلے گا۔خارجہ سیکریٹریوں کی ملاقات میں بھی شاید اس موضوع پر بات چیت نہ ہوتی ہو۔پچھلے ہفتے خبر ملی کہ مہاراشٹر حکومت نے دفتر کے لیے جگہ کا انتظام کیا ہے۔اب ایک بار پھر گیند پاکستان کی طرف ہے۔اب اگر ایک بار پھر انھوں نے جناح ہاؤس کی ضد کی تو معاملہ التواء میں جا سکتا ہے۔اب انھیں کون سمجھائے۔جناح ہاؤس کا معاملہ تاریخ بن چکا ہے۔ضرور وہ ہماری تلخ تاریخ کا حصہ ہے۔مگر وہ سمجھیں تب تو؟

23.8.1992

☆☆☆

یا الٰہی یہ گھٹا دو دن تو برسے...

لگتا ہے پاکستان میں اللہ تعالیٰ نے پچھلے مہینے شاعر کی حسرت کچھ زیادہ دھیان سے سُن لی۔ گھٹا دو دن نہیں کئی دن برسی۔سندھ کا آسمان تو پھٹ پڑا۔کئی علاقوں میں چوبیس سے تیس گھنٹوں تک موسلا دھار بارش ہوتی رہی۔مزے کی بات یہ تھی کہ دوسرے صوبوں میں کم بارش تھی۔شاید وہاں کے شاعروں کی دعا قبول نہیں ہوئی۔لیکن سندھ پر جیسے قہر برپا ہو گیا۔کراچی، حیدرآباد، سرود، نواب شاہ، میرپور وشکارپور وغیرہ بارش میں ڈوب گئے۔کئی گاؤں بہہ گئے۔مویشیوں کا برا حال ہوا۔لوگوں کی مشکلات کا اندازہ لگانا آسان نہیں۔ویسے بھی گاؤں، دیہاتوں، قصبوں میں سیلاب کی تباہی کا اخباری دفتروں میں کیسے اندازہ لگایا جا سکتا ہے۔نشریات کے ذرائع بہہ گئے۔ سڑکیں تک بہہ گئیں تو چھپنے والی خبریں کیسے پہونچتی؟ البتہ وزیر اعظم نواز شریف نے ہیلی کاپٹر سے ساری آفت کا معائنہ کیا۔کچھ افسوس ظاہر کیا۔امداد کے لیے کچھ رقم کا اعلان کیا پھر زکوٰۃ کی تیاری میں لگ گئے۔

البتہ حیدرآباد، سرور، کراچی جیسے شہروں کی تباہی اخباری سُرخیوں میں نظر آئیں ایک کروڑ کی آبادی والے شہر کراچی کا برا حال تھا۔ ۱۲ اگست کو لگاتار نو دس گھنٹے کی بارش سے لوگوں کو پتہ چلا کہ لا اینڈ آرڈر کے علاوہ بارش بھی ایک مسئلہ ہو سکتی ہے۔جب ہزاروں گھروں، بنگلوں، کچی

آبادیوں میں دس بارہ فٹ پانی جمع ہو جائے تو یہ سنگین مسئلہ ہی کہلائے گا۔شہر کی دو ندیوں لیاری اور ملیر میں زبردست سیلاب آ گیا۔ ہزاروں لوگ اِدھر اُدھر پھنس گئے۔عورتوں اور بچوں کی سب سے زیادہ مصیبت تھی۔اس قیامت کے منظر کو دیکھ کر محمود شام جیسے منجھے ہوئے پاکستانی صحافی یہ لکھتے ہیں ''کہنے والے کہتے ہیں کہ بمبئی میں تو کئی دن بارش جاری رہتی ہے لیکن وہاں شہر کا یہ حال نہیں ہوتا۔تو واقعی بمبئی میونسپل کارپوریشن کی تعریف کرنی پڑتی ہے۔''

ویسے پاکستان میں بارش کا اوسط دس انچ سالانہ ہے (لگ بھگ ۲۵ سینٹی میٹر) اس میں سے زیادہ حصہ یعنی ۲۰ سینٹی میٹر بارش پنجاب میں ہوتی ہے۔بلوچستان اور سرحد میں صرف پانچ سینٹی میٹر اور پانچ سے دس سینٹی میٹر کے لگ بھگ سندھ میں بارش ہوتی ہے۔مانسون کا اثر صرف جولائی سے ستمبر تک ہوتا ہے۔سال کے باقی دنوں میں موسم سوکھا ہوتا ہے۔ویسے مغرب شمال کے علاقوں سے ہندوکش کی برفانی پہاڑیوں اور گلیشیئر پگھلنے سے پنجاب کی ندیوں میں اور مشہور سندھو ندی میں سال بھر پانی رہتا ہے۔یہی ندیاں پنجاب اور سندھ کے ایک بڑے حصے کو ہرا بھرا رکھتی ہیں۔

جغرافیائی نقطۂ نظر سے پاکستان کو چار حصوں میں تقسیم کیا جا سکتا ہے۔شمال مغرب کی برفانی پہاڑیاں، پنجاب اور سندھ کی ترائی، بلوچستان کا پٹھار اور تھار ریگستان، لے دے کے پنجاب اور سندھ ہی ترقی یافتہ ہیں۔ورنہ بلوچستان کا پٹھار، بے آب، پتھریلا اور سوکھا علاقہ ہے۔میلوں تک گھاس بھی نہیں اگتی۔لگ بھگ یہی حال تھار ریگستان کا ہے۔تھار میں برسوں تک بارش نہیں ہوتی۔ پینے کا پانی بڑی مشکل سے ملتا ہے۔قحط اور سوکھا یہاں کا مقدر ہے۔حکومتیں آئیں اور گئیں مگر تھار کے باشندوں کی زندگی صدیوں پرانی ڈگر پر ہی چل رہی ہے۔افسوس کی بات تو یہ ہے کہ اس علاقے کی زیادہ معلومات بھی نہیں ملتی۔ساری خبریں، ترقی، تہذیب، مذہب اور ادب کراچی، اسلام آباد اور لاہور تک ہی محدود ہے۔ہمارے یہاں کی طرح ریگستانی تقریبات، میلے ٹھیلے وغیرہ بھی نہیں ہوتے۔تاکہ سوکھے ساکھے باشندوں کی پھیکی مسکانوں بھری تصویریں شائع ہوں۔وہی حال شمال مغرب علاقے کا ہے۔پاک مقبوضہ کشمیر کے گلگت، کلش وغیرہ میں جدید دور کی روشنی کی کرنیں نہیں پہنچی ہیں۔اس طرح حقیقت میں ہم جسے پاکستان کے نام سے جانتے

ہیں اس کا تین چوتھائی حصہ سندھ اور پنجاب تک ہی سمٹا ہوا ہے۔ سردی گرمی اور برسات کا ذکر یہیں ہوتا ہے۔ پنجاب پاکستان میں بارش کے اپنے مزے ہیں۔ پنجابی شوقین لوگ ہیں۔ کھانے پینے اور مست مولا۔ اس لیے سرزمین پنجاب کی سوہنی سے ملنے کے لیے مہیوال اُمڈتی ہوئی ندی میں کچا گھڑا اُتار لیتا تھا۔ اور شاعرہ کشور ناہید ''ساون پارٹی'' کا انتظام کرتی ہیں۔ پنجاب میں ساون اور برکھا (بارش) کا اپنا الگ مزہ ہے۔ پنجاب کی برسات پر مشہور زمانہ ''امرت دھارا'' کی تھاپ فطری ہے۔ امرت دھارا یعنی ہر مرض کی مکمل دوا۔ خاص طور سے برساتی بیماریوں کے لیے لاہور کا 'امرت دھارا' کسی زمانے میں ہر گھر میں ہوا کرتا تھا۔ ہیضہ، دست، قئے وغیرے کے لیے آج سے پچاس ساٹھ سال پہلے جب لاہور کے مشہور ویدھ پنڈت ٹھاکر دت شرما نے امرت دھارا ایجاد کی تو کچھ ہی دنوں میں انکی لاجواب دوا برصغیر کے گھر گھر میں پہنچ گئی۔

چار پانچ سال پہلے ایک پاکستانی حکیم نے پنڈت جی کے 'امرت دھارا' کا ایک دلچسپ قصہ لکھا تھا۔ ان دنوں کے چلن کے مطابق حکیم اور ویدھ اپنی دوائیوں کا نسخہ بتایا کرتے تھے۔ لیکن پنڈت جی نے نسخہ چھپائے رکھا۔ کئی طرح کی میٹنگوں اور ملاقاتوں میں دوسرے حکیم اور ویدھ اپنی دوائیوں کے نسخے بتاتے مگر پنڈت جی راز نہیں کھولتے تھے۔ آخر میں اصلی 'امرت دھارا' کے نام پر کئی 'دھارائیں' بازار میں آئیں۔ لیکن 'امرت دھارا' کی مقبولیت پر کوئی اثر نہیں پڑا۔ لاہور کے حکیم اور وید تھک کر چپ ہو گئے۔ پنڈت جی کا 'امرت دھارا' برصغیر میں چھایا رہا۔ ۱۹۴۷ میں پنڈت جی لاہور سے دہرہ دون چلے گئے۔ تب ہندوستان میں رائج قاعدے کے مطابق انہیں امرت دھارا کا فارمولا بتانا پڑا۔ ایسا تھا پنجاب میں برساتی بیماریوں کا تدارک 'امرت دھارا'۔ ہندوستان ہو یا پاکستان برسات ایک طرح سے امرت دھارا ہی ہے۔ بارش ہے تو زندگی ہے، ہریالی ہے، دھان کی، گیہوں کی بالیاں ہیں، ان میں اناج کے گچھے ہیں۔ پانی برسنا چاہیے، چاہے کراچی میں ہو یا بمبئی میں۔

6.9.1992

☆☆☆

ایک نظر اُدھر بھی

ایک نظر اُدھر بھی۔سرحد کے اُس پار۔ پاکستان میں ۔ جہاں تیس چالیس لاکھ ہندو آج بھی، خوف زدہ اور لاچارگی کی زندگی گزارنے پر مجبور ہیں۔ان کی آبادی کا ایک بڑا حصہ سندھ کے کئی ضلعوں میں پھیلا ہوا ہے۔ پنجاب، بلوچستان اور صوبہ سرحد میں بھی کئی ہندو خاندان صدیوں سے آباد ہیں۔حقیقت یہ ہے کہ اکثریت مسلم سماج کے روز بروز کے ہنگاموں میں تو ان کے وجود کا بھی پتہ نہیں چلتا۔ہولی میں رنگ کی پھوہاریں اور دیوالی میں روشنی کے چھینٹے خاموشی سے گزر جاتے ہیں۔سندھ میں ہولی اور دیوالی کا پتہ اس وقت چلتا ہے جب کراچی میں ہندو برادری کے سوشل ورکر کسی ہال میں ان رنگ اور روشنی بھرے تہواروں کے پروگرام منعقد کرتے ہیں۔ کچھ اخبارات و رسائل میں پڑھ کر ہی یہ معلوم ہوتا ہے کہ پاکستان میں بھی ہولی یا دیوالی آئی تھی۔ کراچی کے علاوہ پنجاب، بلوچستان اور صوبہ سرحد میں منائے جانے والے ہندو تہواروں کا بالکل پتہ نہیں چلتا۔حالانکہ ان علاقوں میں بھی گنتی کے ہی سہی مگر ہندو خاندان صدیوں سے آباد ہیں۔

اندازہ لگانا بھی مشکل ہے کہ ۱۹۴۷ سے اب تک پاکستانی ہندو برادری نے کیسی تکالیف اور تناظر بھرے ماحول میں اپنی عزت، عقیدے اور مذہب کو بچائے رکھا ہوگا۔اقلیت ہونے کی وجہ سے وہ فطری طور پر امتیازی سلوک کا شکار ہوتے رہے ہوں گے۔ماہر سماجیات اور ماہر نفسیات ہی اس سچائی کی تصدیق کر سکتے ہیں کہ علاقائی، لسانی، اور مذہبی اقلیت کس طرح کی زندگی گزارتے ہیں۔ پاکستان میں عیسائی سماج سب سے زیادہ متحد اور فعال ہے۔مذہبی عقائد میں یورپ امریکہ سے قریب اور سماجی طور پر ترقی یافتہ ہونے کے سبب عیسائی سماج زیادہ بیدار ہے۔شہریت کے لیے شناختی کارڈ میں مذہب درج کروانے کی عیسائی ہی مخالفت کر رہے ہیں۔عیسائیوں کے علاوہ پاکستان کی ایک چھوٹی اقلیت پارسی سماج بھی اپنے حقوق کے لیے بیدار نظر آتی ہے۔لیکن ان کی موازنے میں تعداد میں زیادہ ہونے کے باوجود ہندو سماج نہ اپنے حقوق کے لیے بیدار نظر آتا ہے نہ ہی مشکل وقت میں متحد۔اس کا اہم سبب ہے سماجی طور پر

ان کی پسماندگی۔اس کے علاوہ ہندو ہونے کی وجہ سے بھی وہ اکثریتی مسلم سماج کے امتیازی سلوک کا شکار ہوتے ہیں۔آج تک پاکستان میں تقسیم کے وقت ہونے والے المیہ کو بار بار دہرایا جاتا ہے۔اس کے علاوہ حکمراں طبقے سے لے کر صحافتی حلقے میں بھی مسئلہ کشمیر سے لے کر ۱۹۷۱ میں ہوئی تقسیم کے لیے ہندوستانی ہندو طبقے پر ہی انگلی اٹھائی جاتی ہے۔ دلی میں کسی کی بھی حکومت ہو عام پاکستانی اسے ہندو حکومت ہی سمجھتا ہے۔اسے یہاں کا جمہوری نظام، آزاد پریس، غیر جانبدار عدالتیں اور متحدہ سیاسی پارٹیاں بھی ہندو ہی نظر آتی ہیں۔ پاکستانیوں کی نظر میں کانگریس، سماج وادی، جنتا دل، کمیونسٹ پارٹیاں اور بھارتیہ جنتا پارٹی ہندو جماعتیں ہیں۔ برسوں سے یہ رائے قائم کر لی گئی ہے کہ یہ عظیم اور ہمہ رنگ ملک ہندوستان دراصل ایک ہندو سماج ہے جو مسلمانوں کا دشمن ہے۔ بہت کچھ ایسے ہی خیالات نے بھی پاکستان میں ہندوؤں کے لیے ایک مخصوص بے مروتی کا جذبہ پیدا کر دیا ہے۔اس کی جڑیں بہت گہری ہیں۔کبھی کبھی یہ جذبہ اتنا شدید ہو جاتا ہے کہ ماتھے کی بندیا سے لے کر ساڑی تک ہندو ہو جاتے ہیں۔

۱۹۷۸ کی جنتا حکومت میں اٹل بہاری واجپئی نے اپنے وزارت خارجہ کے دور میں عام پاکستانیوں کے دل سے "ہندو بھارت" کی شبیہ کو بہت حد تک مٹا کر ایک سیکولر، سوشلسٹ اور جمہوری ہندوستان کی شبیہ کو پیش کیا۔ اُنھوں نے ویزا کی سہولت کو آسان کر کے گویا ایک نئے ہندوستان کا دروازہ کھول دیا۔ اس کے بعد جب ہزاروں کی تعداد میں عام پاکستانیوں نے ہندوستان آنا شروع کیا تا انھیں حقیقت کا علم ہوا۔ انھوں نے دیکھا کہ مسلمان ہندوستان میں کس طرح سیاست، آرٹ، ادب، صنعت، انتظامیہ، صحافت اور دوسرے شعبوں میں باعزت طور پر مصروف ہیں۔وہ ایک عظیم جمہوریت کی معاشی اور سماجی ترقی میں اپنا اہم ترین رول نبھاتے ہیں۔ وہ اس ملک کی سیاسی سرگرمیوں کا ایک اہم حصہ ہیں۔ اس طرح عام پاکستانیوں کی ہندوستان کے بارے میں رائے جنتا حکومت کے بعد بدلی تھی۔ اس رائے کو بدلنے اور غلط فہمیوں کو دور کرنے میں ہماری ہندی فلموں اور لتا منگیشکر، محمد رفیع، کشور کمار کے نغموں کا بھی بڑا اہم رول رہا۔ وقتاً فوقتاً دونوں ملکوں کے فن کاروں اور صحافیوں کے آنے جانے سے بھی ہندوستان کے بارے میں پاکستان کا رُخ بدلا اسی طرح ہندوستان بھی اس خیال سے آزاد ہوا کہ اسلامی

پاکستان کتنا ’’اسلامی‘‘ ہے۔

دھیرے دھیرے ایک ’’ہندو بھارت‘‘ کی چھاپ عام پاکستانیوں کے دلوں سے اتنی کم ہوتی گئی کہ ہمارے یہاں بڑھتی ہندو دہشت پسندی کا بھی کوئی نوٹس نہیں لیا گیا۔ یہاں تک کہ ایودھیا تنازعہ بھی عام بحث کا موضوع نہیں بنا۔ دراصل ہندوستان کی مخالفت میں اہم طور پر مسئلہ کشمیر شامل تھا۔ اسی دوران بینظیر اور نواز شریف حکومتیں بھی ہندوستان سے مسئلہ کشمیر پر ہی شدت دکھاتی رہیں۔ البتہ نواز شریف حکومت نے اپنی پالیسی کے مطابق شناختی کارڈ میں مذہب کے اندراج کا اعلان کیا۔ اس مسئلے پر ہندو اقلیت خاموش رہی۔ ایسا لگا کہ اس نے اس موضوع پر حکومت کے ہر فیصلے پر ہتھیار ڈال دیے۔ دراصل ڈھیروں قسم کے دباؤ کے باوجود دباؤ برداشت کرنے کی عادت نے پاکستانی ہندوؤں کو ایک صابر قوم بنا دیا ہے۔

نواز شریف نے فوراً یہ اعلان کیا تھا کہ پاکستان میں ہندو اقلیتوں اور ان کی عبادت گاہوں کو تحفظ فراہم کیا جائے گا۔ شاید یہ اُلٹا اشارہ تھا کیوں کہ اُن کے اعلان کے خلاف کارروائی ہوئی۔ کیا تیسری دنیا کے سیاستدانوں کے وعدے ایسے ہی ہوتے ہیں؟ دیکھتے ہی دیکھتے جیسے سارا پاکستان اُبل پڑا ہو اور آناً فاناً میں پاکستان میں چالیس مندروں کو مظاہرین نے مسمار کر دیا۔ یہ مندر سندھ کے کئی ضلعوں کے علاوہ لاہور، کوئٹہ، خاص داد چمن وغیرہ میں بھی تھے۔ ان کے آس پاس ہندو آبادی بھی تھی۔ کراچی میں تو ڈھائی سو ہندوؤں کے گھروں میں دہشت پسند بھیڑ نے آگ لگا دی۔ سندھ کے اندرونی علاقوں سے بھی ایسی خبریں سننے کو ملیں۔ بلوچستان میں بھی ہندو انتہا پسندوں کے حملوں کا شکار ہوئے۔ ہندوؤں اور ان کی عبادت گاہوں، رہائشی مکانوں کے علاوہ کراچی میں واقع ہندوستانی سفیر کے مکان پر بھی خونی حملہ کیا گیا۔ کل ملا کر ایودھیا مسئلے نے پھر ایک بار پاکستانی ہندوؤں کو خونی مصیبت سے دوچار کر دیا۔ اصل میں یہ لکھنا آسان ہے لیکن کیا اس درد اور اس ہیبت ناک حالت کے بارے میں سوچا بھی جا سکتا ہے جب کوئی اکیلا اور نہتا ہو اور اسے مارنے کے لیے ایک تشدد پسند بھیڑ چلی آ رہی ہو؟ لیکن اس حالت پر ایک نظر بھی کون دوڑائے؟ دونوں ملکوں کی حکومتیں؟ دوسری سیاسی پارٹیاں؟ مذہبی جنونی؟ یا پھر عوام؟ کم از کم حساس نگاہیں تو اُدھر گردن گھما سکتی ہیں۔ لیکن ویسی نگاہیں بھی کتنی ہیں؟ کچھ بھی ہو مصیبت کے

اس وقت میں ہماری حکومت پاکستانی ہندوؤں اور مندروں کی سلامتی کے لیے حکومت پاکستان سے درخواست کر سکتی ہے۔ چاہے کہیں مسجد گرائی جائے یا کہیں مندر۔ دونوں پیار، امن، عقیدے اور یقین کی علامت ہیں۔ دونوں کی حفاظت ضروری ہے۔ چاہے یہاں ہو یا وہاں۔ اسی طرح اقلیتوں کا بھی تحفظ ہو، چاہے وہ پاکستانی ہندو ہوں یا ہندوستانی مسلمان۔

13.12.92

☆☆☆

'اُداس نسلیں۔نادان نسلیں'

۱۹۵۲۔۵۳ میں عبداللہ حسین بلوچستان کی ایک سیمنٹ فیکٹری میں کیمسٹ تھے۔ آبادی سے دور دراز علاقوں میں اس کیمیکل انجینئر کے پاس کافی وقت تھا۔ اسی کے ساتھ تھا برصغیر کی تقسیم کا گہرا درد۔ تنہائی کا درد اس میں شامل ہو گیا۔ نتیجے کے صورت میں جو ناول ظہور میں آیا اس کا نام ہے ''اُداس نسلیں'' جس کی اشاعت کے بعد اُردو ادب میں تہلکہ مچ گیا۔ ایڈیشن کے بعد ایڈیشن ناول چھپتا گیا اور بکتا گیا۔ نامی گرامی ادیب بھی عبداللہ حسین کی راتوں رات شہرت سے حیران رہ گئے۔ بہت بعد میں ''اداس نسلیں'' رغبت سے پڑھی جاتی ہے اور اس کے کرداروں میں خاص طور سے اہم کردار نعیم کی گہری بے چینی اور اس کے سارے جسم سے رستے ہوئے خون کی بوندوں کو محسوس کیا جا سکتا ہے جو کہ آنکھوں سے دکھائی نہیں دیتا۔

مذہب اور سیاست کا ناپاک سنگم جب کبھی دو دھاری تلوار بن کر معصوم انسانوں کے سروں پر چمکتا ہے تو ''اداس نسلیں'' کے بے حد غمگین اور دکھ بھرے کردار نظر کے سامنے گھومنے لگتے ہیں۔

''اُداس نسلیں'' کا پس منظر جنگِ آزادی کے پہلے دور سے شروع ہو کر تقسیم کے بعد تک کا ہے۔ کہانی، کردار، ناول کا پھیلاؤ، تکنیک، انداز جو بھی ہے ''اُداس نسلیں'' اپنے نام سے ہی اُس نسل اور اُس پیڑھی کی داستان ہے جس نے زبردست خون خرابے کے بعد امن اور خوشیوں کا ایک نیا دور چاہا تھا۔ پاکستان کی اس نسل کو زیادہ دنوں تک وہ سب نصیب نہیں ہوا اور حقیقت

میں اس حساس نسل کا ایک بڑا حصہ اپنے پرانے آقاؤں یعنی انگلینڈ اور نئے آقا یعنی امریکہ کی طرف کچھ کر گیا۔ یقیناً آزاد ہندوستان میں بھی ''اُداس نسلیں'' کا ایک طبقہ موجود تھا جو آزادی کا ڈھیروں مزہ چکھنے کے بعد آج پھر اُداس ہے۔

اُداس نسلیں کے بعد عبداللہ حسین لندن چلے گئے اور وہاں بہت بڑے تاجر بنے۔ دس بارہ سال تک ادبی دُنیا میں ان کا کہیں بھی نام نہیں ملتا ہے۔ اُس کے بعد ۱۹۸۰ میں کہانیوں کا ایک مجموعہ آیا اور پھر ۱۹۸۳ میں اُن کا دوسرا ناول 'باگھ' شائع ہوا۔ دوبارہ لکھنے میں انھیں اتنا زیادہ وقت کیوں لگا؟ اس سوال پر وہ کہتے ہیں ''سچ تو یہ ہے کہ میں خود کے ادیب ہونے کو اہمیت نہیں دیتا۔ ہماری دوسری دلچسپیاں بھی ہیں۔ ہمارے بعض دوستوں کو اس بات کا علم بھی نہیں کہ مجھے لکھنے لکھانے سے سروکار بھی ہے۔'' دوبارہ لکھنے کو عبداللہ حسین عام ادیبوں کی طرح ''اندر کی آواز'' نہیں بلکہ باہر کی آواز مانتے ہیں۔ بلوچستان کے کسی گاؤں کے ایک ٹیچر نے ''اُداس نسلیں'' کی تعریف کی اور اسی کے ساتھ انھوں نے خود کو دوبارہ لکھنے کے لیے تیار کیا۔ ان کے مطابق ''قارئین کا قلمکار پر حق ہوتا ہے۔ اس لیے قلمکار کو برابر لکھنا چاہیے۔''

فی الحال عبداللہ حسین اپنے نئے ناول ''نادان نسلیں'' پر کام کر رہے ہیں۔ ''اُداس نسلیں'' کی طرح یہ بھی ایک لمبی داستان ہوگی۔ ان کے مطابق یوں اس ناول کی شروعات سن ۱۹۴۷ کے لاہور اور امرتسر سے ہوگی لیکن مرکزی حیثیت پاکستان کو حاصل ہوگی۔ ''نادان نسلیں'' نام اس لیے رکھا گیا کہ ایک مکمل پاکستانی نسل کو حقیقت سے علیحدہ اندھیرے میں رکھا گیا ہے۔ عام لوگوں کی ذہنی نشو و نما نہیں کی گئی اس لیے اُن حقیقی زندگی کی سچائیوں کا علم نہیں ہے۔ عبداللہ حسین حالیہ پاکستانی نسل کو 'نادانوں کی نسل' کہتے ہیں۔ جو اپنی قومی وراثت سے محروم ہو چکی ہے۔ وہ قلم کار کو اس کا حقیقت پسند فرض یاد دلاتے ہوئے تخلیق کے لوگوں سے منقطع ہو جانے کی بات نہیں مانتے۔ بلکہ کیوبا، چلی، نکاراگوا، نائیجیریا، جامبیا، تنزانیہ، افغانستان، بلکہ ہندوستان میں بھی ادیبوں اور قلمکاروں کے سیاست میں حصہ لینے کی مثال پیش کرتے ہیں۔ انھیں پاکستانی سیاست میں اپنا مفاد چاہنے والی جاگیرداروں اور زمینداروں کی ٹولی سے چڑ ہے۔ پاکستان میں ادیبوں اور دانشوروں پر مظالم ہوتے رہے ہیں ان کے الفاظ میں ''اب اس سلسلے کو ختم ہونا

چاہیے۔قلمکار اور شاعر زیادہ تر نچلی سطح سے تعلق رکھتے ہیں۔اس لیے وہ اپنے ہی طبقے کی نمائندگی کرتے ہیں۔انھیں بھی ملک کے معاملات میں حصے دار بننا چاہیے۔ یہ کیا کہ دور رکھ کر جاہل سیاست داں انھیں قومی ترانہ لکھنے کی ہدایت دیں۔''

''اداس نسلیں'' کے تخلیق کار ایک انٹرویو میں تخلیق کاروں کو یہ مشورہ دیتے ہیں کہ وہ جھوٹ اور ناانصافی کی مخالفت ہی نہیں اس پر حملہ بھی کریں۔عبداللہ حسین کی باتوں پر دو رائے ہو سکتی ہیں لیکن 'اداس نسلوں' سے 'نادان نسلوں' تک کی دوری کو کم کرنے کے لیے کیا تخلیق کار کسی کونے میں اکیلے بیٹھ کر کاغذ کالے کرتا رہے؟ آج جہاں جہاں خاص طور سے ہمارے یہاں بھی 'نادان نسلوں' کی ٹولی نادانیاں کرتی پھرے تخلیق کار نشستوں اور جلسوں میں ہی اپنے دل کی بھڑاس نکالیں؟ نادان نسل کی نادانیوں کو کہیں بھی برداشت نہیں کرنا چاہیے۔

14.2.1993

☆☆☆

پھول مرجھانے سے خوشبو کا سفر مٹتا نہیں

پھول مرجھانے سے خوشبو کا سفر مٹتا نہیں۔ یہ ایک شاعرانہ خیال ہے لیکن یہ بھی سچ ہے کہ پھول کی خوشبو ہواؤں میں پھیل جاتی ہے اور ہوائیں خوشبو کو ساتھ لیے چاروں طرف پھیل جاتی ہے اور پھر احساس دلاتی ہے اس پھول کا جس کی خوشبو چند لمحوں کے لیے ہی سہی لیکن تھکے ہارے اور پریشان دل کو سکون کا احساس دلاتی ہے۔ پاکستانی شاعر حبیب جالب بھی ایسے ہی ایک شاعر تھے۔جن کی مدمست درویش اور لا اُبالی زندگی آج کے دور میں برصغیر میں کبیر سے لے کر مہان کوی نرالا کی عظیم شاعرانہ درویشی کی وراثت کی کڑی تھی۔

حبیب جالب صرف ایک شاعر ہی نہیں تھے بلکہ ان کے دل میں پاکستان کے کروڑوں مظلوم عوام کا بے پناہ درد تھا۔ان کی شاعری میں غضب کا غصہ، تڑپ اور چبھن تھی۔ پاکستان ظالم زمینداروں سے لے کر ہر وزیرِ اعظم اور برسرِ اقتدار لوگوں کے لیے ایک چیلنج تھا۔ وہ ایک

چنگھاڑتی للکارتی آواز تھے۔اس لیے ان کے نام سے بڑے بڑے جنرل اور کرنل کانپتے تھے۔افسوس! حبیب جالب کا بھی پچھلے دنوں انتقال ہوگیا۔

برسوں سے حبیب جالب کو لاہور کے ہرطرح کے احتجاجی مظاہرے میں دیکھا گیا۔ایوب شاہی کے خلاف ہرمورچے میں وہ جھنڈے اور بینر اُٹھائے دکھائی دیئے۔جب بھٹوحکومت کی زیادتیاں بڑھیں تو اُنہیں اُس کے خلاف مورچے میں بھی سب سے آگے دیکھا گیا۔جنرل ضیاءالحق کی فوجی ڈکٹیٹرشپ کے خلاف بھی وہ سب سے آگے نظرآئے۔ضیاءالحق کے زمانے میں توجب خواتین نے ان کے کئی خواتین مخالف اُلٹے سیدھے قوانین کے خلاف احتجاج کیا تو شاید حبیب جالب اکیلے مرد تھے جنھوں نے لاٹھیاں کھائیں۔اس لیے کہ وہ جلوس میں بینر اُٹھائے سب سے آگے تھے۔ابھی ابھی ہوئی جمہوریت کی بحالی میں اُن کے جسم نے کئی وار جھیلے۔لیکن جب بے نظیر بھٹو کی حکومت میں بدعنوانی بڑھنے لگی تو اس کے خلاف بھی انھوں نے پیش رفت کی۔

انھوں نے ہرطرح کی کٹرپن سے آگے بڑھ کرلوہالیا۔جلوسوں میں شریک ہوئے،لاٹھیاں کھائین،جیل گئے۔پھول کی خوشبو کا سفر جاری رہ سکتا ہے کیا حبیب جالب کی روایت کو شاعر، ادیب اورصحافی سلامت رکھیں گے؟ مزے کی بات یہ تھی کہ حبیب جالب کا تعلق کسی بھی سیاسی جماعت یاسیاسی اصول سے نہیں تھا۔دراصل مظلوم اورمصیبت زدہ عوام کے لیے کسی مخصوص فلسفے یاسیاسی اصول کی ضرورت نہیں ہے۔شایداس کے لیے ایک گہری حس ہی بہت ہے اورحبیب جالب بے حدحساس تھے۔اسی لیے بھی وہ پاکستانی اخبارات، رسائل،اورقومی دھارے (Main Stream) کے دوسرے ذرائع ابلاغ سے الگ تھلگ تھے۔دستور کے مطابق ان کی موت کے بعد بہت کچھ لکھا جائے گا۔یہ کالم بھی۔کیا کریں؟ مردہ پرستوں کی بستی میں زیادہ تر لوگ مردہ پرست ہی ہوجاتے ہیں،یہ کالم نگار بھی بچ نہ سکا۔

اپنی بالکل ہی عوامی شاعری،گھن گرج اور پاٹ دارآواز کے مالک حبیب جالب کو پاکستان کے معتبرومعزز دانشوران اورقلمکارنظرانداز نہیں کرسکے۔اسی لیے وہ ساداتِ امروہہ (امروہہ سے

پاکستان گئی سیدوں کی مشہور پاکستانی انجمن) سے لے کر ترقی پسند کشور ناہید کے منعقدہ مشاعروں تک میں خصوصی طور پر بلائے جاتے تھے۔ برسوں پہلے کشور ناہید نے ان کے اعزاز میں ایک مشاعرے کاانعقاد کیا تھا۔اس میں شریک ہونے کے لیے کئی پاکستانی شاعر محض اس لیے متمنی تھے کہ اپنا اچھا سے اچھا اور سنجیدہ سے سنجیدہ کلام سنا سکیں۔ایک رپورٹ کے مطابق ''ایک ساتھ اتنی اچھی اور اتنی معیاری غزلیں اس سے پہلے کسی مشاعرے میں کبھی سننے کو نہیں ملیں۔دھیان دینے کی بات یہ ہے کہ قتیل شفائی نے بھی اس مشاعرے میں اپنی غزل ''ہم نے خوش ہو کے بھنور باندھ لیا پاؤں میں'' سنانے سے پرہیز کیا۔اس تقریب میں لاہور میں موجود سیاستدانوں کی ایک بڑی تعداد نے بھی شرکت کی اور یوں ادیبوں کو وہ چہرے پہچاننے میں آسانی ہوئی جو ان کے حبیب جالب کو ان سے چھین لے گئے۔ ایسی شہرت تھی حبیب جالب کی ادیبوں کے ساتھ ساتھ سیاستدانوں میں۔

اس سے بھی برسوں پہلے جب یہی حبیب جالب پنجاب یونیورسٹی لاہور کے ایک مشاعرے میں اپنی درویش صورت میں پہنچے تو شاعرہ زہرہ نگار اپنا کلام پڑھ رہی تھیں ایک رپورٹ کے مطابق سردی کے کپکپاتے کمبل میں لپٹے حبیب جالب کو دیکھ کر اسٹیج سیکریٹری خواجہ شفیع دہلوی نے اعلان کیا ''اب تشریف لائے ہیں میاں جالب''۔اسٹیج پر انکا حلیہ دیکھ کر لوگوں نے ہنسنا شروع کر دیا۔جالب نے انھیں ہنسنے دیا۔جب شور تھما تو یہ غزل شروع کی:

ہم نے سنا تھا اس بستی میں دل والے رہتے ہیں
دل کی بات زباں پر لا کر ہم اب تک دکھ سہتے ہیں

ایک ہمیں آوارہ کہنا کوئی بڑا الزام نہیں
دل والوں کو دنیا والے اور بہت کچھ کہتے ہیں

وہ جو ابھی اس راہ سے پہلے چاک گریباں گزرا تھا
اس آوارہ دیوانے کو جالب جالب کہتے ہیں

گویا جالب نے میر کے لکھنؤ کی داستان یاد دلا دی۔ ان کے بعد جب اسٹیج سیکریٹری نے کہا ''اب تشریف لاتے ہیں ۔۔۔۔۔۔۔۔'' تو سارا ہال چلانے لگا 'حبیب جالب، حبیب جالب' اور انھیں دوسری بار بھی کلام سنانا پڑا۔

دبی کچلی آوازوں، بھوکے پیٹ اور ادھ ننگی جسموں کو خوشحال زندگی کا خواب دکھانے والے شاعر حبیب جالب کا کلام دیکھنے کو نہیں ملتا۔ پھر بھی ان کا یہ شعر برصغیر کے کڑوروں عوام کے لیے ایک آس بن گیا ہے۔

غم لیں تو کہیں، کچھ ہم نے ان سے نہ کیا احوال تو کیا؟
کل مثل ستارہ اُبھریں گے، ہیں آج اگر پامال تو کیا؟

ان کی شاعری ایک رومانی خواب ہی سہی، لیکن کیا آج کے ملبے سلگتے ماحول میں اس رومانیت کو مسترد کیا جا سکتا ہے؟

4.4.1993

☆☆☆

پاکستانی فلموں پر مصیبت

اپنے دورِ حکومت میں نواز شریف نے پاکستانی فلمی دنیا کو ''صنعت'' کا درجہ دے کر ایک انقلابی قدم اٹھایا تھا۔ امید بندھی تھی کہ یہ صنعت اب بازار میں اچھا مال سپلائی کرے گی۔ دوسری صنعتوں کی طرح تفریح کے کاروبار میں بھی سرکاری سہولیات کا اضافہ ہوگا۔ سینما گھروں کی بگڑتی حالت درست ہو جائے گی۔ انھیں کم قیمت پر بجلی ملے گی۔ ٹکٹوں کی فروخت سے ہونے والی آمدنی کا بڑا حصہ انھیں ملے گا۔ افسوس! یہ سب کچھ نہیں ہوا۔ نتیجہ؟ وہی ڈھاک کے تین پات۔

اس سال عید پر آٹھ دس نئی فلمیں ریلیز ہوئیں۔ ان میں صرف دو فلموں نے کچھ بزنس کیا۔ مسعود بھٹ کی فلم 'خدا گواہ ہے اور عمر شریف کی فلم 'مسٹر چارلی'۔ پچھلے چار پانچ برسوں میں صرف پانچ فی صد فلمیں ہی ٹکٹ کھڑکی پر کامیاب رہی ہیں۔ پچانوے فی صد فلمیں فلاپ ہوتی ہیں۔

دھیرے دھیرے کئی فلمساز شو بزنس سے رُخصت ہوتے جارہے ہیں۔نئی اور تازہ سوچ والے فلم نظر نہیں آتے۔البتہ اس کی چمک دمک سے متاثر ہو کر اب بھی نو دولتئے، بیرونِ مما لک سے کما کر لانے والے پنجاب اور سندھ کے جاگیر دار گیہوں، چاول اور کپاس کے آڑھتئے 'انڈسٹری' میں پیسے لگاتے رہتے ہیں۔ان کے ہی دم خم سے لاہور کے اسٹوڈیوز میں چہل پہل ہے۔فلمیں فلاپ ہوا کرے۔انڈسٹری سانس لے رہی ہے۔

لیکن ان نئے پروڈیوسروں کی وجہ سے درجن بھر بچے کھچے فلمساز و ہدایت کاروں کو بھی اپنی جگہ سے ہٹنا پڑا۔دو دہائی پہلے سماجی اور فیملی فلموں کے ہدایت کار اپنی نازک ہیروئنوں کو گھڑسوار کروانے لگے اور ان کے ہاتھوں میں بیلچے سے لے کر کلاشنکوف تھمانے لگے۔اس کے بعد تو جیسے ہوا ہی بدل گئی۔الطاف حسین، جاوید فاضل اور نذرالاسلام جیسے معروف ہدایت کار بھی گھٹیا ایکشن فلموں کے چکر میں پڑ گئے۔لیکن پاکستانی فلمی نقادوں کو اس بات کا دُکھ ہے کہ ڈھنگ کی کمرشیل فلمیں بھی نہیں بن رہی ہیں۔یعنی ان کے مطابق چالو فلموں میں بھی کچھ بات پیدا کرنے کی گنجائش ہے۔وہ بھی نہیں ہو رہا ہے۔ایک رپورٹ کے مطابق پاکستانی فلموں کی گرتی ہوئی حالت کی وجہ سے سب سے زیادہ پریشانی ہوتی ہے فلموں سے متعلق سرکاری ادارے NAFDE کو اس ادارے کو لگ بھگ ہر سال بیرونی مما لک میں ہونے والے فلم فیسٹیول کے لیے پاکستانی فلموں کا انتخاب کرنا ہوتا ہے۔پچھلے کئی برسوں سے معمولی فیسٹیول میں بھی پاکستانی فلموں کی نمائندگی نہیں ہوسکی ہے۔وجہ صاف ہے۔ہر سال بننے والی ۸۰۔۹۰ فلموں میں ایک بھی ڈھنگ کی فلم نہیں ہوتی ہے۔برسوں پہلے فیض احمد فیض اور ان کے ترقی پسند دوستوں نے مل کر ایک یادگار فلم بنائی تھی'' جاگو ہوا سویرا'۔ان دونوں فلموں کو بین الاقوامی شناخت ملی تھی۔اس کے بعد اب تک چکا چوند روشنی کے باوجود بڑے پردے پر 'سویرا' نہیں آیا۔دو تین سال پہلے 'بلندی'، 'مسٹر ۴۲۰'، 'بازارِ حسن' اور 'نزدیکیاں' فلموں سے ایسا لگا تھا کہ انڈسٹری میں سنجیدہ کوششیں ہو رہی ہیں۔لیکن باکس آفس پر ان کا حشر دیکھ کر فلمساز پھر وہی اوٹ پٹانگ فلمیں بنانے پر اتر آئے۔

دراصل سنجیدہ اور آرٹ فلموں کے پاکستانی شائقین یا تو ڈرائنگ روم میں قید ٹیلی ویژن دیکھتے

ہیں یا پھر ہندوستانی فلموں کے کیسٹ۔ حیرت کی کی بات یہ ہے کہ وہاں آنجہانی ستیہ جیت رے، شیام بنیگل اور کمار سہانی کی فلمیں بھی دیکھی جاتی ہیں۔ لیکن ویڈیو پر۔ اسی ڈھنگ کی پاکستانی فلمیں دیکھنے لوگ سینما ہال نہیں جاتے نہ ہی ان کے کیسٹ دیکھتے ہیں۔ سوال یہ ہے کہ فلمیں بنیں تو دیکھیں۔

پچھلے کچھ برسوں سے پاکستانی کے لگ بھگ ۴۰۰ سینما گھروں میں شائقین کی تعداد گھٹ کر ۳۰۔ ۳۵ فی صد ہی رہ گئی ہے۔ شائقین میں زیادہ تر کم آمدنی والے لوگ ہوتے ہیں یا پھر کبھی کبھار شوقیہ جانے والے لوگ اور جیسا کہ کہا جاتا ہے۔ یہ طبقہ مار دھاڑ اور جنسی موضوعات والی فلمیں چاہتا ہے۔ جہاں تک جنسی فلموں کا تعلق ہے یہ ایک بہت بڑا مسئلہ ہے۔ پاکستان اور جنسی فلمیں؟ کوئی سوچ بھی نہیں سکتا۔ اس لیے اِدھر اُدھر کے لٹکوں جھٹکوں سے کام چلایا جاتا ہے۔ لے دے کر مار دھاڑ ہی رہ جاتی ہے۔ یہاں تک کہ نئے سنسر قانون کے تحت بدعنوان لیڈر، پولیس، طوائف کی ممانعت ہے۔ سماجی اور گھریلو فلمیں بزنس کرتی ہی نہیں ہیں تو بے چاری فلموں میں کیا بچ جاتا ہے۔

اب ایسا بھی نہیں کہ پاکستان کے پاس فلموں کا پس منظر نہیں تھا۔ وہاں اسٹوڈیو نہیں تھے۔ فلم ساز، ٹیکنیشین نہیں تھے، سب کچھ تھا۔ ایک اچھا خاصا بازار بھی تھا۔ شائقین تو تھے ہی۔ شروع شروع میں کئی جوشیلے فلمسازوں نے گھریلو، تاریخی اور مزاحیہ فلمیں بنائیں۔ اس کے بعد ساٹھویں دہائی کے آخر میں ٹیلی ویژن نے اس پر بڑا حملہ کیا۔

پھر ایک کے بعد ایک حکومتوں کی آمد و رُخصت میں کسی نے اُس پر دھیان نہیں دیا۔ نہ تو فلمی صنعت کے کسی بھی شعبے کی ترقی کے لیے تربیت وغیرہ کا انتظام کیا گیا ہے نہ ہی اس میڈیم کی اہمیت سمجھی گئی ہے۔ بہت بعد میں ہندوستانی فلموں کی کیسٹ نے رہی سہی کسر پوری کر دی۔ سینسر بورڈ پر اور مولویوں کا دباؤ تو تھا ہے۔ دھیان دینے کی بات یہ ہے کہ سماج کا متوسط اور اعلیٰ طبقہ پاکستانی فلموں کو نظر انداز کرتا رہا۔ اس کے پاس تفریح کے دوسرے ذرائع تھے۔ ہالی ووڈ اور ہندوستانی فلموں کا دیوانہ تو تھا ہی۔ ٹیلی ویژن کا بھی وہ دلدادہ تھا۔ اس لیے فلمیں اس کے لیے اچھوت بنی رہیں۔ اسی کے ساتھ ساتھ فلمیں سماج کا حصہ بھی نہیں بن سکیں۔ یعنی سماج کے ایک

طاقتور طبقے نے شروع سے ہی اسے دھتکارا۔

آج بھی پاکستان میں فلم والوں کو ناچ گانے والوں اور کوٹھے والیوں سے ہی منسوب کیا جاتا ہے۔ اسے ایک مناسب شریفانہ کام نہیں سمجھا جاتا۔ افسوس کہ ترقی پسند رواداروں کا ایک طاقتور طبقہ بھی اس صدی کے ایک طاقتور میڈیم کو پہچان نہیں سکا۔ اس کی وجہ سمجھ میں نہیں آتی ہے۔ سینکڑوں دقتوں کے باوجود جب ادب، موسیقی، آرٹ یہاں تک کہ صحافت بھی ہر مشکل کا سامنا کرتی رہی ہیں تو پھر فلموں کا ہی حشر کیوں ہوا؟ اس سوال کا جواب شاید کوئی پاکستانی دانشور ہی دے سکتا ہے۔

6.6.1993

☆☆☆

پاکستان میں ہندی

گت میں، چندن، ماس کا جھونکا، توڑ میں کندن روپ
نیچے سُر میں چھاؤں بھری ہے اونچے سُر میں دھوپ

آپ اسے ہندی کا ایک دوہا کہہ سکتے ہیں۔ ہر طرح سے یہ دوہا ہی ہے اور ہندی کا ہی دوہا ہے۔ لیکن اس کے شاعر اور ان کے شیدائی اور یہ جہاں لکھا گیا ہے وہاں یہ دوہا اُردو کی بولی اور سمجھی جاتی ہے۔ جی ہاں یہ دوہا اور اس طرح کے درجنوں دوہے پاکستان کے مشہور بزرگ شاعر جمیل الدین عالی نے لکھے ہیں۔ شاید عالی پاکستان کے پاکستان کے پہلے دوہے کے شاعر ہیں ان کے بعد دوہا شاعروں کی لمبی فہرست ہے۔ لیکن ایک عام بات ان سبھی میں ہے۔ سبھی نے ہندی کے کچھ گنے چنے الفاظ کا بے تکلف استعمال کیا ہے۔ ساجن، بھاگ، گوری، چندرما، چندن، میت، سنگیت، پون، اُپون، جیون، لاج، آتما، کویتا، روگ، برہ وغیرہ پاکستانی دوہوں نے پاکستان میں ایک نئی اور خوبصورت شروعات کی ہے۔ اُسی طرح جیسے ہندی میں غزل شاعری کی ایک معروف صنف ہوگئی ہے۔

پاکستان میں ہندی شاعری کے دوہوں نے ہی اپنا رنگ نہیں جمایا بلکہ ہندو دیو مالائی کردار، راز، تنتر، دوسرا جنم، دُنیا آخرت، یہاں تک کہ گنگا جمنا نے بھی وہاں کے ادب کو متاثر کیا ہے۔ اردو کے علاوہ سندھی اور پنجابی ادب بھی۔ ہندوستانی خیالات کی قرض دار ہے۔ دراصل صدیوں سے اس علاقے میں ہندوستان اپنی تہذیب اور ادب کے ساتھ موجود تھا۔ اس علاقے میں ہماری قدیم تمدن کی نشانیاں ہیں۔ ہماری قدیم یونیورسٹیاں گُروکُل، مٹھ، وہار، لائبریری اور محل وہاں تھے۔ پاٹلی پُتر سے تکش شلا اور گندھارا تک ہماری ثقافت پھیلی ہوئی تھی، بلکہ اس سے بھی دور۔ پھر یونانیوں، تاتاریوں، ہونس، شک، ایرانی، کترک، مغل، پٹھان نے ان عظیم ثقافتی وراثت کو تہس نہس کر دیا۔ لیکن کھنڈر بھلایوں برباد ہوتے ہیں۔ وہ آج بھی صدیوں پرانی ثقافت کو گنگنا رہے ہیں۔ کیا پاکستانی دوہوں کی ہندوستانی روح اس اجڑی ہوئی لیکن شاندار ماضی کی واپسی ہے؟ اگر حقیقت میں تاریخ اپنے آپ کو دوہراتی ہے تو وہ دوہے کی شکل میں وہاں اپنے کرشمے دکھا رہی ہے۔

جہاں تک ہندی کا سوال ہے تو وہ تقسیم کے ساتھ اور اُس کے بعد بھی ایک دونسلوں تک پاکستان میں بولی جاتی رہی ہے۔ یہاں سے جانے والے مہاجر اپنے ساتھ ہندی کی معلومات بھی لے گئے۔ وہ سارے الفاظ اپنی تمام خوبصورتی کے ساتھ لے گئے۔ لیکن یہ بات سمجھ میں نہیں آتی ہے کہ وہ ہندی زبان کے ساتھ اس کے رسم الخط کو کیوں نہیں لے گئے؟ انھوں نے ک کھ گ کو کیوں ترک کر دیا؟ کم از کم ایک جیتے جاگتے زندہ سلامت پھلتے پھولتے رسم الخط کو لے جانے سے وہ مراٹھی، گجراتی اور سنسکرت سے بھی واقف ہوتے۔ رسم الخط کا یہ سوال اُٹھانا اس لیے بھی ضروری ہے کہ پاکستان کی ایک پوری نسل ہندی سے نابلد ہے۔ اپنے طور پر وہ ہندی کو اردو سمجھتی اور بولتی ہے۔ لیکن اس اردو کو وہ پڑھ نہیں سکتی۔ جب اسے رسم الخط کی تبدیلی اور ترجمے کے ساتھ ہندی تخلیقات پڑھنے کو ملتی ہیں تو وہ چونک جاتے ہیں۔ ہندی میں یہ سب لکھا جا رہا ہے؟ تب چونکنے کی ہماری باری ہوتی ہے۔ ہندی کے وسیع، جامع، ہمہ رنگ اور بیش قیمت خزانے سے یہ نسل کتنی انجان اور بیگانی ہے۔

سچ تو یہ ہے کہ تقسیم کے بعد پنجاب یونیورسٹی (لاہور) میں ہندی کی ہزاروں کتابیں تھیں

آیورویدسے لے کر قصے اور کہانیوں تک کی کتابیں۔ دوتین برس پہلے ''نوائے وقت'' کی ایک رپورٹ کے مطابق ان میں کئی کو دیمک چاٹ گئی۔ انھیں دیکھنے پڑھنے اور سننے والا کوئی نہیں تھا۔ پھر ہندوستان سے گئی۔ ایک ٹیچر نے انھیں سنبھالنے کا بیڑہ اٹھایا۔ ان کی کوششوں سے ہندی کی پڑھائی بھی شروع کی گئی تھی۔ اس کے بعد کا حال معلوم نہیں۔ کراچی یونیورسٹی کے بیرونی زبان کے شعبے میں ہندی کا انتظام ہے۔ لیکن کتنے طلباء ہندی پڑھتے ہیں اس کی خبر نہیں۔ سیاسی مسائل کے درمیان ادب اور زبان کی فکر کسے ہو؟

یومِ ہندی (ہندی دیوس) پر پاکستان میں ہندی کی بات فطری ہے۔ اب پتہ نہیں ہمارا سفارت خانہ یومِ ہندی جیسا پروگرام منعقد کرتا ہے یا نہیں۔ لیکن ہر کام سرکار پر ہی نہیں چھوڑا جا سکتا۔ جب ہم انتظار حسین، فیض احمد فیض، احمد فراز وغیرہ کا اپنے یہاں استقبال کرتے ہیں۔ ان کی تخلیقات کا رسم الخط تبدیل کرتے ہیں تو یہ کوشش کرنی چاہیے کہ ہمارے تخلیق کاروں کا کلا م بھی وہاں پہنچے۔ جب لتا جی، محمد رفیع، کشور کمار وغیرہ کے آڈیو کیسٹ وہاں پہنچ سکتے ہیں۔ جب امیتابھ بچن اور متھن چکرورتی کے ویڈیو کیسٹ وہاں دیکھے جاسکتے ہیں تو بچن جی کی مدھوشالا اور ڈاکٹر دھرم ویر بھارتی کی ''سورج کا ساتواں گھوڑا'' کیوں نہیں پہنچ سکتے؟ مشہور مراٹھی کہانی کار اروند گوکھلے صاحب شاید اپنے بزنس ٹور (کاروباری دورے) پر گئے تھے۔ مانا کہ آج سیاسی رشتے دُھندلا گئے ہیں۔ لیکن جب یہ صاف تھے تب کیوں نہیں ہماری ہندی، اردو، مراٹھی، گجراتی، کنڑ، تمل، آسامی وغیرہ کے تخلیق کاروں کا وفد سرکاری طور پر ''ثقافتی تبادلے'' کے دورے پر گیا تھا۔ یہ سارے تام جھام اپنی جگہ ہمارے لیے اتنا تو ہے کہ ہندی کسی نہ کسی طرح بلکہ شاندار ڈھنگ سے پاکستان میں استعمال کی جاتی ہے۔ لیکن اس سے آگے بھی ہونی چاہیے۔

آخر میں عالی کا ایک اور دوہا:

اگنی پوجیں، سورج پوجیں، پوجیں جل اور ناگ
عالی اپنی نار کو پوجیں یہ عالی کے بھاگ

26.9.93

☆☆☆

پاکستانی عوام نے مذہبی جنون کو ٹھکرایا

قومی اسمبلی الیکشن کے نتائج سامنے ہیں۔اسے دیکھتے ہوئے موجودہ پاکستانی سیاست ہندسوں کا کھیل لگتا ہے۔جوڑ، گھٹاؤ کا سلسلہ جاری ہے۔لیکن تمام نتائج کو دیکھتے ہوئے لگتا ہے کہ ووٹر کو کسی بھی ایک پارٹی پر مکمل اعتماد نہیں ہے۔پھر بھی بے نظیر کی پیوپلس پارٹی کو ۸۶ سیٹیں حاصل ہوئی ہیں۔اب وہ اپنی حامی پارٹیوں جنیجو مسلم لیگ (۶) خصوصی قبائلی اُمیدواروں (۷) اور اقلیتوں (۱۰) کی مدد سے حکومت بنانے کی پوزیشن میں ہے۔ان کے ساتھ دوسری چھوٹی پارٹیاں اور آزاد امیدوار بھی آسکتے ہیں۔حالانکہ ہندسوں کا یہی کھیل نواز شریف بھی کھیل سکتے ہیں۔لیکن انھیں جوڑ توڑ میں زیادہ محنت کرنے پڑے گی۔قومی اسمبلی کی میٹنگ ۱۵ اکتوبر کو ہونے والی ہے۔اس وقت حالات اور بھی واضح ہوجائیں گے۔حالانکہ اس دوران پارٹی بدلنے پر قانونی پابندی لگادی گئی ہے۔پھر بھی قانون کے پچھلے دروازے سے چھینا جھپٹی اور جوڑ توڑ جاری رہے گی۔ایک بار پھر لاکھوں کروڑوں کی سودی بازی سے انکار نہیں کیا جاسکتا۔یہ کسی بھی پارلیمانی جمہوریت کی بے بسی ہے جہاں آخر میں جوڑ توڑ اور ہندسوں کا حساب ہی سب کچھ ہو جاتا ہے۔

پانچ برس میں تیسرے عام انتخابات نے ایک بار پھر یہ ثابت کر دیا ہے کہ پاکستانی ووٹر کٹھ ملاؤں اور سیاسی مذہبی لیڈروں کے جال میں نہیں پھنسنے والے ہیں۔مذہبی نعرے اُنھیں لمحے بھر کے لیے جوش دلا سکتے ہیں لیکن وہ انھیں ہمیشہ کے لیے سیاسی قیادت نہیں دے سکتے۔بد قسمتی سے میڈیا نے مذہبی جماعتوں کو اکثر غلط ڈھنگ سے اتنا اُچھالا ہے کہ اصلیت جھوٹ اور جھوٹ سچ لگنے لگتا ہے۔پاکستان کے معاملے میں ایسا ہی دیکھا گیا ہے۔

ستمبر کے پہلے ہفتے میں نئے نئے وجود میں آئے پاکستانی اسلامک فرنٹ نے مہنگائی کے خلاف بند اور ہڑتال کا اعلان کیا تھا۔عوام نے اس اعلان کا کھلے طور پر ساتھ دیا۔مہنگائی کے خلاف سارا پاکستان ٹھپ ہوگیا تھا۔چونکہ اسلامک فرنٹ نے بند کا اعلان کیا تھا اس لیے میڈیا

نے اسے تیسری سیاسی طاقت کا نام دیا۔فرنٹ کی ابتدائی جماعت، جماعتِ اسلامی ہند کی کامیابی کو دیکھتے ہوئے نئے جوش کے ساتھ الیکشن میں اُتری۔شریعت کی حکومت قائم کرنے کے وعدے کے ساتھ اس کے ساتھ دوسری مذہبی جماعتیں بھی شامل ہوئیں۔

انتخابی مہم میں ایسی رائے قائم ہوئی کہ جماعتِ اسلامی اور دوسری مذہبی جماعتوں کا اتحاد پاکستان اسلامک فرنٹ بازی لے جائے گی۔فرنٹ اور جماعتِ اسلامی کے صدر قاضی حسین احمد اور ان کے ساتھیوں کو یقین تھا کہ بے نظیر اور نواز شریف کو آزمانے کے بعد پاکستانی عوام انھیں بھی حکومت کرنے کا ایک موقع دیں گے۔نواز شریف اور دوسری بے نظیر مخالف جماعتوں سے الگ ہو کر اتحاد بنانے کا مطلب یہ تھا کہ ان کا اتحاد مذہبی ہے۔ان کی نظر میں دوسری جماعتیں ان کا سہارا لے کر الیکشن میں کامیابی حاصل کرتی ہیں اور بعد میں شرعی حکومت قائم کرنے سے منہ موڑ لیتی ہیں۔نواز شریف نے گزشتہ الیکشن میں ایسا ہی کیا تھا۔ان کے محاذ میں جماعتِ اسلامی اور دوسری مذہبی جماعتیں شامل تھیں لیکن حکومت بنانے کے بعد نواز شریف نے انھیں ان کا راستہ دکھا دیا۔بعد میں جماعتِ اسلامی اُن کے محاذ اور برسرِ اقتدار جماعت سے الگ ہو گئی۔پھر بھی نواز شریف حکومت پر آنچ نہیں آئی جو بھی جماعتِ اسلامی کے قائم کردہ پاکستان اسلامک فرنٹ کو یقین تھا کہ اس کے امیدوار سو فیصدی کامیاب ہوں گے۔

پورے پاکستان میں انھوں نے ۱۹۶ امیدوار کھڑے کئے۔لیکن عوام نے انھیں ٹھینگا دکھا دیا۔ یہاں تک کہ جماعت اِسلامی کے صدر قاضی حسین احمد پنجاب میں دو جگہوں سے ہارے، فرنٹ کو صرف تین سیٹیں ملیں۔اس سے پتہ چلتا ہے کہ سیاسی طور پر پاکستانی عوام مُلاؤں کو برسرِ اقتدار نہیں دیکھنا چاہتی ہے۔ویسے بھی پچھلے کئی الیکشن میں مذہبی جماعتوں کو کُل ووٹوں کا پانچ فی صد ووٹ بھی نہیں ملا، اس بار یہ تناسب ایک فی صد سے بھی کم ہے۔

اس الیکشن میں سندھ کی کئی چھوٹی بڑی پارٹیوں کا بھی بھرم کُھلا۔سندھ قومیت کی بنیاد پر ووٹ نہیں حاصل کئے جا سکتے۔سندھیوں کو قومی سطح کی سیاسی جماعت چاہیے۔حالانکہ سندھ میں علاقائی اور مقامی پارٹیوں کی بہتات ہے۔انمیں تیز طرار لیڈر بھی ہیں اور لوگ انکی مانگوں کی حمایت بھی

کرتے ہیں۔ بلکہ بھٹو خاندان پر الزام لگایا جاتا ہے کہ انھوں نے سندھ کو پنجاب کے ہاتھوں میں دیا ہے۔ وہاں جگہ جگہ پیروں اور زمینداروں کا دبدبہ ہے۔ جدید رنگ میں رنگے بھٹو کئی معاملوں میں سندھ کی سماجی زندگی سے تال میل نہیں رکھتے۔ پھر بھی قومی اسمبلی کے پچھلے تین انتخابات میں کراچی اور حیدرآباد کو چھوڑ کر تمام سندھ بھٹو خاندان کی پیوپلس پارٹی کا حمایتی رہا ہے۔ یہاں تک کہ انھوں نے بھٹو کے بیٹے مرتضیٰ بھٹو کا بھی جیتنے نہیں دیا۔

یہ پیوپلس پارٹی کا ہی کمال ہے کہ اس نے نواز شریف کی پنجابیت میں شگاف ڈال دیا۔ پنجاب میں پارٹی کو نواز شریف کے برابر ہی یعنی ۷۴ سیٹیں حاصل ہوئیں۔ نواز شریف کی مسلم لیگ کو پنجاب میں ۵۲ سیٹیں ملیں۔ اس لحاظ سے پنجاب دونوں بڑی جماعتوں میں منقسم ہے۔ پھر بھی نواز شریف کو داد دینی چاہیے کہ انھوں نے اپنی دس بارہ برس کی سیاسی زندگی میں مردہ مسلم لیگ میں روح پھونکی۔ ضیاء الحق کی ان پر نظر پڑنے سے پہلے وہ ایک صنعت کار تھے۔ صنعت کاری سے سیاست کی گدی تک پہنچنے اور ایک بھولی بسری پارٹی کو پھر سے زندہ کرنے کا کمال انھوں نے کر دکھایا۔ اب دیکھنا یہ ہے کہ وہ سیاسی جوڑ توڑ کر کے کس طرح آگے بڑھتے ہیں۔ پھر بھی مشکلات ان کے سامنے ہیں۔ عوامی نیشنل پارٹی اور سبھی آزاد امیدواروں کو ملا کر وہ سو تک بھی نہیں پہنچتے ہیں۔ دوسری طرف ہندسوں کے اس کھیل میں بینظیر کی پیوپلس پارٹی کو ۱۱۵ اراکین کی حمایت مل سکتی ہے۔ ان میں اقلیتوں کے دس اراکین بھی شامل ہیں۔ جو ہمیشہ پیوپلس پارٹی کے حق میں رہے ہیں۔ مزے کی بات یہ ہے کہ ساجھے کی اس سیاسی دوکانداری میں کام چلاؤ وزیر اعظم معین قریشی کے بھی لار ٹپک رہے ہیں۔ شاید قسمت مہربان ہو جائے اور انھیں وزیر اعظم نہیں تو مالیاتی وزارت مل جائے۔ کم از کم انھیں صاف ستھرے الیکشن کروانے کا کریڈٹ تو دینا پڑے گا۔ حکومت بنانے کا آخری مرحلہ پر امن طریقے سے طے نہیں ہوا تو بیرکوں میں بند فوج باہر بھی آسکتی ہے۔

10.10.93

☆☆☆

زرعی نظام کی بدحالی

بے نظیر حکومت نے اقتدار میں آتے ہی مختلف شعبوں پر تحقیق کرنے کے لیے کئی کمیٹیاں مقرر کیں۔ پہلی رپورٹ زراعت سے متعلق کمیٹی کی آئی۔ بے حد چونکا دینے والی، مایوس کن اور افسوس ناک۔ کیا اس بات پر آسانی سے یقین کیا جا سکتا ہے کہ جس ملک کی ۷۲ فیصد آبادی زراعت میں لگی ہو، جہاں برصغیر کی بہترین زرخیز زمین (پنجاب اور سندھ) ہو۔ نہروں کا جال بچھا ہو ہر طرح کے جدید بیج، جراثیم کش دوائیاں اور کھادی وغیرہ دستیاب ہوں وہاں ۳۵۔ارب روپے سے زائد صرف کھانے پینے کی اشیاء کی درآمد پر خرچ ہو رہا ہے؟ کمیٹی کی رپورٹ کے مطابق (اخبارِ جہاں، کراچی) ہر سال پاکستان آٹھ ارب روپے کا گیہوں ۱۵۔ارب روپے کا کھانے کا تیل، ۷۰ کروڑ روے کا سوکھا دودھ، پانچ ارب روپے کی چائے اور کافی، دو ارب روپے کی چینی اور اسی طرح دیگر کئی کھانے پینے کی اشیاء بیرونِ ممالک سے درآمد کرتا ہے۔

دوسری طرف زراعت پر آبادی کا دباؤ دن بدن بڑھتا جا رہا ہے۔ بے زمین کسانوں اور بے گاروں کی بڑی تعداد دن بدن شہروں کا رُخ کر رہی ہے۔ شہروں میں اوسطاً بیس فی صد آبادی گندی بستیوں میں رہنے پر مجبور ہے۔ جہاں انھیں کسی طرح کی شہری سہولت فراہم نہیں ہے۔ اُنکی موجودگی سے دیگر کئی سماجی دُشواریاں پیدا ہو رہی ہیں جس کی وجہ سے امن برقرار رکھنے میں مشکل پیش آ رہی ہے۔ گندی بستیوں کی ان بڑھتی ہوئی آبادی بے زمین کسانوں کے علاوہ ایسے کئی چھوٹے بڑے خاندان شامل ہیں جو زراعت پر دو تین مہینہ بھی گزارا نہیں کر سکتے۔ ان کی آمدنی برائے نام ہے۔

کل تک زیادہ تر پاکستانی حکومتوں کا اندازہ تھا حکومت زراعت پر کافی سبسڈی دیتی ہے۔ لیکن اعداد و شمار کچھ اور ہی کہتے ہیں۔ دراصل کھیتی کرنے لائق کل زمین کے ۳۶ فی صد حصے پر صرف ۹ فی صد لوگوں کا قبضہ ہے۔ یہی لوگ زمیندار جاگیر دار اور بڑے کاشت کار ہیں۔ جبکہ اس

کے برعکس ۹۰ فی صد گاوؤں کی آبادی کے پاس ۶۴ فی صد کھیتی کے قابل زمین ہے۔ ان ۹۱ فی صد میں بھی کئی منجھولے لوگ اور بے نامی کسان ہیں۔ ان کی کھیتی بٹائی پر چلتی ہے۔ بٹائی داری میں اصل کام کرنے والوں کو ۳۰ فی صد سے ۴۰ فی صد تک پیداوار ملتی ہے۔

اب رہا سبسڈی کا سوال، حقیقت میں پاکستانی بجٹ کے مطابق صنعتی حلقے کو زراعت کے مقابلے دس گنا کم سبسڈی دی جاتی ہے۔ اس میں سے بھی ۷۵ فی صد گیہوں، شکر اور کھانے کے تیل وغیرہ کے درآمد پر خرچ ہوتا ہے۔ دستیاب اعداد وشمار کے مطابق زراعت میں سبسڈی کی شرح اوسطاً فی ایکڑ پانچ ہزار روپے سے لے کر دس ہزار روپے تک ہے۔ اس میں ٹریکٹر، کھاد اور بیج، جراثیم کش دوائیاں وغیرہ شامل ہیں۔ پھر سچ یہ ہے کہ ساری سبسڈی جس میں بینکوں سے بنا سود کی رقم بھی شامل ہے۔ ۳۶ فی صد کھیتی کے قابل زمین کے ۹ فی صد بڑے کسان زمیندار اور جاگیردار سے بستے ہیں، اس لیے جو بھی زرعی ترقی ہوئی اسی کی ہوئی، باقی ۶۴ فیصد قابل کاشت زمین کے ۹۱ فی صد منجھولے، چھوٹے اور بے نامی کسان ویسے کہ ویسے ہی رہ جاتے ہیں۔ یہی وجہ ہے کہ قومی آمدنی میں ہر سال زراعت کا حصہ کم ہوتا جا رہا ہے۔ ایک سروے کے مطابق سن ۷۲۔۱۹۷۱ میں زراعت نے قومی آمدنی میں ۳۷ فی صد تعاون دیا تھا۔ جو ۸۴۔۱۹۸۳ میں کم ہو کر ۲۵ فی صد ہو گیا۔ حالیہ اعداد وشمار تو دستیاب نہیں ہیں لیکن بے نظیر حکومت کی بنائی ہوئی کمیٹی کی رپورٹ بہت کچھ کہہ رہی ہے۔

پاکستانی زرعی کاروبار میں منجھولے اور چھوٹے کسان دن بدن بے کار ثابت ہو رہے ہیں۔ ان میں پیداوار کی قوت کم ہوتی جا رہی ہے۔ ان کی تجدید ہوئی ہی نہیں۔ ۹۱ فی صد کاشتکار آبادی جن کے پاس ۶۴ فی صد زمین ہے ایک ساتھ کئی مشکلات کا سامنا کرتی ہے۔ ان کے کھیت بکھرے ہیں۔ سینچائی کا انتظام نہیں ہے۔ بٹائی کے مسئلے کی وجہ سے کھیت جوتنے والا کسان دل لگا کر کام نہیں کرتا ہے۔ اُدھر اصل اور بے نامی مالک اپنے کھیتوں میں پیداوار کے ذرائع کے لیے صرف یہ نہیں لگاتے ہیں۔ پھر صدیوں سے چلی آ رہی کھیتی والی زمین کے لیے چل رہی روایتی مقدمے بازی دیہاتی پاکستان میں یہ ایک دوسرا بڑا مسئلہ ہے۔ آج بھی گاؤں کا پٹواری، نمبردار، پٹے دار، معاملے دار وغیرہ بھوتوں کی طرح پاکستانی کسانوں کو خوف زدہ رکھتے ہیں۔

اس سلسلے میں فطری طور پر جنرل ایوب خان کی ماں کا ایک قصہ یاد آگیا جس کا ذکر ان کے سیکریٹری سینئر آئی سی ایس شہاب الدین نے اپنی سوانح میں بھی کیا ہے۔

پاکستانی حکومت پر قبضہ جمانے کے بعد پہلی بار فیلڈ مارشل، جنرل ایوب خاں اپنے گاؤں گئے۔ انھوں نے اپنی ماں کو فخر سے بتایا کہ وہ اب ملک کے صدر ہو گئے ہیں۔ شہاب صاحب کے مطابق ان کی ماں نے بھولے پن سے پوچھا کیا ملک کا صدر گاؤں کے پٹواری سے بڑا ہوتا ہے؟ پھر ماں کو یہ جان کر بڑی خوشی ہوئی کہ ان کا بیٹا پٹواری سے بڑا ہے۔ یہ حال ہے پاکستانی دیہاتوں میں زمین کا حساب رکھنے والے پٹواری کے رعب کا، ویسے بھی پاکستانی قلمکاروں اور صحافیوں کی تحریروں میں وہاں کے کسانوں، بے گاروں اور کھیت مزدوروں کی درد بھری داستان شائع ہوتی رہتی ہے۔

فیض احمد فیض سے لے کر احمد ندیم قاسمی، حبیب جالب، شوکت صدیقی اور درجنوں شاعروں، قلمکاروں، صحافیوں نے پاکستانی کسانوں پر قلم اُٹھائی ہے۔ لیکن اس کا کیا کیا جائے کہ جو حکمراں طبقہ ہے اور جو زرعی اصلاحات کر سکتا ہے۔ وہی طبقہ پاکستانی اقتدار پر ناگ کی طرح بیٹھا ہوا ہے۔ بھلا مجرم جج کا رول کیسے نبھا سکتا ہے؟ خود بھٹّو خاندان سینکڑوں ایکڑ زرخیز زمین کا مالک ہے۔ اب بے نظیر اور مرتضیٰ بھٹّو تو ہمارے نمبو دری پد نہیں ہو سکتے کہ اپنی سینکڑوں ایکڑ زمین بے زمینوں میں بانٹ دیں۔ پھر پاکستانی سیاست میں جس کسی نے بھی زرعی اصلاحات کے نام پر جاگیرداروں اور زمین داروں کے ساتھ چھیڑ چھاڑ کرنے کی کوشش کی اس کا تختہ پلٹ دیا جاتا ہے۔ مثال ہیں ایوب خاں جنھوں نے سب سے پہلے زرعی اصلاحات کا بیڑہ اُٹھایا تھا۔ بعد میں ان کا ہی بیڑہ غرق کر دیا گیا۔ برسوں بعد محمد خان جنیجو کے ساتھ بھی وہی ہوا تھا۔ اب دیکھنا ہے بے نظیر حکومت اپنی زرعی اصلاحات کمیٹی کی رپورٹ کا کیا کرتی ہے۔

30.1. 1994

☆☆☆

ستیہ میو جیتے

۲۰ جنوری کی سرد شام کا پشاور! ایک عوامی جلسہ! سرحدی گاندھی خان عبدالغفار خان کی چھٹی برسی، اسٹیج پر پہلی بار ایک ساتھ عوامی نیشنل پارٹی کے صدر اور اُن کے بیٹے خان عبدالولی خان کے ساتھ صوبے کے وزیر اعلیٰ اور صوبائی مسلم لیگ کے صدر پیر صابر شاہ! کئی لوگ چونک گئے۔ ساری زندگی مسلم لیگ اور تقسیم کے مخالف رہے سرحدی گاندھی کی برسی کے جلسے میں آخر مسلم لیگ کے لیڈران کا کیا کام؟ 'اخبارِ جہاں' کے مطابق مسلم لیگ کے کئی لوگوں نے یہ کہہ کر ناک بھوں چڑھائی کہ آج تک کسی بھی عوامی نیشنل پارٹی کے ممبر نے پاکستان کے بانی محمد علی جناح کی برسی میں شرکت نہیں کی۔ پھر مسلم لیگ کے لیڈر اُن کے جلسے میں کیوں شریک ہوئے؟ یہاں تک کہ جس میدان میں یہ جلسہ ہوا، پوسٹروں میں اس کے نئے نام جناح پارک کے بجائے پرانا نام کننگھم پارک لکھا گیا تھا۔ اتنا ہی نہیں مسلم لیگی پیر صابر شاہ نے بادشاہ خاں اور عوامی نیشنل پارٹی کی تعریف بھی کی۔ یہ الگ بات ہے کہ صوبہ سرحد میں عوامی نیشنل پارٹی اکثریت میں ہوتے ہوئے بھی وزارت میں مسلم لیگ کے لیے راستہ بنا گئی۔ اپنا دعویٰ چھوڑ دیا۔ آج کے دور میں ایسی قربانی عظیم مجاہد آزادی خان عبدالغفار خان کے بیٹے ہی دے سکتے ہیں۔ ویسے خود مرحوم سرحدی گاندھی عرف بادشاہ خان کی زندگی بھی قربانیوں سے بھری رہی ہے۔

مہاتما گاندھی سے متاثر ہو کر جنگجو قوم کے لیڈر خان عبدالغفار خان نے کمال کر دکھایا تھا۔ ان کی اہنسا کی تشہیر نے انھیں سرحدی گاندھی بنا دیا۔ پھر سماجی خدمت میں لال کپڑے پہننے سے وہ 'سُرخ پوش' ہو گئے۔ اُنھیں بادشاہ خان اور باچا خاں بھی کہتے ہیں۔ ۱۹۴۶ میں اُس علاقے میں مسلم لیگ کی ایک نہ چلی اور مسلم اکثریتی علاقے میں خان عبدالغفار خان کی منسٹری بنی۔ اس کے بعد جب تقسیم کا وقت آیا تو سرحدی گاندھی اور ان کے ساتھیوں نے تقسیم کی سخت مخالفت کی۔ لیکن انگریزوں نے صوبہ سرحد کو پاکستان میں ملانے کا اعلان کر دیا۔ مسلم لیگ حکومت نے خاں صاحب کی صوبائی حکومت کو برخاست کر دیا اور اپنی پارٹی کے عبدالقیوم کو وزیر اعلیٰ بنا دیا۔ اس کے ساتھ ہی شروع ہوا سرحدی گاندھی کے ساتھ اذیتوں کا طویل اور لا محدود سلسلہ۔ یہ بات

آج تک سمجھ میں نہیں آتی کہ صوبہ سرحد میں کانگریس پارٹی کی حکومت برخاست ہونے کے بعد کانگریس پارٹی کا کیا ہوا؟ اس کے علاوہ سندھ، پنجاب اور بلوچستان میں پارٹی کے ڈھانچے کا کیا ہوا؟ پارٹی ورکر کہاں گئے؟

جہاں تک بادشاہ خان کا سوال ہے انھوں نے مُسلم لیگ کی مخالفت جاری رکھی۔ بعد میں اُن کے بیٹے اور آج کے عوامی نیشنل پارٹی کے صدر عبدالولی خان نے اپنے ساتھیوں کے ساتھ الگ پارٹی بنائی۔ بادشاہ خان نے اپنے علاقے کے پختونوں کے لیے الگ سے پختون ملک کی مانگ جاری رکھی جس کی وجہ سے وہ کئی بار جیل گئے، نظر بند ہوئے، ان پر بندش لگی، پہرے بٹھائے گئے اور کیا کیا ستم نہیں کیے گئے۔ اس کے علاوہ ایک طویل عرصے تک پاکستانی اخبارات، سیاستدانوں اور دانشوروں نے انھیں اپنی مخالفت کا نشانہ بنایا۔ ان کی زندگی پشاور کے قریب چارسدہ (افغانستان) سے لگے جلال آباد تک سمٹ کر رہ گئی۔ لیکن آخری سانس تک انھوں نے مہاتما گاندھی کے اصولوں سے منہ نہیں موڑا۔ آخری وقت تک کھدر کا ہی استعمال کرتے رہے۔

۱۹۶۹ میں مہاتما گاندھی کی صد سالہ تقریب میں انھیں ہندوستان مدعو کرنے کا انتظام کیا گیا۔ یہاں آ کر انھوں نے مہاتما گاندھی کے اسولوں کو فراموش کرنے پر کھُل کر کانگریسیوں کو باتیں سنائیں۔ انھیں اس بات کا بھی ملال تھا کہ ہندوستانی لیڈروں نے انھیں بھیڑیوں پر چھوڑ دیا تھا۔ پھر بھی ملک بھر میں ان کا زبردست استقبال کیا گیا۔ ان کے استقبال کو دیکھ کر ہی ان پر پاکستان میں چھینٹا کشی ہوئی۔

برصغیر کی بدلتی ہوئی سیاست اور بڑھتی عمر کے تقاضے نے بادشاہ خان کی صحت پر اثر ڈالنا شروع کر دیا تھا۔ اُدھر بنگلہ دیش کے قیام اور بھٹو کے وزیر اعظم بننے کے بعد اُن کے بیٹے ولی خان کو جیل بھیج دیا گیا۔ ضیاء الحق نے سیاسی جماعتوں پر پابندی لگاتے ہوئے انھیں محدود آزادی دی۔ ۱۹۸۵ میں کانگریس پارٹی کی صد سالہ تقریب میں ہندوستان آمد پر ایک بار پھر انھوں نے فوجی حکومت کو جلی کٹی سنائی۔ انھوں نے ہندوستانی حکومت کو مشورہ دیا کہ وہ ایک ڈکٹیٹر کی حکومت سے کسی قسم کی گفتگو نہ کرے۔ ان کے بیان کا وہاں سختی سے نوٹس لیا گیا۔ اسی طرح ۱۹۸۶ میں ایک بار پھر ایسا لگا کہ سرحدی گاندھی پر مقدمہ چلا کر یا ایسے ہی جیل بھیج دیا جائے گا۔ ان

دنوں انھوں نے سندھ کے بزرگ لیڈر جی۔ایم سید کے یومِ پیدائش پر فوجی حکومت کی مذمت کی۔پاکستانی اخبارات میں دونوں لیڈران کے مِلاپ کو خطرناک قرار دیا گیا۔لیکن برسوں بعد جب پشاور سے خیبر ایکسپریس میں بادشاہ خان کراچی گئے تو ہر اسٹیشن پر ان کی جئے جئے کار کرتی ہوئی پاکستانی عوام ٹوٹ پڑی۔ یہ ایک حیرت میں ڈال دینے والی بات تھی۔جس شخص پر حکومت، اخبار اور دیگر کئی لیڈران ایک سے بڑھ کر ایک تہمت لگا رہے تھے عوام میں اس کی اس قدر مقبولیت؟

۲۰ جنوری ۱۹۸۸ کو مہاتما گاندھی کے اس سچے شاگرد اور دونوں ملکوں میں مضبوطی کے ساتھ جمہوریت، سوشلزم اور سیکولرازم کا خواب دیکھنے والے مجاہد نے آنکھیں موندلیں۔ان دنوں بھی سرد تعلقات کے باوجود ہمارے ملک کی عظیم روایت اور اعلیٰ اصولوں کے محافظ آنجہانی راجیو گاندھی انھیں خراج عقیدت پیش کرنے صوبہ سرحد گئے۔جنرل ضیاء الحق اور وزیر اعظم محمد خاں جنیجو بھی نمازِ جنازہ میں شریک ہوئے۔ بادشاہ خان کی وصیت کے مطابق انھیں افغانستان کی سرحد جلال آباد میں دفن کیا گیا۔ان کی موت کے چھ سال بعد کسی نہ کسی طرح زندگی بھر انھیں برا بھلا کہنے والی مسلم لیگ نے آخراُن کی عظمت کو سلام کیا۔ستیہ میو جیتے۔بادشاہ خان جیسے سیاسی سنیاسی کو لاکھوں سلام۔

6.2.1994

☆☆☆

مشترکہ تہذیب کی علامت۔بسنت

ہمیشہ کی طرح اس بار بھی بسنت پاکستانی پنجاب کو اپنے بسنتی رنگ میں شرابور کر گئی۔کیوں نہ کرے؟ بسنت جو ٹھہری! خوشنمائی، ترقی اور زندگی میں مسکراہٹوں کی علامت بسنت۔اور جب کئی طرح کی فصلوں کی بوائی کٹائی سے ماحول جھوم رہا ہو تو بسنت کی آمد کا کیا کہنا! اب پتہ نہیں سرسوں کے پیلے پیلے خوشنما پھولوں سے، گنے کی اونچی اونچی رس دار کاٹھیوں سے، چنے اور مٹر کے بینگنی پھولوں سے اور کسی بھی آدمی کے بے حد بنیادی ضرورت یعنی گیہوں کی

فصل انگڑائی لینا شروع کرتی ہے تو بسنت نہ جانے کیوں اسی وقت آجاتی ہے۔ شاید قدرت نے سارے برصغیر کو بسنت کی ایسی ہی ہریالی اور خوشحالی کی ڈور سے باندھ دیا ہے۔

غور کرنے کی بات یہ ہے کہ اس بار پنجاب میں ایسے وقت میں بسنت کا تہوار منایا گیا جب دوسرے ہی دن یعنی ۵ فروری کو بڑے پیمانے پر سرکاری طور پر ''یوم کشمیر'' منانے کا فیصلہ کیا گیا تھا۔ ظاہر ہے اس بار بھی کچھ لوگ 'یوم کشمیر' کو قومیت کی نظر سے دیکھ رہے تھے۔ ان کے مطابق اور کچھ 'سمجھ دار' لوگوں کے مطابق ''یوم کشمیر' سے ایک دن پہلے بسنت کا جشن منانا مناسب نہیں تھا۔ لیکن میلوں ٹھیلوں، تیج تہواروں، جشن و تقریب کا کوئی موقع لوگوں نے یعنی عام لوگوں نے گنوایا ہے؟ اس طرح ۴ فروری کو دن بھر اور پھر رات کو بسنت کا جشن منایا گیا۔

۴ فروری کو دوشیزاؤں نے دوپٹے بسنتی رنگوں میں رنگے، یہاں وہاں چوراہوں اور میدانوں میں میلے کا سماں ہو گیا۔ جگہ جگہ مکّے کی روٹی، سرسوں کا ساگ، گنّے کا رس، گڑ چوڑا، ہرے چنے کے ڈھابے سجے۔ اس کے علاوہ سارا آسمان پتنگوں سے بھر گیا۔ اہل لاہور پتنگ کے زبردست شوقین ہوتے ہیں۔ کسی کی بھی پتنگ کاٹنے کے بعد جیتنے والا اور اس کے گروپ کے لوگ ''وہ کاٹا'' کا نعرہ بلند کرتے ہیں۔ اب تو جیت کی خوشی میں تڑاتڑ ہوائی فائرنگ بھی ہوتی ہے۔ ایک پتنگ کٹتی ہے تو اس کی جگہ دوسری تیار۔ اس طرح دن بھر اور رات گئے تک پتنگ بازی ہوتی رہتی ہے۔ لوڈ شیڈنگ کی وجہ سے پورے پاکستان میں بجلی کا مسئلہ ہوتا ہے۔ اس سے نپٹنے کے لیے بسنت پنچمی کی رات کو شوقین اپنی چھتوں پر جنریٹر لگاتے ہیں۔ یعنی ہر حال میں بسنت پنچمی کی دھوم رہتی ہے۔

اس بار بھی ایسا ہی ہوا۔ لاہور میں دھوم دھام سے بسنت پنچمی منائی گئی۔ اخبارات اور رسائل میں باتصویر رپورٹ شائع ہوئی۔ جشن کی تفصیل چھپی۔ لاہور کو دل والوں کا شہر بتایا گیا۔ شائع شدہ ایک رپورٹ کے مطابق لاہور کے ایک پانچ ستارہ ہوٹل نے اس بار کئی لوگوں کو اپنے ہوٹل میں بسنت منانے کی رسمی طور پر دعوت دی۔ رپورٹ کے مطابق خواتین گول گپّے کھاتی ہوئی بھی پتنگ کی ڈور نہیں چھوڑ رہی تھیں۔ کچھ لڑکیاں بگل بجا بجا کر ''وہ کاٹا'' کے نعرے لگا رہی تھیں۔ لڑکے ڈھول کی تھاپ پر بھانگڑا ناچ رہے تھے۔ ہوٹل کمپاؤنڈ میں رکھی گئی چارپائیوں پر پیلے

رنگ (بسنتی) کی چادریں بچھائی گئی تھیں۔ جگہ جگہ پیلے رنگ کے گملے سجائے گئے تھے۔ ہر طرف بسنتی رنگ چھایا ہوا تھا۔ نوجوان لڑکے لڑکیوں نے بھی بسنتی رنگ کے کپڑے پھیلے ہوئے تھے۔ لڑکیاں پیلی تتلیوں کی طرح گھومتی پھرتی نظر آرہی تھیں۔ بسنت بہار کا یہ سماں چاروں طرف بسنتی رنگ کی بہار لپیٹے ہوئے تھا۔

آنجہانی دیوان وریندرناتھ دیوان کی اہلیہ اور صحافی محترمہ منورما دیوان نے اپنے ایک کالم میں لاہور اور پنجاب میں بسنت پنچمی کا انتہائی جذباتی ذکر کیا ہے۔ اس موقع پر انھوں نے پاکستان کے قومی ترانے کے خالق حفیظ جالندھری کو بھی یاد کیا جن کی مشہور بسنتی نظم "لو پھر بسنت آئی، پھولوں پہ رنگ لائی" بسنت کی یاد کو اور تازہ کر دیتی ہے۔

اصل میں بسنت محض ایک جشن ہی نہیں بلکہ ہماری مشترکہ تہذیب کی پہچان ہے۔ یہ تہذیب ہزاروں برس کی وراثت ہے جا سارے برصغیر میں پھیلی ہوئی ہے۔ اس کی خوشبو درۂ خیبر سے خلیج بنگال اور ہندوکش کی چوٹی سے بحرِ ہند کے کنارے کنیا کماری تک رچی بسی ہے۔ کسانوں، مزدوروں، متوسط طبقے اور ادنیٰ متوسط طبقے کے علاوہ سماج کے ہر طبقے کے دلوں میں اس مشترکہ تہذیب کی جڑیں گہری پیوست ہیں۔ پاکستان میں بسنت کا منایا جانا صرف ایک ہی مثال ہے۔ سچ تو یہ ہے کہ ایسی سینکڑوں مثال مثالیں یہاں وہاں پڑی ہوئی ہیں۔ ضرورت تو اس بات کی تھی کہ کبھی نہ مٹنے والی اس تہذیب کی جڑوں کو اور بھی مضبوط کر کے ساری دنیا کو اس عظیم سرزمین کی اہمیت سے روشناس کروایا جائے۔ جو بیت گیا سو بیت گیا۔ گذرے ہوئے دن اور ڈھیروں کڑوی یادیں اب تاریخ بن گئی ہیں۔

دوراندیشی کا تقاضہ تھا کہ حالیہ سچائیوں کی روشنی میں مستقبل کے تعمیر کی نئی بنیاد رکھی جاتی۔ شاید ایسا ہو بھی۔ مشترکہ تہذیب کو سمیٹ کر ایک نئی تاریخ لکھیں گے۔ عوام، لوگ، وہی لوگ جو سرحد کی دونوں جانب بسنت مناتے ہیں۔

27.2.1994

☆☆☆

آسمان کی طرف تکتا پاکستانی مزدور

مزدوروں کے بین الاقوامی دن یعنی یکم مئی کو پاکستان میں عام چھٹی کا یہ مطلب ہرگز نہیں کہ وہاں کا مزدور اپنے سارے حقوق حاصل کر چکا ہے۔ سچ تو یہ ہے کہ دنیا بھر کے مزدوروں کی نمائندگی کرنے والی عالمی تنظیم آئی ایل او (انٹرنیشنل لیبر آرگنائزیشن) کی منظور کردہ ڈیڑھ سو بنیادی ضرورتوں میں پاکستان اب تک ایک چوتھائی تجاویز کو بھی نافذ نہیں کر سکا ہے۔ ایسا بھی نہیں ہے کہ ہندوستان سمیت دیگر ممالک نے اس عالمی تنظیم کی ساری تجاویز کو نافذ کر دیا ہو۔ پھر بھی ایک مئی کو سرکاری چھٹی، پاکستانی مزدوروں کی اجتماعی قوت کی علامت ضرور ہے۔ بھلے ہی آج اس قوت کا زور دکھائی نہیں دیتا۔

۱۹۷۳ مین جب پاکستان ٹوٹا اور ذوالفقار علی بھٹو کے ہاتھ میں حکومت آئی تو مزدور طبقہ برسوں بعد ایک بار پھر متحد ہوا۔ لگاتار فوجی حکومت اور اس سے پہلے کی زبرست امریکہ پرست لنگڑی حکومتوں نے متحدہ ہندوستان کے اس پار مزدور یونینوں کی کمر توڑ دی تھی۔ راولپنڈی سازش کیس کے تحت مزدوروں کی پارٹی کمیونسٹ پارٹی پر بندش تھی۔ فیض احمد فیض سمیت دوسرے سبھی لیڈروں پر سنگین مقدمے چل رہے تھے۔ بلکہ ان میں سے کئی ایک کو پھانسی کے امکانات تھے۔ دوسرے سبھی جمہوری حقوق پر پابندی تھی۔ پھر دس بارہ سال کے ایوب شاہی میں تو مزدوروں کے متحد ہونے کا سوال ہی نہیں پیدا ہوتا تھا۔ البتہ اسی دور میں ایوب خان کے کھلے معاشی نظام کے سبب صنعت و کاروبار کی افراط ہوگئی۔ کئی طرح کے چھوٹے موٹے کارخانوں کے ساتھ سوتی کپڑا ملوں کی تو جیسے باڑھ آگئی۔

۱۹۴۷ کے متحدہ بھارت میں لگ بھگ ۱۵ ہزار کل کارخانوں میں سے ایک ہزار پاکستان کے حصے میں آئے۔ انمیں سے بھی صرف ۴۶ کارخانوں میں ہی ۵۰۰ سے زائد مزدور کام کرتے تھے۔ باقی یا تو چھوٹے موٹے کارخانوں میں تھے یا پھر کھیت مزدور تھے۔ بدقسمتی سے ہمارے یہاں کی طرح پاکستان میں بھی 'کھیت مزدوروں' کو مزدور سمجھا ہی نہیں گیا۔ ۵۵۔۱۹۵۶ میں

مزدوروں کی تعداد ڈیڑھ لاکھ سے بڑھ کر ساڑھے تین لاکھ ہوگئی۔ اس سے پہلے مزدور یونینیں، ریلوے، پوسٹ آفس اور کچھ سرکاری محکموں تک ہی محدود تھیں۔ لیکن ایوب شاہی میں ۱۹۵۸ سے ۱۹۶۸ کے درمیان کئی طرح کی صنعتیں اُبھریں اور کراچی، فیصل آباد، لاہور، حیدرآباد، راولپنڈی، کوئٹہ، پشاور، سرور، نواب شاہ، ملتان وغیرہ شہروں میں گاؤں دیہاتوں کے مزدور کارخانوں میں کام کرنے لگے۔ اس طرح اصل میں ان کے اندر ایک طرح کی اجتماعی بیداری پروان چڑھی جس کا فائدہ ملا ذوالفقار علی بھٹو کی پیپلس پارٹی کو۔ بھٹو نے اسلامی سوشلزم کے نام پر روٹی کپڑا اور مکان کا شوشہ چھوڑ کر صنعتی شہروں کے مزدوروں کے درمیان اپنی حمایت حاصل کی۔

لیکن بھٹو حکومت کے آتے ہی مزدوروں پر قہر برپا ہونا شروع ہوگیا۔ دراصل سوشلزم کے لبادے میں بھٹو اپنے جاگیردارانہ لباس کو چھپائے بیٹھے تھے۔ وہ ایک دوسری طرح کے ڈکٹیٹر بن بیٹھے۔ لیکن تب تک پاکستان کا مزدور حلقہ بیدار ہو چکا تھا۔ نئی نسل کے پاکستانی نوجوانوں کی قیادت اُنھیں حاصل تھی۔ پھر بھی تیسری دُنیا کے کئی ممالک کی طرح پاکستانی مزدوروں میں متحدہ سیاسی نظریات پروان نہیں چڑھ پائے۔ پھر بھی ۱۹۷۳ میں بھٹو کے انتخابی وعدے کے مطابق کراچی کے سائٹ ایریا صنعتی مزدور کارخانے کے منافع میں سے اپنے حصے کی مانگ کے سلسلے میں احتجاج پر اتر آئے۔ فیروز سلطان کارخانے کے قریب مزدوروں کی ایک بھیڑ پر گولی چلائی۔ مزدوروں کی بھیڑ بھی تشدد پر اُتر آئی۔ زبردست فائرنگ ہوئی۔ ۲۹ مزدور شہید ہوئے پھر ان کے جنازے کے مجمعے پر بھی گولیاں برسائی گئیں۔ اس میں بھی ۱۲ مزدور شہید ہوئے۔ اس کے بعد سارے پاکستان کی مزدور یونینوں نے ۱۲ دنوں کی ہڑتال کی۔ اس کے بعد بھٹو حکومت پر سخت نکتہ چینی ہونے لگے۔ حکومت کو مزدوروں کی مانگ کے آگے جھکنا پڑا۔ ان مانگوں میں ہی یکم مئی کو قومی چھٹی کی مانگ شامل تھی۔ وہی چھٹی آج بھی چلی آرہی ہے۔ اس طرح شکاگو کے شہید مزدوروں نے آٹھ گھنٹے کام کی مانگ کو منوایا۔ انھیں کی روایت کو پاکستانی مزدوروں نے قائم رکھنے کی کوشش کی۔

بھٹو کے بعد جنرل ضیاء الحق نے اپنی گیارہ سال کی ظالم حکومت میں ایک بار پھر مزدور تحریک کی کمر توڑ دی۔ ان کے دور میں مُلتان کے ایک سوتی کپڑا مل کے مزدوروں پر

گولیاں برسائی گئیں اور درجنوں مزدور شہید ہوئے۔ پھر اسلامی حکومت کے نام پر انھوں نے مزدوروں کو بے وقوف بنایا۔ سبھی اہم صنعتی مراکز میں مہاجر، پنجابی، پٹھان، بلوچ، سندھی کے نام پر مزدوروں میں پھوٹ ڈلوائی۔ تیز طرار مزدور لیڈروں کو جیل میں بند کروایا۔ برسوں کی سیاسی بندشوں کے سبب پوری جمہوریت میں بیٹھ گئی تو پھر مزدور یونینوں کی بات کون کرتا؟

بیدار پاکستانی مزدور لیڈرشپ بھی اب تک ملک کے ۷۰ فی صد مزدوروں کو نظر انداز کرتا رہا ہے۔ یعنی زرعی مزدور جس کی دُرگت پر آسمان بھی آنسو بہایا کرتا ہے جاگیرداروں، چودھریوں اور سرداروں کے شکنجے میں بری طرح جکڑا ہوا ہے۔ ان میں سے کوئی حوصلہ دکھاتا ہے تو ہماری فلموں کی طرح ڈاکو بن جاتا ہے۔ ورنہ سرکاری جیلوں سے پہلے جاگیرداروں کی جیلوں میں ہاتھ پیر تڑوا بیٹھتا ہے۔ ویسے صنعتی مزدوروں کا بھی برا حال ہے۔ معمولی سہولت دینے والے قوانین کا تو پتہ ہی نہیں۔ جو ہیں ان پر بھی عمل ہونے کا سوال ہی نہیں۔ بنیادی طور پر بے نظیر حکومت بھی جاگیرداروں کی حکومت ہے۔ اسے مزدور، کسانوں سے کیا لینا دینا۔ ایک بات اور، کل تک پاکستانی مزدور اور اس کی لیڈرشپ پُر اُمید نگاہوں سے ہندوستان کی طرف دیکھا کرتے تھے۔ ان سے تحریک لیتے تھے اور اپنی حکومتوں کے سامنے یہاں کے مزدوروں کے حالات پیش کرتے تھے۔ افسوس! ہمارے یہاں بھی مزدور تحریک انتشار کے دہانے پر ہے۔ پھر وہ سوائے آسمان کے اور کہاں دیکھیں؟1.

5.1994

☆☆☆

شاہ لطیف اور امیر خسرو کے سلسلے کا نام ہے شیخ ایاز

دو دیپ جلے
ایک جمنا ما کے کنٹھے پر
ایک سندھو ماں کے صحرا میں
دونوں میں انوکھی پیت کی لو

دونوں میں انوکھے پھول کھلے
دونوں کی ہواؤں کی زد میں
ہم چھوڑ کے نکلے تھے لیکن
وہ لو نہ بجھی، وہ پھول نہ اب تک مرجھائے
جو روشنیوں کی پت جھڑ میں
وہ دیپ نہ اب تک کمھلائے
ہاں ان کی روشن خوشبو میں
ہم اب تک رستہ ڈھونڈتے ہیں
جب پیت نگر سے بھٹکے تھے
اُس پیت نگر کو لوٹتے ہیں......!

اس نظم کا عنوان ہے ''لطیف بھٹائی اور خسروؔ''۔ سندھو میاں کے صحرا میں پیدا ہوئے تھے۔ عظیم صوفی شاعر شاہ لطیف اور جمنا کی سرزمین پر آنکھیں کھولی تھیں۔ ہندوستان کے عظیم سپوت، صوفی اور عوامی شاعر امیر خسرو۔ دونوں کے فلسفے کے لَو سے آج کی سیاہی میں روشنی بکھیرنے کی کوشش کی ہے حالیہ نوجوان نسل کے فلسفیانہ سندھی شاعر شیخ ایاز نے۔ نقاد اُنھیں شاہ لطیف کے بعد سندھی کا سب سے بڑا شاعر مانتے ہیں۔ لیکن نقادوں کے علاوہ آپ حقیقت میں سندھ کے عوامی شاعر ہیں۔ آپ کی شاعری میں جگہ جگہ سندھ کی دبی کچلی عوام کی آواز سنائی دیتی ہے۔ شیخ ایاز محنت کشوں کے شاعر ہیں۔ ان کی شاعری انسانی قدروں کی حسّیت کو جگاتی ہے۔ ان میں برصغیر کی روایتی خوبصورتی ہے اور آج کے حالات میں مشکلات سے لڑنے کا اعلان ہے۔ آج جب شاعری الفاظ کے جدید صرافہ بازار میں کھوگئی ہے، شیخ ایاز کی شاعری اُسے صحیح سمت میں لے جانے کی ایک کامیاب کوشش ہے۔ اس میں تفکر ہے، فلسفہ ہے، اور یہ حقیقت کے لیے وقف ہے۔

برسوں بعد ان مصرعوں کے شاعر نے ایک مقبول پاکستانی ہفت روزہ (اخبارِ جہاں) میں کراچی کی ایک ادبی نشست کی تفصیل پڑھی جسے شیخ ایاز کے اعزاز میں رکھا گیا تھا۔ شیخ صاحب نے اسی تقریب میں اپنی نظم ''لطیف اور خسروؔ'' سنائی۔ اس طرح انھوں نے برصغیر کی اس مشترکہ تہذیب کی

بھی یاد تازہ کردی جس پر ان دنوں دونوں ملکوں میں حملے ہو رہے ہیں۔ ویسے مارشل لا کے دنوں میں کئی دیگر پاکستانی شاعروں کی طرح ان پر بھی ستم ڈھائے گئے۔ پابندی لگانے کی کوشش کی گئی۔ اس لیے بھی کہ باریوں کا نمائندہ سندھو ملک کا حامی تھا۔

سندھو دیش کی حمایت پر انھیں اردو بالنے والے مجاہدوں اور دوسروں کے امتیازی سلاک کا شکار ہونا پڑا۔ چونکہ انکا سندھو دیش سندھ کے جاگیرداروں، پیروں اور استحصال کرنے والے طبقے کے خلاف تھا اس لیے شیخ صاحبان کی نگاہوں کا بھی کانٹا بنے۔ اس طرح مارشل لا کے دوران برسوں تک شیخ ایاز پاکستانی متوسط اور اعلیٰ طبقے سے الگ تھلگ رہے۔ پھر بھی انھوں نے گمنامی میں اپنی ادبی اور فلسفیانہ فکر جاری رکھی۔ اس سفر میں ان کے دیرینہ دوست اور مشہور شاعر حمایت علی شاعر نے ان سے برابر رابطہ قائم رکھا۔ اسی طرح فہمیدہ ریاض اور دیگر ترقی پسند ادبی ہستیاں بھی ان کے ساتھ تھے۔

شیخ ایاز شاعر بھی ہیں اور افسانہ نگار بھی۔ سندھی کے علاوہ انھوں نے اردو میں بھی لکھا۔ ۱۹۵۴ میں جب ان کی شاعری کا اردو کلام جب شائع ہوا تو اردو دنیا انھیں نظر انداز نہیں کر سکی۔۔ کلام بوئے دل، نالائے دل کو بہت پسند کیا گیا۔ اس کے بعد اردو میں ہی 'نیل کنٹھ اور نیم کے پتے' نے بھی تہلکہ مچایا۔ فہمیدہ ریاض نے ان کی سندھی شاعری کا اردو ترجمہ کیا ہے۔ خود شیخ ایاز نے بھی اقبال کے چنندہ کلام کو سندھی میں شاندار طریقے سے ترجمہ کیا ہے۔ ان کا دوسرا عظیم کارنامہ ہے سندھ کے عظیم صوفی شاعر شاہ عبداللطیف بھٹائی کے سندھی کلام کا اردو شاعری میں ترجمہ۔ یقیناً سندھی اور اردو ادب پر یہ تراجم ان کا ایک بڑا احسان ہے۔ چھ سات ہزار سندھی اشعار کا اردو میں اس کی اصلی شکل میں ترجمہ آسان کام نہیں ہے۔ اس طرح شاہ لطیف کا ''شاہجو رسلو'' اردو کے قارئین تک پہنچ کر سندھی شاعری کی اہمیت اور اس کی اونچائی سے روشناس کرواتا ہے۔ شیخ ایاز ہی یہ عظیم ادبی کارنامہ کر سکتے تھے۔

شیخ ایاز نے ۱۹۲۳ میں سندھ کے شکارپور میں ایک اعلیٰ متوسط طبقے میں آنکھیں کھولیں۔ والد فارسی اور اردو کے عالم تھے۔ بارہ برس کی عمر سے ہی شیخ صاحب نے شاعری شروع کردی تھی۔ ان دنوں انکی تخلیقات سندھی کے اعلیٰ ادبی رسالوں جیسے 'سندھو' اور 'سدرشن' میں شائع ہوا

کرتی تھیں ۔شاعری اور کہانیوں کی ان کی تیس کتابیں شائع ہو چکی ہیں ۔علیحدگی کے دنوں میں انھوں نے سندھ کے دور دراز گاؤں اور دیہاتوں کا دورہ کیا اور سمندر کی موتیوں کی طرح عوام کی بولی کے الفاظ کے ذخیرے کو جمع کیا۔ بعد میں الفاظ کا یہی خزانہ ان کی شاعری میں نگینوں کی طرح جڑا جو انھیں دوسرے شعراء سے بالکل الگ شناخت دیتا گیا۔ اس لیے حمایت علی شاعر کے مطابق شیخ ایاز کی شاعری نے اپنے ماحول کی سچائیوں کو محسوس کرتے ہوئے اپنی شاعری کے لیے دیسی لباس پہنا۔ وہ الفاظ استعمال کیے جو جیتے جاگتے تھے ۔ان میں رفتارتھی، زندگی کی روانی تھی ۔وہ شاعری کی عام روایت سے باہر نکل کر عام مظلوم لوگوں کو مخصوص سماجی اور معاشی نقطہ نظر سے دیکھنے لگے ۔سندھی نقاد اور تخلیق کار کریم بخش خالد کے مطابق اسی لیے شیخ ایاز عوام کے شاعر ہیں ۔انھوں نے ایک پوری نسل کو متاثر کیا ہے۔

خوشی کی بات یہ ہے کہ شیخ ایاز بھارت کے لیے بھی جانا پہچانا نام ہے ۔انکا کلام اور ان سے ہوئی بات چیت دیوناگری میں شائع ہو چکی ہے ۔ویسے بھی اپنی ہیئت، گیرائی، انسانی ہمدردی اور انسانی رشتوں کی باریکیوں کی تہہ میں جھانکنے والے سندھو بیٹے کو ہماری جمنا ماں اور اس کے بیٹے کو گلے لگانے کو ہمیشہ تیار ہیں ۔سندھو ندی کے کنارے سے چلنے والی شاہ لطیف کے بھگت کا رام، کرشن، چشتی، خسرو، نانک، کبیر کی سرزمین پر استقبال ہے۔

26.6.1994

☆☆☆

میرے ملک میں نالائقوں کا راج کسی اور کے حکم پر ہے

سنہرا مستقبل، روزگار، علاج، سہولتیں، امن، تعلیم اور ایسے ہی کئی دلفریب عزم اور سنہرے خوابوں کی بنیاد پر ایک الگ ملک کی مانگ کی گئی تھی یعنی پاکستان ۔وہ سارے خواب، ساری باتیں کبھی کی ہوا ہو گئیں ۔جو منظر سامنے ہے اس کا نقشہ اظہرمن الشمس ہے ۔پیش ہے صرف ایک نمونہ ۔ایک خط ۔نامی گرامی صحافی ارشاد احمد حقانی کے نام لکھنے والا ہے صوبہ سرحد کے ضلع

مردان کا ایک بے روزگار نوجوان۔ حقانی صاحب نے نوجوان کے خط کو 'جنگ' (اتوار ۱۷ جولائی) میں شائع کر کے ایسے پاکستان کی حقیقت کو اجاگر کیا ہے جہاں سینتالیس سال کے بعد بھی ایک معمولی نوکری محض ایک خواب ہے۔

اپنے کالم میں صحافی ارشاد احمد حقانی لکھتے ہیں ''ہمارے بے رحم سیاستداں سماجی اور معاشی ڈھانچے نے اس ملک کے بے وسیلہ نوجوانوں کی جو حالت کر رکھی ہے میں اس سے تو واقف ہوں لیکن جب کوئی مخصوص معاملہ سامنے آتا ہے تو بہت دُکھ ہوتا ہے۔ مردان سے ایک تعلیم یافتہ بے روزگار کا خط حاصل ہوا جس نے زراعت میں ایم ایس سی کیا ہے لیکن چپراسی اور کلرک تک کی نوکری کرنے کے لیے تیار ہے۔ اس خط کے آئینے میں ہمارے ملک کی شبیہ دیکھی جا سکتی ہے۔ اس بات کا اندازہ لگایا جا سکتا ہے کہ بے رحم سماجی اور معاشی نظام کے سبب ہمارے تعلیم یافتہ نوجوانوں کی مایوسی بھیانک بغاوت میں تبدیل ہو جائے گی۔ جس سے سماج تفرقے کا شکار ہو جائے گا۔ اس نوجوان نے مجھے اپنا نام اور پتہ چھاپنے سے منع کیا ہے۔ کوئی صاحب اسے نوکری دینا چاہے تو مجھے لکھے میں اسے مطلع کر دوں گا۔''

یہ تو ہوا حقانی صاحب کا تبصرہ۔ آگے انھوں نے اس نوجوان کا خط جوں کا توں شائع کیا ہے۔ پیش ہے اس خط کے کچھ اقتباسات۔ جو ایک پاکستانی نوجون کا المیہ ہی نہیں بلکہ حقانی صاحب کے الفاظ میں حقیقت میں پاکستانی سماج کا آئینہ ہے۔ نوجوان کا خط یوں ہے:

''آئیے پہلے آپ سے اپنی پہچان کراؤں، میں خان ہوں۔ ہم پٹھان نام کے خان ہوتے ہیں۔ میں غریبی کی گٹر میں پلنے والا ایک کیڑا ہوں یا مجھے کیچڑ کا کنول کہہ دیں جو آپ کی مرضی۔ میری بدقسمتی یہ ہے کہ آئی ایم ایف اور ورلڈ بینک کے سیلاب میں۔ بدعنوانی اور سفارشوں کے سیلاب میں، سیاست اور خرید و فروخت کے سیلاب میں، کس کس سیلاب کی بات کروں؟ غریب کو اللہ نے کیوں پیدا کیا؟ صرف ملاؤں اور فوجی جنرلوں اور سیاست کے نام پر لوٹنے والوں کا شکار بننے کے لیے؟''

صحافی ارشاد احمد حقانی کو صوبہ سرحد کا وہ بے روزگار نوجوان آگے لکھتا ہے:

''حقانی صاحب میرے جیسے لاکھوں پاگل ہیں اس اسلامی جمہوریہ پاکستان میں۔ ان سب

کے دل ٹوٹ گئے ۔ان کے خواب چکنا چور ہو گئے ۔صوبے کا استحصال جیت گیا۔ہم مکمل طور سے گھر گئے ہیں ۔میرے ملک پر نالائقوں کا راج کسی اور کے حکم پر ہے ۔یہاں میرا کوئی اپنا نہیں رہا۔سب نوکریاں پکی کر رہے ہیں ۔میں ایک قوم کی حیثیت سے پتہ نہیں کن کن ہاتھوں میں بک چکا ہوں اور اب شاید پھر بکنے والا ہوں ۔لیکن حقانی صاحب !ایک جیتے جاگتے کیڑے کی حیثیت سے مجھے روزی چاہیے اور روزی اس لیے بھی چاہیے کہ مجھ پر میرے گھر کے بہت سے کیڑوں کا انحصار ہے ۔میری بیوی ہے ۔دو بچیاں ہیں ۔بیمار باپ ہیں (علاج بند کیا ہے کیونکہ اگر اسے زندہ رکھنا ہے تو ہماری موت یقینی ہے) تو اس طرح مجھے صرف ان دوسرے کیڑوں کے لیے زندہ رہنا ہے ۔میں نے دو بار پبلک سروس کمیشن پاس کیا۔لیکن انٹرویو میں فیل کر دیا گیا۔بینک میں بھی یہی ہوا۔دو سو جگہوں پر درخواست دی ۔کچھ پتہ نہیں ۔میں لوگوں کے سوالوں کا جواب دیتے دیتے تھک گیا ہوں ۔بیوی کی آنکھوں میں تیرنے والے آنسوؤں کی وجہ سے اب اور چپ نہیں رہ سکتا ہوں ۔میں پٹھان ہوں مرنا مارنا میری تاریخ کا حصہ ہے ۔''

آگے اور بھی بہت کچھ ہے اسی طرح ۔اسلامی جمہوریہ پاکستان کے ایک بے روزگار نوجوان کی کہانی ۔سینتالیس برس کی آزادی کی کہانی ۔

14.8.1994

☆☆☆

خوشبو بکھر گئی

وہ تو خوشبو ہے ہواؤں سے بکھر جائے گا
مسئلہ پھول کا ہے پھول کدھر جائے گا؟

اپنے محبوب کو ہواؤں میں بکھرنے والی خوشبو سے تشبیہ دیتے ہوئے چودہ پندرہ برس پہلے پاکستانی شاعرہ پروین شاکر نے 'پھول کے مسئلے' کا ذکر کیا تھا۔پچھلے برس دسمبر کے آخری ہفتے میں پھول بھی مرجھا گیا۔اسلام آباد میں ایک کار حادثے میں بیالیس سالہ پروین شاکر چل

بسیں۔ان کی افسوس ناک موت کے ساتھ ہی چل بسی پاکستانی شاعری کی وہ خوشبو جس کی مہک ہمارے یہاں بھی محسوس کی گئی تھی۔

محض ۲۶ برس کی عمر میں جب ۱۹۷۸ میں ان کا پہلا کلام ''خوشبو'' شائع ہوا تو نئے۔پرانے۔ جدید، ترقی پسند سبھی چونک گئے۔''خوشبو'' ایک شاعرہ لڑکی کا کلام ہی نہ تھا بلکہ پاکستان اور اس سے بھی پرے سرحدوں کی سیاست کو توڑتی ہوئی سارے برصغیر کی معصوم، نازک، مجبور کنواریوں کے دبے کچلے ارمانوں اور خواہشوں کا کھلا اور بے باک لفظی مظاہرہ تھا۔خوشبو ہمارے ڈھکے چھپے سماج کے جذبات اور احساسات کی علامت بن کر آئی۔اس کی غزلوں اور نظموں میں حسرتوں اور تمناؤں کی چاشنی ہی نہیں خالص شاعری کی روح بھی موجود تھی۔تکنیک تھی گہرائی تھی اور ایک پختہ شاعری کے تمام عناصر تھے۔اس لئے خوشبو کا جہاں عام پڑھے لکھے لوگوں نے استقبال کیا وہیں بڑے بڑے ناقدوں اور دانشوروں کا بھی اسے نظر انداز کرنا مشکل ہو گیا۔سرگودھا (وزیر آغا)، لاہور (احمد ندیم قاسمی)، اور کراچی (ڈاکٹر سلیم احمد و نظیر صدیقی) کی ادبی محفلوں اور کافی ہاؤس میں خوشبو پر تبصرے ہوئے، نشستیں ہوئیں۔اس طرح پاکستانی ادب میں ایک اور......نام پروین شاکر بن کر اُبھرا۔در اصل پروین شاکر نے جس شعبے کو اور جن موضوعات کو اپنی شاعری میں جگہ دی وہ ایک ممنوعہ میدان تھا۔اس کی سرحدوں میں مرد شاعر تو دور خاتون شاعرات نے بھی قلم آزمائی نہیں کی تھی۔بھلا آج بھی کیا برصغیر میں حیادار، شرمیلی دوشیزاؤں کے جذبات کو سمجھا جاتا ہے؟ وہ بھی شاعری اور کویتا کی زبان میں۔مشہور اردو نقاد نظیر صدیقی کے مطابق ''ان کی شاعری میں دیکھا جا سکتا ہے کہ اس ملک میں لڑکیاں کس طرح جوان ہوتی ہیں۔ان کے دن کن خوابوں میں گزرتے ہیں اور ان کی راتیں کس طرح کے رت جگوں کی بھینٹ ہوتی ہیں۔ان کی ساڑیوں اور انکے زیور کس حد تک ان کے جذبات کی علامت ہوتی ہیں۔ان کے خیالات اور سوچ ان کی محبتوں میں کیا رنگ ملاتے ہیں۔ان کی بات چیت کتنی گونگی ہوتی ہے اور ان کی خاموشی میں کتنی آواز ہوتی ہے۔''

'خوشبو' پر تبصرہ کرتے ہوئے صدیقی صاحب نے کچھ غزلیں پیش کی ہیں۔لیکن یہاں پیش ہیں دو چار اشعار:

بدن کے کرب کو وہ بھی سمجھ نہ پائے گا
میں دل میں روؤں گی آنکھوں میں مسکراؤں گی

دھنک دھنک میرے پوروں کو خراب کر دے گا
وہ لمس میرے بدن کو گلاب کر دے گا

میں سچ کہوں گی مگر پھر بھی ہار جاؤں گی
وہ جھوٹ بولے گا اور لاجواب کر دے گا

نہیں نہیں یہ خبر دشمنوں نے دی ہوگی
وہ آئے، آکے چلے بھی گئے، ملے بھی نہیں
کبھی کبھار اسے دیکھ لیں کہیں مل لیں
یہ کب کہا تھا کہ وہ خوش بدن ہمارا ہو

لڑکیاں بیٹھی تھیں پاؤں ڈال کر
روشنی سی ہو گئی تالاب میں

ایسی کئی مثالیں اور ہیں جو 'خوشبو' کے ہر صفحے پر درج ہیں۔ ایک چھبیس سال کی لڑکی نے اپنی ہر چوٹ اور ہر درد اُنڈیل دیا ہے۔ ان کا یہ درد اور دُکھ فطری لگتے ہیں۔ شاید ان کے نغموں اور غزلوں کی دلکشی کا یہ بھی راز ہے کہ انھوں نے اپنی شاعری میں سچائی سے کام لیا ہے ورنہ زیادہ تر الفاظ کی کاریگری کرنے والے شاعر یا کوئی سچ نہیں کیا کرتے۔ آرام دہ کمروں میں بیٹھ کر بھلا سرسوں کی خوشبو محسوس کی جاسکتی ہے؟ پیلے کالے گلاب کے کاغذی جلوے بکھیرنے والے کیا حقیقت میں اس نظارے کا دیدار کرتے ہیں؟ خدا جانے۔ پروین شاکر نے اپنے گھر، پڑوس محلے میں جوان ہونے تک جو دیکھا محسوس کیا اور شاید جھیلا بھی، اُسے ضرور بکھیر دیا کاغذ پر۔

پروین شاکر کی غزلوں کا سب سے بڑا کمال ہے انکا تسلسل۔ اردو غزل میں ہر شعر کا اپنا ایک

الگ وجود ہوتا ہے۔اس طرح شاعری کے قواعد کے اعتبار سے تو وہ ٹھیک ہے لیکن خیالات کا تسلسل ان میں اکثر نہیں ہوتا ہے۔ممتاز اساتذہ سے لے کر نووارد شعراء بھی غزل کی اس روایت سے منہ نہیں موڑتے لیکن پروین شاکر نے اپنے کچھ چنندہ بزرگوں کی طرح غزل کی اس روایت کو توڑ کر نئے انداز میں غزل کہی ہے۔لوگ ان کی غزلوں کو نظم نما غزل کہہ سکتے ہیں۔لیکن وہ اپنی بناوٹ اور سج دھج میں غزل ہی ہیں۔اردو میں ایسی غزلیں لکھنے والوں میں فیض کے علاوہ ابن انشاء بھی ہیں۔

پروین شاکر نے انگریزی ادب میں ایم اے کیا۔کچھ دنوں تک کالج میں پڑھایا۔پھر پاکستان کی اعلیٰ سرکاری ملازمت کے امتحانات میں کامیابی حاصل کر کے کچھ دنوں تک شعبۂ خارجہ اس کے بعد کسٹم کے محکمے میں رہیں۔موت کے وقت وہ اسلام آباد میں کسٹم انٹلی جنس میں ڈپٹی ڈائرکٹر تھیں۔انھوں نے ہارورڈ یونیورسٹی سے بھی سند حاصل کی تھی۔اور پی ایچ ڈی کے لیے ایک مقالہ بھی پورا کیا تھا۔کچھ دنوں پہلے انھوں نے اپنی شوہر نصیر احمد سے طلاق لے لیا تھا۔اور اسلام آباد میں اپنے پندرہ سالہ بیٹے کے ساتھ رہتی تھیں۔'خوشبو' کے بعد ان کے دیگر تین شعری مجموعے بھی آئے۔اور انھیں پسند بھی کیا گیا۔یہ الگ بات ہے کہ خوشبو جیسی شہرت ان کے دیگر مجموعوں کو نہیں مل سکی۔پھر بھی پاکستان میں انھیں کئی ادبی اور سرکاری ایوارڈ ملے جس میں پاکستان کا باوقار ادبی ایوارڈ آدم جی ایوارڈ بھی شامل ہے۔

ہندی دنیا میں بھی پروین شاکر کا کلام ''خوشبو'' ہاتھوں ہاتھ لیا گیا، وہ ہماری ادبی دُنیا میں بھی ایک معروف نام ہیں۔بمبئی کے ایک شاعر سے انھوں نے انٹرویو میں کہا تھا کہ ایمانداری سے شاعری کرنے والے جب ایک ہی طرح کے تجربوں سے گزرتے ہیں تو ان میں ایک طرح کا رشتہ قائم ہو جاتا ہے۔ان کی موت کے بعد بھی یہ رشتہ قائم رہے گا۔کیونکہ خوشبو نہ تو مٹتی ہے اور نہ مرتی ہے وہ تو بکھر جاتی ہے، ہواؤں میں، چاروں سمتوں میں، ساری کائنات میں۔

8.1.1995

☆☆☆

وہاں بھی افطار کی سیاست

سیاست داں بھی کیا خوب ہیں۔کوئی بھی موقع ہاتھ سے جانے نہیں دیتے۔اب تو ہمارے یہاں بھی اس کا چلن عام ہے۔لیکن پاکستان کی بات اور ہے۔۔حریف، حمایتی، تاجر، صنعت کار، نوکرشاہ، عام کارکن، امیر، غریب، ہر طبقے کے لوگ ایک ہی دسترخوان پر نظر آتے ہیں۔یہ رمضان مہینے کی برکت ہے کہ لوگ اپنے ناقدین کو بھی اپنے یہاں افطار کی دعوت دیتے ہیں۔اصل میں صحافتی برادری اس بات کا گہرائی سے تجزیہ کرتے ہیں کہ کس کی افطار پارٹی میں کسے بُلا یا گیا اور پھر وہاں کون کون پہنچا۔افطار کے بعد نماز ہوتی ہے اور پھر دُنیاوی مسائل کی بات اُٹھتی ہے۔ گلے شکوے دور کیے جاتے ہیں وغیرہ وغیرہ۔

پچھلے ہفتے راجدھانی میں وزیر اعظم نے اپنی ایک خصوصی افطار پارٹی میں پاکستان کے ممتاز صحافیوں کو بلوایا۔ان میں ملک بھر کے ایڈیٹروں کے علاوہ فری لانس صحافی اور وہ کالم نگار بھی شامل تھے جو ہر وقت بے نظیر اور پیوپلس پارٹی پر نکتہ چینی کرتے رہتے ہیں۔''ڈان'' کے مطابق وزیر اعظم کے میڈیا منیجر نے اس طرح مخالفین کو بلا کر یہ جتانا چاہا کہ وزیر اعظم کسی بھی صحافی سے ذاتی دُشمنی نہیں رکھتی ہیں۔دراصل اس موقع پر برسر اقتدار لوگ اپنے مخالفین سے بھی آمنے سامنے بات چیت کر کے کئی طرح کی غلط فہمیوں کو دور کرنا چاہتے ہیں۔شاید کچھ لوگ پھسل بھی جاتے ہوں۔لیکن پاکستانی صحافی ویسی پھسلنے والی مچھلیاں نہیں ہیں۔اگر انھوں نے کسی ایک پارٹی کا دامن تھاما ہے تو شروع سے آخر تک وفاداری نبھاتے ہیں۔سیاستدانوں اور منتخب نمائندوں کی طرح بقول پاکستانی کہاوت وہ 'لوٹے' نہیں ہیں۔

ڈان کی رپورٹ کے مطابق افطار کے بعد غیر رسمی بات چیت میں صحافیوں نے وزیر اعظم سے سب سے زیادہ عمران خان کے بارے میں سوال کیا۔غور طلب ہے کہ عمران خان کے کینسر اسپتال کے لیے ٹیلی ویژن پر ان کی زکوٰۃ کی اپیل والے اشتہار کو رُکوا دیا گیا۔اس لیے وہ حکومت سے چڑے ہوئے ہیں۔بات چیت میں وزیر اعظم نے صاف کیا کہ عمران خان کو سابق انٹلی جنس چیف حمید گل اپنے مفاد کے لیے استعمال کر رہے ہیں۔وزیر اعظم سے ان دنوں

اپوزیشن والوں کی دھڑ پکڑ پر بھی سوال کیا گیا وہ خود اپنی پارٹی کے لوگوں اور وزیروں کی بدعنوانی پر خاموش ہیں۔ ان کا کہنا تھا کہ ان کی پارٹی کے لوگوں کو پہلے ہی نواز شریف حکومت نے ڈرائیو کلین کر دیا ہے۔

بزرگ صحافی زیڈ۔اے سکیری نے اپنی دلیری ثابت کرتے ہوئے بے نظیر سے کہا کہ وہ عوام سے دور ہوگئی ہیں۔ انھیں سچائیوں کا علم نہیں ہے۔ بے نظیر ان کے بات کو ماننے کے لیے تیار نہیں تھیں۔ صحافی سکیری بھی اپنی بات پر قائم رہے۔ آخر میں انھوں نے یہ کہہ کر بات ٹال دی کہ اس کا فیصلہ اگلے انتخابات میں ہو جائے گا۔ دیگر کچھ صحافیوں نے ان پر دلبدلوؤں کو شہ دینے کا الزام لگایا۔ لیکن ڈان کے رپورٹ کے مطابق وزیر اعظم بے نظیر بھٹو اپنے اوپر لگائے گئے تمام الزامات اور تنقیدوں کا اس صفائی اور ٹھنڈے دماغ سے جواب دیتی ہیں کہ لوگ ان کی دلیل سے متاثر ضرور ہو جاتے ہیں۔ مجموعی طور پر پاکستان بھر کے معروف صحافیوں کو افطار پارٹی میں بلا کر وزیر اعظم نے اپنی صفائی دینے کی پوری کوشش کی۔ الگ الگ خیموں میں منقسم اور الگ الگ مقامات سے آئے صحافیوں کے لیے بھی وزیر اعظم کی افطار پارٹی میں میل مِلاپ کا سنہرا موقع تھا۔

صحافیوں کے لیے ایک بڑی دقت یہ بھی تھی کہ جس شام وزیر اعظم کی افطار پارٹی تھی اسی شام اپوزیشن کی اہم شخصیت نواب زادہ نصر اللہ خان نے بھی اسلام آباد میں افطار پارٹی منعقد کی تھی۔ ظاہر ہے کہ اپنی اپنی جگہ دونوں افطار پارٹیوں کی اہمیت تھی۔ لیکن صحافی تو ایک وقت میں ایک ہی جگہ جا سکتے تھے۔ ویسے پاکستانی اخبارات کے مطابق ''اسکوپ'' (Scoop) کی تلاش میں صحافی ایک ہی شام میں چار پانچ افطار پارٹیوں کو کور کر لیتے ہیں۔ ہر جگہ انھیں کچھ نہ کچھ مسالہ مل جاتا ہے۔ پھر ملک کی راجدھانی اسلام آباد میں افطار پارٹی کا رنگ ہی کچھ اور ہوتا ہے۔

ویسے بھی اپوزیشن لیڈر نواب زادہ نصر اللہ خاں کی بات ہی کچھ اور ہے کچھ ان کے بارے میں:

پنجاب کے مظفر گڑھ کے ایک روایتی جاگیردار نواب زادہ نصر اللہ خان پچھلے چالیس برس سے صرف اپوزیشن کی سیاست ہی کرتے رہے ہیں۔ چاہے کوئی بھی حکومت ہو نواب زادہ (وہ اسی نام سے پکارے جاتے ہیں) اس کی پالیسیوں کی مخالفت کریں گے ہی۔ اس کے لیے

انھوں نے تکالیف بھی اٹھائیں۔ اپنی بے باک اور منہ پھٹ شخصیت کی وجہ سے انھیں کسی بھی قومی سطح کی پارٹی نے منہ نہیں لگایا۔ اس لیے پندرہ بیس سال پہلے انھوں نے پاکستانی ڈیموکریٹک پارٹی بنا ڈالی اور خود ہی پارٹی کے صدر بن بیٹھے۔ تب سے لے کر سندھو ندی میں نہ جانے کتنا پانی بہا لیکن آج بھی وہ پارٹی میں سب کچھ ہیں۔ یعنی ممبر بھی۔ ایک شخص کی اکلوتی پارٹی کی خوبی یہ ہے کہ وہ ہر الیکشن میں اپنے حلقے میں منتخب ہوتے ہیں۔ اب تو ان کی عمر پچھتر سال ہو چکی ہے۔ اس لیے لوگ ان کا احترام کرتے ہیں۔ عزت دیتے ہیں۔ نواب زادہ صاحب کی ایک اور خاصیت ہے ان کا حقہ اور ترکی پھدنے والی ٹوپی۔ آج وہ ٹوپی میوزیم کی چیز بن چکی ہے مگر وہی ٹوپی پہنتے ہیں۔ اسی کے ساتھ ان کا حقہ بھی ساتھ ساتھ جاتا ہے۔ ویسے بے نظیر نے انھیں کشمیر کے معاملے میں بنائی گئی کمیٹی کا صدر بھی بنا دیا ہے۔ اسی بہانے انھوں نے سرکاری خرچ پر بیرون ملک کا دورہ بھی کر لیا۔

تو نواب زادہ نصر اللہ نے بھی اسی دن افطار کی دعوت رکھی جس روز بے نظیر نے صحافیوں کی افطار پارٹی رکھی تھی۔ اس طرح بے نظیر کے یہاں ملک بھر کے صحافی موجود تھے تو نواب زادہ صاحب کے یہاں سارے اپوزیشن والے جمع تھے۔ پیوپلس پارٹی کے کچھ لوگ بھی ان کی افطار پارٹی میں شریک ہوئے۔ پھر تو یاروں نے انھیں پاکستان کے مستقبل کا وزیر اعظم بنا ڈالا۔

اس کے دوسرے روز مسلم لیگ کے لیڈر سابق وزیر اعظم نواز شریف نے بھی افطار پارٹی دی۔ نواب نصر اللہ خاں کو بھی دعوت دی گئی۔ ایک منچلے رپورٹر نے سبھی لوگوں کے سامنے نواب زادہ صاحب کے سامنے سوال اُچھال دیا ”ملک کے بارہ کروڑ لوگ آپ کے وزیر اعظم بننے کے انتظار میں ہیں۔ آپ کب اس خبر کا اعلان کریں گے؟“ پتہ نہیں میاں نواز شریف کا یہ سُن کر کیا حال ہوا ہوگا؟ جو بھی ہو پاکستانی افطار کی سیاسی دعوتوں میں ایسے شگوفے کھلتے ہی رہتے ہیں۔ حسرت ان کروڑوں غریب دین دار روزہ داروں پر ہے جن کی افطار میں محض دو کھجور ہوتے ہیں۔ ان کے دستر خوانوں کی سبھی نعمتوں کو یہ چٹورے سیاست داں اڑا لے گئے ہیں۔

26.2.1995

☆☆☆

پاکستان بھی غریب کیوں ہے؟

دنیا کے ترقی کے موضوع پر کوپن ہیگن کے بین الاقوامی اجلاس میں ہندوستان کے ساتھ ساتھ پاکستان کی بھی شرکت تھی۔ دراصل ہندوستان کی طرح پاکستان بھی دنیا کے ان غریب ممالک میں سے ایک ہے جو اپنی ضرورتوں کے لیے یورپ امریکہ کا منہ دیکھتے ہیں۔ اپنے کئی طرح کے پیچیدہ قدرتی مسائل کے سبب ہندوستان کی غریبی (ایشوریہ رائے سے معذرت کے ساتھ) تو سمجھ میں آتی ہے لیکن اس سے کئی کم آفتوں کا سامنا کرنے والے پاکستان کی غربت کا کیا سبب ہے؟ کیا وجہ ہے کہ قدرتی وسائل، زرخیز زمین اور لگاتار مل رہی بیرونِ ممالک کی امداد کے باوجود وہاں غربت ہے؟ اس سوال کا جواب دیتے ہیں پاکستان کے ماہر معاشیات نوفیل عمر ریحان۔

لاہور کے انگریزی روزنامہ 'دی نیشن' میں ''پاکستان ایک غریب ملک کیوں ہے؟'' کے عنوان سے ریحان کے مضمون میں قومی پیداوار میں کمی، تعلیم کی کمی، بڑھتی آبادی، آلودہ ماحول، درآمد میں اضافہ، برآمد میں کمی روپیہ کی بے قیمتی وغیرہ کے علاوہ بگڑتی، سیاسی اور سماجی صورتحال کو پاکستان کے غربت کی اہم وجہ ہیں۔ صاف لفظوں میں درآمد میں اضافے سے وہ اندازہ لگاتے ہیں کہ بیرونی خریداری کے لیے ملک کا خزانہ خالی ہو رہا ہے۔ درآمدات کی ادائیگی میں غیر ملکی کرنسی یعنی ڈالر خرچ ہو رہا ہے۔ جبکہ غیر ملکی کرنسی کی بچت اور کمائی کے لیے برآمد بہت کم ہو رہی ہے۔ وہ لکھتے ہیں کہ برآمد کی کمی کا سبب قومی پیداوار میں کمی ہے۔ جب ملک میں پیداوار ہی کم ہو رہی ہو تو برآمد کیا کریں گے؟ پیداوار کی کمی کا سبب بے روزگاری ہے۔ روزگار کے میدان میں سخت مقابلے کی وجہ سے لوگوں کی آمدنی کم ہے۔ اس طرح نہ تو ان کی پیداوار کی صلاحیت بڑھتی ہے اور نہ ہی وہ بچت کر پاتے ہیں۔ جب بچت نہیں ہوتی ہے تو پھر نئی صنعتوں کے لیے سرمایہ کی بچت اور سرمایہ کاری کہاں سے ہوگی؟

ریحان آگے لکھتے ہیں کہ پاکستان کی آبادی کا ۷۲ فی صد حصہ گاؤں دیہاتوں میں رہتا ہے جو

تقریباً ان پڑھ ہے۔ ناخواندگی کی وجہ سے لوگ سماجی طور پر بھی پسماندہ ہیں۔ چونکہ بنیادی طور پر معاشی نظام زراعت پر منحصر ہے اس لیے ناخواندگی اور لا علمی کی وجہ سے پیداوار متاثر ہوتی ہے۔ یوں بھی لوگ نہ تو زراعت کی نئی تکنیک کے بارے میں کوئی معلومات رکھتے ہیں نہ ہی ان کا ملک کی ترقی میں کوئی تعاون ہوتا ہے۔

پاکستان کی آبادی کے بارے میں ریحان صحیح لکھتے ہیں کہ ان کا ملک دنیا کی سب سے زیادہ آبادی والے ملکوں میں نویں نمبر پر ہے ۴ئ ۳ فی صد آبادی بھی بہت ہے۔ اس وقت کل آبادی ۱۲ کروڑ ہے جسے درکار مقدار میں غذا دستیاب نہیں ہے۔ پھر ترقی کیسے ہوگی؟ ویسے بھی آبادی کا بڑا حصہ محنت نہیں کرتا ہے۔ محنت تو دور کی چیز ہے کام بھی نہیں کرتا ہے۔ زیادہ تر خاندانوں میں صرف خاندان کا سربراہ ہی کام کرتا ہے۔ خواتین و نوجوان ایسا کوئی کام نہیں کرتے ہیں جس سے ملک کا بھلا ہو۔

پاکستان کا سیاسی عدم استحکام بھی غربت کی وجہ ہے۔ آتی جاتی حکومتوں کے سبب لوگ صنعت و کاروبار میں سرمایہ لگانے سے کتراتے ہیں۔ غیر ملکی سرمایہ دار اور بیرون ممالک میں بسے دولت مند پاکستانی بھی سیاسی عدم استحکام کی وجہ سے وہاں روپیہ لگانا نہیں چاہتے۔ خود آتی جاتی حکومتیں بھی ڈھنگ کی صنعتی پالیسی نہیں بنا پاتی ہیں۔ کسی بھی وقت برخاست کر دینے کی وجہ سے ان کا دھیان اپنی حکومت کو بچانے میں لگا رہتا ہے۔ وزیر اور افسران بھی ایسی حالت میں زیادہ سے زیادہ مال بنانے کے چکر میں لگے رہتے ہیں۔ اس طرح جب صنعت وحرفت کی ترقی نہیں ہوگی تو ملک کی ترقی کیسے ہوگی۔ سیاسی استحکام کے ذریعے ہی ترقی کے منصوبے بنائے اور پورے کیے جاسکتے ہیں۔

ریحان صاحب نے ایک اور اہم مسئلہ اٹھا کر پاکستان کی غریبی کو سمجھا ہے۔ وہ ہے پاکستانی حکومتوں کا اپنے بجٹ کا ساٹھ ستّر فی صد حصہ دفاع پر خرچ کرنا۔ حقیقت میں پاکستان کو اپنی دفاع کے نام پر اربوں اور کھربوں روپے اور ڈالر خرچ کرنے کی ضرورت نہیں ہے۔ ہندوستان سے مبینہ حملے کا خوف جتا کر رقم خرچ کرنا ایک روایت بن چکی ہے۔ ہندوستان تو حملہ نہیں کرے گا لیکن دفاعی بجٹ کا ایک بڑا حصہ اعلیٰ فوجی افسر، برسرِ اقتدار طبقہ، نوکر شاہ اور بچولیے دلال چٹ کر

جاتے ہیں۔ دفاع کے نام پر ہو رہی بدعنوانیوں سے عام پاکستانی واقف ہیں۔"دی نیشن" میں نوفیل عمر ریحان لکھتے ہیں کہ ایک اثر دار خارجہ پالیسی بنا کر پاکستان دفاع پر خرچ ہونے والی رقم کو زراعت، صنعت اور ترقی کے دیگر کاموں میں لگا سکتا ہے۔سوال بلی کے گلے میں گھنٹی باندھنے کا ہے۔

آج کے دور میں ہندوستان پاکستان سمیت تیسری دنیا کی غربت کو سمجھنے اور اسے دور کرنے کے راستوں کی معلومات اتنی پیچیدہ نہیں ہیں۔ ہر انسان سمجھتا ہے کہ غریبی کیوں ہے اور اسے کیسے دور کیا جا سکتا ہے۔البتہ انھیں دور کرنے والی طاقتیں ہی بے حس ہو گئی ہیں۔جدید صارفین بازار، تشہیری ذرائع کے حملے اور کسی بھی ٹھوس سیاسی پروگرام اور اسے نافذ کرنے کی قوت ارادی کی کمی نے سماج کے اس طبقے کو ضرور پتھر بنا دیا ہے جسے معاشی اور سیاسی انقلاب کی قیادت کرنی تھی۔یعنی مڈل کلاس۔اوروں کی طرح پاکستانی مڈل کلاس بھی بیدار نہیں ہے۔جب برف پگھلے گی تو سیلاب آئے گا۔تبھی شاید ترقی کی راہیں بھی کھلیں گی۔فی الحال کوپن ہیگن سے ڈالر کی چھوٹی موٹی جھولی ہی مل جائے تو غنیمت ہے۔

12.3.1995

☆☆☆

مرارجی دیسائی اور پاکستان

ان سطور کے لکھے جانے تک پاکستان میں آنجہانی مرارجی دیسائی کی موت پر تاثرات کی خبر نہیں مل سکی۔لیکن اس بات کا تو کوئی بھی اندازہ لگا سکتا ہے کہ وہاں کی حکومت کے سب سے بڑے اعزاز نشانِ پاکستان حاصل کرنے والی شخصیت کے بارے میں وہاں کی حکومت اور لوگوں کی کیا رائے ہوگی۔اپنی سادگی صاف گوئی اور سیاست میں سیدھی چال چلنے والے سیاستداں کی پاکستان میں ہی کیا دنیا کے کسی بھی ملک میں سخت کمی ہے۔اس لیے ایسی ہستیوں کو لوگ ہمیشہ ہی عزت دیتے آئے ہیں۔پاکستان ہوا تو کیا؟

لیکن پاکستانیوں کے لیے آنجہانی مرار جی دیسائی میں صرف یہی خوبیاں نہیں تھیں۔ اپنے دوسالہ وزارت کے دور میں انھوں نے جس طرح بے لاگ لپیٹ پاکستان کی طرف دوستی کا ہاتھ بڑھایا وہ دور دونوں ملکوں کے رشتوں کی تاریخ میں یادگار ہے۔ ان دو برس کے پہلے اور بعد میں بھی پاکستان سے ہمارے اتنے خوشگوار تعلقات نہیں رہے۔ اس وقت پاکستانی حکمران جنرل ضیاء الحق یہ بھی جانتے تھے کہ اگر انھوں نے کوئی بھی ایسی ویسی شرارت کی تو مرار جی بھائی سے خطرناک کوئی اور نہیں ہوسکتا۔ پیار محبت اور دوستی اپنی جگہ۔ یعنی انھوں نے اپنی طرف سے رشتوں کو خوشگوار بناتے ہوئے کسی طرح کے دباؤ یا کمزوری کا احساس نہیں ہونے دیا۔

پڑوسی ملک کے اندرونی معاملات میں کسی بھی طرح کی دخل اندازی نہیں کرنے کی پالیسی کا سب سے بڑا ثبوت انھوں نے دیا ذوالفقار علی بھٹو معاملے میں۔ بھٹو کو پھانسی کی سزا سنائی جا چکی تھی۔ کئی اسلامی ممالک کے علاوہ یورپ اور امریکہ سے بھی ان کی موت کو ٹالنے کی اپیل کی گئی۔ ضیاء الحق کسی کی بھی سننے والی نہیں تھے۔ انھوں نے کسی کی سنی بھی نہیں۔ اس وقت مرار جی دیسائی نے نجی طور پر بھی ضیاء الحق سے کوئی اپیل نہیں کی۔ وہ اس سارے معاملے کو پاکستان کا نجی اور اندرونی معاملہ بتاتے رہے۔ دوسری طرف اپنی روادار خارجہ پالیسیوں کے ذریعے انھوں نے دونوں ملکوں کے بگڑے ہوئے برسوں پرانے خونی رشتوں کو آپس میں ملایا۔

۱۹۶۵ کی جنگ کے بعد ہند۔ پاک کے سفارتی تعلقات بھی ختم ہو گئے تھے۔ ۱۹۷۱ کی جنگ میں تو حالات اور بھی بگڑ گئے۔ ۱۹۷۲ کے شملہ سمجھوتے کے بعد بھی حالات نارمل نہیں ہوئے تھے۔ البتہ ۱۹۷۷ میں مرار جی دیسائی کی قیادت میں جنتا حکومت نے گویا تعلقات کا ایک نیا باب ہی لکھ دیا۔ اس وقت ''بند کھڑکی سے'' جب وزیر خارجہ اٹل بہاری واجپئی پاکستان گئے تو پورا دروازہ ہی کھل گیا۔ اٹل جی کو پاکستانیوں نے ہاتھوں ہاتھ لیا۔ پاکستان کے ساتھ جنتا حکومت کی پالیسی واضح کرتے ہی اٹل جی پاکستانیوں کی آنکھوں کا تارہ بن گئے۔ یہ پوری تاریخ ابھی زیادہ پرانی نہیں ہوئی ہے۔ اٹل جی کی سلامتی کے لیے دعائیں۔ وہ آج بھی پاکستان سے ہندوستان کی دوستی کی گواہی دیں گے۔ لیکن جو ہوا تھا اس زمانے کی کمان

مرارجی بھائی کے ہاتھوں میں تھی۔ اسی زمانے میں جب مغربی ایشیا کی آج جیسی صورتِ حال نہیں تھی اور اس وقت کے اسرائیلی وزیر دفاع موشے دایان اپنے خفیہ دورے پر دلّی آئے تھے تو صاف گو مرارجی دیسائی نے نہ صرف انھیں بلکہ اسرائیلی حکومت کو بھی فلسطینیوں کی زمین ہڑپنے پر بُرا بھلا کہا تھا۔

اس واقعہ سے بھی عالم اسلام سمیت پاکستان میں بھی مرارجی بھائی کے بارے میں ایک ایماندار، سچے، صاف گو سیاستداں کی شبیہ اُبھری تھی۔ ورنہ اس سے پہلے ان کے بارے میں گمان تھا کہ شاید وہ امریکہ کی طرف جھکاؤ رکھتے ہیں اور اسرائیل کے لیے ان کے دل میں ہمدردی چھپی ہوئی ہے۔ موشے دایان کو کھری کھوٹی سنا کر انھوں نے ساری تشویشات کو دفنا دیا۔

پاکستان کی نظر میں مرارجی بھائی کا سب سے بڑا کمال تھا آنجہانی مسز اندرا گاندھی کی جگہ وزیر اعظم بننا۔ ۱۹۷۷ تک پاکستان میں بھی یہ مان لیا گیا تھا کہ ہندوستان نہرو خاندان کی رہبری کے بغیر نہیں رہ سکتا۔ یہاں تک کہ سیاسی گدی پر دائمی طور پر مسز گاندھی ہی رہیں گی۔ دوسری بات یہ کہ پاکستانی آنجہانی جواہر لال نہرو، مسز گاندھی اور کانگریس پارٹی کو بالکل پسند نہیں کرتے تھے۔ اس کی کئی وجوہات ہیں۔ آزادی سے پہلے ہی پنڈت جی، جناح کو مسلمانوں کا اصلی نمائندہ نہیں سمجھتے تھے۔ بھلی ہی ہمارے یہاں آج آنجہانی پنڈت جی کو جو بھی کہا جائے لیکن پاکستانیوں کی نظر میں انھوں نے ہی کشمیر پر ہندوستانکا قبضہ برقرار رکھا اور اس معاملے میں دنیا بھر میں پاکستان کو حملہ آور قرار دیا۔ انھیں پنڈت جی کی بین الاقوامی شخصیت سے بھی چڑ تھی۔ اسی طرح پاکستانی ۱۹۷۱ میں اپنے ملک کے ٹوٹنے کی ذمہ دار مسز گاندھی کو قرار دیتے ہیں۔ وہاں کے لیڈران، اخبارات اور اچھے خاصے پڑھے لکھے لوگ ہمیشہ ہماری ان دو ہستیوں سے ناراض رہے ہیں۔ اس لیے فطری بات تھی کہ انھیں اور ان کی پارٹی کو ہارنے والے کی تعریف کی جائے۔

یہ سچ ہے کہ ۱۹۷۷ میں مرارجی بھائی کے وزیر اعظم بنتے ہی ہندوستان کے ساتھ پاکستان اور پاکستان کے ساتھ ہندوستان کا رویہ بدلا دیکھتے ہی دیکھتے عام لوگوں کے علاوہ شاعر، قوال، گوئیے، دانشور، صحافی، کھلاڑی اور سماجی کارکنان کے علاوہ سیاسی لیڈر بھی ایک دوسرے کے یہاں آسانی

سے آنے جانے لگے۔ ہندوستان نے کراچی میں قونصلیٹ کھول کر تو ایک کروڑ مہاجروں پر بہت بڑا احسان کیا تھا۔مجموعی طور پر ان کے صرف دو برس کے دورِحکومت میں پاکستان سے جو رشتہ قائم ہوا تھا وہ واقعی یادگار تھا۔

اصل میں نشانِ پاکستان کا اعزاز دے کر پاکستان نے خود کو اعزاز بخشا ہے ورنہ مرار جی دیسائی کو نہ تو تمغوں کی ہوس تھی اور نہ کسی شہرت کی۔سب سے بڑی بات تو یہ تھی کہ انھوں نے مہاتما گاندھی سے بھی جڑنے والے ملک پاکستان میں ان کے نقش قدم پر چل کر وہاں کے کروڑوں لوگوں کا دل جیت لیا۔وہ بھی سیاسی چالوں سے نہیں،اپنی اصول پسندی،سادگی،صاف گوئی سے۔آج بھی سیاست میں ان عناصر کی ضرورت ہے۔

16.4.1995

☆☆☆

سارک میں ہمارے پان کی سوغات

کراچی اور لاہور ایئر پورٹ پر سب سے پہلے ہندوستانی باشندوں کے ہاتھوں یا بیگ میں چٹخ دار رنگیلے فلمی رسالے کسٹم افسران کو متوجہ کرتے تھے۔باہر سو دو سو میں بکنے والی فلمی رسالے اگر مفت ہاتھ آجائیں تو کیا کہنے۔اس کے بعد نمبر آتا ہے ہری بھری پان کی پتیوں کا۔ہندوستان سے پاکستان جانے والے مسافر اپنے ساتھ سب سے سستے اور سب سے مقبول پان کے پتے ضرور لے جاتے ہیں۔محبت بھائی چارے،دوستی کے علاوہ منہ کو ایک میٹھا ذائقہ دینے والا پان ہندوستان سے پاکستان کے لیے ایک بہترین سوغات ہے۔فلمی رسالوں اور پان کے بعد نمبر آتا ہے چائے کی پتی،کولہا پوری چپل،کاجو اور کئی چھوٹی چھوٹی چیزوں کا۔پڑھے لکھے دانشور قسم کے لوگ وہاں جانے والوں کے سامان میں 'اکنامک اینڈ پالیٹکل ویکلی' Main Stream سے لے کر کبیر،رحیم،سور داس اور میرا کی تخلیقات بھی تلاش کرتے ہیں۔سچ تو یہ ہے کہ عام پاکستانیوں کے پاس ہندوستان میں بنی اشیاء کی ایک لمبی چوڑی فہرست ہوتی ہے۔کس کس کا ذکر

کیا جائے۔

ویسے بھی پاکستانی جب ہندوستان آتے ہیں تو ہماری بسوں، کاروں، ریل گاڑیوں سے لے کر کئی چیزوں کو حیرت سے دیکھتے ہیں۔ انھیں یہ جان کر تعجب ہوتا ہے کہ ہندوستان میں ایک ساتھ کئی طرح کی چھوٹی بڑی چیزیں بنتی ہیں۔ یہاں پھیلی ہوئی لمبی چوڑی صنعتی دنیا سے وہ بے حد متاثر ہوتے ہیں۔ انھیں تعجب ہوتا ہے۔ جس کے بارے میں جاننے کے بعد کئی لوگ لکھتے بھی ہیں کہ اتنی مشکلات اور پریشانیوں کے باوجود بھی ہندوستان نے اتنی ترقی کیسے کی؟ انکی اس سوچ سے یہ بھی اندازہ لگانا مشکل نہیں کہ ہندوستان کے بارے میں پاکستانی عوام کے دلمیں کیسی غلط فہمیاں پیدا کی جاتی ہیں۔

اسی طرح ہمارے یہاں بھی پاکستانی میووں خاص طور پر پستہ، بادام، چلغوزہ وغیرہ کی اپنی مقبولیت ہے۔ وہاں کے پٹھانی سوٹ، شلوار قمیض بھی ہندوستان میں شوق سے پہنے جاتے ہیں خواتین کی پوشاک کے ڈیزائن بھی پسند کیے جاتے ہیں۔ کچھ خاص گھریلو سامان جن میں پانی کا کولر بھی شامل ہے۔ پاکستان کی چھوٹی صنعتوں کی خاص چیزیں ہیں جسے ہندوستان سے جانے والوں کو تحفے میں دیا جاتا ہے۔ پھر بھی بڑی پیمانے پر پاکستانی سامان بنائی ہی نہیں جاتی ہیں۔ اس لیے زیادہ سامان کا ہندوستان آنے کا سوال ہی نہیں اٹھتا۔

سچ تو یہ ہے کہ دونوں ملکوں میں آباد سینکڑوں ہندو، مسلمان، سکھ، عیسائی اور پارسی خاندانوں کے لیے ہند۔ پاک کی ڈھیروں اشیاء محض ایک شے نہیں جذباتی لگاؤ کی نشانیاں ہیں۔ ان سے ایک طرح کی ان کہی چاہ ہے۔ دونوں ملکوں میں ابھی بھی وہ نسل سلامت ہے جو پشاور کے قصے خوانی بازار میں گرم گرم قہوے کے گھونٹ بھرتی تھی۔ لاہور کے انارکلی میں پراٹھے اور کباب اُڑاتی تھی اور شکارپور میں دہی بڑوں پر ٹوٹ پڑتی تھی۔ وہ لوگ اپنی آنکھوں میں حسرتوں کے چراغ جلائے موجود ہیں۔ جنھوں نے الہ آباد کے امرود، ملیح آباد کے آم، متھرا کے پیڑے، بہار کا کھاجہ، دلی کی جلیبیاں اور بمبئ کی بھیل پوری چکھی تھی۔ ایک نسل وہاں آہیں بھرتی ہیں تو دوسری یہاں۔ آج جب دنیا سکڑ گئی ہے چاروں طرف بازار کی سیاست کی دھوم ہے تو کوئی وجہ نہیں ہے کہ پشاور کا اخروٹ بمبئ دلی میں نہیں ملے اور گوا کا ناریل لاہور نہیں پہنچے۔ جب ہندوستان

پاکستان دونوں عالمی بینک اور بین الاقوامی کرنسی خزانے کی ایک ہی طرح کی شرائط کو مانتے ہیں تو عالمی معاشی پالیسیوں کے یہ اژدہے ہی کیوں نہیں دونوں ملکوں کی مشترکہ کاروبار کا مشورہ دیتے؟ اور اگر وہ مشترکہ کاروبار کی صلاح نہیں دیتے تو دونوں ملکوں کی چیمبر آف کامرس ہی اپنی اپنی سرکاروں پر کھلے بازار کے لیے دباؤ ڈالتے ہیں؟

افسوس کے ساتھ لکھنا پڑتا ہے کہ شروع سے ہی پاکستان میں ہندوستان کے خلاف اتنا بڑا اور خوفناک ہوا کھڑا کر دیا گیا ہے جیسے پاکستان کو ہندوستان نگل جائے گا۔ تین جنگیں، پھر پاکستان کی تقسیم، بنگلہ دیش کے قیام سے حالات اور بھی بگڑ گئے ہیں۔

جس طرح پاکستان میں ہندوستان کو برا بھلا کہہ کر وہاں کے کئی سیاستدانوں نے اپنی دوکانیں سجائی ہیں اسی طرح دھیرے دھیرے ہمارے یہاں بھی کچھ سیاستدانوں نے پاکستان کے نام پر ڈٹ کر سیاست کھیلی۔ پھر کاہے کا پستہ بادام اور کاہے کا ناریل اور پان۔

پاکستان کے کچھ سیاست دانوں اور صنعت کاروں نے شروع سے ایک اور ہوا کھڑا کیا۔ ہندوستان کے ترقی یافتہ اور پھیلتے ہوئے صنعت اور بازار کا۔ ان کا ماننا تھا کہ ہندوستان سے کاروبار اور کھلے بازار کی پالیسی اپنا کر پاکستان ہندوستان کا غلام بن جائے گا۔ یہ الگ بات ہے اور سچ بھی ہے کہ آزادی کے کچھ برسوں بعد تک ہندوستان خود برآمد کرنے کی حالت میں نہیں تھا۔ پان اور ناریل جیسی اشیاء کے برآمد سے کسی کو معاشی غلام کیسے بنایا جا سکتا تھا؟ پھر بھی ہندوستانی مال پاکستان کو دوسرے ممالک کی بہ نسبت سستا پڑتا۔ اگر ویسا ہوتا تو کچھ پاکستانی تاجروں کی چاندی کیسے ہوتی؟ ڈالر اور غیر ملکی کرنسی کی تو کمی نہیں تھی۔ اناپ شناپ ساری دنیا سے پاکستانی تاجر درآمد کرتے گئے اور اپنی گھریلو صنعت کو بھی پنپنے نہیں دیا۔ اتنا ہی نہیں انھوں نے اپنے عوام کو ہوا بھی نہیں لگنے دی کہ ہندوستان اپنے یہاں کیا بنا رہا ہے۔ اس سلسلے میں ایک دلچسپ واقعہ یاد آتا ہے۔ مشہور صحافی اور لاہور اردو ڈائجسٹ کے ایڈیٹر الطاف حسین قریشی کا۔ ۱۹۷۲ میں انھیں شملہ کانفرنس کے لیے چنڈی گڑھ سے شملہ تک کا سفر امبیسڈر کار میں کرایا گیا تھا۔ انھیں یہ جان کر سخت تعجب ہوا کہ امبیسڈر جیسی مضبوط کار ہندوستان میں بنائی جاتی ہے۔ واپسی پر انھوں نے ہندوستان کی صنعتی ترقی پر خاص طور سے یہ بات لکھی۔ جب ایک معروف صحافی

ہندوستان کے بارے میں اتنا انجان ہوسکتا ہے تو عام آدمی کی بات کیا کریں؟

ہندوستان میں بنی اشیاء پر روک کا شکار ہماری فلمیں ہوئیں۔ مقابلے کے ڈر سے پاک فلمی دُنیا نے اتنا کہرام مچایا کہ برسوں پہلے ہماری فلموں پر سرکاری طور پر روک لگا دی گئی۔ یہ الگ بات ہے کہ اب گھر گھر میں ڈیڈیو پر ہماری فلمیں دیکھی جاتی ہیں اور اخبارات میں انکی کامیابی کی ریٹنگ چھپتی ہے۔

فی الحال سارک کانفرنس میں دوسرے مما لک کے علاوہ ہندوستان۔ پاک سے بھی کاروبار کرنے کے امکانات پر غور کرنے کو تیار ہوا ہے۔ اس سلسلے میں وہاں سے کسٹم ڈیوٹی کی چھوٹ پر ۱۳۵ اشیاء آئیں گی۔ ظاہر ہے ویسی چھوٹ پاکستان کو بھی دینی ہوگی۔ کہنا مشکل ہے اس فیصلے پر وہاں کیسا ردعمل ہوتا ہے۔ یقینا ہمارا پان ان میں تنازعات سے پرے ہوگا۔ سارک کانفرنس پر دوسرے مما لک کی طرح پاکستان کو بھی ہمارے پان کی سوغات قبول ہو۔ پان! جو علامت ہے محبت کا بھائی چارے کا اور دوستی کا۔

7.5.1995

☆☆☆

عمران نے اعلیٰ طبقے کی روایت نبھائی

ایک غیر مذہب اور غیر ملکی لڑکی سے شادی کر کے عمران خان نے اپنے ملک کے لیڈروں اور اعلیٰ طبقے کی روایتوں کو ہی زندہ رکھا ہے اپنے ماحول اور مذہب سے الگ شادی کرنے کے بنیاد ڈالی تھی۔ پاکستان کے بانی محمد علی جناح نے ان کے سوانح نگار اسٹینلی وسلپرٹ کے مطابق تاریخی کانگریس مسلم لیگ سمجھوتے (جسے لکھنؤ سمجھوتہ بھی کہا جاتا ہے) کے بعد جناح نے اپنے دوست سر دنشاء سے بین المذاہب شادی سے متعلق رائے پوچھی تو دنشاء نے جواب دی ’’اس سے قومی اتحاد کو فروغ ملے گا‘‘ اس کے فوراً بعد انھوں نے ان کی بیٹی رتی سے شادی کی پیش کش کی۔ جسے سر دنشاء نے فوراً ٹھکرا دیا۔

یہ ایک اتفاق ہے کہ جس وقت جناح نے ایک پارسی لڑکی سے شادی کی۔اس وقت ان کی عمر بھی ۴۲ سال کی تھی۔عمران خان بھی لگ بھگ اسی عمر کے ہیں۔لیکن رتی عمران کی بیوی جمائما سے ۳ برس چھوٹی یعنی ۱۸ برس کی تھیں۔جب جناح نے تجویز رکھی تھی تب رتی نابالغ تھیں لیکن ۱۸ سال پورے ہونے پر وہ جناح کی دلہن بن گئیں یہ الگ بات ہے کہ شادی (۱۹۱۸) کے کچھ عرصے بعد ہی دونوں میں ان بن ہوگئی اور پھر لمبی بیماری کے سبب ۱۹۲۹ میں وہ چل بسیں۔ان کی موت کے بعد جناح نے دوسری شادی نہیں کی اور ساری زندگی سیاست میں گزار دی۔

پاکستان کے اولین وزیر اعظم لیاقت علی خان کی بیوی بھی عیسائی تھی۔لیاقت علی خان مغربی یوپی کے ایک بڑے زمیندار گھرانے سے تھے۔انھوں نے بھی لندن میں تعلیم حاصل کی تھی۔ ان کی شادی کے بارے میں زیادہ معلومات نہیں ملتی ہے۔لیکن بیگم رعنا لیاقت علی خان نے ۱۹۵۱ میں ان کے قتل کے بعد بڑی خاموش زندگی گزاری۔ پاکستان میں سب سے پہلے بیگم رعنا نے ہی عورتوں کی سب سے بڑی سماجی تنظیم ''اپوا'' قائم کی۔

لیاقت علی خان کے بعد جب گورنر جنرل غلام محمد نے اپنی ڈکٹیٹر شپ شروع کی تو ان کے پیچھے ایک امریکن حسینہ مس روتھ بورلی کی حکومت چلتی تھی۔دلچسپ بات یہ ہے کہ گورنر جنرل پر فالج کا حملہ تھا۔وہ ایک طرح سے معذور تھے۔ٹھیک سے بات چیت بھی نہیں کر سکتے تھے۔پھر بھی وہ ہر ساتویں آٹھویں مہینے کابینہ کو برخاست کرتے اور ٹھاٹھ سے حکومت کرتے۔ان کے ٹوٹے پھوٹے اورالٹے سیدھے جملوں کو صرف مس بورلی ہی سمجھتی تھیں۔مس بورلی اور گورنر جنرل غلام محمد کے تعلقات پر جس طرح ان کے سکریٹری اور سابق آئی سے ایس قدرت اللہ شہاب نے ''شہاب نامہ'' میں لکھا ہے اسے پڑھ کر آج بھی ہر پاکستانی ماتھا پکڑ تا ہے۔

گورنر جنرل غلام محمد کی موت کے بعد ۱۹۵۵ میں میجر جنرل سکندر مرزا گورنر جنرل بنے۔ان کی بیوی بیگم ناہید مرزا بھی غیر ملکی یعنی ایرانی تھیں۔اس لیے مرزا صاحب کی ایران سے خوب گاڑھی چھنی۔لیکن بقول شہاب صاحب بیگم ناہید مرزا اپنے حسن کا مقابلہ شاہ ایران کی پہلی بیوی ملکہ ثریا سے کرتیں۔ پھر قدرت کا ظالم طمانچہ پڑا۔سکندر مرزا کا بستر گول کر کے ایوب خان نے انھیں لندن چلتا کر دیا اور خود حکومت کی باگ ڈور سنبھالی۔ کچھ عرصے بعد شہاب صاحب نے

ایک زمانے کی ملکۂ پاکستان کو لندن میں ٹوکری اٹھائے سبزی خریدتے دیکھا۔ پھر بھی انھوں نے شوہر کا مصیبت کی گھڑی میں بھی ساتھ دیا۔

ذوالفقار علی بھٹو نے بھی ایک ایرانی خاتون نصرت بھٹو سے دوسری شادی کی۔ بیگم نصرت بھٹو نے کڑی آزمائش جھیلی اور ان کی پھانسی کے بعد بھی خاندان کو باوقار طریقے سے سنبھالے رکھا۔ غیر ملکی ہوتے ہوئے بھی بیگم صاحبہ پاکستانی زندگی کا ایک بھرپور حصہ بن چکی ہیں۔ آج پاکستان میں لوگوں کو گمان بھی نہیں ہوگا کہ ان کی وزیراعظم کی والدہ ایک غیر ملکی خاتون ہیں۔

ایرانیوں، افغانیوں، بنگلہ دیشیوں اور ہندوستانیوں سے پاکستانیوں کی شادی بہت عام ہے۔ کچھ تو ایک ہی مذہب اور پھر ایک جیسی تہذیب ہونے کی وجہ سے ان پر واویلا نہیں مچتا۔ عمران خان کی بات اور ہے۔ کرکٹ کے بعد ان کا رُخ سیاست کی طرف ہے اور سیاست بغیر عوام کے ہو نہیں سکتی۔ اس لیے ان کے معاملے میں عوامی جذبات کا سوال بھی وابستہ ہے۔ ویسے برسوں پہلے ایک اور پڑھی لکھی اعلیٰ گھرانے کی لڑکی ایک پاکستانی عوامی شاعر کی دلہن بنی تھی۔ بیگم ایلیس فیض! مشہور شاعر فیض احمد فیض کی دلہن! بیگم ایلیس فیض کے ساتھ عوامی جلسوں، مشاعروں اور دوسری مجلسوں میں جاتیں جہاں لوگ انھیں سر آنکھوں پر بٹھاتے۔ ان کا احترام ہوتا۔ (وہ تو آج بھی ہے)۔

راولپنڈی سازش کیس میں جب فیض کو جیل ہوئی اور انھیں سزائے موت کی خبر بھی دی گئی تو بیگم ایلیس نے صبر کا دامن نہیں چھوڑا۔ پھر فیض پر بعد میں اور بھی مصیبتیں آئیں۔ وہ وطن سے نکالے گئے۔ یہاں وہاں بھٹکتے رہے۔ لیکن بیگم ایلیس نے پاکستان نہیں چھوڑا اور بے حد مشکل دور میں بھی اپنی دونوں بچیوں کی پرورش کی۔ اس بیچ انھوں نے فیض کے سینکڑوں پرستاروں کی بھی خاطر کی۔ جو دور دور سے ان کے گھر پر آتے تھے۔ بیگم ایلیس کی مہمان نوازی اور فیض کی غیر حاضری میں اپنے گھر پریوار کو عزت کے ساتھ سنبھالے رکھنا پاکستان میں ایک مثال ہے۔

وقت ضرور بدل گیا ہے لیکن عورت کا وقار اور مرد کے ساتھ وفاداری اس کے تیور کے مطابق خود کو ڈھالنے کا انداز، خودداری وغیرہ شاید ویسے ہی ہیں۔ پچھلے دنوں بیگم عمران کے بارے میں بھلے ہی لندن کے اخبارات نے ڈھیروں اِدھر اُدھر کی اناپ شناپ باتیں لکھیں لیکن بیگم

عمران پاکستانمیں ایک نئی اور بھرپور زندگی کے خواب دیکھ رہی ہیں۔

21.5.1995

☆☆☆

پاکستانی سُروں کی محفل میں خاموشی

ایسا لگتا ہے پاکستانی سروں کی محفل میں ان دنوں لمبی خاموشی چھائی ہوئی ہے۔نہ وہاں غزلوں کے سریلے بول ہیں، نہ گیتوں کی تان نہ قوالی کی دُھن۔ یہاں تک کہ پچھلے دنوں پاپ اور ریپ کا شور بھی تھم گیا ہے۔وہاں کے اخبار، رسائل، فلمی میگزین تو یہاں پر ملتے ہیں لیکن ان میں گیتوں کے صفحات کی داستان خالی رہتی ہے۔کل تک مہدی حان، منی بیگم،گلشن سید، غلام علی، طاہرہ سید، بشیر احمد، نیاز احمد، استاد بشیر، سلامت علی، گل بہار بانو، تاج ملتانی، استاد فضل، سلامت اخلاق احمد اور یونس بٹ کے تذکروں میں موسیقی کے پنّے بھرے ہوتے ہیں۔اب تو محمد شاہ کی (ہوا ہوا والے) اور عطاء اللہ خیلوی کا بھی پتہ نہیں۔غلام علی بھی بس بہت گا چکے، بیگم نور جہاں کچھ پنجابی فلموں میں ٹیں ٹاں کر لیتی ہیں۔مگر نثار بزمی، نثار اطرے اور فیاض ہاشمی کو تو لوگ بالکل ہی بھلا بیٹھے ہیں۔

طلعت محمود کے لاجواب گیت ''تصویر دل میرا بہلا نہ سکے گی'' کے شاعر کا نام تو پاکستان کی ایک نسل کے ساتھ ہماری نسل بھی بھلا چکی ہے۔ برصغیر میں پارسی تھیٹر کے بانی آغا حشر کشمیری کے شاگرد فیاض ہاشمی نے ایک ہزار گیت لکھے تھے اور ان کے گیت پشاور سے کلکتہ تک بجتے تھے۔انھیں ہندی الفاظ اور خاص طور سے بھجن لکھنے پر کمال حاصل تھا۔لیکن تقسیم ہند کے بعد پاکستان میں بھجن کے قدرداں کہاں ملتے؟ اس لیے فیاض ہاشمی بھی گمنامی کی گرد میں کہیں کھو گئے۔ پھر انھیں گانے والے،طلعت محمود، کے سی ڈے، پنکج ملک وغیرہ پاکستان میں کہاں ملتی ؟ مجموعی طور پر فیاض ہاشمی ہمارے طلعت محمود کے امر گیت ''تصویر تیری دل مرا بہلا نہ سکے گی'' میں ہی ہمارے یہاں ہمیشہ کے لیے قید ہو گئے اور آج بھی بڑے فخر سے

ہماری ہر نسل انھیں گنگناتی ہے۔

بے چاری ملکۂ پکھراج ''ابھی تو میں جوان ہوں'' کی جھوٹی سدا بہار صدا لگانے والی لاہور کی فن کارہ پتہ نہیں لاہور میں کہاں گم ہیں؟ ان کی گلوکارہ بیٹی طاہرہ سید کی حالت تو آج بھی بُری ہے۔ میاں نے چھوڑ رکھا ہے خود کی پریکٹس ہے۔ وہ بھی ادھوری ادھوری سی۔ ٹیلی ویژن اور ریڈیو پر بھی گانے کا موقع نہیں ملتا ہے۔

بھلا ہو میڈم نور جہاں کا، کس طرح عزت بچ گئی، عہدے تو نہیں مگر پاکستان میں انھیں بے پناہ شہرت، پیسہ اور نام ملا۔ آج بھی وہ چوٹی کی گانے والیوں میں ہیں اور یہاں بھی اسی طرح عزت اور مان کی حقدار ہیں۔ اب تو سلمیٰ آغا اور عدنان بھی بمبئی میں گیت گانے کے لیے چکر لگا رہے ہیں۔ لیکن ایسا نہیں کہا جا سکتا ہے کہ بمبئی میں ایک دو مثالیں چھوڑ کر گیت غزل اور قوالیاں گانے والوں کے حالت بہت اچھے ہیں۔ گلوکاری کی دنیا میں جب سارا ماحول ہی بگڑا ہوا ہے تو کیا ہندوستان کیا پاکستان۔ ظاہر ہے ابھی ہمارا جو بھی لگانا ٹھیک نہیں ہے۔ سب سے پہلے تو اس کی جڑوں کو ہی گہرا کرنا ہوگا۔ دو چار کنسرٹ، کچھ ہمہ تن گوش کھاتے پیتے لوگ اور کچھ بڑی کمپنیوں کی اسپانسر شپ سے گیت، سنگیت کے وسیع خزانے کو بچایا نہیں جا سکتا۔

پاکستانی گیتوں کی اس لگاتار گراوٹ نے پچھلے دنوں گلوکاروں اور گلوکاراؤں کی ایک سنجیدہ نسل کو متاثر کیا۔ موسیقی کی گرتی ہوئی چال ڈھال پر تشویش ظاہر کی جا رہی ہے۔ اس کا سب سے بڑا ثبوت ہے پچھلے دنوں درجن بھر ممتاز گلوکاروں کی کانفرنس، جس کا انعقاد کراچی کے ایک مقبول رسالے نے کیا۔ موسیقی کی اس نشست میں بشیر احمد، سلامت علی، استاد بشیر، تاج ملتانی، گل بہار بانو استاد فضل وغیرہ نے سنجیدگی سے جن معاملات کو اٹھایا اسے دیکھ کر موسیقیکی گرتی شبیہ کے لیے گہرا افسوس ظاہر کیا گیا۔

ظاہر ہے موسیقی جیسے گہرے موضوع پر پاکستان جیسے چھوٹے سے ملک میں اس طرح کی نشست آسان نہیں تھی۔ وہ بھی ایک ایسے وقت میں جب ہر موسیقار اپنے آپ کو طرم خان سمجھتا ہو (جو شاید غلط

بھی نہ ہو) موسیقی کے ہر دور، ہر طبقے، ہر گھرانے کا اس کانفرنس میں شریک ہونا آسان نہ تھا۔

مختصر اذیہ کہ پاکستانی گلوکاروں نے سنگیت کے نقادوں کے کھینچائی کی جنھیں موسیقی کی الف ب بھی نہیں آتی اور وہ پروگرام کی اخبارات میں تنقیدیں لکھتے ہیں۔ دوسری تنقید ہوئی آپیرا شو بزنس والوں پر جو اپنی تڑک بھڑک اور شور شرابے کی وجہ سے نوجوان نسل کو کلاسیکی موسیقی سے دور لیے جارہے ہیں۔ کچھ لوگوں نے بیرون ممالک میں پاکستانی کلچرل پروگرام کو بھی تنقید کا نشانہ بنایا جہاں شور شرابہ اور ہنگامہ ہی پاکستانی سنگیت بن گیا ہے۔ ایک صاحب کا ماننا تھا کہ مرحوم بڑے غلام علی خاں اور ہندوستان کے ڈاکٹر ایک سبرامنیم کی طرح کلاسیکی موسیقی کو بھی پانچ سے سات منٹ کا ہونا چاہیے۔ کانفرنس میں جہاں نئے اور پرانے سنگیت کے سنگم کو برقرار رکھنے کی تجویز پیش ہوئی وہیں خوشی کی بات ہے ہندوستانی موسیقاروں اور شیدائیوں کی بھی دل کھول کر ستائش کی گئی۔ جن کی وجہ سے آج موسیقی گلی گلی میں اپنے ہر روپ میں موجود ہے، لیکن کیا اتنے پر ہمیں بھی مطمئن ہو جانا چاہیے؟

4.6.1995

☆☆☆

یہ منہ اور مسور کی دال

ہندوستان۔ پاکستان میں ایک مشہور محاورہ ہے یہ منہ اور مسور کی دال۔ اس محاورے کے بارے میں ایک کہاوت ہے۔ کسی رئیس کے گھر پہ ایک باورچی نوکری کے لیے گیا۔ جب اس سے پوچھا گیا کہ وہ سب سے لذیذ کھانا کیا پکاتا ہے تو باورچی نے دال کا نام لیا۔ چنانچہ رئیس نے اسے دال پکانے کی نوکری پہ رکھ لیا۔ باورچی نے تو بے حد مزیدار دال پکائی اور رئیس صاحب اور ان کے گھرانے نے انگلیاں چاٹ چاٹ کے دال کھائی۔ لیکن جب ان کے سامنے دال کے خرچ کا حساب رکھا گیا تو ہوش اُڑ گئے۔ نہ جانے کس طرح اور کس مسالے میں باورچی نے دال پکائی تھی جو ان کی ساری سبزیوں اور گوشت سے بھی مہنگی تھی۔ آخر میں جب رئیس صاحب نے باورچی سے دال

کی لاگت پر سوال کیا اور اسے بے حد مہنگا بتایا تو باورچی نے "یہ مُنہ اور مسور کی دال" کہہ کر نوکری چھوڑ دی۔ اس کہاوت میں چاہے جتنا بھی جھوٹ سچ ہو محاورہ اپنی جگہ قائم ہے اور پورے برصغیر میں ہر موقعے پر" کہ مُنہ اور مسور کی دال" کھلے عام استعمال ہوتا ہے۔ یہاں تک کہ اردو ہندی کے علاوہ دوسری زبانوں اور پشاور سے مسوری تک مسور کی دال کی کہاوت سنی اور پڑھی جاتی ہے۔

اصل میں دال غریبوں کے مرغوب اور مقبول کھانوں کا حصہ ہے۔ مسور کی دال کے ساتھ ساتھ مونگ، ماش، چنے، کابلی چنے، ارہر (تور) وغیرہ کی دالیں ہر گھر میں بنائی جاتی ہیں۔ ہمارے یہاں تو اب بھی دھان کے پودے کے ساتھ ساتھ غریبوں کی سستی دال "کھساری" بھی اُگائی جاتی ہے۔ جو دھن کٹنی کے ساتھ بوئی اور کاٹی جاتی ہے۔ گاؤں دیہاتوں میں اس کی ساگ بھی کھائی جاتی ہے اور پیس کر ٹکیا بنا کر سوکھے دنوں کے لیے رکھا جاتا ہے۔ حالانکہ اس کے زہریلے اثر کا بھی جی بھر کے چرچہ ہوتا ہے۔ حکومت کی طرف سے اس کی اُگائی پر روک لگانے کی بات کی جاتی ہے لیکن گاؤں دیہاتوں کے غریب لوگوں کے پاس سستی غذا کے طور پر اس کا استعمال ایک مجبوری ہے۔ مسور، چنے اور ارہر کی دالیں ہر ایک کے بس کی بات نہیں ہوتی۔ یہاں تک کہ کھاتے پیتے گھر کے لوگ بھی مہنگائی کی وجہ سے ہر طرح کی دالوں کا استعمال نہیں کر سکتے ہیں۔ ہم اور آپ اس عام سچائی کو سمجھیں یا نہ سمجھیں گھریلو عورتیں سستے دالوں کے معاشی نظام سے خوب واقف ہیں۔

دالوں میں تڑکہ وہ بھی اصلی گھی کا تڑکہ لگانا مہنگا کاروبار ہے۔ اس لیے ہندوستان پاکستان کے گھروں میں دالیں اُبالی جاتی ہیں اور ان میں ہلکا تیل کا چھونکا یا بگھار لگا دیا جاتا ہے۔ یہ بھی کہا جاتا ہے کہ جب پڑوس کے گھروں میں چھونکا لگایا جاتا ہے تو اپنے گھر کی دال پڑوس کے گھر کی خوشبو سے کھالی جاتی ہے۔ یہ ایک عام مذاق کی بات ہے لیکن کڑوی اور سچ بات ہے۔ بہر حال ہمارا ذکر پاکستانی دالوں کے بارے میں ہے۔ جن پر برسوں بعد کسی سائنسداں نے جو کہ دالوں کا ماہر ہے سنجیدگی سے اخبار جنگ میں سوال اٹھایا ہے۔ ایک ایسے زمانے میں جب گولیاں، بم و بارود، اسمگلنگ اور سرحدی جھڑپیں اور دہشت گردی کی خبریں عام ہیں۔ بے چاری دالوں کو جگہ

دینا ایک اہم اخباری کارنامہ ہے۔

۹۴۔ ۱۹۹۲ کے پاکستانی زراعت کے سروے کے دوران ۷ئ۵ کلو گرام سے بڑھ کر فی نفس ۷ئ۶ کلو گرام دالوں کی کھپت کا اندازہ لگایا تھا۔اس حساب سے فی نفس ۲۰ گرام دال (ایک وقت) کا حساب بنا۔لیکن حقیقت میں سرکاری اعداد وشمار کے مطابق ۹۳۔ ۱۹۹۴ میں ۸۳ئ الاکھ ٹن اور پھر ۹۴۔ ۹۳ میں ۱۲ئ الاکھ ٹن ہوگئی۔مجموعی طور پر ۱۲ گروڑ آبادی والے ملک میں یہ مقدار گھٹ کر کتنی ہوگئی اس کا اندازہ آسانی سے لگایا جاسکتا ہے۔وہ تو خدا کا شکر ہے کہ پاکستانیوں کی ایک تہائی آبادی دال کھاتی ہی نہیں۔کھائے گی کہاں سے انھیں نصیب تو ہونا چاہیے۔

سارے بلوچستان، صوبہ سرحد، سندھ کے کچھ علاقوں میں شوربے دار گوشت یا سبزی کھانے کا چلن ہے۔سردی والے علاقوں میں اگر لوگ گوشت نہ کھائیں تو انھیں کام کرنا مشکل ہو جائے۔یہ الگ بات ہے کہ گوشت خوری، دال خوری سے مہنگی ہے لیکن بدن کو گرمی پہنچانے والی دالیں بھی تو ملنی چاہیے۔اس کے مقابلے میں چربی دار گوشت ضرور دستیاب ہوتا ہے جو حالانکہ مہنگا ہے لیکن حکومت آسٹریلیا سے ۵۰ روپے فی کلو کے حساب سے منگوا رہی ہے۔

جہاں تک دالوں کا سوال ہے عام کسان کو اس کی پیداوار میں دلچسپی نہیں ہے۔بڑے زمین داروں اور کسانوں کے دباؤ میں حکومت ہر سال گیہوں، چاول، کپاس، گنے اور چنے کی قیمت طے کر کے انھیں زیادہ قیمتوں پر خریدتی ہے۔کپاس پاکستانی کسانوں کو سب اے زیادہ منافع دینے والی جنس ہے۔اس کے بعد گنے کا نمبر آتا ہے۔اس کے بعد باری آتی ہے تلہن کے بیجوں کی۔یہ تو حال ہے سب سے عمدہ زرعی علاقے پنجاب اور سندھ کا۔اس سے بھی او پر چلے جائیں تو بلوچستان ار صوبہ سرحد میں پچھلے پندرہ بیس سال میں عام پٹھان کسانوں کو افیون کی کھیتی سے فی ایکڑ بیس پچیس ہزار منافع ہو رہا ہے۔پچی کھچی زمین پر میوے اُگائے جاتے ہیں۔اس طرح جب دوسری منافع بخش فصلیں موجود ہوں تو دالوں کو کون پوچھے گا؟ حالت یہ ہے کہ اب تو گیہوں کی فصل سے بھی کسانوں کو منافع نہیں ہوتا۔اب عرب مما لک بھی پاکستان کو گیہوں برآمد کرنے لگے ہیں۔کسی زمانے میں غیر منقسم پنجاب پورے ہندوستان کو اپنا گیہوں کھلاتا تھا۔اب

اسی پنجاب کو عرب مما لک سے گیہوں منگوانا پڑتا ہے۔ یہ قدرت کا کھیل نہیں نئی عالمی معاشی پالیسی کا کھیل ہے۔آگے آگے دیکھئے ہوتا ہے کیا؟

پاکستان میں ۹۴۔ ۱۹۹۳ کے دوران ہوئے زرعی سروے کے دوران جہاں چاول، جوار، باجرہ، مکئی وغیرہ میں ۱۹۶۱۔ ۱۹۶۰ کیمقابلے میں ۲ئ ۵۴ فی صد کا اضافہ ہوا۔وہیں چنے کی دال میں بہت کمی ہوئے گنے میں ۱۴۱ فی صد کپاس میں ۱۰۹ فی صد کا اضافہ ہوا۔اس دوران چنے اور دال کی نہ تو خریداری ہوئی اور نہ ان کی پیداوار میں اضافہ ہوا۔ فی الحال پاکستان میں مونگ کی دال کمبوڈیا اور بہاما سے منگوائی جارہی ہے۔لیبیا اور افغانی چنا (فی الحال افغانی بھی گھاس کھارہے ہیں) مٹر کی دال، آسٹریلیا، برما، فرانس وغیرہ سے منگوایا جارہا ہے۔خود پاکستان میں چنے کی دال اور دوسری دالوں کی پیداوار میں لگاتار کمی ہورہی ہے۔مونگ اور ارہر کی حالت اور بھی خراب ہے۔مسور کی دال کا اتہ پتہ نہیں چلتا۔وہ شاید محاورے والی شیشی رہ گئی ہے یا شاید موہنجوداڑو کی کھدائی اگلی صدی میں کسی گاؤں کے کھنڈروں میں اس کا پتہ چلے۔

دالوں سے پروٹین حاصل ہوتا ہے اور پروٹین سے پورے جسم کی نشو ونما ہوتی ہے۔جہاں دالیں دستیاب نہیں ہوتیں وہاں پروٹین کے لیے گوشت یا چربی کا استعمال ہوتا ہے۔سرد مما لک یا مشرقِ وسطیٰ میں پروٹین یا جسم کی نشو ونما کے لیے لوگ خاصی تعداد میں گوشت خور ہوتے ہیں۔اصل میں ہندوستان پاکستان کے غریب عوام مہنگی دالوں کا استعمال نہیں کرسکتے ہیں اس لیے سستی گوشت پر مبنی غذا پروٹین کے لیے ان کی ضرورت ہے۔یہ سچائی ان لوگوں کو جاننی چاہیے جو پروٹین کے متبادل کے بغیر ہی گوشت خوروں کے خلاف اعلان جنگ کرتے ہیں۔اس کے لیے ان کے اپنے جواز ہیں۔ پاکستان میں بھی۔لیکن ہر حال میں کھانے کیلیے دال تو چاہیے۔چاہے مسور کی ہی کیوں نہ ہو؟

25.6.1995

☆☆☆

میرا پیغام محبت ہے جہاں تک پہنچے

ہر روز قتل خون، گولیوں کی بارش، بم دھماکے اور دہشت پسندانہ ماحول میں پیغام محبت لے کر ایک ہندوستانی دانشور انور معظم پچھلے مارچ۔اپریل میں کراچی کے نجی دورے پر تھے۔ واپسی پر انھوں نے اردو کے ایک اخبار میں جولکھا ہے اس ایک ذمے دار ہندوستانی کی نظروں سے حالیہ پاکستان (خاص کر کراچی) کے حالات کے بارے میں بہت کچھ معلوم پڑتا ہے۔انور معظم کی بیگم جیلانی بانو اردو کی چنندہ بہترین ناول نگاروں میں سے ایک ہیں۔ہمارے یہاں کے علاوہ پاکستان میں بھی ان کی کئی کہانیاں اور ناول چوری چھپے شائع ہو چکی ہیں۔ظاہر ہے ہندوستان سے پاکستان کا سفر انکا صرف نجی سفر نہیں تھا بلکہ آج کے حالات کی روشنی میں ایک لڑکھڑاتے سیاسی اور سماجی نظام پر ایک نگاہ ڈالنے کی کوشش بھی تھی۔ ویسے بھی اندنوں ہندوستان سے عاملوگوں کا بھی اپنے رشتے داروں سے ملنے جانے کا سلسلہ بند ہو چکا ہے۔ایسے عالم میں انور معظم اور ان کی بیگم جیلانی بانو کا کراچی کا سفر اہمیت رکھتا ہے۔اس سے بھی اہم ہے یہاں اردو کے ایک اخبار میں ان کے خیالات کا شائع ہونا۔

انور صاحب لکھتے ہیں ''ہندوستان کے مختلف طبقات میں پاکستان کے مختلف روپ ہیں۔ایک سیاسی روپ ہے جو اخبارات اور وہاں کے سیاسی لیڈروں کے کشمیر پر سخت بیانات کے ذریعے ہمارے سامنے آتا ہے۔لگتا ہے پاکستان کسی بھی طرح سے ہم سے کوئی تعلق نہیں رکھنا چاہتا۔وہ ہم سے ناراض ہے۔خفا ہے۔'' انور صاحب آگے لکھتے ہیں ''پاکستان کا دوسرا روپ ہے جو مہدی حسن، غلام علی، عابدہ پروین، ملکہ پکھراج، فریدہ خانم، اقبال بانو کی خوبصورت غزلوں اور صابری برادران اور نصرت فتح علی خاں کی خوبصورت قوالیوں نے بتایا ہے۔یہ ہندوستان کے ہر گھر میں پہنچ چکا ہے۔پاکستان کا تیسرا روپ ادبی ہے جس میں فیض احمد فیض، مشتاق احمد یوسفی، احمد فراز، کشور ناہید، فہمیدہ ریاض، پروین شاکر، ناظر کاظمی، زہرہ نگار، احمد ندیم قاسمی اور وزیر آغا جیسے قدآور قلمکار وادیب ہیں اور ان کے ساتھ کئی اعلیٰ درجے کے ادبی رسائل ہیں۔ان میں سے کئی ایک کی

تحریریں ہندی اور دوسری زبانوں میں پہنچ رہی ہے۔آگے لکھتے ہیں''پاکستانی ادب میں انسانی درد کی وہی داستان ہے جو ہندوستانی اور عالمی ادب کی تقدیر بن چکی ہیں۔جب دونوں ممالک کے ادیب ملتے ہیں۔تو ایک دوسرے کی وطن دوستی کا احترام کرتے ہوئے بے اندازہ محبت سے ملتے ہیں۔ایک دوسرے کا دوسرے کا دُکھ جھیلتے ہیں'۔پاکستان کے چوتھے روپ کے بارے میں انور صاحب وہاں کےمقبول ٹیلی ویژن کا ذکر کرتے ہیں اُنھیں یہ جان کر حیرت ہوئی کہ ذی ٹی وی کا'' آپ کی عدالت''،'' گھومتا آئینہ'' اور فلمی گیتوں کے پروگرام پاکستانی شائقین میں بے حد مقبول ہیں۔

انور معظم کو کراچی میں ایک اور دل دہلا دینے والی بھیانک شخصیت نظر آئی کلاشنکوف تھامے ہوئے نوجوان۔جس کا کوئی چہرہ نہیں،کوئی حلیہ نہیں، مذہب نہیں،قومیت نہیں یا پھر وہ جن کے کئی چہرے،حلیے،مذاہب اور قومیتیں ہیں اور جو بڑی بے رحمی سے معصوم لوگوں کو قتل کر رہا ہے اس قتل وخون کے پیچھے کو مقصد نہیں دکھائی دیتا یا پھر کئی مققصد ہیں،بہر حال میں کوئی بھی ایک دوسرے سے میل نہیں کھاتا ہے۔

پاکستانی کی کراچی میں واقع ایک دوسری شخصیت نے جنھیں وہاں فادر ٹریسا بھی کہا جاتا ہے انور معظم کو متاثر کیا۔مولانا عبدالستار ایدھی۔ایدھی کے بیان کے مطابق کراچی کی یہ حالت اچانک پیدا نہیں ہوئی ہے۔پاکستان بنتے ہی غریبی،فرقہ پرستی،گروہ بندی اور بدعنوانی کے مسائل پیدا ہو گئے تھے۔ہمارے عوام اچھے ہیں مگر دونی صد مافیا شروع سے ہی پاکستان پر حکومت کرتا آرہا ہے۔اسے تباہ کرتا رہا ہے۔یہی مافیا زندگی کے ہر حصے میں گھس گیا ہے۔یہ لوگ مذہبی گروہوں،سیاسی جماعتوں یہاں تک کہ سماجی تنظیموں میں بھی دخل رکھتے ہیں۔ایدھی کے مطابق ان کا مقابلہ کرنے کے لیے خود لوگوں کو متحد ہونا پڑے گا۔لوگوں کو ہتھیار دینے ہوں گے۔انھیں اپنی حفاظت کی ذمے داری خود اُٹھانی پڑے گی۔

اپنے سفر کی رُوداد بیان کرتے ہوئے انور معظم لکھتے ہیں''پاکستان واحد ملک ہے جس سے ہمارے ملک کے تعلقات ہمیشہ تناؤ کی حالت میں رہے ہیں۔وہ ہندوستان کے مقابلے میں ایک چھوٹا ملک ہے۔پاکستان کا قبائلی،جاگیردار سماج اور فوجی ڈکٹیٹر شپ،وہاں کے سماجی،

معاشی اور سیاسی استحکام میں سب سے بڑی رکاوٹ بنے ہوئے ہیں ۔ انکے آپسی مفاد نے پورے سماج کو تقسیم کر رکھا ہے ۔ ہر گروہ اور ہر طبقہ اپنی پہچان کے لیے تشدد کا راستہ اختیار کرتا ہے ۔ پہچان کے لیے اس ٹکراؤ کو، طاقتور دولتمندوں، سیاسی لیڈروں اور علماء کی سر پرستی اور حمایت حاصل ہے ۔ اس سے نہ صرف ملک کمزور ہو رہا ہے بلکہ اسے بیرونی طاقتوں کا بھی منہ دیکھنا پڑتا ہے ۔ ایسے حالات خود پاکستان کے علاوہ ہندوستان اور ایشیاء کے لیے بھی تکلیف دہ ہیں ۔ ہمیں یاد رکھنا چاہیے کہ ایک کمزور پاکستان کسی بھی بڑی طاقت جیسے امریکہ کو ہمارے دروازے پر لا کھڑا کرے گا۔

انور صاحب کی نظر میں ایسے حالات میں پاکستان کے حکمرانوں کو ہی سامنے نہیں رکھنا ہوگا، بلکہ پالیسی بناتے ہوئے وہاں کی عوام کو بھی سامنے رکھنا ہوگا۔ جو کئی طرح کے دوسرے رستوں کے ذریعے بھی ایک دوسرے سے قریب ہیں ۔ یہ ایک اہم موضوع ہے ۔ حکمرانوں کے اپنے مفادات ہوتے ہیں اور وہ اپنی مفاد کی زبان میں بات کرتے ہیں ۔ ان کی ساری سوجھ بوجھ اور پالیسی پہلے اپنے مفاد کی حفاظت کریں گی ۔ لیکن اس خود غرض پالیسی اور مفاد پرستی کو خود پاکستانی عوام سمجھے پھر اپنی سیاست کو عوامی سیاست یا جمہوری حکومت میں تبدیل کرنے کی کوشش کرے تو کیا کہنے ۔ ویسے انور معظم نہ صرف پاکستان سے بلکہ بنگلہ دیش سے بھی ہندوستان کی دوستی کی تمنا کرتے ہیں ۔ اگر تینوں سیاسی اور معاشی پالیسیاں پر متحد ہو جائیں تو برصغیر کا نقشہ ہی بدل جائے، یہی پیغام محبت ہے ہم سبھی کا۔

2.7.1995

☆☆☆

رانجھے کی ہیر کا میلہ لگتا ہے وہاں

پاکستانی پنجاب کے پچھلے ساون مہینے میں ہیر کے تان گونجتے رہے ۔ لاکھوں پنجابیوں کو ساون مہینے کی آٹھ تاریخ کا بے چینی سے انتظار ہوتا ہے ۔ جب تین دنوں تک صوفی شاعر وارث علی

شاہ کا عرس منایا جاتا ہے، اپنے دلوں میں محبت کے جذبے لیے وارث شاہ اور ان کی مشہور عالم شاعرانہ تخلیق 'ہیر' کے لیے عقیدت و احترام کا ایک ایسا سنگم پورے برصغیر میں بہت کم دیکھنے میں ملتا ہے۔

جدید دور کے اثرات کے سبب کراچی کے ''دی نیوز'' کی ایک رپورٹ کے مطابق صوفی شاعر کے عرس کے تین دنوں تک پنجاب کے جندیاں شیراں والا گاؤں میں جدید میلے کا سماں ہوتا ہے۔ وہاں سرکس والے بھی آتے ہیں اور موت کے کنویں میں چھلانگ لگا کر جیالے کرتب دکھا کر پیٹ بھرنے والے بھی۔ لیکن ان کھیل تماشوں سے الگ وارث شاہ کے مزار پر ان کے ہزاروں عقیدت مند بھی صرف 'ہیر' کا مقابلہ کرنے کے لیے آتے ہیں۔ 'ہیر' گلوکاروں کی ایک بڑی ٹولی سال بھر اس مقابلے کی تیاری میں لگی رہتی ہے۔

وارث شاہ کے عرس کی خوبی یہ ہے کہ یہاں 'ہیر' کے مقابلے میں قوالی نہیں ہوتی ہے نہ ہی دوسری طرح کے مذہبی واعظ ہوتے ہیں۔ کہیں کہیں کچھ لوگ وارث شاہ کے صوفیانہ فلسفوں پر تقریریں کرتے ہیں۔ لیکن یہ عرس عام طور پر وارث شاہ کے کلام ہیر کی ہی صدابندی کرتا ہے۔ یہاں چاروں طرف ہیر سننے والوں اور گانے والوں کا ہی مجمع لگا رہتا ہے۔ یہاں وہاں اسٹیج لگے ہوتے ہیں۔ 'ہیر' گلوکار ایک ایک کر کے اپنے انداز میں کلام سناتے ہیں۔ لوگ انھیں ہمہ تن گوش ہو کر سنتے ہیں۔ ''دی نیوز'' کی رپورٹ کے مطابق مقابلوں کے جج پیلی پگڑی باندھے گلوکاروں کے بیچ میں بیٹھتے ہیں۔ اور غور سے ہر گلوکار کی ہیر سن کر اپنا فیصلہ سناتے ہیں۔ 'ہیر' کے مقابلے میں تلفظ پر خاص دھیان دیا جاتا ہے۔ سننے والے بھی اکثر گلوکاری میں ایسا کھو جاتے ہیں کہ کبھی کبھی کسی خاص مصرعے پر وہ خود گلوکار کی آواز میں آواز ملا کر گانے لگتے ہیں اور پھر اچانک سارا مجمع گانے لگتا ہے۔ ایسی تاثیر ہے وارث شاہ کی 'ہیر' میں۔ مقابلے میں نوجوانوں سے لے کر اسی سال کے بزرگ تک شامل ہوتے ہیں۔

پنجابی کہانی نویس موہن سنگھ کے مطابق ہیر کی کہانی مغلوں کی آمد سے پہلے کی ہے۔ وہ جھنگ کے ایک قبائلی سردار کی بیٹی تھی۔ بلا کی حسین۔ چناب ندی کو پار کرانے کے لیے مسافروں کے لیے جو کشتیاں تھیں۔ ویسی ہی ایک کشتی ہیر کے باپ کی بھی تھی۔ ہیر کبھی کبھار اپنے پاپ کی

کشتی پر آتی تھی۔ اس لیے ندی پار کرنے والے مسافروں اور راہ گیروں کے ذریعے اس کے حسن کے قصے تحت ہزارہ کے چودھری کے بیٹے رانجھا تک پہنچے۔ آٹھ بھائیوں کا سب سے چھوٹا بھائی رانجھا خوبصورت مگر نازک جوان تھا۔ ایک دن چھوٹی بھابی کے طعنے کی وجہ سے وہ چناب کے کنارے جھنگ پہنچ گیا۔ جہاں ہیر کے حسن نے اسے دیوانہ کر دیا۔ ہیر بھی پہلی نظر میں اس پر مر مٹی۔ پھر ہیر نے اپنے باپ سے کہہ کر رانجھے کو اپنے یہاں مویشی چرانے کے کام پر لگوا دیا۔ بارہ برس تک وہ ہیر کے باپ کی مویشی چراتا رہا اور اسی دوران دونوں کا عشق بھی پروان چڑھتا رہا۔

اس کے بعد وہی سب کچھ ہوتا ہے جو ایسی کہانیوں میں ہوتا ہے۔ سماجی اور خاندانی دیواریں۔ محبت کرنے والوں کے دُشمن، ہجر، پھر ملنا، بچھڑنا ایک دوسرے سے علیحدگی اور آخر میں عشق کے دریا میں ڈوبی ہوئی جوانیوں کی افسوس ناک موت۔ لیکن ہیر رانجھا محض ایک عشقیہ داستان نہیں ہے۔ بلکہ قرون وسطیٰ میں پنجاب سماجی تصویر کا آئینہ ہے۔ حیرت کی بات یہ ہے کہ صدیوں تک غیر ملکیوں کے حملوں کا شمار پنجاب، بات بات پر تنک جانے والے پنجاب کی تاریخ ہیر۔ رانجھا کے علاوہ، مرزا۔ صاحباں، سسی۔ پنّو، سوہنی۔ مہیوال، رُلّا۔ بھٹی، کیما۔ ملکی اور راجا۔ رسالو جیسی عشق کی ایسی لازوال داستانوں کی سرزمین ہے کہ ویسی مثال کسی اور صوبے میں نہیں ملتی۔ دلچسپ بات یہ بھی ہے کہ یہ ساری داستانیں منظوم ہیں۔ ان کے خالقوں نے جن میں زیادہ تر پنجابی ہیں انھیں منظوم شکل دے کر انھیں نہ صرف پنجاب کے گھر گھر پہنچا دیا بلکہ ان کی شہرت دور دراز علاقوں تک بھی پہنچ گئی۔ اس لیے اگر پنجاب کو پانچ دریاؤں کے دیش کے بدلے محبت کرنے والوں کی ڈگر بھی کہا جائے تو کیا حرج ہے؟

ہیر رانجھا کے بارے میں کہا جاتا ہے کہ سب سے پہلے جھنگ کے پٹواری دامودر کوی نے لکھا تھا (موہن سنگھ)۔ انھوں نے لکھا ہے ’’آنکھ دامودر اسی ہاروی، ڈٹھا جو سر سلیٹی دے بیتی۔ (یعنی: اے دامودر ہیر کی اس داستان کو ہم نے آنکھوں اے دیکھا ہے) انھوں نے اپنی داستانمیں ہیر اور رانجھا کو حج کے لیے بھیج دیا۔ لیکن وارث شاہ کی ہیر رانجھا کا کلائمکس المناک ہے۔ انھوں نے کہانی کو المناک انجام دیکر اور بھی اثر دار بنا دیا ہے۔ اب یہ نقاد اور محقق جانیں

کہ اصلی معاملہ کیا تھا۔لیکن ہیر کا مقبرہ آج بھی جھنگ میں ہے اور وہاں وہ بائی ہیر کے نام سے جانی جاتی ہے۔

کچھ بھی ہو وارث شاہ کی 'ہیر' کی مقبولیت اُس کا گہرا اثر آج بھی موجود ہے۔غور طلب بات یہ ہے کہ وارث شاہ خود ایک صوفی شاعر تھے۔انھوں نے ہیر رانجھا کے ذریعے اس زمانے کے بنیاد پرستوں پر بھی تنقید کی۔

پاکستان کے مشہور پنجابی نقاد اور صحافی شفیع عقیل کے مطابق تو 'ہیر' ایک مکمل احتجاج ہے۔ اس زمانے کی سماجی اور مذہب کے غلط استعمال کا۔وارث شاہ نے صرف محبت کی ایک داستاں ہی نہیں لکھی بلکہ اس زمانے کے پنجاب کی جنگوں اور لڑائیوں سے دور رہنے کی ہدایت دی۔ہیر رانجھا ایک اور بڑی خوبیہے اس کی لا زوال نے داستان کا عام لوگوں سے گہرا زمینی رشتہ پنجابی اس داستان سے جذبات کی حد تک وابستہ ہیں۔یہ ایک زمین سے جڑی داستان ہے۔ ویسے بھی پنجاب کی کلاسیکی شاعری میں جن کی بنیاد مادھولال حسین نے ڈالی تھی۔ڈھیروں علامتیں اور نشانیاں شعر کی زندگی کے آس پاس کی ہوتی تھیں۔جیسے روئی، چولہا، چرخی، دھاگہ وغیرہ۔

افسوس زمین پر سیاست کے پھاوڑے نے ہیر رانجھا اور وارث شاہ کو سرحد کے اس پار کر دیا۔پھر بھی ان کی 'ہیر' کی تان ہمارے یہاں بھی سُنائی دیتی ہے۔'دی نیوز' کی رپورٹ کے مطابق وارث شاہ کے عرس کے میلے میں ان کے تصویروں کے ساتھ مادھوری دکشت کی تصویر میں بھی بک رہی تھیں اور لوگوں کو اس پر اعتراض نہیں تھا۔

27.8.1995

☆☆☆

کراچی کے بنگالی

اب بجلی گرنے والی ہے پاکستان میں بسے ۱۶ئ ۱۵ لاکھ بنگلہ دیشیوں پر۔حقیقت میں یہ لوگ بنگلہ دیشی باشندے ہیں بھی نہیں۔کراچی کے ساحل سمندر پر جھونپڑ پٹیوں میں بسے یہ غریب بنگالی

پشتوں سے آباد ہیں۔سمندر میں مچھلی پکڑنا اور بیچنا ان کا اہم پیشہ ہے۔لیکن ان کی مچھلیوں کو عام لوگ نہیں بڑے بیوپاری ُشارک‘ کم قیمتوں میں خریدتے ہیں اس کے بعد انھیں سجادھجا کر اونچی قیمتوں میں بازار میں بیچا جاتا ہے۔یہ مچھلیاں ہوائی اُڑانوں کے ذریعے لاہور،کوئٹہ اور پشاور تک جاتی ہیں۔

دوسری طرف کراچی اور اس کے دور دور تک ساحلی کناروں پر بحر عرب کے کنارے پچھلے کئی برسوں سے کچھ صنعتی گھرانوں اور کاروباری لوگوں نے جھینگے اور دوسری مچھلیوں کے کارخانے کھول رکھے ہیں۔ان مقامات پر مچھلیوں کو پکڑ کر ان کی صفائی کی جاتی ہے۔اس کے بعد ڈبوں میں بند کر کے یا تو انھیں برآمد کیا جاتا ہے یا پھر ملک کے اندرونی بازار میں انھیں فروخت کیا جاتا ہے۔

ہندوستان کی طرح پاکستان کو بھی قدرتی سمندر کا ایک حصہ ملا ہے۔لیکن وہاں منظم مچھلی مارنے والے ماہی گیر نہیں ہیں۔مقامی ماہی گیروں نے اپنے پشتینی کاروبار کو چھوڑ کر دوسرے کام اپنا لیے ہیں۔اس میں دھیرے دھیرے منافع بھی کم ہو رہا ہے اور اب یہ گندہ اور بدبودار کام سمجھا جاتا ہے۔ظاہر ہے اس طرح کا کام غریب اور گندے لوگوں کو ہی راس آئے گا۔ اب بھلا طوفانوں اور بارش باڑھ کا سامنا کرنے والے بنگلہ دیشی غریبوں کے لیے مچھلیوں کا کام دو وقت کی روٹی تو دلاتا ہی ہے۔اس لیے آزادی سے پہلے سے یہی لوگ ساحل سمندر پر مچھلیاں پکڑنے کا کام کرتے رہے تھے۔

اب جب ۱۹۴۷ میں پاکستان بنا تو یہ بنگالی مچھوارے بھی راتوں رات پاکستانی بن گئے ویسے پاکستانی کراچی میں ناریل پانی بیچنے والے غریب کیرالا کے موپلے بھی بن گئے تھے۔اور ڈھاکہ کی سڑکوں پر رکشا چلانے والے بہاری مزدور بھی۔تقسیم ہند کے فیصلے میں ان ماہی گیروں، ناریل پانی بیچنے والوں، رکشا چلانے والوں کا کوئی ہاتھ نہیں تھا۔وہ تو روزی روٹی کمانے والے روزانہ مزدور تھے۔سال بھر بچا کر گاؤں میں بیٹی کی شادی،عید، محرم منانے والوں کی راتوں رات قومیت بدل گئی۔ایسے لوگ بھی پاکستانی ہو گئے تھے۔اب انھیں بھی ’ملوک‘ جانے کے لیے پاسپورٹ ویزا لینا پڑتا تھا۔وہ اپنے حقیقی وطن میں بے وطن اور پردیسی

تھے۔ اسے بھی بڑا المیہ ان ہندو وسکھ خاندانوں کا ہے جو پاک مقبوضہ مشمیر سے ۱۹۴۸۔۴۹ میں جان بچا کر آئے اور اب تک انھیں شہریت بھی نہیں دی گئی ہے۔ کیسے کیسے زہر گھول دئیے ہیں سیاسی فیصلوں نے لوگوں کی زندگیوں میں۔ سیاست کے جنگلوں میں ان کی فریاد بھی سننے والا کوئی نہیں ہے۔ ان کے لیے ایک ہی لفظ ہے، غیر ملکی! جب ملک بن رہے تھے اور زمین تقسیم کی جا رہی تھی تو کیا کسی نے ماہی گیروں، ناریل پانی بیچنے والوں اور رکشا چلانے والوں سے پوچھا تھا کہ تمھیں کیا چاہیے۔

جہاں تک پاکستان میں بسے غریب بنگالیوں کا سوال ہے تو انکی کئی نسلیں وہاں آباد تھیں اور جیسا کہ دُنیا بھر میں ہوتا ہے۔ پناہ گزین کسی بھی مقام پر اپنی زبان رہن سہن اور تہذیب جلدی نہیں چھوڑتے۔ پاک بنگالیوں نے بھی سمندر کے کنارے ہی اپنی جھونپڑیاں بسائیں۔ ایک ہی ساتھ میں رہنے کی وجہ سے ان کی بولی اور رہن سہن بھی نہیں بدلا۔ پاکستان بننے کے بعد اس وقت کے مشرقی پاکستان سے ان ماہی گیر بنگالیوں سے اور بھی کئی خاندان آ کر وابستہ ہو گئے۔ دیکھتے دیکھتے ان کی تعداد لاکھوں میں ہوگئی۔ اصل پاکستانی سماج سے الگ تھلگ یہ بنگالی خاندان مچھلیاں پکڑنے سے لے کر کئی چھوٹے موٹے کام کر کے اپنی روزی روٹی کماتا رہا۔ انمیں کچھ کالی بھیڑیں ہو سکتی تھیں لیکن مجموعی طور پر یہ امن پسند لوگ تھے اور رہیں۔

کراچی اور لاہور کے گھروں میں ایک بات اور یکساں دکھائی دیتی ہے۔ تقریباً ہر گھر میں گھریلو کام کاج کے لیے بنگالی لڑکیاں رکھی جاتی ہیں۔ ظاہر ہے اس میں ان کے بھروسے کے علاوہ ایمانداری بھی ہوگی۔ بہت بعد میں پنجاب کے گاؤں دیہاتوں کے غریب گھرانوں میں بنگالی لڑکیاں بیاہی بھی جانے لگیں۔ اس کے لیے ان دیہاتوں سے دولہے والے کراچی آ کر لڑکیوں کے ماں باپ سے بات چیت کرنے کے بعد چھوٹی موٹی رقم دے کر ان سے نکاح کر لیتے۔ آج بھی پنجابی گاؤں دیہاتوں میں لڑکی والے لڑکے والوں سے موٹی رقم وصول کرتے ہیں۔ جو جتنا زیادہ مال دے گا وہ اتنی ہی اچھی لڑکی لے جائے گا۔ اس طرح غریب کسان اور مزدوروں کے بیٹے یوں ہی بن بیاہے رہ جاتے ہیں۔ غریب بنگلہ دیشی لڑکیوں نے ان غریب کسانوں کے بیٹوں کے مسائل حل کر دیئے۔ کھیپ کی کھیپ بنگالی لڑکیاں غریب پنجابی

نوجوانوں کے گھر بسانے لگیں۔ پانچ چھ سال پہلے بنگلہ دیش میں وہاں کی لڑکیوں کو پنجابی نوجوانوں سے شادی کرانے کا اچھا خاصا کاروبار چل نکلا تھا۔ان دنوں ہندوستانی سرحد پر بھی کڑی نگرانی نہیں تھی۔اب اِدھر نگرانی کڑی ہوگئی ہے تو انھیں سری لنکا ہو کر پانی کے جہاز سے لے جایا جاتا ہے۔

اصل میں برسوں سے پاکستان میں رہنے کے باوجود بھی ۱۹۷۱ کی جنگ اور بنگلہ دیش بننے کے بعد کراچی اور دیگر پاکستانی شہر، دیہاتوں کے لوگوں نے پاکستان کو ہی اپنا وطن بنالیا ہے۔ ظاہر ہے جہاں روٹی میسر ہو وہی سرزمین انسان اپناتا بھی ہے۔دنیا میں ہر جگہ ایسا ہے ہوتا ہے۔اس لیے پاکستانی حکومت کا وہاں کے بنگالیوں کو غیر ملکی قرار دینا غلط ہے۔کراچی کے بنگالیوں میں یہ مسئلہ اُٹھا ہے۔ویسے مہاجروں میں بنگالیوں کا شمار نہیں ہوتا ہے۔اسی طرح لاکھوں بہاری پاکستانی شہریت کے دعویدار بن کر برسوں سے بنگلہ دیش میں پڑے ہوئے ہیں۔انھیں واپس پاکستان لانے کی مہم چلتی رہتی ہے۔وہ بنگلہ دیشی شہریت قبول کرنے کو تیار نہیں ہیں۔اور پاکستان انھیں اپنے یہاں بسانے پر راضی نہیں ہے۔پھر بھی پاکستان میں بسے بنگالیوں کے پاس پاکستانی شہریت کے ثبوت ہیں۔ بنگالی بولنے کی سزا یہ تو نہیں کہ وہ غیر ملکی شہری قرار دیئے جائیں۔ان کے بارے میں گہرائی سے چھان بین کرنے پر سچائی کا پتہ چلے گا۔کئی حقوق انسانی سے متعلق تنظیمیں اور سماجی تنظیمیں ان کے لیے کام کر رہے ہیں۔حکومت پاکستان کو کراچی کے خونی ہنگامے کے لیے کوئی قربانی کا بکرا چاہیے۔بکرے ہر حکومت کو درکار ہوتے ہیں۔

12.11.1995

☆☆☆

پاک انسانی حقوق کے بانی جسٹس دوراب پٹیل

پچھلے دنوں پاکستان کے سابق چیف جسٹس دوراب پٹیل بمبئی میں تھے۔انھوں نے ایک

پریس کانفرنس سے بھی خطاب کیا۔کشمیر، ہند پاک دوستی، جمہوریت کا تحفظ انسانی حقوق وغیرہ عنوانات پر بھی انھوں نے اپنے خیالات کا اظہار کیا۔ ان کی بے باکی اور بہادری سے ۱۹۸۱میں جنرل ضیاء الحق کو بڑا جھٹکا لگا تھا۔

جنرل ضیاء الحق نے پاکستان کے دستور کو رد کر کے اقتدار اپنے ہاتھوں میں لے لیا تھا۔اتنا ہی نہیں انھوں نے اس وقت کے وزیر اعظم ذوالفقار علی بھٹو کو پہلے ان کے عہدے سے ہٹایا پھر ایک جھوٹا مقدمہ کھڑا کر کے ۱۹۷۹کے عام انتخابات میں دھاندلی کر کے اپنی پارٹی کی اکثریت حاصل کی تھی۔انتخابات میں ہوئی دھاندلی پر اپوزیشن نے متحد ہو کر پورے پاکستان میں زبردست ہنگامہ کیا تھا۔وہ کسی بھی قیمت پر بھٹو کی جیت اور اکثریت کو ماننے کے لیے تیار نہیں تھے۔ہڑتالوں اور بند کا سلسلہ مہینوں تک چلتا رہا۔حکم صفائی کی کوئی صورت نہیں نکلی۔بھٹو کی سرکوبی سے اپوزیشن اور سب سے بڑی بات عوام ذرا بھی ٹس سے مس نہیں ہوئی۔آخر میں وہی ہوا جو ایسے موقع پر کسی بھی ملک میں ہوسکتا ہے۔یعنی فوج کی مداخلت۔اس طرح فوج کے سربراہ جنرل ضیاء الحق کو موقع ملا انھوں نے بھٹو کو ہٹا کر اقتدار پر قبضہ کر لیا اور ۹۰ دنوں کے اندر الیکشن کروانے کا وعدہ کیا۔یہ الگ بات ہے کہ ان کا ۹۰ دنوں کا وعدہ گیارہ سال میں بھی پورا نہیں ہوا۔

بہر حال بھٹو کے عہدے سے برطرف ہونے کے بعد ایک بار پھر عوام کے درمیان گئے اور جنرل ضیاء الحق کے خلاف عوامی تحریک چلانے میں کامیاب ہوئے۔آخر میں ضیاء کی جان کے لالے پڑ گئے اور انھیں بھٹو کو پھانسی پر چڑھانا پڑا لیکن اس کے بعد بھی جنرل ضیاء کی راہ کا سب سے بڑا کانٹا دستور موجود تھا اور ساتھ تھا سپریم کورٹ جہاں جسٹس دوراب پٹیل جیسے لوگ موجود تھے۔ضیاء الحق دستور کو ختم نہیں کر سکتے تھے۔وہ غیر آئینی طریقے سے اقتدار میں تھے اور ۹۰ دنوں کے اندر یا اس کے بعد بھی الیکشن کروانے کے حق میں نہیں تھے۔ک طرح سے قانونی طور پر وہ ناجائز ڈھنگ سے حکومت کر رہے تھے۔اس کے خلاف بیگم نصرت بھٹو نے مقدمہ بھی دائر کر رکھا تھا۔بہت ممکن تھا اگر مقدمہ آگے بڑھتا تو قانونی طور پر ضیاء الحق کو ہٹنا پڑتا۔آئین میں اُلٹ پھیر کر کے اپنی ناجائز حکومت کو جائز کرانا یہ کام سپریم کورٹ کے جج ہی کر سکتے تھے۔لیکن اس کے لیے انھیں حلف لینا پڑتا۔جسٹس دوراب پٹیل نے یہی نہیں کیا۔انھوں نے ناجائز طور سے فوجی

ڈکٹیٹرشپ کو جائز کرنے کے لیے حلف لینا گوارا نہیں کیا اور عہدے سے ہی استعفیٰ دے دیا۔

آج نہ تو جنرل ضیاء الحق ہیں نہ ہی ان کی ڈکٹیٹرشپ۔ لیکن جسٹس دوراب پٹیل جیسے لوگ اپنی موجودگی سے نہ صرف پاکستان بلکہ دُنیا کے دوسرے مقامات پر بھی انصاف، سچائی، ایمانداری اور پیشے سے وفاداری کا احساس دلاتے ہیں۔ ایسے لوگوں کے دم سے ہی جمہوریت کی شمع نہیں بجھ پاتی۔ بہت ممکن تھا کہ جنرل کو جائز قرار دینے کے بعد انھیں اس کا پھل بھی ملتا لیکن انھوں نے اس وقت اپنے لیے کانٹوں بھرا راستہ چُنا۔ ان کے ساتھ مشکل یہ بھی تھی کہ وہ ایک بہت چھوٹی سی تعداد یعنی تین چار ہزار پارسی برادری کے تھے۔

لیکن جسٹس دوراب پٹیل پاکستان کے ان تین چار ہزار پارسیوں میں سے ہیں، پُر امن طریقے سے آن بان کے ساتھ رہتے ہیں۔ تعلیم کے علاوہ کاروبار اور نوکری میں بھی اکثریت سے برابری کا مقابلہ کرتے ہیں۔ انھیں اپنی تعداد کم ہونے کا گمان نہیں ہے۔ بلکہ یہ احساس انھیں ہر میدان میں آگے بڑھنے کا حوصلہ بھی دیتا ہے۔

تقسیم وطن سے پہلے بلوچستان کی راجدھانی کوئٹہ میں بسے کچھ پارسی خاندانوں میں سے ایک میں پیدا ہوئے جسٹس دوراب پٹیل اکہتّر برس کے ہیں۔ اُن کے والد اور دادا بھی آنریری مجسٹریٹ رہ چکے ہیں۔ پاکستان بننے کے بعد جب جناح نے کوئٹہ میں میونسپل ایڈوائزر کمیٹی بنانے کا فیصلہ کیا تو اس میں ان کے والد اور دادا بھی شامل ہوئے، اس میں ان کے والد اکیلے اقلیتی فرقے کے رکن تھے۔ کم عمری میں ہی اپنی ماں کی وفات کے بعد دوراب پٹیل کا بچپن اپنے والد اور دادا دادی کے زیر سایہ گزرا۔ دوسری عالمی جنگ کے وقت انھوں نے ۱۹۴۳ میں بمبئی کے ولسن کالج سے ڈگری حاصل کی بعد میں قانون کی پڑھائی اُنھوں نے لندن میں پوری کی۔

۱۹۶۷ میں جسٹس دوراب پٹیل کا تقرر مغربی پاکستان ہوئی کورٹ جج کے طور پر عمل میں آیا۔ ۱۹۷۶ میں سپریم کورٹ آف پاکستان کے جج بنے۔ آپ بین الاقوامی جیوری تنظیم کے رکن بھی منتخب ہوئے۔ بعد میں انھوں نے کچھ اور لوگوں کی مدد سے پاکستان میں حقوق انسانی کمیشن قائم کیا۔ پچھلے کئی برسوں سے ان کی تنظیم پر پولیس مظالم کے خلاف آواز اُٹھا رہی ہے۔ پولیس لاک اپ

میں ملزمین کی مار پیٹ کو جسٹس دوراب پٹیل سب سے زیادہ غلط کام بتاتے ہیں۔ چھوٹے موٹے اجلاس، سیمینار، مضمون، انٹرویو وغیرہ میں دوراب حقوق انسانی کی پُرزور وکالت کرتے ہیں۔

فی الحال آپ دونوں ملکوں کے کچھ دانشوروں کے ذریعے بنائی گئی دوستی اور امن کی تنظیم کے فعال رُکن ہیں۔ اس سال فروری مہینے میں دلی میں تنظیم کی پہلی میٹنگ ہوئی تھی۔ دوسری میٹنگ ۱۰۔ ۹ نومبر کو لاہور میں ہوئی جس میں ہندوستان سے بھی کئی لوگ شریک ہوئے۔

جسٹس دوراب پٹیل جیسی شخصیتوں کو دیکھ کر یہ بات دعوے سے کہی جاسکتی ہے کہ قابلیت، لگن اور ایمانداری سے اپنے مشن میں ڈٹے رہنے والے لوگوں پر اقلیت اور اکثریت کی مہر لگا کر انھیں نظر انداز نہیں کیا جاسکتا۔ ایک چھوٹی سی قوم کا فرد ہوتے ہوئے بھی جسٹس دوراب پٹیل اور ان جیسے کئی اقلیتوں نے یہ ثابت کر دیا ہے کہ قابلیت کی اپنی الگ پہچان ہوتی ہے۔ آج پاکستان کے دبے کچلے عوام قانونی مدد کے لیے ان کی طرف ہی دیکھتے ہیں۔ حکومت ہو یا اپوزیشن یا درجنوں مذہبی تنظیمیں ان کا پاکستانی سماج میں ایک خاص مقام ہے۔ وہ کھری کھوٹی بولتے ہیں اور ان کی باتوں کو سنجیدگی سے لیا جاتا ہے۔ ایسی ہستیوں کا احترام علم اور انسانیت کا احترام ہے۔

19.11.1995

☆☆☆

ابن انشا

اگر آپ کسی ایسے شخص کے متعلق جانتے ہوں جو آپ کو ہنسا رہا ہے لیکن خود آنسوؤں کے سمندر میں ڈوبا ہو۔ قہقہے پر قہقہے لگا رہا ہو لیکن اندر ہی اندر روتا چلا جا رہا ہو۔ جو جیتا جاگتا مسکراہٹوں کا بادشاہ ہو، لیکن جس کی ساری زندگی درویشی میں گذری ہو تو یقیناً وہ شخص پاکستان کا ابن انشا ہی ہے۔ جو اب ہمارے درمیان نہیں ہے۔ افسوس، ابن انشا سے ہماری ملاقات نہیں ہو سکی لیکن جن لوگوں نے ان سے ملاقات کی ہے، وہ ایک نہایت دلچسپ اور بیحد پرکشش شخصیت کی تعریف

کرتے نہیں تھکتے ہیں۔ جن لوگوں نے ان کے متعلق لکھا ہے۔ ایسا محسوس ہوتا ہے، بہت مجبوری میں انھیں قلم روکنا پڑا ہے۔ البتہ جب ہم ان کی تحریروں پر نظر ڈالتے ہیں اور جب وہ اپنی تخلیق اور ہر جملے اور ہر شعر سے ذہن کے ہر تار کو جھنجھوڑتے ہیں، تب جو کیفیت پیدا ہوتی ہے، اسے کم سے کم ہمارے لیے بیان کرنا بہت مشکل ہے۔ انھوں نے بیحد آسان اور اس کے ساتھ ساتھ بیحد کٹھن، پیچیدہ اور پُر اسرار لکھا ہے۔ انکا کلام نثری بھی ہے اور شاعری میں بھی ہے۔ غالب کے بعد شاید ہی اردو میں کسی قلمکار نے ایک ساتھ ادب کے دونوں اصناف میں بہترین تخلیق کی ہو۔ لیکن ابن انشا غالب نہیں ہو سکتے اور نہ ہی وہ ابن انشا وہ ایک منفرد شخصیت بنام ابن انشا ہی رہیں گے۔

۱۱ جنوری ۱۹۷۸ کو ان کا انتقال ہوا۔ اگر وہ آج ہوتے تو بھی ان سے ملاقات کرنے میں ہمیں سخت دشواری ہوتی۔ یہ سرحدیں، پاسپورٹ، ویزا اور قدم قدم پر دوسری رکاوٹوں کی دیوار چین۔ کب کب نہیں روکا ہے ان سبھوں نے اور کب کب ملاقات کرنے میں روڑے نہیں اٹکائے ہیں ابن انشاؤں اور فیروز اشرفوں کے درمیان۔ لیکن ہزار رکاوٹوں کے باوجود ہندوستان میں بھی ابن انشا کا کلام دستیاب ہوتا رہا اور اس عظیم شخصیت سے نہ صرف ہم اردو داں، بلکہ ہندی داں طبقہ بھی محظوظ ہوتا رہا۔ ویسے ان کے کلام میں بیشمار ہندی اردو کے سارے آسان اور عام فہم الفاظ کا ذخیرہ ہے۔ وہ تخلیق کاروں کی اس جماعت سے تھے جنھوں نے ادب، زبان کی سرحد سے پرے اپنی ایک جدید اور منفرد دلکش ادب کو پروان چڑھایا۔ نقاد، ان کا مقابلہ کبیر اور نظیر اکبر آبادی سے کرتے ہیں، جو بالکل بجا ہے۔ لیکن پھر بھی ابن انشا ابن انشا ہی ہیں۔ کبیر بھی نہیں اور نظیر اکبر آبادی بھی نہیں۔ ان کی اپنی ایک وسیع دنیا ہے۔ فکر و سوچ کی لا محدود کائنات ہے اور زندگی کا ایک اور گہرا تجربہ ہے۔ دراصل ہمارے ادیبوں، صحافیوں اور دیگر تخلیق کاروں کی جس قبیل نے برصغیر کی تقسیم کا درد سہا ہے اس سے پیدا شدہ مسائل کا سامنا کیا ہے اور ایک عظیم انسانی حادثے وٹریجڈی کا شکار ہوئے۔ اس سے ان کی ایک اور تخلیق سامنے آئی ہے۔ ویسی تحریر اور تخلیق کسی دوسرے دور کے تخلیق کاروں میں نظر نہیں آئی ہے، لیکن پھر بھی ابن انشا نے اس دور کے مصنفوں اور شاعروں سے الگ اپنی تخلیقات کو ایک منفرد اچھوتا روپ دیا۔

مثال کے طور پر انھوں نے اپنی مشہور کتاب 'اردو کی آخری کتاب' (جولائی ۱۹۷۱ میں پہلی مرتبہ شائع ہوئی اور ۱۹۸۸ تک یعنی ۱۷ سال میں اس کے اٹھارہ اڈیشن شائع ہوئے) میں ہمارا ملک عنوان سے جولکھا اس میں طنز و مزاح کے ساتھ کتنا درد اور افسوس پوشیدہ ہے۔ملاحظہ ہو۔

'ایران میں کون رہتا ہے؟' 'ایران میں ایرانی قوم رہتی ہے۔'

'انگلستان میں کوئی قوم رہتی ہے؟' 'انگلستان میں انگریز قوم رہتی ہے۔'

'یہ کون سا ملک ہے؟' 'یہ پاکستان ہے۔'

'اس میں پاکستانی قوم رہتی ہوں گی؟' 'اس میں پنجابی قوم رہتی ہے، اس میں بنگالی قوم رہتی ہے'۔

'لیکن پنجابی تو ہندوستان میں بھی رہتے ہیں، بنگالی تو ہندوستان میں بھی رہتے ہیں۔ سندھی تو ہندوستان میں بھی رہتے ہیں۔ پھر یہ الگ ملک کیوں بنایا گیا؟'

'غلطی ہوئی، معاف کیجئے۔ آئندہ نہیں بنائیں گے۔''

اور آخر میں'' افسوس! آج بھی کچھ لوگ 'قوموں' کی باتیں کرنے کی غلطیاں کیے جا رہے ہیں۔ ان کی تحریر کا دوسرا نمونہ:

''ادب میں یہ فائدہ ہے کہ آپ نڈر ہو کر دل کی بات کہہ سکتے ہیں۔ وہ اس لیے کہ آپ کا لکھا ہوا اول تو شائع ہوگا ہی نہیں۔ شائع ہوگا تو کوئی پڑھے گا نہیں۔ پڑھے گا تو سمجھے گا نہیں۔ اس لیے فساد نہیں ہوگا۔

'اردو کی آخری کتاب' میں ایک جگہ ابن انشا رقمطراز ہیں'' کالم نگاری قلم سے گرمی میں ذرا سی سچی بات نکلی اور گھر میں پتھر آنے شروع ہوئے۔ یہی وجہ ہے کہ آج کل اکثر اخبار نویس ملا نصیر (فارسی حکایتوں کے ایک مشہور معصوم کردار) کی طرح پیش آرہے ہیں۔'' ایک صاحب نے ان سے ایک بات کہی۔ ملا صاحب نے کہا'' آپ بالکل بجا فرماتے ہیں۔'' دوسرے نے اتنی ہی تیکھے لفظوں میں پہلے صاحب کی برائی کی۔ ملّا صاحب نے اس سے بھی کہا'' آپ بالکل ٹھیک کہتے ہیں۔ ایک تیسرے دل جلے نے کہا'' واہ! یہ کیسے ممکن ہے؟ یہ دونوں ایک ساتھ کیسے ٹھیک ہو سکتے ہیں؟ ملا صاحب نے داڑھی پر ہاتھ پھیرتے ہوئے کہا'' بات تو آپ بھی ٹھیک ہی کہتے

ہیں ۔واقعی، ایک ہی وقت میں ایک ساتھ دو لوگ کیسے ٹھیک ہو سکتے ہیں؟'' یہ ہے ابن انشا کا انداز بیان ۔اس طرح کی کئی چھوٹی چھوٹی تحریر کے نشتر چُبھا کر نہ تو ہنساتے ہیں اور نہ رُلاتے ہیں ۔شاید حقیقت کا اصلی چہرہ دیکھ کر ایسی ہی کیفیت ہو جاتی ہے۔

یہی حال ان کی شاعری کا بھی ہے ۔اس زمانے میں جب اردو شاعر پر انقلابی رجحان غالب تھا اور ایک سے بڑھ کر ایک بحث مباحثے چل رہے تھے ۔فیض، مخدوم، ساحر، سردار جعفری، احمد ندیم قاسمی، قتیل شفائی، مجروح، ، جگر اور ان کے ساتھ نثری ادب میں کرشن چندر، ممتاز مفتی، راجندر سنگھ بیدی، عصمت چغتائی، قرۃ العین حیدر وغیرہ ایک سے بڑھ کر ایک نام ادب کا ایک جدید اور ترقی پسند قلعہ تعمیر کر رہے تھے ۔انشاء جی ان سے الگ تھلگ ایک الگ ہی انداز میں لکھ رہے تھے ۔انھیں کسی بھی 'خانے' سے جوڑنا ناممکن ہے ۔وہ چاروں طرف تھے، اور کہیں نہیں تھے ۔اسی لیے نقاد انھیں ترقی پسندوں کے ساتھ ساتھ رجعت پسندوں میں شامل کرتے ہیں۔

ابن انشا ایک بیچین آتما ہیں ۔ انھوں نے چھوٹے چھوٹے یادگار نثری ٹکڑوں کے شاہکار تراشے تو دوسری جانب اپنی شاعری کا بھی ایک الگ انداز پیش کیا مثلاً

بادل اُمڈے، بجلی کڑکے، طوفان بڑا ڈرائے
چنچل چندا دور دور سے دیکھے اور مُسکائے
نیلم نیل آکاش پہ اپنا پیلا جال بچھائے
مدھم مدھم سندیسوں سے اپنے پاس بلائے
لیکن ہاتھ نہ آئے

قابل ذکر ہے کہ جمیل الدین عالی، سرشار صدیقی، نگار صہبائی، زہرہ نگار، اور جون ایلیا وغیرہ کی طرح انشا نے بھی اپنی شاعری میں ہندی الفاظ اور ہندو دیومالائی تشبیہات کا اچھوتا استعمال کیا ہے۔

یونیسکو میں نوکری کے دوران افریقہ کے ایک قحط زدہ علاقے میں بھوک سے تڑپتے بچے کو دیکھ کر انھوں نے جو لمبی نظم لکھی، شاید ویسی نظم بہت کم لکھی گئی ہو ۔اس نظم کو پڑھ کر قاری کو واقعی میں احساس ہونے لگتا ہے کہ ''یہ بچہ کس کا بچہ ہے؟'' نظم کا عنوان بھی یہی ہے ۔انھوں نے جس بچے کی

الفاظ میں تصویر بنائی ہے وہ افرو ایشیا اور دنیا کے کئی پس ماندہ علاقے کا بچہ معلوم ہوتا ہے۔ یقیناً ''یہ بچہ کس کا بچہ ہے'' ابن انشا کا شاہکار ہے۔ افسوس! ہمارے نقادوں کو ''ویسا بچہ'' نظر نہیں آیا۔

۱۹۴۷ میں براعظم کی سیاسی اور جغرافیائی تقسیم کے انسان درد کو ابن انشا نے صوفیانہ اور درویشانہ انداز میں لیا۔ ایک رمتے اور بھٹکتے جوگی کی طرح انھوں نے میدان ادب میں بھی جوگیوں والا انداز دِکھایا ہے۔ سوائے نظیر کے، شاعری کا یہ انداز کہیں اور نظر نہیں آتا ہے۔

سن ۱۹۲۷ میں ابن انشا کی پیدائش لدھیانہ میں ہوئی تھی۔ والدین نے شیر محمد خاں نام رکھا تھا لیکن آپ نے اپنا قلمی نام ابن انشا پسند کیا۔ ۱۹۴۹ میں پاکستان گئے۔ کئی طرح کی نوکری کی اور بعد میں یونیسکو UNISCO سے جڑے۔ ۱۱ جنوری ۱۹۷۸ کو کینسر سے لندن میں آپ کی موت ہوئی۔

16.1.1996

☆☆☆

۱۹۹۵ کا پاکستانی ادب

اخبار ''جنگ'' نے ممتاز قلمکاروں سے ۱۹۹۵ میں پاکستانی تخلیقات پر ان کے رائے مانگی تو مجموعی طور پر تخلیقات پر تبصرے سامنے آئے۔ ایک ایسے دور میں جب شائع شدہ تخلیقات پر جدید اور سائنسی ''آسمانی لہروں'' کا زبردست حملہ ہو رہا ہو تو چھپی ہوئی تخلیقات کی ترقی کی بات اہمیت رکھتی ہے۔ اس سے ہمارے یہاں بھی ان مایوس اور نا امید تخلیق کاروں کی حوصلہ افزائی ہونے چاہیے جو الیکٹرانک ذرائع کی نشریات سے خوفزدہ ہیں۔ ایسا نہیں ہے کہ پاکستانی ادب پر بہار ہے اور ہمارا ادب مرجھایا ہوا ہے۔ لیکن 'جنگ' کے مباحثے کے ذریعے تخلیق کی ہر صنف میں ترقی کا احساس ہوتا ہے۔ یہ ایک ''صحت مند ادبی علامت'' ہے جسے بنائے رکھنا چاہیے۔

مشہور نقاد ڈاکٹر فرمان فتحپوری نے پچھلے سال تنقید پر ہوئے تحریری کام کو ایک جملے میں یوں سمیٹا ''یہ سال تحقیق اور تنقید کے اعتبار سے اس لیے اہم ہے کہ ان موضوعات پر شائع

ہانے والی کتابوں میں علم کے ساتھ اطلاعاتی رنگ زیادہ گہرے دکھائی دیئے‘‘اس صنف میں کوئی نیا نام تو سامنے نہیں آیا لیکن جو لوگ تنقید سے وابستہ ہیں انھوں نے اچھا اور ٹھوس کام کیا ہے۔مثال کے طور پر غالب پر افتخار احمد نے اپنی کتاب ’’غالب شناسی کے کرشمے‘‘اور احمد ہمدانی نے اقبال پر نئے نقطۂ نظر سے قلم اُٹھایا ہے۔دیگر لوگوں میں نجیب جمال، ڈاکٹر محمد علی صدیقی، پروفیسر سحر انصاری اور ڈاکٹر بلال نقوی نے قابل تعریف کام کیا پھر بھی تنقید پر کتابیں کم شائع ہوئیں۔

نقاد احمد ہمدانی کے مطابق ’’اس سال کوئی نئی ادبی تحریک تو نہیں ابھری‘‘۔ان کا کہنا ہے جب حالیہ تحریک کامیاب یا ناکام ہوتی ہے تو ان کی جگہ دوسری تحریکیں آجاتی ہیں اور یہ تحریکیں سمندر کی لہروں جیسی نہیں ہوتیں۔ترقی پسند تحریک کو ایک دو سال پہلے نئی زندگی دینے کے لیے منصوبہ تیار کیا گیا تھا لیکن اس میں ایسے لوگ شامل ہو گئے تھے جنھیں لفظ ’’ترقی پسند‘‘ کے معنی بھی نہیں معلوم تھے۔اس لیے بات نہیں بنی۔احمد ہمدانی نے اپنے بیان میں اردو دنیا کے سب سے بڑے ہنگامے ’’تخلیقی ادب‘‘(ہندوستان میں ڈاکٹر گوپی چند نارنگ کا نام اس معاملے میں سب سے اونچا ہے) کے بارے میں کہا کہ وہ کوئی نئی تحریک نہیں ہے۔

ڈرامہ نگار حمید کشمیری نے اپنی بات واضح کرتے ہوئے کہا کہ پچھلے سال ٹیلی ویژن پر بہت سارے ڈرامے ٹیلے کاسٹ ہوئے۔لیکن ان میں زیادہ تر تکنیکی طور پر ٹیلی پلے نہیں تھے۔انھیں اس بات کا بھی دُکھ ہے کہ ڈرامے کو ’’ادبی رسالوں میں پڑھنے کی روایت باقی نہیں رہی۔‘‘

رباعیات کے مخصوص شاعر راغب مراد آبادی کو اطمینان ہے کہ ’’۱۹۹۵ کے مشاعروں میں شاعروں نے رباعیات لکھیں اور انھیں مشاعروں میں دھیان سے سنا گیا۔‘‘ان کا کہنا ہے کہ شاعری کی یہ صنف مشکل ہے پھر بھی یہ زندہ رہے گی اور ۱۹۹۵ میں اچھی رباعیاں لکھی گئیں۔

مشہور شاعر صہبا اختر خوش ہیں کہ ۱۹۹۵ میں اچھی اور بڑی نظمیں لکھی گئیں خاص بات جو انھوں نے نوٹ کی ’’ایک بڑا کام تو یہ ہوا کہ ادب میں پاکستانیت کے جذبے کو آگے بڑھایا گیا۔ اس سلسلے میں نظم نے مرکزی کردار ادا کیا۔صہبا صاحب نظم میں ’پاکستانیت‘ کو اُبھارنے کا کریڈٹ دوہوں کے مشہور شاعر جمیل الدین عالی اور کچھ دوسرے نئے شعراء کو دیتے ہوئے اپنا بھی

نام لکھتے ہیں (صہبا صاحب بھی دوہوں کے لیے زیادہ مشہور ہیں) اُردو نظم کا گراف اوراونچا اُٹھا ہے۔

لیکن ایک اور مشہور نقاد اور شاعر پروفیسر سحر انصاری نے دعویٰ کیا ''۱۹۹۵ میں اردو غزل نے ایک جست لگائی ہے اور بہت سے ایسے کلام سامنے آئے ہیں جن میں اچھی غزلوں کی تعداد زیادہ دکھائی دی۔ خاص بات یہ ہے کہ نئی غزلوں میں علامتوں اور تشبیہات کے بجائے لہجے پر دھیان دیا گیا ہے۔ پچھلے سال کی غزلوں میں نہ تو فیض صاحب کا اثر دکھائی دیتا ہے اور نہ ہی ناصر کاظمی کی چھاپ دکھائی دیتی ہے۔'' پرفیسر سحر انصاری کے بیان کے مطابق ''کراچی کے حالات کی وجہ سے اس شہر کے شاعروں کی غزلوں میں جذبات اور نظریات کے الگ الگ رنگ ہیں۔ میں سمجھتا ہوں کہ ۱۹۹۵ اردو غزلوں کے لیے ایک ایسا سال ہے جس میں غزل نے ایک نیا موڑ لیا ہے اور ان میں زندگی کے سارے رنگ ملتے ہیں۔''

افسانہ نگار، نقاد، صحافی زاہدہ حنا اس سچائی پر افسوس ظاہر کرتی ہیں کہ مستقل طور پر شائع ہونے والے ادبی رسائل بند ہو گئے ہیں اور چار رہ گئے ہیں ان کے افسانہ نمبر بھی کبھی کبھار ہی سامنے آتے ہیں۔ پھر بھی جناب وزیر آغا کا ''اوراق''، ڈاکٹر فہیم انصاری کا ''سریر، تجدید نو، فنون، افکار، بادبان، رابطہ اور دوسرے کئی رسائل نے افسانہ نمبر شائع کیا ہے۔

زاہدہ حنا نے ایک بہت ہی اہم ''کہانی کی واپسی'' کی خوشخبری دی۔ ان کے مطابق لکھنے والوں کا رجحان علامتی کہانیوں کی طرف کم ہوا ہے اور کہانی جو اردو ادب سے بچھڑ گئی تھی وہ پوری طاقت سے اپنی واپسی کا اعلان کر رہی ہے۔ یہ کہانیاں ہماری زندگی کے سبھی پہلوؤں کا احاطہ کرتی ہیں۔

ڈاکٹر ممتاز خاں ۱۹۹۵ میں خاص طور سے تین ناولوں کا ذکر کرتے ہیں۔ ممتاز ادیب انتظار حسین کا ''آگے سمندر ہے''، جس کا موضوع 'ہجرت' ہے یہ ناول وطن سے دور وطن کا احساس دلاتا ہے۔ انھوں نے پڑھنے والوں کو کوئی نصیحت کرنے کے بجائے ان کے خیالات اور نظریات کو جھنجوڑا ہے۔ ڈاکٹر ممتاز خاں نے دوسرے ناول ''معتوب'' کو اس کے سیاسی، معاشی اور اس سے پیدا شدہ سماجی حالات کو اجاگر کرنے کا ذریعہ بتایا۔ قیصر سلیم کے ناول ''اکیسویں صدی کا

چنگیز خاں'' کی بھی وہ ستائش کرتے ہیں جس میں آج کی عالمی سیاست کو موضوع بنایا گیا ہے۔

ایکبار پھر افسوس ہے انتمام جلسوں، سیمناروں، مباحثوں اور بیانات پر جن میں ہند۔ پاک رشتوں کو استوار کرنے کی بات آلو پیاز کے لین دین وغیر پر دونوں ملکوں کے افسران بات کرتے ہیں۔ ادب، کتابوں، رسائل اور اخبارات وغیرہ کے لین دین پر کوئی نہیں بولتا۔ کیا ادب آلو پیاز کی طرح ضروری شے نہیں ہے؟

4.2.1996

☆☆☆

پاکستان میں بھی جہیز کو لازمی رسم مانا جاتا ہے

رمضان مہینے کے بعد ایک بار پھر پورے پاکستان میں شادیوں کا سلسلہ شروع ہو جائے گا۔ محرم میں کچھ ٹھہراؤ آنے کے بعد پھر وہی سب کچھ۔ کچھ برس پہلے ''ڈان'' میں ایک صحافی نے پاکستانی شادیوں پر کئی دلچسپ اعداد و شمار پیش کیے تھے۔ خیر اب تو وہ سب کچھ ہمارے یہاں بھی ہونے لگا ہے۔ لیکن پاکستان کی بات اس لیے الگ ہے کہ وہاں شریعت کے مطابق شادی کرنے کی دلیل دینے والوں اور اس پر عمل کرنے والوں کی بھی اچھی خاصی تعداد ہے۔ پھر بھی روایتی شادیاں اپنی جگہ اور باقی اصول وقاعدے اپنی جگہ۔

''ڈان'' کے سروے نے اس وقت (۱۹۸۹ میں) شادی کو ایک کاروبار کا درجہ دے کر اس پر خرچ ہونے والی رقم لگ بھگ ۹۵۰۔ ارب روپے بتائی تھی۔ اتنی بڑی رقم سروے کے مطابق ۸ئ ۳ ملین (۳۸ لاکھ) لڑکیوں کی شادیوں پر خرچ ہوتی تھی۔ انھیں بھی بہت غریب ۱۵۲۰۰ روپے اور بہت امیر (۱۵۰۰۰۰) روپے کے ساتھ ساتھ متوسط اور ادنٰی متوسط، امیر، اعلٰی متوسط اور متوسط طبقے کو چنا گیا تھا۔ یہ اعداد و شمار تھوڑے سے کم و بیش ہو سکتے ہیں لیکن اصل خرچ اور خرچ کے اندازے میں اور دوسرے معاملات میں زیادہ فرق نہیں ہو سکتا۔

۱۹۸۸ میں ایک سماجی تنظیم نے ۱۸ سے ۲۰ اور پھر ۴۰ سے ۴۵ سال کی کنواریوں

کے یہ اعداد نکالے تھے۔ جس کے مطابق ۳۸ لاکھ لڑکیاں شادی کے عمر پر تھیں۔ ان میں لگ بھگ ایک لاکھ ۴۵۔۴۰ سال کی عمر کے قریب تھیں۔ ''ڈان'' کے سروے کے مطابق ایک معمولی صفائی مزدور بھی کم از کم اپنی بیٹی کی شادی پر ۳۰ ہزار روپے خرچ کرتا ہے۔ فسادات کے دوران گھروں کو جلائے جانے پر معمولی جھونپڑ پٹی والے بھی ''بیٹی کی شادی کے جہیز کے ہر جانے'' کے نام پر ۴۰۔۳۵ ہزار روپے کا دعویٰ پیش کرتے ہیں۔ انمیں سلائی مشین، فریج، کپڑے، گہنے، پنکھا، برتن وغیرہ ہوتے ہیں۔ غور طلب بات یہ ہے کہ وقتاً فوقتاً وزیر اعظم سے لے کر معمولی سرکاری اہل کاروں تک اور دوسری سیاسی اور سماجی تنظیموں کے لوگوں کے لوگ بھی غریبوں کو ان کی بیٹیوں کی شادی پر جہیز دینے کی بات اعلانیہ طور پر کرتے ہیں۔ جہیز کو ایک 'لازمی رسم' مان لیا گیا ہے۔ ہر حال میں بیٹی کی شادی پر جہیز دینا ہی ہے۔ دلچسپ بات یہ بھی ہے کہ ۱۹۷۶ میں جہیز مخالف قانون کے تحت ۵ ہزار روپے سے زائد کا جہیز نہیں دیا جا سکتا ہے۔ لیکن آج تک اس قانون کی خلاف ورزی کرنے پر کسی کو بھی گرفتار نہیں کیا گیا۔ خود وزیر اعظم بے نظیر بھٹو کی شادی پر اور آئے دن کئی بڑے لوگوں کے یہاں شادیوں پر لاکھوں کروڑوں کا جہیز لیا اور دیا جاتا ہے۔ کسی بھی متوسط طبقے یا اس سے بھی نیچے درجے کے یہاں شادی کے موقعے پر تام جھام دیکھ کر ہی جہیز کا اندازہ لگایا جا سکتا ہے۔

'ڈان' کے سروے کے مطابق آج سے ۶۔۵ برس قبل شادی کے موقع پر متوسط طبقہ ۵ئ۱۔لاکھ روپے، اعلیٰ متوسط طبقہ ۱۰ لاکھ روپے اور اس سے کچھ اوپر والا پندرہ لاکھ روپے خرچ کرتا تھا۔ روپے کی قیمت کے حساب سے آج یہ رقم دوگنی، تین گنی ہوگئی ہے۔ غور طلب بات یہ ہے کہ آخر اتنا پیسہ کہاں خرچ ہوتا ہے؟ ویسے پیسہ خرچ کرنے کے درجنوں راستے ہیں۔ شادیوں میں سیلاف، ماجھا، مہندی، نکاح اور ولیمہ پانچ ایسی رسومات ہیں جن میں برادری اور گھریلو مہمانوں کے علاوہ جان پہچان والوں کی بھی ایک بڑی تعداد کا ہنگامہ پہنچ گیا ہے۔ بلکہ جاگیر داروں اور زمیں داروں کے یہاں تو یہ سب شور شرابہ، ان کی روایت کا ایک حصہ ہے۔ لیکن کچھ برسوں سے وہاں بھی متوسط طبقے اور خلیجی ممالک سے کما کر لوٹنے والے کسانوں مزدوروں کی ایک بڑی تعداد معاشی

تنگیوں سے اوپر اٹھ کر اپنی سماجی حیثیت بنانے کے لیے شادی بیاہ جیسی تقریبات میں اپنی نو وارد دولت کا دل کھول کر استعمال کرتی ہے۔ دولت کے ذریعے اعلیٰ طبقے کی نقالی ایک فیشن بن چکی ہے۔

شادیوں میں لمبے چوڑے اخراجات کا نتیجہ ہوتا ہے کالے دھن کی کمائی اور بدعنوانی۔ ظاہر ہے اوسط آمدنی والا کوئی بھی شخص صرف ایک ہی بیٹی کی شادی پر لاکھ دو لاکھ روپے تو شاید خرچ کرے لیکن اس سے زیادہ کا بوجھ ہرگز ہرگز نہیں اُٹھا سکتا۔ لوگ ان سچائیوں کو جانتے ہیں۔ پھر بھی کم خرچ میں اچھی شادی کیسے ہو؟ اس پر سنجیدگی سے غور نہیں کیا جاتا۔ شاید یہ غور کرنے والا مسئلہ بھی نہیں ہے۔ لیکن اس نے ایک بڑے کاروبار کی شکل ضرور اختیار کر لی ہے۔ جس میں شادیوں کے دفتروں سے لے کر ویڈیو گرافی تک کا لمبا چوڑا خرچ شامل ہے۔ اس سلسلے میں رشتے کے طے ہو جانے کا ذکر شامل نہیں ہے۔ جو حقیقت میں سب سے بڑا مسئلہ ہے۔ سب سے پہلے ہر ماں باپ کو رشتہ طے ہو جانے کے سب سے مشکل اور بے حد تکلیف دہ راستے سے گزرنا پڑتا ہے۔ شادی بیاہ اور رسم و رواج تو بعد کی چیزیں ہیں۔ لیکن پاکستان میں بھی لڑکے لڑکیوں کی شادی طے ہو جانا آسان نہیں ہے۔ ہماری طرح وہاں بھی دولہا دلہن دیکھنے، پسند ناپسند، برادری، ذات، ماجھا، علاقہ، سماجی حیثیت، دونوں کے ماں باپ کا بیک گراؤنڈ، نوکری، گھر اور ان سب سے اوپر لین دین اور جہیز کا مسئلہ۔ اس لیے شادی اور رشتے طے کروانے والے سبھی اہم ہو جاتے ہیں۔ ان کا اچھا خاصا کاروبار ہے۔ اس لیے 'ڈان' میں شائع شدہ شادی کے اخراجات کے اعداد و شمار پر حیرت کیسی؟

اصل میں پاکستان سمیت، ہندوستان اور پورے ایشیا۔ افریقہ میں ہر شخص خاندان، برادری اور اپنے سماج سے جکڑا ہوا ہے جس دن وہ ان سبھی سے آزاد ہوا شادی بازار ختم نہیں تو برباد ضرور ہو جائے گا۔ لیکن کیا وہ دن آئے گا؟

25.2.1996

☆☆☆

دیر سے سہی پاکستانی اقلیتوں کو یکساں حق رائے دہندگی ملا تو!

پاکستانی حکومت کا اقلیتوں کو مکمل طور سے رائے دہندگی کا حق دینے کا فیصلہ پاکستان سمیت دنیا بھر میں گونجتی انسانی حقوق کی آواز کی علامت ہے۔ اس طرح بینظیر حکومت نے عالمی تناظر میں اپنا ترقی پسند اور سیکولر چہرہ دکھانے کی کوشش کی ہے۔ ویسے بھی اکثریت طبقے کے ساتھ ووٹ دینے کے حق سے کسی بھی ملک میں اقلیتوں اور اکثریتوں کا بہت کچھ بنتا بگڑتا نہیں ہے۔ پھر بھی پاکستان جیسے ملک اور ان دنوں پھر اسلامی لہر کے بہاؤ میں یہ قدم اہم ترین ہے۔

اس سے پہلے پاکستان میں دستور کے مطابق اقلیتوں کے لیے قومی اور صوبائی اسمبلیوں میں دس فی صد سیٹوں کا ریزرویشن تھا۔ اس میں ہندوؤں، عیسائیوں، پارسیوں، سکھوں، بودھوں اور دیگر کی آبادی کے اعتبار سے ان کے ہی مذہب کے ماننے والوں کی تعداد مقرر رہتی تھی۔ اس کا مطلب یہ ہوا کہ مقررہ دس فی صد سیٹیں ایک بار پھر الگ الگ مذاہب کے ماننے والوں کے درمیان تقسیم ہو جاتیں۔ یعنی پانچ فی صد ہندوؤں اور دو ڈھائی فی صد عیسائیوں کے اسی تناسب سے منتخبہ ارکین ہیں اس حساب سے بے نظیر کے حلقۂ انتخاب سے کوئی عیسائی انھیں چاہ کر بھی ووٹ نہیں دے سکتا۔ اسے سندھ سے دور بلوچستان یا پشاور کے اس امیدوار کو ووٹ دینا ہوگا جسے شاید وہ جانتا بھی نہیں۔ اگر سارے ووٹرس کے لیے یہی قانون ہوتا تو برابری کا کچھ احساس بھی ہوتا۔

مذہبی اقلیتوں میں پارسی فارغ البال ہیں۔ تعلیم کے علاوہ کاروبار اور سیاست میں بھی ان کا دخل ہے۔ اب انھوں نے بیرونِ ممالک میں بسنا شروع کر دیا ہے۔ جب جب اور جہاں جہاں برسر اقتدار طبقے سے ان تصادم ہوا وہ مشکل میں آجاتے ہیں۔ اس لیے حقیقت میں کسی اور ملک کے اقلیت کی طرح پاکستان میں بھی وہ قومی دھارے سے الگ تھلگ رہتے ہیں۔ یہ کڑوی سچائی لگ بھگ ہر جگہ ایک ہے۔ یہ کڑوی سچائی ہر جگہ لاگو ہوتی ہے۔ برسر اقتدار پارٹی یا کوئی دوسری منظم جماعت ان کی سیاسی شناخت طے کرتے ہیں۔ پاکستان میں بھی یہی ہوتا چلا

آیا ہے۔ پچھلے دنوں لاہور کے ایک اہم پارسی کاروں کے بیوپاری کو محض اس لیے حکومت کے عتاب کا شکار ہونا پڑا کیونکہ انکا نواز شریف کی کمپنی سے لین دین تھا۔ ویسے پاکستانی پارسیوں میں صحافت، قانون، تعلیم، سماجی خدمت وغیرہ میں اردھیشیر کاوس جی سابق چیف جسٹس دوراب پٹیل، جمشید مار کران کی ممی لیڈی مار کر وغیرہ اہم نام ہیں۔ جنھوں نے انسانی حقوق سے لے کر سول سروسز میں بہت نام کیا۔ اس وقت جسٹس دوراب پٹیل عالمی حقوق انسانی کمیشن کی پاکستانی شاخ کے صدر ہیں۔ اقلیتوں کو یکساں حق رائے دہندگی دلوانے میں ان کا اہم رول ہے۔ پارسیوں کی ایک بڑی آبادی کراچی، کوئٹہ اور اس کے بعد لاہور میں آباد ہے۔

پاکستانی عیسائی بھی وہاں کی مقامی اور قومی سیاست اور دیگر مسائل میں کھل کر اور ڈٹ کر حصہ لیتے ہیں۔ غور طلب بات یہ ہے کہ پاک عیسائی برادری کا ایک اکثریت طبقہ دلت ہندو۔ مسلم سماج سے آیا ہے۔ آزادی سے پہلے اس علاقے میں بھی عیسائی مشنریاں سماجی خدمات میں مشغول تھیں ابھی بھی دور دراز علاقوں میں اسپتال اور دوسری سماجی خدمات یہی لوگ انجام دیتے ہیں۔ مسلم سماجی تنظیمیں اب اس سے مقابلہ کرنے کی کوشش میں ہیں۔ لیکن سیاست ان کے راستے کا سب سے بڑا روڑہ ہے۔ بلکہ اب تو کئی مذہبی مدرسے دہشت گردوں کا اڈہ بن گئے ہیں۔ خود پاک حکومت بھی مدرسوں پر کڑی نگاہ رکھنے لگی ہے۔ یہ بات بھی دھیان دینے لائق ہے کہ پاک عیسائی، اسلامی تاریخی وجوہات کے شکار ہیں۔ اس کے علاوہ اوروں کے مقابلے میں عیسائی برادری زیادہ بیدار اور فعال ہے۔ وہ اپنے حقوق کے لیے ہمیشہ ہی جدو جہد کرتے آئے ہیں۔ کچھ تو انھیں یورپی، امریکی مدد بھی فراہم ہے اور کچھ انھیں سماج یعنی جمہوری اداروں سے ان کی لگاؤ کے سبب بھی۔ دوسری بات خود وہ جمہوری معاملات بھی ہیں جو پچھلی دو دہائیوں سے عالمی چرچ تحریک کا ایک حصہ بن گئے ہیں۔ چرچ اندرونی اثرات سے عالمی عیسائی برادری متاثر ہوتی ہے تو پھر اس کا اثر مقامی معاملات پر بھی پڑے گا۔ یہی بات پاکستان میں بھی دیکھنے کو ملتی ہے۔ شاید اسے لئے برادری کو زمینداری سے لے کر مولویوں تک سے تکلیف اٹھانی پرتی ہے۔

پاکستان بننے کے بعد مغربی پنجاب میں کچھ گرودواروں کی دیکھ بھال کے لیے گنتی بھر سکھ

وہاں رہ گئے تھے۔ فی الحال ان کے بارے میں زیادہ معلومات نہیں ملتی۔ اسی طرح بودھ اقلیت کے بارے میں بھی بہت کم معلومات حاصل ہے۔

یہاں تک پاکستان میں ہندو اقلیت کا سوال ہے تو یہ برادری ہمیشہ ہی ناانصافی اور امتیازی سلوک کا شکار رہی ہے۔ سندھ کے علاوہ بلوچستان اور پنجاب میں بھی کچھ ہندو خاندان آباد ہیں۔ لیکن سندھ میں ان کی تعداد سب سے زیادہ ہے اور وہ سیاسی اور سماجی طور پر بھی سرگرم ہیں۔ نتیجہ یہ ہوتا ہے کہ سیاسی مشکلات کے دور میں ان کی دھڑ پکڑ شروع ہو جاتی ہے۔ غور طلب بات یہ ہے کہ سندھ کے ہندوؤں سمیت دیگر ہندو برادری اور اقلیت پیوپلس پارٹی کے حامی ہیں۔ اس لیے پیوپلس پارٹی پر آئی گئی آفتوں کا وہ بھی شکار ہوتے ہیں۔ پارٹی میں ان کے لیے مخصوص سیٹ اور پروگرام ہوتے ہیں اس پروگرام کے تحت ہی انھیں یکساں حق رائے دہندگی ملا ہے۔ پیوپلس پارٹی کی حکومت میں ان کے صوبوں اور مرکز میں ان کے وزراء بھی ہیں۔ اس طرح کافی حد تک انھیں سیاسی پناہ تو حاصل ہے لیکن سماجی اور نفسیاتی مدد کی ضرور کمی ہے۔ یہاں ہندوستان میں جب بھی کہیں بھی ہندو مسلم فساد ہوئے ہیں تو اس کا سیدھا شکار پاک ہندو برادری ہوتی ہے۔ ایودھیا معاملے کے وقت وہاں کئی مندر مسمار کیے گئے تھے۔ فی الحال وہ سب باتیں دبی دبی ہیں۔ لیکن موقع بے موقع اُبھر آتی ہیں۔ افسوس ہمارے یہاں اعلیٰ سطح پر ان کے تحفظ کے لیے کوئی ٹھوس قدم نہیں اٹھایا جاتا ہے۔ نہ ہی یہاں سے کسی طرح کی امداد وغیرہ انھیں پہنچائی جاتی ہے۔

مجموعی طور پر یکساں حق رائے دہندگی سے اقلیتوں کو ایک طرح کا ذہنی سکون ضرور ملے گا۔

3.3.1996

☆☆☆

ہندوستان پاکستان سے تجارت کیوں کرے؟

ہندوستان پاکستان سے تجارت کیوں کرے؟ اس سوال پر پچھلے دو تین مہینوں سے دونوں ملکوں کے تجارتی حلقوں اور اخبارات میں مسلسل تبصرے ہو رہے ہیں۔ اصل میں سوال

یوں ہونا چاہیے’’ پاکستان ہندوستان تجارت کیوں؟‘‘ آپسی بیوپار میں دونوں کو فائدہ ہے۔ کچھ کم زیادہ ہوسکتا ہے۔ کبھی مقدار تو کبھی لین دین میں رقم یا سرمائے کی کمی بیشی ہوسکتی ہے۔

حقیقت تو یہ ہے کہ دونوں ملکوں کے تجارتی تعلقات میں سیاست ایک بڑی رکاوٹ ہے۔ مخالفت کرنے کی اس پالیسی کی تاریخ بھی بہت پرانی ہے۔ سیاست کے ساتھ ساتھ پاکستان میں مذہب کو بھی سیاست سے جوڑ دیا گیا ہے۔ یعنی وہاں ایک ایسی شدید رائے کا حامی گروپ بھی ہے جو ہندوستان سے کسی قیمت پر تجارت کرنے کو تیار نہیں ہے۔ پاکستان نے کشمیر کی رٹ لگا کر پچھلے کئی برس سے ہر طرح کے تعلقات کی ناکہ بندی کر دی ہے۔ اتنا ہی نہیں وادی میں اپنے یہاں تربیت یافتہ دہشت گردوں کو بھیج کر پاکستانی حکومت نے ہندوستان سے ہر رشتے ناطے کو توڑ لیا ہے۔ اب چونکہ یہ بگاڑ کا ماحول سرکار کی ناک کے نیچے پیدا ہوا ہے اور جاری ہے۔ اس لیے تجارتی تعلقات کی گاڑی چلے تو کیسے؟ مزے کی بات تو یہ ہے کہ ہندوستان سے تجارت کی ضرورت پاکستان کو زیادہ ہے۔ بگڑتی ہوئی معیشت، بے تحاشہ قرض کا بوجھ اور دوسری کئی گھریلو پریشانیوں نے پاکستان کو مجبور کر دیا ہے کہ وہ ہندوستان سے تجارت کرے اور ہندوستانی اشیاء کو اپنے بازار میں آنے دے۔ اس لیے اب پاکستانی حکومت کی نظروں میں ہندوستان بہت ہی کارآمد اور نفع بخش ملک ہے تو اس میں تعجب کیا ہے؟

’ڈان‘ (کراچی) کی ایک خبر کے مطابق کامرس منسٹری نے پاکستان کے مختلف تجارتی اداروں کو ہندوستانی اداروں سے آپسی تجارت کی غرض سے بات چیت کے لیے ہری جھنڈی دے دی ہے۔ خبر تع یہ بھی ہے کہ اس سلسلے میں بات چیت کا سلسلہ جلد شروع ہونے والا ہے۔ غور طلب بات یہ ہے کہ پاکستانی کامرس منسٹری کو ہندوستان سے تجارت کے لیے پاکستانی خفیہ ایجنسی آئی ایس آئی اور دہلی میں مقیم پاکستانی ہائی کمشنر ریاض کھوکھر نے منع کیا تھا۔ ان کی رائے ہے کہ اس سے پاکستان کی سرحدی اور کشمیری پالیسی پر اثر پڑے گا۔ ان بے جا دلائل کو کامرس منسٹر چودھری مختار احمد نے نامنظور کر دیا۔ اسی واقعہ سے ہندوستان سے پاکستان کے تجارتی رشتوں کی مجبوری کا پتہ چلتا ہے۔

’اخبار جہاں‘ کے مطابق اندازہ ہے کہ ہند۔ پاک کے مابین ماہانہ ۱۶ ارب روپے کی

تجارت ہوتی ہے جس میں محض ۳ ارب روپے ہی قانونی ہیں۔ بقیہ ۱۳ ارب روپوں کی غیر قانونی تجارت یعنی اسمگلنگ یا کسی تیسرے ملک کے ذریعے لین دین ہوتی ہے۔ اتنے بڑے ڈھنگ سے ناجائز طور پر تجارت کے بارے میں دونوں ملکوں کے تجارتی ادارے اور افسران جانتے ہیں۔ جبکہ اس دھندے میں لگے 'تیسرے لوگ' دلال اور اسمگلر کھل کر کھیل رہے ہیں۔ 'اخبار جہاں' کے مطابق ہندوستانی مصنوعات کافی اچھی، دیرپا اور دوسرے ممالک کے بہ نسبت سستی ہیں۔ ٹھیک اسی طرح کچھ پاکستانی مصنوعات کی بھی ہمارے یہاں مانگ ہے۔

اسمگلنگ کے علاوہ دونوں ملکوں کے تاجر ہانگ کانگ اور دوبئی کے تاجروں کے ذریعے ایک دوسرے کا سامان منگواتے ہیں۔ ظاہر ہے اس سے جہاں مال کی قیمت بڑھ جاتی ہے وہیں سرکاری کھاتے کا بھی زبردست نقصان ہوتا ہے۔ غور طلب بات ہے کہ تقسیم ہند کے وقت سے یعنی پچھلے پچاس برسوں سے اسمگلنگ جاری ہے اور اس کے بارے میں کچھ سوچا تک نہیں گیا۔ پاکستان نے تو شروع سے ہی ہندوستان کے ساتھ تجارت کرنے پر سخت پابندی لگا رکھی ہے۔ حالانکہ ہندوستان کو پاکستانی مال کی ضرورت اتنی نہیں ہے جتنی پاکستان کو ہندوستانی مال کی ہے۔ اس سلسلے کی ایک دلچسپ اطلاع پان کے بارے میں۔ پچھلے دنوں ایک ٹیلی ویژن پروگرام میں پاکستانیوں کے پان خوری کو دکھایا گیا تھا۔ اسی پروگرام میں دکھایا گیا کہ لگ بھگ ایک کروڑ پاکستانی پان کھاتے ہیں جس کا چالیس فی صد حصہ پاکستان سے جاتا ہے۔ باقی ۶۰ فی صد سری لنکا اور جنوبی شرقی حصے سے حاصل ہوتا ہے۔ ہندوستانی پان کی مانگوں کا کیا کہنا۔ وہاں بھی پان کھانے والے بنارسی اور کلکتیہ پان سے بخوبی واقف ہیں۔ اسی طرح عام ضرورتوں میں مدراسی لنگی، کولہاپوری چپل لکھنوی کرتا، الہ آبادی امرود، ملیح آبادی آم، علی گڑھ کے تالے، مراد آباد کے نقشید ار برتن، بنارسی اور بنگلوری ساڑیاں وغیرہ بے حد مقبول ہیں۔ ٹھیک اسی طرح ہمارے یہاں پاکستانی سوکھے میوے، عورتوں کے لباس، واٹر کولر، قیمتی پتھر وغیرہ کی مانگ ہے۔ ہندوستانی فلموں اور ان کے گیتوں کے کیسٹ اور پاکستانی ڈراموں کے کیسٹ بھی ایک دوسرے کے یہاں مقبول ہیں۔ پھر بھی مجموعی طور پر غیر جانبدارانہ طور پر دیکھا جائے تو ہندوستان سے زیادہ پاکستان کو ہی ہم سے تجارت کرنے کی ضرورت ہے۔ ہندوستان کے اندر اس کا اپنا ہی

وسیع بازار ہے جس کی ضرورتوں کے لیے خود درکار مصنوعات نہیں ہیں۔ پھر بھی تجارتی مواقع، خارجہ پالیسیوں اور برآمد میں اضافے کے لیے ہندوستان اپنے پڑوسی سے تجارت کر سکتا ہے۔ بشرطیکہ اس تجارت سے ہمیں کوئی خطرہ نہ ہو۔ آخر میں اگر اس تجارت میں اخبارات ورسائل کو بھی شامل کر لیا جائے تو کیسا رہے؟

23.6.1996

☆☆☆

تشدد کا شکار ہوتی پاکستانی خواتین

یہ داستان یا کہانی نہیں حقیقت ہے۔ 'اخبارِ جہاں' اور دوسرے کئی رسائل و اخبارات میں اس طرح کی سچائیاں شائع ہوتی رہتی ہیں جو قارئین میں بڑی مقبول ہیں۔ پاکستان بھر کے اور بیرون ممالک میں آباد پاکستانیوں کی خودنوشت کو تھوڑا بہت ایڈٹ کر کے شائع کیا جاتا ہے۔ یہ عام گھریلو خواتین کی دردبھری کہانیاں ہوتی ہیں جسے پڑھ کر پاکستانی سماج کا ایک اور چہرہ اُبھر کر سامنے آتا ہے۔ یہ بات بھی صحیح ہے کہ سماج کا ایسا گھناؤنا روپ خود ہمارے یہاں اور دُنیا کے دوسرے حصوں میں بھی نظر آتا ہے۔ یہ بات الگ ہے اس معاملے پر یعنی گھریلو عورتوں پر تشدد، ان سے مارپیٹ اور ان کی تکالیف پر منظم طریقے سے شاید پہلی مرتبہ دھیان دیا گیا ہے۔ اس معاملے میں پہلے ایک جھلک جو 'اخبارِ جہاں' (۶ مئی) میں شائع ہوئی ہے۔

مہرین کے والد کے انتقال کے بعد اس کے چچاؤں نے اس کی ماں کی زبردستی دوسری شادی کرا دی۔ اس طرح خاندان کی زمین اور بچے بھی خاندان میں ہی رہ گئے۔ دھیرے دھیرے مہرین کے چچاؤں نے اپنے سے کم رُتبے والوں میں مہرین کی بڑی بہنوں کی شادی کر دی۔ تا کہ جائداد کا کوئی بھی حصہ دینا نہ پڑے۔ بھائی چھوٹا تھا۔ پھر چچاؤں نے ایک دوسری جگہ مہرین کی بھی شادی کر دی۔ مہرین کے شوہر کو اس کے باپ کی جائداد کی آس تھی۔ لیکن وہ اب ملنے والی نہ تھی۔ یہ جان کر اس کے شوہر اور ساس نے اسے مارنا پیٹنا

شروع کیا۔ ایک رات کسی بات پر ماں بیٹے نے اسے مار پیٹ کر گھر سے نکال دیا۔ اس شہر میں وہ کسی کو بھی نہیں جانتی تھی۔ محلے کی ایک عورت نے اس کا رونا دھونا سن کر اس رات اسے اپنے گھر میں پناہ دی۔ اسے گھر کے اندر جاتے ہوئے ایک اور پڑوسی نے بھی دیکھا لیکن اس رات کے بعد مہرین کا کوئی پتہ نہیں چلا اس کے شوہر، بھائی اور دوسرے رشتے داروں نے محلے کی اس عورت سے بھی پوچھ تاچھ کی، لیکن اس نے صاف لفظوں میں انکار کر دیا۔ ۲۴ برس کے بعد اس کے گھر والوں کو اس کا ایک خط ملا جس میں اس نے گڑگڑا کر فریاد کی کہ وہ اسے اس جہنم سے نکالیں جہاں وہ پچھلے ۲۴ برس سے قید ہے۔

دراصل اپنے شوہر کے ذریعے گھر سے نکالے جانے کے بعد مہرین نے اسی پڑوس زینب کے یہاں پناہ لی تھی جس پر سبھی کو شک تھا۔ زینب نے کچھ نشیلی چیز پلا کر اسے سینکڑوں میل دور صوبہ سرحد کے ایک اجنبی علاقے میں شہباز خان نامی ایک پٹھان کے ہاتھوں بیچ دیا۔ مہرین کے سسرال والے محلے سے بھی شہباز خان کے لیے ایک عورت کا اغوا ہوا تھا۔ ۲۴ برس بعد وہ خاتون کسی طرح وہاں سے بھاگنے میں کامیاب ہوگئی۔ اسے نے مہرین کا خط اس کے گھر والوں کو بھجوایا۔ اب مہرین کا بھائی کسی طرح اپنی بہن کو واپس لانے کے لیے بے تاب ہو اٹھا۔ اس کے دوسرے رشتے داروں نے بہت سمجھایا کہ اب گڑے مردے اُکھاڑنے سے کیا فائدہ؟ لیکن وہ اپنی ماں کو لے کر صوبہ سرحد کے اس علاقے میں چل پڑا۔ اُدھر خریدی گئی مہرین سے شہباز خان نے زبردستی نکاح کر لیا۔ وہ لاکھ سر پیٹتی رہی کہ وہ شادی شدہ ہے لیکن اس غریب کی سننے والا کون تھا؟ شہباز سے مہرین کے دو بیٹے اور ایک بیٹی ہوئی۔ بڑے بیٹے کی شادی بھی ہوگئی۔ سب کچھ ہوا لیکن مہرین کے دل سے اس کے بھائی بہنوں اور وطن کی یاد نہیں گئی۔ اب اچانک بھائی اور ماں اس کے سامنے پہنچ گئے تو وہ تو دیوانی ہوگئی۔ کسی طرح شہباز خان کا دل پگھلا اور اس نے مہرین کو ماں اور بھائی کے ساتھ جانے کی اجازت دے دی۔

۲۴ برس بعد جب مہرین اپنے بھائی کے گھر پہنچی تو شروع میں اُسے خوب عزت اور احترام ملا۔ رشتے داروں کے علاوہ محلے والوں نے بھی ہمدردی جتائی، دھیرے دھیرے یہ ساری

ہمدردی اور محبت کڑواہٹ اور تیکھے الفاظ میں بدلنے لگا۔ اور آخر میں اس نے ہرین کو اس کے پہلے شوہر کے وہاں پہنچا دیا۔ جس کے گھر سے وہ ۲۴ برس پہلے نکالی گئی تھی۔ اس حقیقت کو لکھا مہرین کی بہن کی بیٹی نے۔ آگے کی کہانی اسے بھی نہیں معلوم لیکن جو بھی اس نے اپنی خالہ کے بارے میں لکھا ہے کیا وہ کم تکلیف دہ ہے؟

او پر اتنا سب کچھ لکھنے کی وجہ اسلام آباد سے سمیع زبیری کی وہ رپورٹ ہے (۷ جون) جس میں حقوق انسانی اداروں اور سماجی کارکنان کے ذریعے پاکستان میں بڑھتے ہوئے گھریلو تشدد پر فکر ظاہر کی گئی ہے۔ خواتین کے ایک ادارے سے وابستہ شہناز بخاری نے اس سیمینار میں بتایا کہ پچھلے دو برسوں میں اسلام آباد اور راولپنڈی کے اسپتالوں سے ۱۳۸۰ ایسے معاملات سامنے آئے ہیں جن میں گھریلو خواتین کو اذیتیں دی گئی تھیں۔ اس سال کے پہلے پانچ مہینوں میں ۸۰ معاملات درج کئے جاچکے ہیں۔

شہناز بخاری کا کہنا ہے کہ اگر پورے پاکستان کے اعداد وشمار جمع کیے جائیں تو گھروں میں عورتوں پر ہونے والے پرتشدد مظالم کی تعداد ہزاروں میں ہوگی۔ پاکستان حقوقِ انسانی کمیشن کے مطابق ۸۰ فی صد شادی شدہ خواتین مار پیٹ سے لے کر گالی گلوج تک کا شکار ہوتی ہیں۔ کئی معاملات میں گلا گھونٹ کر انھیں مار دیا جاتا ہے۔ یا زہر دے دیا جاتا ہے۔ ورجہ وہ 'اسٹو و پھٹنے' سے مرجاتی ہیں۔ جہیز کے علاوہ شادی شدہ عورتیں اپنے سسرال والوں کی نظر میں 'بدچلنی' کی بھینٹ چڑھتی ہیں۔ اطمینان کی بات یہ ہے کہ ایسے مظالم پر اب منظم طور پر غور کیا جانے لگا ہے۔ سماجی کارکنان اور انسانی حقوق کے حامی اس 'ممنوعہ موضوع' پر بات کرنے لگے ہیں۔ عورتوں کو صرف ان کے حقوق دلانے کی بات سے کچھ نہیں حاصل ہوگا جب تک انھیں اس طرح کے غیر انسانی سلوک سے بچایا نہ جائے اور یہ ساری دنیا میں ہو۔

16.6.1996

☆☆☆

پاکستان کا دلچسپ صوبہ بلوچستان

پاکستان میں بلوچستان ہر زاویے سے ایک دلچسپ صوبہ ہے۔ دلچسپ اس لیے کہ یہ پاکستان کا سب سے بڑا صوبہ ہے لیکن اس کی آبادی سب سے کم ہے۔ تقریباً چالیس پچاس لاکھ۔ دلچسپ اس لیے کہ یہاں کی صوبائی حکومت میں نواز شریف کی مسلم لیگ اور بے نظیر بھٹو کی پیپلس پارٹی دونوں ہی شامل ہیں۔ یہ بات الگ ہے کہ مسلم لیگ والے وزیر اعلیٰ نواب مغزی کو اپنا آدمی مانتے ہیں۔ ایک ساتھ جہاں انھوں نے ملک کی دو سب سے بڑی سیاسی جماعتوں سے اپنا رشتہ جوڑ رکھا ہے وہیں ۴۰ ممبران والی صوبائی اسمبلی ۱۲ سیاسی پارٹیوں کو بھی انھوں نے اپنے ساتھ ملا رکھا ہے۔ پھر بھی بلوچستان میں اپوزیشن ہے اور اپنی موجودگی کا احساس دلاتا رہتا ہے۔ اس کا ثبوت ہے پچھلے دنوں مرکزی بجٹ کی مخالفت میں پورے پاکستان میں اپوزیشن کا بند، کوئٹہ اور دیگر کئی علاقوں میں مرکزی بجٹ کی مخالفت میں بند اور احتجاج ہوا۔ مزے کی بات یہ ہے کہ الگ الگ پارٹیوں پر مشتمل کابینہ کے ایک وزیر نے بھی اپنے گھر پر ایک احتجاجی جلسے کا انعقاد کیا۔

دلچسپ بات یہ ہے کہ مرکزی بجٹ پر ہی بلوچستان کے اپنے بجٹ کی بنیاد ہے۔ یعنی مرکز اسے جتنی امداد دے گا اسی حساب سے بجٹ بنے گا ورنہ بلوچستان کو اپنا بجٹ بنانے کے لیے آمدنی کی کوئی صورت نہیں ہے۔ اگر ہے بھی تو وہ شروع سے مرکزی خزانے میں چلا جاتا ہے۔ اس بار یعنی ۹۷-۹۶ میں مرکزی حکومت نے اسے جو بھی رقم امداد کی شکل میں دی ہے وہ اس سے اپنا بجٹ بنا ہی نہیں سکتا۔ اس لیے پچھلے پچیس برسوں میں پہلی بار بلوچستان میں گھاٹے کا بجٹ پیش کیا گیا ہے۔

ریاست کے وزیر مالیات نے لگ بھگ ۱۸ ارب روپے کا بجٹ پیش کیا جس میں ۱۲ ارب گھاٹا بتایا گیا۔ انھوں نے ریاستی اسمبلے کو بتایا کہ مرکزی حکومت گیس سے ہونے والی آمدنی میں ایک ارب کی کٹوتی کر رہی ہے۔ اس کے علاوہ بھی ریاست کو گیس سے ہونے والی آمدنی

سات عرب سے گھٹ کر ۵ ئ ۲ ارب ہوگئی ہے۔غور طلب بات یہ ہے کہ بلوچستان کے سوئی نامی علاقے میں قدرتی گیس نکلتی ہے جسے سوئی گیس ہی کہا جاتا ہے اور یہ صوبے کی آمدنی کا ایک بڑا ذریعہ ہے۔لیکن اس پر اور کچھ دوسرے قدرتی ذرائع پر مرکزی حکومت کا قبضہ ہے۔اس کے مالکانہ حق پر کبھی کبھار آواز اٹھتی ہے لیکن کئی گروپ میں منقسم بلوچ اس معاملے (اور دیگر کئی معاملات میں بھی) کبھی متحد نہیں ہوئے۔

بلوچستان میں درجنوں الگ الگ قبیلے ہیں۔ان کے حدود مقرر ہیں۔ہر قبیلے پر سرداروں اور نوابوں، جاگیرداروں کی حکومت چلتی ہے۔کئی اہم سوالات پر دو خاندان یا دو قبیلے ہی آپس میں فیصلہ کرتے ہیں۔فیصلہ بھی کیسا؟ خون کے بدلے خون وہاں کے قبائل میں چھوٹی چھوٹی باتوں پر برسوں تک آپس میں گولیاں چلتی رہتی ہیں۔مقامی پولس، عدالت اور دیگر قوانین اور اس کے پہرے داروں کا دور تک پتہ نہیں ہوتا۔

فی الحال اسلام آباد اور پاکستان کے دوسرے علاقوں میں ڈیڑھ سو سے زائد (اخبارِ جہاں ۲۲ جولائی) ایک بلوچ قبیلے کلپپر کے لوگوں کو لا کر رکھا گیا ہے۔یہ سبھی جدید اسلحوں سے لیس ہیں۔مسلم لیگ کے ایک رکن نے بے نظیر بھٹو پر الزام لگایا ہے کہ انھیں کچھ اپوزیشن لیڈران کو مارنے کے لیے اسلام آباد لایا گیا ہے۔بلوچستان سے آتے وقت انھوں نے ملتان میں پانچ لوگوں کا خون کیا۔چونکا دینے والی بات یہ تھی کہ انھیں مرکزی حکومت نے سرکاری خرچ پر بلایا ہے۔لیکن اپوزیشن کے الزامات کو بے بنیاد بتاتے ہوئے۔وزیر داخلہ نے کہا کہ ان لوگوں کی جان کو بلوچستان میں خطرہ ہے اس لیے ان کی حفاظت کے لیے انھیں اسلام آباد میں رکھا گیا ہے۔

ایوان میں ممبران نے حکومت کو وارننگ دی کہ بلوچ قبائلیوں کے معاملات میں زیادہ دخل نہ دیا جائے۔ورنہ معاملہ سنگین ہونے پر سارے پاکستان کے لیے مصیبت کھڑی ہو جائے گی۔انگریز بھی ان کے معاملوں میں دخل اندازی نہیں کرتے تھے۔حکومت پر الزام لگایا گیا کہ ان سارے کلپپر قبائلیوں کو اس نے کلاشنکوف کے لائسنس دے کر سوئی بھیجا۔ان کی وجہ سے ڈیرہ بگسئ کے حالات بگڑتے جارہے ہیں۔ڈیرہ بگسئ میں بگسئ قبیلے کے سردار اور سابق وزیر اعلیٰ نواب اکبر بگسئ اپنے خاندانی قلعے میں لگ بھگ دو برس سے نظر بند ہیں۔ان کی جان کو خطرہ بنا

ہوا ہے۔ پچھلے الیکشن میں نواب بگٹی قومی اسمبلی کے رکن منتخب ہوئے ہیں۔لیکن کئی برسوں میں انھوں نے صرف ایک ہی بار ایوان کی کاروائی میں حصہ لیا۔اس کے بعد قبائلی جھگڑوں نے بلوچستان کے ایک سلجھے ہوئے سیاستداں کو قیدی بنا دیا۔

'اخبارِ جہاں' کے مطابق تین چار برس پہلے آپسی جھگڑے کی وجہ سے کلپروں کو سوئی اور ڈیرہ بگٹی چھوڑنا پڑا تھا۔اسی دوران نواب بگٹی اور پیوپلس پارٹی میں تناؤ شروع ہوا تو پیوپلس پارٹی کی حکومت نے کلپروں کی بھرپور مدد کرنی شروع کر دی۔انھیں روپے پیسے بھی دئے گئے اور نیم فوجی دستے کی حفاظت میں انھیں قبیلے میں واپس لایا گیا۔اس وقت سے لے کر آج تک کلپر قبیلے کے لوگ پیوپلس پارٹی کے آنکھوں کا تارہ بنے ہوئے ہیں۔لیکن اپوزیشن کو اس بات کی فکر ہے کہ اگر اسلام آباد میں ان قبائلیوں کا سر پھر گیا تو زبردست خون خرابہ ہوگا۔اس کے بعد کے حالات کو سنبھالنا بے حد مشکل ہو جائے گا۔دلچسپ بات یہ بھی ہے کہ کلپروں،بگٹی اور پیوپلس پارٹی کے اس مصیبت زدہ تناؤ میں بلوچستان کی صوبائی حکومت محض ایک تماشہ بنی ہوئی ہے۔ اس سے بھی بڑھ کر دلچسپ بات یہ ہے کہ وہاں نواز شریف،بے نظیر کی پارٹیوں کی ملی جلی حکومت ہے۔ایسا نقشہ ہے بلوچستان کی سیاست کا۔

4.8.1996

☆☆☆

پچاس برس سے تہذیب کی جڑیں تلاش کرتا پاکستان

پچھلے پچاس برس میں پاکستان میں کلچر لفظ بہت مشہور رہا۔ایک سیاسی آندھی آئی اور مذہب کے نام پر ایک متمدن،مہذب،تاریخی،فلسفیانہ اور عظیم ملک کے ٹکڑے کر گئی۔اسی کا نتیجہ پاکستان ہے لیکن جب ملک بنا تو اس کی کئی طرح کی پالیسیاں طے نہیں کی گئی تھیں۔ یہاں تک کہ سیاسی، سماجی،معاشی اور تعلیمی پالیسی وغیرہ کا بھی کہیں اتا پتا نہیں تھا۔شروع کے سات آٹھ برس سیاسی اُٹھا پٹک میں گزر گئے۔ باقی کے برسوں کو زیادہ تر فوجی نگل گئے۔جمہوریت کے دس بارہ برس

یں ہی کچھ پالیساں طے ہوئیں۔ان میں ہی ایک پالیسی کلچر یعنی تہذیب کے بارے میں تھی۔

حقیقت میں ایوب شاہی کے بعد پیوپلس پارٹی کی حکومت کو خیال آیا کہ تہذیب کے بارے میں بھی ملک کی کوئی پالیسی ہو۔اس وقت عظیم شاعر فیض احمد فیض کو مشیر مقرر کیا گیا اور تہذیب کے خصوصی محکمہ کو تعلیم کی وزارت سے وابستہ کر دیا گیا۔فیض صاحب نے پاکستانی تہذیب پر سنجیدگی سے کام کیا۔عام لوگوں کی زندگی اور رہن سہن وغیرہ کے مطالعے کے لیے کئی دانشوروں، صحافیوں اور ماہرین کی رائے لی۔ان سب پر نشستوں اور سیمیناروں کا انعقاد کیا۔اس سے یہ فائدہ ہوا کہ کئی علاقی اور عوامی فن کار سامنے آئے۔کئی عوامی فنکاروں کا پتہ چلا کئی ایسے گیت، رقص، سنگتراش وغیرہ کا پتہ چلا جو نئے زمانے کے ساتھ تال میل نہیں رکھ سکتے تھے۔

فیض صاحب کی نگرانی میں جہاں آرٹ، ثقافت اور ادب کو بھی ایک نیا آیام ملا وہیں فلموں کو بھی ایک نئی سمت دینے کی کوشش کی گئی۔بلکہ انھیں دنوں بین الاقوامی معیار کی فلم ''جاگو ہوا سویرا'' بھی بنی۔جو شاید اپنے ڈھنگ کی واحد پاکستانی فلم ہے۔کئی بین الاقوامی فلمی میلوں میں یہ فلم دکھائی گئی۔دلچسپ بات یہ ہے کہ جب فیض صاحب ثقافت کے الگ الگ پہلوؤں پر ماہرین کی رائے و مضامیں منگوا رہے تھے تو ایک مضمون میں یہ بھی کہا گیا تھا کہ پاکستان کی تہذیب وہی ہے جو دلی، لکھنؤ، حیدر آباد دکن کی تھی۔بائیں بازو کے افسانہ نگار شوکت صدیقی کا ۱۳ اکتوبر ۱۹۹۵ کے جنگ میں شائع انٹرویو کے مطابق اس نظریہ پر خوب ہنگامہ ہوا۔اس سے پہلے تہذیب کے نام پر ایک ایسا گروپ بھی تھا جو شیروانی، ٹوپی۔پردہ۔پان اور ختنے وغیرہ کو ہی تہذیب سمجھتا تھا۔کئی لوگوں کو اس پر بھی اعتراض تھا۔شاید انھیں وجوہات اور تنازعات کے چکروں میں ''تہذیب'' پر بہت دنوں تک کوئی کام نہیں ہوا۔ضیاء الحق کی فوجی حکومت کے دوران تو فیض صاحب کے دور میں کہا گیا سارا ریسرچ اور تحقیق پانی میں ڈوب گیا۔ضیاء الحق کے دورِ حکومت میں کلاشنکوف، پٹھانی سوٹ، ہیروئن کا کلچر بہت مقبول ہوا۔بلکہ پٹھانی سوٹ تو وہاں کا قومی لباس بھی بن گیا۔ضیاء الحق کے زمانے میں فیض احمد فیض کا پاکستان میں رہنا محال تھا۔موقع دیکھ کر وہ تو وہاں سے نکل گئے۔باقی کئی بائیں بازو کے قلمکاروں، صحافیوں اور فنکاروں کے پاسپورٹ ضبط کر لیے گئے اور انھیں بہت ستایا گیا۔ضیاء الحق سے پہلے ایوب خان کی

حکومت میں سینئر آئی سی ایس اور ممتاز افسانہ نگار قدرت اللہ شہاب نے رائٹرس گلڈ نامی ایک ٹیم سرکاری ادیبوں کی تنظیم بنائی تھی۔ چونکہ شہاب صاحب ایوب خان کے سیکریٹری بھی تھے۔ اسی لیے گلڈ کا افتتاح بھی ایوب خان نے ہی کیا تھا۔ اس گلڈ میں شہاب نے اپنی ذاتی کوششوں سے پاکستان کی ہر زمین کے ادیبوں کو یکجا کیا تھا۔ انمیں کئی بنگالی (اس وقت بنگلہ دیش پاکستان میں تھا) ادیب بھی تھے۔ اس ادارے کے ذریعے کئی ادیبوں کو مالی امداد بھی دی گئی۔ ایوب خاں کے زمانے میں گلڈ کے تحت پاکستانی ادیب بہت حد تک اپنے دل کی بھڑاس نکال لیتے تھے۔ اس کے بعد بھٹو کے دورِ حکومت میں گلڈ کو بند کر کے فیض صاحب کی نگرانی میں نہ صرف ادب بلکہ ثقافت پر بھی بہت کام ہوا۔ ضیاء الحق نے اس پر بھی پانی پھیر دیا۔

۱۹۸۸ میں بے نظیر بھٹو کے اقتدار میں آنے کے بعد ایک بار پھر ادب وثقافت پر غور وفکر شروع کی گئی۔ پورے پروگرام کو پچھلے سال نافذ کیا گیا جس کی وجہ سے پاکستان میں حکومتی سطح پر ایک ثقافتی اور ادبی پالیسی وجود میں آئی اسے رنگ روپ دینے میں پنجابی کے مشہور قلمکار فخرِ زماں آگے آئے۔ ان کی نگرانی میں حکومت نے اکاڈمی ادبیات کمیشن قائم کیا۔ زماں صاحب کی مدد کے لیے شاعر احمد فراز، فہمیدہ ریاض، کشور ناہید اور شوکت صدیقی جیسی ہستیاں ساتھ ہیں۔ اب یہ لوگ پورے پاکستان میں گھوم گھوم کر ادب کے علاوہ گیت، سنگیت، لوک گیت، عوامی تمثیل، ڈرامے، مصوری مجسمہ سازی، میلے ٹھیلے اور کئی طرح کے بکھرے ہوئے تیج تہواروں وتقریبات کا جائزہ لیں گے۔ تہذیب کے منتظمین نے کل ملا کر ۳۳ موضوعات اٹھائے ہیں اور پچھلے ایک برس سے ان پر بحث جاری ہے۔ اس طرح حقیقت میں پچاس برس بعد پاکستانی تہذیب کی سمت طے کرنے کی کوشش کی جا رہی ہے۔ اس سلسلے میں کتنی کامیابی ملتی ہے اس کا فیصلہ آنے والا وقت ہی کرے گا۔

لیکن پاکستان میں شروع سے ہی دو طبقات کھل کر سامنے آئے ہیں۔ ایک طبقہ وہ ہے جو آج بھی پاکستان کی تہذیب کو سندھ میں عربی حملہ آور محمد بن قاسم کی آمد ۷۱۳ عیسوی سے شروع کرتا ہے۔ ظاہر ہے یہ طبقہ ان لوگوں کا ہے جو ایک ملی جلی گنگا جمنی تہذیب کو نہیں مانتے بلکہ پاکستانی تہذیب کو عربی اور مشرق وسطیٰ کے ممالک سے وابستہ کرتے ہیں۔ دوسری طرف وہاں ایک

ایسا طبقہ بھی ہے جو پاکستانی تہذیب کا رشتہ موہن جو داڑو اور ہڑپا سے جوڑتا ہے اور جو گندھارو ٹکشیلا اور سندھو وادی کی عظیم تہذیب و ثقافت کو اپنی تہذیب مانتا ہے۔ وہ ہون، کشان، منگول، آریہ، یونانی وغیرہ عظیم تہذیبوں سے وجود میں آئی پاکستانی تہذیب کا متوالا ہے۔ سبط حسن جیسے دانشور تو یہاں تک لکھ گئے کہ مہابھارت کی جنگ وادیٔ سندھ میں لڑی گئی تھی۔ جو بھی ہو دو خیالات کے ٹکراؤ سے نئی نئی باتیں سامنے آئی ہیں۔ تہذیب اور کلچر کے معاملے پاکستان میں یہی ہو رہا ہے۔ پچاس برس کی یہ کامیابی کم نہیں ہے۔

11.8.1996

☆☆☆

ہم چلے جائیں گے تو بھوک اکیلی رہ جائے گی

سائیں اس گاؤں کو چھوڑ کر ہم شہر کیسے جائیں؟ یہاں تو ہم بھوک کے ساتھ رہتے ہیں۔ ہم چلے جائیں گے تو بھوک اکیلی رہ جائے گی۔ اتنا پرانا ساتھ ہے۔ بھوک کو اکیلا چھوڑ کر ہم کیسے جا سکتے ہیں سائیں؟ دل ہلا دینے والی یہ بات اپنی ٹوٹی پھوٹی سندھی اردو لہجے میں سندھ کے تھار ریگستان کے گاؤں میں رہنے والے ایک باشندے نے اخبارِ جہاں (یکم جولائی) کے نمائندے سے کہی۔

اخبار نویس اخلاق احمد کے مطابق محمد سمار کی یہ بات پورے تھار ضلع کی کڑوی سچائی ہے۔ تھار ریگستان سندھ کے میر پور سے کچھ آگے شروع ہو کر تھار پار کر تک سینکڑوں میل تک پھیلا ہوا ہے۔ صدیوں سے یہاں وہاں بسی تھوڑی بہت ہریالی پر اس علاقے میں وقت بالکل اڑیل ٹٹو کی طرح رکا ہوا ہے۔ اس پورے علاقے میں عمر کوٹ قصبہ ہی ایسا مقام ہے جہاں کچھ دوکانیں، اسپتال اور اسکول ہیں۔ لیکن اس علاقے کا سب سے بڑا مسئلہ پینے کا پانی ہے۔

پانی کے لیے علاقے کے باشندوں کو میلوں کا سفر طے کرنا پڑتا ہے۔ وہ بھی پیدل۔ ظاہر ہے یہ کام خواتین و دوشیزائیں ہی کرتی ہوں گی۔ بہت سارے علاقوں میں پینے کے پانی کے لیے

میر پور خاص سے ایک خصوصی ٹرین چلائی جاتی ہے جس میں پانی کے بڑے بڑے ڈرم رکھے جاتے ہیں۔ پانی سے بھرے ان ڈرموں کو عمر کوٹ۔ چھور اور کھوکھا پار تک پہنچایا جاتا ہے۔ اس کے علاوہ کچھ چھوٹے چھوٹے اسٹیشنوں پر بھی یہ پانی دیا جاتا ہے جہاں لوگ اپنی پیاسی نگاہوں سے اس پانی ٹرین کا انتظار کرتے رہتے ہیں۔

میر پور خاص سے پانی کے ڈرم لے کر چلنے والی اس ٹرین کو مقامی لوگ ''دُکھی ایکسپریس'' کہتے ہیں۔ اس نام کے بارے میں کسی کو پتہ نہیں کہ اسے دُکھی ایکسپریس کیوں کہا جاتا ہے۔ لیکن اخلاق احمد نے جب اس تین ڈبوں کے قدیم اسٹیم انجن کی تھار کی پیاسی زمین پر سیٹی سنی تو انھیں یہ کسی دُکھی دل کی پُکار محسوس ہوئی۔

دراصل پورے پاکستان میں تقریباً ایک سو قصبوں شہروں اور عروس البلاد کو چھوڑ کر آبادی کا دو تہائی حصہ (آٹھ نو کروڑ) ایسے ہی دور دراز گاؤں، دیہاتوں، بیابانوں اور بے حد پسماندہ علاقوں میں بستا ہے۔ ان میں سے زیادہ تر لوگ یا تو کھیتی کرتے ہیں یا پھر غلہ بازی یا کوئی چھوٹی موٹی کاریگری۔ لیکن ایک بڑی آبادی کے پاس کھیتی کے قابل اپنی زمین بھی نہیں ہے۔ وہ دوسروں کے کھیتوں پر مزدوری کرتے ہیں۔ '' دوسرے'' یعنی بڑے کاشت کار، زمین دار، جاگیر دار۔ کئی غریب خاندان برسوں سے جاگیر داروں کے یہاں بے گاری کرتے ہیں۔

پاکستان میں آج بھی بندھوا مزدوری کا بڑے پیمانے پر چلن ہے۔ اس کے بارے میں کئی ٹیلی ویژن فلمیں تک بنی ہیں اور انھیں دُنیا بھر میں دیکھا دکھایا بھی گیا۔ مگر ڈھاک کے وہی تین پات۔ پچھلے پچاس برسوں میں نہ تو کسی حکومت نے نہ کسی سیاسی پارٹی نے نہ کسی سماجی تنظیم یا شخص نے اس بدترین استحصال سے پاکستانی مزدوروں کو نجات دلائی۔ ایسا لگتا ہے۔ کبھی کبھار ان پر ہوئے مظالم کی جو سچائی باہر آتی ہے اسے بھی یہ جتانے کے لیے پروپیگنڈے کے روپ میں استعمال کیا جاتا ہے کہ دیکھو ہمارا ملک کتنا آزاد ہے۔ یہاں اظہارِ رائے کی کتنی آزادی ہے۔ اس قدر شور شرابے کے باوجود بندھوا مزدوری کا خاتمہ نہیں ہوتا ہے۔ غور طلب بات یہ ہے کہ یہ بندھوا مزدوری کھیتوں سے لے کر باغبانوں، قالین کے کارخانوں اور اینٹ بنانے والی بھٹیوں تک میں رائج ہے۔ گویا پاکستان میں شاہی حکومت اور جگہ جگہ کسی آمر اور ظالم بادشاہ کے

نمائندے موجود ہیں جوننگی تلواریں لیکر کمزور اور غریبوں کے سر پر سوار ہیں ۔افسوس تو اس بات کا بھی ہے کہ اس بادشاہت اور اس ظلم کی چکی کو بنائے رکھنے میں حکمراں اپوزیشن ،نوکرشاہ ،فوجی اور دانشور، مغرب میں تعلیم حاصل کر چکے روادار جمہوریت پسند، ترقی پسند ،متوسط طبقہ، اعلیٰ طبقہ سبھی شامل ہیں ۔یعنی بقول فیض احمد فیض جب فیصلہ کرنے والا جج ،وکیل، پولس گواہ سب ایک ہو جائیں تو فیصلہ کس کے حق میں ہوگا؟ پاکستان میں یہی ہو رہا ہے ۔آج سے نہیں پورے پچاس برس سے اسی طرح کا استحصال غلامی کے دور میں بھی ہو رہا ہوگا۔وہی دور آج بھی جاری ہے ۔

پچھلے پچاس برس میں ترقی نام کی چڑیا کا پاکستان کے گاؤں دیہاتوں میں اتا پتہ نہیں ملتا ہے ۔کہیں کہیں کچھ ترقی دیکھنے کو ملتی ہے وہ بھی شہروں اور قصبوں کے آس پاس کے علاقوں میں ہے ۔ دور دراز علاقوں میں انسان بستے ہیں ۔ اس سچائی سے بہت سارے لوگ واقف نہیں ہیں ۔زمین دار، سردار، چودھری ،وڈیرے، پیر اور ایسے ہی لوگ گاؤں دیہاتوں کے کرتا دھرتا ہوتے ہیں ۔کئی علاقوں میں ان کی مرضی کے بغیر لوگ شادی بیاہ تک طے نہیں کر سکتے ۔صحت، تعلیم، سڑکیں، صنعت ،کارخانے، چھوٹے موٹے روزگار کے دیگر مواقع وغیرہ کا پاکستانی دیہاتوں مین دور دور تک پتہ نہیں ہوتا۔

گاؤں دیہاتوں میں تو تعلیم کے بارے میں ایک دلچسپ قصہ سارے پاکستان میں مشہور ہے ۔کسی گاؤں کے اسکول میں ایک جوشیلے تیور والے نوجوان کی بطور ٹیچر بحالی ہوئی ۔نوجوا ننے قوم کے بچوں کو پڑھانے کا زبردست جوش دکھایا ۔گھر گھر گھوم کر بچے جمع کیے وغیر وغیرہ ۔دو چار دنوں کے بعد ہی گاؤں کے زمین دار نے اسے اپنے یہاں کھانے پر بلّا یا۔ شاندار دعوت کے بعد زمین دار نے اسے ایک لفافہ دی ۔کھول کر دیکھا تو پھڑ پھڑاتے نوٹ تھے ۔ پوچھا تو زمین دار سائم نے کہا کہ ”ماسٹر جی باہر گاڑی میں آپ کا سامان ہے ۔ یہ روپے آپ کی سال بھر کی تنخواہ ہے ۔ اگلے سال پھر آ کر لے جانا۔ فی الحال واپس اپنے گھر چلے جائیے ۔نوجوان ٹیچر نے قوم کے بچوں کی تعلیم کی بات کی تو زمین دار نے کہا کہ” اگر مزدور کسانوں کے بچے لکھ پڑھ جائیں گے تو ان کے کھیتوں پر کون کام کرے گا؟ اس کے علاوہ پڑھ لکھ کر وہ لوگ اپنے باپ داداؤں کی زمین واپس مانگیں گے ۔اس لیے آپ اپنا کام بند

کیجئے۔ مفت کی گھر بیٹھے تنخواہ لیجئے اور باقی سب کچھ بھول جائیے۔ یہ بات یوں تو مزاق میں کہی جاتی ہے لیکن سچ ہے کہ تعلیم سے لے کر صحت تک اور پکی سڑکوں سے لے کر نئے کل کارخانوں تلکھو لنے میں سارے پاکستا نکے زمین دار چودھری، وڈیرے اور سردار رُکاوٹیں ڈالتے رہے ہیں۔ دقت تو یہ ہے کہ یہی لوگ حکمراں بھی ہیں اور اپوزیشن بھی۔ جج بھی وکیل بھی۔ پٹواری بھی اور تھانے دار بھی۔ وزیر اعظم بے نظیر بھٹو جہاں سندھ کے لارکانے میں سینکڑوں ایکڑ زرعی زمین کی مالک ہیں وہیں حزبِ مخالف کے لیڈر نواز شریف بھی پنجاب میں درجنوں کارخانے اور صنعت چلاتے ہیں۔ قومی اور صوبائی اسمبلیوں میں زمین داروں، جاگیر داروں، سرداروں اور صنعت کاروں کی ہمیشہ سے اکثریت رہی ہے۔ اس لیے کئی ترقی پسند قانون بنائے جانے کے باوجود ان پر رتی بھر عمل نہیں ہوتا ہے۔ جیسے قابل کاشت زمین کی حد بندی، لازمی پرائمری تعلیم، خاندانی بہبود، بندھوا مزدور، ادنیٰ مزدوری قانون بچہ مزدوری وغیرہ، کئی فلاحی اور ترقیاتی قوانین موجود ہیں مگر عمل میں نہیں لائے جاتے۔ گنے چنے دس بارہ شہروں میں جہاں کچھ حساس سماجی تنظیمیں اور اخبارات ہیں کبھی کبھار ایسے مسائل پر شور شرابہ ہوتا ہے لیکن مجموعی طور پر گاؤں دیہاتوں میں آباد ایک بڑی آبادی لفظ آزادی کے بنیادی معنوں سے محروم ہے۔ شاید آزادی کے پچاسویں سال میں نقشہ کچھ بدلے۔ لیکن اسے بدلے گا کون؟

18.8.1996

☆☆☆

بنگلہ دیش کے پاکستانی

تقریباً پچیس برس پہلے ان کی تعداد ڈھائی لاکھ تھی۔ برسوں تک ساری دنیا کو یہی تعداد بتائی جاتی رہی۔ اب نہ جانے ان کی تعداد کتنی ہے۔ یہ بھی نہیں معلوم کہ پورے پچیس برس ایک دو نہیں بلکہ تین نسلوں نے ایک نمبر ملک میں کیسے زندگی گذاری۔ پاکستان کے تعلق سے یہ بات ان ڈھائی لاکھ پاکستانیوں کے لیے کہی جا رہی ہے۔ جو ۱۹۷۱ بلکہ اس سے پہلے بھی بنگلہ دیش میں جیتے رہے۔ کبھی کبھار کسی اخبار کا نمائندہ ان کی طرف جا نکلتا تو ہمارے یہاں کی جھونپڑ پٹیوں

کی طرح ٹاٹ، تار پولین اور پلاسٹک کی چادروں کے ذریعے ڈھک گئی اور بانس اور کھپچیوں سے کھڑی کی گئی ستونوں پر ٹکے ان کے 'گھروں' کی تصویر دکھائی دیتی ہے۔ المیہ یہ ہے کہ وہ خود کو پاکستانی شہری تو کہتے ہیں لیکن پاکستان سمیت دوسرے انھیں ''بہاری مسلم'' کے نام سے جانتے ہیں۔ بہاری مسلم یعنی ۱۹۴۷ کے بعد بہار اور بھارت کے دوسرے علاقوں کے اردو بولنے والے لوگ (حالانکہ اصلیت میں بہاری مسلم اور دیگر صوبوں کے مسلمان اردو پڑھنا اور لکھنا تو جانتے ہیں مگر ان کی بولیوں کو اردو ہرگز نہیں کہا جا سکتا)۔

۱۹۴۷ میں جب متحدہ بنگال کے مسلم اکثریتی مشرقی حصے میں پاکستان بنا تو اس حصے کو مشرقی پاکستان کا نام دیا گیا۔ چونکہ وہ علاقہ بہار سے قریب تھا لہٰذا فطری طور پر بہار کے مسلمانوں کے پڑھے لکھے طبقے کی ایک بڑی تعداد نے اُدھر کا ہی رُخ کیا۔ اُدھر پڑھے لکھے ہندو بنگالیوں کی تعداد بھی ہندوستان آئی۔ مشرقی پاکستان میں بہار اور کچھ دوسرے صوبوں کے مسلمانوں کو نوکری وغیرہ تو ملی رہن سہن کے اعتبار سے وہ بنگالی مسلمانوں کے قریب نہیں آسکے۔ یہیں پر مذہب اور تہذیب کے فرق کو سمجھنا ضروری ہے۔ حالانکہ مذہب اسلام کو ہی ایک الگ قوم مان کر علیحدہ ملک کی مانگ کی گئی تھی۔ لیکن کلچر کے فرق کو واضح طور پر نہیں سمجھا گیا تھا۔ اس وقت پاکستان کے بانیوں کی رائے تھی کہ ہندوستانی مسلمانوں کی ایک الگ قومیت ہے۔ اس لیے پاکستان کو دو قومی نظریے کے تحت قائم کردہ ملک تسلیم کیا گیا۔ غور طلب بات یہ ہے کہ اس کے قیام کے وقت ہی اس کے ٹوٹنے کی پیشین گوئی بھی کر دی گئی تھی۔ پھر ۱۹۴۸ سے ہی دراڑیں اُبھرنے لگی تھیں۔ سب سے پہلے بنگالی زبان کا ہی مسئلہ اُٹھا کھڑا ہوا۔ اس کے بعد مسائل کی فہرست اور لمبی ہوتی گئی۔ دھیرے دھیرے بنگالیوں کو یہ احساس ہوا کہ وہ مذہب کے نام پر ٹھگے گئے ہیں۔ کئی اور وجوہات کی بنا پر یہ یقین اور پختہ ہو گیا۔

مشرقی پاکستان کے اصل باشندے یعنی بنگالیوں میں یہ احساس پروان چڑھتا گیا کہ ان کا استعمال ہو رہا ہے تو اُن کے جذبات کو سمجھتے ہوئے یہاں بسے بہاریوں اور دیگر غیر بنگالی شہریوں کو انکے ساتھ ہمدردی ہی جتانی تھی۔ لیکن شروع کے کئی برسوں میں ایسا ہوا کہ جس نے بھی مغربی پاکستان کے خلاف کوئی بات کہی وہ پاکستان مخالف کہلانے لگا۔ اتنا ہی نہیں ان کی

زبانِ تہذیب اور سرزمین کا مذاق اُڑایا جانے لگا۔ بیکاری تو وہاں تھی ہی جو بھی مرکزی سول سروسز میں نوکریاں ہوتیں انمیں زیادہ تر غیر بنگالیوں کی تعداد ہوتی۔ جمہوریت کا تو دور تک پتہ نہیں تھا۔ پھر بھی کئی غیر جمہوری طریقوں سے بنگالی جماعتوں اور لیڈروں کو دوسرے درجے کے شہری جیسا سلوک کیا جاتا۔ مجموعی طور پر بنگالیوں کے اندر علیحدگی کے احساس کو ہوا دی گئی۔ یہاں تک کہ ہندوستان سے گئے اردو داں مسلمانوں کا ایک بڑھ طبقہ انھیں پوری طرح مسلمان بھی نہیں سمجھتا تھا۔ اس میں جماعت اسلامی جیسی جماعتوں نے بڑھ چڑھ کر حصہ لیا جو کٹر پنتھی مسلم نظریات کے سخت حامی تھے۔ اور آج بھی خود کو ہی سچا مسلمان سمجھتے ہیں۔ اب وہ تاریخ بن چکی ہے لیکن ۱۹۴۷ کے بعد جماعتِ اسلامی کا اردو بولنے والے پاکستانیوں میں خاصا اثر تھا۔ وہ بنگال میں اور دوسرے مقامات پر صدیوں سے چل رہے روایتی صوفی اسلام کی مخالفت اور اور ایک آئیڈیل اسلام کی وکالت کرتے۔

بنگلہ دیش بننے سے پہلے اس جماعت نے بھی بنگالی اور غیر بنگالی پاکستانیوں میں بڑے پیمانے پر بھید بھاؤ پیدا کیے۔ مذہبی سطح پر تو یہ سب کچھ ایک حد تک قابل قبول تھا لیکن سیاسی اسٹیج پر بھی جماعتِ اسلامی اور اس کی مخالف جماعتوں نے وہی کھیل کھیلا یعنی بنگالی اور غیر بنگالی پاکستان کی ایک اور تقسیم۔ اس تقسیم میں مسلم لیگ سے الگ ہوئی شیخ مجیب الرحمن کے قیادت میں عوامی لیگ اکثریتی جماعت بن کر اُبھری اس نے پاکستانی حکمرانوں کو اپنی چھ نکات کی ایک تجویز پیش کی جسے رد کر دیا گیا۔

۱۹۶۸ میں ایوب خاں کے جانے کے بعد مشرقی پاکستان میں عوامی لیگ نے ہنگامی نیشنلزم میں اپنی جڑیں قائم کر لیں۔ تقریباً ۹۰ فی صد عوام شیخ صاحب کے ساتھ تھیں حالات کی نزاکت کو دیکھتے ہوئے۔ وہاں آباد غیر بنگالی پاکستانی باشندوں کو بھی ان کا ساتھ دینا چاہیے تھا مگر اس کے بدلے وہ ایوب خانکے بعد یحییٰ خان کے ذریعے بنگالیوں پر فوجی حملے کی تائید کرنے لگے۔ انھیں یقین تھا کہ فوج کی مدد سے بنگالی انتہا پسندی کا خاتمہ ہو جائے گا۔ اور ایک بار پھر غیر بنگالی پاکستانی ہی مشرقی پاکستان کے سب کچھ ہوں گے۔ لیکن مارچ ۱۹۷۱ کے قتل عام نے سارے بنگالیوں کو جیسے امتحان میں ڈال دیا تھا۔ مسرقی پاکستان کے ہر بنگالی بچے نے ہر طرح

سے پاک فوج سے نجات کا فیصلہ کر لیا تھا۔ اس کے بعد شیخ مجیب الرحمن سمیت کئی لیڈران بھی گرفتار ہوئے۔ لاکھوں کی تعداد میں بنگلہ دیش باشندے پاکستانی فوج سے اپنی جان بچانے کے لیے ہندوستان کی سرحد کے اندر چلے آئے۔ انھیں پناہ گزین کا درجہ دیا گیا۔ تقریباً ایک کروڑ پناہ گزین بنگلہ دیشیوں کا ہندوستان پر بوجھ تھا۔ ہندوستان نے اس وقت پاکستان سمیت ساری دنیا سے اپیل کی کہ پاکستان ان پناہ گزینوں کو واپس لے اور مشرقی پاکستان میں کوئی سیاسی فیصلہ ہو۔ لیکن مغربی پاکستان کے فوجی افسروں، نوکرشاہوں اور ذوالفقار علی بھٹو سمیت کئی سیاست دانوں نے حقیقت سے منہ موڑ لیا۔

اُدھر پاکستانی فوج سے لڑنے کے لیے بنگلہ دیش کی مقامی پولیس اور جوانوں نے بھی مکتی واہنی نامی گوریلا دستہ بنایا اور مشرقی پاکستان میں چھپ چھپا کر لڑنے لگے۔ مشکل کی اس گھڑی میں بھی غیر بنگالی پاکستانیوں یعنی بہاریوں کو ہوش نہیں آیا۔ انھوں نے اس وقت بھی کم عقلی کا سہارا لے کر جماعت اسلامی جیسی جماعتوں کے بہکاوے میں آ کر البدر جیسی تنظیم قائم کی اور پاکستانی فوج کے ساتھ بنگالیوں کے قتل عام میں حصہ لیا۔

ہندوستان سے گئے اردو بولنے والے مہاجروں نے ۲۵ برس پہلے ایک اور موقع کھو دیا۔ مقامی وطن پرستوں کا ساتھ چھوڑ کر انھوں نے ایک بے لگام فوج کا ساتھ دیا۔ اس لیے وہ بنگلہ دیش کے ساتھ آج بھی کراچی میں ایک بے بس زندگی گزار رہے ہیں۔ ۱۹۷۱ میں جب ہندوستان کو مجبوراً جنگ میں کودنا پڑا تو ایک بڑی فتح کے بعد ہزاروں غیر بنگالی پاکستانی باشندے قید کئے گئے۔ ہزاروں اِدھر اُدھر سے بھاگ کر کسی طرح پاکستان کے کراچی پہنچے۔ لیکن ڈھائی لاکھ پاکستانی باشندے وہیں ڈھاکہ کے آس پاس راحت کیمپ میں ڈٹے رہے۔ انھیں اُمید تھی کہ دھیرے دھیرے پاکستانی حکومتیں اُنھیں اپنے ملک بلا لیں گی۔ ان کا ماننا تھا کہ انھوں نے پاکستان کے لیے ہندوستان کو خیر آباد کیا تھا اس لیے بنگلہ دیش میں رہنے کا کوئی سوال ہی نہیں تھا لیکن بیرونی پاکستان اور وہاں آتی جاتی حکومتیں! پچھلے پچیس برسوں سے بنگلہ دیش کے غیر انسانی کیمپوں میں رہ رہے ان ڈھائی لاکھ پاکستانی پاشندوں کی کسی نے خبر نہیں لی۔ انمیں سے کچھ سات آٹھ ہزار لوگوں کو نواز شریف کے زمانے میں پنجاب میں بسایا گیا لیکن

اس کے بعد دوسرے تمام لوگ ہر روز آسمان کی طرف تکتے ہیں کہ شاید خدا مہربان ہو جائے اور کوئی ہوائی جہاز انھیں بنگلہ دیش سے پاکستان لے جائے۔

چند سال پہلے بنگلہ دیش کے بہاریوں نے پاکستان جانے کے لیے کئی طرح کے احتجاج بھی کیے۔ایک بار تو انھوں نے ہندوستان کے راستے پاکستان جانے کی دھمکی بھی دی تھی۔عالمی میڈیا میں بھی ان کے بارے میں کئی رپورٹیں شائع ہوئیں۔اس سے اتنا ہوا کہ کافی دنوں تک اقوام متحدہ سے انھیں امداد ملتی رہی۔ بعد میں سعودی عرب اور ایک برطانوی سفیر نے بھی انھیں پاکستان پہنچانے کا بیڑہ اٹھایا۔لیکن ان کی کوششوں کا کسی بھی پاکستانی حکومت نے ساتھ نہیں دیا۔در اصل کوئی بھی پاکستانی حکومت ان بہاری مسلمانوں کو واپس پاکستان بلا کر اپنے لیے کوئی نیا تنازعہ نہیں پیدا کرنا چاہتیں۔

پھر سوال یہ ہے کہ انھیں کہاں لیا جائے۔ پھر بسائے جانے کے بعد ان کے لیے روزگار وغیرہ کا سوال ہوگا۔اسی کے ساتھ پچھلے کئی برس سے کراچی میں بسے ہندوستانی نژاد باشندے یعنی ایک کروڑ مہاجروں کی خونی وقت سے پاکستان لہولہان ہو رہا ہے۔اب یہ نئی مصیبت کون لائے؟ اس لیے جو جہاں ہے وہیں رہے۔ وہیں ہو رہا ہے۔ بنگلہ دیش میں پھنسے ڈھائی لاکھ بہاری مسلمان اپنی پاکستانی شہریت کا تمغہ لگائے کل ملا کر ۶۰ ۔ ۵۰ کیمپوں میں جی رہے ہیں۔لگتا ہے خود بنگلہ دیش کی حکومت نے بھی ان سے سمجھوتا کر لیا ہے۔پھر بھی یہ ایک دلچسپ واقعہ ہے کہ کسی ایک ملک کے شہری دوسرے ملک میں اپنے اصل ملک واپس لوٹنے کی پچیس برس سے آس لگائے بیٹھے ہیں۔ یہ سب اسی نظریہ کا نتیجہ ہے جسے دو قومی نظریہ کہا جاتا ہے۔

8.12.1996

☆☆☆

فادر ٹریسا بھی ایک پاکستانی سچ ہے

مدر ٹریسا کی موت کا سوگ سارے پاکستان میں منایا گیا۔میڈیا کے علاوہ دِھر اُدھر سیمیناروں اور دوسری نشستوں میں انھیں خراجِ عقیدت پیش کیا گیا۔مدر ٹریسا کی خدمات سے

سب سے زیادہ فائدہ ہوا کراچی کے عبدالستار ایدھی کو۔سماجی خدمت گزار ایدھی اپنی چال ڈھال سے مولانا کہلاتے ہیں بعد میں انھیں بھی مدر ٹریسا کی طرز پر لوگوں نے فادر ٹریسا کہنا شروع کر دیا۔کراچی سمیت سارے پاکستان میں آج مولانا عبدالستار ایدھی کو غریب غرباء،معذور،بیوہ،بے سہارا اور مصیبت میں گھری انسانیت مسیحا سمجھتی ہے۔وہ ہیں بھی ایک مسیحا۔

جام نگر کے ایک چھوٹے سے گاؤں سے جب ایدھی ۱۹۵۰ میں کراچی گئے تو وہاں انکا کپڑوں کا چھوٹا سا کاروبار تھا۔ایک بار ان کی ماں بیمار ہوئی اور انھیں ڈاکٹر کے پاس پہنچانے کے لیے کوئی سواری نہیں ملی،تب اس واقعہ نے ایک معمولی کپڑے کے بیوپاری کی زندگی بدل ڈالی۔انھوں نے سوچا ان کی طرح دوسرے غریبوں کا کیا ہوتا ہوگا؟ بس ایک پرانی گاڑی خرید لی اور اپنے آس پاس کے بیماروں کو ڈاکٹروں کے یہاں پہنچانا شروع کر دیا۔ ۱۹۵۰ سے شروع ہونے والا یہ سلسلہ اب ایک فلاحی ادارے میں تبدیل ہو گیا ہے جس کی شاخیں پورے پاکستان میں ہے۔

ایدھی فاؤنڈیشن کے نام سے کراچی کے ایک بڑے علاقے میں عبدالستار ایدھی کا فلاحی ادارہ ایک چھوٹا موٹا قصبہ ہے۔جہاں تین سال سے لے کر بارہ تیرہ سال تک کے ساڑھے چار سو بچے ہیں۔انھیں کھانے پینے اور رہنے کے علاوہ کئی طرح کی تربیت کا بھی انتظام ہے۔دو چار بچوں کو انجان لوگ روزانہ ان کے 'ایدھی ویلیج' کے دروازے پر چھوڑ جاتے ہیں۔اس کے علاوہ سماج ،برادری اور خاندان کی ٹھکرائی ہوئی عورتیں،لڑکیاں بچیاں،بوڑھے ماں باپ بھی آخر میں ایدھی کے یہاں پناہ لیتے ہیں۔

کراچی اور پاکستان کے دوسرے علاقوں میں بھیانک خونی فسادات اور دوسری مشکل گھڑی میں ایدھی فاؤنڈیشن کی ایمبولنس اور ورکر مدد کے لیے پہنچ جاتے ہیں کہ انھیں سنبھالنا مشکل ہو جاتا ہے۔اسی طرح ایدھی فاؤنڈیشن کو فنڈ کی بھی کمی نہیں ہے۔پاکستان کے ہر طبقے سے انھیں مالی تعاون ملتا ہی ہے۔ بیرونِ ممالک سے بھی امداد ملتی ہے۔مدر ٹریسا کی مشنری کاموں کی طرح ایدھی کی بھی ملک و بیرون ملک میں پذیرائی ہوئی۔ انھیں کئی طرح کے اعزازات اور تمغے بھی دیئے گئے۔اسی لیے انھیں پاکستان کا فادر ٹریسا بھی کہا جانے لگا۔

دو ڈھائی سال پہلے فادر ٹریسا اس وقت مشکل میں پڑ گئے جب بدنام زمانہ آئی ایس آئی کے سابق سربراہ ریٹائرڈ جنرل حمید گل نے عمران خان، عبدالستار ایدھی اور کچھ فوجی افسران کے ساتھ مل کر بے نظیر حکومت کو اُلٹنا چاہا تھا۔ سازش کرنے والوں کو ایسا لگا ہو کہ عبدالستار ایدھی اور عمران خان جیسے لوگوں کے نام کی وجہ سے عوام اور نوکرشاہوں اور فوج کی بھی حمایت انھیں ملے۔ کسی طرح یہ خبر اُڑ گئی اور ایدھی اپنا سب کچھ چھوڑ کر لندن چلے گئے۔ بعد میں انھوں نے ایسے بیانات بھی دئے جس سے پتہ چلا کہ واقعی کوئی 'گل' کھلنے والا تھا۔ اس کے بعد کے بدلتے ہوئے سیاسی تناظر میں سب کچھ مٹ گیا۔ مگر فادر ٹریسا کے دامن پر ایک داغ ضرور چھوڑ گیا۔ پھر بھی ایدھی خود کو سیاست سے دور رکھنے کی کوشش کرتے ہیں۔ ان کی تعلیم اور پچھلی زندگی کے پچاس برس نہ تو پڑھائی لکھائی میں گزرے نہ کسی سیاسی داؤں پیچ میں وہ ایک بھولے بھالے معصوم اور بے لوث سماجی خدمت گزار ہیں۔ پبلسٹی، پریس اور شہرت سے دور۔

پاکستانی سماجی تنظیموں میں پچھلے ۳۷ سال سے جرمنی کی مسز ڈاکٹر روتھ فاو کی تنظیم کا نام بھی بڑی عزت سے لیا جاتا ہے۔ ۱۹۶۰ سے ۱۹۹۵ تک انکے ادارے نے ۴۳ ہزار کوڑھ کے مریضوں کا کامیاب علاج کر کے انھیں واپس انکے گھروں اور کام پر بھیجا۔ ان کے ادارے کے کوڑھ کے اسپتال سارے ملک میں پھیلے ہوئے ہیں۔ ۱۹۸۸ میں انھیں بھی پاکستانی شہریت دی گئی۔ اس کے علاوہ انھیں کسی سرکاری اور غیر سرکاری اعزازات و تمغے ملتے رہے ہیں۔ اب تو وہ پاکستان میں بس ہی گئی ہیں۔ لیکن اپنی زندگی کے بہترین دنوں میں اُنھوں نے نہ صرف پاکستان میں بھیانک مرض کا علاج کیا بلکہ اس پر ریسرچ کر کے عوام میں اس مرض سے متعلق غلط فہمیوں کا دور کرنے کی کوشش کی۔ پاکستان جیسے ملک میں ایک یوروپی خاتون ڈاکٹر کا ایک مخصوص مرض اور اس کے مریضوں کے لیے اس طرح خود کو وقف کرنا، کہاں ملتی ہیں ایسی مثالیں؟ ملتی ہیں مگر بہت کم۔

پاکستانی فلاحی اداروں میں کراچی کا انصار برنی ٹرسٹ بھی پچھلے ایک دہائی سے کافی سرگرم ہے۔ انصار برنی نے ضیاء الحق حکومت کے دور میں حکمرانوں سے ٹکر لی اور جیل میں برسوں سے سڑ رہے کئی معصوم قیدیوں کو باہر نکالا جنھیں بغیر کسی سزا اور جرم کے بند کر دیا جاتا ہے۔

انصار برنی کی طرح اختر حسین نامی ایک صحافی نے بھی بندھوا مزدوری کے رواج کے خلاف بہت کام کیا۔ انسانی حقوق کی تنظیموں میں آنجہانی جسٹس دوراب پٹیل کے علاوہ لاہور کی اسماء جہانگیر کے نام بہت بڑا کارنامہ ہے۔ بنگلہ دیش کی کئی لڑکیوں کی رہائی جو پاکستان کے وحشی بازاروں میں دھوکے سے لائی گئی تھیں۔ اسی طرح انھوں نے کئی پاگل خانوں سے اچھے بھلے لوگوں کو بھی باہر نکالا۔ انصار برنی کی وجہ سے پاکستان میں پولیس اور جیل افسران پر کچھ تو قابو کیا جاسکا۔ انھوں نے جیل قوانین میں کچھ ایسی ترامیم کروائیں جن کی وجہ سے ایک عوامی نمائندوں پر مشتمل کمیٹی جیلوں کا معائنہ کر کے قیدیوں کے حالات پر سرکار کو رپورٹ پیش کرتی ہے۔

انھوں نے بھی ۱۹۸۰ سے یعنی ضیاء الحق کے دورِ اقتدار سے اپنی مہم شروع کی۔ اس وقت مارشل لاء تھا۔ پریس پر کڑی سینسر شپ تھی۔ سیاسی جلسوں پر پابندی تھی۔ یعنی کہ ہر سمت سختی کا عالم تھا۔ پھر بھی اسماء نے کچھ خاتون تنظیموں کے نام پر خواتین پر ہو رہے مظالم کے خلاف ملک میں چل رہے قانون اور عدالتوں کے ذریعے ہی انصاف کی لڑائی جاری رکھی اور کئی مقامات پر کامیابی حاصل کی۔ اسی لیے انھیں اس دور کی فوجی حکومت بھی نظر انداز نہیں کر سکی۔ اسی لیے اسماء کو کئی سرکاری اور پھر بعد میں بیرونی اعزازات ملے۔ پچھلے دنوں یہاں دلیمیں بھی اسماء جہانگیر کو اعزاز سے نوازا گیا۔ اس میں کوئی شک نہیں کہ ایک خاتون ہو کر بھی اسماء جہانگیر جیسی ہستیوں نے ایک الگ ماحول میں انسانیت کی ڈٹ کر خدمت کی۔

سچ یہ ہے کہ چاہے پاکستان ہو یا ہندوستان سماجی تنظیموں کی بے حد ضرورت ہے۔ جس سیاسی اور معاشی ماحول میں ہم رہتے ہیں وہاں سرکاری ملازم، نظام اور یہاں تک کہ برسر اقتدار سیاسی جماعت کے ورکر بھی ایک عام آدمی کو وہ سب کچھ نہیں دے سکتے جو ان کا یا کسی بھی ملک کے شہریوں کا بنیادی حق ہے۔ یعنی روٹی کپڑا، مکان، تعلیم، روزگار، صحت، سروس وغیرہ۔ اس لیے متبادل کے طور پر امیر ممالک سماجی اداروں کے ذریعے پاکستان سمیت ہندوستان، بنگلہ دیش اور کئی ایشیائی، افریقی ممالک کو مالی تعاون کا لالی پاپ دے رہے ہیں۔ کیا کیا جائے جو ہے وہی بہت ہے اور فادر ٹریسا بھی ایک پاکستانی سچ ہیں۔ ان کے ذریعے عام آدمی کو کچھ تو مل رہا ہے نا۔

5.10.1997

تقسیم وطن کے شکار معصوم لوگ

کلو۔کیرالا۔کوزی کوڈ(Kozhikode) کی ایک خبر کے مطابق تقریباً ایک سومقامی باشندے اپنے آبادی وطن ہندوستان میں زندگی کے آخری ایام گزارنا چاہتے ہیں، رپورٹ کے مطابق کوذی کوز کے علاوہ کنور، مالا پورو اور کالڑ گوڑا اضلاع میں بھی تین سو ایسے لوگ ہیں جو کسی زمانے میں متحدہ ہندوستان میں پیدا ہوئے تھے۔لیکن تقسیم وطن کے وقت یعنی ۱۹۴۷ کے عالمی نزع کے بعد بسلسلہ روزگار کراچی میں مقیم تھے۔اب وہ بھی واپس ہندوستان آنا چاہتے ہیں۔ ظاہر ہے عمر کے آخری دور میں ہر انسان کی فطری خواہش ہوتی ہے کہ اسے اپنے وطن کی مٹی میں ہی سپرد خاک کیا جائے۔ایسے تارکین وطن میں سے زیادہ تر کی عمر ۶۵ اور ۷۰ سیاو پر ہے اور ان سب کی الگ الگ دُکھ بھری داستان ہے۔

مالا پورم کے پچاسی سالہ حسن کویا ۱۹۴۷ء میں ممبئی سے کراچی جانے والے ایک کارواں کے ساتھ ہو لئے تھے۔سیاست سے پرے کراچی میں ان کا مقصد چھوٹا موٹا کاروبار شروع کرنے کا تھا کراچی میں کاروبار شروع کرنے کے ساتھ ساتھ حسن کویا نے ایک پاکستانی خاتون سے شادی بھی کی۔جب حالات نارمل ہوئے تو حسن کویا ۱۹۵۳ میں باضابطہ پاسپورٹ وغیرہ کے ساتھ اپنے وطن مالا پورم آئے۔لیکن وہ اب وہاں مستقل طور پر قیام نہیں کر سکتے تھے۔بادلِ ناخواستہ جب وہ واپس کراچی گئے تو ان کی دکان پر کوئی دوسرا شخص بیٹھا تھا اور ان کی بیوی اب اسی شخص کے ساتھ رہ رہی تھیں۔سونے پر سہاگہ یوں کہو کہ جب انھوں نے پولیس اور قانون کا سہارا لینا چاہا تو انھیں ہندوستان کی طرف سے پاکستان میں جاسوسی کے الزام میں جیل جانا پڑا۔دو سال کے بعد وہ جیل سے رہا ہوئے تو انھیں واپس ہندوستان بھیج دیا گیا۔لیکن یہاں ہندوستان میں بھی انھیں قبول نہیں کیا گیا اور اس طرح مالا پورم کے حسن کویا مانند فٹ بال یہاں سے وہاں ٹھوکریں کھاتے رہا۔آخر میں انھیں پاکستان میں ہی رہنے پر مجبور ہونا پڑا۔فی الحال وہ مالا پورم میں ہیں اور اب زندگی کے آخری ایام وطن عزیز میں ہی گزارنا چاہتے ہیں۔

رپورٹ کے مطابق اسی طرح کی ملتی جلتی لیکن درد سے بھرپور ایسی داستان کئی معصوم لوگوں کی

ہے جو یا تو اپنی نادانی کے باعث یا پھر معصومیت میں محض ایک خوشگوار زندگی کا تصور لیے ایک خطہ موجودہ یا پاک سرزمین میں یا تو پہنچ گئے یا پہنچا دیے گئے۔

حقیقت تو یہ ہے کہ کراچی میں اس وقت بھی ملباریوں کی اچھی خاصی تعداد ہے جو یا تو ناریل پانی یا پھر چھوٹے موٹے مچھلی بھات کے ڈھابوں یا چائے خانوں پر گزارا کرتے ہیں۔ یہ نئی نسل ، ان لوگوں کی اولادیں ہیں جو ۱۹۴۷ سے قبل یا اس کے بعد ناریل پانی بیچتے بیچتے کراچی پہنچ گئے تھے۔ انھیں سیاسب یا اقتدار سے کچھ بھی لینا دینا نہ تھا۔ ملک، قوم، سرحد، سیاست اور اسی طرح کے جذباتی الفاظ محض ان کے لیے دو وقت کی روٹی اور سر چھپانے کے لیے رات بھر کا بسیرا ہے۔ ممبئی یا اور بھی دیگر مہانگروں میں روزی روٹی کی تلاش میں ایسے کئی ''حسن کویا'' اپنی بیدری اور ظالم مٹی سے الگ ہو کر یہاں وہاں پورے برصغیر سے دربدر بھٹکنے کے لیے پچاس سال قبل بھی مجبور تھے اور آج بھی مجبور ہیں۔ ظاہر ہے جب تک نیپال، بھوٹان، افغانستان اور برما سمیت پورا برصغیر ایک جدید خوشحال دور سے نہیں گزرے گا، روزی روٹی کی تلاش اور ایک استحصال بھری زندگی سے نجات پانے کے لیے ان کی جدوجہد اور ایک خوشحال اور آزاد زندگی کی تلاش انھیں بھٹکاتی رہے گی۔ ان کے لیے کراچی، ممبئی، کلکتہ، کٹھمنڈو، ڈھاکہ، میانمار اور کولمبو سب برابر ہیں۔ بلکہ اب تو تلاش معاش، برصغیر کے باشندوں کو سات سمندر پار اور خلیجی ممالک میں بھی کسی نہ کسی طرح ہجرت پر مجبور کر رہے ہیں۔ گزشتہ دنوں ایک ڈوبتے جہاز سے کئی ہندوستانی پنجاب کے مزدوروں کو بمشکل نکالا گیا۔ پھر بھی ان میں سے کئی بدنصیب موت کا شکار ہو ہی گئے۔

جہاں تک کراچی جیسے پورٹ سٹی کا سوال ہے تو ممبئی کی طرح وہاں بھی کئی ایسے کام ہیں جو ساحلی علاقے کے لوگ ہی کر سکتے ہیں۔ جہاز رانی، جہازوں کی مرمت، گودی کے سامان کو ایک مقام سے دوسرے مقام تک پہنچانا، ماہی گیری، جال کی بنائی، مچھلیوں کو پکڑنے کے لیے گہرے سمندر کا چکر وطوفانی ہواؤں اور سمندر کی طغیانی کے درمیان ساحلی علاقوں کی ڈھیروں ضروری کاموں کو انجام دینا وغیرہ کئی ایسے کام ہیں جنھیں صرف تجربہ کار اور پیشہ ور لوگ ہی کر سکتے ہیں۔ اسی لیے دنیا بھر کی بندرگاہوں پر عموماً ساحل سمندر کے لوگ ہی اس طرح کے روزگار میں پائے جاتے ہیں۔ اسی لیے خراچی میں آج بھی لب سمندر یعنی بحیرۂ عرب کے ساحلی پر اگر ہزاروں بنگالی خاتون موجود ہیں تو تعجب کیسا؟ کراچی سے کئی بنگالی خاندانوں کا قدرتی اور

پرانا تعلق ہے۔ یہ بات دیگر ہے کہ جب بھی سیاسی خلفشار رہوا ہے، اہلِ سیاست اور اقتدار نے ایسے ہی لوگوں کو ہر طرح کے غیر قانونی عمل کے نام پر نشانہ بنایا ہے۔ خود ہمارے یہاں ممبئی میں اس طرح کا شور شرابہ ہوتا رہتا ہے۔ ہاں! کچھ لوگ تو مستثنیٰ ہوتے ہی ہیں۔

یہ ایک دلچسپ جانکاری ہے کہ متوسط اور اعلیٰ پاکستانی گھرانوں میں زیادہ تر گھریلو ملازمائیں بنگلہ دیشی ہوتی ہیں۔۔ وقتاً فوقتاً پاکستانی اخباروں میں غیر قانونی ڈھنگ سے لائی گئی بنگلہ دیشی لڑکیوں اور خواتین کے متعلق ہولناک خبریں شائع ہوتی رہتی ہیں۔ کچھ دنوں پہلے مشہور ایڈوکیٹ انصار برنی نے پاکستان میں بنگلہ دیشی لڑکیوں کے متعلق کافی چھان بین کے بعد ایسی کئی بنگلہ دیشی لڑکیوں کی بازیابی کی، جنہیں بغیر کسی فرد جرم کے پاکستانی جیلوں میں مقید رکھا گیا تھا۔ ان سے کسی طرح کی بات چیت کرنا بھی بیحد دشوار تھا کیونکہ ان میں زیادہ تر لڑکیاں بنگلہ دیش کے اندرونی طوفان زدہ علاقوں سے تھیں جو سوائے بنگلہ زبان کے دوسری زبان نہیں جانتی تھیں۔ خلیجی ممالک میں نوکری دلانے کے بہانے ان لڑکیوں کے والدین کو تھوڑی بہت رقم تھما کر اُنہیں کسی طرح کراچی پہنچا دیا جاتا رہا تھا۔ ان میں سے اگر کوئی پولس کے ہتھے چڑھ گئیں تو جیل کی آہنی سلاخیں ہی ان کا مقدر بن جاتا۔ انصار برنی اور ان کے جیسے سماجی خدمت گاروں کا یہ بھی مسئلہ تھا کہ پولیس اور قانون کے شکنجے سے رہائی دلانے کے بعد ان لڑکیوں کو کہاں رکھا جائے۔ اتفاق سے ایدھی ٹرسٹ کے علاوہ کراچی میں ایسی بے پناہ لڑکیوں کے لیے دارالامان جیسی پناہ گاہیں بھی ہیں۔

بنگلہ دیشی لڑکیوں کی بڑی تعداد میں پاکستان میں آمد پر ایک بار نوائے وقت (لاہور) میں بھی ایک تفتیشی رپورٹ شائع کی تھی جس کے مطابق ایسی کئی لڑکیوں کو پنجاب کے گاؤں دیہاتوں میں باضابطہ نکاح کر کے سماجی حیثیت دی گئی۔ رپورٹ کے مطابق پنجاب میں عام طور پر دلہن والوں کو موٹی رقم دینی ہوتی ہے۔ اس طرح غریب اور کم حیثیت کے کسانوں اور کھیت مزدوروں کے لئے گھر بسانا آسان نہیں، فری مارکیٹ پر یقین رکھنے والوں نے اس کا بھی علاج ڈھونڈ نکالا اور ہر طرح کی رقم کے لیے غریب پنجابی کسانوں کے گھروں میں غریب بنگلہ دیشی لڑکیاں دلہن بن کر جانے لگیں۔ لیکن اس بات کی جانکاری نہیں ملتی ہے کہ شادی و نکاح کے بعد ان بنگلہ دیشی لڑکیوں یعنی پنجابی بہوؤں کا کیا ہوتا ہے؟ ان کی سماجی برادری و خاندانی حیثیت کیا ہوتی ہے؟

ان اولادوں کو سماج میں کس طرح قبول کیا جاتا ہے؟ وغیرہ وغیرہ۔

پاکستان کے وجود میں آنے کے قبل بہار و یو پی کے کئی بے روزگار نوجوان کلکتہ کے ساتھ ساتھ ڈھاکہ اور چٹگام جیسے صنعتی اور تجارتی مقامات پر بھی چھوٹے موٹے کام دھندے میں تھے۔ یہ لوگ محنت و مزدوری کر کے اپنے سارے اثاثے کے ساتھ سال دو سال میں تیج و تیوہاروں کے موقعے پر اپنے "وطن" یا ملک واپس لوٹتے تھے، چند دنوں یعنی ساری پونجی کے خرچ ہو جانے کے بعد وہ دوبارہ اپنے جائے روزگار پر واپس چلے جاتے، دراصل انگریزی حکومت اور صنعتی انقلاب کے باعث جب ہمارے دیہی نظام میں حرفت و زراعت کا تناسب گڑبڑانے لگا اور گھریلو دستکاری و کاریگری پر مشینی و جدید ترقی کی ضرب پڑنے لگی تو اٹھارہویں اور انیسویں صدی میں دیکھتے ہی دیکھتے ہمارے گاؤں کے گاؤں اجڑنے لگے۔ معیشت کا بوجھ زراعت پر زیادہ پڑنے لگا، چند دوسرے وجوہات کی بنا پر بھی گاؤں، دیہاتوں کے لوگوں کو مجبوری کی وجہ سے روزگار کی تلاش میں اپنے وطن سے بے وطن ہونا ہی پڑا۔ کلکتہ، بمبئی، ڈھاکہ اور کراچی وغیرہ تو تھے ہی، ان دنوں تو ہندوستانی مزدور سات سمندر پار ماریشش، برٹش گائنا، فجی، سنگاپور اور کئی یوروپی و افریقی ممالک بھی جانے لگے تھے۔ اس سارے صنعتی اتار چڑھاؤ نے جو زبردست معاشی دباء پیدا کیا تو سیاست بھی اسی سے متاثر ہوئی اور تقسیم ملک برصغیر بھی اسی کا ایک نتیجہ ہے۔

برصغیر کی سیاسی و عغرافیائی تقسیم یوں تو کب کی ایک حقیقت بن چکی ہے۔ لیکن اب بھی گزشتہ پچاس برس کی خوں رازی تباہی اور بربادی سے دونوں ممالک کے اہل درد تقسیم وطن کا بوجھ جھیل رہے ہیں۔ بلکہ دونوں ممالک میں اب بھی ایک ایسی جیتی جاگتی نسل ہے جس کا سارا وجود منقسم ہو چکا ہے وہ اپنا آپا کھو بیٹھی ہے۔ پھر بھی دونوں ممالک میں ایسے کئی لوگ اور جماعتیں ہیں جو ایک دوسرے ملک کا نام سنتے ہی تن جاتے ہیں۔ حالانکہ گزشتہ پچاس سال کے دوران دنیا سکڑ کر بہت چھوٹی ہو گئی ہے۔ اور کئی سیاسی انقلابات نے لوگوں کی سوچ و فکر کو ایک نیا موڑ دینے کی کوشش کی ہے۔ پھر بھی کم سے کم ہندوستان اور پاکستان کے دوستانہ رشتے کے سلسلے سیاستدانوں، اہل اقتدار اور ایک چھوٹے سے ہی لیکن پر اثر و رسوخ طبقہ اپنے اپنے قبیلے کے حصار میں مقید اس پار دیکھنے تک کا روادار نہیں۔ گزشتہ ۱۴ / ۱۵ اگست کو جب جذبات سے

سرشار کچھ دانشوروں نے ایک دوسرے کے یہاں جشن آزادی منانے کا فیصلہ کیا تھا تو حکومتیں، قانون اور سرحدیں ایک بار پھر آڑے آ گئیں۔ یہ الگ موضو بحث ہے کہ مابعد گلوبلائزیشن (Globlisation) رفتہ رفتہ ساری دنیا علاقائیت اور تنگ نظر سیاست کا بھی کیوں شکار ہو رہی ہے؟

تقسیم وطن سے متعلق سب سے زیادہ دلچسپ واقعہ ان صاف صفائی کرنے والے پس ماندہ طبقے کا ہے، جن کی ضرورت ہر کسی کو ہے۔ کہا جاتا ہے کہ مرحوم لیاقت علی خاں نے پنڈت جواہر لال نہرو کو یقین دلایا تھا کہ صدیوں سے صاف صفائی کرنے والے طبقے کا پاکستانی حکمراں خاص خیال رکھیں گے۔ حالانکہ ان کی اچھی خاصی تعداد آج بھی کراچی کے علاوہ دیگر سندھی شہروں میں آباد ہے لیکن پھر بھی وہ اپنے ہندوستانی عزیز و اقارب کے لیے پردیسی تو ہو ہی گئے ہیں۔ غور طلب بات یہ ہے کہ پاکستان کی سب سے پہلی دستور ساز اسمبلی میں بانی پاکستان محمد علی جناح نے صاف لفظوں میں پاکستان میں مقیم ہر شہری کو سب سے پہلے پاکستانی گردان کر مساوی اختیارات دینے کا وعدہ کیا تھا اور ان کے ریز رویشن کو اسمبلی نے منظوری بھی دی تھی۔ گرچہ ۱۹۵۶ء کا آئین بروئے کار نہیں لایا جاسکا۔ پھر بھی اس میں اقلیتوں کے ساتھ منصفانہ سلوک کا ذکر تھا۔ پاکستان کے موجودہ آئین جیسے پاکستان کے منقسم ہونے کے بعد ذوالفقار علی بھٹو کی حکومت کے دوران سبھی سیاسی جماعتوں کے اشتراک سے بنایا اور نافذ کیا گیا تھا۔ بعد میں کچھ رز و بدل کے ساتھ اقلیتوں کیحق میں تھا اس کے مطابق اقیتوں کو برابری کا درجہ حاصل تھا لیکن ضیاء الحق حکومت نے سن ۱۹۸۵ء میں آئین میں رد و بدل کر کے اقلیتوں کے عام حقوق کی پامالی۔ دراصل اس وقت پاکستان میں قادیانیوں کا مسئلہ اٹھ کھڑا ہوا تھا اور انہیں ایک الگ اقلیت کی حیثیت دی گئی تھی۔ لیکن ان تبدیلیوں سے بلاتفریق ہر پاکستانی شہری کو مساویانہ حق حاصل نہیں۔ افسوس کی بات یہ ہے کہ پاکستان کے کئی علاقوں میں آج بھی سماجی، اقتصادی اور دیگر حقوق سے بے نیاز ایک اور بڑی اقیت ہے، خواتین۔!

ویسے بھی تقسیم وطن کے درد کا سب سے زیادہ شکار ہونے والیوں میں ہماری خواتین ہی رہی ہیں۔ چاہے اس طرف، چاہے اس طرف! اسی طرح پاکستانی مہاجر اور ان کے ساتھ بنگلہ دیش میں سن ۱۹۷۱ء سے لے کر اب تک لاکھوں بہاری، پاکستان جانے کی تمنا میں ایک ایسی زندگی کا

بوجھ ڈھو رہے ہیں، جس میں نہ کوئی جذبہ ہے اور نہ کوئی جوش! کراچی میں یوں تو مہاجروں، خاص کر اتر پردیش، بہار، وغیرہ کے باشندوں کی کئی نسل سامنے آچکی ہے، لیکن اب بھی وہ اپنے آبائی وطن کی یادوں سے آزاد نہیں، کوئی ہے اس لیے ویسے لوگ اب بھی پاکستان میں ہندوستانی اور ہندوستان میں پاکستانی کہے جاتے ہیں۔ لیکن بالآخر وہ لوگ اور ان کی ساری نسل تقسیم وطن کے درد کا ہی ایک جگہ ہے۔

23.11.1997

☆☆☆

قصہ ایک بادشاہ کا جو 'بابا' بن گیا

پنجاب میں جھیلم ضلع کا بھولا بسرا قصبہ کوٹ اچانک پاکستان میں جیسے مقدس زیارت گاہ بن گیا ہے۔ دراصل وہاں دلی میں ترک افغان حکومت قائم کرنے والے سلطان شہاب الدین غوری کی قبر ہے۔ شاید یہ بھی ایک اتفاق ہی تھا یا پھر ممکن ہے جان بوجھ کر ہی ہو کہ سلطان غوری کے سالانہ عرس کے آس پاس ہی پاکستان کا غور میزائیل بھی داغا گیا۔ ظاہر ہے جس غوری نے برسوں پہلے دلی میں ایک اسلامی حکومت کی بنیاد ڈالی وہ تو پاکستان میں ایک اہم نام ہوگا ہی۔ اس کے ثبوت دیکھے گئے پچھلے دنوں کوٹ دھارمک سوہاوا میں جہاں اس بار سلطان کا عرس تزک واحتشام سے منایا گیا۔

جھیلم (پنجاب) سے ایک خبر (ڈان ۱۲اپریل) کے مطابق ''سلطان کے عرس کے وقت ہی غوری میزائیل بھی داغا گیا اور عید الضحیٰ کا تیوہار بھی قریب (۱۸اپریل) تھا۔ اس لیے عرس کا جشن جوش سے منایا گیا۔ مقبرے کے آس پاس کئی طرح کی دوکانیں کھل گئیں۔ کھیل تماشے والے پہنچ گئے۔ اور اِدھر اُدھر کے گاؤں دیہاتوں سے لوگوں نے غوری 'بابا' کے مزار کی زیارت کے لیے پہنچنا شروع کر دیا۔ خبر میں بتایا گیا کہ سخت گرمی کے باوجود عرس کے میلے میں لوگوں کا ہجوم تھا۔ لوگوں کا یہ اندازہ تھا کہ ملک کی سلامتی کے لیے غوری میزائیل غوری بابا کی دین ہے۔ غور طلب بات یہ ہے کہ ۱۹۸۴ تک وہ گمنام مقبرہ صرف غوری کا ڈیڑھا (ڈان کراچی ۱۲ اپریل) ہی کہلاتا تھا۔ اس کے بعد وہ سلطان شہاب الدین غوری کا مقبرہ بن گیا۔ برصغیر میں

اس طرح کی کسی تاریخی کھنڈر، عمارتوں یا نشانیوں کو عبادت گاہوں میں بدل دینا یا اسے کسی تاریخی یا روحانی شخصیت سے وابستہ کر دینا کوئی نئی بات نہیں ہے۔ لیکن تعجب کی بات یہ ہے کہ غوری میزائیل کے بارے میں کئی الگ الگ باتیں کہی جا رہی ہیں۔

پاکستان کے نیوکلیئر سائنس داں اور پاکستانی ایٹمی 'بابا' ڈاکٹر عبدالقدیر خاں کا بیان ہے کہ غوری میزائیل بالکل پاکستانی میزائیل ہے۔ اسے پاکستان میں ہی بنایا گیا ہے۔ البتہ کل پُرزے اور دوسرے آلات دُنیا کے کئی ممالک سے منگوائے گئے ہیں۔ پھر بھی اس کا بنیادی ڈھانچہ پاکستان میں ہی بنایا گیا ہے۔ اس لیے وہ وہیں کی پیداوار ہے۔ غور طلب ہے کہ ۱۹۷۴ میں ہندوستان کے پوکھرن ایٹمی تجربے کے بعد اس وقت کے وزیر اعظم ذوالفقار علی بھٹو نے بھی اعلان کیا تھا کہ ''ہم (یعنی پاکستانی) گھاس کھائیں گے مگر ایٹم بم بنائیں گے۔ آج معاشی حالات میں واقعی پاکستانیوں کو گھاس کھانے کی نوبت آگئی ہے۔ لیکن انھوں نے برسوں پہلے یعنی ۱۹۷۸-۷۹ میں ایٹم بم بنانے کے آلات اور فارمولہ حاصل کر لیا تھا۔ اخباری علامات سے یہ بات اب بھی اُجاگر ہو جائے گی کہ پاکستان کے ٹکڑے ہونے (۱۹۷۱-۷۲) اور پھر ہندوستان کے ذریعے پوکھرن تجربے کے بعد ذوالفقار علی بھٹو نے بڑے پیمانے پر ایٹمی بم بنانے کے منصوبے پر عمل کرنے کی تیاری شروع کر دی تھی۔ اس کے لیے انھوں نے ایک خاص خفیہ دستہ تیار کیا۔ اسی دستے کے ایک اہم رکن تھے ڈاکٹر قدیر خان۔

بھوپال سے کیمسٹری میں بی اے کرنے کے بعد ۱۹۵۲ میں قدیر خاں پاکستان گئے اور وہاں سائنس کی اعلیٰ تعلیم کے بعد بیرون ممالک پہنچے۔ ۱۹۷۴ میں وہ ان چند پاکستانی سائنس دانوں میں تھے جنھیں ایٹمی تکنیک کی معلومات تھی۔ بھٹو کے مشن کے لیے انھوں نے ہالینڈ کے ایٹمی تجربہ گاہ میں نوکری کی اور مکمل علم اور اندرونی معاملات کی معلومات کے لیے ہالینڈ کی ایک خاتون سائنس داں سے شادی کی۔ اس کے بعد دھیرے دھیرے کئی طرح کے آلات کو چوری چھپے پاکستان بھیجنا شروع کر دیا۔ ان دنوں بعض وروپی ممالک کو بھی اس بارے میں شک ہوا کہ ٹکڑوں ٹکڑوں میں یہ آلات پاکستان کیوں بھیجے جا رہے ہیں؟ اس طرح جب ڈاکٹر قدیر خاں شک کے گھیرے میں آگئے اور ممکن تھا کہ اسمگلنگ کے الزام میں انھیں پکڑ بھی لیا جاتا تو وہ ہالینڈ سے بچتے بچاتے پاکستان بھاگ آئے۔ اب یہ پتہ نہیں کہ ان کی ڈچ بیوی بھی ان کے ساتھ

آئیں یا نہیں مگر پاکستان لوٹنے سے پہلے انھوں نے ایٹم بم بنانے کی ترکیب سیکھ لی تھی۔اسی کا ذکر وہ آج شان سے کر رہے ہیں۔ یوں بھی ان دنوں اسرائیل عرب ممالک کے جنگ کا زمانہ تھا۔بھٹو نے عرب ممالک کو انکے تیل کی آمدنی سے ''اسلامی بم'' بنانے کے لیے اُکسایا۔ سعودیعرب اور لیبیا نے ان کی مدد بھی کی۔مگر ایک وقت ایسا بھی آیا کہ بھٹو خود اسی بم کا شکار ہوئے جسے وہ گھاس کھا کر بنانا چاہتے تھے۔

کہا نہیں کا سکتا کہ پاکستان میں جو لوگ آج شان سے ایٹمی ہتھیاروں کے گن گا رہے ہیں کل ان کا سیاسی انجام کیا ہو۔مگر دلچسپ بات ہے ایک حملہ آور بادشاہ کا بابا بننا۔سلطان شہاب الدین بابا کا غوری بابا بننا۔

19.4.1998

☆☆☆

اور اب پاکستانی پیر

MY FUDEL LORD اور ایک دوسری کتاب کی مقبولیت کے بعد پنجاب کے رنگیلے سیاست داں مصطفیٰ کھر کی سابق بیگم تہمینہ درانی اب جدید پاکستانی پیروں کے چہروں سے نقاب اُٹھانے والی ہے۔ پاکستان کے اعلیٰ، روادار اور جدید خاندان میں پرورش پانے والی تہمینہ نے جب اوپر سے ویسے ہی روادار نظر آنے والی مصطفی کھر سے شادی رچائی تو انھیں ایک طرح سے سونے کے پنجرے میں قید کر دیا گیا۔ پندرہ برس کی شادی شدہ زندگی کے بعد جب تہمینہ نے ایک پنجابی جاگیر دار سے طلاق حاصل کیا تو پھر بھی انھیں ایک مساوی حقوق دینے والے پاکستان میں سانس لینے کی آزادی تھی۔ برسوں بعد ملی جمہوری آزادی میں تہمینہ نے MY FUDEL LORD لکھ کر نہ صرف اپنی نجی زندگی کو کاغذ پہ اُنڈیلا بلکہ پاکستان کے سیاستدانوں کے ایک طبقے کے مکروہ چہرے سے بھی نقاب اُٹھایا۔ چار پانچ سال پہلے اس کتاب نے دھوم مچا دی تھی۔ اس کے بعد تہمینہ بھی برصغیر میں کچھ برسوں میں راتوں رات شہرت کی بلندیوں کو چھونے والی خاتون کہانی کاروں میں شمار کی جانے لگی۔ جاگیر داروں کی

نجی زندگی کے بعد اب وہ پیروں کی زندگانیوں پر کتاب لکھنے والی ہے۔

تہمینہ کا دعویٰ ہے کہ ان کا نیا ناول ایک سچے واقعے پر مبنی ہوگا۔ "In the name of Allah" کے نام سے نئے ناول میں ایک پیر کی بیوی کے تجربے شامل ہوں گے۔ انکا کہنا ہے کہ پاکستانی پیر تو جاگیرداروں سے بھی زیادہ دولتمند اور طاقتور ہیں۔ عام لوگوں میں ان کے لیے عقیدت ہے۔ اس کے برعکس جاگیرداروں سے لوگ ڈرتے ہیں۔ اس میں ڈر نہیں عقیدت مندی شامل ہے۔ تہمینہ ان کے بارے میں اور بھی سخت الفاظ استعمال کرتی ہیں۔ انھیں کسی طرح کا خوف نہیں ہے۔ ان کا کہنا ہے کہ وہ خود مذہبی ہیں لیکن مذہب کے نام پر ہو رہے ڈھونگ کو وہ ضرور بے نقاب کریں گی۔

سچ تو یہ ہے کہ پاکستانی عوام روایتی طور پر پیروں، فقیروں اور درویشوں کے لیے زبردست عقیدت و احترام رکھتے ہیں۔ اتفاق کی بات یہ ہے کہ اس پورے علاقے میں عرب ممالک کے علاوہ ایران اور وسط ایشیائی ممالک سے اسلام کی آمد کے ساتھ ہی درویشوں اور صوفیوں کی آمد شروع ہوگئی تھی۔ ان میں سے کئی برصغیر کے جنوبی علاقے اور مشرقی علاقوں تک جا بسے تھے۔ دلی تو نہیں لیکن اس کے آس پاس راجستھان، وسط ہندوستان اور اتر پردیش کے کئی ویران علاقوں میں صوفیوں نے اپنا ڈیرہ جمایا۔ اپنا گھربار اور وطن چھوڑ کر انھوں نے یہاں ہندوستان کو ہی اپنا وطن بنایا۔ ان میں سے کئی بزرگوں اور ان کی اولادوں نے یہیں شادی بیاہ رچایا اور یہاں کے علاقائی رسم و رواج میں رچ بس گئے۔

مشہور صوفی سنت خواجہ معین الدین چشتی کے علاوہ عرب، ایران اور وسط ایشیاء سے کئی صوفیوں نے یہاں آکر ہندو درشن کا بھی گہرا مطالعہ کیا۔ اسلامی صوفیت اور ویدانت کے سنگم سے جس انسانی فلسفے کے بیج پھوٹے ہیں۔ صوفیوں نے نہ صرف فلسفے اور نظریات میں بلکہ اپنی مادی زندگی میں بھی جن ضابطۂ اخلاق کو اپنایا وہ ہندو۔اسلامی زندگی کا ایک خوبصورت گلدستہ ہے۔ صوفیوں نے ہی تمام مذہب اور عقیدوں کا احترام کیا۔ اسی کے ساتھ انھوں نے اپنے لنگر خانوں سے ہزاروں غریبوں کو کھانا کھلایا اور انسانی خدمت میں اپنا سب کچھ لٹایا۔ اس کے علاوہ کئی صوفی سنتوں نے اپنی خانقاہوں میں اپنے شاگردوں کو حکیمی، مذہبی اور کئی دُنیاوی تعلیم بھی دی۔ ان

کی مقبولیت سے ہر دور کا ہر بادشاہ ان سے خوف زدہ رہتے۔ بادشاہوں کے درباری علماء انھیں صوفیوں کے "بے دین" رویے پر اکثر بھڑکاتے مگر بادشاہوں نے صوفیوں سے زیادہ چھیڑ چھاڑ نہیں کی۔ سچ تو یہ بھی ہے کہ صوفیانہ نظریات بنیادی طور پر بادشاہوں اور جاگیرداروں سمیت سامراجیت کے خلاف تھا۔ مگر بعد کے زمانے میں صوفیوں کی اولادیں بھی اُسی دولتمند طبقے کا ایک حصہ بن گئیں۔ جس کی مخالفت میں انکے بزرگوں نے جنگلوں اور ریگستانوں کی خاک چھانی تھی اور انسانوں کی خدمت کی تھی۔ پاکستان میں بھی یہی ہوا اور ہو رہا ہے۔

پاکستانی پنجاب اور سندھ کے کئی پیر گھرانے وہاں کی سیاست پر بُری طرح حاوی ہیں۔ ۱۹۴۷ سے لے کر اب تک ہر سیاسی پارٹی اور حکمران کو "پیروں" کی دُعائیں پیوپلس پارٹی اور مسلم لیگ میں سندھ و پنجاب کے کئی پیر گھرانے شامل ہیں۔ یہ بات الگ ہے کہ کسی بھی حکمراں جماعت میں پیر گھرانے پر انگلی اُٹھانے کی جرأت نہیں۔ یہ بھی ایک دلچسپ بات ہے کہ پیر گھرانوں کے مرید ہر پارٹی میں ہیں۔ جہاں تک عام لوگوں کا سوال ہے تو وہ تو پیر گھرانوں پر جان چھڑکتے ہیں۔

جنرل ضیاء الحق کے زمانے میں سندھ کے "پیر صاحب آف پگارو" کی طوطی بولتی تھی۔ ضیاء صاحب نے پیر صاحب کی ایک طرح سے 'مریدی' اختیار کر کے لمبے عرصے تک سندھ میں اپنا دبدبہ بنائے رکھا تھا۔ دوسری طرف انھوں نے جی ایم سید کے ساتھ بھی نرم رویہ اختیار کیا جو ایک پیر گھرانے سے ہی تھے۔ اسی طرح انھوں نے پنجاب میں ملتان، لاہور، جھیلم اور کئی دوسرے خطوں میں پیر گھرانوں سے اپنی عقیدت جتا کر اپنے اقتدار کے لیے خاموش حمایت حاصل کی۔

حیرت کی بات یہ ہے کہ پاکستانی جاگیرداروں اور زمین داروں کے بارے میں تو ڈھیروں لکھا گیا لیکن پیروں پر کسی نے قلم نہیں اُٹھائی۔ اس لیے تہمینہ درانی کا یہ قدم جرأت مندانہ ہے۔ جس طرح سے پیری مریدی ایک منافع کمانے والا کاروبار بنا دیا گیا ہے اسے بے نقاب ہونا ہی چاہیے۔ ورجہ اس سے پورے صوفی ازم پر آنچ آتی ہے۔

26.4 1998

☆☆☆

ہند۔ پاک کرکٹ ٹیسٹ

ان سطور کے لکھے جانے تک کی خبر ہے کہ پاکستانی کرکٹ ٹیم کا ہندوستان دورہ تقریباً طے ہے۔ فیروز شاہ کوٹلہ میدان کے معائنے کے بعد پاک کرکٹ بورڈ کے نمائندے برگیڈیر سعید احمد رفیع نے ہندوستانی حکام کے میچ کو بہ حفاظت پورا کروانے کے وعدے پر اطمینان کا اظہار کیا۔ بعد میں اسلام آباد سے حاصل ایک خبر میں پاک کرکٹ بورڈ کے سیکریٹری وقار احمد نے بھی تصدیق کی کہ پاک کھلاڑیوں کی تربیت اور ہندوستان دورے کی تیاری جاری ہے۔ انٹرنیٹ سے موصولہ اطلاعات کے مطابق بھی ہند پاک کے درمیان پہلا ٹیسٹ مدراس میں ہوگا دوسرا دلی اور تیسرا کلکتہ میں۔

اگلے مہینے پاکستان ہاکی ٹیم بھی ہندوستان دورے پر آنے والی ہے۔ اس کی بھی تیاریاں چل رہی ہیں۔ تسلی کی بات ہے کہ ہاکی ٹیم کے لیے پچ کوئی مسئلہ نہیں ہے۔ کراٹے ٹیم اپنے کرتب دکھا کر لوٹ بھی گئی۔ اس سے اتنا تو ثابت ہو رہا ہے کہ مسئلہ صرف کرکٹ ٹیم کے ساتھ ہی ہے۔ شاید ہمارے سیاست دانوں کو دیگر کھیلوں کے بارے میں زیادہ معلومات نہیں ہے۔ ورنہ بے چارے کرکٹ پر ہی قہر کیوں؟

کرکٹ پاکستان کا بھی قومی کھیل بن چکا ہے۔ پاکستان کے چھوٹے بڑے قصبوں، شہروں اور عروس البلاد کی گلیوں، محلوں، میدانوں میں ہر عمر اور ہر پیشے کے لوگوں کو کرکٹ کھیلتے دیکھتے ہوئے دیکھا جا سکتا ہے۔ سال بھر پورے پاکستان میں کرکٹ میچ ہوتے رہتے ہیں۔ اس معاملے میں سب کچھ ہمارے ہی جیسا ہے۔ اب یہ کھیل دونوں ملکوں میں ایک ساتھ کیوں اور کیسے مقبول ہوا؟ یہ ایک تحقیق طلب امر ہے۔ شاید کچھ لوگوں کو اس پر ڈاکٹریٹ بھی ملے۔ دلچسپ بات یہ ہے کہ کرکٹ کے شیدائیوں کے لیے سرحدیں رُکاوٹ نہیں ہیں۔ دونوں ملکوں میں ایک دوسرے ملک کے کھلاڑیوں کے لاکھوں شیدائی ملتے ہیں۔ وہ جس دلچسپی سے ایک دوسرے ملک کے کھلاڑیوں کی نجی زندگی کے بارے میں معلومات حاصل کرتے ہیں۔ اس سے پتہ چلتا ہے کہ دونوں ملکوں میں کرکٹ کے کھلاڑی یکساں طور پر مقبول ہیں۔

ویسے ہمارے فلم اسٹار بھی پاکستان میں بے حد مقبول ہیں۔لیکن وہ کرکٹ کھلاڑیوں سے زیادہ مقبول نہیں ہیں۔ہمیں وہ دن یاد ہے جب ہمارے 'لٹل ماسٹر' گاوسکر کو عمران خان نے اپنی مرحومہ ماں کی یاد میں فنڈ کے لیے ایک شو میں لاہور بلایا تھا اور انھیں وطن پرستی کے نام پر جانے سے منع بھی کیا گیا تھا۔مگر وہ گئے۔اب بھلا انھیں وطن پرستی کا درس کوئی دے؟ بلکہ کبھی کبھی تو ایسا لگتا ہے کہ دونوں ملکوں کے کھلاڑی ،گلوکار، قلمکار، شاعر، صحافی، فلمی ستارے، ڈرامہ نگار، فن کار اور موسیقار ہی دونوں ملکوں کی نفرت کی دیوار گرا سکتے ہیں۔سیاست داں، تاجر، مذہب پرست اور نوکرشاہ تو دوستی بڑھانے سے رہی۔اُسے تو اپنے مفادات کی روٹیاں سینکنی ہیں۔اور دونوں ملکوں کے سیاست داں، مذہب پرست اور نوکرشاہ برسوں سے یہی کر بھی رہے ہیں۔ کیونکہ وہ دونوں ملکوں کے بھوکوں ننگوں، بے روزگاروں اور غریبوں کی سیاست نہیں کرسکتے۔ خوشی کی بات ہے کہ دونوں ملکوں کی عوام اپنے نام نہاد وطن پرست لیڈروں کی اُچھل کود اور نوٹنکی سے واقف ہیں۔

مگر یہ بات بھی سچ ہے کہ پاکستان کی بدنام زمانہ آئی ایس آئی نے ہمارے اندرونی علاقوں میں بم دھماکوں سے لے کر کئی تخریبی کارروائیاں کی ہیں۔اور یہ کارووائیاں جاری ہیں۔مگر دوسری طرف پاکستانی اخبارات بھی پاکستان میں راء کی سرگرمیوں کی خبر دیتے رہتے ہیں۔یہ ایک پرانی حکومتی تدبیر ہے۔آج کے دور میں یہ بات بھی واضح ہے کہ دنیا کا ہر ملک اپنے پڑوسی ملک میں جاسوسی کرواتا ہے۔لیکن آج جب دنیا کا نقشہ بدل رہا ہے اور ایک 'گلوبل ویلج' کی بات ہو رہی ہے تو پھر پڑوسی ملکوں میں جاسوسی اور توڑ پھوڑ کی کارروائی کا کیا مطلب؟ اور اس سے کیا فائدہ؟ کم سے کم ہند۔ پاک کے نام نہاد وطن پرست لیڈران کو یہ تو سوچنا ہی ہوگا۔اگر وقت رہتے وہ نہیں سنبھلے تو دونوں ملکوں کی غریب عوام انھیں امن کی راہ دکھائے گی۔

حیرانی کی بات ہے کہ یورپ میں جس جرمنی نے دوسری عالمی جنگ میں فرانس سمیت کئی یورپی مما لک کو تباہ کیا آج وہی جرمنی اور فرانس ایک ہی سکہ اُچھال رہے ہیں۔سرحدوں کے باوجود اپنی یکسانیت ظاہر کر رہے ہیں۔''آسیان'' کے ذریعے جنوبی ایشیائی مما لک متحد ہو رہے ہیں۔لاطینی - امریکی مما لک بھی ہمدردی جتا رہے ہیں اور اسرائیل تک کو عرب مما لک اپنا رہے ہیں۔تو پھر ہمارے یہاں پاکستانی ٹیم کو کھیلنے کے لیے پچ کھودنے کا کیا مطلب؟ دہشت

گردی کے معاملے کو بھی حل کرنا ہے۔ مگر اُسے بھی کرکٹ کے ذریعے حل کیا جا سکتا ہے۔ مگر جن لوگوں کو مخالفت ہی کرنی ہے اور مخالفت اور نفرت ہی جن کا ایمان اور سیاست ہو انھیں کون سمجھائے۔ انھیں سمجھائے گی عوام، کرکٹ کی دلدادہ عوام۔

مگر سابق پاکستانی کرکٹر سرفراز نواز کی رائے ہے (جنگ، کراچی، ۱۰ جنوری، اتوار) کہ موجودہ حالات میں پاکستان کو ہندوستان کا دورہ نہیں کرنا چاہیے کیونکہ وہ دباؤ میں ہے۔ لیکن ٹیم کے کپتان وسیم اکرم (جنھیں ہٹایا بھی جا سکتا ہے) ہندوستان دورے کے لیے خود کو جسمانی اور ذہنی طور پر تیار کر رہے ہیں۔

پھر بھی کہا نہیں جا سکتا ہے کہ ان سطور کے شائع ہونے تک کرکٹ کے علاوہ سیاست کی پچ کیا رنگ لاتی ہے۔

17.1.1999

☆☆☆

پاکستانی دستور کی داستان

۲۶ جنوری ۱۹۵۰ کو جب ہندوستانی دستور کا نفاذ عمل میں آیا تو اس کے تحت ۱۹۵۱ میں ریاستی اسمبلیوں اور لوک سبھا کے لیے عام انتخابات ہوئے۔ اس کے بعد اس میں بھلے ہی کئی ترامیم ہوئی ہوں (اور بدقسمتی سے آج بھی کچھ سرپھرے اس کی بنیادی رُوح مجروح کرنے کی کوشش کر رہے ہیں) مگر دستور کے مطابق قائم کردہ ہماری جمہوریت محفوظ ہے مگر ایک ساتھ آزاد ہوئے پڑوسی ملک پاکستان کا دستور ۲۳ مارچ ۱۹۵۶ کو بن کر تیار ہوا پھر بھی اس پر عمل نہیں ہو سکا۔ اور وہ اکتوبر ۱۹۵۸ میں جنرل ایوب خاں کے فوجی بوٹوں کے نیچے کچل دیا گیا۔

جنرل ایوب خاں نے بندوق کی نوک پر ۱۹۶۲ میں ایک دوسرا آئین تیار کروایا اور سیاسی پارٹیوں کو ٹھینگہ دکھا کر خود کو صدر کے عہدے کے لیے نامزد کر دیا۔ مگر ۱۹۶۹ میں انھیں بھی اُمڈتے ہوئے عوامی احتجاج کے دباؤ میں آ کر ہٹنا پڑا۔ ان کی جگہ آئے جنرل یحییٰ خاں۔ یحییٰ خاں پاکستان کی تاریخ میں اس لیے یاد رکھے جائیں گے کہ انھوں نے پہلی بار ۱۹۷۰ میں قومی اسمبلی (پارلیمنٹ) کا الیکشن کروایا اور ان کے ہی دورِ اقتدار میں پاکستان کے دو ٹکڑے

ہوئے۔ ایوب خان کے ذریعے نافذ کردہ دستور محض کورا کاغذ ثابت ہوا۔

پاکستان کے ٹکڑے ہونے اور بعد میں ذوالفقار علی بھٹو کے دورِ اقتدار میں پاکستان کا تیسرا دستور تیار ہوا۔ ۱۹۷۳ میں کئی ترامیم اور بعد میں جنرل ضیاء الحق کے ذریعے توڑے مروڑے جانے کے باوجود آج بھی ۱۹۷۳ کا دستور ہی پاکستانی جمہوریت کی بنیاد ہے۔ اس وقت اس پر بھی شریعت بل کی تلوار لٹک رہی ہے۔ پتہ نہیں یہ تیسرا آئین بھی کب تک سلامت رہے۔ پھر بھی پچھلے برسوں سے ضرور سلامت رہا۔ یہ الگ بات ہے کہ انھیں پچیس برسوں کو پاکستان کی جمہوریت کے سال کہا جاتا ہے۔ بقیہ پچیس برس فوج بوٹوں تلے گزرے۔

چونکہ ۱۹۷۳ کا دستور سب سے زیادہ وقفے تک قائم رہا اس لیے اسی کی سب سے زیادہ دُرگت بنی۔ جنرل ضیاء الحق نے بھی اس میں اُلٹی سیدھی ترامیم کروا کر خود کو قانونی طور پر صدر کے عہدے پر فائز کروالیا۔ پھر انھوں نے ایوب خاں کی طرح سیاسی پارٹیوں پر بندشیں لگوا کر ایک نامزد پارلیمنٹ ''مجلس شوریٰ'' نامی قائم کروائی۔ بعد میں اسی مجلس کے ذریعے وزیراعظم اور کابینہ کا تقرر کروایا۔ ظاہر ہے مجلس کا ہر معاملہ ان کی مرضی سے طے ہوتا تھا۔ ۱۹۸۵ میں انھوں نے ۱۹۷۳ کے دستور میں ترمیم کروا کر صدر کو یہ اختیار دلوا دیا کہ وہ جب چاہے وزیراعظم کو برخاست کرسکتا ہے۔ اس ترمیم پر انھوں نے سپریم کورٹ سے بھی مہر لگوالی۔ ان کے ذریعے نامزد وزیراعظم محمد خان جنیجو کچھ زیادہ جمہوری اور آزاد ہونے لگے تو ضیاء الحق نے ۱۹۸۸ میں انھیں ایک جھٹکے میں دستور کے مطابق ہی عہدے سے ہٹا دیا۔ صدر کے ذریعے کسی الزام پر وزیراعظم کو ہٹانے کا دوسرا معاملہ بے نظیر بھٹو کو ۱۹۹۰ میں جھیلنا پڑا۔ بے نظیر ہائے توبہ مچاتی رہیں لیکن اس وقت کے صدر غلام اسحٰق خان نے بدعنوانی وغیرہ کے معاملات کی وجہ سے انھیں دستور کی شق کے مطابق ہی ہٹایا۔ پھر دستور کی اسی شق کی بجلی گری وزیراعظم نواز شریف پر (۱۹۹۳) دلچسپ بات یہ ہے کہ جنرل ضیاء الحق کے بعد مسلم لیگ (نواز شریف) اور بے نظیر بھٹو کی پیپلس پارٹی یہ دو بڑی جماعتیں سامنے آئیں۔ دونوں کی منشا تھی کہ صدر کے پر کترے جائیں مگر دونوں میں آٹھ برس تک اتفاق نہیں ہوسکا۔ قانون میں ترمیم کے لیے دونوں ایوان میں دوتہائی اراکین کی منظوری چاہیے تھی۔ جو دونوں پارٹیاں مل کر ہی حاصل کرسکتی تھیں۔ مزے کی بات یہ ہے کہ بے نظیر بھٹو ۱۹۹۶ میں دوبارہ اسی قانون کے تحت اپنی ہی پارٹی کے نامزد کردہ

صدر فاروق احمد لغاری کے ذریعے ہٹائی گئیں۔ آخر میں ۱۹۹۶ میں دوبارہ منتخب ہونے پر نواز شریف نے بے نظیر بھٹو کے ساتھ مل کر آئین میں ترمیم کے ذریعے صدر کے "آئینی پر" کترے۔ اب پھر شریعت بل کو پاس کروانے کے سلسلے میں پاکستانی دستور پر آفت آئی ہوئی ہے۔ اگر ۱۹۷۳ کا دستور قائم رہے گا تو شریعت قانون کی آئینی حیثیت کیا رہے گی۔

برطانوی حکومت نے انڈین انڈیپنڈینٹ ایکٹ کے ذریعے ۱۸ جولائی ۱۹۴۷ کو ۷۹ اراکین کی ایک دستور کمیٹی قائم کرنے کے بعد اسے ہی اقتدار اور آئین کی ذمہ داری سونپی تھی۔ ۱۱ اگست ۱۹۴۷ کو اسی کمیٹی نے محمد علی جناح کو پاکستان کا گورنر جنرل منتخب کیا۔ جناح نے جو خود بھی ماہر قانون داں تھے۔ جلد سے جلد آئین تیار کرنے کا وعدہ کیا۔ مگر ۱۹۵۶ تک پاکستانی دستور تیار ہی نہیں ہوسکا۔ اور جب تیار ہوا تو اس پر عمل نہیں ہوسکا۔ اس وقت تک پاکستانی سیاست پر زبردست خطرہ تھا۔ دستور کا کسے ہوش تھا۔ ۱۹۵۸ میں ایوب خان نے اسی مشکل وقت کا سہارا لے کر فوجی ڈکٹیٹر شپ قائم کی۔ مزے کی بات یہ ہے کہ ۲۳ مارچ ۱۹۵۶ تک یعنی پہلے دستور کے تیار ہونے تک پاکستانی حکومت گورنمنٹ آف انڈیا ایکٹ ۱۹۳۵ کے تحت ہی چلتی رہے۔ دراصل ۱۹۴۷ تک جناح اور ان کی مسلم لیگ کو یقین ہی نہیں تھا کہ پاکستان بنے گا۔ اس لیے دستور ترتیب دینے کے لیے وہ تیار ہی نہیں ہوئے تھے۔ پھر پاکستان بننے کے بعد انھیں بھی کئی مشکلات کا سامنا کرنا پڑا۔ اس کے فوراً بعد جناح (۱۹۴۸) میں اور لیاقت علی خان (۱۹۵۱) میں چل بسے۔ اس کے بعد ہی مسلم لیگ کا زوال شروع ہوا اور اقتدار کی باگ ڈور نوکرشاہوں، صنعت کاروں اور جاگیرداروں کے ہاتھ میں چلی گئی۔ پھر کیسا دستور؟ حکومت کرنے کے لیے ۱۹۳۵ کا برطانوی قانون تو تھا ہی۔

31.1.1999

☆☆☆

پاکستان میں بھی لڑکیوں کی شادی ایک مسئلہ ہے

پنجاب یونیورسٹی سے کیمسٹری میں پی۔ ایچ۔ ڈی کرنے والی ۳۷ سالہ خاتون محترمہ عطیہ شمشاد کی وزیر اعظم شری اٹل بہاری واجپئی کو شادی کی مشروط پیش کش پر یقیناً محترمہ کے رشتے

داروں،عزیزوں اوران کے ساتھ پاکستان میں جگہ جگہ شادی کرانے والے اداروں کو بھی تعجب نہیں ہوا ہوگا۔شمشاد نے ۱۹۹۲ء میں کیمسٹری میں پی۔ایچ۔ڈی کیا ہے۔لیکن اب تک شادی نہیں کی ہے۔بہت ممکن ہے کہ پاکستانی سماج میں شادی کو لے کر پھیلی ہوئی پریشانیوں اور وسائل سے وہ بھی دو چار رہی ہوں۔ورنہ پاکستان کے اعلیٰ سے اعلیٰ خاندان اور طبقے میں عام طور رایک خاص عمر تک لڑکیوں کی شادی کر دی جاتی ہے یا کروا دی جاتی ہے۔عمر بڑھنے پر ہمارے یہاں کی طرح مناسب لڑکے نہیں ملتے ہیں۔ظاہر ہے اچھے لڑکے،لڑکیوں کی ایک خاص عمر میں شادیاں ہو چکی ہوتی ہیں۔لہٰذا شادی کی عمر سے پرے ۳۷ سالہ عطیہ شمشاد کشمیر مسئلے کی آڑ میں اگر ہمارے اٹل جی کو شادی کی پیشکش کرتی ہیں تو اس میں تعجب کیسا؟ویسے خبروں کے مطابق انھوں نے متعدد ناول لکھے ہیں (جو ہمیں دستیاب نہیں ہیں) اور پاکستانی ٹی وی کے لیے ایک سیریل بھی تیار کیا ہے لیکن واجپئی جی سے شادی پر انہیں صرف کشمیر چاہیے۔ اخبار جنگ سے ایک خصوصی گفتگو میں انھوں نے کہا کہ اگر بھارتی وزیر اعظم پاکستان کے موقف کے مطابق مسئلہ کشمیر کو حل کر دیں تو میں ان سے شادی کرنے کو تیار ہوں۔انھوں نے مزید کہا کہ وہ شری واجپئی کو اس بنا پر بھی پسند کرتی ہیں کہ انھوں نے مسئلہ کشمیر پر بات چیت شروع کی اور امن کی راہ ہموار کرنے کی کوشش کر رہے ہیں۔

حقیقت تو یہ ہے کہ پورے پاکستانی سماج میں خصوصی طور پر لڑکیوں وہ بھی پڑھی لکھی تعلیم یافتہ لڑکیوں کی شادیاں والدین اور خاندان کے لیے بیحد دشوار ہے۔دقت یہ ہے کہ اپنی ذات برادری سے برے نئے دولتیے آنکھ بند کر کے لڑکیوں کو تعلیم سے آراستہ کراتے ہیں۔اس لیے تناسب کے لحاظ سے تعلیمی میدان میں لڑکیاں،لڑکوں سے آگے رہی ہیں۔اب یہ بھی نہ جانے کیسے چلن ہے (ہمارے یہاں بھی) کہ اگر لڑکی بی۔ایس۔سی میں ہو تو لڑکے کو ایم۔اے،ایم۔ایس۔سی کچھ نہیں تو بی۔اے،بی ایس سی تو ہونا ہی چاہیے۔بی ایس سی لڑکی کے لیے میٹرک یا انٹر پاس لڑکے کے متعلق سوچا بھی نہیں جا سکتا ہے۔حالانکہ لڑکی کا لڑکے سے زیادہ پڑھا لکھا ہونا اس کی ازدواجی،خاندانی اور سماجی زندگی پر کسی طرح اثر انداز ہو سکتا ہے۔بائیولوجیکل طور پر تو یہ بھی ثابت ہو چکا ہے کہ اگر لڑکی کی عمر لڑکے کی عمر سے زیادہ بھی ہو تو شادی میں کوئی حرج نہیں۔بلکہ ویسی شادی زیادہ صحت مند اور مطمئن ہوتی ہے۔اس طرح پاکستان میں (اور ہمارے یہاں

ہندوستان میں بھی) اعلیٰ تعلیم یافتہ لڑکیاں خود سے بھی زیادہ تعلیم یافتہ یا صاحب قدر کے انتظار میں بیٹھی رہتی ہیں۔ یہ کہنا زیادہ مشکل نہیں کہا علیٰ تعلیم یافتہ خاتون عطیہ شمشاد کا معاملہ بھی کچھ ایسے ہی رہا ہو۔ ویسے ہماری دعا ہے کہ پاکستان میں ہی انہیں اچھا رشتہ مل جائے۔ رہا معاملہ کشمیر کا تو سیاست داں اسے نپٹا لیں گے۔

ویسے ایک اچٹتی نگاہ سے بھی پاکستانی اخبارات کے کلاسیفائیڈ اشتہارات پر ڈالنے سے پاکستان میں پڑھے لکھے اور اعلیٰ تعلیم یافتہ لڑکے لڑکیوں کے شادی کے مسئلے کا آسانی سے پتہ چلتا ہے۔ ملاحظہ ہو کچھ نمونے۔ اتوار ۲۱/فروری کو کراچی کے ''جنگ'' کے چند اشتہارات۔ ''تنہا سندھی کنوارہ مرد ۳۸ سال ایم اے سرکاری ملازم۔ ذاتی گھر حیدر آباد ملازمہ لڑکی رشتہ، ذات پات زبان قید نہیں۔ طلاق، بیوہ قبول، لکھئے۔ یا پھر تعلیم یافتہ بارہ بنکی لکھنو کا شیخ صدیقی خاندان کی خوبصورت ۳۲۔۴۵ لڑکیاں، لڑکا آفیسر ۳۸ سال کے لیے خاندانی رشتے مطلوب۔ لڑکا عمر ۳۰ ایم۔اے۔ گریڈ ۱۶ کے لیے نیک شریف فیملی سے، خوبصورت، خوش اخلاق ملنسار لڑکی کا رشتہ درکار ہے۔ انصاری فیملی کو ترجیح دی جائے گی۔ ایک اور سید سنی خوبصورت اسمارٹ ۲۹ سالہ انجینئر امریکہ میں مقیم ۷۰ ہزار ڈالر سالانہ تنخواہ کے لیے ۵ فٹ ۱۵ انچ قد خوبصورت لڑکی درکار۔'' ذرا یہ بھی دیکھیں ''سنی لڑکا عمر ۳۶ سال پنجابی مکمل رہائش کلفٹن، ذاتی مکان کاروبار پڑھی لکھی یا ان پڑھ شریف لڑکی کا رشتہ درکار ہے۔'' ''۳۳ سالہ ایم۔ایس سی خوبصورت سلیقہ مند کنواری بیٹی کے لیے شریف سنی مہاجر ہم پلہ خاندان رشتہ درکار ہے۔ یہ تو عام رشتے ہوئے لیکن غور طلب یہ ہے کہ ان میں بھی خاندان، زبان اور روزگار و آمدنی کو فوقیت دی گئی۔ شاید وہ ضروری بھی ہے۔ لیکن ان اشتہارات سے اتنی صرف پتہ چلتا ہے کہ دونوں طرف سے اپنی برادری یا اپنے جیسے ہی لوگ ملیں تو بہتر ہے۔ دھیان دینے کی بات یہ ہے کہ ہندو و پاک کے سماجی و خاندانی پہلوؤں سے دیکھا جائے تو عام طور پر لڑکے لڑکیوں کی شادیاں ۲۵۔۲۴ سال تک ہو جاتی ہیں۔ یہاں سبھوں کی عمر ۲۶۔۲۵ سے زیادہ ہے۔ ظاہر ہے ان اشتہارات سے یہ بھی صاف ہے کہ مشتہرین کو مناسب رشتے اپنے ہی آس پاس، گاندان یا برادری میں حاصل نہیں تھے۔ اس لیے اشتہارات کے ذریعہ وہ اپنی پسند Choise کا دائرہ بڑھانا چاہتے ہیں۔ ویسے جنگ کے اس شمارے میں اور جن کا چلن عام بھی ہے ایسے بھی کئی اشتہارات ملتے ہیں یا ملیں گے جو براہِ

راست غیر ممالک خاص طور سے امریکہ اور انگلینڈ کی دعوت دیتے ہیں یا جانے کی آرزو رکھتے ہیں۔مثلاً یہ اشتہار دیکھیے ۔"پڑھی لکھی سنی فیملی کی ڈاکٹر لڑکی (یو ایس ایم ایل ای) پاس عمر ۲۶، قد ۵ فٹ ۱۲ انچ دبلی پتلی رنگ گندمی کے لیے پروفیشنل لڑکے کا رشتہ درکار ہے۔ نکے پاس امریکہ شہریت ویدا ہو۔لڑکی ان دینوں امریکہ میں ہے۔" دوسری طرف بیرون اعلیٰ تعلیم کے لیے لڑکے کی طرف سے اشتہار ملاحظہ،لڑکا تعلیم یافتہ،کنوارہ،خوبصورت،اسمارٹ،رنگ گورا،عمر تقریباً ۲۸ سال یوپی سنی ایسی ہم پلہ کنواری لڑکی سے شادی کا خواہشمند ہے جس کے سرپرست لڑکے کو بیرون ملک اعلیٰ تعلیم،بہتر مستقبل کے لیے معاونت میں اپنا ذمہ دارانہ مثبت کردار ادا کر سکیں۔

اس طرح پاکستانی اخبارات سے بھی وہاں شادی کے مسئلے پر روشنی پڑتی ہے۔ نیز پتہ چلتا ہے کہ ہندوستانی معاشرے کی طرح پاکستانی معاشرہ بھی اس مسئلے پر کس طرح سے نبرد آزما ہے۔ایک نظر میں یہ بات صرف حیرت و استعجاب میں ڈالتی ہے کہ آخر ایک اسلامی معاشرے میں جہاں ذات پات خاندان، قبیلہ، علاقہ، چھوٹے، بڑے اور تہذیب و زبانسے پرے معاشرہ دین الٰہی و مساوات شریعت کو اولین فرض کرتا ہو، وہاں شادی بیاہ جیسے مسئلے پر اس قدر تفریق اور بھید بھاؤ کیوں، سچ تو ہے کہ پورا پاکستان سرے سے ہم آہنگ نہیں ہے تو اس میں تفرقے اور فرقے ہیں اور قدم قدم پر ہیں۔ وہ بھی Multy-cultured society یعنی الگ الگ طرح تہذیب و تمدن کا گھوارہ ہے، یہاں مذہب ان میں روحانی اور دینی اتحاد پیدا کرنے کی کوششیں کرتا ہے۔ افسوس! مذہبی نقطہ نگاہ سے بھی اسلامی پاکستان کئی اور گروہوں میں منقسم ہے۔اس لیے پاکستانی سماج میں شادی جیسے اہم خاندانی، سماجی اور مذہبی فریضے پر کوئی ایک مشترکہ اصول نافذ نہیں ہے۔اس کی مذہبی شرائط کو اپنی جگہ متعین ہیں، مگر سماجی، خاندانی اور برادری کے اصول، روایت اور رسمورواج بالکل جداگانہ ہیں۔کلچر اینڈ سوسائٹی آف پاکستان میں لاہور کے جانے مانے دانشمند صاجزادے مسعود الحسن خان صابری افغانی نے پاکستان کے کلچر بشمول سماجی، جغرافیائی اور سیاسی حالات پر اچھا خاصا ریسرچ کیا ہے۔ظاہر ہے جب تک کسی بھی ملک یا خطے کے لوگوں کے متعلق ہر طرح کی جانکاری حاصل نہ ہو اس کے متعلق کچھ بھی کہنا یا لکھنا محض ایک ادھوری بات لگتی ہے۔اب جب تک عطیہ شمشاد کے پورے بیک گراؤنڈ کو بھی نہیں سمجھا جائے گا، یہ نتیجہ اخذ کرنا مشکل ہوگا کہ آخر کس طرح ایک نہایت پڑھی لکھی اعلیٰ تعلیم یافتہ خاتون

ایک سنگین مسئلے پر اس طرح شادی کے متعلق اپنی رائے دے رہی ہے۔ جو بھی ہو صاجزادے مسعود الحسن سبط حسن مرحوم (پاکستانی تہذیب کا انعقاد) اور پاکستانی سماج کے متعلق دستیاب کئی دستاویز اور اخباروں میں شائع شدہ رپورٹوں سے بھی پتہ چلتا ہے کہ پاکستانی معاشرہ زبردست عہدِ وسطیٰ کے جاگیردارانہ سماج کے بندشوں میں جکڑا ہوا ہے۔ ابھی بھی گاؤں، محلہ یا جرگہ وہاں کے لوگوں کی روزانہ زندگی میں اہم رول ادا کرتے ہیں۔ گاؤں، محلہ، جرگہ، قبیلہ ہی الگ الگ برادری (ہمارے یہاں ذات) لوگوں کی شناخت طے کرتے ہیں۔ ایسے شناخت کی بناء پر آپ کو وہاں سماجی، سیاسی اور کچھ حد تک مذہبی رتبہ بھی حاصل ہوتا ہے۔ یہ برادری یا ذات پات کی جڑیں پاکستانی سماج کی جاگیردارانہ نظام زندگی میں گہری پیوست ہیں۔ خاندان، برادری، ذات پات سیاٹھ کر یہ تعصبے، گاؤں، شہر، صوبے اور پھر ملک کے دھارے سیمٹتا ہے۔ اس لیے جیسیکہ ہمارے یہاں بھی ہے کوئی سب سے پہلے پاکستانی یا ہندوستانی نہیں برادری ذات و بے لسانی برادری خطے، قبیلے کا ہوتا ہے۔ بعد میں اس کی صوبائی اور مذہبی شناخت ہوتی ہے۔

لیکن گزشتہ کئی سال سے پاکستان میں اس روایتی جاگیردارانہ اور قبیلائی زندگی سے نئی لبرل، روشن خیال و سرمایہ داری انداز زندگی اور سوچ کا ٹکراؤ ہو رہا ہے اس کا اثر قبول کیا گیا ہے اور یہ بدلتا جا رہا ہے۔ خود ہمارے یہاں کا مسلم معاشرہ بھی ذات پات اور خاندان والوں کے اثر کو نظر انداز کر رہا ہے۔ پاکستان میں اس تبدیلی کی مثال ملتی ہے۔ الگ الگ فرقوں، برادریوں کے لڑکے لڑکیوں کی اپنی مرضی سے شادی کی مثال سے جنوری کے اخیر ہفتے میں جب لاہور کے محمود بٹ اپنی محبوبہ حمیرا بٹ سے شادی کرنا چاہتے تھے تو حمیرا کے ایم۔ ایل۔ اے والد نے پولیس کی مدد سے انہیں رکوانے کی کوشش کی۔ اخیر میں عدالت نے دونوں کو ملایا۔ اس طرح گزشتہ سال بھی کراچی میں جب ایک مہاجر نوجوان نیایک پٹھان لڑکی سے شادی کرنے کی کوشش کی تو اس پر خون ہنگامے کی نوبت آئی لیکن دونوں اپنی ذد پر اڑے رہے اور قانون نے ان کی مدد کی۔ ادھر یوں بھی ہو رہا ہے کہ گزشتہ پچاس سال میں ایک چھوٹا سا کھاتا پیتا طبقہ ابھر کر پاکستانی سماج میں آیا ہے۔ یہ نہ صرف لبرل ہے، بلکہ اپنے جمہوری حقوق کے تئیں بھی چوکس ہے۔ اتفاق سے اس طبقے میں لڑکیوں کی تعداد لڑکوں سے زیادہ ہے۔ خصوصی طور پر پنجاب کے شہروں اور کراچی میں پڑھی لکھی پنجابی لڑکیوں کے ساتھ ساتھ کراچی کی مہاجر لڑکیاں

بھی تعلیمی میدان میں بہت آگے ہیں۔ اس سے پہلے پاکستان کے اعلیٰ طبقے میں خواتین ہی اعلیٰ تعلیم یافتہ تھیں۔ لہٰذا ان کی مثال کو سامنے رکھتے ہوئے لڑکیوں کی نئی کھیپ بھی علم کے میدان میں آگے آئی۔ ظاہر ہے اس نئے تعلیم یافتہ طبقے کے نوجوانوں کی سوچ اور اپنی ذاتی زندگی کے متعلق فیصلے ان کے اپنے ہوں گے۔ اسی ٹکراؤ کا نتیجہ نہ صرف اخبارات کے اشتہاروں میں بلکہ عطیہ شمشاد کے بیانات سے بھی لگتا ہے۔

05.03.1999

☆☆☆

مینارِ پاکستان، لاہور اور ہمارے وزیر اعظم

اپنے پاکستان دورے کے دوران اٹل بہاری باجپئی نے مینار پاکستان (پہلے منٹو پارک پھر علامہ اقبال پارک) جا کر اپنی اس سیاسی بلندی کا ثبوت دیا جس سے ہمارے کئی سیاستداں ناواقف ہیں۔ ہمارے یہاں تو برسوں تک پاکستان کو نظر انداز کرنے کی کوشش کی جاتی رہی تھی۔ یہ ایک تاریخی حقیقت ہے کہ ۲۳ مارچ ۱۹۴۰ کو اسی مقام پر مسلم لیگ نے اعلانِ لاہور یا اعلانِ پاکستان کی قرارداد منظور کی تھی۔

دلچسپ بات یہ ہے کہ اس تجویز میں کہیں بھی لفظ 'پاکستان' کا استعمال نہیں ہوا تھا۔ محمد علی جناح کے سوانح نگار اسٹینلی والپرٹ کے مطابق دوسرے دن یعنی ۲۴ مارچ ۱۹۴۰ کو اخبارات نے اعلانِ لاہور کی جگہ اعلانِ پاکستان کی سُرخی لگائی۔

ظاہر ہے جس مقام سے پاکستان کا اعلان ہوا تھا وہ مقام (منٹو پارک) پاکستانیوں کے لیے مقدس تو ہوگا ہی لیکن پاکستان بننے کے بعد ۱۳۔ ۱۲ سال تک وہ ایک عام سیر گاہ ہی بنا رہا۔ ۱۹۶۰ میں ایوب خان کی فوجی حکومت کے دوران وہاں ایک یادگار قائم کرنے کا فیصلہ کیا گیا جو مینار پاکستان کے نام سے آج وہاں سیاحوں کے لیے بھی ایک پُرکشش مقام کی حیثیت رکھتا ہے۔ اسی کے ساتھ منٹو پارک کا نام بدل کر علامہ اقبال پارک رکھا گیا۔ پاکستان ٹورازم ڈائریکٹری کے مطابق ۱۹۵ فٹ اونچی اس مینار پر قرآنی آیات، علامہ اقبال اور محمد علی جناح کے چنندہ اقوال اور اشعار کے علاوہ پاکستان تحریک کی مختصر تاریخ درج ہے۔ ویسے لاہور اپنے شہر کی تاریخ، تہذیب

گلی کوچوں، زمین و آسمان پر بے حد ناز ہے۔ وہ کہتے ہیں کہ جس نے لاہور نہیں دیکھا اس نے کچھ نہیں دیکھا۔ یہ بات باشندگان لاہور کے لیے سچ ہو سکتی ہے مگر دلچسپ بات یہ ہے کہ اُسی پنجاب میں ملتان شہر کے باشندے لاہور والوں سے بہت چڑتے ہیں اور لاہور والے ملتان شہریوں سے۔ وجہ؟

پاکستان ٹورازم ڈائریکٹری کے مطابق اس شہر کا نام بھگوان شری رام کے فرزند لو پر ہے جنھوں نے اسے بسایا۔ آٹھویں صدی میں یہ اس علاقے کے ایک طاقتور راجا للیتا دتیہ کے زیر اقتدار تھا۔ ۲۳۔۱۰۲۱ کے درمیان محمود غزنوی اس پر حملے کرتا رہا۔ مغلیہ دور میں لاہور کو دلی کی برابری کا درجہ ملا۔ ۱۵۸۴ سے ۱۵۹۸ تک یعنی چودہ برس تک اکبر بادشاہ یہاں اپنا دربار لگاتے رہے۔ لاہور میں انھوں نے ۱۵۶۶ میں مشہور لاہور فورٹ بنوایا۔ اس قلعے میں بھی لاہور کے فتح پور سیکری کے قلعے کی طرح وسیع دیوانِ عام، دیوانِ خاص، شیش محل، موتی مسجد وغیرہ ہیں۔ جن کی بناوٹ سے لاہور کی اہمیت کا بھی پتہ چلتا ہے۔ ان دنوں راوی ندی قلعے سے لگ کر بہتی تھی۔

اکبر کے بعد جہانگیر اور ان کی بیگم نور جہاں نے بھی لاہور سے لگاؤ قائم رکھا۔ جہانگیر نے بھی یہاں کئی عمارتیں بنوائیں۔ ان کا بنوایا شالیمار باغ لاہور کی خوبصورتی میں چار چاند لگاتا ہے۔ جہانگیر کی موت کے بعد ان کی بیگم نور جہاں نے اپنی بیوگی کے بیس برس لاہور میں گزارے اور اپنی حیات میں اپنا مقبرہ بنوایا۔ کہا جاتا ہے کہ جہانگیر کی محبوبہ انارکلی کا مقبرہ بھی لاہور میں ہے۔ بلکہ انارکلی کے نام پر آج بھی لاہور میں ایک مشہور محلہ واقع ہے۔ پاکستان ٹورازم ڈائریکٹری کے مطابق ۱۵۹۹ میں اسے دیواروں میں چنوا دیا گیا۔ پھر بھی اس بات کے پختہ ثبوت نہیں ملتے ہیں۔ جہانگیر کے بعد شاہ جہاں اور اورنگ زیب نے بھی لاہور میں کئی عمارتیں بنوائیں۔ ۱۵۳۷ میں شاہ جہاں نے اپنے والد جہانگیر کا شاندار مقبرہ بنوایا۔ جہانگیر کی موت بھی لاہور میں ہوئی تھی۔ اورنگ زیب کی تعمیر کردہ بادشاہی مسجد بھی لاہور کی پُرکشش تعمیرات میں سے ایک ہے۔

اورنگ زیب کے بعد (۱۷۰۷ سے) لاہور (۱۷۴۹ تک سکھوں کی راجدھانی رہا) مہاراجہ رنجیت سنگھ کے دور میں لاہور نے اور بھی ترقی کی۔ انگریزی دور (۱۸۴۹) کے بعد لاہور دھیرے دھیرے ماڈرن ہوتا گیا اور پورے شمال مغرب ہندوستان کی سیاسی، ثقافتی اور سماجی

سر گرمیوں کا مرکز ہوگیا۔ وہاں ہائی کورٹ، یونیورسٹی، چھاونیاں وغیرہ قائم ہوتی گئیں۔

ہندوستان کی تحریک آزادی میں بھی لاہور اور باشندگانِ لاہور کا بے حد اہم رول رہا۔ اسی طرح ادب، آرٹ، تعلیم، کھیل کود وغیرہ ہر میدان میں لاہور کا بول بالا تھا۔ یہاں تک کہ ممبئی کی طرح وہاں بھی مشہور اور ہٹ فلمیں بنائی گئیں۔ فیشن کے معاملے میں لاہور کو مشرق کا پیرس کہا جاتا تھا۔ پھر بھی لاہور نے آج تک اپنے گزرے ہوئے کل کو محفوظ کر رکھا ہے۔

لاہور میں داتا گنج بخش ہجویریؒ کی درگاہ بھی برِصغیر کی صوفی درگاہوں میں انوکھی درگاہ ہے۔ حقیقت میں کسی زمانے میں لاہور ایک ساتھ ہندو مذہب اور سکھ یکجہتی کا بے مثال سنگم تھا۔ اب وہ سب گزری ہوئی یادیں ہوگئی ہیں۔ شاید وہ بھی ختم ہوتی جا رہی ہیں۔ مینارِ پاکستان ایسی ہی یادوں کی لہر کو رفتار دیتا ہے اور یادوں کا کیا؟ انھیں جتنا کریدئے اتنی تیز ہوتی جاتی ہیں۔ ویسے ہمارے یہاں بھی ایک پوری نسل موجود ہے۔ جس کی یادوں میں لاہور بسا ہوا ہے اور وہ زندگی میں ایک بار لاہور جانے کی خواہش ضرور رکھتی ہے۔ لیکن پاکستانیوں کے لیے لاہور اس لیے بھی یادگار ہے کہ وہاں پاکستان کی قرارداد منظور ہوئی تھی۔ وزیر اعظم اٹل بہاری واجپئی نے مینارِ پاکستان جا کر واقعی ایک تاریخی یادگار کا نظارہ کیا۔ ایک اور اعلان' اعلانِ لاہور' پر دستخط کر کے انھوں نے لاہور کو بھی عزت دی۔ پورے برصغیر میں امن کا پرچم بھی لہرانے کی کوشش کی۔

7.3.1999

☆☆☆

بنگلہ دیش کے پاکستانی شہری بنام بہاری مسلمان؟

یہ معاملہ بھی اس صدی کا عجوبہ سمجھا جائے گا کہ گزشتہ ۲۸ سال سے تقریباً ڈھائی لاکھ پاکستانی شہری بنام بہاری مسلمان اپنے ملک پاکستان سے الگ تھلگ ہزاروں میل دور بنگلہ دیش میں بیحد غریبی و مجبوری کی زندگی گزار رہے ہیں اور بنگلہ دیش کے علاوہ پاکستان اور عالم اسلام میں بھی ان کا کوئی پُرسان حال نہیں ہے۔ دلچسپ بات یہ ہے کہ ۱۹۷۱ء میں بھی ان محصورین کی تعداد ڈھائی لاکھ بتائی جاتی تھی اور آج بھی ان کی تعداد کو ڈھائی لاکھ ہی بتایا جا رہا ہے۔ گویا گزشتہ

۲۸ سال سے ڈھائی لاکھ فرد منجمد ہیں۔

گزشتہ دنوں ڈھاکہ میں آٹھ اسلامی ممالک کے سربراہوں کی میٹنگ میں پاکستانی وزیر اعظم جناب نواز شریف سے ان محصورین کے ایک وفد نے انہیں پاکستان میں آبادکاری کے متعلق ایک سپاسنامہ پیش کرنا چاہا تھا لیکن سیکوریٹی کے تحت انھیں اجازت نہیں دی گئی۔ بعد ازاں محصورین کے لیڈروں میں سے کچھ جوشیلے نوجوانوں نے خودسوزی کی بھی دھمکی دی ان کے احتجاج کا اتنا تو اثر ہوا کہ مسئلے پر نواز شریف نے اپنا ردعمل ظاہر کیا جو گزشتہ کئی یقین دہانیوں کر طرح مایوس کن تھا۔ غور طلب یہ ہے کہ اس مرتبہ ڈھاکہ میں بیگم شیخ حسینہ نے ذاتی طور پر خود جناب نواز شریف سے بنگلہ دیش میں محصور ڈھائی لاکھ بہاری مسلمانوں کی واپسی کا موضوع اٹھایا۔ خبروں کے مطابق نواز شریف نے بیگم صاحبہ کو بتایا کہ محصورین کی واپسی کیلیے تقریباً ۴۰۰ ملین ڈالر (۴۰ کروڑ ڈالر) کی ضرورت ہے جو سردست پاکستان مہیا نہیں کرسکتا۔ لیکن اس کے ساتھ ہی نواز شریف نے مسئلے کو یہ کہہ کر بھی ٹالنے کی کوشش کی کہ محصورین میں سے جو لوگ ۱۹۴۷ء یعنی تقسیم وطن کے بعد ریاست بہار سے پاکستان جاتے رہے تھے یا گئے وہ پاکستانی شہری نہیں ہیں۔ البتہ ان کی ایک بڑی تعداد کو حکومت پاکستان نے انسانی جذبے کے تحت پاکستانی شہریت عطا کی تھی۔ نواز شریف کا یہ بیان ایک مرتبہ پھر پورے قومی نظریے اور پاکستان کی تحریک کے مقصد وافادیت پر سوالیہ نشان لگاتا ہے۔ پھر کبھی نواز شریف نے سن ۹۲۔۱۹۹۱ء میں اپنی جانب سے کوشش کی تھی کہ بنگلہ دیش میں پھنسے ان ڈھائی لاکھ بہاری مسلمانوں کو پاکستان واپس لانے کا سلسلہ شروع کیا جائے۔ ان دنوں انھوں نے ان کی پاکستان میں آبادکاری کے لیے ایک خصوصی کمشنر مقرر کیا تھا جنہوں نے سندھ کے علاوہ پنجاب کے بارہ اضلاع کی بھی نشاندہی کی تھی جہاں بہاری مسلمانوں کو بسایا جاتا تھا۔ اسی دوران تقریباً ایکہزار خاندانوں کو پنجاب کے میاں چنوں (Mianchanno) ضلع میں بسایا بھی گیا۔

لیکن میاں صاحب کو مقامی پنجابی باشندوں کے علاوہ سندھیوں کی تنقید کا بھی نشانہ بنایا جانے لگا جن کو تشویش تھی کہ بالآخر سبھی بہاری مسلمان سندھ یعنی کراچی اور حیدرآباد میں ہی آباد ہوں گے۔ جس کے باعث سندھی اقلیت میں ہو جائیں گے۔ ۷۲۔۱۹۷۱ء میں بنگلہ دیش کے وجود میں آنے کے بعد ذوالفقار علی بھٹو اور شیخ مجیب الرحمان کے مابین معاہدے کے تحت تقریباً ڈیڑھ

لاکھ پاکستانی شہریوں کو واپس پاکستان لایا گیا تھا۔ان میں زیادہ تر بہاری باشندوں کی تعداد تھی۔ بھٹو حکومت نے انہیں ان دنوں کراچی کے دور دراز مضافات (اورنگی، کورنگی، نیو کراچی وغیرہ) میں خانہ بدوشوں کی طرح چھوڑ دیا تھا۔ دیکھتے ہی دیکھتے بہاریوں نے اس پورے علاقے کو گل وگلزار بنا دیا۔ کراچی کے ان علاقوں کے بہاری (جو مہاجر کہلاتے ہیں) بتاتے ہیں کہ کس طرح پینے کے پانی کے لیے لوگوں نے امداد باہمی کے اصولوں کے تحت کنواں تک کھودا، سڑکیں اور گلیاں بنائیں۔ اسکول، کالج کھولے۔آج اسی علاقے میں بنگلہ دیش سے گئے وہی بہاری مسلمان نواز شریف حکومت کے عتاب کا پھر سے شکار ہیں اور ان کے علاقے کو تقریباً فوج اور پولیس کے حوالے کر دیا گیا ہے۔ کراچی میں بہاریوں کی جانفشانی، دلیری، محنت و مشقت، جانبازی کی الگ سے ایک لمبی اور دردناک داستان ہے۔آج بھی ان کے کئی رشتے دار نہ صرف بنگلہ دیش، بلکہ ہندوستان میں بھی موجود ہیں جو تاریخ کے اس المناک باب کا شکار ہوئے۔ جسے آزادی وطن بنام تقسیم وطن کہا جاتا ہے اور جس کے باعث نہ صرف زمین منقسم ہوئی بلکہ خونی رشتے بھی۔ برصغیر کے مشرقی خطے میں مسلمانوں کی آمد نیز وہاں کی سیاست میں ان کے مقام کی ایک الگ اور دلچسپ تاریخ ہے۔

یوں تو برصغیر میں فاتح سندھ (محمد بن قاسم۔ ۷۱۱ عیسوی) کے ساتھ ہی مسلمانوں کی آمد کا سلسلہ شروع ہو گیا تھا لیکن اس سے قبل بھی بحر عرب اور بحر ہند کے مغربی نیز جنوبی ساحلوں پر عرب تجار کے بحری تجارتی وفود نے ہندوستانی ارجاؤں اور باشندوں سے خیر سگالی کو فروغ دیا تھا۔آج بھی کیرل میں اس بات کے شواہد موجود ہیں کہ سمندری راستے سے عرب، جنوبی ہند سے محمد بن قاسم سے قبل اپنے رشتے استوار کر چکے تھے۔ اسی طرح عام خیال ہے کہ ہندوستان کے مشرقی خطے میں بختار خلجی نے ۱۱۹۹ عیسوی میں قبضہ جما کر اس خطے میں مسلمانوں کے لیے راہ ہموار کی۔ لیکن ایسے کئی شواہد ملتے ہیں جن سے پتہ چلتا ہے کہ بختیار خلجی کے حملے کے قبل صوفیائے کرام بہار و بنگال میں اسلام کی روشنی پھیلا چکے تھے۔ بختیار خلجی کے بعد بھی صوفیائے کرام نے اس علاقے میں اپنی آمد نیز خدمت خلق کا سلسلہ جاری رکھا۔ ان میں چشتیہ سلسلے سے لے کر سہروردیہ، فردوسیہ، قادریہ و مداریہ اور شطاریہ سلسلے کے بزرگ شامل ہیں۔ Islam and Muslims in Medieval Bihar میں مشہور ریسرچ اسکالر اور تاریخ داں جناب ایس

ایچ عسکری نے بہار اور مشرقی خطے میں صوفیائے کرام کا تفصیلی تذکرہ کیا ہے۔ان کی تحریر سے پتہ چلتا ہے کہ دارالسلطنت دلی، عظیم آباد (موجودہ پٹنہ اور قدیم پاٹلی پُتر) سے دور بہت دور جنگلوں، دلدل اور غیر آباد مقامات میں کس طرح ہمارے صوفیائے کرام نے خانقاہیں قائم کیں۔علم و تدریس کا سلسلہ شروع کیا اور عام لوگوں کی زندگی کا حصہ بن کر خدائے پاک کی عبادت بھی کر اور تبلیغ اسلام میں بھی بڑھ چڑھ کر حصہ لیا۔ان کی خدمان کی وجہ سے ہی مشرقی ہندوستان کے اس خطے میں اسلام کا نام روشن ہوا۔ورنہ دلی کے سلادین اور بعد از اں مغلوں کو کبھی بھلا اپنے تخت و تاج کی حفاظت سے فرصت ہی کب تھی۔ویسے اسی دور میں اسی علاقے میں ڈھاکہ، مرشد آباد، عظیم آباد۔ پٹنہ) اور دیگر کئی صنعتی مقامات کو فروغ حاصل ہوا۔غور طلب یہبھی ہے کہ انگریزوں نے معربی ہندوستان (سورت، کاٹھیاواڑ،ممبئی وغیرہ) سے زیادہ مشرقی ہندوستان پر توجہ دی اور اسی علاقے کو سب سے پہلے اپنا سیاسی مرکز بنایا۔سن ۱۹۱۱ء تک کلکتہ میں برٹش انڈیا کی راجدھانی تھا۔ظاہر ہے انگریزوں کے رسوخ کے باعث مغربی ہندوستان کی بہ نسبت وہاں جدید علمی،انتظامی،سیاسی اور سماجی تحریک کو زیادہ فروغ حاصل ہوا۔

مسلمانوں کے سلسلے میں جہاں تک بنگال کا سوال ہیتو بنگال کیمشرقی خطیکے کسانوں، مزدوروں اور غریب طبقے میں اسلام کا ظہور زیادہ تیزی سے ہوا۔بلا سبہ اس میں جہاں صوفیائے کرام کی خدمات کا اثر تھا وہیں اس علاقے میں رائج بودھ مذہب بھی ایک وجہ تھی۔یعنی موجودہ بنگلہ دیش میں اسلام سے قبل بودھ مذہب کا اثر تھا اور عوام کی اکثریت غریب و نادار تھی۔ عہدوسطیٰ میں دلی کے سلاطین بنگال پر اپنے گورنروں اور سپہ سالاروں کے ذریعے حکومت چلاتے تھے۔اکثر وہ باغی ہو جاتے تھے،اسی طرح دلی سے ان کی جنگ ہوتی رہتی تھی۔مگر عام لوگوں کو ان سے کچھ لینا دینا نہ تھا۔عام لوگوں کو متاثر کیا انگریزوں نے۔انگریزوں کی صنعتی، تجارتی اور انتظامیہ میں تبدیلی کی وجہ سے عوام میں سیاسی شعور بیدار ہونا شروع ہوا۔اس خطے میں (جہاں آج بنگلہ دیش ہے) انگریزوں کے خلاف کئی کسان مزدور بغاوتیں ہوئیں۔جنہیں انگریزوں نےسختی سے دبایا۔دھیان دینے کی بات یہ ہے کہ اس علاقے میں زیادہ تر زمیندار ہندو بنگالی تھے۔جبکہ کاشتکار غریب مسلمان، مسلمانوں کا ایک چھوٹا سا طبقہ پڑھا لکھا تو تھا مگر انگریزی حکومت میں اس نہیں چلتی تھی۔سراج الدولہ کی حکومت کے بعد (۱۷۵۷) مسلمان اس علاقے

میں واقعی شکست خوردہ ہو گئے تھے۔ ۱۹۰۵ء میں تقسیم بنگال کو لے کر کچھ مسلمانوں کو محسوس ہوا کہ تقسیم ان کے حق میں تھی۔ ادھر تقسیم بنگال کو لے کر انگریزوں نے ہندو اکثریت یے بھی اپنا رویہ بدلنا شروع کیا۔

اس طرح ۱۹۰۵ء میں تقسیم بنگال کو لے کر جو بحران پیدا ہوا اس کے نتیجے میں سن ۱۹۰۶ء میں ڈھاکہ کے نواب محسن علی خان اور نواب سمیع اللہ خان نے اسماعیلی خوجہ فرقہ کے سربراہ سر سلطان آغا خاں کی مدد سے مسلم لیگ کی بنیاد ڈالی۔ ظاہر ہے مسلم لیگ مسلمانوں کے حقوق کے لیے ہی تشکیل دی گئی تھی۔ ان کی ابتدا بنگال سے ہی ہوئی اور ۱۹۴۰ء میں بنگال کے فضل الحق نے ہی لاہور میں پاکستان قرار داد پیش کی۔ اس دوران مشرقی بنگال میں مسلم لیگ اور دوسرے کئی مسلم لیڈر میدان سیاست میں سرگرم رہے۔ جہاں تک بہار کا سوال ہے تو زبان کی وجہ سے بہاری مسلمان نے پڑوس کے مشرقی پاکستان کو ہی اپنا نیا وطن بنایا۔ در اصل ۴۶۔۱۹۴۵ء کے بہار کے فرقہ وارانہ ہندو مسلمان دنگے نے بھی یہاں مسلمانوں کے ایک طبقے کو ہجرت پر مجبور کیا۔ لیکن مشرقی پاکستان میں نہ صرف لسانی بلکہ تمدنی اور حفاظتی طور پر بھی وہ بنگالی مسلمانوں سے ہم آہنگ نہیں ہو سکے۔ دوسری کسی وجوہات کی بناء پر بھی مشرقی پاکستان، مغربی پاکستان میں دوری قائم رہی اور وہاں مقیم بہاریوں کو مقامی بنگالی مسلمانوں نے استحصال کرنے والے مغربی پاکستان کا نمائندہ سمجھا اور ۱۹۴۸ء سے ۱۹۷۱ء تک ان سے جارحانہ رویہ برقرار رکھا۔ حقیقت تو یہ ہے کہ مشرقی پاکستان میں آباد بہاریوں کو مغربی پاکستان کے پنجابیوں، سندھیوں اور پٹھانوں کی ہمدردیاں حاصل نہیں ہوئیں۔

۷۱۔۱۹۷۰ء میں جب انتخابات کے بعد عوامی لیگ اکثریت میں آئی تو اسلام آباد میں اقتدار میں بیٹھے یحییٰ خاں اور ان کے گرگوں نے عوامی لیگ کی اکثریت کو ماننے سے انکار کر دیا۔ عوامی لیگ اور اس کے لیڈر شیخ مجیب الرحمان کو حکومت سیا لگ رکھتے ہیں۔ ذوالفقار علی بھٹو نے بھی اہم کردار ادا کیا۔ مجیب نے اسی دوران بنگلہ دیش کی خودمختاری کا اعلان کر دیا۔ نتیجے میں یحییٰ خاں نے ڈھاکہ سمیت پورے مشرقی پاکستان پر فوج کشی کر دی بے انتہا خون بہا، بہاریوں نے اس وقت مرکزی حکومت یعنی پاکستان کا ساتھ دیا، نتیجہ یہ ہوا کہ پاکستانی فوج ان کی حفاظت نہیں کر سکی۔ (انھوں نے تو جنگ کے بعد ہندوستانی فوج کے سامنے ہتھیار ہی ڈال

دئے جو شرم و ذلت کی ایک اور عظیم ٹریجڈی ہے اور وہ بنگالیوں کے ظلم کے شکار بھی ہوئے۔ ۷۱۔۱۹۷۰ء کے زبردست بحران میں ایک اور ہندو پاک جنگ ہوئی اور بنگلہ دیش ایک آزاد ریاست بنا لیکن وہاں رہنے والے بہاریوں کی اکثریت بنام پاکستانیوں کا برا حشر ہوا۔ ان میں سے کچھ تو ۷۲۔۱۹۷۱ء میں واپس پاکستان گئے لیکن آج بھی ڈھائی لاکھ بہاری اس امید میں ڈھاکہ اور دوسرے مقامات پر کس مپرسی کی زندگی گزار رہے ہیں، وہ نہ تو بنگلہ دیش کے شہری ہیں اور نہ ہی وہ پاکستان جاسکتے ہیں۔ بنگلہ دیش میں انھیں کسی طرح کی سہولت نصیب نہیں ہے۔ شروع میں کچھ بین الاقوامی اداروں اور اسلامی ممالک نیان کی مدد کی۔ بعد میں وہ بھی بند ہوگئی۔ اب جب بھی ڈھاکہ میں کوئی پاکستانی سربراہ آتا ہے تو انہیں ایسا لگتا ہے کہ بس اس مرتبہ ان کی پاکستان واپسی کا معاملہ طے ہو جائے گا۔ گزشتہ دنوں نواز شریف کی آمد کے بعد بھی انہیں محسوس ہوا کہ پاکستان میں ان کی آبادکاری پر کچھ ٹھوس قدم اٹھائے جانے کا اعلان ہوگا۔ مگر سارا معاملہ جوں کا توں بنا رہا۔ یوں تو تقسیم وطن کے شکار ہمارے برصغیر میں اور بھی کئی لوگ ہیں لیکن بنگلہ دیش کے بہاریوں، بنام پاکستانیوں جیسا بھی کیا کوئی بدنصیب ہوگا۔

12.03.1999

☆☆☆

ہند۔ پاک میں ویزا کی مشکلات

ایک خبر کے مطابق پاکستان سے ہندوستان آنے والی بس آدھی خالی ہوگی۔ کیونکہ لوگوں کو ویزا حاصل کرنے میں دشواری پیش آرہی ہیں۔ یہ کوئی معمولی بس نہیں ہے کہ ٹکٹ لیا اور سوار ہو گئے۔ اس مخصوص بس کی ٹکٹ کے لیے ویزا یعنی داخلی کارڈ کا ہونا ضروری ہے اور دونوں ممالک میں ویزا کی حصولیابی آسان نہیں ہے۔ غور طلب بات یہ ہے کہ پچھلے لاہور معاہدہ کے مطابق ویزا کی شرائط کو آسان بنانے پر بھی غور کرنا تھا۔ اس سلسلے میں سارک اجلاس میں دونوں ملکوں کے وزراءِ خارجہ نے بات چیت بھی کی اور آئندہ مئی جون میں آگے کی کاروائی خارجہ سکریٹریوں پر چھوڑ دی۔ فی الحال دونوں ملکوں میں کئی طرح کے وفد کا آنا جانا سارک سمجھوتے کے مطابق ہے نہ کہ ایک دوسری کی گفتگو کے سبب۔ یہ بھی سچ ہے کہ سارک سے وہ

ساری امیدیں پوری نہیں ہوتیں۔ جن کے چراغ جلا کر ۱۹۸۴ میں بنگلہ دیش کے صدر جنرل محمد ارشاد نے اس کی شروعات کی تھی۔ انھیں میں سے ایک مقصد تھا سارک ممالک میں آپسی تجارت، فنکاروں کا آنا جانا۔ اخبارات و رسائل کا آپسی تبادلہ اور عام لوگوں کو ایک دوسرے کے یہاں آنے جانے کی سہولت۔

ان دنوں پاکستان میں جنرل ضیاء الحق کی حکومت تھی۔ ہمارے یہاں راجیو گاندھی وزیر اعظم تھے۔ راجیو جی 'ضیاء شاہی' کو پسند نہیں کرتے تھے۔ لیکن جیسے ہی ۱۹۸۸ میں بے نظیر بھٹو نے اقتدار کی باگ ڈور سنبھالی راجیو گاندھی ایک جمہوری پاکستان کی طرف راغب ہوئے۔ اسی دوران ۱۹۸۸ میں ہی سارک کی اسلام آباد کانفرنس ہوئی جس پر ہند پاک کے نقش قائم ہوئے۔ افسوس چند دنوں بعد راجیو گاندھی بھی حادثے کا شکار ہوئے اور بے نظیر بھٹو کو بھی اقتدار سے بے دخل کر دیا گیا۔ اس کے علاوہ کشمیر میں دہشت گردانہ سرگرمیوں کی وجہ سے ہند پاک تعلقات میں تلخی آتی چلی گئی۔

لیکن ۸۹۔ ۱۹۸۸ کے دس سال پہلے یعنی ۷۸۔ ۷۷ میں اس وقت کے وزیر خارجہ اور آج کے وزیر اعظم اٹل بہاری واجپئی پاکستان سے نرم پالیسی اپنا کر ویزا کی سہولت کو آسان کر چکے تھے۔ واجپئی جی کی کوششوں کے بعد دونوں ملکوں کے بچھڑے خاندان کے افراد کو ایک دوسرے سے ملنے کا موقع نصیب ہونے لگا۔ حالانکہ اس پر بھی اپنی طرح کی بندشیں اور دقتیں تھیں۔ لیکن ۱۹۷۷ میں کانگریس کی حکومت کے دوران ویزا کی مشکلات تھیں وہ کم تو ہوئیں۔ یہ سچ ہے کہ ۱۹۴۷ سے ۱۹۷۷ تک یعنی تیس برس کے دوران دونوں ملکوں کے لیے ویزہ حاصل کرنا آسان نہیں تھا۔

تقسیم وطن کے بعد جب لاکھوں خاندان ہندوستان سے پاکستان اور پاکستان سے ہندوستان آئے اور گئے تو انھوں نے اپنے پیچھے کئی رشتے اور رشتے داروں کو چھوڑ دیا تھا۔ انمیں صرف مسلمان ہی نہیں بلکہ ہندو عیسائی سکھ اور پارسی مذہب کے لوگ بھی تھے۔ آج بھی ہندوستان میں پاکستانی ہندو، عیسائی اور پارسی برادری کے رشتے دار موجود ہیں۔ یہ بات اور ہے کہ اس آمدو رفت میں ہندوستان سے گئے اردو داں مسلمانوں کی تعداد زیادہ تھی۔ لیکن ان سبھی کو ویزا حاصل کرنے میں دشواری تھی۔ آزادی کی پچاسویں سالگرہ اور اس سے پہلے بھی کئی المناک حادثات

سامنے آئے کہ ماں، بیٹا، بیوی، شوہر، بھائی، بھائی تقسیم ہند کے وقت ایک دوسرے سے جدا ہو گئے یا کر دیے گئے۔

۴۹۔۱۹۴۸ میں بچھڑے ہوئے خاندانوں کے افراد کو ایک دوسرے سے ملنے کے لیے خصوصی ویزا کے لیے نہرو۔لیاقت معاہدہ ہوا لیکن اس کے بعد بھی ویزا لینا اور ہندوستان آنا جانا آسان نہیں تھا۔ویزا کے لیے لوگوں کو ہندوستان میں دلی اور پاکستان میں اسلام آباد (پہلے کراچی) تک کا سفر کرنا پڑتا تھا۔اس طرح ایسے کئی خاندان کی شناخت بھی ہوئی جن کے رشتے دار دونوں جانب تھے۔اس کے بعد ۱۹۶۵ اور پھر ۱۹۷۱ کی جنگ میں انھیں شکوک کی نگاہوں سے دیکھا بھی گیا۔ ۱۹۶۵ کی جنگ کے بعد تو نہرو۔لیاقت معاہدے پر بھی اوس گری۔ ۱۹۷۲ میں شملہ سمجھوتے کے بعد پھر سے ویزا کی شروعات ہوئی لیکن ہر کسی کے لیے نہیں بلکہ انھیں بچھڑے ہوئے خاندانوں کے لیے۔ ۱۹۷۷ میں جنتا پارٹی کے دورِ حکومت میں ویزا پالیسی کو اور بھی نرم کیا گیا۔لیکن اس پالیسی پر بھی ۸۹۔۱۹۸۸ تک کشمیر میں پاکستانی دہشت گردی کے سبب برق گری۔پھر بھی سارک ممالک اور واجپی جی کی حکومت کے دوران ویزا میں نرمی کی بات کی جا رہی ہے۔

ہندوستان سے پاکستان جانے کے لیے یا پھر پاکستان سے ہندوستان آنے کے لیے ویزا حاصل کرتے وقت آپ کو ثبوت پیش کرنے ہوتے ہیں کہ آپ کے رشتے دار وہاں ہیں۔اس کے لیے خط، ٹیلی گرام، شادی کارڈ وغیرہ دکھانا ہوتا ہے۔پھر دونوں ممالک کے ویزا دفتر (ہائی کمیشن آفس) اُس پتے اور رشتے دار کی تصدیق کر کے زیادہ سے زیادہ تین مہینے کے لیے ویزا دیتا ہے۔اس کے بعد دونوں ملکوں کے کسٹم اور امیگریشن محکمے کی الگ پریشانی ہے جو دونوں طرف کے مسافر کو پریشان کرنا طرح طرح کے سوالات کرنا اپنا ''خصوصی فرض'' سمجھتے ہیں۔پھر رشتے دار کے یہاں پہنچ کر آپ کو اور جانے کے خفیہ محکمے کی ہندوستان برانچ یا پاکستان برانچ میں آنے کے چوبیس گھنٹے کے اندر اور جانے سے چوبیس گھنٹے پہلے رپورٹ کرنی پڑتی ہے۔ اس کے بعد بھی خفیہ محکمہ چاہے تو آپ کو دیکھنے آسکتا ہے یا آپ کو رپورٹ کرنے کے لیے کہہ سکتا ہے۔اتنا ہی نہیں ویزا میں ''حساس علاقوں'' میں جانے کی ممانعت درج ہوتی ہے۔اگر آپ کو کراچی کا ویزا دیا گیا ہے تو آپ لاہور نہیں جا سکتے۔یا ممبئی کا ویزا ہے تو پونہ نہیں جا سکتے۔اگر کسی

نے غلطی کی تو وہ پاکستان میں راء اور ہندوستان میں آئی ایس آئی کا ایجنٹ قرار دیا جا سکتا ہے۔ بہت ممکن ہے اس میں کچھ سچائی ہو لیکن کڑوا سچ یہ بھی ہے کہ (خبروں کے مطابق) دونوں ممالک میں راء اور آئی ایس آئی کے ایجنٹ دہشت گردانہ کارروائی کے لیے بغیر ویزا اور پاسپورٹ کے دندناتے پھرتے ہیں اور انھیں دونوں ملکوں کی خفیہ ایجنسی گرفتار نہیں کر پاتی۔ عام طور پر پکڑے جاتے ہیں معصوم لوگ جن کے بزرگ آزادی اور تقسیم کی قربان گاہ پر چڑھائے گئے۔

غور طلب بات یہ بھی ہے کہ دونوں ملکوں کے لوگوں کو بطور سیاح ویزا نہیں مل سکتا۔ البتہ کبھی کبھی کچھ دنوں کے لیے تیرتھ یاترا، عرس وغیرہ پر ویزا دیا جاتا ہے۔ تجارتی وفد، صحافی، فن کار اور قلمکار وغیرہ سارک یا دیگر بین الاقوامی کانفرنس کے ذریعے آتے ہیں۔ پھر بھی اُمید ہے کہ انسانی قدروں کو مدِّ نظر رکھتے ہوئے عام لوگوں کے لیے ویزا کی سہولت کو آسان کیا جائے۔

28.3.1999

ہمارے جذبات کا غلط فائدہ اٹھایا ہے پاکستان نے

ہم ہندوستانی بے حد جذباتی ہوتے ہیں۔ اس سے ہمیں بڑا نقصان بھی اٹھانا پڑتا ہے۔ مذہب سے لے کر ریاست اور پڑوس سے تعلقات استوار کرنے تک کے معاملے میں ہم نے جذبات سے کام لے کر نقصان اٹھایا ہے۔ فی الحال کارگل اور کشمیر کے کچھ دیگر حصوں میں ایسا ہی جذبات کا میلہ دیکھنے کو مل رہا ہے۔ بلکہ ہمارے جذبات کے پیچھے جس دریا دلی اور بھائی چارے کا ہم ثبوت دیتے رہے پاکستان نے اسے ایک بے وفا دوست کی طرح محض تین مہینے میں ہی بھلا دیا۔ ہم نے دوستی کی بنیاد مضبوط کرنے کے لیے محبت سے لبریز بس بھیجی جواب میں پاکستان چھپ کر ہماری سرحدوں میں ہم پر وار کرنے والے خطرناک دہشت گرد بھیجے۔ ایسا نہیں ہے کہ دوستی کا ہاتھ بڑھانے والی بس کا استقبال کرنے والے اور لاہور امن معاہدے پر دستخط کرنے والے وزیر اعظم نواز شریف کو پتہ نہیں ہوگا۔ وہ ایک شاطر سیاست داں ہیں۔ 'چانکیہ نیتی' ہندوستان میں مشہور ہے مگر اس کا فائدہ اٹھایا ہے نواز شریف نے۔ کارگل اور کشمیر کے دیگر علاقوں میں یہی

دیکھنے کو مل رہا ہے۔

وزیر اعظم نواز شریف ''چانکیہ نیتی'' کا یہ سبق اپنے سیاسی استاد جنرل ضیاء الحق سے سیکھا۔ جنرل صاحب کو معلوم تھا کہ وہ آمنے سامنے کی جنگ میں کبھی بھی ہندوستان کا مقابلہ نہیں کر سکتے۔ اس معاملے میں ۱۹۴۸، ۱۹۶۵ اور ۱۹۷۱ میں ہندوستان کا پلڑا بھاری رہا تھا۔ کشمیر کے لیے تینوں جنگ میں منہ کی کھانے کے بعد جنرل ضیاء الحق نے اپنا فوجی لبادہ اُتار کر شیروانی پہن لی اور زہریلی مسکراہٹ کے ساتھ کرکٹ ڈپلومیسی شروع کی۔ اپنے لاؤ لشکر کے ساتھ اُنھوں نے ہندوستان میں میچ دیکھنے کا سلسلہ بھی شروع کیا اور پنجاب کشمیر اور ملک کے دیگر معاملات میں اپنے دہشت گردوں کو بھیجنے کا بھی۔ ان کے زمانے میں (۱۹۷۷ تا ۱۹۸۸) پاکستان کے پاس ملک کے جدید ہتھیار بھی تھے اور انھیں چلانے کے لیے کئی طرح کے تربیت یافتہ گوریلا۔ اصل میں امریکہ یورپ اور سعودی عرب سمیت کئی اسلامی ممالک سے حاصل 'جہاد' کے نام پر مر مٹنے والے گوریلوں کی بڑی تعداد ان دنوں پاکستان میں تھی۔ افغانستان میں روس کی 'سُرخ فوج' سے لڑنے کے لیے انھیں پاکستان میں تربیت دی جاتی تھی۔ وہ پاکستان کے شمالی علاقے میں رکھے گئے تھے۔ جہاں وہ افغانستان کے ساتھ کشمیر کی سرحد میں بھی دراندازی کر سکتے تھے۔ پنجاب کا معاملہ سیدھا تھا۔ پاکستانی دہشت گردوں کو پنجاب کی سرحد پر گرفتار کرنا اس لیے آسان تھا کیونکہ وہاں پر کشمیر جیسی جغرافیائی حالت نہیں تھی۔ غرض یہ کہ کشمیر میں دہشت گردی کا سلسلہ کئی برس سے جاری تھا۔ جواب اپنی انتہا پر پہنچ گیا ہے۔ اب اس کی ذمہ دار ہماری نادانی تھی، غلطی تھی جو بھی تھا۔ اس کو بھلا کر ڈٹ کر حالات کا سامنا کرنا ہوگا اور ہماری فوج وحفاظتی دستوں کا حوصلہ بڑھانے کے لیے ہر ممکن کوشش کرنی ہوگی۔ اس سلسلے میں فی الحال کم ازکم ہر سیاسی پارٹی کو بھی اپنی سوچ میں تبدیلی لانی ہوگی۔

کارگل میں کچھ نیا نہیں ہوا ہے۔ ۱۹۴۸ کے بعد ۱۹۶۵ میں بھی ایوب خان کے زمانے میں ''آپریشن جبرالٹر'' کے نام پر کشمیر میں دراندازی کی پاکستانی کوشش ہوئی تھی۔ اس وقت بھی ہماری فوج اور کشمیری عوام نے ان کے ارادوں پر پانی پھیر دیا۔ بعد میں جب تاشقند سمجھوتہ ہوا تو اس سے بھی پاکستانیوں کو کچھ حاصل نہیں ہوا اور نہ ہی ہونا تھا۔ انھیں اس بات کا بھی اب تک ملال ہے۔ ۱۹۷۱ کی جنگ میں تو پاکستان کا بیڑہ ہی غرق ہوگیا۔ ملک دو حصوں میں تقسیم ہوا

اور اس کے بعد تاریخ کی سب سے شرمناک واردات ہوئی۔نوے ہزار فوجیوں نے ہندوستانی فوج کے سامنے ہتھیار ڈالے تھے۔عالمی تاریخ میں ایسا شرمناک نظارہ نظر نہیں آیا تھا۔اس کے بعد ہوا شملہ سمجھوتا۔اس میں بھی پاکستان کو کچھ نہیں ملا۔یعنی وہ نہیں جس کی امید تھی۔ظاہر ہے ایک ذلت بھری شکست کے بعد ہاری ہوئی فوج اور ملک کو کیا مل سکتا تھا؟ وہ تو اچھا ہوا کہ ہندوستان نے مستقبل کے خطرے کو دھیان میں رکھتے ہوئے کوئی ایسی ویسی مانگ نہیں کی جس سے پاکستان کی عزتِ نفس مجروح ہو۔ورنہ کہنے والے آج بھی کہتے ہیں کہ شملہ سمجھوتے (۱۹۷۲) کے دوران ہندوستان اپنے مفاد اور مرضی کے مطابق پاکستان کو گھٹنے ٹیکنے پر مجبور کرسکتا تھا۔لیکن ہندوستان نے پاکستانی مجبوری کا فائدہ نہیں اٹھایا۔لیکن اندر ہی اندر پاکستان اور خاص طور پر ۱۹۷۱ میں ہاری ہوئی نسل ہندوستان سے انتقام لینے پر آمادہ تھی۔وہی انتقامی جذبہ وہاں آج بھی موجود ہے اور کشمیر میں پاکستانی دہشت گردی اسی کا ثبوت ہے۔اس کی تیاری ۱۹۷۱ کی جنگ کے بعد شروع ہوگئی تھی۔(ایٹم بم بھی اسی انتقامی جذبے کی علامت ہے) جو ضیاء الحق کے وقت اور بھی تیز ہوئی۔

پاکستان کے معاملے میں یہ کبھی نہیں بھولنا چاہیے کہ وہ انتقامی پالیسی سے شرابور ہے۔اسے جھنجھلاہٹ ہے ۱۹۴۸ میں پٹھانوں، قبائلیوں کے کشمیر حملے کی ناکامی کا۔اس واقعے کو پچاس برس بیت چکے ہیں مگر آج بھی پاکستان میں وقتاً فوقتاً اُسے دہرایا جاتا ہے کہ اگر ایسا ہوتا یا ویسا ہوتا تو آج کشمیر پر ان کا قبضہ ہوتا۔اس ماتم پرسی میں مبتلا آج بھی پاکستانی دل نہ صرف کشمیر بلکہ مکمل بھارت میں دہشت گردی پھیلانے کی سازش رچی جارہی ہے۔

کارگل کارروائی کی ایک اور اہم وجہ ہے ہندوستانی سیاست کی موجودہ افرتفری۔حالانکہ اس اندرونی پریشانی کا ملک کے تحفظ کا کوئی سروکار نہیں دنیا نے دیکھ لیا کہ ہر ہندوستانی سیاسی پارٹی اور شہری اس وقت کشمیر اور ملک کی حفاظت کے لیے تیار ہے۔اس معاملے پر کسی قسم کا اختلاف نہیں ہے۔اس حقیقت کو پاکستانی نظرانداز کررہے ہیں۔اس لیے پچھلی بار کی طرح اس بار بھی انھیں منہ کی کھانی پڑی۔لیکن اس بار عالمی سیاست کی بساط بدلی بدلی سی ہے۔کارگل میں گھسے پاکستانی دہشت گردوں پر بمباری کو پاکستان ہر بین الاقوامی پلیٹ فارم پر لے جائے گا۔اس لیے ضروری ہے کہ بین الاقوامی پلیٹ فارموں پر بھی ہندوستان اپنی سرگرمی تیز کرے۔کچھ بھی ہوا اتنا

تو طے ہے کہ نواز شریف حکومت نے ہماری امن کی کوششوں کا مذاق اڑایا ہے۔ دراصل ہمیں امن کی کوششوں کے ساتھ ساتھ خبردار رہنے کی ضرورت ہے۔

30.5.1999

☆☆☆

کارزارِ صحافت میں پاکستانی صحافت

تقریباً سوا دو سو سال قبل (۱۷۸۰ء سال) جب کلکتہ میں جیمس اگسٹس ہیکی (James Augustus Hickey) نے برصغیر کے پہلے اخبار 'بنگال گزٹ' یا 'کلکتہ ایڈوائزر' کی اشاعت شروع کی تھی تو کسے معلوم تھا کہ ان کی بے باک نڈر اور بے خوف صحافت سے ایسٹ انڈیا کمپنی کے نو دولتئے نوابوں (انگریزی میں Nabobs) کی بے ایمانیوں، رشوت خوری اور استحصال کی پول کھلتے جائیں گے اور بابائے صحافت ہیکی پر اس قدر ظلم ڈھائے جائیں گے کہ وہ دانے دانے کو بھی ترسیں۔ ہیکی نے اپنے اخبار میں کمپنی کے عہدیداروں کے علاوہ غلط ڈھنگ سے دولت کا انبار جمع کرنے پر اس وقت گورنر جنرل وارن ہسٹنگس کو بھی نہیں بخشا تھا۔ ظاہر ہے ایک ایسے دور میں جب جمہوریت، جمہوری ادارے اور اظہار رائے کی آزادی جیسے اقدار کا وجود تک نہ تھا۔ حکومت تنقید یا الزامات کیسے برداشت کر سکتی۔ لیکن ہیکی کی مہم سرزمین ہند پر جاری رہی اور ان کے بعد ان کی روایت کو مولوی باقر (ایڈیٹر اردو اخبار) اور سید جمیل الدین (صدیق اخبار اور اردو اخبار) نے ۱۸۵۷ء میں جنگ آزادی کی اولین مہم میں بھی جاری رکھا۔ ۱۸۵۷ سے ۱۹۴۷ء تک جنگ آزادی کی طویل جدو جہد میں برصغیر میں کئی اخبارات نے بڑھ چڑھ کر حصہ لیا ان میں کئی اخبارات سرکار برطانیہ کے عتاب کا شکار ہوئے۔ اخبارات بند کر دیے گئے۔ پریس ضبط ہوئے۔ مالکان ایڈیٹر و دیگر صحافیوں کو قید و بند کی صعوبتیں جھیلنی پڑیں۔

برصغیر کی آزادی اور پاکستان کے وجود میں آنے کے بعد بھی ایک نئے بلکہ دونوں آزاد ممالک میں پریس پر حکومت کی گرفت مضبوط رہی اور اس پر ہمیشہ کڑی نگاہ رکھی گئی۔ قابل غور یہ ہے کہ آزادی کی لڑائی کے سوما بشمول بال گنگا دھر تلک، گوپال کرشن گوکھلے، لالہ لاجپت رائے،

موتی لال نہرو، مہاتما گاندھی، مولانا محمد علی جوہر، حسرت موہانی، محمد علی جناح اور پنڈت جواہر لال نہرو وغیرہ سیاسی آزادی کے ساتھ ساتھ اظہار رائے کی آزادی کے بھی حامی تھے۔ان کے علاوہ دیگر کئی لیڈران کسی نہ کسی اخبار سے منسلک رہے یا خود اخبار نکالا۔جنگ آزادی کے دوران سیاست کے ساتھ ساتھ صحافت بھی اس عظیم جدو جہد کا ایک اہم جز تھا جس نے ۱۹۴۷ء اور اس کے بعد بھی معاشرے میں تبدیلی کے لیے ایک نہایت اہم رول ادا کیا۔جہاں تک بانی پاکستان محمد علی جناح کا سوال تھا وہ شروع سے ہی ایک آزاد پسند، روشن خیال، لبرل ریاست کے حامی تھے۔جہاں آزادیٔ رائے کو اولین فوقیت حاصل ہو۔اس سچائی کو مدنظر رکھتے ہوئے ۱۹۰۸ء اور پھر ۱۹۱۴ء میں آپ نے بال گنگا دھر تلک کے مشہور اخبار کیسری پر چلائے گئے مقدمے کی پیروی کی۔ ۱۹۱۳ء میں آپ نے امپیریل لیجسلیٹیو کاؤنسل میں صحافتی آزادی کی پرزور حمایت کی تھی۔بہت بعد میں جب انہیں اپنے نظریے اور پارٹی کے لیے بھی ضرورت محسوس ہوئی تو چند دوستوں کی مدد سے مشہور انگریزی روزنامے ڈان کا اجرا کیا لیکن پھر بھی کبھی بھی اس کے اداریے میں دخل اندازی نہیں کی۔ پاکستان کے مسہور بزرگ صحافی ضمیر نیازی پاکستانی صحافت کے ابتدائی دنوں کا چونکا دینے والا ذکر اپنی کتاب ''صحافت پابند سلاسل'' میں کرتے ہیں۔جب نئی مملکت کے بیورو کریٹ اور آزادی رائے کے مخالف عناصر بانیٔ پاکستان محمد علی جناح کی ۱۱/ اگست ۱۹۴۷ء کی مشہور تقریر کو سینسر کرنا چاہتے تھے جس میں انھوں نے کہا تھا'' آپ آزاد ہیں۔آپ پاکستان کی ریاست میں اپنے مندروں میں جانے کے لیے اپنی مسجدوں میں یا کسی بھی دوسری عبادت گاہوں میں جانے کے لیے آزاد ہیں۔'' نیازی صاحب کے مطابق جیسا کہ انہوں نے چند دیگر حوالہ جات سے بھی بیان کیا ہے چند خفیہ ہاتھ قائد کی اس تاریخی تقریر کو اخبارات میں شائع ہونے سے روکنا چاہتے تھے چونکہ ان کے خیال میں اس سے دوقومی نظریے کی نفی ہوتی تھی جو پاکستان کے قیام کی بنیاد تھا لیکن اس وقت ڈان کے ایڈیٹر الطاف حسین نے ان سے اتفاق نہیں کیا اور قائد کی تقریر جوں کی توں شائع ہوئی۔اسی طرح کراچی میں نوری ۱۹۴۸ء کے فسادات کے دوران سندھ آبزروئر میں جب اکثریتی فرقے کو موردالزام ٹھہراتے ہوئے اشتعال انگیز اداریے لکھے گئے اور یہ معاملہ جناح کے علم میں لایا گیا تو جناح کا جواب تھا'' اخبار کے خلاف کوئی کارروائی نہ کی جائے۔دوسرے اخباروں کو ایڈیٹر کی بات کا مناسب جواب دینے کا موقع دیا

جائے ۔ (صحافت، پابند سلاسل ۔ضمیر نیازی) ۔اس طرح پاکستان میں شروع سے ہی سیاست دانوں اور نوکرشاہوں کا ایسا طبقہ تھا جو پریش کو اپنی گرفت میں رکھنا چاہتا تھا اور وہ بانیٔ پاکستان کی وفات (۱۱/ستمبر ۱۹۴۸ئ) کے بعد اپنے مقصد میں بہت حد تک کامیاب رہا۔

جناح صاحب کے بعد پاکستانی صحافت میں دوران آزادی قائم شدہ مسلم نیوز ایجنسی او پی آئی کا بند ہو جانا بھی ایک ٹریجڈی ہے ۔ضمیر نیازی نے تفصیل سے اس ایجنسی کا ذکر کیا ہے جسینظام حیدر آباد اور نواب رامپور سے مالی امداد ملتی تھی ۔ بہار کے بیرسٹر سید محمد نے ۱۹۴۲ء میں اپنی اچھی خاصی پریکٹس چھوڑ کر اسے قائم کیا تھا اور جس میں مسلم لیگ اور محمد علی جناح کا بیان جاری ہوتا تھا ۔حمید نظامی (نوائے وقت) سلطان احمد (ڈیلی نیوز) زیڈ اے مظہری (پاکسنات ٹائمز) میاں منظور الحق (ٹائمز آف انڈیا کے کراچی کے نامہ نگار) وغیرہ کئی نامی گرامی پاکستانی صحافیوں نے اپنی ابتدائی صحافتی زندگی او پی آئی سے شروع کر بھی ۔تقسیم کے بعد سید محمد اپنی نیوز ایجنسی کو پاکستان لے گئے لیکن نامناسب حالات کی وجہ سے اس کا جلد ہی خاتمہ ہو گیا اور بے چارے سعید محمد ۱۹۶۶ء میں کراچی میں گمنامی کی موت مرے ۔ جناح کے بعد اور پاکستان کے ابتدائی دنوں میں کئی پاکستانی اخبارات و رسائل پر بجلیاں گرتی رہیں اس کی فہرست لمبی ہے ۔نیازی صاحب نے تفصیل سیان اخبارات اور صحافیوں کا ذکر کیا ہے جو جناح صاحب کے بعد حکمرانوں کے عتاب کا شکار ہوئے ۔ ان میں کراچی کا ہفتہ وار نیو اور ینٹ (New Orient) ایڈیٹر غیور الاسلام پاکستان کا پہلا اخبار تھا جسے بند کرنے پر مجبور کیا گیا۔ یہ اخبار ایک مضبوط ،ترقی پسند، خود مختار اور جمہوری پاکستان کا حامی تھا جس میں انسان کی قائم کی ہوئی نابرابری کا وجود نہ ہو ۔وہ ایک مقبول جمہوری آئین کا مطالبہ کرتا تھا جس میں بنیادی انسانی حقوق کی ضمانت دی گئی ہو ۔ ۲۰ مارچ ۱۹۴۹ء کو ساتواں شمارہ نکلنے سے پہلے اس کے ایڈیٹر کو پولس ہیڈ کوارٹر طلب کیا گیا اس کے بعد ۲۴ مارچ کو اخبار بند کرا دیا گیا۔اس طرح جولائی ۱۹۴۹ء میں مولانا وقار انبالوی کے اخبار 'سفینہ' کو بھی بند کیا گیا۔ پنجاب کے ہی ماہنامے 'جاوید' (ایڈیٹر عارف عبد المتین) کے مارچ ۱۹۴۹ء کے شمارے میں سعادت حسن منٹو کا مشہور افسانہ 'ٹھنڈا گوشت' شائع ہوا جس کے نتیجے میں ماہنامہ کے دفتر پر چھاپہ مارا گیا اور غیر فروخت کاپیاں ضبط کی گئیں ۔ پریس ایڈوائزری کمیٹی نے منٹو کے خلاف گواہی دی (ماسوا فیض احمد فیض) منٹو، ایڈیٹر

اور مالک کو تین ماہ کی قید اور جرمانے کی سزا سنائی گئی۔ بعد میں اپیل پر انہیں رہا کیا گیا۔ جج عنایت اللہ خاں نے جو بیرسٹر تھے، منٹو سے کہا: ''اگر میں سعادت حسن منٹو کو سزا دیتا تو وہ کہتا کہ مجھے ایک داڑھی والے نے جیل بھجوا دیا۔ (صحافت پابند سلاسل۔ ضمیر نیازی)

۸/ اکتوبر ۱۹۵۸ء کو جنرل محمد ایوب خاں نے مارشل لا نافذ کر کے اپنی حکومت کے خلاف صحافتی تنقید کو ممنوع قرار دیا۔ پاکستان میں صحافت پر یہ کرارہ حملہ تھا جس کا سلسلہ آج تک جاری ہے۔ ایوب خاں نے بیرسٹر میاں افتخار الدین کے پروگریسیو پیپرز لمیٹیڈ کے ایڈیٹر سید سبط حسن (ہفتہ وار روزنامہ امروز) اور فیض احمد فیض (ایڈیٹر پاکستان ٹائمز) کو بھی سیفٹی ایکٹ کے تحت گرفتار کیا۔ فروری ۱۹۵۹ء میں ان کی رہائی ہوئی لیکن اس وقت تک گروپ کے سبھی اخبارات کو مرکزی حکومت نے اپنی تحویل میں لے لیا تھا۔ غور طلب اور قابل افسوس بات یہ ہے کہ بعد میں گروپ کو زبردستی قومیانے اور نیشنل پریس ٹرسٹ میں تبدیل کئے جانے پر زیڈ اے سلیری اور ان کے ایڈیٹر الطاف حسین نے حکومت کی تعریف کی۔ میاں افتخار الدین کو ترقی پسندوں کے ساتھ مل کر آزادی اظہار رائے اور جمہوری طرز حکومت کی تشکیل کے لیے اپنے اخبارات کو استعمال کرنے پر سخت اذیت سے گزرنا پڑا۔ اس پر جھوٹے مقدمے دائر کئے گئے۔ ملک سے غداری کا الزام لگایا گیا اور پھر ان کا عظیم ادارہ بھی ان سے چھین لیا گیا۔ ایوب خان نے ۱۹۶۰ء میں بدنام زمانہ سیاہ قانون پریس اینڈ پبلیکیشنز آرڈی ننس جاری کر کے آنیوالی پاکستانی حکومتوں کے لیے بھی پریس پر جبر کرنے، کنٹرول کرنے اور ہر طرح کے دباؤ میں رکھنے کی راہ آسان کی۔ ۱۹۹۲ء میں بے نظیر نیا اس سیاہ قانون کو رد کیا۔ لیکن پھر بھی پاکستان میں اخبار نویسوں پر جور وظلم کا سلسلہ جاری ہے۔ جور وظلم کا یہ سلسلہ بابائے صحافت جیمس آگسٹس ہیکی کی یاد دلاتا ہے۔ فرائیڈے ٹائمز کے ایڈیٹر نجم سیٹھی بھی اسی جبر و استبداد کا شکار ہوئے ہیں۔ ان سے قبل بھی جنگ اور کوئی دیگر اخبارات نواز شریف اور بے نظیر کے عتاب کا بھی شکار ہوئے ہیں۔ نجم سیٹھی پر جو الزامات عائد کیے گئے ہیں ویسے الزامات کئی نامور ہستیوں پر بھی لگائے جا چکے ہیں۔ قابل ذکر یہ ہے کہ ہر طرح کے ظلم کا شکار ہوتے ہوئے بھی پاکستانی صحافی، صحافت کا علم بلند کئے ہوئے ہیں۔ ان کی اکثریت کبھی بھی جابر حکمرانوں کے سامنے نہیں جھکی۔ دراصل پاکستانی حکمرانوں پر جاگیردارانہ نظام کا اثر باقی ہے۔ وہ کسی بھی مخالفت کو برداشت نہیں کر سکتے۔ بدقسمتی سے پاکستان کی تاریخ میں جمہوری عمل اور

قدریں نہ تو قائم ہوئیں اور نہ انہیں پھلنے پھولنے کا موقع ملا۔ البتہ حساس صحافی اپنے تئیں جمہوریت کے لیے ہمیشہ کوشاں رہے۔ نجم سیٹھی اس کی ہی ایک درخشاں مثال ہیں۔

14.05.1999

☆☆☆

پاکستانی ہمارے الیکشن کو حسرت سے دیکھتے ہیں

پچھلے کئی الیکشن کی طرح اس بار بھی پاکستانی ہمارے لوک سبھا انتخابات میں دلچسپی لے رہے ہیں۔ کارگل اور مسئلہ کشمیر کے بعد ایک بار پھر ہمارے یہاں پاکستانی اخبارات کی آمد بند ہوگئی ہے۔ لیکن انٹرنیٹ پر دستیاب اخبارات کے مطابق پاکستانی اخبارات پہلے صفحے سے لے کر اندرونی صفحات تک ہماری انتخابی مہموں کی خبروں سے بھرے پڑے ہیں۔ ظاہر ہے ان میں وزیراعظم اٹل بہاری واجپئی اور سونیا گاندھی کو ہی اولیت دی جا رہی ہے۔ یہاں وہاں دوسری پارٹیوں کی خبریں چھپ رہی ہیں۔ اسی کے ساتھ ساتھ خاص مضمون، تبصرے اور اداریوں کا سلسلہ بھی جاری ہے۔ ہر اخبار اور ہر صحافی و کالم نگار اپنے اپنے ڈھنگ سے تجزیہ کر رہا ہے۔ کسی کو ہمارے یہاں ہندو فرقہ پرست پارٹیوں کے اثرات بڑھنے کا اندیشہ ہے تو کوئی یہاں کے سیکولرازم کے کم ہونے پر بھی فکرمند ہے۔ لیکن ایک بات واضح ہے کہ زیادہ تر پاکستانی اخبار سیکولر پارٹیوں کی ہی حکومت چاہتے ہیں۔ ان کے مطابق کٹر مذہبی جماعتیں ان کے ملک کے لیے بھی سر درد ثابت ہو سکتی ہیں۔ لیکن دلچسپ بات یہ ہے کہ پاکستانی میڈیا میں ہمارے فراخ دل، سیکولر لیڈران۔ پنڈت جواہر لال نہرو، اندرا گاندھی، راجیو گاندھی اور جنوبی بازو والے اٹل جی کو بھی قبول نہیں کیا گیا ہے۔ کچھ نہ کچھ ان سبھوں پر چھینٹا کشی کی گئی ہے۔ پھر بھی پاکستانی اخبارات نے ہندوستانی جمہوریت، جمہوری اداروں اور جمہوری نظام کی ہمیشہ ستائش کی۔ وہ اس بات کی بھی تعریف کرتے ہیں کہ ہندوستانی سیاست میں فوج اور ڈکٹیٹروں کو ہمیشہ الگ رکھا گیا ہے۔ اس سلسلے میں پاکستانی سیاست پر آنسو بہاتے ہیں۔ جہاں فوج کے ساتھ ساتھ آمر قسم کے جمہوریت پسندوں نے ہندوستان کی طرح جمہوریت کو پھلنے پھولنے نہیں دیا۔ بہرحال ہمارے یہاں کے

الیکشن میں پاکستانیوں کی دلچسپی برقرار ہے اور وہ سلسلہ آج بھی جاری ہے۔

لیکن پاکستانیوں میں شروع سے یہ خیال عام تھا۔ پنڈت جواہر لال نہرو کے دور میں کانگریس پر کسی طرح کی آنچ نہیں آسکتی۔ بعد میں مسز گاندھی کو بھی وہاں ایک طاقتور لیڈر تسلیم کیا گیا۔ ان کے علاوہ ان دنوں کسی دوسرے ہندوستانی لیڈر کو تسلیم نہیں کیا گیا۔ کانگریس کے بعد کمیونسٹ یہاں بااثر تھے۔ پھر بھی انھیں پاکستان میں ڈھنگ کا مقام نہیں ملا۔ بلکہ پاکستان میں ان کے نام لیوا فیض اور ساقی فاروقی وغیرہ کو اذیتیں بھی دی گئیں۔ قابل غور ہے کہ کمیونسٹوں نے تو پاکستان کی حمایت بھی کی تھی۔

۱۹۵۰ میں جب دستورِ ہند کا نفاذ ہوا اور ۵۲۔۱۹۵۱ میں اس کے تحت پہلے عام انتخابات ہوئے تو اس کا اثر پاکستان میں بھی ہوا۔ دستور اور الیکشن کی مانگ، اس وقت کے مشرقی پاکستان (۱۹۷۱ کے بعد بنگلہ دیش) میں ہوئی۔ جیسے تیسے مسلم لیگ کی عارضی حکومت نے ۱۹۵۴ میں صوبائی حکومت کا الیکشن کروایا۔ اس الیکشن میں حسین شہید سہروردی اور مولانا بھاشانی کی عوامی لیگ، کرشک سرمک پارٹی، نظامِ اسلام اور گنتنتر دل نے ایک ساتھ مل کر الیکشن میں حصہ لیا اور ۳۰۹ میں ۳۰۰ سیٹیں حاصل کیں۔ مشرقی پاکستان کے اس الیکشن میں مسلم کو صرف ۹ سیٹیں ملیں۔ یہ الگ بات ہے کہ الیکشن کے بعد 'کرشک پارٹی' کے وزیراعلیٰ فضل حق کو چھ مہینے بعد ہی ہٹا دیا گیا۔ اسمبلی بھی تحلیل کر دی گئی اور گورنر راج نافذ ہو گیا۔ ۱۹۵۴ کے بعد مشرقی پاکستان میں آزادانہ طور پر ۱۹۷۰ میں عام انتخابات ہوئے۔ جس میں شیخ مجیب الرحمن کی عوامی لیگ کو زبردست اکثریت حاصل ہوئی۔ اس کے بعد کے حالات نے تو پاکستان کو دو ٹکڑوں میں ہی تقسیم کر کے رکھ دیا۔ لیکن آج تک پاکستان میں یہ سوال اپنی جگہ قائم ہے کہ آخر کیوں پاکستانیوں کو لمبے عرصے تک غیر جانب دارانہ عام انتخابات اور بیلیٹ پیپر سے دور رکھا گیا۔ ایک ساتھ ہی آزاد ہونے والے ہندوستان میں تو ٹھیک وقت پر الیکشن ہوتے رہے اور پاکستان میں انتخابات کیوں نہیں ہوئے؟

بہرحال ہندوستان میں لگاتار ہو رہے انتخابات کو پاکستانی حسرت سے دیکھتے رہے۔ حالانکہ برسوں تک کانگریس کی جیت کو وہاں نہرو خاندان کی جیت سمجھا گیا۔ یہاں تک کہا گیا کہ نہرو خاندان ہی ہندوستان میں حکمراں خاندان ہے۔ کچھ پاکستانیوں نے اسے پارٹی کی ڈکٹیٹر شپ بھی

کہا۔لیکن مجموعی طور پر جمہوریت کی تعریف تو کی جاتی رہی۔دلچسپ بات یہ ہے کہ ۱۹۷۴ میں مسز گاندھی کی ایمرجنسی کو بھی وہاں اچھی نگاہ سے نہیں دیکھا گیا۔اس لیے ۱۹۷۷ میں کانگریس مخالف جنتا پارٹی حکومت کا استقبال کیا گیا۔کئی پاکستانیوں کو خود اپنے ملک میں ڈکٹیٹرشپ اور ظلم برداشت کرنے کے باوجود ہندوستان میں ڈکٹیٹرشپ برداشت نہیں تھی۔اس لیے ۱۹۷۷ میں وہاں مرارجی دیسائی کی کانگریس مخالف حکومت کا استقبال کیا گیا۔مرارجی بھائی کو اتنا پسند کیا گیا کہ ضیاء الحق نے انھیں بھی پاکستان کا اعلیٰ ترین شہری ایوارڈ دیا۔شاید وہ اس لیے بھی کہ جب ضیاء الحق نے بھٹو کو پھانسی پہ چڑھایا تو مرارجی بھائی نے اسے پاکستان کا اندرونی معاملہ قرار دیا تھا۔ اتنا تو ضرور ہے کہ پاکستان میں غیر کانگریسی جماعتوں اور حکومتوں کو کانگریس کے مقابلے زیادہ پسند کیا گیا۔لیکن قابل غور یہ بھی ہے کہ ہمارے یہاں کی غیر کانگریسی حکومتوں کے دوران ہی کشمیر اور ملک کے دیگر حصوں میں پاکستانی ایجنٹوں نے زیادہ گڑبڑ پھیلائی۔ پھر بھی پچھلے کچھ برس کی سیاسی غیر یقینی اور انتخابات نے پاکستان کے سنجیدہ اور جمہوریت پسند حامیوں کو مایوس کیا۔ وہ ہندوستانی جمہوریت کو مضبوط دیکھنا چاہتے ہیں تاکہ یہاں سے متاثر ہو کر پاکستانی جمہوریت بھی سبق سیکھے۔

5.9.1999

☆☆☆

پاکستان ناٹ فار سیل

’پاکستان ناٹ فار سیل‘ (پاکستان کو بیچنا نہیں ہے) لاہور میں منعقدہ پینٹنگز کی ایک نمائش میں لگی ایک پینٹنگ کا عنوان ہے۔جیسا کہ نام سے ہی پتہ چلتا ہے یہ پینٹنگ کافی مشہور رہے۔فن کے پارکھوں، عام اور خاص لوگوں نے دلچسپی سے اسے دیکھا۔اخبارات میں پینٹنگ کی تصاویر چھپیں۔نقادوں نے اس پر مختلف اقسام کے تبصرے کیے۔
’پاکستان ....‘ نام اس پینٹنگ کے مشہور ہونے کی ایک اور وجہ تھی۔اس کا مصور کوئی عام فن کار نہیں ہ۔وہ خود ایک مشہور و معروف نام ہیں حنیف رامے اور مسعودی۔ یہ پاکستان میں آٹھواں عجوبہ ہے۔ایوب شاہی کے دوران نوجوان رامے جوش اور جذبے سے بھرے

ہوئے تھے۔ان دنوں کی نوجوان نسل کی طرح انھوں نے بھی سوشلزم اور انقلاب کا ایک میٹھا خواب دیکھا تھا۔اسی جوش نے قلم اور برش کے سپاہی رامے کو سیاست کی طرف راغب کیا۔ ۱۹۶۵ کے بعد ویسے بھی دنیا کے کئی حصوں میں سیاسی تبدیلی کی لہر نے نوجوانوں کو سیاست میں آنے پر اُکسایا۔ پاکستان میں ایوب خان کی فوجی حکومت کی مخالفت نے حنیف رامے سمیت کئی نوجوانوں کو جمہوریت کے لیے تحریک دی۔ان دنوں ایک اور نوجوان لیڈر پاکستان کے سیاسی آسمان پر جگمگا رہا تھا ذوالفقار علی بھٹو۔

بھٹو سے متاثر ہو کر رامے نے ۱۹۶۵ میں ''پاکستان'' نامی تصویر کو ادھورا چھوڑ کر پیوپلس پارٹی میں شرکت کی۔ بعد میں انھوں نے پنجاب کے گاؤں دیہاتوں کا دورہ کر کے پارٹی کے لیے عوام کی حمایت حاصل کی۔اپنی ادبی میگزین ''نصرت'' کو پیوپلس پارٹی کا اخبار بنا دیا۔ بعد میں انھوں نے پارٹی کا روزنامہ ''مساوات'' کی ادارت شروع کی۔مساوات کا نعرہ تھا'' نہ امیری، نہ غریبی، جاگیردار، کسان، صنعت کار، مزدور سب برابر''۔بھٹو کے اسلامی سوشلزم سے متاثر ہو کر رامے صحافت کے ذریعے اپنے رومانی خوابوں کے سوشلزم کو سچ کرنے میں جُٹ گئے۔اس کے لیے انھوں نے ادب سے ناطہ توڑا۔مصوری چھوڑی۔'پاکستان' نامی تصویر میں حقیقی رنگ بھرنے کے لیے انھوں نے رنگ اور برش کو چھوڑ دیا۔

۱۹۷۲ میں پیوپلس پارٹی کی پنجاب میں حکومت بنی۔ تب تک رامے ایک جوشیلے سیاست داں کی شکل میں اُبھر چکے تھے۔اس لیے انھیں پہلے مالیات کی وزارت دی گئی۔ بعد میں تقدیر مہربان ہوئی تو انھیں وزیر اعلیٰ کا عہدہ بھی ملا۔لیکن ایک حساس فن کار، قلمکار اور جذباتی شخص کو سیاسی چالیں اور داؤں پیچ کہاں آتے ہیں۔انکا فن کا رول اور حساس جذبے ویسے ہی بنے رہے۔انھیں اپنی ادھوری تصویر یاد تھی۔وزیر اعلیٰ کے عہدے پر رہتے ہوئے انھوں نے کہا تھا: میں تصویر بنا رہا تھا کہ باہر سے ایک بچے کے رونے کی آواز آئی۔میں برش چھوڑ کر باہر آیا تو دیکھا کہ رونے والا صرف ایک بچہ نہیں بلکہ ہزاروں بچوں، بوڑھوں، جوانوں کی آنکھوں میں آنسو ہیں۔تڑپ کر میں نے فیصلہ کیا کہ جب تک لوگوں کے آنسو پونچھ کر ان کے چہروں پر مسکراہٹ نہیں بکھیروں گا برش ہات میں نہیں لوں گا اور تصویر پوری نہیں کروں گا''۔

افسوس رامے صاحب وہ تصویر پوری نہیں کر سکے اور سولہ مہینے کے بعد ہی انھیں اپنا عہدہ چھوڑنا

پڑا۔اس کے بعد بھٹو صاحب بھی غریبوں کی مسیحائی کرتے کرتے جاگیرداروں اور تاناشاہوں کی قطار میں چلے گئے۔اپنے مسیحا کو ظلم کرنے والوں کے درمیان دیکھ کر رامے کا تلملانا فطری تھا۔نتیجہ جیل کی شکل میں سامنے آیا۔سولہ مہینے ''شاہی مہمان'' بننے کے بعد ضیاء الحق کے زمانے میں وہ باہر آئے۔تب تک وہ بالکل ٹوٹ چکے تھے۔لیکن سیاست کا چسکا لگ چکا تھا۔اس لیے مسلم لیگ میں آئے۔وہاں بھی انھیں ایک طرح سے قید میں رکھا گیا۔آخر میں انھوں نے اپنی پارٹی بنائی۔ مساوات پارٹی اور نعرہ دیا: رب، روٹی تے راج۔رب کی حکومت میں روٹی لوگوں کا راس نہیں آئی۔اس لیے رامے صاحب، جتوئی صاحب کی نیشنل پارٹی سے ہوتے ہوئے نواز شریف کی مسلم لیگ میں آئے۔وہ بھی راس نہیں آئی تو اپنی پرانی پارٹی پیپولس پارٹی میں چلے گئے۔پیوپلس پارٹی دوسری بار حکومت بنا کر غریبوں کے آنسو نہیں پونچھ سکی۔لاچار ہو کر ۱۹۶۸ میں اپنی ادھوری چھوڑی ہوئی تصویر ''پاکستان'' کو انھوں نے ۱۹۹۱ میں پورا کیا۔

نوائے وقت کے مطابق ''پاکستان'' ایک عورت کی تصویر ہے یعنی مادرِ وطن۔تصویر میں گردش مادرِ وطن کا شہرہ ہے۔اس کے ہونٹ سلے ہیں۔وہ خون کے آنسو رو رہی ہے۔اس کی ناک اونچی اور واضح ہے۔اس میں عزتِ نفس ہے۔اس کے چہرے کے سامنے ترقی کی شاخ ہے، مادرِ وطن اُسے غصے سے دیکھ رہی ہے۔وہ فولادی ڈالی کبھی ہری بھری نہیں ہو سکتی۔اُس کی ناک میں نکیل ہے جو اس بات کی علامت ہے کہ اس کی قسمت کے فیصلے ایک سُپر پاور کے ہاتھوں لکھے جاتے ہیں۔لیکن مادرِ وطن کے جیالے سپوت خود اُسے غیروں کے حوالے نہ کر دیں۔

پاکستان کے ساتھ ساتھ انھوں نے اپنی دیگر تصاویر کی بھی نمائش کی اور نقادوں سے خوب داد وصول کی۔''پاکستان'' بحث کا موضوع ہے۔سیاست داں کی حیثیت سے حنیف رامے نے پاکستانی سیاست اور سماج کو نہایت گہرائی سے دیکھا۔اس لیے ان کے اندر کے مصور نے اس کی یعنی پاکستان، ان کی مادرِ وطن کی اصلی تصویر کو فطری شکل میں پینٹ کرانے کی کوشش کی۔ افسوس! سیاست داں مصور نہیں ہوتے ہیں۔شاید اس لیے وہ اپنے ماحول، سماج، زمین، مادرِ وطن کو اس کی اصل صورت میں نہیں دیکھ پاتے۔اس لیے حنیف رامے بنام ایک سیاست داں بنام مصور اپنی کوشش میں کامیاب ہیں۔

17.11.1999

ایک قوم اُجڑی اُجڑی سی

آج جب ہم اپنی آزادی کے پچاسویں سال میں سینتالیسواں یوم جمہوریہ منا رہے ہیں تو سرحد کے اس پار کچھ لوگ ابھی بھی بکھراؤ کے درد کو اُجاگر کر رہے ہیں۔ انھوں نے بھی ہمارے ساتھ ہی (بلکہ ایک دن پہلے) آزادی حاصل کی تھی۔لیکن پچاس برسوں میں ان کی جمہوریت قائم تو ضرور ہوئی مگر پھل پھول نہیں سکی۔ دراصل اسے پنپنے ہی نہیں دیا گیا۔ اتنا ہی نہیں محض ۲۵۔ ۲۴ برس میں ملک کے دو ٹکڑے ہو گئے۔ بے تحاشہ خون خرابہ ہوا۔ ۱۹۴۷ اور اس کے بعد بھی مشرقی حصے کی طرف ایک نئی منزل کی تلاش میں ہزاروں بہاری اور اُتر پردیش کے خاندانوں نے کوچ کیا تھا۔ شروع میں انھیں ہاتھوں ہاتھ لیا گیا۔ انھیں آباد کروانے میں مقامی لوگوں نے بڑھ چڑھ کر حصہ لیا۔لیکن جلد ہی بہاری (یا باہری) کا بھرم کھل گیا۔ وجوہات کی لمبی فہرست ہے۔ شکوے شکایت کا انبار ہے۔ پچھلے پچیس سال میں انھیں کئی بار دہرایا جا چکا ہے۔ اُن میں کچھ نیا پن نہیں ہے۔

لیکن پھر بھی پچیس سال پہلے دوسری بار مہاجر بننے اور اس دوسری ہجرت کا بوجھ اُٹھائے ایک پوری نسل اپنے رنج کو الفاظ میں ظاہر کرتی رہتی ہے۔ اور جب ان الفاظ نے شاعری کی شکل اختیار کرنی شروع کی تو اس کا سلسلہ پچھلے پچیس سال سے جاری ہے۔ ہمارے سامنے ہیں کراچی کے معروف مہاجر شاعر ادیب سہیل کا کلام ''بکھراؤ کا حرفِ آخر'' ۱۹۴۷ سے ۱۹۷۱ یعنی پورے پچیس سال کا کرب۔ جسے وہ اپنی پہلی ہجرت اور پھر دوسری ہجرت اس کے بعد پچیس برس سے سینے میں لیے چلے آرہے ہیں۔

دوسری ہجرت کے پچیس برس بعد بھی ادیب سہیل اور ان کی پوری نسل کو نہ تو کائی زمین ملی نہ ہی آسمان انکا اپنا ہوا۔ وہ ابھی بھی مہاجر ہی کہلاتے ہیں۔ ان کی بات تو سمجھ میں آتی ہے لیکن ان کی اولادیں اور پھر ان کے بعد کی نسل بھی مہاجر یا پناہ گزیں ہی کہلاتی ہے۔ ابھی تک وہ ''پاک سرزمیں'' انھیں اپنانے سے انکار کرتی رہی ہے۔ اس لیے ایسا لگتا ہے جیسے وہ ''بکھراؤ کا حرفِ آخر'' کے ذریعے اپنے کرب کو بیان کر رہے ہیں۔ ورنہ پچیس برس پہلے ایک بھولی بسری اور

ایک بے حد کڑوی یاد کو کاغذ پر بکھیرنے کی کیا ضرورت تھی؟ یہ بات الگ ہے کہ شاعر کا حساس دل یادوں کے سمندر کی گہرائی میں نہیں تیرتا بلکہ وہ سطح پر ہی ہچکولے لیتا رہتا ہے۔ ادیب سہیل کا یہ کلام نہ صرف ۱۹۴۷ سے ۱۹۷۱ کے درمیان یادوں کا کارواں ہے بلکہ ایک بے جا تصور اور کچھ ٹوٹے ہوئے اصولوں یعنی دوقومی نظریے کا ٹوٹا ہوا آئینہ ہے۔ وہ خود کہتے ہیں

آئے تھے کس حوصلے سے پیڑ کے سائے میں ہم
کیا کہیں کس کس طرح قاتل وہی سائے ہوئے

اور پھر واضح الفاظ میں

سارے آدرش ہوئے چکنا چور
ہم بہاری تھے وہ بنگالی تھا

مہاجروں کے سامنے شاید ۱۹۴۷ میں کسی ریگستان میں ایک سراب کا منظر رہا ہوگا۔ اس حقیقت کو ادیب سہیل یوں بیان کرتے ہیں:

نہ یہاں ہیں نہ وہاں ہیں، ہم لوگ
کوئی سمجھائے کہاں ہیں ہم لوگ
وہ بھی گھر تھا کہ جسے چھوڑ آئے
یہ بھی گھر ہے کہ جہاں ہیں ہم لوگ

کتنی شرساری، کتنا پچھتاوا جیسے کسی کا مکمل وجود ایک گہری کھائی میں لگاتار دھنستا چلا جا رہا ہو۔ لیکن پھر بھی احساس کی لو باقی ہے۔

اپنی لمبی نظم ''سمندر اور قطرے''، جس میں ادیب سُہیل نے ۱۹۴۷ سے ۱۹۷۱ تک (ان کے الفاظ میں 'ڈھاکہ کا زوال') کے حالات بیان کیے ہیں۔ اس میں برصغیر کا ایسا المیہ چھپا ہوا ہے جسے محسوس کرنے کے لیے شاید شاعر کا دل چاہیے۔ اس نظم میں جیسے انھوں نے اپنی پہلی ہجرت سے دوسری ہجرت کے درمیان کے درد کو پل پل جیا ہو۔ اسے پڑھکر ایسا لگتا ہے جیسے تاریخ اور کردار نگاہوں کے سامنے اُبھرتے چلے جا رہے ہوں۔ یہ نظم ڈھاکہ کے زوال کے وقت ہی لکھی گئی تھی جسے شاعر نے ایک بوڑھی عورت کی بات سُن کر تخلیق کیا تھا۔ ڈھاکہ میں شاعر اور ان کے دوست سے وہ بوڑھی عورت ایک پوٹلی سے کچھ پیسے نکالتی ہوئی پوچھتی ہے ''بابو سب لوگ او

پاکستان جارہے ہیں، اتنے پیسے میں جانے کا کرایہ ہو جائے گا؟ بلا سے وہاں درخت کے نیچے رہنا پڑے ہ، ہر وقت سر پر تلوار تو لٹکتی نہ رہے گی۔سکون سے جائیں گے۔" جیسا کہ انھوں نے خود ہی ایک شعر میں لکھ ہے۔ ڈھاکہ سے پاکستان (مہاجروں کے لیے کراچی) تک۔ پچھلے پچیس برسوں میں اُس درخت کا سایہ قاتل ہی بنارہا۔گوتم بدھ کو نروان دینے والا وہ پیڑ تو مہاجر بہار میں ہی چھوڑ آئے تھے۔سارے پیڑ پناہ تھوڑی دیتے ہیں۔

اردو شاعری کے نقاد بھلی ہی "بکھراو کا حرفِ آخر" اور خاص طور پر سمندر اور قطرے کو جس پیمانے سے آزمائیں خود شاعر کے الفاظ میں "یہ نظمیں صرف اس لیے یکجا کر کے کتابی صورت میں چھاپ دی گئی ہیں کہ سکوتِ ڈھاکہ کا پس منظر اور پیش منظر قلم کاغذ کے ذریعے محفوظ ہو جائے۔ تاکہ آنے والے زمانے میں اگر کوئی سکوتِ مشرقی پاکستان کی تاریخ پڑھنا چاہے تو اس کا ایک معتبر حوالہ" بکھراو کا حرفِ آخر" بھی بن سکے۔نقاد ڈاکٹر مشرف احمد نے ادیب سہیل اور ان کی اس نظم کے بارے میں لکھا" قومیت کی زوردار آندھیوں میں انھوں نے دیکھا کہ اس تجربے سے گزرے (دوقومی نظریے) وہ سارے لوگ جو باہر سے آ کر آباد ہوئے تھے ان کی حیثیت در اصل ایک سمندر کے مقابلے حقیر قطروں کی سی تھی۔

کراچی میں انگریزی کی پروفیسر خورشید بانو" بکھراو" سے قدیم یونانی شاعر ہومر کی طویل نظم" اِلیڈ" کی یاد تازہ کرتی ہیں جس میں صدیوں پہلے ٹرائے (ہیلن آف ٹرائے) کی تباہی کا بیان ملتا ہے۔ان کے مطابق ادیب سہیل کی نظموں سے یہ سچ اُجاگر ہوتا ہے کہ تاریخ اپنے آپ کو دہراتی ہے۔کبھی المیہ کی شکل میں تو کبھی تفریح کی صورت میں۔

ڈاکٹر مشرف احمد نے ادیب سہیل کی نظم کے تعلق سے غالب کا حوالہ دیتے ہوئے لکھا ہے کہ" وطن چھوڑ کر جانے والے نئی زمین پر سمندر میں بوند کی حیثیت رکھتے ہیں۔ادیب سہیل اور ان کی نسل ایک اجنبی مقام پر کل بھی ایک بوند کی طرح تھے اور لگتا ہے جیسے وہ آج بھی اُسی بوند کی صورت میں ماتم کر رہے ہیں۔ دراصل بوند کا یہ کمال ہونا چاہیے کہ وہ دریا اور سمندر کی تیز لہروں میں شامل ہو کر اُس کا ایک حصہ بھی بنے اور اپنی چمک بھی بنائے رکھے۔ایک اکیلے بوند کیا دریا کے کنارے حسرت سے بہتی ہوئی دھارا کا نظارہ کر سکتی ہے؟ برصغیر کی آزادی کے پچاسویں سال اور ہماری جمہوریت کے سینتالیسویں سال میں ہمیں بھی اکیلی بوند بن کر نہیں بلکہ لوگوں کی

بھیڑ کے وسیع سمندر میں شامل ہونا ہے۔

20.11.1999

☆☆☆

صدی کا آخری پاکستان نامہ

یہ ایک اتفاق ہے کہ صدی کا آخری ''پاکستان نامہ'' پاکستان کے بانی محمد علی جناح کے یومِ پیدائش (۲۵ دسمبر) کے ایک روز بعد لکھا جا رہا ہے۔ لیکن صدی کے آخری ایام کا پاکستان مایوسیوں سے بھرا ہے۔ اس میں باون برسوں کی پختگی نظر نہیں آتی۔ یہاں وہاں اُداسیوں کا ماحول ہے۔ سیاسی لیڈران جیلوں میں یا ملک سے باہر ہیں۔ سیاسی پارٹیاں چُپ ہیں۔ ورکروں کی خیر خبر نہیں۔ فلموں کے ولن کی طرح فوجی جنرل ہاتھوں میں گن لیے کچھ بھی کئے جا رہے ہیں۔ جیسے کوئی بھوکا بیل پھولوں کے باغیچے میں گھس آیا ہو۔ البتہ ایسا لگتا ہے کہ رمضان کے مہینے کی مخصوص پاکیزگی کے سبب سارا ماحول پاکیزہ ہے ورنہ کہنا مشکل ہے کہ صدی کے آخری ایام تک کیا سے کیا ہو جائے۔ لیکن ایک امن پسند ملک کا شہری ہونے کے ناطے پڑوسی ملک میں امن کے لیے خیر خواہی!

بہر حال بیسویں صدی میں برصغیر کی سیاست میں ''پاکستان'' نے اہم رول نبھایا۔ اس نام سے سیاست میں مذہب اور مذہب میں سیاست ایسے خلط ملط ہو گئے کہ اکثر دونوں کے درمیان فرق کرنا مشکل ہو گیا۔ لفظ 'پاکستان' کو ایجاد کیا تھا چودھری رحمت علی نے۔ کیمبرج کے تعلیم یافتہ چودھری نے ''اب یا کبھی نہیں'' کے نام سے جس پاکستان کا نام تجویز کیا تھا اس میں پنجاب، بلوچستان، سندھ، صوبہ سرحد شامل تھے۔ لیکن اس وقت (۱۹۳۳) مسلم لیگ نے اس لفظ کو مسترد کر دیا۔ چودھری نے لندن میں اس کے لیے جناح سے ملاقات بھی کرنی چاہی لیکن جناح نے بھی ملنے سے انکار کر دیا۔ اس کے بعد چودھری کا اتنا ہی پتہ ہے کہ وہ ۱۹۵۳ میں گمنامی کی موت مرے۔

چودھری رحمت علی سے پہلے مسلم لیگ کے سالانہ اجلاس میں علامہ اقبال نے بلوچستان، صوبہ سرحد، پنجاب اور سندھ کو ملا کر انڈین فیڈریشن کے تحت ایک الگ ریاست کی مانگ رکھی تھی۔

لیکن وہ کسی بھی حال میں ایک علیحدہ ملک کی مانگ نہیں تھی۔لیکن اس کے بعد محض دس برسوں میں سیاست میں اتنا اُتار چڑھاؤ آیا کہ ۲۳ مارچ ۱۹۴۰ کو لاہور میں مسلم لیگ نے پاکستان کی قرار داد پیش کر ہی دی۔ ۱۹۳۷ کے الیکشن کے بعد ایک سے بڑھ کر ایک اتنی تیزی سے واقعات پیش آئے گئے کہ اس کے دس برسوں کے بعد ملک کی تقسیم ہو ہی گئی۔اس حقیقت کو بھی جاننا سمجھنا ضروری ہے کہ ۱۹۳۷ میں جس مسلم لیگ کو کل مسلم ووٹوں کا صرف ۴ فی صد ووٹ ملے تھے۔اسی لیگ کو ۱۹۴۶ کے الیکشن میں ۹۷ فی صد ووٹ کیشے ملے۔مسلم ووٹر کانگریس سے بدظن ہو کر مسلم لیگ کی طرف کیوں چلا گیا؟ اصل میں بھلے ہی پاکستان اور الگ مسلم ریاست کی مانگ پرانی ہو مگر ۱۹۳۷ سے ۱۹۴۷ کے درمیان ہی پاکستان بننے کی مہم تیز ہوئی تھی۔لیکن یہ بھی سچ ہے کہ صدی کی شروعات میں ہی یعنی بنگال کی تقسیم (۱۹۰۵) کے وقت دونوں قوموں کے بیچ علیحدگی کی دراڑیں پڑ چکی تھیں۔ ۱۹۴۷ تک یہ دراڑ ایک کھائی بن چکی تھی۔

مسلمانوں کے مطابق منقسم بنگال کے مشرقی حصے کی اس وقت کل آبادی ۳ کروڑ دس لاکھ تھی۔جس میں مسلمانوں کی تعداد ایک کروڑ بیس لاکھ تھی۔ باقی دیگر تھے۔لیکن ۱۹۰۵ میں اس تقسیم کی مخالفت سے ایسا محسوس ہوا جیسے یہ انگریزوں کے ساتھ ساتھ مسلمانوں کی بھی مخالفت میں ہے۔اس کے علاوہ تقسیمِ بنگال کے مخالفین کے پاس اس علاقے کی اکثریت مسلم آبادی کی ترقی کے لیے کوئی منصوبہ نہیں تھا۔ زیادہ تر غریب مسلم کسان ہندو زمینداروں کے ہاتھ استحصال برداشت کر رہے تھے۔اس کے علاوہ تقسیم بنگال پر قومیت کے ساتھ مذہب کا ملمع بھی چڑھا۔ وندے ماترم اور اس کی مخالفت اسی دور کی بات ہے۔

تقسیم بنگال کی مخالفت سے متاثر ہو کر ڈھاکہ کے نواب سمیع اللہ خان نے حیدر آباد کے ایک نواب وقار الملک محمد علی کی مدد سے ۳۰ دسمبر ۱۹۰۶ کو مسلم لیگ کی بنیاد ڈالی۔سر آغا خاں اس کے پہلے صدر منتخب ہوئے۔لیگ نے واضح کر دیا تھا کہ وہ مسلم مفادات کے لیے کام کریں گے۔ٹھیک انھیں دنوں محمد علی جناح گوپال کرشن گوکھلے کے سیکریٹری کی حیثیت سے کانگریس کے فعال ورکر تھے۔لیکن جناح نے ۱۹۱۳ میں مسلم لیگ میں شمولیت اختیار کی۔ ۱۹۱۵ میں لکھنؤ میں جناح نے لیگ اور کانگریس کو ایک ہی پلیٹ فارم پر لانے کی حتی الامکان کوشش کی۔ ہندو۔مسلم لیگ اتحاد کے لیے کوشاں جناح کو سروجنی نائیڈو نے ''مسلم گوکھلے'' اور دونوں قوموں

کے درمیان 'پل' کا نام دیا تھا۔

غور طلب بات یہ ہے کہ مسلم مفادات کی بات کرنے والی لیگ کی مخالفت میں علماء سب سے آگے تھے اور انھیں ہی غلطی سے پاکستان کا حامی سمجھا جاتا ہے۔ لیگ کے بنتے ہی مولانا شبلی نعمانی اور مولانا آزاد نے اس کی سخت مخالفت کی اور عام مسلمانوں کو لندن پلٹ برطانوی مفادات کے لیے کام کرنے والے انگریز پرست مسلمانوں سے بچتے رہنے کی نصیحت کرتے رہے۔ مولانا آزاد اور ان کے کئی علماء ساتھیوں نے تو کانگریس پارٹی رُکنیت بھی اختیار کر لی۔ لیکن قومی تحریک کے کئی موڑ پر مسلمانوں کو لگتا تھا کہ کانگریس ہندو جماعت ہے اور اس کی رہنمائی میں مسلم مفادات کا نقصان ہوگا۔

اس سلسلے میں ۱۹۳۷ کے الیکشن کے بعد کانگریسی حکومتوں کے رویے نے بھی آگ میں گھی کا کام کیا۔ کانگریس کے جنوبی بازو والوں نے بھی کئی موقعوں پر اپنا کمال دکھایا۔ مہاتما گاندھی کے ۱۹۱۵ کے بعد ظہور میں آنے سے بھی جناح جیسے کانگریس سے الگ ہو کر مسلم سیاست کرنے لگے۔ جو بھی ہو برصغیر کی سیاست میں اس صدی میں پاکستان ایک سچ ثابت ہوا۔ حالانکہ وہ ٹوٹا بھی پھر بھی وہ ہے۔ صدی کا آخری پاکستان نامہ وہاں کے غریب سندھی، پنجابی کسانوں، غریب بلوچوں، پٹھانوں اور اپنی ماٹی سے اُکھڑے ہوئے مہاجروں کو تہنیت پیش کرتا ہے۔ یہ کروڑوں مظلوم لوگ ہی پاکستان ہیں۔

26.12.1999

☆☆☆

پاکستانی عدلیہ پر لٹکتی تلوار

گزشتہ ۲۷ جنوری کو پاکستان سپریم کورٹ کیچھ ججوں نے ثابت کر دیا کہ وہ انصاف کی خاطر اپنے عہدے کی پرواہ نہیں کرتے ہیں۔ سپریم کورٹ کے ۱۳ جج صاحبان میں چیف جسٹس سعید الزماں صدیقی بھی شامل ہیں۔ انھوں نے اپنے عہدے اور انصاف کے وقار کے لیے نئی فوجی حکومت کے تئیں وفاداری کی قسم کھانے سے انکار کیا ہے۔ ان کا کہنا ہے کہ سابق وزیر اعظم نواز شریف نے انہیں جان سے مارنے کی سازش کی تھی اور اس کے علاوہ ملک میں رشوت خوری

بدامنی کا بول بالا تھا۔ لوگ ان سے نجات حاصل کرنا چاہتے تھے۔ جنرل مشرف نے ملک کو بدامنی، بد نظمی اور پھر خود اپنی جان بچانے کے لیے اقتدار پر قبضہ جمایا اور سابق وزیر اعظم کو قید کرلیا۔ اگر واقعی ملک میں بدامنی اور بد نظمی تھی تو صدر محترم اور سپریم کورٹ کو چاہئے تھا کہ وزیر اعظم اور ان کی کابینہ کو برطرف کر کے نئے انتخابات کا اعلان کیا جاتا۔ جمہوریت کا یہی طرۂ امتیاز ہے۔ پاکستانی آئین میں حالانکہ صدر کے ذریعے حکومت کی برطرفی ک اختیارات ختم کر دیئے گئے ہیں۔ پھر بھی نیشنل اسمبلی کے ممبران اور عدالت میں ایسے نکتے تھے جن کی بناء پر نواز شریف کے پر کترے جاسکتے تھے۔ جنرل مشرف کو کسی طرح کا قانونی یا آئینی حق حاصل نہیں تھا کہ وہ ایک منتخب کابینہ اور اس کے سربراہ کو نہ صرف برطرف کریں بلکہ انہیں گرفتار کر کے سنگین مقدمہ بھی چلائیں۔ انھوں نے جمہوریت کے سارے اصولوں کو بالائے طاق رکھ کر زبردستی اقتدار پر قبضہ جمالیا۔ ظاہر ہے ایسی صورت میں جب صدر بھی خاموش تماشائی ہو، ملک کی عدالتیں کیسے خاموش رہ سکتی ہیں۔ جنرل مشرف وزیر اعظم کو کرسی اور عہدے سے ہٹا سکتے ہیں لیکن ایک زندہ سلامت آئین کو کیسے درگور کر سکتے ہیں اور عدالتیں کسی بھی طرح غیر آئینی فیصلے کس طرح کر سکتی ہیں؟

۱۲/ اکتوبر یعنی اقتدار پر قبضہ کرنے سے پہلے جنرل مشرف نے عدالتوں کو یقین دلایا تھا کہ وہ عدالتی نظام میں چھیڑ چھاڑ نہیں کریں گے۔ لیکن مسئلہ اس وقت سر اٹھانے لگا جب برسر اقتدار پارٹی مسلم لیگ کی جانب سے سپریم کورٹ میں جنرل مشرف کے غیر آئینی اقدام کے خلاف مقدمہ دائر کیا گیا۔ اسلام آباد میں ۳۱ جنوری کو مسلم لیگ کے ساتھ چند دیگر افراد کے مقدمے کی کارروائی بھی شروع ہوگئی۔ ۷ ججوں کے اس بنچ سے حکومت کی جانب سے اٹارنی جنرل عزیز منشی اور ان کے دیگر رفقاء نے عدالت میں حکومت کے موقف کی وضاحت کے لیے یکم مارچ تک وقت طلب کیا۔ اس سے قبل ہی ایوان اقتدار میں بھنک لگ گئی تھی کہ نہ صرف سپریم کورٹ، بلکہ چند ہائی کورٹ، بلکہ چند ہائی کورٹ کے جج صاحبان بھی جنرل مشرف کے خلاف ہیں اور ان کے خلاف فیصلہ بھی دے سکتے ہیں۔ لہٰذا صورتحال کا مقابلہ کرنے کے لیے جنرل مشرف کی عبوری حکومت نے فیصلہ کیا کہ نئے سرے سے پاکستان کے سبھی ہائی کورٹ اور سپریم کورٹ کے ججوں کو حلف دلایا جائے کہ وہ عبوری حکومت کے تئیں وفادار ہیں۔ اس حلف نامے کا مطلب یہی تھا کہ حکمرانوں کے خلاف عدالتوں، ججوں اور قاضی صاحبان نے (اور خود انصاف پسند شہنشاہوں

نے بھی) طاقت کے آگے سر نہیں جھکایا اور انصاف کے حق میں ہی فیصلہ سنایا ہے۔ خود تاریخ اسلام میں ایسے سینکڑوں واقعات ملتے ہیں جب صاحب اقتدار کو سزائیں سنائی گئیں اور انصاف پر مبنی فیصلہ کیا گیا۔ بہر حال پاکستان میں انصاف کا یہی تقاضا ہے (یا ہوتا) کہ جنرل مشرف نے ناجائز ڈھنگ سیاقتدار پر قبضہ جمایا ہے جس کے وہ قطعی اہل نہیں ہیں اور انہیں ملک میں کسی بھی حال میں انتخابات کرانا چاہیے۔

گزشتہ ۲۷ جنوری کو جب سپریم کورٹ کے ۱۳ ججوں میں سے ۶ نے عبوری حکومت کے تئیں وفاداری کا عہد لینے سے انکار کر دیا تو انہیں برخواست کر دیا گیا۔ بعد ازاں چیف جسٹس سعید الزماں صدیقی نے ایک پریس کانفرنس میں بتایا کہ ۱۲ / اکتوبر کو جب جنرل پرویز مشرف نے اقتدار پر قبضہ جمایا تو یقین دلایا تھا کہ وہ حتی الامکان آئین سے چھیڑ چھاڑ نہیں کریں گیاور عدالتوں پر بھی کسی طرح کا دباؤ نہیں ڈالیں گے۔ انھوں نے مزید کہا کہ چیف جسٹس کی تقرری کے وقت میں نے ۱۹۷۳ء کے آئین کے تئیں وفاداری کی قسم کھائی تھی جس میں کسی بھی طرح کی عبوری حکومت خصوصی طور پر فوجی حکومت کی گنجائش نہیں تھی۔ لہٰذا عبوری فوجی حکومت کے تئیں دوبارہ حلف لینے کا مطلب ہے کہ ۱۹۷۳ء کے آئین سے انحراف کیا جائے۔ اس سلسلے میں بھلے ہی دوسرے ججوں کا کچھ اور موقف ہو مگر سعید الزماں نے حلف نامہ نہ لے کر اور بعد ازاں استعفیٰ یا برطرفی سے پاکستان میں ہلچل ضرور مچا دیا ہے۔ قیاس تو یہ ہے کہ عدالتوں کے بعد اب وہ پریس سے نبرد آزما ہوں گے۔ آگے آگے دیکھیے ہوتا ہے کیا......؟

پاکستان میں اہل اقتدار اور پریس کی جنگ اور کشمکش کی تاریخ پرانی ہے۔ آئینی مقدمات میں لوگ آج بھی مولوی تمیز الدین خاں کے مقدمے کا حوالہ دیتے ہیں۔ ۱۹۵۴ء میں مولوی تمیز الدین خاں پاکستان کے آئین ساز اسمبلے کے صدر (اسپیکر) تھے۔ ایک خصوصی حکم نامے کے ذریعے اس وقت کے گورنر جنرل علام محمد نے اسمبلی کو معطل کر دیا۔ مولوی صاحب نے ان کے خلاف سندھ ہائی کورٹ میں مقدمہ دائر کیا اور عدالت نے گورنر جنرل کے حکم نامے اور اسمبلی کی معطلی کو ناجائز قرار دیا اور اسمبلی کو فوراً بحال کرنے کا حکم دیا۔ گورنی جنرل اور ان کے ہمنواؤں کے خواب وخیال میں بھی نہیں تھا کہ معاملہ اتنا سنگین ہو جائے گا۔ انھوں نے ہائی کورٹ کے فیصلے کے خلاف سپریم کورٹ میں اپیل کی۔ آج بھی پاکستان میں کہا جاتا ہے کہ ۲۱

مارچ ۱۹۵۵ء کو سپریم کورٹ کے چیف جسٹس محمد منیر نے انڈپینڈنٹ ایکٹ ۱۹۴۷ء کا سہارا لے کر غلط ڈھنگ سے گورنر جنرل کے حق میں فیصلہ دیا۔اس وقت سپریم کورٹ نے گورنر جنرل کیفیصلے کو بحال کر کے انتظامیہ کا ہاتھ مضبوط کیا۔اس وقت سے آج تک پاکستانی عدالتوں میں جو بھی صاحب اقتدار ہو عدالتیں زیادہ تر اس کے حق میں فیصلے دیتی رہیں۔جنرل ایوب خاں اور جنرل ضیاء الحق جیسے ڈکٹیٹروں کو بھی عدالتوں نے کلین چٹ دی۔لیکن اس کا یہ بھی مطلب نہیں کہ ہر جج دباؤ میں آجاتا ہے۔خود نواز شریف کے دور میں جسٹس شاہ نواز شریف کے دباؤ میں نہیں آئے۔اسی طرح ضیاء الحق کے زمانے میں جسٹس انوار الحق اور جسٹس محمد حلیم بھی بھٹو کی پھانسی کے خلاف تھے۔

ہندوستان کی طرح پاکستانی عدلیہ کی بنیاد بھی انڈین پینل کوڈ پر ہی مبنی ہے، جسے انگریزوں نے اپنے مفاد کے لیے رائج کیا تھا۔بعد ازاں اس میں ضرورت کے مطابق ترامیم ہوتے گئے۔حکومت سازی کے لیے ۱۹۳۵ء کا گورنمنٹ آف انڈیا ایکٹ اور پھر ۱۹۴۷ء کا انڈین انڈپینڈنٹ ایکٹ بنایا گیا اور اس میں بھی بوقت ضرورت ترامیم ہوتے گئے۔پاکستان میں حکومت سازی کے لیے ۱۹۷۳ء کا آئین نافذ ہے۔جسے خود ذوالفقار علی بھٹو، ضیاء الحق، غلام اسحاق خاں،، فاروض لغاری اور اب جنرل پرویز مشرف نے توڑ مروڑ کی استعمال کیا ہے۔ ۱۹۷۳ء کے آئین میں علماء نے بھی دستخط کئے۔اس طرح اسے ہمہ گیر منظوری حاصل ہے۔یہ بات الگ ہے کہ عام عدالتوں کے ساتھ پاکستان میں وفاقی شرعی عدالت بھی ہے اور اس کے فیصلوں کی پابندی لازمی ہے۔لیکن اس بات کا علم نہیں کہ وفاقی شرعی عدالت کے فیصلے کتنیفعال ہیں اور ان پر کتنی عمل ہوتا ہے۔البتہ حکومت شرعی عدالت کے فیصلے کے خلاف سپریم کورٹ کی شریعت بنچ میں اپیل کر سکتی ہے۔

بڑی عدالتوں کیعلاوہ پاکستان بھر میں ضلع اور سب ڈویژن اور تحصیل کی سطح پر عدالتیں ہیں جنہیں کچہری کہا جاتا ہے اور جہاں ضلع بھر کے سیاسی، سماجی اور دیگر معاملات نمٹائے جاتے ہیں۔پاکستان کی دیہی پنچایتیں برادری کی پنچایتیں، جرگے، قبیلے کے سردار اور زمین دار اور جاگیر دار بھی اپنی مرضی سے فیصلے سناتے ہیں۔ظاہر ہے جب تک جمہوری عمل فعال نہیں ہوگا ہر صاحب اقتدار اپنی مرضی سے ہی فیصلہ کرے گا۔جنرل مشرف بھی یہی کر رہے ہیں۔

15.02.2000

زمین کا نوحہ

زمین کا نوحہ یعنی زمین کا ماتم بھلا کیا ہو سکتا ہے؟ سوکھا، تپتپاتی، جھلستی گرمی، بنجر، چوپائے۔ پرندے اور انسان کی تباہی۔ دنیا کے کئی حصوں میں زمین کو اس لیے ماں کا خطاب دیا گیا ہے کیونکہ وہ ہمیں حیات بخش لمحے دیتی ہے۔ اس کے سینے سے جاری سرد گرم پانی کے جھرنے، جھومتے پیڑ، لہلہاتی فصل اور پُر امن زندگی گزارتے لوگ، اوپر چمکدار سورج، خاموش چاند، ٹمٹماتے ستارے اور کئی سیارے۔ قدرت کے یہ سبھی عطیات محتاج ہیں زمین کے۔ لیکن جب اسی زمین پر یہ سبھی نعمتیں مٹنے یا مٹائی جانے لگے تو؟ تو شاید یہی ہے زمین کا نوحہ یعنی دھرتی کا ماتم۔ اسی سلسلے میں یاد آتے ہیں پچھلے دو برس کے واقعات۔ مئی ۱۹۹۸ میں جو بھی ہوا وہ زمین کا نوحہ یعنی دھرتی کا ماتم ہی تو ہے۔ ملکوں کے کچھ دانشوروں، ادیبوں اور صحافیوں نے اسے محسوس کیا۔ حالانکہ 'ایٹمی وطن پرستی' کی لہر میں ان کے ماتم کو عوامی سطح پر محسوس نہیں کیا جا سکا۔ لیکن ان کا درد اپنی جگہ تو تھا ہی۔ بہر حال پچھلے دنوں یعنی پاکستان میں ایٹمی دھماکوں کی دوسری سالگرہ پر (۲۷۔۲۹ مئی) پاکستانی دانشوروں کا ماتم اور احتجاج ایک کتاب بہ نام ''زمین کا نوحہ'' کی شکل میں سامنے آیا ہے جسے سجا سنوار کر پیش کیا ہے پاکستان کے بزرگ اور حساس صحافی ضمیر نیازی نے۔ عام طور پر صحافتی برادری کو اس لیے حساس نہیں سمجھا جاتا کیونکہ ان کے لیے فرقہ وارانہ فسادات سے لے کر ایٹمی دھماکوں تک ہر چیز ان کے لیے صرف ''اسٹوری'' ہے۔ لیکن ضمیر نیازی جیسے لوگ STORY TELEER یا SCOOP تلاش کرنے والے صحافی ہی نہیں بلکہ ایک امن پسند انسانیت پرست اور عوام دوست شخصیت بھی ہیں۔ اسی لیے انھوں نے ''زمین کا نوحہ'' جیسی کتاب کے ذریعے گہرائی سے محسوس کی جانے والی ادبی تخلیقات کو مرتب کیا۔ اس میں جنگ اور دھما کے مخالف آرٹیکل کے علاوہ نظمیں اور کہانیاں بھی ہیں۔

'ڈان'، 'ڈیلی نیوز' پھر 'بزنس ریکارڈر' جیسی مشہور اخبارات میں اعلیٰ عہدوں پر فائز ضمیر نیازی نے "The press underseize" لکھ کر پاکستانی صحافتی دنیا میں ہلچل مچادی۔ لیکن ایک صحافی ہوتے ہوئے بھی انھوں نے ادیبوں سے بھی اپنے تعلقات قائم رکھے۔ یہاں ہندوستان

میں کئی معروف صحافیوں کے علاوہ اردو کے کئی ادیب وشاعر بھی ان کے دوستوں میں ہیں۔ان کے تعلقات صرف ذاتی ہی نہیں بلکہ ان میں ایک انسان دوستی اور ایک پڑوس کے محبت بھرے جذبات بھی شامل ہیں۔

''زمین کا نوحہ'' میں جہاں ایک طرف پاکستانی دانشوروں کے امن کی کوششوں کو اُجاگر کیا گیا ہے وہیں ہندوستانی سائنسداں ڈاکٹر ونود موبائی اور Asian Age اور India Today کے حوالے سے یہ بھی بتانے کی کوشش کی گئی ہے کہ ہندوستان میں دانشوروں، قلمکاروں اور صحافیوں میں ایٹمی دھماکوں پر ہونے والے خرچ کی مخالفت کرنے والوں کی کمی نہیں ہے۔ کتاب کے مضمون میں ہندی کے شاعر آنجہانی اگیئے کی نظم ''ہیروشیما'' اور ارون دھتی رے کے دھماکوں کی مخالفت میں لکھے گئے مضمون کا بھی ذکر ہے جسے پاکستانی دانشوروں نے کافی پسند کیا۔کتاب کے ایک مضمون'زمین اظہار چاہتی ہے' میں ضمیر نیازی کے معاون اور متنازعہ افسانہ نگار آصف فرخی نے مجموعے میں منتخب کی گئی تحریروں کے ادبی حیثیت پر سوال اُٹھایا ہے۔ان کے مضمون سے سوال اُٹھتا ہے کہ کیا ایٹمی خطروں سے ہمارا ادیب واقف ہے؟ اور کیا ادب سے امن کا دائمی رشتہ ہے؟ اور اگر ہے تو کیا ہمارے ادیب اپنے اس فریضے پر پورا اُترتے ہیں؟ اس میں شک نہیں ہے کہ عالمی ادب میں جنگ مخالف ادب کا اچھا خاصا منظر ہے۔ٹالسٹائے (وار اینڈ پیس) گورکی کی کئی کہانیاں، میخائیل شولکوف (دھیرے بہے دونرے) پاپا ہیمنگورے (اے فیئر ویل ٹو آرمس) وغیرہ برصغیر میں بھی جنگ مخالف ادب کی کمی نہیں ہے۔لیکن ان کی تعداد کم ہے۔اس میں شک نہیں کہ تقسیم ہند، اس سے پہلے دوسری عالمی جنگ کی مخالفت کی ہو۔(کچھ مستثنیٰ ہیں) شاید دونوں طرف سے قلمکاروں کو یہ گمان ہوتا ہو کہ ان کے ملک پر پڑوسی ملک نے جنگ تھوپی ہے۔انکے ملک کو جنگ کے لیے گھسیٹا گیا ہے۔ظاہر ہے کہ قلم کا سپاہی حقائق کی معلومات کے لیے کہاں تک جا سکتا ہے؟ مگر یہ بھی سچ ہے کہ قلم کا سپاہی عام لوگوں سے تو ضرور الگ ہوتا ہے۔اس کی سوچ ،فکر اور احساس ہی تو اسے قلم پکڑاتے ہیں۔وہ انسانیت کے معاملے میں اپنی آنکھیں کیسے بند رکھ سکتا ہے۔اس موضوع پر اور بھی بہت کچھ لکھنے کی ضرورت ہے۔ہمارے سامنے تو ہے ایٹمی دھماکوں کی مخالف تخلیق ''زمین کا نوحہ''۔

آصف فرخی نے اس کتاب میں شائع ایک مضمون میں لکھا ہے۔اور جیسا کہ قومی جنون پر ہوتا

ہے ریڈیو، ٹی وی پر مشاعرے ہوئے (دھماکوں کے بعد) جن میں کئی نامی گرامی شاعروں نے حصہ لیا۔ انھوں نے اس دن کے لیے لکھا ہوا کالم سنایا۔ اس طرح دھماکوں کے بعد اس کا تباہ کن اثر ادب کے میدان میں ظاہر ہوا۔ زبان کا گھاؤ پھیل کر منہ کا زخم بھی بن جاتا ہے۔ کچھ لکھنے والوں نے یہ راستہ (مخالفت) بھی چُنا۔ جشن کی اس کیفیت میں کان پڑی آواز سنائی نہیں دیتی تھی۔ مگر اس نقار خانے میں چند ایک آوازیں دبی دبی سہی کچھ ہٹ کر بھی سنائی دے رہی تھیں۔ یہ آواز عام میڈیا کے دوسرے ذرائع سے الگ تھلگ رہنے کی وجہ سے بکھر کر رہ گئی تھی۔

ایک اور مضمون میں خلیق ابراہیم نے بھی لکھا "سرکاری پروپگنڈے کے ڈھول تاشوں کے شور میں یہ ہوش گنوانا، آوازیں پوری طرح سنی نہیں جا سکی ہیں۔ کچھ ایسا ہو کہ زیادہ سے زیادہ لوگ ان آوازوں (دھماکوں اور جنگ مخالف) کو سن کر اس خطرے سے چوکنا ہوں اور آگے صرف ہند پاک کے لوگ نہیں بلکہ ساری انسانیت ایک ایسے موڑ پر کھڑی ہے جہاں سے آگے بڑھنے کے صرف دو راستے ہیں۔ ایک موت کی طرف تو دوسرا زندگی کی طرف۔

'زمین کا نوحہ' میں احمد ندیم قاسمی، منٹو، حسن منظر، رحمت اللہ ما نجھوی (سندھی)، انتظار حسین، ڈاکٹر شیر شاہ سید، آصف فروخی وغیرہ کی کہانیوں کے علاوہ ضیاء جالندھری، کشور ناہید، فہمیدہ ریاض، محسن بھوپالی، زاہد حسن (پنجابی) وغیرہ کی اعلیٰ پیمانے کی جنگ مخالف نظمیں ہیں۔

ضروری ہے کہ دونوں ملکوں کے امن پسند قلمکار اور فنکار اپنے یہاں کے عوام سے بھی رشتہ قائم کریں۔ برصغیر میں خصوصاً ترقی پسند ادیبوں نے عوام سے نقطہ توڑ لیا ہے۔ ان کی اپنی الگ الگ سہولت یاب ٹیم ہے۔ اب وہ ہر طرح کی حکومتوں اور پارٹیوں سے رشتے رکھتے ہیں اور ہر طرح کی مراعات حاصل کرتے ہیں اور کبھی کبھار بطور فیشن عوام کی باتیں کر لیتے ہیں۔ آخر کار وہ عوام کے نام پر ہی تو گل چھرے اُڑاتے ہیں۔ زمین کا نوحہ زمین پر بسنے والے کروڑوں عوام کا بھی نوحہ ہونا چاہیے۔ جن کے سروں پر ہر روز ایک ایٹم بم لٹکتا رہتا ہے۔ غریبی کا، بھوک کا، اور استعمال کا۔ ننگے بھوکوں کی جنگ تو صدیوں سے جاری ہے ایک اور جنگ بھلے ہی وہ ایٹمی کیوں نہ ہو بھلا ان کا کیا بگاڑے گی؟

2.7.2000

☆☆☆

جاپان میں پاکستانی

پاکستانی کہاں نہیں ملتے؟ ہمیں تو جاپان میں بھی ملے۔ ایک ایسے ملک میں جہاں برصغیر اور خاص طور سے ایک ہی زبان بولنے والے اور ایک ہی لباس پہننے والے بہت کم ملتے یا دکھائی دیتے ہیں۔ ویسے ٹوکیو کی ایک گلی میں جب ہندوستانی لباس شلوار قمیض میں دو خواتین کو ہم نے پہلی بار دیکھا تو بے ساختہ ''السلام علیکم'' کے بعد ان سے سوال کیا کہ وہ ہندوستان کے کس علاقے سے تعلق رکھتی ہیں؟ انھوں نے مسکراتے ہوئے جواب دیا کہ وہ پاکستانی ہیں۔ ہمیں اپنی غلط فہمی پر اس لیے تعجب نہیں ہوا کہ دونوں خواتین ہمارے ہندوستان کی عام عورتوں سے مختلف نہیں لگ رہی تھیں۔ یہ سچائی بھی سبھی جانتے ہیں کہ پردیس میں جب بھی دونوں ملکوں کے باشندے آمنے سامنے ہوتے ہیں تو سارے گلے شکوے بھلا کر ایک دوسرے کے گلے لگ جاتے ہیں۔ جیسے واقعی دو رشتے دار بچھڑنے کے برسوں بعد اچانک مل گئے ہوں۔ ہند پاک باشندوں کے ایسے ''مدھر ملن'' کو دیکھ کر دوسرے ممالک کے لوگ حیرت میں پڑ جاتے ہیں۔ دراصل ذرائع ابلاغ نے صرف جھگڑے اور تناؤ کو ہی فوقیت دی ہے۔ دونوں ملکوں کے لوگوں کے بیچ جذباتی، تاریخی، لسانی اور تہذیبی رشتے کو قطعی نظر انداز کیا جاتا رہا ہے۔ یہ عوامی رشتے پچھلے دس پندرہ برسوں سے (خاص طور سے ۱۹۷۷ میں جنتا پارٹی کی حکومت میں اس وقت کے وزیر خارجہ اٹل بہاری واجپئی کے بعد کا زمانہ) دونوں طرف سے کئی مشہور شخصیات کے علاوہ عام لوگوں کا بھی ایک دوسرے سے ایک نیا محبت بھرا رشتہ قائم ہوا۔ پاکستان میں ہماری بمبیا فلموں اور ہمارے یہاں پاکستانی سیریلوں نے پشاور سے کلکتہ تک لوگوں کے دلوں کو جیت لیا تھا۔ آج بھی ان کے اثرات قائم ہیں۔ کچھ بھی ہو ٹوکیو میں دو پاکستانی خاتون کو دیکھ کر ہمارا ردِ عمل فطری تھا۔ ایسے ہی مواقع اور لمحوں میں سیاست کی شکست اور امن پسند عوام کی جیت طے ہوتی ہے۔

جاپان کی راجدھانی ٹوکیو میں پاکستانیوں سے بے ساختگی کا ایک اور ثبوت ملا یونسکو، یونیسیف اور جاپانی بودھ ازم کے اریگاتو فاؤنڈیشن کے ذریعے منعقد ایک بین الاقوامی کانفرنس میں بچوں

کے مختلف پہلوؤں پر اس کانفرنس میں لگ بھگ چالیس مما لک سے آئے نمائندوں کے درمیان ہمیں اپنے ہندوستانی نمائندوں کے ساتھ پاکستان کے سیالکوٹ سے عظیم فرانسیس اوران کی بیگم زرین کے ساتھ اپنی زبان میں بات کرنے کا موقع ملا۔ان سے ہماری قربت اتنی بڑھی کہ ایک پارٹی میں جب عظیم صاحب کہیں گم ہو گئے تو ان کی بیگم پریشانی کے عالم میں ہماری پاس آئیں۔ پھر ہمیں انکے میاں کو ڈھونڈنا پڑا۔ دوسری طرف دونوں میاں بیوی دل کے مریض اپنے ہندوستانی مہربان کا بھی خیال رکھ رہے تھے۔عظیم فرنسیس نے بتایا کہ موجودہ فوجی حکمرانوں سے عام پاکستانی خوش ہیں۔اسے اطمینان ہے کہ سیاستدانوں کی طرح فوج بدعنوان نہیں ہے۔اس کے علاوہ سیاست دانوں نے لوٹ کھسوٹ۔اقربا پروری، بدعنوانی کی وجہ سے اپنے آپ کو عوام کی نظروں میں گرالیا ہے۔نواز شریف ان کے اہل خانہ اوران کی پارٹی کے لوگوں نے جس طرح بدعنوانی میں کھل کر حصہ لیا اس کا بدلہ انھیں ملا۔میاں صاحب کو ہٹائے جانے پران کے شہر لاہور میں لوگوں نے خوشیاں منائیں۔وہ جانتے تھے کہ وہ کیا تھے اور کیا ہو گئے۔عوام کو فی الحال جمہوریت کی واپسی میں دلچسپی نہیں ہے۔

عظیم فرانسیس سیالکوٹ اور پاکستان کے کئی علاقوں میں دبے کچلے بچوں کے تحفظ کے لیے کام کرتے ہیں۔اس سلسلے میں انھیں پاکستان اور بیرون مما لک کا دورہ کرنا پڑتا ہے اور اس کے لیے انتظامیہ اور میڈیا سے انھیں خاصہ تعاون ملتا ہے۔البتہ عیسائی اقلیت ہونے کی وجہ سے انھیں کبھی کبھی دقتوں کا سامنا کرنا پڑتا ہے۔لیکن مجموعی طور پر اپنے رہن سہن، زبان اور تہذیب سے کسی بھی طرح وہ عام پاکستانی مسلمان سے کم نہیں لگتے ہیں۔کانفرنس میں عراقی بچوں کے مسائل پر ہمارے خیالات کی انھوں نے مکمل تائید کی۔ایک اور بات پر ہم دونوں متفق تھے۔برصغیر کے عوام کی خوشحالی کے لیے دونوں ملکوں کے حکمرانوں کو مل جل کر اس کی راہ تلاش کرنی ہوگی۔

ٹوکیو کے اسلامی سینٹر میں جمعہ کی نماز کے دوران ہماری ملاقات ہوئی حیدرآباد (سندھ) کے احمد حسین سے جو پلاسٹک فیکٹری میں کام کرتے ہیں اور ہمارے روپیہ کے برابر ۳۵ ہزار روپے (پچاس ہزار جاپانی ین) پاتے ہیں۔پچھلے بارہ تیرہ برس کام کرنے کے باوجود وہ جاپانی سماج سے تال میل نہیں پیدا کر سکے ہیں۔وہیں پر کراچی کے نظام الدین بھی ملے جو ٹوکیو میں

چار پانچ سال سے ہیں لیکن بے حد پریشان ۔اسلام آباد کے کمپیوٹر انجینئر صلاح الدین کا بھی یہی حال ہے ۔ٹوکیو ہی کیوں؟اس سوال کے جواب میں ہمیں بتایا گیا کہ پاکستان میں تو نوکری اور کسی طرح کے کام دھندے کا سوال ہی نہیں اٹھتا ہے ۔روزی روٹی کی تلاش میں زیادہ تر پاکستانی سعودی عرب یا دیگر خلیجی ممالک کا رُخ کرتے ہیں ۔کچھ لوگ یورپ امریکہ بھی جاتے ہیں ۔لیکن دھیرے دھیرے سارے مقامات پر روزگار کی تلاش میں پاکستانیوں کی تعداد بڑھتی جا رہی ہے ۔اس لیے پچھلے کچھ برسوں سے وہ نئے مقامات ڈھونڈنے لگے ہیں ۔اب ٹوکیو ان کا نیا نشانہ ہے ۔لیکن جیسا کہ پتہ چلا ہے جاپان میں دوسرے ممالک کے لوگوں کو آسانی سے نوکری نہیں ملتی ہے ۔وہاں پہلے سے ہی کئی جنوبی ایشیائی ممالک (کوریا، تھائی لینڈ، فلپس، ملیشیا وغیرہ) کے شہری آباد ہیں ۔اس کے علاوہ خود جاپان کی معیشت کچھ بہت اچھی نہیں ہے ۔ایسی معیشت میں روزگار کے لیے پاکستانیوں کو کہاں موقع ملے گا؟ ظاہر ہے ایسی جگہوں میں جہاں جاپانی مزدوروں کے ساتھ دوسرے ممالک کے لوگ کام کرنا پسند نہیں کرتے ۔بہت پہلے پاکستانی اخباروں میں جاپان میں خطرناک مقامات پر پاکستانی محنت کشوں کے کام کے بارے میں بہت کچھ چھپا لیکن اس کا نتیجہ کچھ نہیں نکلا ۔اگر اپنے ہی ملک میں روزگار کے مواقع فراہم ہوتے تو لوگ باہر کیوں جاتے؟

قابل غور ہے کہ عام جاپانی کو پاکستان کی معلومات نہیں ہے ۔ویسے بھی ایک بے حد امیر ملک میں کوئی کسی غریب ملک کے بارے میں کیوں جانے؟ اس کے برعکس جاپان ہندوستان کو مہاتما بدھ، مہاتما گاندھی، شہنشاہ اشوک، پنڈت جواہر لال نہرو اور تاج محل وغیرہ کے سبب جانتا ہے ۔جاپان میں بودھ مذہب ہندوستان سے ہی گیا ۔لیکن اسلام مذہب وہاں نہیں پہنچ سکا ۔عرب تاجر فلپین سے آگے نہیں گئے ۔مجموعی طور پر جاپان میں پاکستان کی معلومات بہت کم ہے ۔

28.5.2000

☆☆☆

پاکستان اور ہندوستانی صحافی

گزشتہ دنوں ٹیلی ویژن پر مشہور ہندوستانی صحافی ایم جے اکبر کو پاکستان کے فوجی

حکمراں جنرل پرویز مشرف کا انٹرویو لینا، ایک دلچسپ نظارہ تھا۔ بلا شبہ صحافت کے اعلیٰ ترین معیار کو برقرار رکھتے ہوئے ہمارے اکبر صاحب بلا خوف اور نڈر ہو کر ان سے ہر طرح کے سوالات کر رہے تھے۔ انھوں نے ایک فوجی حکمراں کے جاہ و جلال کے تقاضے کو نہیں بلکہ ایک ملک کے سربراہ کی عظمت اور عہدے کے رتبے کا بھی برابر خیال رکھا۔ لیکن اس کا یہ مطلب بھی نہیں کہ وہ کسی طرح ان سے مرعوب ہو رہے تھے۔ انہوں نے اپنے طویل انٹرویو میں تہذیب و اخلاق کا توازن قائم رکھا۔ اسی طرح جنرل صاحب نے بھی اپنے جواب میں ہندوستانی صحافی اکبر صاحب کو اپنے رتبے کا بڑ پن نہیں دکھایا۔ بلکہ ایک شائستہ حکمراں کی طرح ہی ان سے پیش آئے۔ جہاں تک ایم جے اکبر صاحب کا سوال ہے تو ان کی صحافتی اور علمی قابلیت کے بارے میں کچھ بھی لکھنا گویا سورج کو چراغ دکھانا ہے۔ راقم الحروف نے اس عظیم صحافی کے زیادہ تر مضامین، انٹرویو، رپورٹ اور تصانیف (نہرو اور رائٹفر رائٹ) وغیرہ کا باریکی سے مطالعہ کیا ہے۔ ۷۴۔۱۹۷۳ء میں ان سے ٹائمز آف انڈیا کی تیسری منزل پر السٹریٹڈ ویکلی (Illistrated Weekly) کے دفتر میں پہلی بار ملتے پر ہی ان کی قابلیت کا اعتراف کرنا پڑا تھا۔ ان دنوں ان کے ساتھ کلکتہ سے ایک اور نوجوان صحافی نے بھی ٹائمز آف انڈیا کے تاج میں ایک نگینے کی حیثیت بنائی تھی۔ سریندر پرتاپ سنگھ بنام ایس پی بہت بعد میں ایس پی صحافت کی کئی کامیاب منزلیں طے کرتے ہوئے مشہور خبر نامہ ''آج تک'' تک پہنچے اور اس پروگرام کو پیش کرتے ہوئے اپنی جان بھی دی۔ قارئین کی دلچسپی کے لیے جانکاری یہ ہے کہ پاکستان نامہ کو شروع کرانے میں آنجہانی سریندر پرتاپ سنگھ بنام ایس پی کا بڑا ہاتھ ہے۔ ۱۹۸۵ء میں وہ نو بھارت ٹائمز کے اڈیٹر بن کر دلی سے آئے تھے۔ ان دنوں ہم اس اخبار میں ''اردو اخباروں سے'' ایک کالم لکھ رہے تھے۔ ایس پی نے ہی ہر ہفتے پاکستان پر لکھنے کی ترغیب دی اور پھر ۵ مارچ ۱۹۸۵ء سے ہندی نو بھارت ٹائمز میں پاکستان نامہ کا سلسلہ شروع ہوا جس کا سلسلہ آج بھی جاری ہے۔ بعد ازاں یہی کالم اردو ٹائمز کی بھی زینت بنا۔ لیکن ''پاکستان نامہ'' کے قبل ''راقم الحروف'' ''پاکنامہ'' کے نام سے ایک کالم ہندی کے مشہور جرنلسٹ، ادیب و شاعر ڈاکٹر دھرم ویر بھارتی کے زیر ادارت ہفتہ وار ''دھرم یگ'' میں تحریر کر رہا تھا۔ بہر لیف پاکستان کے متعلق ہندوستانی صحافیوں کی دلچسپی کی تواریخ پرانی اور دلچسپ ہے۔ اس سچائی میں

مبالغہ آرائی نہیں ہے کہ آج زیادہ تر ہندوستانی صحافی (ہر زبان کے) پاکستان جا کر وہاں کے لوگوں اور سیاستدانوں سے ملنا چاہتے ہیں۔ یہ الگ بات ہے کہ کسی بھی صحافی کے لیے صحافتی امور کے لیے پاکستان کا ویزا حاصل کرنا آسان نہیں۔لیکن جناب ایم جے اکبر (اور چند دیگر خصوصی لوگ) جیسی ہستیوں کی بات اور ہے۔ایم جے اکبر جنرل مشرف کے قبل ۱۹۸۴ء میں جنرل ضیاء الحق کا بھی طویل انٹرویو کر چکے ہیں۔ جن لوگوں کی پاکستانی سیاست پر گہری نظر ہے وہ جانتے ہیں کہ جنرل پرویز مشرف کا گراف، جنرل ضیاء الحق سے زیادہ اونچا ہے۔جنرل مشرف نے جس انداز اور حالات میں اقتدار پر قبضہ جمایا، جنرل ضیاء الحق کا اس طرح کے حالات سے قطعی واسطہ نہیں تھا۔ جنرل مشرف کیدور میں جس طرح بدعنوانیوں اور بد انتظامیوں نے سیاستدانوں اور سیاسی حکمرانوں کے کلیے کو ملیا میٹ کر دیا تھا جنرل صیاء الحق کو کم سے کم وہ سب دیکھنا نہیں پڑا تھا۔کم سے کم اتنا تو ہے کہ جنرل ضیاء الحق کے کارنامے جنرل مشرف کے کارناموں سیزیادہ تاریک تھے۔اپنی نکیلی مونچھوں اور رسیلی مسکراہٹ کے ساتھ جنرل ضیاء الحق کی تشبیہ کسی بھی عیار حکمراں سے دی جا سکتی تھی۔کم سے کم بھٹو کو پھانسی دے کر انھوں نے برصغیر کے ظالم حکمرانوں میں اپنا نام ضرور درج کرایا ہے، اس لیے اگر ایم جے اکبر اپنے ہفتہ ''سنڈے،، میں جنرل ضیاء الحق کا ایک طویل انٹرویو شائع کرتے ہیں تو بلا شبہ وہ ان دنوں بھول گئے تھے کہ انہوں نے ضیاء الحق کو اپنے ہفتہ وار کے صفحات پر صفائی دینے کا مجموعی موقعہ دیا تھا۔اور جب راقم الحروف نے کلکتہ میں ''سنڈے،، کے دفتر میں اکبر صاحب کو اس غلطی کی نشاندہی کرائی تھی تو اکبر صاحب نے ناراض ہو کر جواب دیا تھا کہ ''جنرل ضیاء الحق نے مجھے صرف آدھ گھنٹہ کا وقت دیا تھا لیکن میں نیان سے دو گھنٹے سے زیادہ کا انٹرویو لیا۔صحافت کے مکتب کے ہر طالب علم سے یہ امید کی جاتی ہے کہ وہ اس بات کا خیال رکھے کہ کب، کس کا، کہاں اور کتنا بڑا انٹرویو لیا جائے۔ ۱۹۸۲ء میں بھی اکبر صاحب ایک پختہ اور ذہین صحافی تھے لیکن واقعہ یہ ہے کہ ہندوستانی صحافیوں کی فطرت میں پاکستانی حکمراں اور سیاستدانوں سے زیادہ سے زیادہ بات کرنے کی چاہ ہوتی ہے۔ضیاء الحق سے لمبی گفتگو کرتیوقت ایم جے اکبر بھی اسی فطری چاہ کے شکار ہوئے اور جنرل مشرف سے بھی شاید انھوں نے اسی لیے طویل گفتگو کی۔غور کرنے کی بات یہ ہیکہ جنرل مشرف کے پاس بھی کچھ نیا نہیں تھا۔کشمیر اور دیگر مسائل پر وہ اپنے پرانے

مواقف دہراتے رہے۔

تقسیم (۱۹۴۷ئ) کے بعد سرحد کے دونوں طرف کے لاتعداد صحافی بھی منقسم ہوئے۔ یہ بات بھی سچ ہے کہ اسی طرح دونوں طرف کے صحافیوں کی وفاداریاں بھی تبدیل ہوئیں۔ اس زمانے میں بہت ہی کم لوگ تھے جو اپنی اپنی حکومتوں کے خلاف تھے، بلکہ زیادہ تر صحافی دوسرے ملک کے دشمن ہو گئے۔ ہندو، مسلمان اور سکھ صحافیوں کی ایک بڑی تعداد دلی اور پنجاب میں منتقلی کے بعد اپنے مخالف ملک کے دشمن ہو گئے۔ لیکن وہ ایک فطری عمل بھی جس طرح دلی اور ہندوستانی پنجاب نے کئی مسلمان صحافی پاکستان چلے گئے اسی طرح لاہور اور پاکستان کے دیگر علاقوں سے ہندو سکھ صحافیوں کو بھی اپنا سب کچھ چھوڑ کر ہندوستان آنا پڑا تھا۔ دونوں طرف تقسیم وطن کی قربانیوں کی فہرست طویل ہے۔ اس لیے تقسیم سے پیدا شدہ نفرت فطری ہے۔ لیکن پھر بھی دونوں ممالک میں صحافیوں کی بڑی تعداد نے دونوں ممالک کے عوام کے دلوں سے نفرت کو کم کرنیکی بیحد کوشش کی، ہندوستان میں مرحوم دیوان بریندر ناتھ، منورما دیوان، کلدیپ نیر، سردار خوشونت سنگھ، مرحوم خوشتر گرامی۔ فکر تونسوی وغیرہ اور پاکستان میں فیض احمد فیض (جی ہاں! فیض احمد کا تعلق صحافت سے بھی تھا)، احمد ندیم قاسمی، مظہر علی، ضمیر نیازی، شفیع عقیل اور میر خلیل الرحمن (اخبار جنگ کے اڈیٹر، جنگ دلی سے شروع ہوا تھا۔ اور جناب کلدیپ نیر نے پاکستان کے اس اردو اخبار میں بطور نامہ نگار کام کیا تھا) وغیرہ اس کی زندہ مثال ہیں۔ قابل غور ہے کہ سرحد کیا اس پار سے ہمدردی کو دونوں ممالک میں ہمیشہ شک کی نگاہ سے دیکھا گیا ہے۔ صحافیوں پر ایسے شک وشبہات (جو یقینا غلط ہیں) کے سلسلے آج بھی جاری ہیں۔ لیکن یہ بھی ایک دلچسپ بات ہیکہ دونوں ممالک کے صحافی ایک دوسرے کا اپنے اپنے ملک میں زبردست اور پُر جوش خیر مقدم کرتے ہیں۔ بلکہ ان میں سے کئی ایک دوسرے سے کم سے کم صحافتی تعلق تو ضرور بنائے رکھتے ہیں۔

ہندوستانی صحافیوں کی پاکستان میں بہت قدر ہے "تہلکہ" کے ذریعہ تو صحافت کیا اس الیکٹرانک میڈیم نے میدان صحافت میں ہندوستان کا نام روشن کر دیا ہے۔ ہندوستانی اخبارات و رسالے اور دیگر مطبوعات بھی پاکستان میں بہت شوق سے پڑھے جاتے ہیں۔ عام قاری بھی یہاں کے کئی صحافیوں کے نام سے واقف ہیں۔ افسوس کی بات یہ ہے کہ دونوں ممالک کی سیاسی

تلخیوں نیا خبار اتو رسائل پر بھی پابندی لگا دی ہے۔ یہاں تک کہ خالص ادبی جرائد بھی آسانی سے دستیاب نہیں ہوتے ہیں۔گو انٹرنیٹ نے اب اس دشواریوں پر قابو پالیا ہے، لیکن وہ میڈیم بہت عام بھی نہیں ہے۔ٹیلی ویژن بھی دونوں ممالک میں ہے، لیکن آج بھی اخبارات ورسائل کے کروڑوں ایسے قاری ہیں، جنہیں چھپے ہوئے یعنی شائع شدہ الفاظ ہی تسکین پہنچاتے ہیں۔

ہندوستان میں عام صحافیوں کی ایک بڑی دقت یہ بھی ہے کہ پاکستان سچائی جاننے کو زیادہ اور فوری ذرائع حاصل نہیں۔ یہی حال پاکستانی صحافیوں کا ہے۔انھیں بھی اصل ہندوستان کو دیکھنے سننے کا موقعہ نہیں ملتا ہے، دقت تو یہ بھی ہے کہ شاید دونوں ممالک کے صحافی اپنی صحافت کو ایک مخصوص دائرے میں ہی قید رکھ کر صحافت کا فرض نبھاتے ہیں۔وہ ''خواص'' میں دلچسپی رکھتے ہیں' عامؔ اور عوام میں نہیں۔شاید وہ خواص کے ذریعہ عوام تک پہنچنے میں یقین رکھتے ہیں۔ویسے ہندوستانی صحافیوں کی ایک بڑی دقت زبان بھی ہے۔ہندوستان کی بہ نسبت پاکستان کی اردو ،وہاں کی سیاست، معاشیات اور سماج کو زیادہ متاثر کرتی ہے۔اردو اخبارات رائے عامہ بناتے ہیں، گو وہاں بھی انگریزی کا اثر ہے۔لیکن اس کا اثر بہت محدود ہے۔ انگریزی اخبارات ہندوستانی سیاست میں ہلچل مچاتے ہیں۔لیکن پاکستان میں انگریزی اخبار اس قدر پر اثر نہیں۔ افسوس کی بات یہ بھی ہے کہ ہندی کے ساتھ ساتھ (پنجابی، سندھی کو چھوڑ کر) پاکستانی کسی اور بھی ہندوستانی زبان سے نا آشنا ہیں۔اردو رابطے کی زبان تو ہے لیکن ہندوستان میں وہ بھی محدود ہے۔اس کے برخلاف پاکستان میں انگریزی محدود ہے تو وہ ہندوستان میں پر اثر ہے۔اس طرح ہندوستان کے انگریزی کے صحافی (اردو میں ترلے کے بعد بھی) پاکستان میں جانے جاتے ہیں۔دیگر ہندوستانی زبانوں کے صحافیوں کو عام پاکستانی نہیں جانتے ہیں۔لیکن ایم جے اکبر اور ان کے ہمنوا دیگر انگریزی داں ہندوستانی صحافیوں کو پاکستانی جانتے ہیں۔الیکٹرانک میڈیا نے یہ کام اور بھی آسان کر دیا ہے۔

03.01.2001

پاکستانی فوج اور مذہبی جماعتیں!

ایسا محسوس ہوتا ہے کہ جنرل پرویز مشرف سیاسی جماعتوں کی طرف سے زیادہ فکر مند نہیں۔ دونوں بڑی جماعتوں کے سربراہوں (بے نظیر اور نواز شریف) کی جلاوطنی سے شاید ان کے کارکن بھی خاموش ہیں۔ اس لیے ان سے فی الحال کوئی خطرہ نہیں۔ ادھر اٹھارہ جماعتوں کی متحدہ تحریک بھی زیادہ فعال نہیں۔ لیکن جنرل صاحب کے لیے مذہبی جماعتیں سر درد بنی ہوئی ہیں۔ گو انھوں نے بھی براہ راست جنرل صاحب سے ٹکر لینے کی کوشش نہیں کی ہے، لیکن وہ انھیں اس بات کا احساس دلا رہی ہیں کہ مذہبی جماعتیں فوج سے خائف بھی نہیں۔ گزشتہ دنوں جماعت اسلامی پاکستان اور جمعیت علمائے اسلام کے ولولہ خیز جلسے سے اس بات کا ثبوت ملتا ہے۔ دونوں مذہبی جماعتوں کا تعلق سیاست سے بھی ہے۔ اس لیے ان کے جلسے جلوسوں کو بآسانی نظر انداز نہیں کیا جا سکتا۔ دونوں جماعتوں کا سندھ میں تو نہیں لیکن پنجاب، صوبہ سرحد اور بلوچستان میں اچھا خاصہ اثر ہے۔ جمعیۃ علمائے اسلام نے جشن دیوبند کا اہتمام کر کے ثابت کر دیا کہ جمعیۃ کی انتخابی طاقت کم سہی لیکن ان کے پاس بے پناہ تنظیمی طاقت ہے۔

پاکستان میں جمعیۃ اسلام نے اہم رول انجام دیا ہے اور اس نے انتخابی سیاست میں بھی ہمیشہ حصہ لے کر اپنی اہمیت کو منوایا ہے۔ صوبہ سرحد میں ۱۹۴۷ کے ریفرنڈم کے وقت جمعیت نے کھل کر حصہ لیا تھا۔ بعد ازاں جمعیت نے ہر انتخابات میں اپنے امیدوار کھڑے کیے اور صوبہ سرحد، بلوچستان کی اسمبلیوں اور قومی اسمبلی میں بھی اپنے نمائندوں کو بھیجا۔ گو ان کی تعداد کم تھی لیکن انھوں نے اپنی موجودگی کا احساس تو دلایا۔ بلکہ صوبہ سرحد اور بلوچستان میں تو پیپلز پارٹی کے علاوہ مسلم لیگ کو بھی جمعیت کے ساتھ اشتراک کرنے کے بعد ہی وزارت بنانے کا موقعہ ملا۔ کہنا غلط نہ ہوگا کہ جمعیت نے دونوں صوبوں میں حکومت سازی کا اہم رول ادا کیا۔

قابل غور ہے کہ پاکستانی جمعیت علمائے اسلام، جمعیت علمائے ہند کی ''پاکستانی شاخ'' ہے۔ مولانا حسین احمد مدنی کی قیادت میں جمعیت علمائے ہند کا ایک بڑا طبقہ مسلم لیگ اور جناح کی سیاست کا زبردست مخالف تھا۔ شیخ الہند مولانا محمود حسن کے محبوب ترین شاگرد مولانا حسین احمد مدنی نے دارالعلوم دیوبند میں تعلیم پائی تھی۔ ۱۹۱۶ء میں آپ ہندوستان کی عارضی حکومت کے قیام

کے جرم میں مولانا محمود حسن کے ساتھ گرفتار ہوئے اور انہیں بھی مالٹا میں رکھا گیا۔ جہاں سے وہ ۱۹۲۰ء میں رہا ہوئے اور اپنے مرشد کے ساتھ ہندوستان واپس آئے اور تحریک خلافت میں حصہ لیا۔ ۱۹۲۱ء میں آپ دیوبند کے صدر مقرر ہوئے اور اور تادم حیات ۱۹۵۷ء دیوبند سے منسلک رہے۔ اس دوران آپ جد و جہد آزادی میں بھی شامل رہے اور کئی بار جیل گئے۔ ۱۹۴۰ء میں جب مسلم لیگ نے ہندوستان کی تقسیم کا مطالبہ کیا تو آپ نے اس مطالبے کی زبردست مخالفت کی اور بے انتہا مصیبتیں اٹھائیں ۴۶۔۱۹۴۵ء کے الیکشن میں آپ مسلم لیگی مخالفت اور کانگریس کی حمایت میں پورے ملک کا دورہ کیا اور مسلم لیگی مسلمانوں کے غیض و غضب کا بھی شکار ہوئے۔

مولانا حسن احمد میدنی کی مذہبی معاملات میں غیر معمولی جانکاری تھی لیکن وہ علوم دنیاوی میں بھی یکساں دخل رکھتے تھے۔ مشہور تواریخ داں مفکر ڈاکٹر تارا چند (تاریخ تحریک آزادیٔ ہندب۔ جلد سوم) کے مطابق ''یہ سخت تعجب کی بات ہیکہ کس طرح ایکمولوی نے ہندوستان کی سیاسی اور اقتصادی تاریخ اور مغربی طاقتوں کے اسلامی مما لک کے بارےمیں اس عظیم مقدار میں اطلاعات فراہم کرلیں۔ اس میں شک نہیں کہ مکہ میں ان کی دس سال سے ڈیوڑھی مدت تک کی رہائش جو مسلم مما لک کا مرکز ہے اور اس کے تقریباً پانچ سال تک مالٹا کی قید و بند میں رہنے سے مسلم مما لک کے بہت سے لوگوں سے ان کی ملاقاتیں ہوئیں اور یوروپ یعنی جرمنی، آسٹریلیا، اٹلی وغیرہ کے لوگوں سے بھی ملے۔ ان لوگوں سے بین الاقوامی معاملات پر انھوں نے بہت کچھ معلومات حاصل کیں۔ ڈاکٹر تارا چند کے مطابق حسین احمد یہ تسلیم کرتے تھے کہ کانگریس ہی انگریزوں سے طاقت چھیننے کا خاص آلہ ہے اور باوجود اس کے کہ ان کو بہت اشتعال دیا گیا اور اختلافات کیے گئے، لیکن ۱۹۲۵ء میں جو فیصلہ انھوں نے کانگریس کے نظام کی حمایت کا کیا تھا اس میں ان کے دل کے اندر کبھی تذبذب پیدا نہیں ہوا۔ خاص کر جبکہ ۱۹۲۹ء میں کانگریس نے یہ اعلان کر دیا کہ ہندوستان کی آخری منزل آزادی کامل ہے۔ ان کا ہندوستان کے مسائل پر واضح رویہ اور کانگریس کی حمایت کی بناء پر ان کو بہت سے تنازعات کا سامنا کرنا پڑا۔ مزید آپ نے لیگ کے دوقومی نظریے کو رد کیا اور برصغیر کی تقسیم کو مسلمانوں کے لیے نقصاندہ بتایا۔

لیکن ''نوائے وقت'' (۲۹ اپریل ۲۰۰۱ئ) میں اصغر عبد اللہ کے مطابق ''جمعیت علمائے ہند کا ایک گروہ اگر مولانا حسین احمد مدنی کی قیادت میں مسلم لیگ کی جدو جہد آزادی کا مخالف تھا تو جمعیت علمائے ہند کا دوسرا گروہ مولانا شبیر احمد عثمانی کی رہنمائی میں قیام پاکستان کی جدو جہد کا حامی تھا۔ قیام پاکستان کے بعد پاکستان میں سرگرم عمل ہونیوالی جمعیت علمائے اسلام بنیادی ور پر قیام پاکستان کے حامی مولانا شبیر احمد عثمانی کی جمعیت علمائے اسلام تھی۔ مولانا شبیر احمد عثمانی کو یہ اعزاز بھی حاصل ہے کہ پاکستان کا پہلا قومی پرچم قائد اعظم کی ہدایت پر انھوں نے لہرایا۔ اس طرح جمعیت علمائے ہند کے مولانا شبیر احمد عثمانی نے ہی پاکستانی سیاست میں جمعیت علمائے اسلام کے نام پر مذہبی، سیاسی پارٹی کی بنیاد ڈالی۔ مولانا شبیر احمد عثمانی کے جانشین مولانا مفتی محمود نے بھی جمعیت کو پُر اثر بنانے میں کوئی کسر نہیں چھوڑی، لیکن ان کا دائرہ صوبہ سرحد اور بلوچستان تک محدود رہا۔ پھر بھی انھوں نے جنرل ایوب خاں کی فوجی حکومت کے خلاف جم کر کام کیا اور مصائب بھی جھیلے۔ بلکہ ایوب خاں کے بعد بھٹو کی بھی انہوں نے مخالفت کی۔ قابل غور ہے کہ جنرل ایوب خاں کے برعکس جنرل ضیاء الحق نے جمعیت علمائے اسلام سے بہترین تعلقات قائم کئے۔ مولانا مفتی محمود کے بعد جمعیت کی قیادت صوبہ سرحد کے مولانا فضل الرحمن کیہاتھوں آگئی۔ جنرل ضیاء الحق کے دور میں افغانی مجاہدین کی کامیابی کی وجہ سے جمعیت کی بھی پاکستان میں خصوصی شناخت بنتی گئی۔ لیکن پھر بھی اس کا دائرہ اثر محدود رہا۔ پھر بھی دو ایک منظم اور فعال جماعت تو بھی ہی۔ لہٰذا جنرل پرویز مشرف کو بھی اس سے لوہا لینا ہے۔ یوں بھی پاکستان میں ایک عام خیال ہے کہ فوجی حکومت کو امریکہ سے اس بات کے اشارے دیئے گئے ہیں کہ وہ مذہبی جماعتوں کو سختی سے دبائے۔ جنرل صاحب نے شروع میں (اور اب بھی) اس بات کا عندیہ دیا تھا کہ وہ مذہبی جماعتوں کے خلاف ہیں، لیکن جمعیت علمائے اسلام کو دبانا ان کے بس کی بات نہیں۔

پاکستان کی دوسری بڑی سیاسی اور مذہبی جماعت جماعت اسلامی بھی ایک نہایت ہی منظم اور فعال جماعت ہے۔ گزشتہ دنوں جماعت نے بھی جمعیت کی طرح اسے آیاء کے نزدیک ''قرطبہ منیٰ'' میں ایک عظیم الشان جلسے کا اہتمام کر کیا پنی طاقت کا زبردست مظاہرہ کیا۔ جماعت اسلامی یوں بھی کھلے عام جنرل مشرف سے عام انتخابات کا مطالبہ کر رہی ہے۔ جمعیت علمائے

اسلام کے سربراہ مولانا فضل الرحمن کے ساتھ ساتھ جماعت اسلامی کے امیر قاضی حسین احمد بھی برابر مطالبہ کر رہے ہیں کہ ۱۹۷۳ء کے آئین کی بحالی اور انتخابات ہی سے پاکستان تباہی سے بچ سکتا ہے۔ بحالی جمہوریت کے لیے دونوں کا قصور واضح ہے۔

نوائے وقت کے مطابق کچھ عرصہ پہلے قاضی صاحب کی جگہ کوئی اور ایسے سنگین الزامات عائد کرتا تو اس کا ناطقہ بند کر دیا جاتا۔ لیکن مشرف انتظامیہ کے لیے جماعت اسلامی سے ٹکرانا بہت آسان نہیں۔ اس سلسلے میں جنرل مشرف نے بہت تحمل سے کام لیا ہے۔

یہ ایک حقیقت ہے کہ جماعت اسلامی کے بانی مولانا مودودی مرحوم نے تحریک پاکستان کی خاطر خواہ حمایت نہیں کی لیکن بعد ازاں انھوں نے انتخابی سیاست میں حصہ لینے کا فیصلہ کیا اور جماعت کو ایک سیاسی جماعت کی بھی شکل دی۔ مسلم لیگ نے پاکستان کے ابتدائی دنوں میں جماعت سے مفاہمت کا ہاتھ بڑھایا، لیکن پھر بھی فوج میں جماعت اسلامی کے لٹریچر کی اشاعت ممنوع تھی۔ (نوائے وقت ۲۹ اپریل ۲۰۰۱ئ)۔ جنرل ایوب خاں نے تو جماعت کو خلاف قانون قرار دے کر حکومتی اداروں سے جماعت اسلامی کے اراکین کو نکالنے کی مہم بھی شروع کی لیکن یہ بھی سچ ہے ایوب خاں کو گدی سے ہٹانے میں جماعت اسلامی نے بھی بڑھ چڑھ کر حصہ لیا۔ جماعت اسلامی کی البدر اور التمش تنظیموں نے پاکستانی فوج کے ساتھ ساتھ ۱۹۷۱ء کی جنگ میں حصہ لیا۔

جنرل ضیاء الحق نے جماعت اسلامی سے خوشگوار تعلقات بنائے۔ ان کے ابتدائی دور حکومت میں جماعت کی خوب پذیرائی ہوئی اور اور ایسا محسوس ہونے لگا تھا جیسے اب جماعت اسلامی اقتدار میں شریک ہو جائے گی۔ لیکن جنرل ضیاء الحق کی پالیسی تھی کہ وہ ہر کسی کو خوش رکھیں اور ہر کوئی انھیں اپنا سمجھے۔ جماعت اسلامی بھی ان کے ''دام'' میں آگئی تھی اور ۱۹۸۸ء کے انتخابات میں اس پر ضیاء الحق کی حمایت کا ٹھپہ لگ گیا جس کے باعث اسے ایک بھی سیٹ نہیں ملی۔ عام خیال یہ ہے کہ فوج پر جماعت اسلامی کا گہرا اثر ہے۔ یہ بات کچھ حد تک سچ ہو سکتی ہے، لیکن پاکستانی فوج بنیادی طور پر ایک پیشہ وارانہ تربیت یافتہ اور منظم فوج ہے۔ اپنے آپ میں وہ خود ایک ''جماعت'' ہے، اس کا اپنا ڈسپلن ہے، لیکن وہ کسی سیاسی جماعت سے وابستہ نہیں ہو سکتی۔

09.06.2001

اکتوبر کا مہینہ اور پاکستان

یہ محض اتفاق نہیں، بلکہ ایک دلچسپ حقیقت بھی ہے کہ انگریزی مہینے کا اکتوبر پاکستان کے لیے سیاسی حادثات اور انتشار کا مہینہ رہا ہے۔ اِس مہینے میں کئی یادگار واقعات وقوع پذیر ہوئے جنھوں نے پاکستان کی سیاست میں اہم رول ادا کئے۔ یکے بعد دیگرے تاریخی حقائق سامنے ہیں۔ پاکستان کے پہلے وزیر اعظم نواب زادہ لیاقت علی خاں اسی مہینے یعنی ۱۶/ اکتوبر کو شہید کیے گئے۔ اس روز شام چار بجے راولپنڈی کے ایک جلسہ عام میں سید اکبر نام کے ایک شخص نیا پنی پستول سے ان پر کئی گولیاں چلائیں اور وزیر اعظم ڈائس پر ہی چل بسے۔ جلسے میں راولپنڈی کے پولس سپرنٹنڈنٹ نجف خاں نے وہاں موجود اپنے سپاہیوں کو حکم دیا کہ قاتل سید اکبر کو بھی فوراً مار دیا جائے۔ چنانچہ قاتل بھی اسی مقام پر قتل کر دیا گیا۔

لیاقت علی خاں کے قاتل کے فوری قتل کے ساتھ ہی وہ راز بھی دفن ہو گیا کہ قاتل کون تھا، اسے قتل پر آمادہ کرانے والے کون تھے۔؟ سخت سیکوریٹی کے باوجود بھی وہ جلسے کی اگلی صف تک کیسے پہنچ گیا۔ اس کے علاوہ سب سے اہم سوال یہ ہے کہ قاتل کو زندہ گرفتار کیا جاسکتا تھا لیکن ان کا جواب نہیں ملتا۔ یہ بھی سچ ہے کہ لیاقت علی خاں کے قتل کے بعد حکومت نے سارے معاملے کی تفتیش کے لیے ایک خصوصی کمیٹی بھی بنائی تھی، لیکن آج تک اس کمیٹی کی رپورٹ بھی صیغۂ راز میں ہی ہے۔ اب تو خیر اس کمیٹی اور معاملے کے کئی چشم دید گواہ بھی مر کھپ چکے ہیں۔ لیکن دلچسپ بات یہ ہے کہ قاتل سید اکبر کے قتل کا حکم دینے والے سپرنٹنڈنٹ پولیس نجف خاں کا بعد میں پرموشن ہوا اور وہ پنجاب کے ڈی۔ آئی۔ جی بنا دیئے گئے۔ نجف خاں کے پرموشن کے فوراً بعد بھی چند حلقوں میں چہ میگوئیاں ہوئیں لیکن ان کا کچھ بھی اثر نہیں ہوا۔

۱۶/ اکتوبر کے اس سانحے کے بعد پاکستان کی سیاست میں زبردست افراتفری مچی اور یکے بعد دیگرے کئی وزرائے اعظم آتے گئے اور رخصت ہوتے گئے۔ لیاقت علی خاں کے بعد خواجہ ناظم الدین (۱۹/ اکتوبر ۱۹۵۱ء تا ۱۷/ اپریل ۱۹۵۳ء) اور ان کے بعد محمد علی بوگرہ بھی پہلی وزارت ۲۴/ اکتوبر ۱۹۵۴ء کو رخصت ہوگئی۔ محمد علی بوگرہ نے ۲۴/ اکتوبر نئی وزارت کی تشکیل کی

جو ۱۱/ اگست ۱۹۵۵ء کو تحلیل ہوگئی۔ ۱۱/ اگست ۱۹۵۵ء کو چودھری محمد علی نے کابینہ کی لیڈرشپ سنبھالی لیکن ۱۲ ستمبر ۱۹۵۶ء کو انھیں بھی جانا پڑا۔ چودھری محمد علی کے بعد ۱۳/ اکتوبر ۱۹۵۶ء کو بزرگ سیاستداں حسین شہید سہروردی کو وزارت بنانے کا موقعہ ملا۔ لیکن پھر وہی اکتوبر۔ یعنی محض ایک سال کے اندر ۱۸/ اکتوبر ۱۹۵۷ء کو انہیں بھی وزیراعظم کی کرسی چھوڑنی پڑی۔

اکتوبر مہانے میں ہونے والی پاکستانی سیاست کی ٹریجڈی کا یہیں پر خاتمہ نہیں ہوا۔ ابھی تو اکتوبر نے اور بھی جلوے دکھانے تھے۔ چنانچہ حسین شہی سہروردی کے بعد جب مسٹر آئی آئی چندری گروزیراعظم بنے تو وہ صرف دو مہینے ہی گدی پر بیٹھے اور ان کے بعد وزارت عظمیٰ پر بیٹھے ملک فیروز خان نون جنھوں نے ۱۶/ دسمبر ۱۹۵۷ء سے لے کر ۱۷/ اکتوبر ۱۹۵۸ء تک ہی حکومت کی۔

ماہ اکتوبر کے اژدہے نے ان کی حکومت کو بھی نگل لیا۔ پاکستانی سیاست کے پہلے دور یا دس سالہ مدت میں اکتوبر میں رخصت ہونے والے چار وزرائے اعظم کے بعد ۸۔ اکتوبر ۱۹۵۸ء کو جس شخصیت نے عنان حکومت سنبھالی اس نے پاکستان کے جغرافیہ کو بدلنے، جمہوریت اور آئین کا جنازہ نکالنے میں کوئی کسر نہیں چھوڑی یعنی فیلڈ مارشل جنرل ایوب گاں۔ ۱۸۔ اکتوبر ۱۹۵۸ء کے آئین کو منسوخ کر کے ایوب خاں نے سارے پاکستان میں مارشل لاء نافذ کر دیا اور ہر طرح کے جمہوری اقدار و سیاسی جماعتوں کی سرگرمیوں پر بھی مکمل پابندی لگادی۔ اس طرح یہ ثابت ہو گیا کہ واقعی میں ماہ اکتوبر پاکستان کے لیے ”ماہ گردش“ ہی ثابت ہوا کرتا ہے۔

ایوب خاں کے دور حکومت نیں اگرچہ پاکستان نے معاشی میدان میں لمبی چھلانگ لگائی تھی، لیکن سیاسی میدان میں انھیں شکست فاش کا منہ دیکھنا پڑا۔ ان کی سب سے بڑی غلطی تھی (جو پاکستان کا ہر فوجی جنرل عنان حکومت سنبھالنے کے بعد کرتا ہے) کہ انھوں نے سیاسی جماعتوں کی نبض کو نہیں پہچانا۔ کم سے کم اس دور کے سیاستدان بہت حد تک عوامی سیاستداں تھے۔ ان کا عوام سے براہِ راست رشتہ تھا۔ مشرقی پاکستان (اب بنگلہ دیش) میں تو یہ عوامی رشتہ اور بھی مضبوط تھا وہ ایک روایتی سیاسی رشتہ تھا۔ جس کی جڑیں ۱۹۰۵ء کے تقسیم بنگال اور پھر اس کے فوراً بعد ۱۹۰۶ء میں مسلم لیگ کی تشکیل سے جڑی تھ۔ قابل غور ہے کہ مطالبہ پاکستان میں اہم کردار نبھانے والی مسلم لیگ کی پیدائش بھی مشرقی پاکستان کی راجدھان ڈھاکہ میں ہی ہوئی تھی۔

ایوب خاں سے قبل کی حکومتوں نے اور بعد کی حکومت نے بھی مشرقی پاکستان کے عوام کے جذبات کو ٹھیس پہنچائی۔ ۱۹۷۰ء کے عام چناؤ میں گرچہ مشرقی پاکستان کی عوامی لیگکو برتری حاصل ہوئی تھی لیکن ذوالفقار علی بھٹو اور جنرل یحییٰ خاں کی سازشوں کی وجہ سے عوامی لیگ کے سربراہ شیخ مجیب الرحمن کے بجائے بھٹو کو وزیراعظم بنائے جانے کا جال بُنا جانے لگا۔ شیخ صاحب پہلے ہی سے پاکستان توڑنے کے لیے تیار بیٹھے تھے۔ چنانچہ انھوں نے بھی مشرقی پاکستان کی خود مختاری یعنی بنگلہ دیش کی تشکیل اور پاکستان توڑنے کی جس مہم کا آغاز کیا تھا اس کی بنیاد بھی اکتوبر ۱۹۷۰ء میں ہی رکھی گئی تھی۔

۱۲/ اکتوبر ۱۹۷۰ کو شیخ مجیب الرحمن نے مشرقی پاکستان کی خود مختاری کا پروگرام پیش کیا۔ جس کے چھ نکات تھے۔ ایک انٹرویو میں شیخ صاحب نے کہا تھا کہ وہ ۱۹۴۸ء سے بنگلہ دیش کی آزادی کے لیے کام کر رہے تھے۔ پھر یہ جد و جہد ۱۹۵۲، ۱۹۵۴، ۱۹۶۳ اور ۱۹۷۰ء کی تحریکوں میں نمو پاتی رہیں۔ (پاکستان کیوں ٹوٹا؟ ڈاکٹر محمود) اتفاق سے یہ اکتوبر کا ہی مہینہ تھا جب پاکستان میں ایک عظیم سانحہ کا اعلان ہوا تھا۔

۱۳/ اکتوبر ۱۹۹۹ کو پاکستان کے خراچی کی فضا میں ایک اور سیاسی توپ داغا گیا، جس کی زد میں وزیراعظم نواز شریف آئے۔ لیکن موصوف پھانسی کے تختے پر چڑھتے چڑھتے بچ گئے۔ اسی روز کولمبو سیبواپسی کے دوران نواز شریف نے جنرل پرویز مشرف کو ہٹانے کا پروگرام بنایا تھا۔ بہت ممکن تھا کہ کچھ ہو جاتا مگر حالات نے جنرل صاحب کا ساتھ دیا اور اسی مہینے میں پاکستان میں ایک اور مارشل لا نافذ کیا گیا۔ اکتوبر ۱۹۹۹ء موجودہ پاکستان کی سیاست کا چشم دید گواہ ہے۔ لیکن یہ بات سمجھ میں نہیں آتی ہے کہ اسی مہینے میں پاکستانی سیاست نزع کا شکار کیوں ہو جاتی ہے۔ اس پر سنکٹ کیوں چھا جاتا ہے۔ فی الحال یعنی اس مہینے میں بھی پاکستان ایک دو رہے، بلکہ چوراہے پر کھڑا ہے۔ عالمی سیاست خصوصی طور ورلڈ ٹریڈ سینٹر کی ٹریجڈی اور طالبان نے بھی اس پر گہرا اثر ڈالا ہے۔ حکومت ہر پل اپنا موقف بدلتی نظر آتی ہے۔ شاید اس کا نام سیاست بھی ہے۔ موسم ماہ و سال شب و روز کے ساتھ ساتھ سیاست کا مزاج بھی مستقل نہیں۔ وہ بھی بہت کچھ حالات پر منحصر ہے۔ لیکن پھر بھی یہ بات سمجھ میں نہیں آتی ہے کہ پاکستان میں زیادہ بر واقعات اکتوبر میں ہی کیوں وقوع ہوتے ہیں۔؟ 06.10.2001

پاکستانی سماج شروع سے ہی روادار ہے

جنرل پرویز مشرف نے کوئی نئی بات نہیں کی تھی (اتوار ۱۳ جنوری) کہ وہ پاکستان کو ایک بنیاد پرست ملک نہیں بننے دیں گے۔ اپنے بیان کو سچ ثابت کرنے کے لیے انھوں کے کچھ انتہا پسند مذہبی تنظیموں پر پابندی لگائی، کچھ دھڑ پکڑ بھی ہوئی۔ جنرل مشرف کی باتوں سے یہ رائے قائم ہوتی ہے کہ پاکستان میں جمہوریت، انتخابات، تعلیم، بینکنگ، کاروبار وغیرہ تو ہوگا لیکن مذہب اس طرح حاوی نہیں ہوگا جیسے افغانستان میں طالبان نے نافذ کیا تھا۔ فی الحال سابق طالبانی حکومت کو ہی اسلامی حکومت سمجھا جاتا ہے حالانکہ یہ بالکل غلط ہے۔ ان کے اقتدار مذہب کا کچھ حصہ ہوسکتا ہے، مذہبی حکومت نہیں ہو سکتی ہے۔ تعجب کی بات ہے سعودی عرب، دوسرے کئی مما لک، انڈونیشیا، ملیشیا، الجیریا، ترکی وغیرہ میں بھی مذہبی حکومتیں ہیں۔ وہاں نا انصافی نہیں ہے۔ مذہب اور دین ہے۔ لیکن میڈیا نے صرف گمراہ ذہنیت کا ثبوت زیادہ دے رہی تھی۔ تاریخ میں ایسی آتی جاتی حکومتوں کی داستانیں خوب ملتی ہے۔ تاریخ کے سیاہ صفحات میں ایک صفحہ اور جڑا۔

مذہب اور پاکستان کے تعلق سے غور طلب بات یہ ہے کہ پاکستان کے قیام میں دین یعنی مذہب کا سہارا ضرور لیا گیا لیکن پاکستان بننے کے بعد مذہب کم اور قوم کی بات زیادہ ہونے لگی تھی۔ قوم، قومیت اور مذہب یقینا دو الگ الگ چیزیں ہیں۔ بانی پاکستان محمد علی جناح نے دونوں کو ایک کر کے ایک علیحدہ ملک کی مانگ کی تھی۔ لیکن وہ بھی آج کی طالبان حکومت کے تو قائل نہ تھے۔ سب سے بڑی بات تو یہ ہے انھیں اس بات کا یقین ہی نہیں تھا کہ پاکستان ملے گا بھی۔ اسی لیے وہ ان کی پارٹی مسلم لیگ اور ان دیگر حمایتی اس بات کے لیے قطعی تیار نہ تھے کہ وہ کس طرح کی حکومت قائم کرنا چاہتے ہیں جب پاکستان بنا تو علاقے میں ہندوؤں کی بھی آبادی تھی۔ خصوصاً مشرقی پاکستان (اب بنگلہ دیش) کے ہندو بھی سیاسی اور سماجی سطح پر اچھا اثر رکھتے تھے۔

بانی پاکستان محمد علی جناح اس سچائی کو جانتے تھے کہ ان کے پاکستان میں ہندوؤں کے علاوہ عیسائی۔ پارسیوں کے علاوہ تھوڑے بہت بودھ بھی آباد ہیں۔ ان کی تعداد کم ہو سکتی تھی مگر انھیں

نظرانداز نہیں کیا جاسکتا تھا۔ جناح ہرگز نہیں چاہتے تھے کہ ان پر ایک کٹر مذہب پرست ہونے کا ٹھپہ لگے۔ دراصل عمر کے اس دور میں وہ برطانوی روایات سے بھی دور نہیں رہ سکتے تھے۔ انھوں نے اور ان کی طرح مسلم لیگ کے انکے کئی ساتھیوں نے اور کئی کانگریسی لیڈروں نے سیاست کی تربیت برطانیہ میں لی تھی۔ انھوں نے برطانوی رواداری، جمہوریت اور جدید انتظامیہ کو قریب سے دیکھا تھا۔ ان کے ذہن میں روادار برطانیہ بسا ہوا تھا۔ جناح تو کسی بھی طرح سے ہندوستانی نہیں لگتے تھے۔ وہ مکمل طور سے برطانیہ کے اعلیٰ طبقے کی علامت تھے۔ اس لیے توقع ہی فضول تھی کہ وہ اپنے معمول کے برطانوی انداز کو پاکستان بنتے ہی بدل ڈالیں گے۔

جناح صاحب کے روادار اور جمہوریت پسند ہونے کا سب سے پہلا اور بڑا ثبوت ملا ۱۱ اگست ۱۹۴۷ کو جب پاکستان کے منشور کے اجلاس میں انھوں نے اعلان کیا ''آپ آزاد ہیں اپنے مندروں میں، اپنی مسجدوں میں، اور ایسی ہی عبادت گاہوں میں جو پاکستان میں موجود ہیں۔ حکومت کو اس بات سے کوئی لینا دینا نہیں ہے کہ آپ کس مذہب یا عقیدے کے پیروکار ہیں۔'' آگے انھوں نے ایسی بات کہی جو کافی حیرت انگیز ہے۔ انھوں نے کہا ''میرے خیال سے ہمیں ایک ایسا اصول قائم کرنا چاہیے جس سے وقت کے ساتھ ساتھ ملک کے شہری ہونے کے ناطے ہندو مسلمان کا فرق مٹ جائے۔ مذہب کسی بھی شخص کا ذاتی عقیدہ ہے۔'' جناح کے سوانح نگار اسٹینلی روبرٹ کے مطابق ''ان الفاظ کی ادائیگی کے وقت ایسا لگ رہا تھا جیسے بقول سروجنی نائیڈو وہ ہندو مسلم اتحاد کے سفیر میں تبدیل ہو گئے ہیں۔'' کہنے کا مطلب یہ ہے کہ پاکستان کے قیام کے وقت یہ واضح ہو گیا تھا کہ وہ ایک کٹر مذہبی ملک نہیں بنے گا۔

ایسا بھی نہیں کہ علماء اور کٹر پنتھیوں نے پاکستان کو ایک مذہبی ملک بنانے کی کوشش کی ہو۔ قابل غور ہے کہ اس کے لیے وہاں جماعتِ اسلامی کے بانی مولانا مودودی سے لے کر بین الاقوامی شہرت یافتہ اسلامی اسکالر سید سلیمان ندوی تک موجود تھے اس کے علاوہ پاکستان بھر میں پھیلے ہوئے بے شمار عالم دین بھی تھے۔ اگر ان سبھوں نے مل کر پاکستان کو اسلامی ملک بنانے کی سنجیدگی سے کوشش کی ہوتی تو شاید بات کچھ آگے بڑھتی حالانکہ اس کے لیے شروعاتی دنوں میں ایک عرصے تک ڈھنڈورا پیٹا جاتا رہا۔ لیکن رواداری اور برطانوی سانچے میں ڈھلے سیاست داں اور افسروں کے آگے ان کی ایک نہ چلی۔

جناح صاحب کے بعد جتنے بھی حکمراں آتے گئے ان میں سے کسی نے بھی سنجیدگی سے پاکستان کو ''اسلامی'' بنانے کی پہل تک نہیں کی۔ ۱۹۵۶ تک حکمرانوں نے برٹش انڈیا ایکٹ سے ہی کام چلایا۔ ۱۹۵۶ میں دستور بنا تو سہی لیکن اسے نافذ ہی نہیں کیا گیا۔ اس دستور میں پاکستان کو اسلامی جمہوری ملک کہا گیا اور یہ واضح کیا گیا کہ ملک کا صدر کوئی مسلمان ہی ہوسکتا ہے۔ بہت بعد میں ۱۹۷۳ میں ذوالفقار علی بھٹو نے نیا دستور بنایا اس میں بھی مذکورہ بالا دو نکات کو اہمیت دی گئی۔ جنرل ضیاء الحق نے اپنے دورِ اقتدار میں (۸۸۔۱۹۷۷) شریعت پر مبنی طالبانی طرز کی حکومت بنانے کا صرف شور مچایا۔ بعض معاملات میں انھوں نے پاکستان کو اسلامی حکومت کی قلعی کھل جاتی ہے۔ دراصل ضیاء الحق کے دور میں ہی ایرانی انقلاب کے بعد دنیا بھر میں اسلامی حکومت کی آندھی کا شور اٹھا تھا۔ ضیاء الحق کے بعد بے نظیر اور نواز شریف کا دور بھی قطعی طور پر اسلامی دور نہیں تھا۔

غرض یہ کہ پاکستان میں کسی بھی حکمران نے سنجیدگی سے اسلامی قانون اور بنیاد پرستی کو نافذ کرنے کی کوشش نہیں کی۔ انھوں نے اپنے ذاتی مفاد کے لیے کبھی کبھار 'اسلام' کا نعرہ لگایا مگر وہ بھی بے اثر تھا۔ علماء اور بنیاد پرستوں نے پچھلے کچھ عرصے میں بدلتے ہوئے تناظر میں کچھ فائدہ اٹھانے کی کوشش کی مگر ان کی بھی ہوا نکل گئی۔ اگر واقعی علماء نے عوام میں اپنا اثر قائم کیا ہوتا تو شاید مشرف کو بھی کھلے عام بے باکی کے مظاہرے کا موقع نہیں ملتا۔ سچ تو یہ ہے کہ پاکستان کی مٹی میں بھی ہندوستان کی طرح صوفی، سنتوں اور درویشوں کی مذہبی بھائی چارگی، رواداری اور ترقی پسند خیالات کا بڑا گہرا اثر ہے۔ وہاں کے لوگوں کو بھی مذہبی شدت پسند نہیں۔ جنرل مشرف کچھ بھی کہیں اصلی طاقت ہیں عوام۔

20.1.2002

☆☆☆

اور اب خاتون جنرل!

پاکستانی فوج کی تاریخ میں پہلی مرتبہ ایک خاتون فوجی افسر ڈاکٹر شاہدہ ملک کو جنرل کا عہدہ دیا گیا ہے۔ یقیناً اس خبر سے ان عناصر کو تعجب ہوا ہوگا جو یہ سمجھتے ہیں کہ اسلامی ممالک

خصوصی طور پر پاکستان جیسے ملک میں خواتین کو آگے بڑھنے کا موقع نہیں ملتا ہے۔ یوں بھی اسلامی تاریخ میں ایسی کئی خواتین کا ذکر ملتا ہے جنھوں نے زندگی کے ہر شعبے میں مردوں سے شانہ بشانہ بھی اور کبھی ان سے بڑھ کر کام کیا ہے۔ اس لیے پاکستان میں ڈاکٹر شاہدہ ملک کو جنرل بنائے جانے پر کم سے کم اسلامی حلقوں میں تو تعجب نہیں ہوگا۔ ڈاکٹر شاہدہ نے ۱۹۷۲ء میں فوج کے میڈیکل شعبہ میں بحیثیت ایک ڈاکٹر اپنی فوجی خدمت کا آغاز کیا تھا۔ نوکری اور سروس قوانین کے تحت انھیں ۳۵ سال کے بعد جنرل کا عہدہ دیا جاتا۔ کسی بھی ملازمت کے اصولوں کے مترادف ہی ہے۔ ویسے پاکستانی فوج کے ایک ترجمان کے مطابق پاکستانی انتظامیہ کے کئی شعبوں میں خواتین اعلیٰ عہدوں پر فائز ہیں اور بخوبی اپنے فرائض انجام دے رہی ہیں۔ قابل غور بھی ہے کہ اردو کی مشہور شاعرہ پروین شاکر بھی (ان کے والدین کا تعلق بہار سے تھا) کسٹم کے اعلیٰ عہدے پر تھیں۔ گھر سے دفتر جاتے وقت کار کے حادثے میں ان کی موت ہوئی۔ بہر کیف پاکستانی فضائیہ میں بھی کئی خواتین پائلٹ ہیں۔ پاکستانی فضائیہ میں ۲۵۔۲۰ سال پہلے خواتین نے بطور پائلٹ کام کرنا شروع کر دیا تھا۔ پھر بھی جہاں تک جنرل شاہدہ ملک کا سوال ہے تو یقیناً ان کی تقرری سے پاکستانی خواتین کی حوصلہ افزائی ہوئی ہے۔

ہمارے ملک ہندوستان کی طرح پاکستان بھی ایک بیجد دل؛سپ ملک ہے، وہاں بھی قدم قدم پر ڈھیروں تضادات ملتے ہیں۔ ایک طرف جہاں ایک خاتون ایک عظمیٰ مرتبہ اور اعزاز حاصل کرتی ہیں وہاں دوسری طرف ایک مسجد کے پیش امام کی شریک حیات زینب نور کو ان کو شوہر اس قدر اذیت دیتے تھے کہ زینب کو عدالت کا دروازہ کھٹکھٹانا پڑتا ہے اور جب ان پر ہوئے اذیت کی تفصیل سامنے آئی تو رونگٹے کھڑے ہو جاتے ہیں۔ عدالت نے زینب نور کو سخت اذیت دینے کے جرم میں پیش امام کو ۲۵ سال قید کی سزا سنائی یعنی پاکستانی خواتین اگر زندگی کی دوڑ میں شریک ہیں تو ان کی زندگی تاریکیوں میں ڈوبی ہوئی ہے۔ یہ متضاد حالات سماجی اور اقتصادی صورتحال کا بھی آئینہ ہیں۔ پاکستانی سماج کا ایک طبقہ بے حد دولتمند ہے۔ اس کے پاس جگہ جائیداد سے لے کر صنعت وحرفت اور اقتدار بھی ہے۔ اس کی امیری نیا سے قانون کو بھی خریدنے میں مدد پہنچائی ہے۔ یوں قانون کے لمبے ہاتھ بھی اہل ثروت اور دولت مندوں تک کم ہی پہنچتے ہیں۔

۱۹۴۷ء میں جب ایک نیا ملک پاکستان بنا تو دولت کمانے والوں کے لیے کئی طرح کے مواقع حاصل تھے۔ ان میں تجارت، صنعت، کاشتکاری، بینک کاری، گویا سب کچھ شامل تھا۔ ضرورت تھی دوڑ دھوپ کرنے والے شاطروں کی۔ رفتہ رفتہ ویسے لوگوں کو مواقع بھی ملتے گئے اور انھوں نے بہت کمایا۔ ان میں روایتی طور پر پنجاب کے لوگوں کی زیادہ تعداد تھی۔ آبادی اور وسائل کی زیادتی نے پاکستان میں پنجابیوں کو بالا مقام عطا کیا۔ اس کے علاوہ پنجابی محنتی، جفاکش اور جانباز بھی ہوتے ہیں۔ کل ملا کر پاکستان کی معاشی ترقی کا زیادہ بڑا حصہ پاکستان کو حاصل ہوا اور اس کے نتیجے میں وہاں ایک ایسا متوسط طبقہ ابھرا جس نے تعلیم پر خصوصی طور پر لڑکیوں کی تعلیم پر زیادہ دھیان دیا۔ نتیجہ یہ ہوا کہ پنجاب کے کئی علاقوں خصوصی طور پر شہری علاقوں میں پڑھی لکھی خواتین کی اچھی خاصی تعداد ہوتی گئی اور آج بھی ان کی تعداد میں اضافہ ہوتا چلا جا رہا ہے۔ لہٰذا اس میں کوئی تعجب کی بات نہیں کہ پاکستانی پنجاب کی خواتین نہ صرف سرکاری نوکریوں، بلکہ صحافت، سائنس اور ٹیکنالوجی، میڈیکل وغیرہ میں بھی بڑھ چڑھ کر حصہ لے رہی ہیں ز لہٰذا یہ لازمی بھی تھا کہ محترمہ ڈاکٹر شاہدہ ملک فوج میں جنرل کے عہدے پر سرفراز ہوئیں۔

پنجابی خواتین نے علم و ادب کے علاوہ صحافت میں بھی نمایاں کارنامہ انجام دیا ہے۔ امریکہ میں پاکستان کی موجود سفیر محترمہ ملیحہ لودھی ۱۲۔۱۰ سال پہلے پاکستان کے مشہور اخبار فرنٹیئر پوسٹ کی چیف ایڈیٹر تھیں۔ آپ نے انگریزی ادب اور صحافت کی تعلیم انگلینڈ میں حاصل کی تھی اور ضیاء الحق کے آخری دنوں میں صحافت سے وابستہ ہوئیں۔ بے نظیر کے پہلے دور حکومت میں (۱۹۸۸۔۹۰ئ) فرنٹیئر پوسٹ (Frontier Post) اور ملیحہ لودھی کی بھی بے حد پذیرائی ہوئی لیکن بے نظیر کے بعد جب نواز شریف نئے وزیر اعظم بنے تو ملیحہ لودھی نے اپنی پالیسی کے مطابق نواز شریف مخالف رویہ اپنایا چنانچہ ایک وقت ایسا آیا کہ ان کے اخبار میں ایک مواد کے شائع ہو جانے پر ملیحہ لودھی پر وطن سے غداری کا مقدمہ درج کیا گیا۔ یوں بھی صحافت پر دنیا کے ہر ملک میں بجلیاں گرتی رہتی ہیں۔ لیکن عوام و خواص کے زبردست احتجاج کے بعد مقدمہ واپس لیا گیا۔ اس کے ساتھ ساتھ نواز شریف بھی رخصت ہوئے اور بے نظیر دوبارہ اقتدار میں آئیں۔ بے نظیر نے دوبارہ اپنی واپسی پر ملیحہ لودھی کو امریکہ میں بطور سفیر مقرر کیا، جو یقینا ایک پاکستانی خاتون کے لیے ایک اہم اعزاز تھا۔ قابل غور ہے کہ ملیحہ لودھی آج بھی امریکہ میں اپنے اس

عہدے پر فائز ہیں۔

پاکستانی صحافت میں محترمہ رضیہ بھٹی، ریحانہ حکیم اور انجم ابراہیم وغیرہ بھی مشہور نام ہیں۔ضیاء الحق کے دور میں رضیہ بھٹی اور ریحانہ حکیم نے 'ڈان گروپ' کے مشہور ماہنامے دی ہیرالڈ (The Herald) سے الگ ہو کر دی نیوز لائن (The News Line) شروع کیا۔شروع شروع میں عام خیال تھا کہ یہ اخبار خواتین کے موضوع پر ہوگا لیکن نہیں۔نیوز لائن ایک تیز طرار، بیباک سیاسی اور سماجی اخبار ثابت ہوا۔انھوں نے بینظیر کے شوہر آصف زرداری اور اس زمانے کے پاکستانی صدر غلام اسحٰق خاں کے داماد کی کارستانیوں کا بھنڈا پھوڑ کر پاکستانی صحافت میں اپنا نام روشن کیا اور حکومت کا عتاب بھی سہا۔رضیہ بھٹی کے بعد (۱۹۹۲ئ)، ریحانہ حکیم نے نیوز لائن کو بین الاقوامی صحافت کے مقام تک پہنچایا۔انھوں نے بلوچستان کی سیاہ رسم کاراکوری (جس کے تحت بغیر کسی ثبوت کے محض کورے الزام پر عورتوں کو جان سے مار دیا جاتا ہے) پر قلم اٹھایا اور پاکستان میں اس کے خلاف زبردست رائے عامہ بنایا۔ بیجنگ میں خواتین کے بین الاقوامی کانفرنس (۱۹۹۴ئ) میں بھی اس مسئلے کو اٹھایا گیا۔پاکستانی خواتین میں ایک اور مشہور نام ہے ڈاکٹر نفیسہ صدیقی کا۔آپ عالمی صحت ادارے WHO کے صدر ہیں۔ پنجابی خواتین کے علاوہ کراچی میں مہاجر خواتین کی ایک اچھی خاصی تعداد زندگی کے ہر شعبے میں نمایاں کارنامے انجام دیتی ہے۔لیکن سندھی، بلوچ اور پشتون خواتین کی کثیر تعداد اب بھی از حد پچھڑے پن اور استحصال کا شکار ہے پاکستان میں ان کے استحصال کی دلخراش داستان اکثر شائع ہوتی رہتی ہے۔لیکن ان کا یہ استحصال کوئی آج کا یا پاکستان بننے کے بعد کا نہیں، بلکہ صدیوں پرانی روایت ہے۔دراصل مذکورہ بالا برادری یا اس علاقے کے لوگ جاگیردارانہ سرداری نظام کے شکنجے میں پھنسے ہوئے ہیں۔سندھ میں تو جاگیرارانہ گھرانوں کئی خواتین کی محض اس لیے شادی نہیں کی جاتی ہے کہ خاندانی جائیداد میں بٹوارہ ہو جائے گا۔افسوس کی بات یہ ہے کہ محترمہ بے نظیر بھٹو جیسی خاتون وزی اعظم بھی پاکستان کی خواتین اکثریت کو کئی طرح کے استحصال سے نجات نہیں دلا سکیں۔حالانکہ پاکسنان میں ان سے قبل جب بھی خواتین نے اپنے حقوق کے لیے ابھر جکو متنے خواتین کے لیے کوئی اصلاحی قانون بنایا تو اس کی مخالفت نہیں ہوئی۔اس سلسلے میں قابل ذکر ہے کہ ۱۹۶۰ء کا عائلی قانون ایوب خانکے زمانے میں جب وہ قانون بنا تھا تو خدشہ تھا کہ قانون کی مخالفت ہوگی لیکن

ویسا نہیں ہوا اور اس وقت سے لیکر آج تک قانونی طور پر پاکستانی خواتین کو کئی مراعات حاصل ہیں، مگر سوال وہی پھر آتا ہے۔ قانون تو بن جاتا ہے، اس پر عمل نہیں ہوتا۔ قانون کو بروئے عمل لائے کون؟ بہر حال کل ملا کر پاکستان میں خواتین کئی اہم شعبہ زندگی میں شانہ بہ شانہ مردوں کے ساتھ ہیں۔ جنرل ڈاکٹر شاہدہ ملک اس کی تازہ ترین مثال ہیں۔ 09.02.2002

کراچی، لاہور اور راولپنڈی میں بھی 'امن کی آشا'

ممبئی، دلی ک ساتھ ساتھ 'امن کی آشا' کی گونج اب کراچی کے علاوہ راولپنڈی، لاہور اور اسلام آباد میں بھی سنائی پڑ رہی ہے۔ سارے پاکستان میں ہمارے ٹائمس آف انڈیا گروپ اور جنگ گروپ کی اس کے لیے ملی جلی کوشش کر سراہی جا رہا ہے۔ حالانکہ کچھ پاکستانی سیاست داں بھی 'امن' کی آگ کے چمن میں چہچہا رہے ہیں۔ لیکن کھلے طور پر دون، ملکوں کے دو وسیع میڈیا گوپ کی اس کوشش پر حکومت کی طرف سیا ب تک کچھ نہیں کہا جا رہا ہے۔ یہ بات الگ ہے یا پھر کچھ ایسا اتفاق ہوا ہے، یا پھر شاید میڈیا کی اس دباؤ کی وجہ سے ہی دونوں ملکوں کی حکومتوں کے بیچ جمی برف پگھلی ہے اور بات چیت کا ایک اور سلسلہ اگلے کچھ دنوں میں شروع ہونیوالا ہے۔ ایسا لگتا ہے جیسے اس کی آشیانے اس کے لیے بند دروازے کو کھول دیا ہے۔ دونوں ملکوں کی اس پسند عوام کے لیے ایک اچھا اشارہ ہے۔ غم اس بات کا ہے کہ دونوں طرف اس کی اس کوشش پر لہو کے چھینٹے بھی پڑ رہے ہیں۔ ادھر بارودی بم پھٹ رہے ہیں تو اُدھر کچھ سر پھرے لفظوں کے تیکھے بانوں اور ہلڑ بازی سیا س امن بھرے ماحول میں چنگاری ڈالنے کی کوشش کر رہے ہیں جو بھی ہو پاکستان میں بھی اس کی آشا کو لے کر سماج کا مہذب اور امن پسند طبقہ آپس میں مل جل رہا ہے۔

پچھلے ہفتہ کراچی کی کئی تنظیموں اور انجمنوں نے مل جل کر اس کی آشا کے حوالہ سیا یک کامیاب پروگرام کیا، جس میں خراچی کے شاعروں، مصنفوں، صحافیوں اور دانشوروں کی بڑی تعداد نے حصہ لیا۔ اس انتظام کے منتظم تھے پاکستان کے جانے مانے ادیب و دانشور راحت سعید جو پاکستانی ترقی پسند تحریک کے سکریٹری ہیں اور پاکستان میں ہر طرح کے ترقی پسند

تحریکوں میں حصہ لیتے رہے ہیں۔ اپنے چند ساتھیوں کی مدد سے راحت سعید کے سالوں سے پاکستان کی کچلتی ہوئی عوام کے لیے آواز اٹھائی ہے۔'امن کی آشا' کے جلسے کی نظامت ان کے لیے بالکل ٹھیک ہے۔ کراچی کیا یک اور جانے مانے ترقی پسند شاعر اکرام نے بھی نظامت کی۔لگ بھگ پانچ چھ سو لوگوں سے بھرے ہال میں کراچی کا ہر چھوٹا بڑا شاعر مصنف اور صحافی موجود تھا۔

اس موقع پر مصنف سید مظہر جمیل نے ٹائمس آف انڈیا اور جنگ گروپ کو اس کی کوششوں کے لیے اٹھائے گئے قدم کے لیے مبارکباد دی اور شاعروں، مصنفوں، صحافیوں سے اپیل کی کہ وہ اس مہم کے لیے کام کریں اور اپنی تخلیق سے دونوں ملکوں کے بیچ امن قائم کرنے کی کوشش کریں۔ دوسرے دور میں شاعر مصنف اور صحافیوں میں سے شمیم انجم، جمال نقوی، کلیم منظر، کرن سنگھ اور دوسروں نے اپنے خیالات کا اظہار کیا۔ مصنف مبین مرزا نے دونوں ملکوں کی خارجہ پالیسی کو عام لوگوں کے فائدے کے لیے بنانے کی اپیل کی۔ شاعر صبا اکرام نے خواہش ظاہر کی کہ دونوں طرف کے مصنفوں اور شاعروں کو آسانی سے ایک دوسرے کے یہاں آنے جانے کا موقع ملتا رہے۔ اپنی تقریر میں راحت سعید نے دونوں ملکوں کو رائے دی کہ وہ اپنے ایٹمی ہتھیاروں کو الوداع کرتے ہوئے امن قائم کرنے کے لیے قدم اٹھائیں، دونوں ملکوں کی دوستی کے لیے یہ بنیادی شرط ہے۔

کراچی کے ساتھ ساتھ لاہور اور راولپنڈی نے بھی جنگ گروپ نے ٹائمس آف انڈیا کی مدد سے 'امن کی آشا' مختلف پروگراموں کا انعقاد کیا۔ اس میں پاکستان میں امن کیلیے ایک اور نئی امید جاگی ہے۔

راولپنڈی میں پاکستانی انسانی حقوق کی جانی مانی اور ماضی کے انسانی وزیر اور انصار برنی ٹرسٹ کے چیئرمین ایڈوکیٹ انصار برنی نے امن کی آشا کے لیے جنگ گروپ اور ٹائمس آف انڈیا کو مبارکباد دی اور امید جتائی کہ اس سے دہشت گردی روکنے اور امن قائم کرنے میں مدد ملے گی۔ انھوں نے ہندوستانی وزیر خارجہ ایس ایم کرشنا کی تعریف کی جنھوں نے ایک بار پھر دوستی کو مضبوط بنانے کے لیے قدم اٹھایا ہے۔ اس سلسلے میں انھوں نے وزیر داخلہ محترم چدمبرم کے مہینے کے آخر تک پاکستان آنے کو بھی سراہا۔ انھوں نے امید جتائی کہ دونوں ملکوں ک

میٹنگ یقیناً امن پسندی کو کامیاب بنائے گی۔
ادھر لاہور میں 'امن کی آشا' کا سامنا ہوا سیاستدانوں سے، انھوں نے اسی کوشش میں 'امن' کو تلاش کی۔ سینیر نثار میمن نے کہا کہ ہندوستان کو امن کی بات چیت کے لیے تیار ہونا پڑا، لیکن پاکستان کے ساتھ ساتھ ہندوستان کو بھی امن کی ضرورت ہے۔ نواز شریف مسلم لیگ کے سینیر رکن ایس ایم ظفر نے بھی امید جتائی کہ 'امن کی آشا' کوشش سے امن قائم کرنے میں مدد ملے گی۔
کل ملا کر پاکستانی میڈیا سے 'امن کی آشا' کے کامیاب ہونے کی امید جاگ رہی ہے۔ دونوں میڈیا گروپ کو دوسرے اخباروں اور ایجنسیوں سے بھی واہ واہی مل رہی ہے۔ ہندوستان کے جلسوں اور پروگراموں کو پاکستان میڈیا بھی اہمیت دے رہا ہے۔ بقول شاعر:
آگے آگے دیکھیے ہوتا ہے کیا؟ ...... اچھا ہی ہوگا۔

14.02.2002

☆☆☆

بے چارے عمران خان

بے چارے عمران خان کلین بولڈ ہو گئے۔ پچ پر انھوں نے ایسی بالنگ کی کہ بال نے واپس آ کر انھیں ہی آوٹ کر دیا۔ یہ سیاسی میدان تھا۔ انھیں اس کا قطعی تجربہ نہیں تھا۔ انھوں نے میدانِ سیاست کو بھی کرکٹ کا میدان سمجھ لیا تھا۔ لیکن وہ سیاست کے کھیل کو نہیں سمجھ پائے۔ اس کھیل نے اچھے اچھے کھلاڑیوں کو چاروں خانے چت کر دیا ہے۔ عمران خاں کیا چیز ہیں۔ انھوں نے کرکٹ کی شہرت کو کیش کرنا چاہا تھا۔
۱۰ اکتوبر کے الیکشن میں انھوں نے اپنی پارٹی تحریک انصاف کی طرف سے پنجاب اسمبلی کے لیے ۱۹۴ اور قومی اسمبلی کے لیے ۱۹۰ امیدواروں کو میدان میں اتارا تھا۔ انھوں نے اپنے لیے تین جگہوں سے پرچہ داخل کیا جب نتیجہ سامنے آیا تو پتہ چلا کہ ان کی پارٹی کے کل ملا کر ۲۹۰ سیٹوں میں سے ایک ہی سیٹ پر کامیابی ملی۔ وہ بھی عمران کو ہی۔ انھوں نے اپنی جائے پیدائش میاں ولی سے کامیابی حاصل کی۔ ان کے کئی امیدواروں کی ضمانتیں بھی ضبط ہو گئیں۔
اب وہ اکیلے ہی اپنے بل بوتے پر قومی اسمبلی میں اپنی پارٹی کی نمائندگی کریں گے۔ لیکن اتنی

شرمناک شکست کی امید تو خود انھیں بھی نہیں تھی۔میڈیا تو میڈیا وہ خود بھی قومی اسمبلی میں ۵۰ اور پنجاب اسمبلی میں سو سیٹوں کی امید لگائے بیٹھے تھے۔سب ٹائیں ٹائیں فش ہوگیا۔

اس الیکشن سے قبل میڈیا نے کچھ ایسے اشارے دیے تھے کہ جیسے عمران خان پاکستانی سیاست میں ایک نئے ستارے بن کر چمکنے والے ہیں۔انکے بیانات اور جلسے جلسوں سے بھی کچھ ایسا ہی اندازہ ہورہا تھا۔عمران خان کو بھی لگ رہا تھا اور میڈیا کو بھی کہ بینظیر اور نواز شریف کی غیر موجودگی میں میدان خالی ہے۔انکا مقابلہ کرنے والا کوئی نہیں ہے۔اُدھر انھوں نے جنرل مشرف کو بھی ناراض کر دیا تھا۔سب سے بڑی بات تو یہ تھی اور ہے بھی کہ انھیں سیاسی داؤں پیچ بالکل نہیں آتے ہیں۔وہ آج بھی اسے کرکٹ ہی سمجھ رہے ہیں۔نتیجہ سامنے ہے۔

اپریل ۱۹۹۶ میں جب عمران خان نے اسلام آباد میں ایک خصوصی پریس کانفرنس میں اپنی نئی پارٹی 'تحرک انصاف' کے قیام کا اعلان کیا تو پاکستان میں قیاس آرائیاں تیز ہوگئیں۔ انھوں نے اعلان کیا تھا کہ وہ اپنی نئی پارٹی کے ذریعے پاکستان میں ایک نیا نظام لانے کی کوشش کریں گے جس میں عام لوگوں کو ہر طرح کی سہولت ملے گی۔استحصال ختم ہوگا۔انصاف ملے گا۔وغیرہ وغیرہ۔اس وقت وزیراعظم کی کرسی پر بے نظیر تھیں۔انھوں نے عمران خان کو نئی پارٹی کے قیام پر مبارکباد دیتے ہوئے کہا تھا کہ امید ہے کہ وہ (عمران) بال ٹیمپرنگ نہیں کریں گے۔جواب میں عمران نے کہا تھا کہ بے نظیر اگر نیوٹرل امپائر رکھیں گے تو باٹیمپرنگ کاسوال ہی نہیں اٹھتا۔انھوں نے کہا تھا کہ میں سیاست میں کشتیاں جلا کر آیا ہوں۔یعنی اپنا پچھلا سب کچھ ختم کرنے کے بعد۔اس وقت ان کا دعویٰ تھا کہ وہ پاکستان میں ایک نئی تبدیلی لا سکتے ہیں۔اتفاق سے جب دسمبر ۱۹۹۶ میں الیکشن ہوئے تو عمران خان کے علاوہ ان کی پارٹی کے کئی امیدواروں کی ضمانت ضبط ہوئی۔اس کے بعد بھی وہ اپنی طرح کی سیاست میں لگے رہے۔لیکن عام پاکستانیوں کے علاوہ سیاسی پارٹیوں اور انتظامیہ نے بھی انھیں سنجیدگی سے نہیں لیا۔

۱۹۹۶ میں بھاری اکثریت سے کامیاب ہونے کے بعد نواز شریف کا دماغ آسمان چھونےلگا تھا۔انھوں نے بے نظیر پر شکنجہ کسنا شروع کر دیا۔آخر میں حالات کی نزاکت کو سمجھتے ہوئے بے نظیر نے ہی ملک چھوڑ دیا۔ادھر عمران خان نے بھی بے نظیر کی بدعنوانیوں کو اچھالنا شروع کر دیا۔نتیجہ یہ ہوا کہ لوگ انھیں نواز شریف کا آدمی سمجھنے لگے۔نواز شریف کے جانے کے بعد جب

جنرل مشرف نے نواز شریف کی بدعنوانیوں کا پردہ کھولنا شروع کیا تو عمران خان ان کی ہاں میں ہاں ملانے لگے۔ لوگوں نے سمجھا کہ یہ مشرف کے آدمی ہیں۔ ویسے مشرف نے بھی انھیں گھاس نہیں ڈالی۔ مگر عمران خان کے حوصلوں پر کوئی آنچ نہیں آئی اور وہ پاکستانی سیاست میں اپنا جلوہ دکھانے کو مچلتے رہے۔ جب الیکشن ہوئے تو لوگوں نے انھیں بری طرح آؤٹ کر دیا۔

۱۹۹۲ میں عالمی کپ جیتنے کے بعد عمران خان نے کرکٹ کو الوداع کیا۔ اس وقت وہ اپنی شہرت کی بلندیوں پر تھے۔ اسی زمانے میں وہ لاہور میں اپنی ماں بیگم شوکت خانم کے نام پر غریبوں کے لیے کینسر کا ایک اسپتال کھولنا چاہتے تھے۔ اسپتال کے لیے روپے کی ضرورت تھی۔ چندے کے لیے انھوں نے پورے پاکستانکا دورہ کیا۔ ہر چھوٹے بڑے مقام پر لوگوں نے انھیں سر آنکھوں پر بٹھایا اور اسپتال کے لیے پیسے بھی دئے۔ اسی دور میں انھیں پاکستان کو نزدیک سے دیکھنے کا موقع ملا ورنہ ۱۹۹۲ سے پہلے وہ محض ایک Play Boy کی حیثیت رکھتے تھے اور لندن میں پڑے رہتے تھے۔ لیکن کینسر اسپتال کی تعمیر نے ان کی شخصیت بدل دی۔ انھوں نے جینس شرٹ کے بجائے شلوار قمیض پہننا شروع کر دیا اور پوری طرح 'پاکستانی' بن گئے۔ ان کے اسپتال کو دیکھنے کے لیے لیڈی ڈائنا بھی لاہور آئیں۔ اس سے ان کی شہرت اور بھی بڑھی۔ لیکن کچھ وقت کے لیے لندن میں جمائما سے شادی کرنے پر ان کی شبیہ کو نقصان پہنچا۔ ان کے مخالفین نے بھی ان کی اس شادی کو بدنام کرنے کی کوشش کی۔

بیگم شوکت میموریل اسپتال کے آخری مرحلے میں او پی ڈی شعبے میں زبردست بم دھماکہ ہوا۔ کئی لوگ زخمی ہوئے اور کچھ مرے بھی۔ یہ دھماکہ ایک طرح سے ان کی سرگرمیوں پر روک لگانے کی وارننگ تھی۔ عمران خان نے اسے چیلنج سمجھ کر قبول کیا اور پھر کھل کر پاکستانی حکمرانوں اور لیڈروں پر برسنے لگے۔ غور طلب بات یہ ہے کہ دھماکے کے دوسرے روز اس وقت کی وزیر اعظم بے نظیر بھٹو اسپتال آئیں مگر عمران ان سے ملے بھی نہیں۔ اس کے بعد اپوزیشن لیڈر نواز شریف گئے تو عمران خان نے انھیں دھماکے سے متاثر شعبہ بھی دکھایا اور ان کا شکریہ بھی ادا کیا۔ دراصل بے نظیر نے پی ٹی وی پر ان کے اسپتال کے لیے زکوٰۃ کے اشتہار کو بند کروا دیا تھا۔ بے نظیر سے ناراضگی فطری تھی۔ جو بھی ہو ۱۹۹۶ میں انھوں نے بڑے جوش سے سیاست میں قدم رکھا تھا۔

دیکھنا ہے ۲۷۲ والی قومی اسمبلی میں ایک اکیلے عمران خان کیا گل کھلاتے ہیں۔ کبھی کبھی اکیلا سوار ہی جنگ کا نقشہ بدل دیتا ہے۔ سوال یہ ہے کہ کیا وہ ویسے ہی اکیلے سوار کا رول نبھائیں گے۔

27.10.2002

پاکستانی مہاجرین یعنی ٹوٹے پھوٹے لوگ

مہاجر لیڈر خالد بن ولید کو گولیوں سے بھون دیا گیا۔ وہ اس شام ایک جلسے سے اپنے گھر واپس جا رہے تھے۔ ان کی کار میں موجود پولس افسر شاہد کو بھی گولیوں کی بوچھار کی وجہ سے جان سے ہاتھ دھونا پڑا۔ کسی طرح ڈرائیور بچ گیا۔ قاتل ایک ٹیکسی میں سوار تھے۔ انھوں نے بھرے پورے ناظم آباد علاقے میں کار سے ٹیکسی کی اور اسے رُکوایا۔ اس کے بعد ٹیکسی سے اے کے 47 لیے ایک نوجوان اُترا اور اُس نے مہاجر لیڈر پر گولیاں برسائی۔

خالد کی موت سے مہاجروں میں ایک بار پھر سنسنی پھیل گئی۔ ۱۹۹۲ سے لے کر اب تک ایک کے بعد ایک سینکڑوں مہاجروں کو موت کا شکار ہونا پڑا۔ وہ خونی سلسلہ آج بھی جاری ہے اور اس کے بند ہونے کی صورت نظر نہیں آ رہی ہے۔ مہاجروں کی بدقسمتی یہ ہے کہ وہ ہر کسی سے مار کھاتے رہے۔ جب سنبھلنے لگے اور اس لائق ہوئے کہ اپنی حفاظت کے علاوہ دشمنوں کو بھی ماریں تو آپسی دُشمنی کر بیٹھے اور ایک دوسرے کو ہی مارنے لگے۔ پاکستان میں مہاجروں کی ایک اور بدقسمتی ہے ۱۹۴۷ سے لے کر آج تک وہ مہاجرین ہیں۔ وہ اور ہوتے بھی کیا؟ صرف مسلمان ہونے بھر سے ہی ان کی پہچان نہیں بنتی۔ اس کے علاوہ پہلے ہی سے پاکستان میں بنگالی مسلمان (۱۹۴۷ سے ۱۹۷۱ تک پاکستانی) اور پھر بلوچ مسلمان۔ پشتون مسلمان اور سندھی مسلمان تھے۔ ان سبھی کی الگ الگ خصوصی پہچان تھی۔ ان کی زبان بھی الگ تھی، رہن سہن کا ڈھنگ الگ تھا۔ کئی طرح کے رسم و رواج بھی الگ تھے۔ اسی طرح اپنے باپ داداؤں کی مٹی ہندوستان سے پاکستان جانے والے مسلمانوں کا بھی پاکستان کے مسلمانوں سے بہت کچھ جدا تھا۔ بلکہ ہندوستان سے پاکستان جانے والے بھی کئی معنوں میں الگ تھے۔ ان میں بھی کوئی

دکنی (جنوبی ہند) تھا تو کوئی پوربیا (یعنی مشرقی اتر پردیس) یا پھر بہاری یا راجستھانی ۔ اس لیے جب یہ لوگ ۱۹۴۷ میں اور اس کے بعد بھی پاکستان گئے تو ان کی شناخت کے لیے مہاجر (یعنی پناہ گزین) لفظ کا استعمال ہوا ۔ بعد میں اس کی وضاحت کی گئی تو ہندوستان کے کسی بھی صوبے سے پاکستان جانے کے ساتھ اردو زبان کو جوڑ دیا گیا۔ یعنی اس طرح مہاجر کا مطلب ہوا ہندوستان سے پاکستان جانے والا اور اردو داں شخص ۔ افسوس یہ ہے کہ پاکستان کی مانگ کے ساتھ مسلمان کو جوڑا گیا تھا۔ لیکن پاکستان میں مذہب کے پہلے لسانیت اور علاقائیت کی اہمیت تھی یہ ایک علیحدگی پسند رجحان تھا جس نے پاکستان بنتے ہی اپنا اثر دکھایا۔

۱۹۴۷ میں سب سے بڑی تعداد بنگالی مسلمانوں کی تھی ۔ اس لیے پاکستان بنتے ہی انھوں نے بنگالی زبان کو پاکستان کی قومی زبان کا درجہ دینے کی مانگ کی ۔ اس کے لیے لوگ سڑکوں پر بھی اُترے ۔ لیکن بانی پاکستان محمد علی جناح نے مارچ ۱۹۴۸ میں ڈھاکہ میں اردو اور صرف اردو کو ہی پاکستان کی قومی زبان بنانے کا اعلان کیا۔ اس سے مشرقی پاکستان میں بنگالیوں اور مہاجروں کے درمیان اتنا تناؤ بڑھا کہ اس نے خونی جدو جہد کا راستہ اپنایا۔ ۱۹۷۰ ۔ ۷۱ آتے آتے مشرقی پاکستان کے بنگالی مسلمانوں کی زبان کی لڑائی ان کے لیے وقار کی لڑائی ہوگئی ۔ اس جنگ میں مہاجروں کو جو بھگتنا پڑا وہ نہ صرف برصغیر کی تاریخ بلکہ انسانی تاریخ کا بھی بے حد دردناک صفحہ بن گیا بنگلہ دیش کے بننے (۱۹۷۱ ۔ ۷۲) کے بعد اردو بولنے والے کئی لاکھ مہاجروں کو ہتھیلی پر جان لیے مشرقی پاکستان سے مغربی پاکستان آنا پڑا ۔ بھٹو نے ان دوسرے دور کے مہاجروں کو کراچی سے بیس پچیس میل دور اُجاڑ اور ویران مقام (اورنگی کورنگی) میں کھلے آسمان کے نیچے آسرا دیا تھا ۔ وہی اُجڑا علاقہ ان مہاجروں کا پاکستان تھا ۔ اس سے بھی بڑھ کر ٹریجڈی یہ ہے کہ چار پانچ لاکھ مہاجر آج بھی ڈھاکہ کے کئی پناہ گزین پچھلے ۳۰ سال سے کیمپوں میں پاکستان کے نام پر بدتر زندگی گزار رہے ہیں ۔ پاکستان انھیں پوچھتا بھی نہیں ۔ اب تو شاید انھیں بھلا بھی دیا گیا ہے ۔

۱۹۴۷ کے بعد مہاجروں نے زمین کی سچائی سے آنکھیں چرائیں ۔ شروع کے دور میں انھوں نے پاکستان میں صدیوں سے بسے بنگالیوں، سندھیوں، پنجابیوں بلوچوں اور پشتونوں کو احساس دلایا کہ پاکستان کے لیے صرف انھوں نے ہی قربانی دی ۔ باقی لوگوں کو تھال میں سجا

سجایا پاکستان ملا۔ اس لیے سب سے پہلے وہی اونچی نوکریوں کے علاوہ ہر طرح کی سہولت حاصل کی۔ برسوں تک وہ سلسلہ جاری رہا۔ شاعر انقلاب جوش ملیح آبادی سینما ہال اور پلاٹوں کے مالک بننے نئی دلی میں اچھی خاصی نوکری چھوڑ کر پاکستان گئے اور ڈھیروں پچھتائے۔

سیاسی میدان میں مہاجر پاکستان کے پہلے دور میں مسلم لیگ ہے کہ سپاہی بنے۔ دھیرے دھیرے لیگ منتشر ہونے لگی تو ان کی بھی سیاسی طاقت کم ہونے لگی۔ ادھر سندھ اور مشرقی پاکستان میں جہاں مہاجروں کی بڑی تعداد تھی۔ علاقائی جماعتوں کے وجود میں آنے کے سبب ان پر دباؤ بڑھنے لگا۔ سندھ میں تو ایسے قانون بنے کہ مہاجر مقامی سرکاری نوکری کر ہی نہیں سکتے۔ لیاقت علی خان کا قتل (۱۹۵۱) کے بعد مہاجروں کا دھیرے دھیرے زوال ہوتا گیا۔ اس کے بعد مسلم لیگ میں انتشار ہو چکا تھا۔ ایوب خان کے دورِ اقتدار میں (۶۸۔۱۹۵۸) اور اس کے بعد یحییٰ خان (۷۱۔۱۹۶۸) اور پھر بھٹو کا دور (۷۷۔۱۹۷۱) مہاجروں کے لیے تاریک تھا۔ ضیاء الحق (۸۸۔۱۹۷۷) نے بھی انھیں گھاس نہیں ڈالی۔ اس کے بعد بے نظیر اور نواز شریف حکومتوں نے بھی انھیں اہمیت نہیں دی۔ البتہ ضیاء الحق کے زمانے میں مہاجروں نے اپنے اتحاد کا مظاہر کرتے ہوئے ایم کیو ایم نامی پارٹی قائم کی اور الطاف حسین کی قیادت میں سندھ اسمبلی اور قومی اسمبلی میں کئی سیٹیں جیتیں۔ ۹۲۔۱۹۹۰ میں ایم کیو ایم لیڈر ایک طاقتور رہنما کے طور پر ابھرے۔ لیکن ۱۹۹۳ میں نواز شریف نے ان کی پارٹی میں پھوٹ ڈلوا کر۔ الطاف حسین پر شکنجہ کسنا چاہا۔ ان کی نیت بھانپ کر الطاف حسین نے لندن میں پناہ لی اور آج بھی وہیں ہیں۔ اسی دوران ان کی پارٹی بھی ٹوٹ پھوٹ اور آپسی رنجشوں کا شکار ہو گئی۔ خالد کا قتل مہاجروں کی آپسی رنجش کا ہی نتیجہ ہے۔ ویسے بھی کراچی میں مہاجروں کا برا حال ہے۔ اپنی ماٹی سے اُجڑے ہوئے یہ ٹوٹے پھوٹے لوگ ہیں۔ ان کے احساس کو سمجھنے کے لیے انتہائی حسیت چاہیے۔ جو آج پاکستان کیا شاید کہیں نہیں ہے۔

23.2.2003

☆☆☆

صحافت کے ایک مضبوط ستون تھے ضمیر نیازی

پاکستان کے بزرگ ، نڈر، غیر جانب دار اور ہندوستان میں بھی ایک ایماندار صحافی کی حیثیت سے اپنی پہچان بنانے والے صحافی جناب ضمیر نیازی کا جمعہ ۱۲ جون کو کراچی میں انتقال ہوگیا۔ کہنا غلط نہیں ہوگا کہ ان کی موت کے ساتھ ہی برصغیر میں بے باک غیر جانبدار اور سچی صحافت کے ایک دور کا باب بند ہوگیا۔ ضمیر نیازی عروس البلاد ممبئی میں پیدا ہوئے تھے۔ خاندانکا تعلق کاروبار سے تھا لیکن ہوش سنبھالتے ہی آپ کو پڑھنے لکھنے کے ساتھ ساتھ کمیونسٹ تحریک اور قلم کا چسکا لگ گیا۔ چنانچہ آپ نے ممبئی کے اردو روزنامہ 'اجمل' سے صحافت] کا آغاز کیا۔ ان دنوں 'اجمل' کے ایڈیٹر مشہور سوشلسٹ معین الدین حارث ہوا کرتے تھے۔ اس کے بعد ترقی پسند ہفت روزہ 'پرچم' سے وابستہ ہوئے۔ کچھ دنوں کے لیے ہفت روزہ 'منزل' نکالا۔ آپ نے ممبئی کے بائیکلہ میں 'خلافت ہاؤس' سے نکلنے والے اردو روزنامہ 'خلافت' میں بھی کام کیا۔

۱۹۵۴ میں ممبئی سے صحافت کا اچھا خاصہ تجربہ لے کر آپ کراچی چلے گئے جو اس وقت پاکستان کی راجدھانی تھی۔ لیکن پاکستان میں آپ اردو سے انگریزی صحافت میں آگئے۔ اور ۱۹۶۲ سے ۱۹۶۵ تک انگریزی روزنامہ 'ڈیلی نیوز' کے چیف ایڈیٹر کے عہدے پر کام کیا۔ ۱۹۶۵ میں کراچی کے ایک اور اہم روزنامہ 'بزنس ریکارڈر' کے میگزین سیکشن کے ایڈیٹر بنے اور ۱۹۶۲ میں اسی عہدے پر سبکدوش ہوئے۔ اخبارات کی ملازمت کے دوران آپ نے بہت کچھ لکھا لیکن ریٹائر ہونے کے بعد آپ کی تحریر میں اور بھی تیزی آگئی۔

ضمیر نیازی نے اپنے قلم کے بے باکی کا ثبوت دیا۔ ۱۹۸۶ میں جب پاکستان میں پریس پر پابندی اور کئی طرح کی بندشوں کے بارے میں انھوں نے مفصل معلومات دی۔ کراچی پریس کے ذریعے شائع ہونے والی ان کی کتاب THE PRESS IN CHANE نے نہ صرف پاکستان بلکہ ہمارے یہاں بھی تہلکہ مچا دیا۔ اب تک اس کتاب کے چھ ایڈیشن شائع ہو چکے ہیں۔ اس کا اردو ترجمہ ''صحافت پابندی سلاسل'' بھی ایک نایاب اور کامیاب کتاب ہے۔ اس کتاب پر مشہور ہندستانی مفکر اے جی نورانی نے لکھا ''ہمیں یقین ہے ایک دن ہندوستانی

صحافت کو بھی ان کا ضمیر نیازی ملے گا۔اس میں کوئی شک نہیں کہ ہندوستان میں بھی ایک بے باک اور اصول پسند صحافیوں کی بہت بڑی تعداد تھی اور ہے۔لیکن پاکستانی صحافت کی تاریخ میں جنرل ضیاء الحق کی فوجی تاناشاہی (۱۹۸۶) میں پریس پر لگائی گئی پابندی اور کڑے سنسر شپ کے ہوتے ہوئے ان کی مخالفت میں کتاب لکھنا اس کی اشاعت اور تشہیر ایک انتہائی حوصلہ مندی کا کام تھا۔

پاکستانی صحافتی بازار پر ضمیر نیازی کی مشہور کتاب PREDD IN CHANG کی طباعت کی داستان بے حد دلچسپ ہے۔جب ۱۹۶۲ میں جنرل ایوب خان نے پاکستان میں پریس کے خلاف کالا قانون ''دی پریس اینڈ پبلی کیشن ایکٹ'' بنایا اور اخبارات پر سنسر شپ لگایا تو ہر اخبار کو روزانہ چٹ (کاغذ کا ٹکڑا) بھیجی جاتی کہ کون سی خبر چھاپنی ہے اور کس خبر کو دبانا ہے۔ نیازی صاحب ان دنوں 'ڈان' کے ڈیسک پر تھے۔انھوں نے فوجی حکمرانوں کے ذریعے بھیجی گئی ان چٹوں کو جمع کرنا شروع کیا اور انھیں کاغذی حکم ناموں نے انھیں پریس سنسر شپ پر کتاب لکھنے پر اُکسایا۔

THE PRESS IN CHANE میں وہ دلچسپ واقعہ ہے جب پاکستان بننے کے پہلے (۱۱ اگست ۱۹۴۷) کو پاکستان کے بانی محمد علی جناح کے اس مشہور خطبے کو سنسر کرنے کی کوشش کی گئی تھی جس میں انھوں نے کہا تھا کہ پاکستان میں رہنے والے ہر شخص کو اس کے مذہب پر عمل کرنے کی آزادی ہوگی۔ریاست کی نظروں میں ہندو اور مسلمانوں میں کوئی بھید بھاؤ نہیں برتا جائے گا۔جناح کے کچھ قریبی افسروں کو لگا تھا کہ ان کی اس تقریر کے اس حصے سے پاکستانی مسلمانوں کو ٹھیس پہنچے گی۔لیکن 'ڈان' کے ایڈیٹر نے دھمکی دی کہ اگر جناح کی تقریر کو سنسر کیا گیا تو وہ جناح کے سامنے احتجاج کریں گے۔ڈاکن کے ایڈیٹر الطاف حسین کی دھمکی کے بعد ہی جناح کی وہ تقریر اخبارات میں چھپی۔

ضمیر نیازی نے یہ بھی لکھا (تفتیشی صحافت) کہ پاکستان بنتے ہی جناح کے سامنے ایک آرڈی ننس کا مسودہ لایا گیا جس کے ذریعے کسی بھی شخص کو کسی بھی وقت بغیر مقدمہ چلائے گرفتار کیا جا سکتا تھا۔جناح نے یہ کہہ کر اس پر دستخط کرنے سے انکار کر دیا کہ وہ ساری زندگی انگریزوں سے ایسے کالے قانون کے خلاف لڑتے رہے اب وہ خود ایسا قانون کیسے بنا سکتے ہیں؟ضمیر نیازی

آگے بتاتے ہیں کہ بعد میں اسی دستاویز کو کئی طرح کے کالے قانون کا روپ دیا گیا۔

ضمیر نیازی نے اپنی دو کتابوں "THE PRESS UNDER SEIZE" اور "WEB OF SENSSORSHIP" میں صرف پاکستانی حکمرانوں، زمینداروں اور دیگر کئی طرح کے لوگوں اور اداروں کے بارے میں تفصیل سے پاکستان میں پریس کے حال پر روشنی ڈالتے ہیں بلکہ انھوں نے ۱۸۵۷ سے پہلے ۱۷۹۲ میں ہی بنگال گزٹ اور راجہ رام موہن رائے کی صحافت کے بارے میں اطلاعات فراہم کی ہیں۔ ایک انٹرویو میں ضمیر نیازی نو بھارت ٹائمز کی مقبولیت کا بھی ذکر کرتے ہیں۔

اپنی زندگی میں ضمیر نیازی نے ہر سرکاری مراعات سے اپنے آپ کو علیحدہ رکھا۔ ان کے علاج کے لیے ۱۹۹۴ میں وزیر اعظم بے نظیر بھٹو کے ذریعے بھیجے گئے چالیس ہزار کے چیک کو انھوں نے واپس کر دیا۔ البتہ انھیں کئی غیر سرکاری انعام ملے۔ سب سے بڑا انعام ان ہندوستانی صحافیوں سے بھی ہے جو انھیں کی طرح صحافت کی آن بان شان کے لیے اپنا سب کچھ قربان کئے جا رہے ہیں۔ کراچی جانے والا ہر صحافی ان کا دیدار ضرور کرتا ہے۔ ممبئی کے علاوہ دلی میں بھی ان کے کئی ایسے دوست ہیں جنھیں ان کی موت سے صدمہ پہنچا ہے۔ پاکستان نامہ کے لیے انھوں نے ہمیں وقتاً فوقتاً کئی بیش قیمت کتابیں بھیجیں۔

13.06.2004

☆☆☆

پاکستان میں منٹو کی واپسی

پچھلے مہینے مشہور بزرگ پاکستانی ادیب جناب احمد ندیم قاسمی کو ریڈیو پاکستان سے منٹو کی لاجواب کہانی ''نیا قانون'' سن کر سخت تعجب ہوا۔ انھیں ہی کیا منٹو کے ہزاروں شیدائیوں کے لیے بھی منٹو کو ریڈیو پاکستان سے سننا حیرت زدہ کرنے والی بات ہے۔ ہمیں یقین ہے کہ ہمارے یہاں بھی منٹو کے عقیدت مندوں کے لیے یہ ایک خوش گوار احساس ہے۔ منٹو اور ریڈیو پاکستان، یہ دو مخالف سمتیں ہیں۔ مگر زمانہ کب اور کیسے روٹ لیتا ہے کہا نہیں جا سکتا۔ ہم تو اتنا جانتے ہیں کہ منٹو نہ صرف پاکستان بلکہ پاکستانی سماج کے ایک بڑے طاقتور اور مہذب سمجھے جانے والے

سماج کے لیے ایک معتوب نام تھا۔ عام پڑھے لکھے گھرانوں میں ان کی کہانیوں اور تخلیقات ’ناپاک‘ سمجھی جاتیں۔ پاکستان میں منٹو پر ایک وقت ایسا بھی آیا جب ان کے کئی دوست ان سے کنی کاٹنے لگے۔ دلچسپ بات یہ ہے کہ ان کی موت کے بعد ایسے کئی دعویداروں کی فوج اُمڈ آئی جو یہ کہتے نہیں تھکتی تھی کہ انھوں نے منٹو کے لیے کیا نہیں کیا۔ وقعی اگر منٹو کی زندگی انھیں سہارا دیا جاتا تو منٹو کی وہ حالت نہیں ہوتی جو ان کے آخری دنوں میں ہوئی تھی۔

۱۹۴۷ میں تقسیم کے بعد منٹو بھی پاکستان چلے گئے اب یہ پتہ نہیں کہ وہ پاکستان کیوں گئے تھے۔ البتہ انھیں دنوں احمد ندیم قاسمی، ابراہیم جلیس، سبطِ حسن، جمیل الدین عالی، حفیظ جالندھری، مولانا عبدالمجید سالک، فتح محمد ملک، نون م راشد، ناصر زیدی اور فیض احمد فیض جیسی مشہور شخصیات بھی پاکستان میں تھیں۔ ان کے علاوہ انجمن ترقی پسند مصنفین کے اہم ستون سجاد ظہیر (بنے بھائی)، نیاز فتح پوری اور قرۃ العین حیدر بھی پاکستان میں تھیں۔ غرض یہ کہ ۱۹۴۷ کے فوراً بعد بر صغیر کی ایک طاقتور، نڈر اور اعلیٰ درجے کے ادیبوں اور دانشوروں کی نسل پاکستان میں موجود تھی۔ ان میں کمیونزم اور ترقی پسند خیالات سے لیس قلمکاروں کا خاص دبدبہ تھا۔ لیکن ان کی سیدھی ٹکر دائیں بازو اور انتہا پسندوں سے بھی تھی۔ شروع کے دور میں دونوں طبقات بایاں بازو اور دایاں بازو کا مقابلہ دلچسپ ہے۔ لیکن کئی وجوہات کی بنا پر دائیں بازو کے لوگ ہی کامیاب ہوئے اور ایک ایسا بھی وقت آیا جب فیض احمد فیض، سجاد ظہیر، احمد ندیم قاسمی وغیرہ کے ساتھ کئی دیگر چھوٹے بڑے قلمکاروں اور صحافیوں پر وطن سے غداری کا مقدمہ چلایا گیا۔ انھیں سزائیں دی گئیں۔ اور سرکاری اور غیر سرکاری اداروں سے انکا صفایا کیا گیا۔ پاکستان میں بائیں بازو اور ترقی پسند قلمکاروں پر ہوئے ظلم کی علیحدہ اور لمبی داستان ہے۔

منٹو کے ساتھ دلچسپ بات یہ تھی کہ وہ نہ دائیں محاذ سے وابستہ تھے نہ بائیں محاذ سے۔ رجعت پسند انھیں ایک نجس اور گندہ قلمکار سمجھتے تھے۔ تو بایاں بازو کے لیے وہ کمیونسٹ مخالف اور بہکے ہوے ادیب تھے۔ اپنی تحریروں میں جہاں انھوں نے انکل سام (امریکہ) کی سرزنش کی ہے تو دوسری طرف لال بھائیوں کو بھی کھری کھوٹی سنائی ہے۔ کئی لوگ انھیں مشہور ماہر نفسیات ’فرائیڈ‘ کا شاگرد مانتے ہیں تو دوسرے انھیں اردو کا موپاساں کہتے ہیں۔ اب ان نقادوں کا کیا؟ جس پر چاہا ایسا ویسا پھٹہ لگا دیا۔ منٹو بھی ان کی زد میں آگئے۔ لیکن منٹو دونوں طرح کے نقادوں کا نشانہ

بنے''کالی شلوار''اور''ٹھنڈا گوشت'' کے لیے ان پر باقاعدہ سرکار کی طرف سے مقدمہ دائر کیا گیا۔ ان پر الزام لگایا گیا کہ پاکستان کے اسلامی سماج میں اپنی تحریروں سے وہ فحاشی پھیلا رہے ہیں۔اب ان کی تحریروں اور کہانیوں میں کہاں تک فحاشی ہے یہ ایک بحث اور غور کا موضوع ہے۔لیکن یقیناً منٹو کی کہانیوں میں نہ صرف عام لوگوں بلکہ پورے سماج کا ایک مختلف چہرہ نظر آتا ہے۔منٹو کے ذریعے پیش کئے گئے اس شخص اور سماج کے اس چہرے کو جان کر گھن بھی آتی ہے اور ترس بھی آتا ہے۔منٹو نے بے باکی سے ایک ماہر ڈاکٹر کی طرح سماج کے ایک ایسے کوڑھ کو اُجاگر کیا جو موجود ہوتے ہوئے بھی دکھائی نہیں دیتا۔دوسرے ادیب اس سچائی پر سے پردہ اُٹھانے سے ڈرتے جھجکتے ہیں۔منٹو نے ویسا نہیں کیا۔اس لیے منٹو کی تحریر میں شاید لوگوں اور سماج نے اپنا اپنا چہرہ دیکھ کر اس پر الزام لگانا شروع کیا اور اس کا بائیکاٹ کیا۔

افسوس تو اس بات کا ہے کہ جہاں پاکستان کی ملائیت سے متاثر حکومت نے منٹو پر فحاشی پھیلانے کا الزام لگایا وہیں پاکستان ترقی پسند مصنف نے بھی ایک قرارداد کے ذریعے منٹو کا ترقی پسند رسالوں میں چھپنا جرم قرار دیا۔انھیں دونوں طرف سے دُھتکارا گیا۔یوں بھی ۱۹۴۷ میں جب وہ ممبئی سے لاہور گئے تو نئی پاکستانی حکومت،سیاست اور سب سے اوپر اس وقت وہاں کے ادیبوں کے رویے نے انھیں مایوس کیا پھر بھی پاکستان میں انھوں نے لکھا۔ان کے الفاظ کی کڑواہٹ اور اس میں چھپے تیکھے طنز کو سمجھنے سے ان کی زندگی کے حالات کا بھی پتہ چلتا ہے۔ انھوں صرف انٹر تک پڑھائی کی تھی اور نوجوانی میں روزی روٹی کے لیے قلم تھامے ممبئی کی فلمی دنیا میں آ گئے۔انھوں نے کئی فلمیں لکھیں،جن میں مرزا غالب (ثریا بھارت بھوشن) مشہور ہوئی۔ ان کی کہانیوں نے بھی اس دور کے (اور آج کے دور میں بھی) افسانوں کی دنیا میں دھوم مچا دی تھی۔ہندی کے علاوہ کئی ہندوستانی زبان میں منٹو کو بڑے رغبت سے پڑھا جاتا ہے۔شراب تو وہ پیتے تھے لیکن مرنے سے پہلے شراب نوشی بہت بڑھ گئی تھی اور وہ اسی وجہ سے صرف ۴۳ سال کی عمر میں چل بسے۔احمد ندیم قاسمی نے پاک ریڈیو پر ان کی کہانی سن کر لکھا''مرنے کے پچاس سال بعد منٹو زندہ ہو گیا اور وہ صدیوں زندہ رہے گا۔''

1.5.2005

☆☆☆

دو چہرے ہیں پاکستان کے

پاکستان جا کر پاکستان کے دو چہرے نظر آئے۔ پہلا چہرہ تھا ان لوگوں سے بات چیت کے بعد کا جو جنرل پرویز مشرف کی فوجی حکومت کو پاکستان کے لیے قدرت کا تحفہ سمجھتے ہیں۔ یہ وہ لوگ ہیں جنھیں سیاست دانوں سے چڑ نہیں نفرت ہے۔ انھوں نے فوجی حکومت کے علاوہ جمہوری حکومت بھی دیکھی ہے۔ انمیں تاجر و نوکری پیشہ، برسرِ روزگار خواتین ار ٹیچرز شامل ہیں۔ انھیں ایک ایسی حکومت چاہیے جو بدعنوان نہ ہو۔ چھوٹے موٹے ہر کام کے لیے 'چائے پانی' نہ مانگے۔ ان کے کام کی فائلیں وقت پر ایک ٹیبل سے دوسرے ٹیبل پر پہنچ جائیں۔ چور اُچکوں اور گلی کے داداؤں پر قابو رکھے۔ یعنی عام لوگوں کو چھوٹی موٹی عام سہولیات ملے اور انتظامیہ چست درست ہو۔ فوجی حکومت میں انھیں یہ سب مل رہا ہے۔ ایک چھوٹی سی پُر امن زندگی۔

'ہماری جمہوریت میں گلی محلے کے دادا یہاں تک کہ گاؤں دیہاتوں کے چور ڈاکو بھی لیڈر بن جاتے ہیں اور الیکشن لڑ کر عوامی نمائندے بن جاتے ہیں' کراچی کے ایک کالج کی پروفیسر ثریا سہراب نے پاکستان کے حالات پر اپنے خیالات ظاہر کئے۔ اب ایسا بھی نہیں کہ ہم پاکستانی جمہوریت نہیں چاہتے ہیں لیکن جس طرح ہماری جمہوریت کا سیاسی لیڈروں نے مذاق اُڑایا ہے اور اس کے پرخچے اُڑائے ہیں اُس کا تجربہ کرنے کے بعد ہم پاکستانیوں کا ایک بڑا طبقہ جمہوریت سے پناہ مانگتا ہے۔

ثریا صاحبہ کی بات کی تائید کی حلیم خان نے۔ انھوں نے کہا" آپ کب تک جمہوریت کی بنیاد کو مضبوط کرنے کے لیے عوام کی قربانی دیتے رہیں گے؟ ہمارا ملک کوئی تجربہ گاہ نہیں جو سیاسی جماعتوں کو تجربہ کرنے کا موقعہ دیا جاتا رہے۔" ایک اور صاحب منہاج سلیم بولے" فوجی حکومت میں بھلے ہی بہت ساری آزادی نہ ہو مگر وہ آزادی کس کام کی جہاں قدم قدم پر بھیڑیئے کے روپ میں سیاست دانوں کی ٹولی بیٹھی ہو۔"

کراچی کے باشندوں کا ایک بڑا طبقہ جنرل پرویز مشرف کا حمایتی لگا۔ ان کے مطابق جنرل صاحب نے انتظامیہ کو چُست کیا۔ اس پر لگام لگائی۔ بے قابو افسر شاہی پر لگام لگائی۔ سرکاری محکموں میں کام کاج کو بہتر بنایا۔ سب سے بڑی بات یہ کہ رشوت خوری پر بہت حد تک قابو پالیا

گیا ہے۔ یہاں تک کہ بڑے بڑے سرکاری افسر اور کئی اہم عہدوں پر بیٹھے وزیر بھی رشوت کے نام سے گھبراتے اور ڈرتے ہیں۔ اس سے پہلے ہر طرح کے کام کے لیے لوگوں کو کم از کم دس فی صد رشوت دینی ہی پڑتی تھی۔ ہر سرکاری محکمہ رشوت کے معاملے میں بدنام تھا۔ جنرل پرویز مشرف نے سرکاری محکمہ میں رشوت خوری پر کڑی نگاہ رکھی اور آج اسی وجہ سے لوگ ان کی تعریف کرتے ہیں۔

لیکن تصویر کا دوسرا رُخ یہ ہے کہ پاکستان کا ایک طبقہ اپنے ملک میں جمہوریت کا بھی خواہش مند ہے اور یہ طبقہ فوجی حکومت کو پسند نہیں کرتا ہے۔ اس طبقے میں سیاستدانوں کے علاوہ عام پڑھے لکھے لوگ، سماجی کارکن، دانشور، صحافی، ٹریڈ یونین لیڈر اور سیاسی سوجھ بوجھ رکھنے والے عام لوگ بھی ہیں۔ ان کا ماننا ہے کہ ملک کو مٹھی بھر فوجیوں کے حوالے نہیں کیا جا سکتا۔ جمہوریت چاہے جیسی بھی ہو جمہوریت ہے۔ اسے بحال ہونا ہی چاہیے۔ اگر جمہوریت میں حکمراں جماعت سے غلطی ہوتی ہے تو اسے دبانے کے لیے جمہوری ادارے، پریس، عدالت اور سیاسی پارٹیاں ہیں۔ لوگ ہیں، عوام ہیں، لوگوں کو سیاسی حق حاصل ہے کہ وہ غلط کام کرنے والے برسرِ اقتدار لوگوں کے خلاف متحد ہو کر آواز اُٹھائیں اور ایک بدعنوان و نکمی سرکار کو اُکھاڑ پھینکیں۔

شہر کراچی میں ۱۴ سے ۱۹ مارچ تک ایک ورلڈ سوشل فورم کے ایک عظیم جلسے میں پاکستان کے کونے کونے سے آئے نمائندوں کے خیالات فوجی حکومت کے خلاف تھے۔ یہ پاکستان کا دوسرا چہرہ تھا۔ ایک ایسا چہرہ جو جمہوریت کا پاسبان تھا۔ جو ایک کھلے سماج میں رہنا چاہتا ہے۔ جسے فوجی حکومت کی بندشیں پسند نہیں۔ سب سے بڑی بات یہ ہے کہ پاکستان کا یہ طبقہ بڑے شہروں سے لے کر چھوٹے موٹے قصبوں اور گاؤں دیہاتوں تک پھیلا ہوا ہے۔ ان میں کراچی کے ماہی گیر بھی ہیں جو بڑے ٹرالروں کی مار کا شکار ہیں۔ ان کی چھوٹی موٹی کشتیاں بڑی کمپنیوں کے ٹرالر اور مچھلی پکڑنے والے جدید آلات کا سامنا نہیں کر سکتیں۔ انکا ماننا ہے کہ فوجی حکومت کو بڑی کمپنیوں نے خرید لیا ہے۔ حکومت کو غریبوں کا خیال نہیں ہے۔ اسی طرح جلسے میں گوادر بندرگاہ کے لوگ ہیں جنھیں ان کی آبائی زمین سے اُکھاڑا جا رہا ہے۔ فوجی حکومت انھیں اُجاڑا ہی ہے۔ آواز اُٹھانے پر ان کے لیڈروں کو بغیر مقدمہ چلائے جیلوں میں بند کیا جا رہا ہے۔ جمہوری حکومت میں انھیں اپنی آواز اٹھانے کا بھرپور موقع ملتا ہے۔ اسی جلسے میں

پاکستانی پنجاب کے کسان بھی اپنی اپنی فریاد لے کر آئے تھے۔ ان کی بھی وہی تکلیف تھی جو عام کسانوں کی ہوتی ہیں۔ بیج، کھاد، پانی اور اناج کے وواجب داموں کی ان کی بھی شکایت تھی کہ فوجی حکومت میں ان کی آواز سننے والا کوئی نہیں ہے۔ یہ ہے پاکستان کے دو چہرے۔ ورلڈ سوشل فورم نے جمہوریت پسندوں کو ایک اسٹیج دینے کی کوشش کی۔ پاکستان میں اتنا بھی بہت کچھ ہے۔

02.09.2006

پاکستان میں یومِ مزدور

پاکستان میں اور کچھ منایا جاتا ہو یا نہ ہو' یوم مزدو' ضرور منایا جاتا ہے۔ اس دن عام سرکاری چھٹی ہوتی ہے۔ یکم مئی کو یومِ مئی کہا جاتا ہے۔ اور اس دن سارے اخبارات میں شکاگو میں مزدوروں پر گولیاں چلانے سے لے کر پاکستان میں مزدوروں کی صورتحال تک ہر بات کی معلومات دی جاتی ہیں۔ اسی کے ساتھ ساتھ پیغمبر اسلامؐ کی وہ مشہور حدیث بھی یاد دلائی جاتی ہے جس میں انھوں نے فرمایا تھا ''مزدور کو اس کا پسینہ سوکھنے سے پہلے اس کی مزدوری دو۔'' اطلاع کے لیے یہ بھی عرض ہے کہ آپؐ نے محنت کر کے حلال روزی کمانے پر زور دیا اور بھیک مانگنے کو بالکل پسند نہیں کیا۔ فطری بات ہے کہ پاکستان میں اس موقعے پر یعنی یومِ مئی پر محنت کشوں کے بارے میں اسلامی نظریات پیش کئے جائیں لیکن دلچسپ بات یہ ہے کہ پاکستان میں یومِ مئی منانے کا سلسلہ بھٹو کے دور ۷۳۔۱۹۷۲ میں شروع ہوا۔ حالانکہ اس دور میں بھی مزدوروں پر بہت ظلم ہوئے۔

۱۹۶۴ میں جب انھوں نے وزارت سے استعفیٰ دیکر کچھ پرانے کمیونسٹوں کے ساتھ پیوپلس پارٹی آف پاکستان قائم کی تھی تو پاکستان میں سب سے پہلے انھوں نے اسلامی سوشلزم کا نعرہ بلند کیا تھا۔ اسلام کے ساتھ سوشلزم کی جوڑی نے لاکھوں غریب مزدوروں، کسانوں کے دلوں میں ایک نئی روشنی جگائی۔ بنا کسی مناسب اور ٹھوس قیادت یہ طبقہ ہر طرح کے استحصال کا شکر تھا۔ بھٹو نے اسلامی سوشلزم کے علاوہ روٹی کپڑا مکان کا بھی یقین دلایا۔ دیکھتے ہی دیکھتے بھٹو اس وقت

کے مغربی پاکستان پر چھا گئے۔لیکن مشرقی پاکستان میں انکا ڈنکا نہیں بجا۔وہاں شیخ مجیب الرحمن اور مولانا بھاشانی جیسے جغادری مزدوروں کے لیڈر کے طور پر پہلے سے موجود تھے۔جہاں تک پاکستان میں مزدور یونینوں کا سوال ہے۔اکتوبر ۱۹۵۸ میں اقتدار پر قبضہ کرنے کے فوراً بعد فوجی حکمران جنرل ایوب خانںنے ایک خصوصی آرڈی ننس کے ذریعے سیاسی جماعتوں کے علاوہ ہر طرح کے مزدور یونین پر پابندی عائد کر دی۔اس کے علاوہ یہ قانون بھی بنایا کہ ہڑتال کرنے پر کسی بھی مزدور یا اس کے لیڈر کو ۱۲ سے ۱۴ سال تک کی سزا ہو سکتی ہے۔شروع میں ایوب خان نے کئی ٹریڈ یونین لیڈروں کو الٹے سیدھے الزامات کے تحت جیلوں میں بھی ڈالا ۔یوں کہنا صحیح ہوگا کہ ۱۹۵۸ میں پاک ٹریڈ یونین کی کمر ٹوٹ گئی۔

پاکستانی ٹریڈ یونینوں نے شروع سے ہی ظلم برداشت کیا ہے۔ ۱۹۴۷ میں پاکستان کے قیام کے وقت پاک مزدوروں کو بھی برطانوی دور کے صنعتی تنازعہ قانون ۱۹۲۶ اور ۱۹۴۷ کے تحت یونین بنانے، ہڑتال کرنے اور اپنی مانگوں سے متعلق اجتماعی سودے بازی کرنے کا حق حاصل تھا۔غور طلب بات یہ ہے کہ پاکستان بنتے ہی وہاں صنعت کاروں کا ایک نیا طبقہ تیار ہو گیا۔ اور کئی طرح کی چھوٹی بڑی صنعتیں قائم ہونے لگیں۔ان میں صنعتی مزدوروں کی تعداد بھی بڑھتی گئی۔اس کے علاوہ تقسیم سے قبل کے کچھ مزدور لیڈر بھی وہاں موجود تھے۔انھوں نے پاکستان ٹریڈ یونین فیڈریشن کی بنیاد ڈالی۔اس فیڈریشن میں اس دور کی کئی معروف کمیونسٹ شخصیات شامل تھیں۔مشہور انقلابی شاعر فیض احمد فیض ارحبیب جالب جیسے ہی لوگوں میں تھے۔فیڈریشن نے مزدوروں کی مانگ کے مطابق ہڑتال، مظاہروں، وغیرہ کا سلسلہ شروع کیا۔اس وقت فیض ریلوے اور پوسٹل ملازموں کی یونین کے صدر اور پاکستان ٹریڈ یونین کے نائب صدر تھے۔ ۱۹۵۴ تک پاکستان کو پہلا مزدور فیڈریشن ختم کر دیا گیا۔اس کے جواب میں حکومت اور صنعت کاروں نے ایک اور آزاد فیڈریشن بنوائی۔ پھر بھی کئی سوتی ملوں، بندرگاہوں، ریلوے وغیرہ میں مزدوروں کے جلوس پر گولیاں چلائی گئیں۔ ۱۹۵۸ میں جنرل ایوب خان نے مکمل طور سے کسی بھی طرح کی یونین اور ہڑتال پر پابندی لگا دی۔

بھٹو کے دور میں سب سے زیادہ ہڑتال ہوئی۔ ۱۹۷۲ میں ۷۷۹، ۱۹۷۳ میں ۵۳۱، ۱۹۷۴ میں ۷۳۰ اور ۱۹۷۵ میں ۳۰۷ ہڑتالوں نے بھٹو حکومت کو ہلا دیا۔اسی کے بعد بھٹو نے

مزدور تحریک اور ٹریڈ یونین پر بے حد مظالم ڈھائے۔ بھٹو کے خلاف پاک مزدوروں نے جون ۱۹۷۷ میں جب چکہ جام کا نعرہ دیا تو لوگوں نے گھروں کے پنکھے تک آف (Off) کر دئے۔ بھٹو کے دور میں مزدوروں پر اس ظلم کی داستان ابھی بھی لوگوں کو یاد ہے۔ اسی لیے بھٹو کو پھانسی کی مخالفت میں پاکستان میں کسی نے آواز نہیں اٹھائی۔

بھٹو کے بعد جنرل ضیاء الحق (۸۸۔۱۹۷۷) کے دور میں اور اب بھی مزدوروں کی حالت میں بہتری نہیں آئی ہے۔ اس کے علاوہ پاکستان کی معیشت میں بھی زبردست تبدیلی ہونے لگی۔ پاک مزدوروں کی بہت بڑی تعداد دھیرے دھیرے خلیجی ممالک اور یورپ امریکہ جانے لگی۔ پاکستان کا اندرونی صنعتی ڈھانچہ بدلنے لگا۔ گلوبلائزیشن اور ملٹی نیشنل کمپنیوں کی اجارہ داری نے پاکستان کے ٹریڈ یونینوں کی صورت بھی بدل ڈالی۔ دقت یہ ہے کہ ان بدلتی ہوئی صورتِ حال پر غور کرنے کے لیے کوئی بھی تیار نہیں۔ پاکستان میں بھی ایک مضبوط صارف طبقہ سامنے آیا ہے۔ بدعنوان سیاست نے بھی ہر طرح کے لیڈروں کو عوام سے دور کر دیا ہے۔ ٹریڈ یونینوں کی طرف سے بھی یومِ مئی یعنی یومِ مزدور منایا جاتا ہے۔ لیڈر نہیں ہیں۔ مزدور تو ہیں یہی کیا کم ہے؟

29.04.2007

☆☆☆

اور اب آٹے کا قحط

گزشتہ کچھ عرصے سے پورے پاکستان میں آٹے کا قحط چھایا ہوا ہے۔ آٹا یعنی روٹی اور روٹی یعنی زندگی کی سب سے اہم ضرورت۔ عام طور پر کہا جاتا ہے اور سچ کہا جاتا ہے کہ دنیا کا سارا کاروبار روٹی کے لئے ہی ہے۔ روٹی ہے تو سب کچھ ہے۔ پاکستان بھر میں روٹی بڑی شوق سے پکائی اور کھائی جاتی ہے۔ پنجاب اور سندھ جہاں دودھ، دہی، گھی کی کمی نہیں ہے۔ گھی میں ڈبویا پراٹھا اور اس پر مکھن کی ڈلیا امیر غریب سبھوں کا پسندیدہ کھانا ہے۔ بلوچستان اور صوبہ سرحد میں بھی روٹی صبح ناشتے سے لے کر رات کے کھانے تک میں کھائی جاتی ہے۔ روٹی یعنی گیہوں کی

روٹی۔ ویسے سندھ اور پنجاب میں باجرے اور مکئی کی روٹیاں بھی پسندیدہ غذا میں شامل ہیں۔ اس کے بعد سرسوں کا ساگ کھانے کا چلن ہے۔ کراچی اور حیدرآباد سندھ کے مہاجر گھروں میں چاول کی روٹی بھی پکتی ہے۔ سارے پاکستانی کھانوں میں ایک اور ڈش مرغوب ہے وہ ہے گوشت جسے کئی طرح سے پکایا جاتا ہے۔ روٹی کے ساتھ زیادہ تر گوشت ہی کھایا جاتا ہے۔

لیکن پچھلے کچھ دنوں سے روٹی کی بنیاد یعنی آٹا ہی غائب رہا ہے۔ فلور مل میں گوداموں سے گیہوں نہیں آرہا ہے۔ کچھ علاقوں میں اگر فلور ملوں میں گیہوں پیسا جا رہا ہے تو دوکانوں اور سرکاری یوٹلٹی اسٹوروں میں آٹا نہیں پہنچ رہا ہے۔ پھر لوگوں کو آٹا ملے تو کیسے؟ مشکل اتنی بڑھ گئی ہے کہ چار صوبوں میں لوگ احتجاج پر اُتر آئے ہیں۔ کئی مقامات پر لوگوں نے بغیر کسی لیڈر کے جلوس نکالا۔ سرکاری دفتروں میں توڑ پھوڑ کی کہیں کہیں پولیس کو لاٹھی چارج بھی کرنا پڑا۔ کچھ گرفتاریاں بھی ہوئیں۔ معاملہ اتنا سنگین ہوگیا کہ صدر جنرل پرویز مشرف نے ملک بھر کے گیہوں گوداموں اور فلور ملوں کی ایمرجنسی جانچ کرنے کے بعد جلد سے جلد بازار میں عام دوکانوں اور سرکاری یوٹیلٹی اسٹوروں کو آٹا سپلائی کرنے کا حکم دیا۔ اس کے ساتھ ہی سبھی گوداموں اور فلور ملوں پر نیم فوجی دستے بھی تعینات کیے گئے۔

کراچی کے انگریزی روزنامہ "ڈان" کے مطابق صدر کے حکم پر جب چھان بین کی گئی تو پتہ چلا کہ ملک کی ضرورت کے لیے ۱۸ لاکھ ٹن سے بھی زائد گیہوں کا اسٹاک ہے۔ سندھ میں ۲ لاکھ ۲۸ ہزار ٹن کا ذخیرہ ہے جس سے ۴۳ دنوں تک کے لیے لوگوں کو آٹا مل سکتا ہے۔ اسی طرح پنجاب میں ۱۴ لاکھ، ۱۶ ہزار ٹن کا، ۶۸ دنوں کا ذخیرہ ہے۔ صوبہ سرحد میں ۳۴ دنوں کے لیے ایک لاکھ پچاس ہزار ٹن کا ذخیرہ ہے اور بلوچستان میں ۴۲ دنوں کا گیہوں ہے۔ سندھ اور پنجاب میں سترہ اٹھارہ روپے کلو کے حساب سے فلور ملوں میں آٹا بکنے کا انتظام کیا گیا۔ اس کے لیے ملک بھر کی فلور ملوں کو درکار مقدار میں سرکاری گوداموں سے گیہوں مہیا کروانے کا انتظام کیا گیا ہے۔ قحط کے دنوں میں آٹا بازار میں ۲۴ روپے سے لے کر ۳۰ روپے کلو گرام تک فروخت ہوا۔ بے نظیر کے قتل اور الیکشن کے شور میں آٹے کا قحط خاموش تھا۔ لیکن آٹے کا سوال دنیا بھر کی مشکلات سے اوپر ہے۔ اس میں اُبال آہی گیا۔ وہ تو بھلا ہو حکومت خاص طور سے صدر پرویز مشرف کا جنھوں نے فوراً ایکشن لیا ورنہ حالات اور بھی بگڑ جاتے۔

دلچسپ بات یہ ہے کہ پاکستان میں ضرورت سے زیادہ گیہوں کی پیداوار ہوتی ہے۔ پچھلے سال ۲۳ ملین ٹن گیہوں پیدا ہوا جس میں ۵ لاکھ ٹن ایکسپورٹ بھی کیا گیا۔ گیہوں کے علاوہ چاول کی بھی مناسب پیداوار ہوئی۔ پاکستان سے باسمتی چاول بھی ایکسپورٹ ہوتا ہے۔ پھر گیہوں اور آٹے کا قحط کیسے ہوگیا؟ پاکستانی اخبارات سے ملی معلومات کے مطابق بلوچستان سے لگے ایران افغانستان اور صوبہ سرحد سے لگے افغانستان سرحد سے ہوکر پاکستانی گیہوں اور آٹے کی بھری مقدار ایران، افغانستان اور وسط ایشیائی ممالک میں اسمگلنگ کی جاتی ہے۔ گیہوں کے علاوہ اسی راستے سے صوبہ سرحد اور افغانستان کی ہیروئن اور دوسری منشیات یوروپ اور امریکہ بھیجی جاتی ہیں۔ یہ ایک جما جمایا اور بنا بنایا کاروبار ہے جو روسی حملے سے پہلے سے ہی جاری ہے۔ بعد میں اس میں روسی فوجوں سے لڑنے والے افغان مجاہدین اور طالبان بھی شامل ہوئے۔ اسی اسمگلنگ سے کمائے ہوئے پیسے سے ہی جدید اسلحہ اور گولہ بارود خریدا جاتا ہے۔ وہ بھی یا تو کراچی ہوکر یا پھر وسط ایشیائی ملکوں کے راستے طالبان دہشت گردوں تک افغانستان اور پاکستان پہنچتا ہے۔ کئی سال پہلے بادشاہ خان کی بیماری کے سلسلے میں جب انکے بیٹے مرحوم ولی خان ممبئی آئے تھے تو انھوں نے مفصل طور پر یہ معلومات دی تھی۔ بعد میں تو ایسی معلومات معمولی خبر ہوگئی۔ ولی خان نے یہ بھی بتایا تھا کہ روسی حملے کے بعد پاکستان کے سرحدی پٹھان گیہوں کے بجائے پوست کی کھیتی کرنے لگے ہیں۔ چونکہ ایک ایکڑ کھیت میں گیہوں اُگانے سے ۵ ہزار روپے ملتے تھے جبکہ اسی ایک ایکڑ کھیت میں پوست اگانے سے ۲۰ ہزار روپے ملتے ہیں۔

لیکن پھر بھی پاکستان میں گیہوں کا قحط نہیں پڑا۔ البتہ ۱۹۵۴ میں کچھ مہینوں کے لیے گیہوں اور آٹے کی قلت تھی جسے امریکی پی ایل ۴۸۰ سے دور کیا گیا۔ ویسے پاکستان کے قیام میں اسے یعنی پاکستان کو سب سے زیادہ زرخیز اور قابل کاشت زمین مغربی پنجاب (اب بنگلہ دیش میں) اور گیہوں (مغربی پنجاب، سندھ) میں پیدا ہوتا رہا تھا۔ اب اگر بنگلہ دیش میں پھر بھی بھکمری ہے اور پاکستان میں آٹے کی کمی ہے تو اسے کیا کہا جاسکتا ہے؟

20.01.2008

☆☆☆

صوبہ سرحد میں سچ کیا ہے؟

پاکستان سے ملنے والی خبروں میں پچھلے کئی مہینوں کی طرح کی آج بھی پشتون، پٹھان، طالبان کی مذہب کے نام پر دہشت گردی کی کارروائیوں کی ہی خبر چھائی ہوئی ہے۔میڈیا کچھ ایسا محسوس کرا رہا ہے جیسے پورا پاکستان ان طالبانیوں کے گھیرے میں آگیا ہے اور پاکستان پر ان کا بس کچھ ہی دنوں میں قبضہ ہو جائے گا۔ دلچسپ بات یہ ہے کہ سالوں سے پاکستانی میڈیا میں ہی ہمارے یہاں کے بارے میں پاکستانی میڈیا بھی ایسا ہی کچھ کہتا رہا تھا۔کبھی نکسل وادیوں کے بارے میں، کبھی فسادی مذہبی گروپ کے بارے میں تو کبھی کشمیر اور منی پور، ناگالینڈ، اُلف فسادی کے بارے میں ۔ کچھ اس طرح خبریں اور تبصرے پیش کئے جاتے تھے جیسے بھارت ایسے ہی لوگوں کے قبضے میں گیا ہے۔۔اس میں شک نہیں کہ حالات خراب تھے اور ہے۔لیکن اس کا یہ مطلب نہیں کہ سب کچھ ہاتھ سے نکل گیا۔آج دنیا میں ایسا کہیں نہیں ہوتا ہے۔ آج ریاستیں ایک بہت ہی طاقتور گروپ ہیں اور اس سے عسکری ٹکراو بہت آسان نہیں ہے، ملک میں جتنے ذرائع اور طریقے ہوتے ہیں۔اس کے مخالف طاقت کے پاس اتنا سب کچھ نہیں ہوتا ہے۔اس لیے چالاک دہشت گرد ٹکراؤ کی سیاست چھوڑ کر حکومت پر قبضہ کرنے کے لیے پارلیمینٹری طریقہ یعنی انتخابات میں حصہ لینے کی بات کرتے ہیں اور کئی ملکوں میں ہماری یہاں بھی اور پاکستان میں بھی عام انتخابات کے ذریعے حکومت کی گلیاروں میں گھس پیٹھ کرتے ہیں۔سالوں پہلے پاکستان میں طالبان سے پہلے جئے سندھ آندولن کے دوران میڈیا کے ذریعے ایسا محسوس ہوتا تھا کہ سندھ اب گیا، نہ تب گیا، لیکن ہوا کچھ نہیں۔اسی طرح بلوچستان میں جب بھٹو نے ۷۳۔۱۹۷۲ میں فوجی کارروائی کے ذریعے ہزاروں بلوچوں کو قید کیا اور پھر ان کے ٹھکانے پر حملے بھی کرائے تو لگا تھا کہ بلوچستان بھی پاکستان سے الگ ہو جائے گا۔اسی طرح جنرل پرویز مشرف کی حکومت کو للکارا تھا تو ایک بار پھر لگا تھا کہ بلوچ پاکستان سے الگ ہو جائے گا۔ یہاں پر سندھ اور بلوچستان کو بنگلہ دیش کے حالات سے مقابلہ کرنا صحیح نہیں ہوگا۔بنگلہ دیش کو پاکستان کی دوری اور بہت حد تک بھارت کا ساتھ حاصل تھا۔اس کے علاوہ یہ سچائی بھی سامنے آگئی ہے کہ اس حال میں پاکستان کے فوجی حکمراں جنرل یحییٰ خان اور ان کے مرید ذالفقار علی

بھٹو بھی یہی چاہتے تھے کہ پاکستان کو اپنے مشرقی علاقے سے نجات مل جائے۔ اپنی سازش میں وہ کامیاب ہوئے۔ سندھ اور بلوچستان کا معاملہ دوسرا تھا۔ بعد میں سندھی اور بلوچ نیشلسٹ لیڈروں نے بھی انتخابات میں حصہ لیا۔ یہ الگ بات ہے کہ انتخابات میں عوام نے ان کا ساتھ نہیں دیا۔ ایک آدھ منتخب ہوئے بھی تو کوئی خاص کردار نہیں نبھا پائے۔

پاکستانی سماجی مفکر بھی اس بات کو مانتے ہیں کہ طالبانی خودکش حملوں کی وجہ میں سب سے بڑی وجہ ہے غریبی۔ پچھلے ۶۰۔۵۹ سالوں میں پورے صوبہ سرحد میں عام فلاح و بہبود کے منصوبہ میں بہت ہی کم کو لاگو کیا گیا ہے۔ اس کی سب سے بڑی وجہ سیاسی تھی۔ اس علاقے کو ۷ ۴ ۹ کے بعد سے پاکستان مخالف سمجھا جاتا تھا۔ چونکہ یہاں ۱۹۴۶ کے انتخابات میں کانگریس کو اکثریت ملی تھی۔ خان عبدالغفار خان بنام بادشاہ خان بنام سرحدی گاندھی کو بھارت کا ایجنٹ کہا جاتا تھا۔ تہذیبی طور سے کانگریسی حکومت ہونے پر اس علاقے کو پاکستان میں شامل کرنے کی کوئی وجہ نہیں تھی۔ لیکن مسلمانوں کی کثیر تعداد ہونے، کانگریس کی ناامیدی، برٹش سرکار کی مرضی، مسلم لیگ کی چال بازی وغیرہ کی وجہ سے ۲۰ اگست ۱۹۴۷ کو وہاں کی کانگریسی حکومت کو برخاست کر کے جناح نے ایک ریفرنڈم کرایا اور مسلم لیگ حکومت کو قائم کیا۔ لیکن علاقے پر بادشاہ خان اور بعد میں ان کے بیٹے ولی خان (اور اب پوتے اسفندیار خان) کا عام پٹھانوں پر دبدبہ بنا رہا۔ نتیجہ یہ ہوا کہ صوبہ سرحد ہمیشہ نظر اندازی کا شکار رہا۔ ویسے بھی سوائے پنجاب کے پاکستان کے سبھی تینوں قبائل میں سرکاری فلاح و بہبودگی کی منصوبہ بندی نہ تو لاگو ہوتی ہے اور نہ ہی مرکز ان پر دھیان دیتا ہے۔ ویسے بھی پاکستان کے مرکزی حکومت پر چاہے وہ فوجی ہو یا غیر فوجی، پنجابیوں کا ہی زور رہا۔ انھوں نے دوسرے قبائل کی کبھی پرواہ نہیں کی۔

ادھر صوربہ سرحد کے پشتون پٹھانوں میں تعلیم کی کمی کی وجہ سے سرکاری نوکریوں میں ان کی حصہ داری نہیں کے برابر ہوتی ہے۔ تعجب کی بات یہ ہے کہ صوبہ کی مقامی حکومتی ملازمتوں میں بھی پنجاب کے لوگوں کو بحال کیا جاتا ہے۔ الگ الگ کئی محکموں میں پنجابی کام کرنے والے ہوتے ہیں۔ جنھیں ایک دوسرے صوبے کے مسئلوں سے کچھ لینا دینا نہیں ہوتا ہے۔ وہ یعنی صوبہ سرحد کے دور دراز علاقوں میں جاتے بھی نہیں ہیں۔ سرکاری طریقہ ایسا ہے کہ انھیں روکنے ٹوکنے والا بھی کوئی نہیں ہے۔ اب کچھ این جی اوز آواز اُٹھانے لگے ہیں۔ بلکہ یوں

کہیے تو غلط نہیں کہ صوبہ میں بلکہ پاکستان بھر میں غیر سرکاری ٹرسٹ ہی حرکت میں ہے۔

۷۵ ہزار کلو میٹر والے صوبہ سرحد کی آبادی دو سوا دو کروڑ ہے۔جس میں لگ بھگ ۲۰ لاکھ ہیکٹر پر ہی کھیتی کی جاتی ہے۔کھیتوں میں گیہوں، مکئی، گنا، پھل اور سبزیاں ہیں۔آبادی کا بڑا حصہ روزی روٹی کے لیے باہر جاتا ہے۔۔باہر انھیں کیا کام ملے گا؟ سارے پاکستان میں (اور عرب ملکوں میں بھی) بوجھ اُٹھانے والے گڑھے کھودنے والے اور دوسرے بھاری بھرکم کام کرنے والے پشتون پٹھان ہوتے ہیں۔اس کے علاوہ وہ لاہور کراچی وغیرہ میں دربانی (واچ مین) کا کام بھی کرتے ہیں۔کچھ چالاک ہوتے تو ٹیکسی اور ٹرک چلاتے ہیں۔زیادہ چالاک ہوئے تو ہتھیاروں اور نشیلی چیزوں کی اسمگلنگ کرتے ہیں۔ایک بات تو سچ ہے۔دہشت گردی کارروائیوں میں عام پشتون پٹھان بالکل شامل نہیں ہوتا ہے۔بنیادی طور پر وہ امن پسند ہوتا ہے۔مٹھی بھر طالبان پشتونوں، پٹھانوں کا نام خراب کر رہے ہیں۔

19.4.2009

☆☆☆

پیوپلس پارٹی کے ۴۳ سال

بم دھماکوں، چاروں طرف دہشت گردی کا ننگا ناچ، یہاں وہاں فوجی کارروائیوں، اپوزیشن کا دباؤ اور آئے دن اب گئے، تب گئے۔کی افواہوں کے درمیان پچھلے ہفتے ۳۰ نومبر کو صدر آصف علی زرداری نے پیوپلس پارٹی کے قیام کی سالگرہ پر اپنے مخالفین کو للکارتے ہوئے کہا'' ہم موت سے نہیں ڈرتے۔بھٹو کے راستے پر چلتے ہوئے پھانسی پر چڑھنے کے لیے تیار ہیں۔ اس موقعے پر انھوں نے آگے کہا کہ انھوں نے عوام سے اور شہید بے نظیر بھٹو سے اور بلاول (بیٹے اور پارٹی کے صدر) سے کہا کہ تمہارے آنے سے پہلے پاکستان کو صاف ستھرا بنائیں گے تاکہ دہشت گردی کا نام نہیں رہے۔انھوں نے کہا کہ پیوپلس پارٹی کو ۴۳ سال ہو گئے آج بھی ہمارے مخالفین کو بھٹوازم کا فلسفہ نظر نہیں آتا۔

۳۰ نومبر ۱۹۶۷ کو جب لاہور میں اس وقت کے سب سے جوشیلے اور مقبول سیاسی لیڈر ذوالفقار علی بھٹو نے پاکستان پیوپلس پارٹی کے قیام کا اعلان کیا تو پورے مغربی پاکستان میں

جیسے ایک نئی سیاسی لہر شروع ہوئی۔ اس نئی پارٹی میں بڑی تعداد میں پاکستان کے کمیونسٹ سوشلسٹ ٹریڈ یونینسٹ اور پرانے بزرگ کمیونسٹ خصوصی طور پر شامل ہوئے۔ اس کی بڑی وجہ تھی پارٹی کا سوشلسٹ فلسفہ جسے اسلامی سوشلسٹ جمہوری فلسفے کا نام دیا گیا تھا۔ اُس وقت پاکستان میں یہ ایک انتہائی رومانی نظریہ تھا۔ کچھ ہی عرصے میں طلباء، نوجوانوں نے بھی اس اسلامی سوشلسٹ جمہوری پارٹی میں اپنا نام درج کروانا شروع کیا۔ دیکھتے ہی دیکھتے بھٹو اور ان کی پارٹی اس وقت کے مغربی پاکستان پر چھا گئے۔ غور طلب بات یہ ہے کہ ان کی پارٹی نے صرف مغرب میں ہی قدم جمائے۔ اس وقت کے مشرقی پاکستان (۱۹۷۱ کے بعد بنگلہ دیش) میں اس کا ذرا بھی اثر نہیں تھا۔ اس علاقے میں شیخ مجیب الرحمن کی پارٹی عوامی لیگ کا اثر تھا۔ عوامی لیگ شروع سے ہی ایک بائیں بازو کی انقلابی پارٹی کا رول نبھا رہی تھی۔ اسلیے الگ سے وہاں کسی بھی پارٹی کی بھٹو کی پارٹی کی بھی ضرورت نہیں تھی۔ ویسے بھی ذوالفقار علی بھٹو جیسے جاگیردار سیاست داں مشرقی پاکستان کے بنگلہ عوام کو قبول نہیں ہو سکتے تھے۔ غرض یہ کہ بھٹو کی پیوپلس پارٹی نے مغربی پاکستان میں ہی اپنا جھنڈا گاڑا۔ ان دنوں مغربی پاکستان کے چاروں صوبوں پنجاب، سندھ، بلوچستان اور صوبہ سرحد میں کسی ایک ہی پارٹی کا بول بالا نہیں تھا۔ یہاں تک کہ جماعت اسلامی اور پشتون لیڈر بادشاہ خان ان کے بیٹے ولی خان کی عوامی نیشنل پارٹی بھی صوبہ سرحد کے ایک چھوٹے سے علاقے تک ہی محدود تھی۔ بلوچستان کو چھوڑ کر سندھ اور پنجاب میں اس کی اتہ پتہ نہیں تھا۔

ذوالفقار علی بھٹو سیاسی میدان کے تیز طرار اور بہت چالاک کھلاڑی تھے۔ وہ جانتے تھے کہ کب کہاں اور کیسے دھاوا بولنا ہے۔ ان کا تعلق لاڑکانہ، سندھ کے ایک مشہور جاگیردار گھرانے سے تھا۔ والد شاہنواز بھٹو ہندوستانی اسٹیٹ جوناگڑھ کے دیوان تھے۔ دلچسپ بات یہ کہ بھٹو نے کچھ دنوں ممبئی کے کیتھیڈرل اسکول (فورٹ) میں پڑھائی کی۔ ممبئی کے پارسی تاجر اور سوتنترا پارٹی کی پیلو مودی سے ان کی گاڑھی دوستی تھی۔ وہ ان دنوں کی مشہور اداکارہ نرگس کے شیدائیوں میں تھے۔ غرض یہ کہ ذوالفقار علی بھٹو کی شخصیت بہت رنگین تھی۔ ۱۹۵۶۔۵۷ میں انگلینڈ سے بیرسٹری کا امتحان پاس کرنے کے بعد انھوں نے کراچی میں پریکٹس شروع کی اور جلد ہی اپنے پیروں پر کھڑے ہو گئے۔ اسی کے ساتھ ہی وہ اس وقت پاکستان کی راجدھانی کراچی کے

اعلیٰ طبقے میں مقبول ہونے لگے۔ لیکن انھیں مطالعہ اور سیاست کا بھی بڑا شوق تھا جس کی وجہ سے ۱۹۵۷ میں صدر سکندر مرزا نے انھیں مرکزی کابینہ میں لیا۔ ۱۹۵۸ میں جنرل ایوب خان نے انھیں وزیر خارجہ بنایا، لیکن ۱۹۶۶ میں تاشقند میں ہندوستان کے ساتھ کئے گئے سمجھوتے کی مخالفت میں انھوں نے جنرل ایوب خان کو اپنا استعفیٰ دیا اور اس کی وجہ سے پاکستان کے ہیرو بن گئے۔ انھیں معلوم تھا کہ جنرل ایوب خان تنزل کے دہانے پر ہیں اور ان کا پتہ کھلنے والا ہے وہ اندیشہ سچ ثابت ہوا اور انھوں نے اسی حالت میں ۳۰ نومبر ۱۹۶۷ کو لاہور میں پاکستان پیوپلس پارٹی کی بنیاد رکھی۔ پارٹی نے ۱۹۷۰ کے انتخابات میں مغربی پاکستان میں ۱۳۸ امید وار کھڑے کیے اور ۸۱ جگہوں پر اسے کامیابی ملی۔ پھر بھی وہ اپوزیشن میں نہیں بیٹھنا چاہتے تھے۔ اسی درمیان سندھ ندی کا ڈھیروں پانی بہا۔ پاکستان کے دو ٹکڑے ہوئے۔ پھر ۱۹۷۲ میں انکے دل کی مراد برآئی۔ وہ وزیر اعظم بنے۔ اس کے بعد انھوں نے جو تگنی کا ناچ کھیلا اس کی وجہ سے جنرل ضیاء الحق نے انھیں پھانسی دی۔

بھٹو کے بعد اُن کی بیوی نصرت بھٹو اور بیٹی بے نظیر بھٹو نے پارٹی کی کمان سنبھالی اور کئی دشواریوں کے باوجود پارٹی کو سنبھالا، یہ الگ بات ہے کہ پاکستان پیوپلس پارٹی بھی دعویٰ تو کرتی ہے عوامی یعنی لوگوں کی پارٹی کا لیکن ہمارے یہاں کی طرح یہ بھی ایک خاندان، بھٹو خاندان کی پارٹی بن کر رہ گئی ہے۔ ۲۰۰۸ کے الیکشن مین پارٹی کو اکثریت حاصل ہوئی۔ دراصل لوگوں کے سامنے کوئی دوسرا بہتر متبادل نہیں ہے۔ فی الحال آصف علی زرداری کارگزار صدر ہیں۔ زرداری کی دیکھ ریکھ میں پیوپلس پارٹی پاکستانی ماحول کے اعتبار سے ٹھیک ہی چل رہی ہے۔ 10.12.2009

علماء کا بھی اثر نہیں

طالبان کے دہشت گردی پر پاکستانی علماء کا بھی کوئی اثر نہیں ہے۔ اس سے اتنا تو پتہ چل گیا ہے کہ دہشت گرد۔ اپنے مذہب اسلام کی بھی قدر نہیں کر رہے ہیں۔ اصل میں وہ اسلام سے خارج ہو چکے ہیں ورنہ اسلام نے بے قصوروں کے بے وجہ جان لینے کی مخالفت کی ہے۔ ایک

حدیث کے مطابق پیغمبر اسلام حضرت محمدؐ نے فرمایا کہ ایک مسلمان کی جان اور اس کا مال کعبہ سے بھی زیادہ قیمتی ہے۔ طالبانی دہشت گرد دوہرا گناہ کر رہے ہیں۔ وہ بے قصور لوگوں کی جان لے رہے ہیں اور خود بھی خودکشی کر رہے ہیں۔ اسلام نے خودکشی کو گناہ قرار دیا ہے۔ اس کے مطابق ہر جاندار کو خدا نے بنایا ہے۔ وہی اسے مار سکتا ہے کسی کو بھی جان لینے کا حق حاصل نہیں ہے۔ لیکن یہ سچائی بھی واضح ہے کہ طالبان کا اسلام اور اس کا عقیدہ بھی اصل اسلام سے الگ ہے۔

پچھلے ہفتے ایک ساتھ، ایک کے بعد ایک پشاور، لاہور اور ملتان میں ہوئے خودکش حملوں کے بعد وزیر خارجہ رحمان ملک نے ایک بار پھر علماء سے اپیل کی کہ وہ خودکش دہشت گردوں اور یہاں وہاں بم دھماکوں کے خلاف فتویٰ جاری کریں۔ اس سلسلے میں وزیر صاحب نے الگ الگ مدرسوں اور فرقوں کے علماء سے ملاقات کی۔ پچھلے ہفتے جس دن وزیر صاحب نے کراچی کے علماء سے فتویٰ کے لیے ملاقات کی۔ اس دن پشاور، لاہور اور کوئٹہ میں جان لیوا دھماکے ہوئے۔ ایک خبر کے مطابق وزیر خارجہ کا ماننا تھا کہ علماء کے فتووں کو لاکھوں کی تعداد میں چھپوا کر ہیلی کاپٹر اور ہوائی جہاز سے سوات، وزیرستان اور دوسرے علاقوں میں نیچے گرائے گئے۔

چونکہ علماء کا مدرسوں سے سیدھا تعلق ہوتا ہے اس لیے پاکستانی سرکار یہ سمجھتی ہے کہ علماء کی مدد سے مدرسوں کے دہشت گرد جہادیوں پر کچھ نہ کچھ تو کنٹرول کیا جا سکے گا۔ پھر بھی ایسا کچھ صاف طور سے دکھائی نہیں دیتا ہے۔ ویسے ۹/۱۱ کے فوراً بعد پاکستانی علماء نے متحد ہو کر اس کی مخالفت کی تھی۔ اس کے بعد مشرف کے دورِ حکومت میں ۳۰ جنوری ۲۰۰۸ پاکستان کے ۳۳ چوٹی کے علماء نے متحد ہو کر خودکش حملوں کی مخالفت کرتے ہوئے اس کے خلاف فتویٰ نکالا تھا۔ اس فتویٰ میں حملہ کرنے والے کے جنازے کی نماز کی بھی مناہی کی گئی تھی۔ پھر بھی خودکش حملے جاری ہے اور آج بھی اس کا سلسلہ شروع ہے۔ اس کا یہ بھی مطلب ہوا کہ علماء کی برادری کا دہشت گردوں پر کوئی بھی اثر نہیں ہے۔ اس سے پاکستان کے مذہبی اور کٹر ہونے کا بھرم ٹوٹتا ہے۔

اسی سال جولائی مہینے میں بھی اسلام آباد میں ایک بڑا علماء کا کنونشن ہوا جس میں چھوٹے بڑے سیکڑوں مذہبی ہستیاں اور کئی دوسرے مذہبی استاد جمع ہوئے اور وہاں بھی خودکش حملوں کی مخالفت کی گئی۔ ویسے وزیر خارجہ کی اپیل پر پاکستان کے دو بڑی علماء نے ایک فتوے کے ذریعے ایسے حملوں کی سخت مخالفت کی۔ فتویٰ نکالنے والوں میں مرکزی رؤیت ہلال کمیٹی کے صدر

علامہ طاہر القادری اور جانے مانے اسلامی اسکالر مفتی منیر الرحمن شامل ہیں اب دیکھنا ہے کہ اس فتوے کا بھی دہشت گردوں پر کتنا اثر پڑتا ہے۔

اس میں کوئی دو رائے نہیں کہ پوری طرح سے علماء کا پاکستانی سماج پر زیادہ اثر نہیں ہے۔ لوگ اپنی مذہبی ضرورتوں کو پوری کرنے کے لیے ہی ان کے پاس جاتے ہیں بہت ہوا تو کبھی کبھار نوکری اور یہاں وہاں کامیابی کے لیے ان سے دعائیں یا تعویذ کے لیے لوگوں کو ان کے پاس جانے کی مجبوری ہوتی ہے۔ ایسے کاموں کے لیے ہمارے یہاں کی طرح بابا پیروں، درویشوں، صوفیوں کے مزاروں کے پاس جا کر منتیں مانگتے ہیں۔ دوسرے کسی بھی کام کے لیے علماء کو نہیں پوچھا جاتا ہے۔

سیاست، حکومت، تجارت اور کئی رسم و رواج وتہذیب کے لیے بھی علماء کی رائے نہیں لی جاتی ہے۔ پاکستان کو اسلامی ملک کہا جاتا ہے لیکن پاکستانی سماج اس معاملے میں ذرا بھی اسلامی نہیں ہے۔ اصل میں پاکستانی سماج، رسم و رواج اور ہماری طرح قسمت پر بھروسہ کرنے والا سماج ہے۔ اس میں علماء کا دخل نہیں ہے۔

دراصل ویسے بھی پاکستان بنانے میں علماء کا بھی ہاتھ نہیں تھا۔ آزادی کی لڑائی کے وقت اس وقت کے سب سے بڑے مذہبی مدرسہ دیوبند اور ان کے طلباء و ذمہ داران نے کھل کر پاکستان کی مخالفت کی تھی۔ انھوں نے اس دور میں مہاتما گاندھی اور کانگریس کا ساتھ دیا تھا۔ کانگریس میں مولانا ابوالکلام آزاد اور مولانا حسین احمد مدنی جیسے علماء شریک تھے۔ انھوں نے مسلم لیگ اور محمد علی جناح کو کبھی منہ نہیں لگایا۔ یہاں تک کہ کٹر پنتھی جماعت اسلامی کے بانی مولانا مودودی بھی ایک الگ اسلامی ملک بنام پاکستان کے نام پر الجھن میں تھے۔ ۱۹۴۹ میں وہ پاکستان گئے لیکن آج تک پاکستانیوں نے ان کی پارٹی کو بھی گھاس نہیں ڈالی۔ کل ملا کر کہنا غلط نہ ہوگا کہ طالبانی دہشت گردوں کا اسلام اور مسلمانوں سے کچھ لینا دینا نہیں ہے ان کا مقصد بھی کچھ اور ہے۔

13.12.2009

☆☆☆

دہشت گردی اور معاشی حالت

مہینوں سے دہشت گردی، بم دھماکوں، خون، آگ اور ان کے ساتھ ساتھ بدلتی سیاسی داؤ کے پیچ زندگی گزارنا شاید اتنا مشکل نہیں جتنا شکر ۷۵۔۷۰ روپیے، چاول ۷۰۔۶۰، آٹا ۴۰۔۳۵ روپیے کلو خریدنا ہے۔ اس وقت کھانے پینے کی دوسری سبھی چیزوں کی قیمتیں آسمان چھو رہی ہیں۔ پچھلے دنوں گیس اور بجلی کی شرح میں بھی بڑھوتری ہوئی ہے۔ اسٹیٹ بینک آف پاکستان نے جنوری کے پہلے ہفتے میں شبہ جتایا تھا کہ آنیوالے مہینوں میں مہنگائی اوسطاً ۱۲۔۱۰ فیصد بڑھ سکتی ہے، لیکن ماہرین معاشیات کا ماننا ہے کہ مہنگائی کی شرح اور بھی بڑھ سکتی ہے۔ اس کی سب سے بڑی وجہ ہوگی ویلیو ایڈیڈ ٹیکس کے ساتھ کچھ اور ٹیکس۔ خالی سرکاری خزانے کو بھرنے کے لیے یہ نئے ٹیکس کئی اشیاء پر لگائے جانے والے ہیں ز اس کا اثر قیمتوں پر پڑے گا ہی۔ پھر بھی اسٹیٹ بینک کا ماننا ہے کہ پچھلے دسمبر میں مہنگائی کی شرح ۱۰ فی صد تھی۔ اس سے پہلے یہ بیس فی صدی تھی۔ لیکن لوگوں کو تعجب اس بات پر ہے کہ چینی کی قیمت پچھلے سال ۲۸۔۲۷ روپے کلو تھی، جو بڑھ کر ۷۵۔۷۰ روپے ہوگئی ہے۔ ٹھیک اسی طرح آٹے کے ساتھ ہوا ہے۔ پچھلے ہفتہ آٹے کی قیمت ۲۸۔۲۷ روپے فی کلو تھی، جو اب ۴۰۔۳۵ روپے ہوگئی ہے۔

دلچسپ بات یہ ہے کہ اسٹیٹ بینک آف پاکستان جو کچھ بھی کر رہا ہے، ویسا بازار میں نظر نہیں آرہا ہے۔ اس کا کہنا تھا کہ دسمبر ۲۰۰۸ کے مقابلہ میں دسمبر ۲۰۰۹ء میں مہنگائی کم ہوئی ہے۔ جو سچ نہیں ہے۔ بینک کی نئی پالیسی کے مطابق سود کی شرح میں کمی کی امید کم ہے۔ چونکہ نقصان کی وجہ سے روپیہ پر دباؤ بڑھ رہا ہے۔

پچھلے دنوں اسٹیٹ بینک آف پاکستان نے رواں معاشی سال کی ایک رپورٹ جاری کی ہے۔ اس کے مطابق دہشت گردی کے خلاف مہم میں ملک کے کئی چھوٹے بڑے صنعتی علاقوں میں پروڈکشن پر گہرا اثر پڑا ہے۔ کل کارخانوں کا کام ٹھپ ہوا ہے۔ کچے مال کی سپلائی میں رکاوٹ آئی ہے۔ جتنا اور جو بھی مال بنا، اسے وقت پر بازاروں تک نہیں پہنچایا گیا۔ اگر بازار تک مال پہنچا بھی تو اس کی صحیح مقدار میں خریداری نہیں ہوئی۔ کئی گوداموں میں پراڈکٹ مہینوں پڑے رہے۔ مال ڈھونے کے ٹرکوں۔ ٹرالیوں کو بھی دہشتگردی نے اپنا نشانہ بنایا۔ کچھ مقامات پر ٹرکوں

کا اغوا بھی ہوا۔کہیں کہیں صنعت کاروں کا اغوا بھی ہوا۔کل ملا کر پچھلے دو تین سالوں میں خاص کر پچھلے سال پاکستانی صنعت اور کاروبار پر دہشت گردوں کا ڈر بنا رہا۔اس کی وجہ سےمعاشی حالات پر اثر ہوا اور اس لیے مہنگائی کا گراف لگاتار اوپر اٹھتا گیا۔یہ سلسلہ آج بھی جاری ہے۔

اب اگر صنعت اور کاروبار ہی ٹھپ رہے گا تو سرکاری ٹیکس کی ادائیگی کیسے اور کہاں سے ہو سکے گی؟ وہی ہوا بھی دہشت گردی کا ٹیکس وصولی محکموں پر بھی اثر ہوا۔جب مال بنے گا ہی نہیں، بنے گا بھی تو بازار میں نہیں جائیگا، تو پھر اس پر ٹیکس کیسے لگے گا؟ نتیجہ یہ ہوا کہ ٹیکس وصولی کا ہر سرکاری محکمہ اپنے طے شدہ ٹارگٹ سے کافی پیچھے رہا۔ٹارگیٹ پورا ہو نہیں پایا تو پھر خزانہ خالی ہوگا ہی۔اس کا اثر مہنگائی پر بھی پڑے گا، وہی سامنے ہے۔

دہشت گردی کے ڈر اور خوف کی وجہ سے جہاں کئی صنعتیں بند ہوگئیں یا ان میں کام کم ہوا کئی صنعتوں میں کام کرنیوالے مزدوروں اور اسٹاف کی حاضری بھی کم رہی۔دور دراز علاقوں میں تو کئی یونٹوں کو بند کرنا پڑا۔ایسی صورتِ حال میں کیا ہوگا؟ کیا اس کا اثر بازار میں کمی اور مہنگائی پر نہیں پڑے گا؟ وہی ہو رہا ہے۔اسٹیٹ بینک نےاس سچائی کو بھی قبول کیا ہے کہ امن کا انتظام نہ ہونے کی وجہ سےکاروبار ٹھپ ہوا ہے اور ملک میں معاشی رفتار دھیمی ہوئی ہے۔اسٹیٹ بینک کی رپورٹ میں یہ بھی کہا گیا ہے کہ ٹریڈنگ کارپوریشن آف پاکستان نے بھی گیہوں، کھاد اور چاول کی خریداری کے لیے بینکوں سےجو رقم قرض لی تھی اسے واپس نہیں کیا گیا ہے۔کئی دوسرے سرکاری ادارے بھی حکومت پر بوجھ ہیں۔ان کے بارےمیں کسی طرح کا سرکاری قانون نہیں ہے۔ پاکستان اسٹیل، پاکستان ریلوے، پاکستان انٹرنیشنل ایئر لائنس گھاٹے میں چل رہے ہیں۔ان اداروں نے بنیکوں سے بھاری رقم قرض لی ہوئی ہے۔جن کی واپسی کا کوئی بھروسہ نہیں ہے۔ اگر ان اداروں نے بینکوں کے قرض واپس نہیں کئے تو بینکنگ کاروبار میں مشکل آسکتی ہے۔

'اخبار جہاں' (کراچی) کے مطابق ''اسٹیٹ بینک نے یہ نہیں بتایا کہ دہشت گردی کے خلاف لڑنے میں پاکستان کی معیشت کو کتنا نقصان پہونچا ہے لیکن معتبر ذرائع کے مطابق پچھلے سال حکومت کو کل ۱۳۰۰ ارب کا نقصان پہنچا ہے۔اس میں دہشت گردی کی جنگ میں ۱۳۵ ارب روپیہ شامل ہے۔اس مد میں امریکہ پاکستان کو ایک ارب بیس کروڑ ڈالر دینے والا ہے۔

31.01.2010

پچیس سالہ پاکستان نامہ۔ فلم انڈسٹری کے مسائل

گزشتہ ہفتہ پاکستانی فلموں کا ایک خصوصی وفد اسلام آباد میں وزیر اعظم یوسف رضا گیلانی سے ملا۔ اسمیں فلمی دنیا کی مشہور ہستیاں، ڈائرکٹر سنگیتا، سہیل خان، اداکارہ نرما، سینیر نیلوفر بختیار، فلم سنسر بورڈ کے چیئرمین شاہنواز بھی شامل تھے۔ اس خصوصی ملاقات میں فلمی صنعت کی خستہ حالی پر وفد نیوزیر اعظم کے سامنے اپنا موقف بیانکیا۔ قومی بجٹمیں ٹیکس کی رعایت، کیمرہ اور دوسرے آلات کے امپورٹ پر قرض اور ڈیوٹی کی سہولت اور سنسر بورڈ کی پالیسی پر بھی بات ہوئی۔ وزیر اعظم نے حسب معمول وفد کو یقین دلایا کہ انڈسٹری کے مطالبات پر غور کیا جائیگا۔ اس سلسلے میں انہوں نے متعلقہ محکمے کے افسران سے چند مسائل پر فوراً ایکشن لینے کی ہدایت دی۔۔

موجودہ سیاسی انتشار کے پیش نظر پاکستانی فلمی دنیا میں اس وقت مایوسی چھائی ہوئی ہے۔ لوگوں کا خیال ہے کہ وزیر اعظم اور ان کے رفقاء اس وقت مسائل کے پہاڑ سے دوچار ہیں۔ انہیں فلمی صنعت کے مسائل پر عور کرنے کا وقت نہیں ملے گا۔ اس طرح کی یقین دہانی پہلے بھی کی جاچکی ہے۔ لیکن ان پر برائے نام ہی عمل ہوا ہے۔ فلمی دنیا سے وابستہ چندلوگوں نے وفد پر الزام لگایا ہے کہ اس نے ۶۵ فیصدی تفریحی ٹیکس کے متعلق وزیر اعظم سے کچھ نہیں کہا۔ رعایت ملنے پر انڈسٹری کو راحت ملتی۔

اس سلسلے میں یونائیٹڈ فلم ایسوسی ایشن کے صدر میاں امجد فرزند نے کہا کہ پاکستانی فلم انڈسٹری کے تئیں شروع سے ہی سوتیلا رویہ اپنایا گیا ہے۔ گزشتہ ۶۳ سال سے کسی بھی حکومت نیانڈسٹری کے مسائل کو سنجیدگی سے نہیں لیا ہے۔ نتیجہ یہ ہوا کہ ۱۹۴۷ء میں لاہور میں ۱۱۳ اسٹوڈیو تھیاوران سبھوں میں شوٹنگ ہوتی تھی، آج صرف ۳ رہ گئے ہیں۔ ان بھی حالت خستہ ہے۔ کہیں بجلی نہیں ہے توکسی میں پانی نہیں۔ صاف صفائی بھی نہیں ہوتی ہے۔ کسی زمانے میں جہاں دنرات چہل پہل رہتی تھی آج وہاں سناٹا ہے، اندھیرا ہے۔

پاکستان میں آج کل فلم بنانا رِسک کا کام ہے۔ پہلی فلم ''تیری یاد'' ۱۹۴۸ء میں بنی تھی۔ اس

کے بعد سے لے کر اب تک گزشتہ ۶۰ سال میں اوسط ہر سال ۶۰ فلمیں بنائی گئیں۔ ان میں اردو، پنجابی، سندھی، بلوچ، سرائیکی اور پشتون زبان کی فلمیں شامل ہیں۔شروع کے چند سال میں اردو فلموں کی تعداد زیادہ ہوتی تھی۔ ۱۹۷۱ء یعنی بنگلہ دیش کے وجود میں آنے کے قبل چند فلمیں بنگالی زبان میں بھی آئیں۔ ایک اندازے کے مطابق ۱۹۶۸ء سے ۱۹۷۹ء تک سالانہ اوسطاً ۹۰ فلمیں ریلیز ہوئی تھیں۔ اس کے بعد جنرل ضیاء الحق کے اسلامی دور میں فلموں کے بُرے دِن آگئے۔ حالانکہ دلچسپ جانکاری یہ ہے کہ صدر جنرل ضیاء الحق ذاتی طور پر خود فلموں کے رسیا تھے۔ وہ ہر ہفتہ ہر نئی بمبیا فلم شوق سے دیکھتے تھے۔ ان کے خاندان میں ہمارے شتروگھن سنہا کو خصوصی درجہ حاصل تھا اور وہ اکثر صدر صاحب کے ذاتی مہمان بھی ہوا کرتے تھے۔ اس کے علاوہ بھی ان کے اور حکومت میں کئی دباؤ او بندشوں کے باوجود کسی نہ کسی طرح چوری چھپے سارے پاکستان میں ہماری ہر ممبیا فلم دیکھی جاتی ہے۔ ایسا تو سرکاری اجازت کے بعد ہماری فلمیں باقاعدہ وہاں کے سناما گھروں میں نمائش کے لیے پیش کی جارہی ہیں۔ عامر خان کی 'تھری ایڈیٹ' کی کامیابی کے بعد فی الحال شاہ رخ خان کی 'مائی نیم از خان' پاکستان کے کئی سینما گھروں میں کامیابی کے ساتھ دکھائی جارہی ہے۔ کئی پاکستانی فلم کار کہتے ہیں کہ ممبیا فلموں کے باعث پاکستانی فلمی صنعت متاثر ہوا ہے۔

لیکن کچھ لوگوں کا ماننا ہے کہ پاکستانی فلمی صنعت کو مولویوں، ملاؤں کے دباؤ، سنسر کا سخت قانون، سکڑتا ہوا پاکستانی فلمی مارکیٹ اچھے ٹیکنیشین اور آلات کی کمی اور پروفیشنل پروڈیوسر، ڈائرکٹر اور لکھنے والوں کی کمی کے باعث نقصان پہنچا ہیا اور اچھی و کامیاب فلمیں نہیں بنائی جاسکی ہیں۔ ان خامیوں کے ساتھ ساتھ گزشتہ چند سال سے سارے پاکستان میں بم دھماکے اور دہشت گردی کے واقعات نے سینما انڈسٹری کو نقصان پہنچایا ہے۔

جہاں تک ممبیا فلموں کی نمائش کا سوال ہے تو ان سے کئی تالا لگے سینما گھروں کو راحت ملی ہے۔ انہیں دیکھنے کے لیے شائقین امڈے چلے آرہے ہیں، تقسیم کاروں اور سناما گھروں کی آمدنی بڑھ رہی ہے۔ حکومت کو بھی تفریحی ٹیکس مل رہا ہے۔ سب سے بڑی بات یہ ہے کہ گھٹے گھٹے پاکستانی سماج کو تفریح کا سامان مل رہا ہے۔ چلتے چلتے یہ بتادیں کہ گزشتہ کئی سال سے

دہشت گردی اور بم دھماکوں کے باوجود پاکستان میں سب سے زیادہ پشتون زبان میں کمرشیل فلمیں بن رہی ہیں ۔آج کے حالات میں بھی صوبہ سرحد کے علاوہ بلوچستان اور افغانستان میں بھی ان کی زبردست مانگ ہے ۔اس کے علاوہ کراچی، لاہور اور ان مقامات میں جہاں پشتون آباد ہیں، پشتو فلمیں دھڑلّے سے چلتی ہیں ۔صوبہ سرحد کے دور دراز علاقوں میں جہاں سنا ما گھر نہیں ہیں، کام چلاؤ تھیٹر بنا کر فلمیں دکھائی جاتی ہیں ۔ان میں طالبان بم نہیں پھینکتے کیونکہ انہیں بھی تو تفریح چاہیے ۔دہشت گری ہوئے تو کیا۔

07.03.2010

☆☆☆